总主编　常　彦
总主审　刘　焱

学前教育专业系列教材

# 学前教育学基础

主　编　李璧强
副主编　闫　晶　杨宏伟　姜玉海

吉林大学出版社

图书在版编目(CIP)数据

学前教育学基础 / 李璧强主编. --长春 : 吉林大学出版社, 2014.9
ISBN 978-7-5677-2201-9

Ⅰ.①学… Ⅱ.①李… Ⅲ.①学前教育－教育理论－幼儿师范学校－教材 Ⅳ.①G610

中国版本图书馆 CIP 数据核字(2014)第 208986 号

书　名:学前教育学基础
作　者:李璧强　主编

责任编辑:吴亚杰　责任校对:朱桥
吉林大学出版社出版、发行
开本:787×1092 毫米　1/16
印张:23.5　字数:587 千字
ISBN 978-7-5677-2201-9

封面设计:水木时代
蚌埠市广达印务有限公司　印刷
2014 年 9 月　第 1 版
2021 年 8 月　第 2 次印刷
定价:69.80 元


社址:长春市人民大街 4059 号　邮编:130021
发行部电话:0431-89580026/28/29
网址:http://www.jlup.com.cn
E-mail:jlup@mail.jlu.edu.cn

# 学前教育专业系列教材<br>编委会

# 总　　序

近年来，学前教育发展得到党和国家的高度重视，大力发展学前教育，已成为教育领域又一项重点工作。

学前教育是终身学习的开端，是素质教育的基础。一个人整体素质的高低，特别是智力水平的高低，主要取决于学前阶段。因此，要提高整体国民素质，必须从学前阶段抓起，必须高度重视学前教育。而学前教育高水平发展的基础是高素质师资，没有合格的、高水平的学前教育师资队伍，很难达到学前阶段的教育目的。从这个角度说，学前教育师资培养机构是学前教育发展的关键因素。因此，大力发展学前教育，首先就要大力发展学前教育师资培养机构，主要是幼儿师范院校。

长期以来，我国学前教育师资培养机构主要有两类，一类是注重技能的幼儿师范学校，另一类是注重幼儿教育理论的本科师范院校。实践证明，不论是幼儿师范学校还是本科师范院校，培养的幼儿师资都偏向一端，要么理论基础不够扎实，要么教育技能，特别是弹、唱、画、跳等艺术教育技能缺乏，一定程度上说是不合格师资。幼儿教师是全能型教师，必须既懂理论又具备教育技能，要有使幼儿在健康、语言、社会、科学、艺术五个领域学习与发展的基本理论知识和技能技巧。因此，在现阶段制订一个符合学前教育师资素质需要的人才培养方案，就显得尤为重要。在此人才培养方案中，基于全能型幼儿师资培养的课程设置是首先要解决的一个核心问题。

根据教育部《教师教育课程标准》学前教育专业课程目标与课程设置、《幼儿园教师专业标准(试行)》以及《3～6岁儿童学习与发展指南》等文件精神，结合我们长期学前教育实践经验，我们按照“整合理论课程，细化技能课程；强化理论体系，充实实践环节”的思路，在反复实践论证的基础上，规划了一个符合现代学前教育发展需要的课程体系，组织编写了这套旨在培养全能型合格学前教育师资的规划教材。该规划教材的出版，期望能为我国学前教育的发展做出一份贡献。

本套规划教材由常彦教授担任总主编，北京师范大学刘焱教授担任总主审。

**学前教育专业系列教材编审指导委员会**

# 编审说明

进入21世纪以来，我国学前教育普及步伐明显加快，尤其随着近几年国家学前教育三年行动计划的贯彻落实和持续规划建设，学前教育办学主体日益多元化、办学规模快速扩大，学前儿童入园率不断提高，学前教育事业迎来了大发展的春天，进入了发展的快车道。大量中小学富余教师和高校毕业生充实到学前教育师资队伍中，有效地弥补了学前教育师资缺口，但全国数量庞大的幼教从业人员素质参差不齐，尤其是中西部欠发达地区乡镇幼教机构合格教师匮乏，无法有效满足学前教育质量提升对师资的需求。理想的学前教师应具备宽广的学科知识、扎实的教育知识、全面的专业技能和高尚的专业道德，要求入职后就能够很好地胜任本职工作。学前教育对教师专业素质的这种高要求，不仅是由学前教育本身的特殊性决定的，更是现代工商业社会父母忙于工作而疏远子女管教，家庭传统教育功能淡化，原本由家庭和幼教机构共同承担的幼儿教育职责不断向幼教机构倾斜决定的。因此，学前教师肩负着教幼儿生活和教幼儿知识的双重责任，加之学前阶段儿童身心发展个体差异性较大而家长期望值普遍较高，更凸显了学前教师角色的重要性。

这本教材立足于学前教育专业学生学习和幼教机构教师培训或自学需要而编写，对学前教育专业学科知识进行了模块化整合，理论与实践并重，突出基础性和实用性，学习者可根据实际情况取舍部分章节，进行有选择性地学习。教材编写提纲由常彦拟订，第一章、第六章至第九章、第十五章由李璧强编写，第二章至第五章由闫晶编写，第十章、第十一章、第十三章由杨宏伟编写，第十二章、第十四章由姜玉海编写，统稿工作由李璧强完成。

由于编写者水平所限，书中难免存在疏漏和错误之处，敬请广大读者不吝批评指正，以便不断修订完善。

**学前教育专业系列教材编审指导委员会**

# 目　录



---

① 带"*"章节为选修模块，教师或学习者可根据实际情况进行取舍。

# 第一章　学前教育概述

【内容提要】

本章首先界定了幼儿教育等与学前教育相关的基本概念，对学前教育学学科本身的发展历程进行了简要回顾；其次阐述了学习学前教育学的意义和方法；探讨了学前教育与社会发展、学前教育与幼儿发展的关系，并对学前教育的目标、任务和原则作了探讨；最后简单介绍了我国及国外一些国家的学前教育制度。

【学习目标】

1.掌握学前教育的概念及其基本要素；
2.把握学前教育学的研究对象与任务，了解学前教育学的发展历程；
3.掌握学习学前教育学的意义和方法；
4.理解学前教育与政治、经济、文化的关系；
5.掌握幼儿发展理论，树立科学的学前儿童观；
6.掌握学前教育的目标、任务、基本原则；
7.了解学前教育制度的相关知识。

【关键词】

学前教育；学前教育学；幼儿发展理论；学前儿童观；学前教育制度

## 第一节　学前教育的界定

### 一、学前教育及其相关概念

#### （一）学前教育概念的界定

学前教育有广义和狭义之分，从广义上说，凡是能够影响和促进儿童身体成长和认知、情感、意志、性格和行为等方面发展的活动，如儿童在成人的指导下看电视、做家务、参加社会活动等，都可说是教育。狭义的学前教育则是指学前教育工作者整合儿童周围的资源，对 0～6 或 7 岁年龄阶段儿童的发展施以有目的、有计划、有系统的影响活动，重点指学前教育机构所实施的保育和教育活动。学前教育可以细分为早期教育（0～3 岁）和幼儿教育（3～6 或 7 岁），两者既相互联系，又各具特点。早期教育主要由教育工作者指导家长在家庭中实施，同时还可在亲子园等早教机构中开展亲子活动予以配合。3～6 或 7 岁学前教育主要在幼儿园中实施。学前期分为婴儿期和幼儿期。婴儿是指从出生到 3 岁（0～36 个月）的儿童，幼儿是指 3 到 6 岁（36～72 个月）的儿童。通常认为，3 岁前是儿童身心发展比较重要的阶段，从出生到 3 岁前为婴儿期教育阶段，也称先学前期。从 3 岁到 6 或 7 岁称为学前期。先学前期教育通常称为早期教育，学前期教育通常称为幼儿教育，由此构成了完整的学前教育阶段。幼儿园教育在我国属于学校教育系统，和中小学教育一样，在学前机构中进行的教育也具有家庭教育和社会教育所没有的优点，如目的性、组织性、计划性和系统性等。

#### （二）学前教育与幼儿教育概念的区别

我国学前教育界对学前教育的定义有别于“幼儿教育”。“学前教育”和“幼儿教育”都是一种特指的概念,“学前教育”针对从出生到入小学前儿童所接受的教育。在早期学前教育文献中,“幼儿教育”主要指对 3～6 岁年龄阶段的幼儿所实施的教育,是学前教育的后半阶段,前面与 0～3 岁的婴儿教育衔接,后面与初等教育衔接。随着经济社会的发展,人们不仅关心 3～6 岁年龄阶段的幼儿所接受的教育,对 0～3 岁婴儿的教育甚至对出生前胎儿的教育日益重视。学前教育研究者开始关注整个从出生到入小学前儿童的教育现象与教育活动。

## 二、学前教育的基本要素

构成学前教育的基本要素包括学前儿童、教育者、教育内容及教育环境。

### (一)学前儿童

目前,我国学前教育界和发展心理学界对“学前儿童”这一概念的界定不完全统一。学前教育研究文献中出现的“学龄前儿童(Preschool Children)”“幼儿(Young Children)”和“早期儿童(Early Children)”等,都属于“学前儿童”的范畴。一般认为,从出生到正式进入小学阶段学习前的儿童统称为学前儿童。学前儿童在教育活动中承担学习的责任,是接受教育的人,更是学习的主体,是构成学前教育的核心要素。

### (二)教育者

教育者与学前儿童在教育过程中发生着十分复杂的互动关系,凡是对儿童施加教育影响的人以及对教育活动承担教育责任的人都属于教育者,教育者在教育过程中处于领导、控制及执教的地位,是教育活动的主导者。各类幼教机构及学校的教师是履行教育教学职责的专业人员,承担教书育人,培养社会主义建设者和接班人的使命。

学前儿童专业教师遵循着国家的教育目的,以最适合于学前儿童的方式,促进他们身体、认知、情感和社会性等方面和谐发展,对于社会的人才培养起着重大的奠基作用,是“太阳底下最崇高的职业”。随着我国实施“科教兴国”“推进素质教育”战略和《中华人民共和国教育法》《中华人民共和国教师法》等相继出台,随着人们对儿童教育在社会发展中的作用的认识不断提高,学前教师越来越受到社会的尊重。

### (三)教育内容

教育内容是人类积累起来的各种丰富的经验,是符合教育目的、最有价值和适合儿童身心发展水平的影响物;学前教育的内容从大的方面来讲包括促进学前儿童身体、认知、情感、社会性、审美等方面发展的各种刺激及其载体。随着时代的发展,这些内容也产生了一些变化,有所拓展。可见,教育内容是教育活动中的载体,体现在一日生活的各个环节中。

### (四)教育环境

教育环境是学前教育的物质资源,包括场所、设备、器材、教具、学具材料等,同时涵盖教育手段与方式。创设良好的教育环境对于学前儿童的发展而言是至关重要的,良好的环境不仅可以发展儿童认知能力,且对于塑造儿童健康的人格具有十分重要的作用。

1.学前教育机构的环境

学前教育机构中的环境是专门为学前儿童设置的,是有明确目的、有计划、有组织、有系统的,符合学前儿童年龄特点和生活、教育的需要,具有专业性、规律性、针对性和发展性等特点,它更能使儿童朝着社会预期的目标发展,对促进学前儿童健康发展起着重要作用。

2.社区环境

社区环境是极为重要的教育资源,教师及儿童家长应当注重开发和利用社区环境。

3.家庭环境

家庭环境主要是指家庭成员之间形成的一种气氛，这对学前儿童良好行为的形成有重要影响。要保证儿童的全面发展，托儿所、幼儿园与家庭必须紧密配合，同心协力地对儿童进行教育。各类学前教育机构管理者和教师要有意识地整合家庭、社区资源引入托儿所、幼儿园，引入保教活动。

## 三、学前教育的特点

学前教育机构是对 0～6 或 7 岁的学前儿童实施保育教育的机构，其所实施的保育教育活动是学校教育制度的基础阶段。与学校制度的其他教育阶段相比，学前教育有如下特点：

(1)学前教育的非义务性。学前儿童去学前教育机构接受教育是自愿的而非强迫接受的，不像义务教育阶段教育那样受法律法规的规定和约束，家长可以选择是否送孩子进托儿所和幼儿园，以及送孩子进哪所幼儿园或托儿所。同时必须明确，家长和教师不得强迫学前儿童进行课程补习。

(2)学前教育的保教结合。学前期是儿童生长发育十分迅速而旺盛的阶段，也是身体各个器官、各个系统的机能还没有发育成熟和完善的时期，因此，要贯彻保教结合原则，一切教育活动都要在保育的前提下进行。

(3)学前教育的启蒙性。启蒙性是指对学前儿童的教育要与他们的现实发展需要联系起来，要启于未发、适时而教、循序渐进，而不是以传授系统知识为主要目标。这一时期的教育重在为儿童今后的发展打下良好根基。

(4)学前教育的直接经验性。由于学前儿童认知水平较低，他们认识事物主要是通过感官和动作，获取直接经验。在学前教育中，要注意为学前儿童提供丰富的实物材料和真实的生活场景，帮助他们获得直接经验。

# 第二节　学前教育学及其研究对象与任务

## 一、学前教育学的研究对象和任务

学前教育学是以学前儿童教育为研究对象，分析学前教育现象和问题，揭示学前教育规律、指导学前教育实践的科学。学前教育学以教育学和心理学的基本原理为基础，研究学前教育的任务、内容、手段和方法，旨在揭示在学前儿童和教育者的共同活动中，怎样对儿童施加有效教育影响，促进儿童在体育、智育、德育、美育各方面的全面发展。

学前教育学的研究任务主要包括以下相互联系的四个方面。

### (一)揭示学前教育的运行规律

规律是事物发展过程中本质的、稳定的联系和必然趋势。透过学前教育各种各样的教育现象，找寻学前教育中不以人的意志为转移的客观规律，引导学前教育朝着正确、健康的轨道发展，是学前教育学的根本任务。

### (二)提高学前教育的保教质量

通过对学前教育的理论研究与实践探索，总结经验教训，用先进、科学的教育理念指导学前教育，寻求既能反映和体现时代特色，又符合学前儿童心理特征和年龄特点的教育内容和方法，全面提高保教质量，进而促进学前儿童在体、智、德、美等方面得到全面和谐的发展。

### (三)做好幼小衔接工作

托儿所、幼儿园是小学的预备阶段,小学是托儿所、幼儿园的延续和发展。为了能使学前儿童顺利地从托儿所、幼儿园过渡到小学,健康茁壮地成长,学前教育工作者必须深入分析和研究学前教育和小学教育在任务、内容和要求等方面的异同,做好学前儿童进入小学前的准备工作,减少儿童在适应小学阶段教育的困惑与挫折。

### (四)为整个教育学科和心理学科的发展做出应有的贡献

学前教育学是教育学、心理学的分支学科。研究学前教育学,不仅要促进自身学科的持续发展,同时要为繁荣和发展教育学和心理学提供支撑。事实上,学前教育学在促使自身学科不断走向成熟和完善的同时,也推动了教育学和心理学的发展。

## 二、学前教育学的形成与发展

对一门学科的形成和发展的过程进行回顾,能够使我们更明确地认识这门学科的现状和面临的问题,并对未来的发展做出分析与展望。

### (一)孕育阶段

在15世纪以前,学前教育思想散见于各种著作中,最初散见在谚语中,如“三岁看大,七岁看老”“教子婴孩,教妇初来”等。我国一些古书中很早就记载着关于学前教育的思想,如西汉贾谊在《新书》中记载了公元前11世纪周成王母亲进行胎教的方法。其中《本命》篇中提出关于出生后年龄特点的记载,如3个月能转视而看见东西,8个月生齿然后能食等。又如魏晋南北朝时期,颜之推著有《颜氏家训》,提出对儿童应从“婴稚”时期起“便加教诲”,认为俗谚“教子婴孩”很有道理。颜之推在《教子篇》和《勤学篇》中论述了幼小儿童的家庭教育,强调父母对年龄幼小的子女不能“无教而有爱”。南宋朱熹编有《童蒙须知》和《小学》等,主张“生子必择乳母”,“乳母之教,所系尤切”,强调选择品德良好的乳母,才有利于婴幼儿的保教。以上这些思想著作根植于中华历史和文化,总结了我国古代胎教和儿童出生后家庭教育的经验,是宝贵的学前教育遗产,值得我们进一步整理研究和继承发展。

在古代,国外一些哲学家、思想家也提出了很多关于学前教育的看法和主张。比如古希腊哲学家柏拉图在《理想国》中论述了建立贵族共和国的理想。首先,他指出了学前教育的重要性,即“凡事之开始,为最重要之点。而于教育柔嫩之儿童,则更宜注意。盖其将来人格之如何,全在此时也。”其次,他第一次提出了学前社会教育的主张。柏拉图认为,在理想国中,儿童属于国家所有,要对幼儿实行公育。国家要设立专门的养育所,选派专职人员,承担抚养教育儿童的责任。这是最早倡导儿童从出生起就在专门机构中养育的学前公共教育思想。最后,重视游戏和讲故事活动在幼儿教育中的重要作用。柏拉图意识到,游戏是符合儿童身心发展的重要活动,是儿童喜爱的活动。他尤其重视游戏的道德教育作用,认为游戏的内容和方式必须符合法律的规范,符合道德的精神。古希腊的亚里士多德继承了柏拉图重视学前教育的思想,并提出了许多新的见解。其在《政治论》中提出有关胎教以及婴儿出生后母乳喂养等理论,研究了学前儿童的年龄分期教育问题并提出计划生育的思想。古罗马教育家昆体良在《雄辩术原理》一书中较详细地论述了学前教育的基本思想,提出人的教育应从摇篮开始;重视婴儿期的语言发展,强调周围环境对儿童最初观念形成的重大影响;重视儿童的游戏活动,论述了游戏对增强儿童智力、促进儿童品德发展的意义。

### (二)萌芽阶段

我国在唐宋以后,长期的闭关自守,加之推行的文化专制主义和按八股文取士的科举制度,阻滞了科学技术和文化教育的发展，学前教育发展缓慢。但这一时期学前教育在艰难中也有一定的发展，如明代王守仁提出“教童子，必使其趋向鼓舞，中心喜悦”，注重顺应儿童兴趣施加教育影响。清朝陈弘谋所编辑《五种遗规》中也包括学前教育思想并赞同“养正之方，最小时为尤要”。

欧洲进入中世纪后，文化和教育几乎为教会所垄断，教育处于停滞和衰退状态。西方一直到14至16世纪，随着资本主义生产因素的发展，出现了文艺复兴运动，资产阶级要求个性解放，主张提供儿童身体和智力发展的条件，社会逐渐重视儿童教育。在这一阶段，教育学已从哲学中分离出来，成为一门独立的科学，同时也产生了一批很有影响的教育专著。影响较大的教育著作主要有捷克教育家夸美纽斯的《大教学论》，英国教育家洛克的《教育漫话》，法国教育家卢梭的《爱弥尔》，瑞士教育家裴斯泰洛齐的《林哈德与葛笃德》，德国教育家赫尔巴特的《普通教育学》和福禄培尔的《人的教育》等。这些教育著作都涉及对学前教育的论述，主要有以下几点：一是提出了尊重、热爱儿童，按照儿童的特点施加教育影响，注重发展儿童个性的观点；二是提出教育必须“适应自然”，强调儿童自由发展；三是提出了儿童家庭教育的完整体系；四是重视儿童主动参加活动，发展儿童感官、获得直接经验。捷克教育家夸美纽斯专门为家长编写了教育子女的教材《母育学校》(又名《论六岁以下儿童的细心教育法》)，这是世界上第一本学前教育专著。在该书中，夸美纽斯指出，每一个家庭都可能是一所母育学校，并系统完整地论述了家庭教育的结构体系。

### (三)初创阶段

从18世纪后期到20世纪前半期，学前教育学从普通教育学中分化出来。19世纪中后期，学前教育学在德国教育家福禄培尔有关幼儿教育的文章汇编《幼儿园教育学》的基础上开始创立，并逐渐发展成为一门独立的科学。

福禄培尔致力于学前教育事业，系统地阐释了幼儿园的办学理念和教学任务，建立了学前教育机构，设计了一套游戏与作业材料，培训了第一批幼儿教师，推动了世界各国幼儿园的建立和发展。福禄培尔的儿童教育思想对世界各国的学前教育理论与实践产生了广泛而深远的影响，被世人誉为“世界幼儿教育之父”。俄国教育家乌申斯基认为教育要考虑每个孩子的年龄和心理特征，游戏的性质和内容受社会环境和儿童年龄的影响，并重视向学前儿童进行认识大自然的教育以及进行美育和德育等。美国教育家杜威主张“以儿童为中心”“教育即生活”“从做中学”，强调以儿童实际经验为起点，并使经验继续不断地改造。意大利教育家蒙台梭利是继福禄培尔之后对学前教育理论有重大影响的代表人物，于1907年创办了举世闻名的“儿童之家”，设计了蒙台梭利教学法，著有《童年的秘密》《蒙台梭利教学法》(又名《儿童之家的科学方法》)《教育人类学》，系统地探讨了儿童教育的基本原理和方法，对现代儿童教育的改革和发展做出了突出的贡献。

在我国，清末著名政治家、思想家、社会改革家和教育家康有为把教育看作是救亡图存、政治维新的重要手段。在《大同书》中，他第一次提出了在我国实施学前公共教育的思想，主张对幼儿实施社会公育。他强烈要求政府要代替父母承担抚养、教育孩子的责任。20世纪初，我国历史上伟大的人民教育家陶行知对我国学前教育理论与实践进行了系统研究，他强调0～6岁学前教育的重要性，并把这一时期当作人格陶冶的关键环节；从工农大众的需求出发，提出了“中国化”“平民化”的办园思想，主张在工农中普及学前教育；反对压抑、束缚幼儿思想的教学手段，高度重视幼儿创造力的培养。他创办了我国第一所乡村幼稚园和劳工幼稚园。他论述了幼儿教育的一些理论问题，发表《创设乡村幼稚园宣言》《幼稚园之新大陆》等著作。另外，著名儿童教育家陈鹤琴在系统研究儿童心理发展基础上，于1923年创办我国最早的幼儿教育实验中心——南京钟鼓幼稚园。抗战时期，他又创建我国第一所公立幼稚师范学校——江西实验幼师。陈鹤琴对幼儿园的课程、教材、教学方法和设备进行了实验研究，主张幼稚园应有充分而适当的设备，并与家庭合作教育儿童；主张幼稚园的课程以大自然、大社会为中心，实施单元教学，采用游戏方法等。他撰写了《儿童心理之研究》《活教育理论与实施》《家庭教育》等著作。我国另一位著名儿童教育家张雪门主办香山慈幼院的北平幼稚师范学校和幼稚园，并出版了《幼稚园教育概论》《新幼稚教育》《幼稚园的课程》《幼稚园组织法》等著作。

这些中外教育家的著作和教育实践对学前教育学的建立和发展起到了很大的作用，使学前教育学从普通教育学中分化出来，开始形成一门独立的学科。

（四）发展成熟阶段

进入20世纪以后，学前教育学的发展进入了提高理论化和科学化水平的新阶段，在我国主要表现在两个方面：首先，辩证唯物主义为学前教育学的研究提供了科学的世界观和方法论；其次，邻近学科和科学技术的发展为学前教育学提供了科学基础，提高了学前教育的科学水平。中华人民共和国成立后，学前教育工作者总结我国学前教育的经验，并吸取国外有益经验，在教育实践和科学研究等方面做了不少工作，进一步科学地揭示了学前教育的规律。对幼儿园一日教育过程的组织，儿童生活护理和身体锻炼，道德品质和行为习惯的培养，语言和智力的发展，以及幼儿园常识、体育、音乐、美工、科学和各科教学法方面，都取得了一定的研究成果。进入21世纪以来，学前教育学理论日益向多元化发展，学前教育趋于普及，儿童入园率不断提高，学前教育水平持续提升，但不同国家、不同区域学前教育发展极不平衡。

## 三、现代社会学前教育学的发展趋势

学前教育学是一门年轻的科学，近30年来由于科学技术的发展和社会上对学前教育的重视，学前教育理论的研究有很大进展。

（一）国际化

每一个国家，每一种社会的学前教育及其发展都有其自身的特点。但是在现代社会，由于科学技术的发展、媒体的介入、交通的发达，使得不同国家、不同社会的学前教育有了更多的了解与交流，国际间的合作也在不断加强。尤其在进入90年代后，学前儿童教育的国际沟通不断加强。国际间的交流、合作有利于共同解决社会发展所带来的负面影响，如环境污染、独生子女问题等。

现代社会学前教育发展的国际化趋势决定了现代学前教育的社会化与合作化的特征。我国现代社会学前教育不仅应该关注国内的教育发展趋势，而且还要关注国际学前教育的发展趋势，要了解他国的教育经验，既不能简单照搬，也不能简单地排斥一切，而是采用比较分析，选择性地借鉴合理部分，正确处理本土化和国际化的关系，不断完善学前教育理论，同时将我国的学前教育及时融入国际化的大背景，积极参与学前教育的国际行动。

（二）多样化

在急剧变革的现代社会中，学前教育的发展必将受到各种社会因素的影响与制约。社会中的经济活动、文化活动、人口变化、生活方式变迁等，都对学前教育的体制、观念、内容与方法产生深刻的影响与冲击。原先单一的办学体制、单一的教育模式、单一的教育理念已很难适应经济社会发展对学前教育的多样化要求。因此，现代社会的学前教育在适应社会变革的过程中，其教育体制、办学模式、教育理论的发展必然日益多样化。

（三）科学化

现代社会越来越重视学前教育的科学化，越来越重视科学技术手段、科学研究成果、科学教育观念对学前教育发展的影响作用。学前教育学必须借鉴各学科的方法、手段和研究成果，提高科学化和理论化水平。

（四）整体化

现代社会的学前教育越来越关注儿童发展的各种需要，并尽可能为儿童发展创设良好的条件与丰富的环境，不仅保证儿童身体的正常生长发育，还要为他们提供参加文化、娱乐和休息活动的机会，使他们获得在该社会条件下最充分的发展，从而避免孤立的、片面的发展。

（五）规范化

随着社会经济与教育事业的不断发展，现代社会的学前教育机构呈现出多样化、规模化的发展趋势。虽然不同国家、不同地区的学前教育机构有很大的不同。但是，对各种不同的学前教育机构进行规范化管理，已经成为世界学前教育共同的发展趋势。

## 四、学习学前教育学的意义和方法

### （一）学习学前教育学的意义

(1)学习学前教育学可以提高对教师职业的认识，增强对教育工作的兴趣和热爱。年轻一代是祖国的未来、民族的希望，培养他们成为现代化建设事业的主力军，关键在于教师。学好学前教育学，可以帮助学前教师提高对学前教育工作重要性的认识，增强对教育事业的热爱和对教师职业的认同。热爱教育事业是人民教师崇高的美德和工作的动力，不仅可以激发教师对教育工作的兴趣，而且可以使教师坚定献身教育事业的责任感。

(2)学前教育学知识是学前教师知识结构不可缺少的组成部分。合理的知识结构，既是形成技能技巧、适应职业岗位的必要条件，又是发展智力、培养能力、焕发创造精神的根本保证。一名没有深厚的教育科学知识的学前教育专业学生，是不可能成为一名出色的学前教育机构教师的。学前教育专业的学生的知识结构，除了在中小学阶段已经掌握了的文化科学基础知识和基本技能之外，还应该包括各门学科的基础知识、专业知识和教育科学知识。其中，教育科学知识又包括学前教育学、学前心理学、学前卫生学等学科知识。

(3)学前教育学的基本原理是教师从事保教实践的指南。从学前教育工作的实际需要看，学前教育学是教师把握教育规律的核心理论支撑，尤其对新教师尽快适应保教工作，不断积累经验，形成保教特色，走向专业成熟和充分专业化具有重要意义。

(4)学习学前教育学有助于推动学前教育改革的实践和学前教育理论本身的发展。学前教育理论能更好地指导学前教育工作者科学地分析教育改革中出现的问题，推动学前教育改革实践。学前教育工作者较高的教育理论水平反过来可以加速将教育实践中产生的经验上升为科学的理论，推动学前教育学科本身的发展。

### （二）学习学前教育学的方法

(1)认真读书、勤于思考。学习学前教育理论的第一步是认真学习教材，深入理解和领会学前教育学的基本概念和基本理论；初步了解学前教育学的基本结构，这是读书学习的重点。除教材之外，其他参考书籍的广泛阅览也是必要的。在反复推敲、弄懂并吃透教材知识，系统了解和掌握各流派学前教育理论的实质、内容、价值等的同时，大胆进行批判性的思考、分析和比较。勇于探索新问题，提出新见解，是提高自己理论水平的重要途径。不过，独立思考并不是闭门造车，更不是凭空臆测。“独学而无友，则孤陋而寡闻”，在自己学习思考的基础上和老师同学相互交流看法，讨论切磋，可以帮助我们更清楚、更全面、更准确地掌握学前教育学理论。

(2)理论联系实际、学以致用。第一，联系学前教育实际，倡导实践性学习。学前教育理论是为学前教育实践服务的，理论联系实际是学好学前教育学的必由之路。第二，联系有关社会现象和问题，重视研究性学习。要经常尝试运用学过的理论知识对来自教育实践的问题进行理智的分析，对各种思潮、观点进行冷静的批判性思考，做到学以致用。

# 第三节　学前教育与社会发展

学前教育的本质特征是学前教育理论中的重要问题，可以从两方面来探讨。一方面是学前教育与社会的关系，一方面是学前教育与儿童发展的关系。研究和认识这两方面的本质特征，才能使我们清楚地认识学前教育的基本规律，才能在理论研究和教育实践中有正确的方向，并取得良好的发展。

教育包括学前教育是人类社会的实践活动，是一项系统的社会工程，它与社会的各种因素有着复杂的多边关系。一方面，教育包括学前教育受社会政治、经济、文化、科技、人口等的影响和制约；另一方面，教育包括学前教育又对政治、经济、文化、科技、人口等有一定的反作用。

## 一、学前教育与政治

政治与学前教育的关系主要体现在两个方面：一是政治对学前教育的影响与制约；二是学前教育对政治的反作用。政治主要指国家性质、各阶级和阶层在政治生活中的地位、国家管理的原则和组织形式等。学前教育的性质受社会政治的影响，并为政治所决定。

学前教育及整个教育系统是为社会培养人的，对哪个阶级和阶层的子女进行教育，进行什么样的教育，要培养他们成为什么样的人，这些有关教育和学前教育的领导权、法令、方针政策、目的任务及教育制度的问题主要是由社会的政治决定的。在阶级社会里，哪一个阶级掌握政权，哪个阶级在教育上就居于统治地位，掌握着教育的领导权，为他们培养社会所需要的接班人。历史上不同形态的社会中，学前教育的性质也就不同。

### (一)政治对学前教育的影响与制约

政府权力机关及职能部门对学前教育的重视与领导，是学前教育发展的决定条件。政治对教育财政拨款、教育经费投入等的影响深刻。

#### 1.政治关系的变革决定着学前教育的性质

在阶级社会里，学前教育体现统治阶级的利益和意志，服从或服务于统治阶级的需要，具有明显的阶级性。在剥削阶级占统治地位的社会里，如奴隶社会、封建社会和资本主义社会的政治体系下，学前教育主要面向统治阶级的子女，为剥削阶级的政治统治服务，具有专断性和特殊性。而在社会主义生产方式下，学前教育则面向广大劳动者的子女，体现了社会主义性质，服务于无产阶级政治，具有平等性和民主性。

#### 2.政治制约学前教育制度的变革

学前教育制度反映并受制于政治制度。政治对学前教育制度的改革起着阻碍或促进的作用。一般而言，统治阶级往往通过制定和修改学前教育制度，进而加强对学前教育的控制和主导。如对学前教育目的、学前教育领导权和被领导权等方面的规定和限制，就是政治制约学前教育制度的体现。

#### 3.政治影响学前教育经费的筹措

学前教育的经费来源于政府拨款、家长出资、民间集资、企事业单位及爱国人士赞助等方面。政府机构和有关部门依据政治需要或财政收支情况制定相关政策和措施，从而决定学前教育经费的筹措方案。

总之，在不同形态的社会，由于社会的政治不同，学前教育的性质也不同。但同时也要看到，由于学前教育是人的启蒙教育，在儿童日常生活的基本行为习惯和独立生活能力的培养、基本动作的发展、智力的发展和认识自然环境等具体教育任务和内容方面，有一部分是不随政治的改变而改变的，是相对独立的。因此，当前世界各国的学前教育在教育任务、教育内容和方法等方面都有其相近的一面。

### （二）学前教育对政治的反作用

1.学前教育可为政治培养所需人才

教育是培养政治人才的重要途径，是实现统治阶级政治目标的重要手段。学前教育是教育的基础阶段，可以使幼儿树立特定社会所要求的基本政治观念和政治抱负，影响着社会成员政治素质的养成和提高，有利于实现社会的政治目标。

2.学前教育具有巩固和发展政治关系的作用

学前教育在巩固和发展政治关系的过程中发挥着重要作用。一方面，学前教育机构向儿童传授体现统治阶级意志的政治观念和思想意识，使新生一代认同、服从现有的政治关系格局；另一方面，学前教育及整个教育系统培养了稳固社会政治关系格局的充足的政治人才，补充了统治力量，扩大了政治统治基础。

3.学前教育可推动政治民主的进程

国家的政治民主取决于两个因素：政体的性质和人民的政治觉悟。而人民政治觉悟的提高，在很大程度上依赖于学校教育。一个国家越是重视学前教育，就越能提高学前教育工作者和社会人士的民主意识和政治参与能力，推动民主政治改革和进步。

## 二、学前教育与经济

### （一）经济对学前教育的制约

经济最终决定、制约着整个社会的发展，因而必然地决定、制约着教育的发展。生产力水平为学前教育提供了发展的可能性和必要性。生产力水平低下的情况下，社会不可能举办大规模的学前教育，也不需要发展学前教育。

1.生产力的发展水平制约着学前教育的物质基础

物质资料的生产是学前教育存在和发展的基础。在生产力极其低下的社会里，如原始社会，由于没有充足的物质资源，要想大规模地发展学前教育是不可想象的。生产力的发展水平为学前教育提供了可能的人力、物力、财力等物质资源。学前教育的产生、发展和完善要受制于生产力的发展水平。

2.经济的发展水平制约着学前教育发展的规模和速度

任何事物的产生、发展和壮大都是一个历史发展的过程，学前教育亦不例外。学前教育机构的设置、学前教育经费的投入、幼儿园的办学规模与学前儿童的入园率等，都和社会的经济发展水平直接相关。学前教育的办学规模、速度随着经济发展水平的提高得以不断发展。

3.经济发展水平制约着学前教育的内容、手段和教学组织形式的变革

学前教育的内容、手段和设施受社会经济发展水平的影响。封建社会的教育一般侧重于道德、宗教礼仪、语言文字等方面，这一点不论是中国教育还是外国教育都有相似之处，即和生产劳动相脱离。但随着生产力的发展、科学技术的进步，教育内容变得更加丰富、充实且趋于系统化和现代化，教育也因此而得以发展。在现代社会经济发展的影响下，学前教育的内容和手段有了很大的变革。

### （二）学前教育对经济发展的促进作用

教育学和心理学的研究表明，提高人的素质不只是在入小学后的教育，入小学前的教育也同样

重要。学前教育在提高劳动力的素质方面的作用，在促进社会经济发展方面的作用越来越为人们所重视。另外，学前教育关系到千家万户的生活和工作，减轻家长养育幼小孩子的负担，使他们有充沛的精力投入工作和学习，从而为发展经济服务。

1.学前教育是劳动力再生产的重要手段

人的劳动力并非与生俱来，必须经过后天的教育和培训，才能从可能转变为现实。马克思指出："要改变一般人的本性，使他获得劳动部门的技能和技巧，成为发达的和专门的劳动力，就要有一定的教育和训练。"学前教育作为教育的起始阶段，是培养新生劳动力的奠基阶段，是促进劳动力再生产的重要手段。

2.学前教育促进了科学知识的再生产

经济的发展是以科学知识的生产和进步为标志的。知识生产的扩大并转化为现实的生产力，提高了劳动生产效率。研究学前教育学，不仅本身积累了丰富的知识经验，推动了学前教育领域内的科学知识的更新，而且促进了邻近学科知识的发展。

3.学前教育解放了劳动力，为经济发展提供了人力资源

学前教育的兴起与发展，学前教育机构的举办，减轻了家长抚养教育子女的负担，使他们有更多的时间和精力投入到工作和学习中，有力地促进了经济的发展。

## 三、学前教育与文化

文化有广、狭义的概念之分。广义的文化是指人类在社会发展过程中所创造的物质财富和精神财富的总和。狭义的文化是指人类后天习得的并为一定群体所共有的一切观念和行为，主要限于广义文化的精神层面。

### （一）文化与教育

教育是一种有目的地培养人的社会活动，它广泛地存在于人类社会生活之中。广义的教育常被看作是人从出生到生命终止的全部感化的总和，包括有计划的和偶然的、有组织的和无组织的、自觉的和自发的感化的总和。教育区别于其他事物现象的根本特征是在于教育的对象是人，这是教育的质的规定性。狭义的教育通常指的是各种形式的学校教育，它是根据一定社会的现实和未来的需要，遵循年轻一代的身心发展规律，有目的、有计划、有组织地引导学习者获得知识技能，陶冶思想品德，发展智力和体力的一种活动，以便把学习者培养成为适应一定社会（或一定阶级）的需要和促进社会发展的人。从文化系统来说，教育可认为是文化的一个因素，也可以说，教育是根据一定社会占统治地位的阶级的价值而设计、创建的一种文化形式和文化行为。

### （二）文化对学前教育的影响和制约

学前教育是文化的重要组成部分，学前教育的教学内容和方法受文化的影响；文化的延续和发展依赖于学前教育，学前教育是继承、传播、发展文化的重要手段。二者相互作用、相互促进。

1.文化影响着学前教育的目标

学前教育的目标既受制于社会政治经济的制约，又受到文化的影响。例如，在我国封建社会，受儒家文化的影响，教育的培养目标被定为"明人伦"。可见，即使是在学前教育阶段，封建社会的学前教育目标的中心依然被定格在伦理道德教育范畴里，从而使得学前教育的目标不是促进儿童心理、智力、道德等方面的和谐发展，而是片面地重视道德教育，用德育涵盖其他各个方面。

2.文化影响着学前教育的内容

文化构成了学前教育的内容，文化影响着学前教育内容的选择。能够进入学前教育领域充当

教育内容的文化必须具备两个基本条件:一是具有较高的教育价值,以促进儿童身心的健康发展;二是具有较高的社会价值,以促进社会的稳定和进步。

3.文化影响着学前教育的方法

文化决定着教学方法的取舍。例如,中国传统文化重视通过反省、内省的方式以求得自我修养的提高,很少关注或漠视活动教育、实践教学的价值。因此,封建社会学前教育的方法多采用讲授法、说理法、谈话法等,而探究法、活动法、发现法等运用较少。

4.文化影响着学前儿童的身心发展

文化对儿童身心发展的影响,既有积极的一面,也有消极的一面。例如,在西方中世纪的宗教文化看来,儿童生来就是有罪的,其肉体是灵魂的监狱,为了赎罪,必须用铁荆棘条鞭打儿童,以拯救儿童,使他们获取新生,因此中世纪的儿童教育提倡棍棒教育,盛行体罚,导致了儿童身心的畸形发展。而在现代文化条件下,越来越多的国家和地区都摒弃了体罚的教育范式,在学前教育领域里营造充满关心、爱护、体谅的氛围,有利于儿童心理、智力、道德的健康发展。

我国传统文化的历史源远流长,十分丰富,有精华也有糟粕,且同时都对学前教育产生着深刻的影响。

### (三)学前教育对文化的作用

1.学前教育具有继承文化的作用

在人类历史发展的长河中,积累了内容众多、丰富多彩的文化。在学前教育保教实践中,通过教材的编写、教学内容的组织、教学方法的设计、教学经验的总结、教学论著的发表等一系列工作,既保证了教学活动的正常进行,又发挥了学前教育继承、保存和传播文化的作用。

2.学前教育具有选择文化的作用

不是任何文化都能进入教育领域而充当教育内容,加之文化本身就是一个精华与糟粕并存、良莠共生的集合,因而选择文化就成为学前教育的重要任务之一。学前教育对文化的选择,一方面要反映本民族文化中的精粹,另一方面也要重视跨文化的交流与合作,学习、借鉴和吸收世界上的优秀文化。

3.学前教育具有创造文化的作用

学前教育必须适应政治经济变化的要求和当前受教育者思想发展的需要。因此,学前教育教学内容、手段、方式、评价机制等方面进行的改革,增强了学前教育与社会文化发展的适应性,促进了文化的发展与创造。

此外,学前教育与社会发展的关系还包括学前教育与科技的关系、学前教育与人口的关系等方面。

## 第四节　学前教育与儿童发展

儿童发展是指儿童在其成长过程中,伴随着生理的逐渐成熟、社会生活经验的不断增长及其相互影响,其心理和生理得到不断提高的变化过程。儿童的生长过程中,既可表现为进步,也可表现为退步。发展是一个有方向、有价值选择成分的概念,只有儿童身心的发展是沿着由简单到复杂、由初级到高级的序列演变时,我们才将这种变化称之为发展。儿童社会心理方面的变化,尤其是社会思想和行为方式方面的变化,则是以社会文化的主流价值及其发展趋势作为儿童社会性行为的发展方向。

## 一、代表性儿童发展理论

### (一)格塞尔的成熟势力说

成熟势力说认为儿童的生理和心理的发展,取决于个体的成熟程度,而个体的成熟取决于基因规定的顺序。

格塞尔的主要观点即为“成熟势力说”。格塞尔根据自己长期临床经验和大量的研究,提出一个基本的命题,即个体的生理和心理的发展,取决于个体的成熟程度,而个体的成熟取决于基因规定的顺序。成熟是推动儿童发展的主要动力。没有足够的成熟,就没有真正的变化。脱离了成熟的条件,学习本身并不能推动发展。这是格塞尔在处理遗传与学习二者关系时所取的基本出发点。显然,格塞尔认为,对于儿童的发展来说,学习并不是不重要,但是,当个体还没有成熟到一定程度时,学习的效果是很有限的。格塞尔的经典实验“双生子爬楼梯”,就是这一观点很有力的佐证。他得出结论说:不成熟就无从产生学习,而学习只是对成熟起一种促进作用,在儿童成熟之前的早期训练,对于最终结果没有多大作用,成熟是发展中起主导作用的因素。格塞尔学派被公认为属于遗传决定论。

### (二)华生的环境决定论

环境决定论认为儿童的发展中起着绝对影响作用的力量,是儿童生活环境和后天所获得的训练和教育引导。

华生注重对儿童的行为产生过程的探索,提出了环境决定儿童发展的观点。华生对此有一段经典论述:“请给我十几个健康而没有缺陷的婴儿,让我在我的特殊世界中教养,那么我可以担保,在这十几个婴儿之中,我随便拿出一个来,都可以训练他成为任何一类专家——无论他的能力、嗜好、趋向、才能、职业及种族是怎样的,我都能够训练他成为一个医生,或一个律师,或一个艺术家,或一个商界首领,或者甚至也可以训练他成为一个乞丐或窃贼。”这段话一直被人们公认为环境决定论的经典表述。

在对遗传和环境进行二分选择的过程中,还有相当多的心理、教育、哲学家们把砝码投向了天平的另一边——环境。在我国,最早提出并回答先天与后天关系问题的是孔子,他强调后天影响对心理发展的作用,“性相近,习相远”意思是人的先天禀赋是差不多的,人的成就和习性的不同则是后天学习的结果。

环境决定论关注儿童生长的环境条件、后天教养内容和教育方法在儿童成长与发展中的重要影响作用。就这一点而言,应该承认,与遗传决定论相比较,它发现了对儿童发展影响力更大的一个变量。因此,环境决定论对儿童教育实践的影响也远远大于遗传决定论。在某些时候,环境决定论甚至成了教育对儿童发展进行影响与控制的唯一合理、合法性的依据。环境决定论否定人的生物遗传素质在儿童发展中所起的潜在作用,确信在儿童发展过程中,是其后天的生活经历和环境影响在起决定的作用,因而环境决定论又被称之为养育论。

### (三)辐合论

辐合论认为儿童心理的发展是其内在品质与外在环境合并发展的结果。

遗传决定论与环境决定论各执一端,相互否定,使得人们在教育实践中难以全面把握对儿童发展具有影响作用的各种因素。20 世纪 50 年代前后,这两种相互对立的儿童发展观,逐渐放弃排斥对方,开始走向相互包容。辐合论认为,心理的发展不是单纯地靠天赋本能的逐渐显现,也不是单纯地对外界影响的接受或反映,而是其内在品质与外在环境合并发展的结果。但并非所有肯定这两个因素的学者,都简单地同意“发展等于遗传与环境之和”的判断。

施太伦在其所著的《早期儿童心理学》一书中，明确地提出儿童心理的发展是受环境和遗传二因素共同影响的"合并原则"。美国的心理学家吴伟士认为，虽然儿童的发展是其遗传和后天环境共同影响的结果，但是这两种因素在儿童的发展中所起的作用是不同的，在儿童发展的不同阶段上，这两种因素的影响力的大小也有明显的差别。

一般而言，儿童的发展就其发生学的意义而论，遗传的制约性要大于环境因素的力量，随着儿童机体的成熟程度的提高，环境对儿童发展的影响则越来越重要。

### (四)维果茨基的"最近发展区"理论

该理论认为儿童的发展是在社会环境和成人教育影响下逐渐转化的过程，教育就是变现在发展区为最近发展区，促进儿童的成熟与发展。

维果茨基(又译为维果斯基)是苏联建国时期卓越的儿童心理学家，他的思想是在20世纪20～30年代形成的。他用马克思主义的基本观点来建立新的心理学和儿童心理学。他认为，由于人的心理是在人掌握间接的社会文化经验中产生和发展起来的，因而在儿童心理发展上，作为传递社会文化经验的教育就起着主导作用。认为儿童的发展是在社会环境和成人教育影响下逐渐转化的过程。这就是说，人类心理的发展不能在社会环境以外进行，同样，儿童心理发展离开了教育教学也就无法实现。在社会和教育的制约下，人类或儿童的心理活动，首先是属于外部的、人与人之间的活动，以后就内化为人类或儿童自身的内部活动，并且随着外部和内部活动相互关系的发展，就形成了人所特有的高级心理机能。另外，他提出了"最近发展区"的概念。他根据儿童发展的实验研究，提出了儿童发展的两种水平：现有水平表现为儿童能够独立完成的某项任务，教育对此不具影响(现在发展区)；第二种水平指尚处于形成的阶段，即最近发展区。他认为，教育就是变现在发展区为最近发展区，促进儿童的成熟与发展。他主张"教育教学应该走在儿童发展的前面"，"教育的作用在于创造最近发展区"。

### (五)皮亚杰的认知建构主义发展理论

瑞士心理学家皮亚杰在其1968年出版的《结构主义》和1970年出版的《发生认识论原理》等著作中，以儿童的认识能力的发展为基本线索，探讨了儿童发展过程中遗传、环境和儿童自身作用的关系问题。他认为，儿童主体的活动是第一性的，是儿童发展的根本原因，遗传与环境因素只是儿童发展的必要条件。

遗传素质只是儿童发展的必要条件，而不是发展得以产生的动因，更不能预定发展结果，而且遗传素质在儿童发展中的重要性会随儿童的生理成熟的提高而降低。儿童发展的环境因素，也是儿童发展的重要条件，但是环境因素作为客观存在，也不能自动地对儿童发展产生影响。环境因素对儿童的作用，产生于儿童主体与环境的相互作用活动之中。也就是说，只有儿童把环境因素选作自己的反应对象，借此来构造或改变自己的认识结构和反应方式时，这一环境因素对儿童发展才是有意义的。在遗传、环境和儿童主体的活动这三者之间，唯有儿童的活动才是其发展的真正起因。所以皮亚杰认为，儿童的发展是一个不断演变的建构过程，在这一过程中，儿童主体的活动是第一性的，是发展的根本原因，遗传与环境因素只是儿童发展的必要条件。

### (六)杜威的"教育即增长"说

美国教育家杜威认为，在儿童的发展过程中，作为发展的主体，儿童对教育活动的参与和体验是影响其发展、尤其是社会性发展的最为重要的因素。他从强调儿童的主体性地位出发，提出了"教育即增长"的著名论断。

杜威是进步主义教育理论的代表人物之一，他反对传统教育脱离实际生活，脱离儿童经验，提倡关注儿童的参与、以儿童为中心的教育。他强调教育的根本点在于儿童的成长与发展，教育就是要尊重儿童的个性，围绕儿童的兴趣、需要等进行组织，让儿童成为活动的主体，处于教育活动的中心地位。唯有如此，儿童才能真正地从教育中形成自己的感受和经验，才能从这些感受和经验的积累、变化中，进行比较、判断和选择，把某些经验内化到自己的知识、行为结构中，形成自身的发展。

### (七)蒙台梭利的幼儿教育思想

意大利著名教育家蒙台梭利一生从事教育改革工作。蒙台梭利的主要工作是研究儿童，主张用科学的方法深入了解儿童，发现儿童的“秘密”，然后用科学的教育帮助儿童身心得到全面发展。她曾说：“不要尊我为教育家，我所做的工作只是研究儿童”，“儿童是人生的第一部分，又是人类的未来，成年人的得失成败和他自己的童年生活密切相关。”其主要观点包括：第一，儿童心理发展是天赋能力在适宜环境中的自然表现，并提出“吸收性心智”的概念；第二，儿童心理发展具有“敏感期”；第三，儿童心理发展具有阶段性；第四，儿童心理发展是在“工作”中实现的。

## 二、儿童观

儿童观是成人如何看待和对待儿童的观点的总和。儿童观的内容涉及对儿童能力、特点、地位与权利、儿童期的意义、儿童生长发展的形式及其主要影响因素、教育同儿童发展之间的关系等诸多问题的态度和认识。

随着现代生理学、心理学的发展和科学技术手段的革新，对儿童能力和特点的研究分析更为深刻、细致；教育实践也充分证明了儿童期在人一生发展中的重要性。

### (一)儿童观的种类

在人类社会漫长的发展过程中，人们对儿童的认识不尽相同，但很多都与对“人性”的探讨相联系，如中国古代学者提出的“性恶”说、“性善”说，西方宗教或学者提出的“有罪”说、“白板”说等，如何看待儿童、怎样对待儿童，可谓众说纷纭、观点各异。归纳起来，对于儿童认识的代表性观点主要有以下几类：

1.“小大人”说

持有这种观点的人认为儿童是“缩小版”的大人，儿童和大人没有什么区别，即使有的话，那也只是身高和体重的不同而已。中国封建社会，成人用长袍马褂将儿童打扮成成人的样子，以成人的规范要求儿童，用四书五经作为“催熟剂”强制灌输给儿童，以期让儿童更接近“成人”的标准。

2.“有罪”说

持有这种观点的人认为儿童天生是“有罪的”，儿童一出生，就充满罪恶，或卑贱无知，或贪得无厌，成人应该对他们严加约束和教育，使儿童能不断地进行赎罪。

3.“白板”说

持有这种观点的人认为，儿童刚出生的时候，其心灵就像一块白板，成人可以在上面按照自己的意图或喜好任意画上不同的图案。

4.“幼苗”说

持有这种观点的人认为儿童是一个有独立存在价值的实体，是没有长大的“幼苗”，儿童具有纯洁美好、独立平等的自然本性，但儿童有自己独特的思想、情感和需要，不能用成人的标准去看待儿童，儿童就是“儿童”，这种区别应得到成人的尊重，儿童的天性应得到成人的呵护与珍惜。

5.“工具”说

在中国传统文化中，把儿童看作“传宗接代”“光宗耀祖”或“防老”的工具。中国人大都把子女的出人头地看成是自家门庭的无上光荣。在封建社会，人们认为子女是父母身体和精神的延续，是家族权利和财产的继承者，所以，人们认为生儿育女是延续生命、追求不朽的一种方法。

6.“财产”说

持有这种观点的人认为儿童是“私有财产”。在封建社会，父母可以随意打骂子女，子女在父亲面前是没有自身权利的，父亲可以自由安排子女的命运，甚至掌握着子女的生死予夺大权。近代社会，有些人认为儿童是父母婚姻的结晶，产生于母体，归父母所有。这种观点认为儿童的命运由父母掌握，父母可以控制儿童的生活，决定儿童的一切事情，父母可以按照自己的意愿把儿童培养成为他们认为是最理想的人。

7.“资源”说

持有这种观点的人认为儿童是“未来的资源”，儿童是国家最宝贵的财富和潜力最大的资源，是未来的建设者和劳动力。

8.“主体”说

持有这种观点的人认为儿童是“发展主体”，儿童在体力、智力、情感、社会性、道德等许多方面，都不同于成人，儿童是具有发展潜力和发展需要的人，他们是正在发展中的人。但我们必须承认儿童的发展能力和主观能动性，不能因为儿童弱小和需要保护，就轻视他们，使他们“被动”发展，应给儿童创造和提供主动发展自己潜能的机会，在出生、成长、发育的过程中，成为自主的行动者，能表达自己的主张和意见，充分行使自己的权利。

### （二）学前儿童观

1.学前儿童权利观

(1)儿童是人，具有与成年人一样的人的基本权益，具有独立的人格

首先，儿童的权利包括出生权、健康权、生存权、教育权、发展权等。出生权：现代科技产品（电脑、电话等）对胎儿的影响（流产、畸形）；重男轻女观念与堕胎现象；出生却没有办理出生医学证明，也就没有享受相应的免费疫苗、医疗保健等。健康权：传统疾病对婴幼儿生命的威胁；合理的饮食；充足的睡眠；丰富的营养。生存权：战争对婴幼儿生命的威胁等；婴幼儿的营养状况。教育权：家庭贫困与重男轻女观念对幼儿，特别是女童接受教育的影响。发展权：各种有利于儿童发展日常用品的研发。

其次，儿童是自身权利的主体。儿童虽然年龄小，但他们和成人一样都是社会的公民，具有独立的社会地位，依法享受各项社会权利，应该得到全社会的关爱和保护。如今，世界各国都非常重视保护儿童权利。为了将保护儿童的权利落到实处，1959 年，联合国第 14 届大会通过了历史上第一个关于保护儿童权利的国际性公约——《儿童权利宣言》。1989 年，联合国第 44 届大会进一步通过了《儿童权利公约》，强调 18 岁以下的任何人，不仅仅是被保护的对象，而且是积极和创造性的权利主体，拥有包括生存、发展和充分参与社会、文化、教育生活以及他们个人成长与福利所必需的其他活动的权利。《中华人民共和国宪法》第 49 条规定，“父母有抚养未成年子女的义务”。《中华人民共和国义务教育法》第 4 条规定：“国家、社会、学校和家庭依法保障适龄儿童、少年接受义务教育的权利。”根据《儿童权利公约》和《中华人民共和国未成年人保护法》，我国儿童应享有受教育权，生命权，身体权，健康权，身体自由权和内心自由权，肖像权，名誉权，隐私权，财产受到管理、保护权，独立财产权，生活获得照顾权，民事活动代理权，休息娱乐权，获得良好的校园环境权，拒绝乱收费的权利，拒绝不合理劳动权等。校内外每个儿童都是独立的生命实体，具有独立的人格，儿童与成人在人格上是平等的，教育应该是儿童与成人之间的对话，我们必须把儿童看作是具有独立价值的生命存在，学会尊重儿童。

第三，儿童是自身学习和发展的主体。儿童的发展，除了受客观因素，如遗传、环境和教育等因素影响外，还取决于其自身的能动性。人既是认识的主体，又是实践的主体，具有主观能动性。儿

童的主观能动性包括儿童的独立性、积极性、自主性和创造性。儿童的发展，自始至终都是一种主体的自我调节活动。在教育过程中，儿童不是被动的加工对象，而是学习和发展的主体。任何教育影响必须经过儿童主体的主动吸收、转化才能生效。没有儿童自身能动性的发挥，其他因素的作用也难以完全得到实现。

(2)男女平等、种族平等

不同性别的儿童应享有均等的机会和相同的权益，受到平等的对待。彻底消除种族歧视、性别歧视，杜绝重男轻女观念，平等对待幼儿。

2.学前儿童发展观

(1)儿童是整体发展的个体

儿童是一个全方位不断发展的“整体”的人，应尊重和满足儿童各种发展的需要。所有儿童都得到全面的发展。

学前儿童的发展性是指学前儿童是具有巨大发展潜力的个体，他们的身心发展蕴藏着极大的可能性。儿童的发展包括身体、心理及社会性方面有规律地进行量变与质变的过程。其中身体的发展，是指儿童机体的正常生长和发育；心理的发展，是指儿童的认识过程、情感、意志和个性的发展；社会性的发展，是指儿童逐渐被社会化，由一个生物的个体向社会的个体不断转化。

学前儿童发展的整体性是指儿童是完整的个体，是有自己思想、情感、个性的完整的人。从心理学的角度来说，儿童在认知、情感、意志及个性方面都需要得到全面发展。从社会学的角度来说，儿童具有独立完整的社会地位，他一出生，就是社会的成员，享有社会赋予他的各种权利。随着年龄的增长，儿童也要承担一定义务，因此，儿童是完整的社会人。从发展的角度来说，儿童应当在体、智、德、美等各方面得到充分的发展，任何一方面都不能偏废。

(2)最大限度地发展儿童的潜力

儿童具有巨大的发展潜力，在适当的环境和教育的条件下，应最大限度地发展儿童的潜力。教育学探讨和研究儿童发展问题，其目的不止于揭示儿童发展的事实本身，而是要为现实的教育服务，使我们的教育活动减少盲目性和主观性的干扰，为儿童的发展创造条件，加快儿童身心发展的速度。教育加速儿童身心发展的善良本意能否转化为现实，除了受制于教育是否真实地了解和顺应了儿童身心发展的规律外，还取决于教育工作者是否正确理解了社会生活，提供给学生的教育内容、方法等是否真正地反映了社会生活的需求，从而使其与学生的实际发展需求相一致。可见，科学的教育是减少儿童发展中儿童自我对环境反映的盲目性、歧义性的有效保证。

(3)儿童的发展在活动中实现

儿童主体的活动是儿童发展的源泉。儿童的发展既不是一种先天存在于儿童机体内等待发现和发掘的结构或功能，也不仅仅是完全由外在环境刺激的性质所决定的一种反映模式。儿童的发展蕴含于儿童主体的活动之中，是作为一个生物和社会个体的儿童运用自我调节机制的活动结果。

(4)儿童发展的全面观

儿童发展的全面观包括两个方面：其一，儿童发展是指身体的成长和生理的成熟。它主要包括身高体重的增加、骨骼与肌肉的生长、神经系统的发育与成熟、感知器官的生长发育等方面。其二，儿童通过掌握社会经验，形成心理特征和能力。如儿童智力的发展、语言的发展、情感的发展、意志力的发展以及儿童社会性的发展等。这两个方面互为依存，缺一不可。身体的成长和生理的成熟是心理发展的物质前提，而心理的发展又影响着身体的发育和生理的成熟。二者的这种密切联系与配合，统一构成儿童的全面发展观。

## 三、影响儿童身心发展的诸因素

### （一）儿童的身心发展特点

儿童的身心发展特点包括顺序性、不平衡性、阶段性、个别差异性。

1.顺序性

儿童的身心发展是一个从低级到高级、由量变到质变的连续不断的发展过程。

先前的发展和变化，是其顺序序列中紧随其后的发展和变化的基础，每一年龄阶段儿童发展水平、特点的充分实现，将有助于其后的发展，否则，下一阶段的发展将会受到一定阻碍。

2.阶段性

在儿童发展的连续过程中，在不同年龄阶段会表现出某些稳定的、共同的典型特点。

这些特点无论从表现方式上、发展速度上，以及发展的结构方面，与其他阶段相比较，都会具有明显的阶段性特征。这种特点又被称之为儿童发展的年龄特征。

3.不平衡性

在儿童身心发展的不同发展方向上和在同一发展方向上的不同阶段发展速度不同。

一方面，儿童身心发展的速度在发展过程中，并不是完全与时间一致的匀速运动，在不同的年龄段，其发展的速度和水平是有明显差异的(一般认为，新生儿与青春期，是儿童身心发展的两个高速发展期)。另一方面，在儿童发展过程中身体和心理发展的不同方向并不完全协调、一致(就儿童发展的整体而言，生理成熟是先于心理成熟的)。十几岁的孩子就其身体发育来看，已经很接近成人的水平了，而其心理的成熟程度却要比成人低得多。但就某个具体方面而言，也有可能表现心理能力不受生理成熟条件控制的情况。例如，3～5 岁的儿童的语言掌握能力和记忆能力，往往优于成年人的水平。

4.个别差异性

个别差异性是指在儿童发展具有整体共同特征的前提下，个体与整体相比较，每一具体儿童的身心发展，在表现形式、内容和水平方面都可能会有自己的独特之处。

每个儿童是一个独立的、完整的个体，他和其他儿童在各个方面存在着差异。例如，同样年龄的儿童，在身高方面有明显的高矮之分。儿童发展过程中表现出的个别差异性，虽然在一定程度上受到生物因素的影响，但更多的结果还是来自环境和教育的差别，而且环境和教育的影响，还能对遗传素质的优势与不足起到一定发挥与弥补作用。首先，每个儿童先天的遗传素质是有差异的；其次，每个儿童在生活环境方面有其差异性；再次，家庭的教养方式也是有差异的。以上三个方面的基本差异，可导致儿童在性格、气质、生活习惯等多方面的差异。

教育要适应儿童发展的顺序性，遵循量力性原则；教育要适应儿童发展的阶段性，选择不同教育内容和方法；教育要适应儿童发展的不平衡性，恰当把握语言、思维、人格发展的关键期；教育要适应儿童发展的个别差异性，做到因材施教；教育在适应人的身心发展规律和特点的同时，基于“最近发展区”理论，要善于向儿童提出经过努力能够达到的要求，促进身心发展。

### （二）影响儿童身心发展的主要因素

影响儿童发展的因素主要包括遗传、环境、教育和儿童的主体能动性等。

1.遗传

遗传是儿童心理发展的生物前提，为儿童的发展提供了一种潜在的可能性。遗传的生物特征主要是指那些与生俱来的解剖生理特征而言，如机体的构造、形态、感官和神经系统的特征等。这些遗传的生物特征也叫作遗传素质。

遗传是一种潜在的发展可能性，是因为遗传素质所具有的发展潜力，并不是一定都能确定地转变为儿童发展的现实。因为儿童的身体和心理的发展变化，都离不开必要的外界条件。身体的发展要从外界吸收营养成分，而心理的发展，更需要有适当的外界刺激，才能调动起儿童机体的自我调节机制，使儿童获得某些发展。

遗传素质转变为发展现实的过程，也不是一种完全取决于外在影响性质的过程，遗传素质自身具有蕴含着生物特点的自身演变规律。外界刺激并不能改变儿童机体的成熟规律，恰恰相反，这些规律却在一定程度上，制约着外部刺激可否转变为儿童发展。只有那些顺应了儿童发展规律、可以与儿童自我调节机制产生相互作用的外在刺激，才能在儿童的发展过程中起作用。所以，旨在引导儿童发展的教育活动，就必须把尊重儿童发展的规律作为教育实践的重要原则。

2.环境

环境为儿童提供物理经验和社会经验。儿童的生活环境包括自然环境和社会环境两个方面。自然环境中的物体主要为儿童提供物理经验，社会环境主要为儿童提供社会经验，它比起自然环境，对儿童心理发展的影响力要大得多，而且这种影响力随着心理的发展而日益显著。

社会环境有宏观和微观之分，宏观的社会环境包括一个民族国家的社会生产方式、科学文化水平、社会政治法律、思想意识形态、社会风俗习惯和历史文化传统，以及与其他民族国家在经济、政治、文化、军事上的交往等。微观的社会环境包括人际交往、家庭、幼儿园、学校、工作单位、居住区域等。学前教育领域作为有目的、有计划、有系统的影响，是一种特殊的人造社会环境，在影响儿童心理发展的环境因素中居于主导地位。

儿童在环境中是一个积极主动的个体，一方面接受环境的影响，另一方面也主动作用于环境，儿童有自己的需要与兴趣，对环境的作用有所选择。所以，同样的环境对不同儿童可产生不同的影响。

3.教育

教育在儿童的发展中起主导作用。教育对儿童发展的影响意义，在于它在一定程度上限定了儿童选择的范围与方式，并引导儿童正确地认识外在环境因素对自身的价值。这也是与其他外在因素相比较，教育对儿童发展能起主导作用的原因。但是，教育只是帮助儿童做出选择，却不能代替他们做出选择。教育与儿童发展之间是一种主从关系，其中儿童的发展是主，学校教育只是从属于儿童发展，是为儿童发展服务的；它们之间也是目的与手段的关系，儿童发展是源于人类本性的目标实现过程，而教育仅是实现发展的特殊手段，其特殊性，恰恰表现于教育活动的目的设置、方法和内容的选择，都是以对儿童身心发展的科学性认识为基础的。

4.儿童的主体能动性

儿童的发展自始至终都是一种儿童主体的自我调节活动。外界的环境刺激，只有被主体选择，成为主体的反应对象时，才会对主体的发展产生影响。对反应活动产生与否的决定性选择，是儿童根据自己感觉到的外在事物与自己的关系的性质而做出的，是自己的活动过程。在教育过程中，儿童既是接受教育的对象，又是教育活动的主体。

现代儿童发展理论告诉我们，儿童的发展是其生理成熟与外界环境相互作用的过程，而不是一个单纯的生理成熟过程。儿童的生活环境以及儿童对这个环境做出的反应或方式决定着儿童个体发展的现实性。正常的遗传素质和成熟过程，只为儿童个体的发展及其连续性提供了必要的条件，它使儿童个体的发展成为可能，但这个条件还不够充分，实现儿童个体的发展，还必须有儿童个体生存的环境条件和儿童与环境条件的相互作用及其作用方式的参与。

## 四、学前教育对儿童身心发展的重要意义

第一，保证胎儿健康出生。主要通过亲子(职)教育、母体环境(营养、习惯、锻炼、情绪等)、胎教、优生、自然出生等途径实现。

第二，保证婴儿及时成长。主要通过母乳喂养、婴儿保健、早期教育(早期阅读、语言刺激、音乐刺激等)、体育锻炼(婴儿抚摸、游泳、户外运动)等途径实现。

第三，保证幼儿迅速发展。主要通过体育锻炼、学前教育等途径实现。

## 第五节　学前教育的目标与任务

### 一、教育目的

所谓“目的”，是人对于他所希望达成或获得的活动结果的一种主观上的设定。目的性是人类实践活动的一个根本特性。教育目的是教育者对教育结果的预期，它规定了通过教育过程要把受教育者培养成什么样的人。教育目标是各级各类学校根据国家的教育目的制订的具体的培养目标，是教育目的的具体化，如学前教育目标、中小学教育目标等。教育目的和教育目标的关系是一般和个别、普遍与特殊、概括与具体的关系。

#### (一)教育目的的作用

教育目的是教育实践活动的起点，它指导和支配着整个教育活动过程。人们按照一定的教育目的去选择教育内容、组织教育活动，确定采用一定的教育方法与手段。教育目的也是教育实践活动的归宿，它指明了受教育对象的发展方向与教育实践活动所要追求的结果。

#### (二)教育目的的依据与结构

教育目的是根据一定社会的政治、经济、生产、文化和科学技术发展的要求和受教育者身心发展的要求来制订的，其确立依据包括社会的依据、人的依据、学科的依据三个方面。教育目的由形式与内容两个方面构成。教育目的的形式反映了人的发展的基本内容或素质，如体、智、德、美等是人的发展的基本内容或素质。

#### (三)我国的教育目的

我国的教育目的，是培养德、智、体、美等全面发展的社会主义事业的建设者和接班人。在为谁培养人的层面上，我国的教育目的强调“社会主义事业的建设者与接班人”；在培养什么样的人的层面上，我国的教育目的要求培养在德、智、体、美等方面得到全面发展的人。这种全面发展的人又是社会主义事业的建设者与接班人，体现了社会要求与人的身心发展规律的辩证统一。

#### (四)全面发展教育的组成部分与相互关系

德、智、体、美是人发展的基本内容或素质。为了使受教育者在德、智、体、美各方面得到发展，就有必要对受教育者进行相应的各个方面的教育。德育、智育、体育与美育是全面发展教育的有机组成部分。德育、智育、体育与美育在全面发展教育中，虽然在任务与功能上具有相对的独立性，但它们又是一个紧密联系、相互作用、相互促进的统一整体。

### 二、幼儿教育目标

关于幼儿教育的目标，《幼儿园工作规程》在第1章第3条以“任务”的形式作了概述，在第1章第5条较为详细地说明了体、智、德、美各育的具体目标。

1996年国家教育委员会颁发的《幼儿园工作规程》第1章第3条明确规定：“幼儿园的任务是：

实行保育与教育相结合的原则，对幼儿实施体、智、德、美诸方面全面发展的教育，促进其身心和谐发展。”第 5 条又具体规定了幼儿园保育和教育的主要目标：“促进幼儿身体正常发育和机能的协调发展，增强体质，培养良好的生活习惯、卫生习惯和参加体育活动的兴趣。”

可见，在幼儿教育阶段，我国幼儿教育目标是“对幼儿实施体、智、德、美诸方面全面发展的教育，促进其身心和谐发展”。

### （一）制订幼儿教育目标的意义

(1)在幼儿教育阶段贯彻落实我国的教育目的。教育目的的实现是一个长期的、连续的教育过程。人的发展与教育可以划分为不同的阶段，表现为阶段性与连续性的统一。前一阶段的教育是后一阶段的教育的基础，后一阶段的教育是前一阶段的教育的继续。

(2)防止和克服幼儿教育小学化、成人化现象。以我国教育目的为依据，结合幼儿身心发展的特点制订幼儿教育的目标，在实践中可以防止和克服幼儿教育小学化、成人化的现象。

### （二）我国幼儿教育目标的特征

我国幼儿教育的目标，充分反映了幼儿身心发展的客观规律。

(1)在人的素质发展的顺序结构上，幼儿教育的目标把“体”放在首位，是“体”“智”“德”“美”的顺序结构，而有别于其他阶段“德”“智”“体”“美”的顺序结构，充分考虑了幼儿身心发展的年龄特点。

(2)在体、智、德、美各个方面的发展要求上，反映了幼儿身心发展的特点与可能性。

### （三）确立幼儿园教育目标的依据

#### 1.依据社会发展的客观要求

第一，幼儿教育具有社会属性。第二，教育要受社会性质的制约。第三，教育任务必须适应社会发展需求。

#### 2.依据幼儿身心发展规律及其需求

全面促进幼儿素质和谐发展是幼儿教育的中心任务。发展包括身体和心理两个方面。由于幼儿“身”“心”是一个有机统一的整体系统，所以必须保证二者同步、协调、和谐发展，即人们常说的“体、智、德、美全面发展”。幼儿身心发展是有规律的，既有连续性，又有阶段性。而发展的实质是不断开发其个体潜能，即表现为各方面都由“现有发展区”向“最近发展区”不断发展的过程。如果对幼儿提出过高、过难或过低、过易的教育要求，都违背幼儿身心发展规律，达不到发展潜能的目的。所以，制订幼儿教育目标必须以幼儿身心发展的客观规律和要求为依据。

#### 3.依据幼儿教育的启蒙性质

幼儿教育是启蒙教育，这是因为幼儿对客观世界的认识尚处于朦朦胧胧的阶段，还不能分门别类地接受系统科学知识。所以，幼儿教育的任务是为入小学打好基础，为造就一代新人打好基础。第一，幼儿认识的内容应是幼儿周围生活环境中所常见的、具有代表性的、具体形象的、浅显易懂的自然知识和社会知识，初步培养幼儿数量、时空等概念，发展语言表达与审美能力等。第二，对幼儿认知要求虽是粗略、浅易的，但必须是科学的、唯物的、辩证的。第三，幼儿教育的方式应形象、具体、直观、生动活泼，并要求多种形式、手段、方法合理结合，综合运用，创设立体、开放的教育环境。第四，强调幼儿教育重在发展幼儿素质，开发幼儿智能和创造性才干，培养良好个性品质，提高适应社会环境的能力等。

只有把握好上述三个方面的依据，才能确立起科学的幼儿教育目标。幼儿园应根据国家对幼儿教育的要求，结合本园的具体情况制订体现国家对幼儿园教育的一般要求且具有本园特色的更为具体的教育目标。

## 三、幼儿园教育目标的实施

### (一)幼儿园教育目标结构体系

预期的教育目标,是通过目标结构及其整、分、合的运转过程而实现的。我国幼儿园教育目标结构,是在国家幼儿教育总目标的宏观指导下,由各教育领域目标、幼儿身心素质发展目标、学段目标、单元主题教育目标及一个个具体教育活动目标等组成。

1.幼儿教育总目标

幼儿教育的总体目标是通过科学的保教活动促进幼儿体、智、德、美全面发展,因而幼儿教育总目标就有四个维度,即体育的目标、智育的目标、德育的目标、美育的目标。

应该指出的是体、智、德、美四个维度的目标只是"主要目标",并不意味着幼儿的发展只局限于这些内容。

2.教育领域分类目标

实施教育活动,首先应确定教育内容。而教育内容因各教育领域的不同特点决定着分类。教育领域的分类,目前我国有两种分法:一是划分为五大领域,即健康教育、科学教育、社会教育、语言教育、艺术教育等;二是划分为七大领域,即包括健康教育、数学教育、科学教育、社会教育、语言教育、音乐教育、美术教育等。按照上述领域和类别,分别确定教学内容和要求的分类目标,依传统说法称为"教学大纲"(借鉴苏联的教育传统),进入新世纪后,逐渐改称为"课程标准"(借鉴欧美的教育传统)。《幼儿园教育纲要》中按五大领域分类制订目标,并在每一领域中渗透幼儿学习品质的发展目标。

3.幼儿身心素质发展目标

根据规定的教育内容和要求,实施全面发展教育,促使幼儿身心素质在某些方面获得发展并达到一定的实际水平,这种最终目标(或规格标准)的追求就是幼儿素质发展目标。

幼儿身心素质的发展领域,应包括身体发育与体质、知识与经验、动作与技能、智力与才能、个性与社会性品质等五个方面。只有达到了预期的结果或状态,才算实现了幼儿素质发展目标。

4.学段目标

由于教育活动和幼儿发展都既有连续性,又有阶段性,是一个循序渐进、螺旋上升的运行过程。因此,要制订不同的学段目标。学段目标包括各年龄班的学年目标和学期目标。

5.单元主题教育目标

单元主题教育目标即把学段规定的各个教育领域内容,或以科学知识为主导,或以事物发展规律和幼儿思维逻辑为序,确定一个个主题的排列组合,建成循序渐进、有机结合的系列性单元主题教育活动,并相应地一一制订主题教育目标。由于教育内容是紧密围绕主题组合的,因此,主题教育目标具有鲜明的综合性和有机性,而不是各领域要求的分割并列。

6.具体教育活动目标

幼儿教育任务和培养目标都要通过一个个的具体教育活动而实现。每个主题教育可包括若干个具体教育活动,可以是综合性的,也可以侧重于某个教育领域内容。不管如何组合,具体活动目标都要落实学段目标和贯彻主题教育目标,并密切针对幼儿身心发展的实际水平和新需求,着眼于在"最近发展区"内开发其潜能。教育活动目标比主题教育目标更应突出针对性、趣味性、活动性和可操作性等。

上述六种目标有机地构成了教育目标的结构体系,包括纵向的维度目标和横向的层次目标。幼儿教育总目标主导其他目标,其他目标是在纵向或横向上的具体化和层层落实。

### (二)制订幼儿教育目标

1.教育目标的涵盖要全面

将幼儿园的教育目标层层具体化的过程,实际上也是一个将教育目标的内容逐步具体化的过程。需要注意的是,不论分解到哪一个层次,都要保证教育目标的完整不受损害,其内容的涵盖面一定要全面,即包括幼儿全面发展的各个方面和每个方面的全部内容。

2.教育目标要有连续性和一致性

教育目标的实现是一个长期的过程,它由若干不同的阶段来完成。每个阶段性目标之间要互相衔接,体现幼儿心理发展的阶段性和连续性;同时,下层目标与上层目标之间、局部目标与整体目标之间要协调一致,以保证每一个具体目标的实现都朝总目标的实现更进一步,都成为实现上层目标或最终目标的有效环节。

### (三)幼儿教育目标的实现

1.幼儿教育目标实现的途径

《幼儿园工作规程》中提出的幼儿教育目标,对整个学前阶段的教育都具有指导意义。幼儿教育的目标,最终是通过每天的教育活动来实现的。一日生活中的各种活动,是向幼儿进行全面发展的教育、实现幼儿教育目标的基本途径。

2.幼儿教师在教育目标实现中的作用

幼儿教育的目标,是通过每个幼儿教师每天的保教工作来实现的,幼儿教师在教育目标的实现中起着重要的作用。幼儿教师对于教育目标的理解与把握,自觉或不自觉地影响着他们对待幼儿的态度,指导着他们的教育行为。为了克服这种隐性的教育目的观对教育工作可能造成的影响与干扰,幼儿教师在教育工作中应当树立正确的儿童观与教育观,正确认识与把握教育目标,并经常有意识地按照教育目标的要求,对照和反省自己对待幼儿的态度与言行举止,自觉地调整自己的教育行为。

3.贯彻落实幼儿教育目标应注意的问题

在面向幼儿进行体、智、德、美各方面的教育,贯彻落实幼儿教育的目标的过程中,应注意计划性与灵活性相结合,统一要求与因人施教相结合。

## 四、国外幼儿教育目标简介

### (一)美国学前教育的目标

美国的学前教育极其开放,不同的学前教育机构在目的和目标上是不同的。有的倾向于儿童智力能力的发展,有的侧重于儿童情感社会性的发展,也有的强调为儿童进入小学做好准备。美国学前教育专家指出,不同的学前教育机构目标可以有所不同,但都应该包括一些最基本的目标,这些基本的目标涉及儿童的社会交往、自我服务、身体发展、分享合作、知识技能、独立精神等方面的发展。

### (二)法国学前教育的目标

法国学前教育与其他国家有着较明显的不同,它承担着教育、诊断、治疗三种职能,即把社会、卫生、心理三者综合起来。学前教育的目标在于促进儿童在体力、社会性、智力、艺术能力等方面得到全面和谐的发展,为儿童未来的生活做好准备。

### (三)澳大利亚学前教育的目标

澳大利亚著名学前教育专家阿希比认为,学前教育应"满足每个儿童的各种需要,比如爱的需要、被别人接受的需要、冒险的需要和在自己原有的水平上取得成就的需要","发展儿童为社会所期望的一些特质,比如能与别人合作,坚持自己解决问题,面对问题能自己做出决定";"使儿童获得安全感和舒适感,为他们将来的心理健康奠定基础"。总之,学前教育是为儿童的将来做准备的,它要使儿童在社会性、情感、智力和身体等方面得到完整的发展。具体的目标在不同的洲也有所不同。

### (四)德国学前教育的目标

德国学前教育目标强调要培养幼儿独立的观点和主见;要培养幼儿敢于说,敢于发表自己的观点,克服个别幼儿的害怕心理;要帮助幼儿认识周围的环境,如认识信箱,他可以把要寄的信放进去,认识电话亭,可以用来打电话等;培养幼儿手工劳动的能力,如写字、拿针等,可以锻炼幼儿的手,训练幼儿四肢的协调性;教幼儿认识厚薄,认识颜色,学认 1～10 的数字,认识具体的国家,认识不同材料制品;对幼儿进行音乐方面的训练,学唱歌、跳舞、培养节奏感;培养幼儿熟悉马路上的交通规则,知道如何过马路、看红绿灯。

从这些内容可以看出,德国幼教界很重视幼儿独立性以及社会适应能力的培养。只不过他们的培养方式是玩,即通过玩来教会孩子。

## 五、学前教育机构的保教任务

在我国,学前教育具有为学前儿童和为家长服务的双重任务,其根本任务是"为学前儿童一生的发展打好基础"。

### (一)0～3 岁早教机构的任务

#### 1.托儿所的保教任务

早在 1981 年,卫生部幼教所就颁发了《三岁前小儿教养大纲(草案)》,提出托儿所的目标是"培养小儿在德、智、体、美各方面得到发展,为造就体魄健壮、智力发达、品德良好的社会主义新一代打下基础。"因而托儿所的保教任务包括:发展小儿的基本动作,进行适当的体格锻炼,增强他们的抵抗力;发展小儿模仿、理解和运用语言的能力,通过语言交流及认识周围环境事物,使小儿智力得到发展,并获得简单知识;对小儿进行友爱、礼貌、诚实、勇敢等良好的品德教育;培养小儿的饮食、睡眠、衣着、盥洗、与人交往等各个方面的文明卫生习惯及美学的观念。

#### 2.早教指导机构的主要任务

早教指导机构作为联系各托幼机构及街道、乡镇、社区共同推进优质学前教育的枢纽,它集聚优质教育资源,面向成长中的 0～3 岁儿童、面向家庭、面向社会。早教指导机构的主要任务如下:

(1)为家长提供 0～3 岁婴幼儿早期教育的先进理念,提供具有先进水平的早期教育服务。比如组织亲职(子)教育,请儿童教育专家、保健专家作教养专题报告,现场解答家长们在婴幼儿教育中的困惑;定期开展相关的专题讲座;就教养热点问题进行探讨并提供国内外教养 0～3 岁婴幼儿的信息资料等。

(2)指导家长进行科学育儿。比如定期开展亲子教育指导综合活动;由专职教师指导宝宝的关键期活动,包括婴儿触摸操、肢体活动操;基本动作发展练习(爬、坐、站、走);感知觉发展练习活动;早期阅读活动;组织婴幼儿家庭教养经验交流;婴幼儿教养专题研讨等。

(3)帮助家长为婴幼儿发展制订科学的保教方案,为婴幼儿的健康成长提供必要的方法指导。比如开展科学育儿信息的网络咨询及进行教育简报发放等。

### (二)幼儿园的保教任务及要求

1996 年原国家教委在颁布的《幼儿园工作规程》中明确指出,幼儿园的保教目标是:“实现保育与教育相结合的原则,对幼儿实施体、智、德、美诸方面全面发展的教育,促进其身心和谐发展。幼儿园同时为家长参加工作、学习提供便利条件。”

1.促进幼儿身心和谐发展

以幼儿园为代表的幼儿教育机构是我国对幼儿实施保育和教育的组织,因此幼儿园通过对幼儿实施体、智、德、美诸方面全面发展的教育,促进其身心和谐发展,来体现自身的社会价值,为提高基础教育质量打好基础,为社会主义建设服务。

2.为幼儿家长工作、学习提供便利条件

幼儿园不仅是一个教育机构,也是一个社会福利机构,负有为在园幼儿家长服务的任务。幼儿园保护和照顾幼儿有助于解决家长参加工作、学习而子女无人照顾的问题。通过完成这一任务,幼儿园显示出其他教育机构所不可替代的功能,充分体现出幼儿园的特殊价值。

3.为提高基础教育的质量打好基础

幼儿教育是“基础教育的有机组成部分,是学校教育制度的基础阶段”,“幼儿园与小学应密切联系,互相配合,注意两个阶段的相互衔接”。因此,做好幼小衔接工作,为儿童入小学做好准备,以提高基础教育的质量,是幼儿园的重要任务之一。

## 第六节 学前教育制度

### 一、学前教育制度概述

教育制度又称国民教育制度,是指一个国家根据一定原则建立的相互联系的各种教育机构的总和,一般包括学前教育制度、学校教育制度和成人教育制度等。教育制度规定各级各类学校的性质、任务、入学条件、修业年限、学校教育的分段及其相互的关系等,对一个国家的教育方针、政策的贯彻及教育目的的实现和学校教育目标的达成,起着极其重要的作用。

### 二、我国学前教育制度

1911 年的辛亥革命推翻了清王朝统治,以孙中山为首的南京临时政府为了顺应社会时代的要求,为了国家的富强、民族的独立,在国家建设的方方面面进行了一系列改革。教育方面,在第一任教育总长蔡元培的领导下对封建教育制度进行了改革,颁布了新的教育宗旨。1912—1913 年颁发壬子癸丑学制,改革课程,同时对学前教育制度也进行了改革。随着 1922 年壬戌学制的颁发,确定了幼稚园制度。在学习先进国家经验的基础上,全国各地在幼稚园的设置、课程标准、师资培训等方面进行了一系列的改革,促使学前教育制度在发展中日趋完善,对我国学前教育的发展产生了重要的历史影响。

目前中国的学前教育机构主要包括托儿所、幼儿园和学前班。这三种机构均招收学前儿童,尽管入各种学前教育机构的年龄各不相同,但均有一定的法规来规范教育实践。如托儿所以《城市托儿所工作条例(试行草案)》为指导,幼儿园以《幼儿园工作规程》为纲领,学前班以《国家教育委员会关于改进和加强学前班管理意见》为指针。根据 1996 年中国国家教委发布的《幼儿园工作规程》,中国的幼儿园是学校教育体制的基础阶段,是基础教育的有机组成部分。在中国的学前教育机构中,幼儿园和学前班均招收3岁以上儿童，由教育部门管理；托儿所招收3岁以下的儿童，由卫生部管理。无论是幼儿园、学前班还是托儿所都强调保教结合，然而由教育部主管的幼儿园和学前班不可避免地带有更多教育的成分，而由卫生部主管的托儿所不可避免地带有更多保育的成分。

### （一）托儿所

1980年卫生部颁发了《城市托儿所工作条例(试行草案)》(以下简称《条例》)，确定了我国现行的托儿所制度。

1.托儿所的性质

《条例》指出，托儿所是3岁前儿童的集体保教机构，必须贯彻实行以保为主、保教并重的方针，为把儿童培育成体格健壮、品德良好、智力发达的下一代打下基础。

2.托儿所的任务

《条例》指出，托儿所负有教养3岁前小儿及其为父母亲参加工作提供方便的双重任务。具体来说，托儿所的任务有以下3条:第一，保障婴幼儿健康是托儿所的首要任务；第二，对婴幼儿要施行合理的教养；第三，托儿所要不断提高保教质量，分担家长教育儿童的责任。根据《条例》，入托条件是3岁前儿童。

### （二）幼儿园

1996年国家教育委员会颁布了《幼儿园工作规程》，确定了现行的幼儿园教育制度。

1.幼儿园的性质

《幼儿园工作规程》指出，幼儿园是对3岁以上学龄前幼儿实施保育和教育的机构，是基础教育的有机组成部分，是学校教育制度的基础阶段。这是国家对幼儿园性质的确认。具体来说，幼儿园的性质包括以下几个方面:第一，幼儿园是对学前幼儿进行教育的机构，与各类学校有相同之处，所以列入学制系统，归属教育部门主管。第二，幼儿园又不完全等同于学校，原因在于:一是教育对象为尚未入学的幼儿；二是我国幼儿园多为全日制，由此，幼儿园负有保育幼儿的责任，幼儿园的设施和生活、活动安排均不同于学校，具有保育的特征。第三，幼儿园是学校教育的准备阶段，为此幼儿园保育与教育的方向是为幼儿提供入学准备，幼儿园教育必须与小学密切联系。

2.幼儿园的任务

《幼儿园工作规程》指出，幼儿园的任务是实行保育与教育相结合的原则，对幼儿实施体、智、德、美全面发展的教育，促进其身心和谐发展，同时为家长参加工作、学习提供便利条件。因此，幼儿园的任务包括了保育、教育儿童及为家长服务的“双重”任务。《幼儿园工作规程》指出，入园资格是3～6或7岁。《幼儿园工作规程》指出，幼儿园一般为3年制，也可设1年制或2年制的幼儿园。幼儿园可以分为全日制、半日制、定时制、季节制和寄宿制等。

### （三）学前班

国家教育委员会1991年颁布了《国家教育委员会关于改进和加强学前班管理的意见》(以下简称《意见》)，确定了现行的学前班教育制度。

1.学前班的性质

《意见》指出，学前班是对学龄前儿童进行教育的一种组织形式。在现阶段，它是农村发展学前教育的一种重要形式；在城市，它是幼儿园数量不足的一种辅助形式。

2.学前班的任务

根据《意见》，学前班应该根据5至6岁幼儿生理、心理发展特点和规律，创设良好环境，通过各种活动，促进幼儿身心和谐发展，为幼儿入小学做准备，为培养年轻一代打下良好基础。根据《意见》，入学前班的儿童应是没有条件进入幼儿园的5至6岁儿童。学前班一般是1年制，也可以举办3个月至半年的短期学前班；可以是全日制，也可以是半日制或隔日制等。

## 三、国外学前教育制度

### (一)日本学前教育制度

日本现行的学前教育制度主要由幼儿园和保育所两种机构组成。幼儿园是根据学校教育法而设的幼儿教育机构，属文部省管辖；保育所是根据儿童福利法而设的儿童福利设施，属厚生省管辖。

1.幼儿园

日本文部省1947年颁布的《学校教育法》在第1条中规定，学校是指小学、初中、高中、大学、盲学校、聋学校、养护学校及幼儿园，这就明确了幼儿园是学校的一个组成部分。《学校教育法》第77条规定，幼儿园是以“养育学前阶段的幼儿、提供适应的环境、以发展健全的身心”为目的的幼儿教育机构，招收3岁到入小学前的儿童。该条款还将幼儿园分为国立、公(县、市)立和私立三种。国立幼儿园由国家设立，公立幼儿园由市、镇、村的公共团体设立，私立幼儿园由学校法人、其他法人及个人等设立。国立幼儿园的经费由国家负担，公立幼儿园由地方政府支持，但私立幼儿园则由设立幼儿园的团体或个人负责。

1999年日本文部省颁布的《幼儿园教育纲领》对日本幼儿园教育的基本方针(任务)做了如下规定：为了达到《学校教育法》第77条所规定的幼儿园的目的，应根据幼儿期的特性，通过环境来进行幼儿教育。为此，教师要与幼儿建立充分的信赖关系，与幼儿共同努力，创造更好的教育环境。具体来说，幼儿园的任务有以下几点：第一，开展与幼儿期相适应的主体性活动；第二，通过游戏指导，全面实现幼儿教育的目的和内容；第三，应根据每个幼儿的特性进行教育。

根据《学校教育法》，入日本幼儿园的是3岁至入小学前的儿童。因此，儿童在园时间最长为3至4年。幼儿园多为半日制。

2.保育所

日本厚生省1947年颁布的《儿童福利法》第39条规定，保育所是接受保护者的委托，对缺乏保育条件的婴幼儿及有特殊需要的少年进行以保育为目的的机构。《儿童福利法》规定，保育所有公立和私立的两种。公立的保育所主要是由县立和市镇村设立的，私立的保育所则主要是由社会福利法人、公益法人(财团法人或社团法人)、宗教法人和个人设立的。由于保育所是一种福利机构，所以收费较便宜，地方和国家的补贴较大。1999年日本全国福祉协议会和全国保育协会颁布的《保育所保育指针》，对保育所的基本方针做了如下规定：通过与家庭、社区的密切配合，去补充家庭保育，并通过创造能使儿童健康、安全、情绪稳定的生活环境，使之在充分发挥自我的过程中开展活动，以求身心的健康发展。为此，保育员应通过养护和教育的一体化，去培养人性丰富的儿童。入所资格是缺乏保育条件的婴幼儿及有特殊需要的少年(如智力落后儿童)。家长在办理申请入所手续时，需要提供市、镇、村负责人签署的证明，证明家长由于工作、疾病等原因，无法对婴幼儿及有特殊需要的儿童提供保育的状况。在所年限最长为6年。

### (二)英国学前教育制度

英国的学前教育机构主要有保育学校、保育班、学前游戏小组和日托中心。其中保育学校是独立的幼儿教育机构，招收2～5岁儿童；保育班附设在小学里，招收3～5岁儿童。保育学校和保育班的主要任务是对儿童进行保健和教养。学前游戏小组招收2～5岁儿童，主要是通过游戏使儿童得到全面发展；日托中心分为日间托儿所和寄宿托儿所，招收2～5岁儿童，主要以保育为主。另外，英国设有幼儿学校，招收5～7岁儿童，属义务教育，相当于我国小学的一二年级。英国的学前教育机构规模普遍较小，学前教育机构都能严格控制班级规模和师幼比例，随着年龄的增长师幼比会增大，但最大不超过 1∶8。英国的编班形式有按年龄划分的(儿童人数少时)，也有按人数划分的(儿童人数多时)。英国的幼儿教育内容可划分为如下领域：交往、语言和读写、数学发展、个性、社会性和情感的发展、创造性发展、身体的发展、了解和理解世界。英国的幼儿园主要实行半日制。英国的学前教育机构收费标准是按天核算的，收费按月进行，每月的第一天交纳全月的费用，儿童缺席时的费用不退还，儿童每天提前来园、推迟离园需另外交费，而且参加兴趣班也要额外的交费。从 1998 年起，所有 4 岁幼儿都可以享受每周 5 天，每天 2.5 小时的免费早期教育。

英国学前教育的特点如下：

(1)注重培养孩子的能力。幼儿的年龄统划为 3～5 岁。从课程内容上看，更注重培养孩子的能力，强调让幼儿过早地识字和书写，要求幼儿能够独立阅读一系列熟悉的单词和句子，并且能用钢笔写出可识别的字母等。因为英国幼儿教育的目标之一就是培养幼儿的个性与能力，为他们日后走向社会奠定基础，因此几乎所有的教育内容都与孩子的活动紧密相连。

(2)教育方式自由宽松。教育方式非常宽松，大多数以个人和小组的方式进行，除了一些音乐活动外，基本上没有集体性的教学活动。家长是幼儿最重要的教育者。英国政府将幼儿工作者这一概念社会化：首先，把母亲关心介入幼儿教育作为一项政策性要求。其次，注重“照顾人员”的介入，如校外支援者、创造者、辅导人员等。再次，重视家长工作，认为家长是学前教育阶段非常重要的角色。指导幼儿园与家庭协调关系，使家庭和社区成员都成为“幼儿园的合作者”。

(3)注重运用信息技术辅助教学。信息技术已在英国的托儿所里得以广泛应用。几乎每所托儿所的每个班级里都有一台计算机，孩子们可以使用计算机玩许多游戏。

(4)注意减轻幼儿学习负担和压力。在注重培养幼儿能力与个性的同时，还注意减轻压力，培养孩子们的自信心。幼儿一般没有家庭作业，即使是 5～7 岁的小学一二年级的学生也没有。

### (三)荷兰学前教育制度

荷兰是世界上学前教育比较发达的国家之一，现已基本普及学前教育。早在 1956 年，荷兰便颁布了《学前教育法》，用以规范本国学前教育的发展。荷兰的学前教育主要针对 4～6 岁儿童进行教育，其教育机构主要是幼儿学校(Nursery Schools)，一般附设在小学里。荷兰政府规定儿童满 5 岁后必须进入幼儿学校接受义务教育，不过通常儿童满 4 岁后便可以进入幼儿学校接受教育了。

荷兰学前教育的主旨是照顾儿童，方便母亲外出工作，以及纠正儿童的反社会行为，培养儿童的基督教价值观。幼儿学校的主要任务是基于裴斯泰洛齐、福禄贝尔和蒙台梭利的教育理念，通过游戏来促进儿童的学习，从而为儿童进入小学学习奠定良好基础。

经过长期的发展，荷兰的学前教育在管理体制、经费筹措、机构、课程、师资等方面形成了自己的特色。

#### 1.权责明确、分级管理的学前教育体制

荷兰学前教育的管理体制共有三级，即中央、省及地方当局。各级政府权责明确，为荷兰学前教育的健康发展提供了有力保障。中央政府有三个部门负责管理学前儿童事务，分别是社会事务和就业部(Ministry for Social Affairs and Employment)，卫生、福利和体育部(Ministry of Health, Welfare and Sport)，教育、文化和科学部(Ministry of Education, Culture and Science)。其中，社会事务和就业部主要负责学前儿童的保育工作，卫生、福利和体育部负责学前儿童的福利事务，教育、文化和科学部则负责管理整个教育系统，包括 4 岁以上儿童的入学事务以及教育平等和教育质量等。义务教育从儿童 5 岁开始，6 岁前属于学前教育阶段。

#### 2.公费为主、多方筹措的学前教育经费

学前教育经费是促进学前教育发展的物质基础。为保障学前教育的健康发展，各级政府为学前教育提供了大量财政支持，并建立了以公费为主、多方筹措的学前教育经费投入体制。荷兰的小

学教育经费主要由政府承担。因为幼儿学校附设在小学里,所以幼儿学校的教育经费也主要由政府承担。无论是公办还是私立学校,政府对其的财政投入是均等的。法律规定学校可以向父母募捐,但必须是出于父母的自愿。如果父母不愿意捐助,学校不可以强求,也不能拒绝其子女入学。

3.形式多样、私立为主的学前教育机构

荷兰的学校分公办和私立两种类型,在法律上享有同等地位。学前教育机构以私立为主,约占总数的2/3。学前教育的服务形式多样,第一类是为0~6岁儿童提供普通教育服务,第二类是为学前特殊儿童提供干预服务,第三类是为有某种特殊教育需要的学前儿童提供有针对性的教育服务。其中,为学前儿童提供普通教育服务的机构主要包括:一是幼儿学校。附设在小学里,招收4~6岁儿童,开放时间为上午3.5小时,下午2小时,目的是为儿童进入小学做准备。二是游戏小组(Play Groups)。招收2.5~4岁儿童,儿童每周去2次,每次2~3小时,主要活动是和同龄儿童玩耍以及参与规定的方案活动。三是校外看护(Out-of-Schoolcare)。招收4~12岁儿童,主要提供校外看护服务。四是家庭日托(Family Day Care)。招收0~12岁儿童,一般为全日制。

4.目标统一、内容自由的学前教育课程

荷兰宪法规定,教育机构有权自主决定教育内容。换句话说,荷兰的教育系统不存在统一的课程。不过,政府为5~12岁儿童制定了具体、统一的教育目标,用以规范各个教育机构的教育内容。幼儿学校的教育目标涵盖多个方面,包括荷兰语、英语、数学、社会、生物、历史、艺术、运动等。幼儿学校可以根据统一的教育目标,结合自身情况,选择适宜的教育内容。最近几年,荷兰政府开发了一系列学前教育方案,用以满足幼儿学校及游戏小组的需要。其中,以发展刺激方案(Development Stimulation Programmes)最为流行。这一方案以游戏为活动形式,鼓励学前儿童探索周围世界,并侧重于儿童的语言和数学学习。

5.要求严格、体系完备的学前教育师资培养培训体系

因为幼儿学校通常附设在小学里,所以幼儿学校的教师主要是受过专业训练的小学教师。政府为小学教师建立了完善的培训体系,并对其提出了严格的要求。国家规定小学教师须接受4年的高等教育,并在小学教师培训学院(Primary Teacher Training Colleges)接受专门培训。培训合格后,教师方能获得教育4~12岁儿童的资格。根据荷兰2005年颁布的《教师资格要求法》(Education Staff Qualification Requirements Decree)的规定,小学教师培训主要侧重培养人际交往能力、教学能力、相关学科教学能力、组织能力、合作能力(包括与同事、家庭、社区合作等)、专业反思和发展能力等。课程设置分两个部分,一部分是学科课程,包括儿童文学、语法、拼写、数学等,另一部分是跨学科课程,包括信息和通信技术、儿童发展和学习、教学活动设计、儿童人格发展、社会、交流等。此外,为了突出学前教育的特殊性,政府在对小学教师的培训计划中加强了教师对学前教育专业知识的学习。

### (四)德国学前教育制度

德国属于联邦制国家,各联邦州有很大的自主权。就教育制度而言,德国教育体制全国统一,各阶段学校教学标准与教学计划全国统一。但各联邦州在国家教育部颁发的教学标准与教学计划的基础上可以自行发展。在德国,学前教育在法律责任和组织上都属于儿童和青少年福利事业,而不属于正式的教育系统。德国的学前教育机构由托儿所、幼儿园和学前班组成。其中托儿所是对双职工的子女实行保育的学前教育机构,接受0~3岁儿童;幼儿园分全日制和半日制两种,并且形式多样,主要有普通幼儿园、学校附设幼儿园、特殊幼儿园以及林间“幼儿园”等。学前班是帮助5岁儿童顺利过渡到小学的机构。德国幼儿园实行混龄编班,每个班有约16个幼儿,幼儿在类似有兄弟姐妹的家庭环境中相互交往。幼儿的课程被视为体验领域,包括游戏、生活教育、语言教育、动作教育、韵律与音乐教育、图像与劳作性教育、事实与环境教育、实际生活与家政教育等八个方面。幼儿园与学校不同,德国的学校都是公立的,是不收费的,但所有的学前教育机构要根据家庭收入的多

少来收费。在各州的幼儿园法中，对家长交费的标准都有规定，但并不统一。

在德国，幼儿园实行双向管理。从主办部门和政府的关系来看，一方面，联邦的《青少年福利法》和各州的幼儿园法是幼儿园工作的依据，对幼儿园的监督工作由各州的青少年福利局负责。另一方面，法律条文也赋予主办部门一定的自主性。从家庭和幼儿园的关系来看，两者的关系是通过合同来体现的。家长有权利和义务通过参加家长会的方式，参与幼儿园有关各项事宜的讨论。德国幼儿教育的特点是把教育责任归之于父母，认为婴幼儿阶段父母是家庭教育的主人，政府对幼儿教育站在辅助的立场。德国宪法明文规定：教养儿童是父母的自然权利和义务。

## 【结论及应用】

1.广义的学前教育是指能够影响和促进儿童身体成长和认知、情感、意志、性格和行为等方面发展的活动；狭义的学前教育则是指学前教育工作者整合儿童周围的资源，对0～6或7岁年龄阶段儿童的发展施以有目的、有计划、有系统的影响活动。

2.学前教育可以细分为早期教育(0～3岁)和幼儿教育(3～6或7岁)，两者既相互联系，又各具特点。

3.学前教育的基本要素包括学前儿童、教师、教育内容及教育环境。

4.学前教育机构是指对0～6或7岁的学前儿童实施保育教育的机构。

5.学前教育学是以学前儿童教育为研究对象，分析学前教育现象和问题，揭示学前教育规律、指导学前教育实践的科学。

6.学前教育学的形成和发展经历了孕育阶段、萌芽阶段、初创阶段、发展成熟阶段等四个阶段。

7.学习学前教育学的意义：学习学前教育学可以提高对教师职业的认识，增强对教育工作的兴趣和热爱；学前教育学知识是学前教师知识结构不可缺少的组成部分；学前教育学基本原理是教师从事保教实践的指南；学习学前教育学有助于推动学前教育改革的实践和学前教育理论本身的发展。

8.学前教育与社会发展的关系：学前教育与社会经济的发展、政治制度、传统文化、妇女解放、教育、科学技术、社区和家庭都有着密切的关系。一方面，学前教育受社会政治、经济、文化、科技、人口等的影响和制约；另一方面，学前教育又对政治、经济、文化、科技、人口等有一定的反作用。

9.儿童发展是指儿童在其成长过程中，伴随着生理的逐渐成熟、社会生活经验的不断增长及其相互影响，其心理和生理得到不断提高的变化过程。

10.儿童观是成人如何看待和对待儿童的观点的总和。儿童观的内容涉及对儿童能力、特点、地位与权利、儿童期的意义、儿童生长发展的形式及其主要影响因素、教育同儿童发展之间的关系等诸多问题的态度和认识。

11.儿童的身心发展特点包括顺序性、不平衡性、阶段性、个别差异性。影响儿童发展的因素主要包括遗传、环境、教育和儿童的主体能动性等方面。

12.幼儿园的任务：实行保育与教育相结合的原则，对幼儿实施体、智、德、美诸方面全面发展的教育，促进其身心和谐发展。

13.教育制度又称国民教育制度，是指一个国家根据一定原则建立的相互联系的各种教育机构的总体，一般包括学前教育制度、学校教育制度和成人教育制度等。教育制度规定各级各类学校的性质、任务、入学条件、修业年限、学校教育的分段及其相互的关系等，对一个国家的教育方针、政策的贯彻及教育目的的实现和人才培养目标的达成，起着极其重要的作用。我国现行的学前教育制度主要由托儿所、幼儿园和学前班三种机构组成。其中，幼儿园是学前教育制度的主体，是最严密、最有效、最重要的组成部分。

## 【复习与思考】

1.解释学前教育学的概念并简述学前教育学的发展阶段。

2.简述学前教育与社会发展的关系。

3.结合实例阐述学前儿童身心发展的主要特征。

4.阐述科学儿童观的内涵。

5.简述我国目前实行的学前教育制度。

6.结合实际阐述学习学前教育学的方法。

## 【拓展阅读】

### 社会变迁对学前教育带来的挑战

社会变迁(Social Change)是社会的发展、进步、停滞、倒退等一切现象和过程的总和。社会变迁既包含社会的进步和退步,又包括社会的整合和解体。

**一、教育与社会变迁**

教育与社会变迁的基本关系有三类:从社会变迁对教育制度的影响而言,教育是社会变迁的结果;从教育导致人们观念和意识形态的变化最终引发社会变迁而言,教育是社会变迁的动因;从教育对大多数社会变迁的影响而言,教育往往是社会变迁的条件。教育是社会变迁的结果,主要体现在社会变迁(尤其是剧烈的社会革命)会对教育产生巨大影响。学校教育的产生、教育制度的变革、教育目标和教育观念的变化、教育功能的变革等几乎都是社会变迁的结果。在现代社会,社会任何方面的变化都会在教育方面留下痕迹。教育是社会变迁的动因,主要体现在教育培养人、传递新的意识形态、进而推动科技发展、经济振兴、文化繁荣与政治革新等方面。教育是社会变迁的条件,主要体现在教育的双重功能上。一方面,教育的显性功能(即预期达成的目标)往往是通过教育引起社会变迁的意义上加以设计的;另一方面,教育的隐性功能即在未被预计的情况下,在完成显性功能的过程中附带产生的功能,是导致其他社会变迁的条件。同时,教育是社会变迁的条件还意味着教育在引起社会变迁过程中的"功能有限性",教育要实现这些目标必须有其他相应的条件和环境。

**二、现代社会变迁与学前教育**

社会的发展影响着人们的观念、行为,也影响着周围的环境。这个环境既包括生活环境、文化环境,也包括教育环境。通常我们认为,社会发展带来的观念更新,行为、环境变化,对人的发展有着积极的影响,因为它给人们提供了更多的信息、更为丰富的人际资源。当然也有积极的一面,现在社会的紧张以及对电脑等电子设备的过多依赖,会使人们产生紧张、焦虑等心理障碍。

(一)高度科技化给学前儿童发展带来的挑战

高度科技化是现代社会变迁的重要特征之一,它带来了综合国力的增强、社会的发展和人民生活水平的提高。高度科技化,是社会发展所需要的,也是社会发展的必然。但是在科学日益发展的过程中,必须重视伴随着科学高度发展所带来的一些不良影响和负面效应。我们常常可以听说,高科技是一柄双刃剑。但是我们应该能够理解,科学技术本身是没有好坏之分的,使它有正负效应之分,是因为占有和使用它的方式方法造成的,而这种方式方法方面的差异主导者主要是人。

现代社会科学技术的高度发展,物质产品的高度技术化、智能化和自动化,使学前儿童在享受现代物质文明的同时,也承受着高新技术对其发展的负面影响。一方面,电视机的普及、电脑的产生、电动玩具的开发,增加信息量、拓展思维、开发智力,极大地丰富了儿童的生活,扩大了儿童的知识面;另一方面,也造就了一批电视儿童:越来越多的儿童以电视、电脑、电动玩具为玩伴,被过多地限制在荧屏前、桌面上,以大脑活动和小肌肉操作取代其他各种丰富的活动,越来越多的儿童将自己封闭起来,长时间单独一个人被动地接受信息,只追求视觉、听觉的刺激,而舍弃触觉、运动觉的感受,这对于学前儿童人格发展极为不利。

(二)高度工业化给学前儿童发展带来的挑战

随着社会和科学技术的不断发展,急剧加速了工业化的进程。所以,现代社会的发展,往往又是以高度工业化为明显特征。可以说,生活在日益工业化的社会的学前儿童,在领略现代文明的同时,正面临着前所未有的环境污染问题。大气污染、噪音污染、电磁污染、水污染等。工业化带来的环境污染问题,深受其害的首先是学前儿童。比如铅中毒对儿童健康的危害极大,近十年来,国内外的一些调查已证明,工业区内居住的儿童,铅中毒流行率多在85%以上,普通城市居住的儿童,有50%铅中毒。造成儿童铅中毒的途径主要有:(1)工业生产,如蓄电池、金属冶炼、电线电缆、机械造船、印刷业等都会产生不同程度的铅污染。(2)含铅汽油的废气污染。比如汽车尾气排出的铅粒子沉降于道路两旁,而离地面80~100厘米浓度最高,极易被儿童吸入。(3)室内装修(材料、家具)。(4)含铅量严重超标的铅笔、蜡笔、彩色画册、教科书封面等。再如食品中的皮蛋、爆米花等都会造成铅污染。

(三)高度城市化对学前儿童发展带来的挑战

现代社会的高度城市化,高楼林立、绿地减少、户外活动空间被挤压,公园等公共场所人流密集,环境的人化痕迹日益加深,学前儿童可接触的纯自然环境缺失,户外活动空间限制等,使得学前儿童生态教育理念无法得到切实贯彻,户外大肌肉锻炼严重不足,对幼儿身心发展形成一定的消极影响。

（四）住宅高层化、独户化对学前儿童发展带来的挑战

高层化、独户化大大地改善了居住条件，是现代社会的又一个特征。日本的研究发现：住高楼的儿童，由于室外活动少，与社会的隔离机会增多，机体抵抗力下降，患传染病、受感染的机会增多；同时还发现：与伙伴的交往能力降低，自理能力形成较晚。我国的有关研究也得出类似的结论：高层独户化对于成长期的学前儿童，有碍于其能力、人格和健康的发展。

（五）食品精细化对学前儿童发展带来的挑战

现代社会家庭精细化食品比例很高，尤其是营养补品、洋化食品、软化食品、膨化食品等对现代儿童来说触手可及，不要说其质量良莠不齐，仅是食品的精细化给儿童身心健康带来的消极影响也是无法估量的。

（六）社会转型给学前儿童发展带来的挑战

目前我国社会发展正处于转型期，由此带来的社会阶层变迁、人口流动频繁，独生子女问题、流动儿童问题、留守儿童问题等都给儿童身心健康发展及学前教育质量的提升带来了一系列挑战和问题。另外，我国当代爸爸妈妈们育儿经验不足，加之生活压力大、空余时间不够，照顾子女存在“真空”现象，很多时候孩子处于无监护或过分监护等不当监护状态，给学前儿童安全及身心健康带来一系列隐患。

综上所述，我们可以看到，现代儿童所面临的社会环境，是先进的、发达的、丰富的，给他们的发展提供了有利的条件。但由于高度城市化、工业化、技术化等，又使他们的相对活动空间被挤压，现代学前儿童总体上日益被推向活动机会减少、活动过程简化、活动能力弱化的境地，从而导致现代学前儿童的健康危机、情感危机和能力危机。可以说，现代儿童是处于“发展良机”与“发展危机”并存的时代。因此，在分析学前教育与社会发展的关系时，尤其要重视人的发展所需要的种种环境及其变化状况，以及这种变化对人的发展所带来的种种影响，从而探究与现代社会相适应的教育观念与保教方法。当然，这是一个崭新的课题，需要学前教育工作者孜孜以求。

# *第二章　中国学前教育发展历程概况

【内容提要】

我国最早在原始社会时期就有了对幼儿进行社会公育的教育模式。随着奴隶社会的建立和阶级的出现，学前教育的场所主要是在宫廷或家庭中进行，出现了保傅教育制度、乳保教育制度等形式。进入封建社会，学前教育无论从内容上还是形式上都具儒家思想的烙印，而宋儒理学家的学前教育思想不仅完善和推动了儒家思想窠臼里的学前教育理念的程序化和伦理化，同时从儿童自身顺应社会发展的角度而言，朱熹、王守仁等人的学前教育思想无疑具有一定的进步意义，其中张履祥的关于家长在家庭教育中的重要性的主张，对今天的学前教育都具有启发作用。近代西方的学前教育思想对我国学前教育影响较大，客观上促进了我国的学前教育思想和理念从传统到近代的转变，但是具有奴役性质。陶行知等人的学前教育思想则大大地完善和推动了我国现代学前教育的发展，尤其是新中国成立以后，我国学前教育无论从内容上还是形式上都开始走向了科学化、规范化发展的轨道。

【学习目标】

1.了解我国古代不同时期学前教育发展的状况和主要的学前教育思想；

2.结合一定的历史特征，掌握各个时期我国学前教育的一系列制度及教育思想的缘起；

3.学习并掌握我国近现代学前教育领域的重要代表人物的教育思想和学前教育实践。

【关键词】

公育；保傅教育；乳保教育；蒙养院

## 第一节　中国古代学前教育

在中国古代历史文化的发展过程中，教育作为人类社会生活不可缺少的重要组成部分逐步发展起来。原始社会的儿童教育是伴随着人类社会的产生而产生的。人类社会特有的教育活动起源于人类参与社会生活的需要和人类自身身心发展的需要。随着社会发展，在奴隶社会产生了独立的教育形态——学校教育。不论是学前教育处于萌芽阶段的原始社会，是处于开创阶段的奴隶社会，还是长达两千多年发展的封建社会，都对中国学前教育发展做出了应有的贡献。

### 一、原始社会与奴隶社会的学前教育

学前教育与学校教育相伴出现，在学校未产生之前当然也不会有学前教育，但是这并不意味着在学校产生之前就没有对幼年儿童进行的教育，在原始社会一直存在着以社会公育为形式对儿童进行的教育。

#### （一）中国原始社会的儿童教育

在原始社会中，生产资料公有，没有阶级，以血缘关系为纽带组成的氏族成员之间平等互助，进行集体的生产和生活活动，对儿童的教育由整个部落承担。所以，对儿童实施社会公育是原始社会氏族公社时期儿童教育的基本形式。原始社会的儿童公育，其教育内容是与儿童今后将要从事的社会生产和生活活动密切相关的。

在原始社会的氏族公社阶段，人类在长期保存和传递火的基础上，逐渐发明钻木取火等人工取

火的方法，掌握了渔猎的技术，并发明了农业和畜牧业，使生产力得到了一定的发展。在这种情况下，为了使儿童能够参加社会生产和生活，就不得不把劳动的技能和生活经验传授给他们。

原始社会对儿童的教育内容除生产劳动教育外，还包括生活习俗教育、原始宗教与道德教育、原始艺术教育，以及体格与军事训练。

在原始社会后期，确切地说大约在五帝时期(公元前2700年)，我国原始社会进入了部落联盟与军事民主制阶段，也就是我国历史即将跨进阶级社会时期，这时产生了名为"庠"的教育机构。据史料记载，"庠"是虞舜时代的学校名称，如《三礼义宗》中说："虞氏之学名庠。"但从严格意义上说，"庠"只能算作学校的雏形，是原始社会养老和实施儿童公育的机构或场所。在原始社会，教养新生一代的任务通常主要是由老年人承担，因此"庠"后来又具有对幼儿进行保育和教养的功能。并且随着社会的向前发展，这种功能越来越占据主要地位，使它成为学校的萌芽，或是对儿童实施社会公育的专门机构。

原始社会是中国儿童教育发展的初期阶段，这个时期儿童教育的特点主要有：第一，对儿童实施社会公育，教育目的一致，受教育权利平等；第二，原始群落的老人是原始社会儿童教育工作的主要承担者；第三，原始社会儿童教育的内容，以生活经验为教育内容；第四，原始社会教育方法主要是观察模仿和言传身教，在实际生产生活中进行教育；第五，教育还没有专门的场所和专职人员；第六，男女教育有区别，根源在于劳动分工的不同。

### (二)中国奴隶社会的儿童教育

#### 1.奴隶社会学前教育计划的制订

公元前21世纪，我国开始进入有阶级的奴隶社会。在这一历史阶段，随着生产力的发展、国家机构的建立、文字的出现，学校开始产生。学校教育的产生，意味着与此相对应的学前教育也开始出现。

公元前11世纪至公元前8世纪的西周时期，是奴隶社会发展的鼎盛时期，也是奴隶社会学前教育实施较为成熟的时期。据文献记载，当时人们已经开始按照儿童年龄大小来制订循序渐进的学前教育计划。《礼记·内则》中记载的是西周王公贵族在家庭中对儿童实施的学前教育计划。由此计划可见当时在奴隶主贵族的家庭中，对儿童实施的学前教育的内容是贴近贵族子弟的日常生活的，涵盖面亦较广，既有生活自理能力和日常礼仪的训练，又有初步的文化知识的启蒙，而且这种教育已经注意顾及儿童身心发展的特点，随儿童年龄的增长而逐步提高要求，此外，在教育内容方面也已经出现了男女有别的教育。

《礼记·内则》中记载的学前教育计划作为我国教育史上最早的关于学前教育的记录，不仅是当时学前教育发展的一个标志，而且对封建社会的学前教育实施产生过一定影响。

#### 2.奴隶社会天子宫廷内的学前教育

宫廷学前教育是我国古代宗法制下教育的一种特殊形式，它是以处于学前年龄的世子为教养对象，由朝廷委任德高望重颇具学识的官员担任教师并在宫廷内实施的教育。广义上讲，它包括实施于天子宫廷内的学前教育和实施于各诸侯王宫内的学前教育。不过通常所言的宫廷学前教育，是指针对太子实施于天子宫廷内的学前教育。为了加强对太子实施有效的教育，在奴隶社会时建立了保傅教育制度与乳保教育制度。

所谓保傅教育制度，是指朝廷内设有专门的师、保、傅以对君主、太子进行教育的制度。据史料记载，早在殷商时期就建立了保傅教育制度，西周继承了殷商的传统，也建立了保傅教育制度。太保、太傅、太师合称"三公"，"三公"对太子实施教育时有着明确的分工，其中，"保，保其身体"，即负责身体的保育；"傅，傅之德义"，即负责培养道德；"师，道之教训"，即进行文化知识及统治经验的传授。可见，师保之教的内容是较全面的，包括德、智、体三方面的内容。除设"三公"外，还置有副职"三少"，即少师、少傅、少保，他们时常相伴太子左右，以影响和指导太子。

所谓乳保教育制度，是指在后宫挑选女子担任乳母、保姆等，以承担保育和教导太子、世子事务的制度。子师、慈母、保姆合称“三母”，她们分别承担母后的部分职责，由她们共同负责太子、世子德性的培养与日常起居的料理。

3.奴隶社会的胎教

胎教，是指通过对孕妇实施外界影响，或通过孕妇自我调节达到作用于体内胎儿，使其能良好地生长、发育的教育过程。我国是世界上最早提出并实施胎教的国家。

据史料记载，我国实施胎教的历史，可以上溯到西周时期。最早实施胎教的是西周文王的母亲太任。据《列女传》记载：太任自妊娠后，“目不视恶色，耳不听淫声，口不出敖言，能以胎教”。为了保证胎教的实施，西周社会还建立了胎教制度，对孕妇进行约束。北齐学者颜之推曾说：“古者，圣王有胎教之法：怀子三月，出居别宫，目不邪视，耳不妄听，音声滋味，以礼节之。”

奴隶社会是我国古代学前教育的奠基时期，这个时期学前教育的特点包括：第一，由于阶级的出现，原始社会的儿童社会公育已经消失，而代之以宗法家族承担教育学前儿童的任务；第二，由于奴隶主贵族处于统治地位，垄断着受教育的权力，因而儿童的学前教育也仅限于在奴隶主贵族的家族中实施；第三，学前教育与学校教育已有了较明确的年龄划分；第四，对幼儿实施的学前教育不仅有着鲜明的阶级性，而且已经注意到随着儿童年龄的增长，制订相应的学前教育计划；第五，奴隶社会的最高统治者对学前教育尤为重视，建立了针对君主教育的保傅制度，提出了实施胎教的措施。

## 二、封建社会的学前教育

两千多年的封建社会是我国古代学前教育大发展时期，这个时期学前儿童教育总的特点是：第一，打破了过去奴隶主贵族垄断学前教育的局面，使学前教育成为普通平民家庭教育的重要组成部分；第二，学前教育的内容大为丰富，涵盖了德、智、体诸方面，并出现了许多专为幼儿编写的用于思想教育、文化知识教育等方面的教材；第三，对幼儿的潜能进行了最大限度地挖掘，学前教育内容的难度与广度均有较大的增加；第四，学前教育的实施具有浓厚的功利主义色彩，在实施过程中，总体上是重教轻养；第五，儒家思想规范指导着学前教育的实施。

### （一）封建社会的学前家庭教育

封建社会学前家庭教育的主要目的包括培养统治人才和治国人才，以及光耀门楣。在封建社会，历代统治者多重视教育，他们的目的主要在于通过学校教育为封建社会培养统治人才。汉代太学是封建社会一种重要的官学机构，它的最初设立动机，就是西汉武帝接受当时著名的教育家董仲舒的“养士之大者，莫大乎太学；太学者，贤士之所关也，教化之本源也”的主张，为造就官僚后备军而设立的。隋唐以后，虽然由于科举制度的影响，学校日渐成为科举的附庸，但其最终的目标仍然是为了培养统治人才。

如果说修齐治平是政治家为古代学前家庭教育制订的终极目标，那么光宗耀祖则是普通家庭实施学前教育的实质动机和目的。将个体的光荣与家庭的荣耀联系起来，根源在于中国传统社会的特点。中国古代是个注重血缘关系的社会，家中长辈都视子女为私有财产，希望通过家教早日使子孙“成龙”，以达到振兴家业、光宗耀祖的目的。

纵观中国两千多年封建社会时期的学前家庭教育，其教育内容主要包括生活常规教育、初步的道德教育、早期的知识教育、身体保健教育等方面。

1.儿童生活常规教育

封建礼教是封建时代人们思想行为的规范体系。“礼”的核心在于辨名分、定尊卑，明确君臣、父子、夫妇、长幼的等级差别，从而确定人际关系的准则及相应的行为规范，形成稳定的社会秩序。“礼”的精神和规范很大程度上要靠教育来贯彻推行，它的要求对象涉及社会上所有的人，贯穿于每个人的一生，存在于生活的各个场合。儿童年龄越小，尊长敬长的要求越突出，所以，古代十分重视儿童自幼的生活常规训练。

古代关于儿童生活常规的要求极多，被概括为“幼仪”或“童子礼”，基本上都是为封建礼教服务的。这些生活常规总的原则是谦卑、恭谨、稳重。在儿童自身的举止行为方面，古代对儿童的坐、立、行、跪、拜、起居、饮食等方面都有严格的规定。例如，坐应齐脚、敛手、定身端坐，不得靠椅背、伸腿、跷腿、支颐(手托腮)、欠伸及广占坐席。站立应一手正身、双足相并，不得欠脚、歪斜、踏物、靠墙。饮食的约束，如不得抢先、拖后，不得挑食、拨食、撒饭、剩饭，吃饭时不得说话、左顾右盼、手足乱动、发声嚼食等。

在儿童与家中长辈的关系方面，古代更是制定了详尽的行为准则，称为“应对、进遇之节”。在儿童手足能自主活动时，就要教他作揖拱手。每日清晨和黄昏向父母请安，逢年过节及长辈寿诞的叩头行礼也是幼儿能走动时就开始训练。

养成卫生的习惯也是古代培养儿童家庭生活常规的重要内容。古代要求儿童讲究卫生，除了培养恭谨持重的品德，还有培养儿童勤劳习惯的作用。古人有“父兄劳于官，子弟逸于家”的俗话，认为这是败家的征兆。因此，必须使子弟自幼勤谨，方能继业。“洒扫”事虽小，却是有效的常规训练。

2.初步的道德教育

重视道德教育在中国具有悠久的传统。孔子说：“行有余力，则以学文。”行指品行、德行，意思是说在品行、德行修养有余力时才可以学习文化知识。以品德为先不仅是数千年封建社会学校教育、社会教育的主旨，而且相应地也成为学前家庭教育的主要“纲领”。在家庭中对幼儿进行思想品德教育，主要是让儿童形成初步的道德观念，养成良好的行为习惯。这种德教内容主要包括以下四个方面。

(1)孝悌

注意从小培养儿童孝顺双亲的品德，是我国古代尊老孝亲传统道德意识的体现，同时，以此作为儿童道德意识形成的起步，也符合儿童道德形成的规律。当然，封建社会的“孝”从本质上说是突出父权的“孝”，旨在强化对皇权的“忠”，而且这种“忠”“孝”，是不问是非的“愚忠”“愚孝”，它完全扼杀了儿童的个性与自由。如《二十四孝的故事》中有些关于孝悌的故事不仅愚不可及，甚至在今天看来是灭绝人伦的，这是我们应当坚决批判和摒弃的。

如果说孝是用以维系纵的家庭关系中占主导地位，那么悌则是用以强化横的家庭关系中居辅助地位。对幼儿进行悌的教育，主要是要求孩童自幼兄弟友爱，为兄者爱护弟弟，为弟者敬爱兄长，所谓“兄友弟恭”则是关于悌的理想状态。东汉时“孔融让梨”的故事在封建社会曾广为流传，并在学前家庭教育中作为进行悌的教育的典型事例而屡被引用。

(2)崇俭

在古代，我国是个农业文明的国家，农村的稳定决定着朝廷的安危。故珍惜粮食，崇尚俭朴就成为中华民族的传统美德和家庭教育的重要内容。如《朱子家训》里就有著名的治家崇俭的格言：“一粥一饭，当思来之不易；半丝半缕，恒念物力维艰”。为了培养儿童的俭朴生活习惯，对于幼儿的饮食与衣着，古人主张不能过于讲究，如《礼记·曲礼》中曾规定：“童子不衣裘裳。”这不仅是因其过暖不利于儿童发育，更主要的是因其华贵不利于儿童养成崇俭的习性。

(3)诚信

诚信就是诚实无欺。明人李贽说：“夫童心者，真心也。”幼儿的天性纯洁美好，绝假纯真，然而由于不正确的影响或幼儿自身因自夸或惧过之故，有时也会说谎，长此以往，其“童心”将逐渐失却。要维护此诚实无欺的“童心”，长辈首先应该从正面进行教育引导，以身作则。《韩诗外传》中记载了一则孟母教子无欺的故事：孟子幼小的时候，有一次看见邻居家在杀猪，便问母亲：“他们杀猪干吗？”孟母随口答道：“给你吃。”继而又很后悔，她想：自己这是在用假话欺骗孩子，也是在教小孩不诚实。于是便去买了邻居家的猪肉给孟子吃，以免对孩子产生不良的影响。

(4)为善

古代学前家庭教育中非常注意使幼儿养成行善去恶的观念,经常教育幼儿除在家孝顺父母、敬爱兄长外,在外凡是合乎道义的利人之事都应为之。由于孩童年幼,不可能做出惊天动地的大善事,故许多家长都非常重视教育幼儿行小善戒小恶,积小善以成大德,如三国时的刘备曾遗诏教训后主说:“勿以恶小而为之,勿以善小而不为。”

3.文化知识教育

在中国封建社会的文官选拔中,文化知识的考核是选拔的重要内容,它促使人们异常重视知识(主要是儒家经典)的学习。有古语说:万般皆下品,唯有读书高。因此,文化知识便成为家庭教育中的主要内容,主要是教儿童识字、学字书、听解《四书》,以及学习一些名诗、名赋、格言等。识字教育是文化知识教育的重点与起步,在有条件的家庭中,幼儿的识字教育一般在3～4岁时便已开始。字书是封建社会幼儿识字启蒙教育的基本教材,历代颇为重视。南朝周兴嗣的《千字文》与宋代王应麟的《三字经》,以及无名氏的《百家姓》,简称“三、百、千”,则是古代蒙学字书编写的代表作,它们流传极广,甚至为朝鲜、日本所采用和学习。

由于诗赋是科举考试中的一项重要内容,故在家庭中亦极为重视,对幼儿进行诗赋知识的启蒙。当时在家庭中主要是选择汉赋中的某些名篇、唐宋诗中的某些名家作品让幼儿背诵。最为常用的教材有《唐诗三百首》《千家诗》和北宋汪洙的《神童诗》等。

在学前家庭教育中,当时除重视对幼儿进行文化知识的传授外,还着意于使幼儿养成乐学、勤学的学风。父母家长常常鼓励幼儿要从小立下大志,以此作为勤学苦读的目标和动力。如颜之推在家训中就曾引古时苏秦刺股苦读、孙康映雪读书、车武子囊萤照书等事迹教育子孙后代勤奋学习,从小养成踏实勤奋求学的优良作风。

## (二)封建社会的胎教

中国封建社会的胎教继承了奴隶社会胎教的传统,并进一步向前发展,在实践经验的基础上总结出了比较系统的古代胎教理论。由于时代的局限,古代胎教理论部分夹杂着封建意识形态和迷信色彩,但也积累了不少为当代科学所证实的合理的、宝贵的经验。

成书于秦汉时期的《黄帝内经》是中国古代最早的医学著作。该书结合气一元论和阴阳五行学说,对生命的成因、疾病的起源等作了唯物主义的解释,指出人的某些疾病起因在胎儿时期,成为“胎病”。为避免“胎病”发生,保证胎儿健康发育,以提高新生儿的天然素质,有必要对孕妇的日常生活进行指导,通过母教实施胎教。这是中国最早从医学角度探讨胎教问题的论述。

唐代名医孙思邈在他的《千金方》中,提出了胎教作用的一个基本理论,即“外象内感”。“外象”是指外界客观事物的影响,“内感”是指母体内的胎儿对外部客观事物的感应。“外象内感”的意思是说孕妇所接触的外界物象会直接影响到体内胎儿。孙思邈的胎教学说注重孕妇所处的外界环境对胎儿的影响,这一思想在今天也具有一定的科学道理。

明代医学家万全重视孕妇的精神调节,从医学角度对孕妇情绪给胎儿的影响做出了较为科学的解释。他认为孕妇加强自我心理调节,注意控制情绪的波动是非常必要的。只有孕妇心绪和顺,胎儿才能健康成长。

古代的医学家们还十分重视孕妇饮食的调摄。宋代妇产科医师陈自明在《妇人良方》、元代医师朱震亨在《格致余论·慈幼论》中分别指出孕妇饮食的宜忌,北齐医师徐之才则在《逐月养胎法》中依据胎儿每个月的不同发育状态,为孕妇制定了相应的食谱。此外,他们还要求孕妇饮食应清淡、饥饱适中,这样就不会使孕妇和胎儿受损伤。

总之,封建社会时期的胎教思想多持胎养和胎教相结合的观点,这种养教一体化的胎教观点,发展了前人的胎教思想,丰富了古代胎教的内容。而纵观古代胎教的历史,可以看出,中国胎教由来已久,很受社会重视,有着相当程度的发展,积累了大量的经验,比如:注重外界环境对胎儿的影响;注重母体的精神因素对胎儿的影响;注重孕妇良好生活习惯的培养;注重胎教和母教的结合等等,都是值得我们现代借鉴的。

### (三)封建社会的学前教育思想

在中国古代学前教育的发展历史中,特别是两千多年的封建社会时期,许多教育家、思想家从不同的角度论述过学前教育的目的、内容、方法等。他们关于学前教育的主张,对当时社会的学前教育的实施起着重要的指导作用。

1.贾谊

西汉时期的贾谊(前 200—前 168)不仅是一位杰出的政治家、思想家、文学家,而且还是一位出色的教育家,他曾做过太子太傅,故在学前教育方面颇有建树。关于他的早期教育的论述,主要见于《新书》的《傅职》《保傅》《劝学》《胎教》诸篇。

胎教是早期教育之始端,王室之家应当重视对太子实施胎教,在太子未出生以前要设置专门实施胎教的处所——“蒌室”,安排专人监护孕妇的饮食、视、听、言、动等,使其合乎礼的规定。在《新书·胎教》中,贾谊记载了周成王的母亲怀孕期间注意胎教的言论:“立而不破,坐而不差,笑而不喧,独处不倨,虽怒不骂。”

贾谊认为,对太子的教育应尽早实施,“太子之善,在于早谕教与选左右”。早期教育是教育的最佳期,当婴幼儿的赤子之心尚未受到外界熏染,先入为主,对他实施教育,就会收到最佳的效果。为加强太子的早期教育,在宫廷内应设置专门辅导、教育太子的师、保、傅官,建立保傅教育制度。

关于太子的早期教育,贾谊还提出了教养结合的主张,即除进行道德与知识教育外,还要由少保负责健养其身体。正是由于贾谊把保护太子的身体视作师、保、傅官的一项重要的职责及教育内容,故当梁怀王坠马而死后,他引以自责,竟郁郁成疾,英年早逝。

贾谊作为西汉初期的政治家,他关于早期教育的论述虽然只是针对太子的个别教育提出来的,而且其列举的实施方法也大多是综述文武三代之道,少有新意,但他同时也是先秦以来第一位较为全面地论述早期教育问题的教育家。

2.颜之推

颜之推(约 531—595),我国魏晋南北朝时期北齐的思想家、教育家。颜之推著有《颜氏家训》,集中体现了他的早期家庭教育思想。《颜氏家训》共分七卷二十篇,是颜之推为了用儒家思想教训子孙,以保持自己家庭的传统与地位,而写出的一部系统完整的家庭教育教科书。这是他一生关于士大夫立身、治家、处事、为学的经验总结,在封建家庭教育发展史上有重要的影响。后世称此书为“家教规范”。《颜氏家训》是我国封建社会第一部系统完整的早期家庭教育教材。

颜之推的早期家庭教育主张体现在以下几个方面。

(1)幼儿期是早期教育的关键期,应抓住这个机会及早施行教育

颜之推指出:“人生幼小,精神专利,长成以后,思虑散逸,固须早教,勿失机也。”他引用孔子“少成若天性,习惯成自然”的思想作为理论依据,又引俗语“教妇初来,教儿婴孩”作为例证来论证自己的观点。他主张儿童出生之后,便应以明白孝仁礼义的人“导习之”。“当及婴稚,识人颜色,知人喜怒,便加教诲”,就是说教育当自婴儿会看大人脸色的时候开始。

(2)早期教育要正确处理爱与溺爱的关系

颜之推批评当时许多家庭的父母对子女“无教而有爱”,一味放纵。主张父母对孩子从小就要严格要求,勤于教诲,不能溺爱和放任。但不能过于严厉,要严慈有度,严慈并用。颜之推主张父母对孩子从小就要严格要求,勤于教诲,不能溺爱和放任。父母在子女面前要庄重严肃,但不能过于严厉,要严慈有度,所谓“父母威严而有慈,则子女畏惧而生孝”。

颜之推认为肉体惩罚是家庭教育中不可缺少的有效手段。在他看来,鞭挞体罚孩子,以促其反省悔过,是完全必要的,犹如以苦药治其疾病。颜之推要求父母对于子女威严有慈,慈严结合,不能

无教而有爱,这无疑是正确的。但他对棍棒教育推崇备至,显然是不可取的。

(3)均爱勿偏

颜之推重视家庭教育中"均爱勿偏"原则,他认为,在家庭教育中应当切忌偏宠,不论子女聪慧与否,都应以同样的爱护与教育标准来对待。颜之推还从反面列举了许多家庭教子的事例。如春秋时期郑庄公的母亲武姜宠爱幼子共叔段,予其待遇优厚,"僭越"其等级,逐渐养成共叔段骄横霸道的习气,后因起兵谋位被诛。"共叔之死,母实为之。"指出了溺爱和偏爱对儿童的巨大害处。

(4)应世经务

颜之推主张上自明王圣帝,下至庶人凡子,均须勤奋学习,学习的目的在于"行道以利世",要掌握"应世经务"的真实本领。因此,除必读儒家的《五经》之外,还应"涉百家之书",否则就会产生偏差。颜之推主张要广泛接触社会生活,学习各种杂艺:琴、棋、书、画、数、医、射、卜等,还要熟悉农业生产知识。他特别强调要掌握一技之长,以为立身之本,所谓"积财千万,不如薄技在身"。

(5)榜样作用

颜之推要求重视家长在儿童教育中的榜样示范作用。颜之推也十分重视让儿童"必慎交友","与善人居,如入芝兰之室,久而自芳也;与恶人居,如入鲍鱼之肆,久而自臭也",指出了选择朋友的利害关系。

3.朱熹

朱熹(1130—1200)是南宋时期著名理学家、客观唯心主义哲学家、教育家和思想家。《童蒙须知》和《小学》是朱熹专门为儿童教育编写的教材。在这两本书中,朱熹具体地阐释了学前教育的基本问题。

(1)重视胎教

朱熹对孕妇的寝、坐、言、念、视、听以及道德品质等方面提出了具体的要求。

(2)重视蒙养教育的奠基作用

朱熹依据古代的教育经验,把整个学校教育的过程划分为小学与大学两个阶段,8～15 岁为小学教育阶段,即蒙养教育阶段;15 岁以后为大学教育阶段。他认为这是两个相对独立、相互联系的阶段,小学教育是大学教育的基础,大学教育则是小学教育的扩充和深化。

朱熹特别重视蒙养阶段的基础教育作用,他认为蒙养教育阶段是"打坯模"的时期,必须抓紧抓好。他也与古代许多教育家一样,强调在幼儿教育中应注意慎择师友。

(3)儿童要强调学"眼前事"

朱熹认为小学的主要任务应当是"学其事",学习眼前日用的事。他指出:"小学之事,知之浅而行之小者也。"具体而言,为"洒扫应对进退之节""礼乐射御书数之文""爱亲敬长隆师亲友之道"等内容。注重道德行为操作的训练,要求儿童的学习由浅入深、自近及远,这不仅符合儿童认识发展与道德形成的规律,易为儿童掌握,而且也有助于培养儿童良好的道德习惯。注重"眼前事"的学习,也就是要求从小事、身边事做起,至今这仍是儿童品德教育中必须遵循的原则。

朱熹认为,在教育儿童时,要少用批评,多用鼓励,即"多说那恭敬处,少说那防禁处"。同时在他编写的《童蒙须知》中,对儿童的日常生活行为规定也主要着眼于进行正面的具体指导。

根据正面教育为主的原则,朱熹还对教师提出指导、示范和适时启发的要求,并把教师对学生的适时启发比喻为"时雨之化"。

4.王守仁

王守仁(1472—1528),明朝著名哲学家、教育家。在《社学教条》和《传习录》中,王守仁提出了自己的学前教育思想。

(1)顺导儿童性情,促其自然发展

王守仁说:"大抵童子之情,乐嬉游而惮拘检,如草木之始萌芽,舒畅之则条达,摧挠之则衰萎。"意思是说,儿童性情好动,喜欢嬉戏玩耍,而害怕受拘束和禁锢,就像草木刚刚萌芽,顺其自然就会使它长得枝叶茂盛,摧挠它则很快会使它衰败枯萎。因此,对儿童进行教育,必须注意顺导儿童性情,不宜加以束缚和限制,应依据他们的身心发展特点激发他们的学习兴趣。

(2)因材施教,促使儿童“各成其材”

王守仁认为:“人的资质不同,施教不可躐等,中人以下的人,便与他说性、说命,他也不省得也,须谩谩琢磨他起来。”因此,教育者对儿童施教,不仅要考虑儿童认识发展水平的共性特征,而且还要注意个体发展水平的差异,针对每个人的个性差异,因材施教,就像良医之治病,对症下药。他说:“夫良医之治病,随其病之虚实、强弱、寒热、内外,而斟酌、加减、调理、补泄之,要在去病而已。初无一定之方,不问症候之如何,而必使人人服之也。”

王守仁认为,因材施教的目的在于使受教育者“各成其材”。他说:“因人而施之,教也,各成其材矣,而同归于善。”他认为每个儿童都有其长处,教育者如能就其长处加以培养,就可以使他们某一方面的才能得到发展。他举例说:譬如有三人习射,“一能步箭,一能马箭,一能远箭,射得到俱谓之有力,中处,仅可谓之巧;但步不能马,马不能远,各有所长,便是才力分限有不同处。”这是就才能而言。针对儿童性格方面的不同,他也要求教师应根据儿童各自的特性,采取不同方法,分别予以适当的陶冶,各成其长。他说:“圣人教人,不是个束缚他通做一般,只如狂者便从狂处成就他,狷者便从狷处成就他。人之才气,如何同得?”

王守仁的因材施教,各成其材的思想,承认了发展个性的必要性,对传统教育抹杀儿童个性的做法是一个有力的批判,同时也体现了他思想的进步意义。

(3)通过“诱之歌诗”“导之以礼”和“讽之读书”,促进儿童全面发展

王守仁指出:“故凡诱之歌诗者,非但发其志意而已,亦以泄其跳号呼啸于泳歌,宣其幽抑结滞于音节也;导之习礼者,非但肃其威仪而已,亦所以周旋揖让而动荡其血脉,拜起屈伸而固束其筋骸也;讽之读书者,非但开其知觉而已,亦所以沈潜反复而存其心,抑扬讽诵以宣其志也。”课程安排,除了读书、习礼、歌诗之外还增加了考德和课仿,内容相当全面,同时在顺序上注意到动静交错,张弛结合,也有一定的科学性。

(4)提出了“渐科而盈进”的循序渐进的儿童教学思想

王守仁认为,对儿童进行教育必须注意“从本原上用力,渐渐盈科而进”。在他看来,任何人的认识水平都有一个由婴儿到成人的发展过程,譬如“婴儿在母腹时只是纯气,有何知识?出胎后方始能啼,既后能笑,又既而后能识认其父母兄弟,又既面能立能行,能持能负,卒乃天下之事无不可能。”教育者必须根据儿童这种“精气日足,筋力日强,聪明日开”的成长过程,循序渐进地进行教育,不可躐等。

王守仁关于儿童教育的论述,不仅当时在反对传统教育方面具有明显的积极意义,而且很符合儿童教育的规律,与近代进步的教育学说多有一致的地方。尤其是他的“自然教育论”的提出比西方最早表达自然教育思想的法国卢梭的名著《爱弥儿》(1762年)的出版时间早了200多年。

5.张履祥

明末清初的张履祥(1611—1674)在儿童早期家庭教育方面积累的丰富经验,体现在其著作《训子语》及《初学备忘》之中。将教育子女视为家长的天职,为此,张履祥指出家长要不断提高自己的文化修养和道德素质,选择正确的教育方法,有的放矢地进行教育。张履祥认为,道德教育应放在家庭教育的首位,如果家庭不重视道德教育,致使儿童形成的一些不良习气,可能影响儿童的终身。

反对溺爱,倡导严格的早期教育原则。在《训子语》中,张履祥将是否严教看作能否产生良好教育效果的关键因素。他说:“子弟童稚之年,父母师傅严者,异日多贤,宽者,多至不肖。”

张履祥指出,人应当知耻,人不能没有耻辱观念,缺乏正确的羞耻观才是真正的可耻。同时张履祥提出人不能无过,但期于改。孩子看不到自己身上的毛病,因此家长要引导儿童逐步确立正确的羞耻观,帮助孩子了解自身毛病所在,使其知过而后能改。

## 第二节　中国近现代学前教育

1840年鸦片战争之后，中国社会逐渐由封建社会转为半殖民半封建社会，开始了近代社会的变革。随着社会政治经济的巨大变化，在教育领域也发生了深刻的变化。

### 一、中国近代学前教育的产生

有组织的学前教育是生产力发展到一定阶段的产物。纵观世界学前教育的发展，诸如幼儿学校(1816年欧文所办)等学前教育机构都是社会发展到资本主义阶段才产生的。我国封建社会历时两千多年，封建教育思想和制度在我国根深蒂固，它在学前教育领域的体现是以封建式的家庭教育为基本形式。

19世纪末20世纪初，由于帝国主义列强对中国的侵略不断加深，民族危机更为深重，清政府宣布实行"新政"，被迫进行改革。"新政"在教育方面的主要内容，就是废科举、兴学校、厘定教育宗旨。为此，1902年张百熙奉命草拟了《钦定学堂章程》，即"壬寅学制"，但此学制虽经颁布，并未实施。1904年初又颁布了由张之洞、张百熙、荣庆合订的《奏定学堂章程》，即"癸卯学制"。"癸卯学制"确定了更为详备的近代学制系统，其中包括了蒙养院制度。在这种情况下，我国的近代学前教育才开始产生并逐步发展起来。

#### (一)蒙养院制度

1.蒙养院制度的产生

《奏定学堂章程》于清光绪三十年(1904年)颁布实施。学制将整个教育过程划分为三段七级。在《奏定学堂章程》中，为学前教育专门制定了《奏定蒙养院章程及家庭教育法章程》(简称《蒙养院章程》)，规定设蒙养院作为学前教育的专门机构。这是中国近代学前教育的第一个法规。它的颁布和实施标志着中国的学前教育已经开始进入一个新的发展阶段。

按照这个法规的规定，蒙养院成为国家教育体系中的一个重要组成部分，法规明确指出："蒙养通乎圣功，实为国民教育之第一基址。"同时规定设蒙养院作为学前教育的专门机构。

《蒙养院章程》规定："蒙养院专为保育教导3岁以上至7岁之儿童，每日不得过4点钟。"蒙养院并不单独开设，而是附设在育婴堂和敬节堂内。《蒙养院章程》规定："凡各省府厅州县以及极大市镇，现在均有育婴堂及敬节堂，兹即于育婴敬节二堂内设蒙养院。"

育婴堂始建于宋代，属于慈善恤孤性质的慈幼机构，以收养被遗弃的小孩。清末，育婴堂在各地普遍兴建起来。这种机构虽然收的都是幼儿，但主要目的在于救济养育孤苦无依的儿童，师资是没有受过专门训练的节妇。严格说来，育婴堂并不是教育机构。《蒙养院章程》规定，利用育婴堂，开辟蒙养院，于堂内划出一院为蒙养院。

蒙养院的老师称"保姆"，保姆由乳媪、节妇训练而成。处于半殖民地半封建教育制度下的清末蒙养院，"癸卯学制"尚没有女子受教育的地位，因而没有设置幼儿师范学校，形成有幼儿教育，但无幼教师资培养的局面。保姆只得由育婴堂的乳媪(为人哺乳育儿之妇)和敬节院的节妇充任，也可适当招堂外妇人。

2.蒙养院制度的实施

随着第一个近代学制的颁布推行，幼教师资培训机构和中国学前教育机构开始出现。

(1)女子师范中保姆的培训

学前教育机构的创立，应该是以有幼教师资为前提的。清朝末年，幼教师资的培训经历了一个从无到有的过程。

首先是教育领域打破“女禁”。中国第一代幼儿师资，是敬节堂的节妇和育婴堂的乳媪。1844年，英国女子促进会会员、传教士爱尔德赛在宁波创办女塾，这是中国土地上第一个女子学堂，且带有殖民性质。1898年5月31日，上海电报局局长经元善发起创办经正女学，设于上海城南。10月末，经正女学又在城内增设分塾一所，延请中西教习各1人。次年初，学生已至70余人。后因戊戌变法失败，这所女子学校于1900年停办。资产阶级革命派为宣传资产阶级自由、平等、博爱的思想，推翻帝制，培养革命人才，也办了一批女子学堂，以实践其男女平权的主张。最有名的是蔡元培主持的爱国女学。该校1902年开办于上海。继爱国女学以后，还出现了其他女子学校。打破“女禁”已是大势所趋。1904年，慈禧太后批准在中南海内创设女学，学习东西文，并于1906年2月21日，面谕学部，振兴女学。1907年3月，清政府正式颁布了《女子小学堂章程》和《女子师范学堂章程》，中国女子教育由此正式取得合法地位。其后，女子师范学堂在各地开始建立。据张宗麟在《中国幼稚教育略史》一文所述，至宣统末年(1911年)，全国女学生的数目已经有二三十万人，其中也有学幼稚教育的女子。

(2)蒙养院的设立

清末蒙养院可分官办和私办两种。

官办蒙养院：中国最早创办的公立幼儿教育机构，是1903年在武昌创立的幼稚园。1903年秋，湖北巡抚端方在武昌创办了幼稚园，1904年1月改名为武昌蒙养院，也叫武昌模范小学蒙养院。在张之洞主持下，附设了女子学堂，招收15～35岁女子，专门学习幼儿师范课程。这是中国幼儿师范教育的萌芽，但不久就停办了。湖北幼稚园教员主要由日本人担任，当时聘请了户野美知惠等3名日本保姆。

私立蒙养院：“癸卯学制”颁布以后，也曾出现过一些私人办的蒙养院，如天津严氏蒙养院。严氏蒙养院，是清末翰林院编修、学部侍郎严修所设。1902年，严修在自己的家中开设严氏女塾，1905年创办严氏女子小学，并设蒙养院和保姆讲习所。蒙养院和保姆讲习所基本采用日本的经验，聘任日本教师，吸收采用日本教材，甚至设备也是向日本购买的。严氏蒙养院保教情况与湖北、湖南官办蒙养院基本精神是一致的。

除中国人自己办的蒙养院以外，清末外国资本主义国家还在中国开办了不少幼儿教育机构，他们并不执行“癸卯学制”中关于蒙养院的规定办法，而由教会办理。清末的蒙养院，是幼儿家庭教育向社会教育转化的形式，虽然有了蒙养院的建制，但幼儿教育仍主要在家庭中进行，采取的是“蒙养家教合一”的方针。蒙养院是辅助家庭教育的组织。训练保姆的教材，也要每家给一本，以供教育孩子使用。家庭也可以雇保姆教养子女。蒙养院，从内容看，保留了浓厚的封建色彩；从形式上看，它是在新学制实施过程中接受了西方幼儿教育机构的样式开设的。但中国学前教育史终究是前进了一步，幼儿除在家庭受教育以外，产生了社会教育机构，并从制度上确定下来。

清末的蒙养院制度的确立与实施的重要意义：第一，学前教育完全由家庭负担的历史结束了，在通向学前教育社会化的道路上迈出了第一步。第二，学前社会教育机构在中国产生，既反映了近代大生产的发展要求学前教育与之适应的一般规律，又反映了它是一种自上而下被动出现的特点，是随着中国的近代学制出现而勉强确定的，这不同于西方很多国家。第三，蒙养院办院的纲领，体现了“中学为体，西学为用”的总原则。它既不肯放弃传统儿童教育的核心——封建伦理道德的灌输和行为习惯的训练，又具有了近代社会幼儿教育的形式和内容。第四，严重抄袭日本。清末蒙养院制度基本上照搬了日本明治三十二年(1900年)《幼稚园保育设备规程》，在实施中，教员从日方聘任，课程、玩具、教法也多参照日本。所以说，中国的蒙养院，采用的是日本的一套体制，显示出极大的半殖民地半封建教育的特点。

### (二)帝国主义在中国的学前教育活动

鸦片战争后，帝国主义列强凭借不平等条约，取得了在华传教、办学等特权，对中国进行文化渗透,先后在中国设立了许多教会学校,这其中主要包括学前教育机构和幼教师资培训机构。这也是旧中国学前教育的重要组成部分。

1.创办幼稚园

19世纪80年代,外国教会在中国沿海福州、宁波开始办幼儿教育机构,此后教会办的幼稚园逐渐增多。根据美国传教士林乐知所著《五大洲女塾通考》第十集记载:清光绪二十八年(1902年)外国教会在中国设立的幼教机构"有小孩察物学堂6所,学生194人(男女各半)",小孩察物学堂即幼稚园。以后,在福州、宁波、上海、北平等地都有外国人办的幼稚园出现。民国初期以后,1913年,基督教全国会议议案中又规定,各地教堂都要附设幼稚园。教会幼稚园数目大增。根据1921—1922年中华基督教教育调查团的报告,基督教教会学校在"五四"运动前夕共开设幼稚园139所。据调查,1924年全国有幼稚园190所,其中教会办的156所,约占全国总数的80%。张雪门1928年参观了30所幼稚园,其中就有洋教士办的12所,日本式的幼稚园5所,由中国人办的普通式幼稚园只有13所。可见,外国人在中国办的幼稚园数目远远超过了中国人自办的数目。这些幼稚园还通过各种途径对中国人自办的幼稚园施加影响,造成幼稚教育的"洋化"。

外国人在中国办的学前教育机构,大致可分为两种:一种是日本式的;一种是宗教式的。日本式的幼稚园兴办于清末民初。清末"癸卯学制"和民国初年"壬子癸丑学制",主要借鉴于日本。这种日本式的幼稚园很像小学校,也可叫作小学式的幼稚园。教学内容有游戏、谈话、手工、唱歌、识字、算术、图画、排版、检查身体、习字、积木等。把这些都视为功课,像小学校一样明明白白地把各科规定在逐日的功课表里,不许混杂。由于中国传统思想的影响,这种教育方式更能够便于对幼儿的管理,因此这种类似呆板的形式很容易让人们接受和得到广泛运用,所以在相当长的一段时期内这种教育方式仍存在于我国的幼儿教育中。另一种是欧美国家在中国办的学前教育机构。它本先于日本在华办的幼稚园,但兴盛时期在日本之后。"五四"运动以后,中国主流教育思想主要受欧美的影响,特别是美国的影响,日本的学前教育影响逐渐减弱。这种学前教育,都由教会掌管,所以也被称为教会式的幼稚园。这些幼稚园一般都有美丽的教室、小巧的桌椅、精致的玩具,孩子在幼稚园的活动要较日本人办的幼稚园自由得多,课程排得也不那么死板。在安排自由活动以后,工作以前,孩子们要闭一会儿眼睛,唱一支祷告的诗曲。早晨相见,放学话别,都要唱出"上帝祝福"诗一样的调子等等。

2.培植师资,兴办幼稚师范

中国人出国接受幼教专业训练的国家,首先是日本。日本从1872年颁布学制后,便开办了女子学校。中国女学生赴日最早在1901年。到1902年,已有留日女学生十余名。1905年,湖南省派20名女生到日本学速成师范科。1907年,奉天(今辽宁省)女子师范学堂派21名学生到日本学习,就读于日本实践女学校师范科。江西也派出10名官费女学生赴日留学。到1907年,仅日本东京一地,便有中国女留学生近百名。中国女学生在国外,求学心切,气度不凡,当时日本人曾评价她们说:"此等留学生,举止娴雅,志趣高尚,对日本人亦不畏惧,彬彬有礼,为日本妇女所不及。"她们回国后,不少从业于幼儿教育。

除日本以外,欧美国家也积极争取中国留学生。中国留学生去西方的逐渐多了起来。中国学前教育,也从仿习日本逐渐向学习欧美转变,并深刻地影响了中国近代学前教育的发展。如教育家陶行知,回国后结合中国实际,提出了生活教育理论,并在实践平民教育、普及教育、乡村教育、民主教育等方面做出了艰苦卓绝的努力。著名的儿童教育专家陈鹤琴早年也曾留学美国,他批判吸收西方教育理论,在探索中国化、科学化的幼儿教育方面做出了突出的贡献。

帝国主义除了为中国培训师资之外,还在华设立幼稚师范学校或女学。1844年,美国女子教育协进会会员、传教士爱尔德赛在宁波创办女塾。这是近代外国人在华设立的最早的教会女学,也是中国最初出现的女子学堂。以后各国在中国办的女学逐渐增多。这些女学,很多都兼负培养幼稚园保教人员的任务。中国新学制产生后,英、美教会鉴于当时在中国培养师资的重要性,在各地开设师范学校，部分附设幼稚师范科，如苏州景海女学幼稚师范科（1916 年）、厦门怀德幼稚师范学校（1901 年为幼稚师范班，1912 年正式取校名为怀德幼稚师范学校）、浙江杭州私立弘道女学幼师科（1916 年）、北京协和女书院幼稚师范科（1905 年）。1913 年，基督教会全国大会议案提出，教会要设立幼稚园，同时也要设立养成幼稚人才的学校，还要收教外学生，以供官立幼稚园用。这些幼稚师范学校都为教会所办，重视宗教教育与英文教学，有较为完备的教学设备。

3.任教于中国幼稚园，翻译教材，出版幼儿读物

外国教习在中国官办、私办的学前教育机构中任职，自清末蒙养院诞生起就很盛行，最初多为日本教习。请外国教员（包括日本的和西方的）在中国幼稚园中任教的办法，一直持续到新中国成立前，几乎官办、私办的蒙养院都有日本教习任教，此外还有女学、女子师范学堂，也都要请日本人当教员。

这些学校中主要文化课和专业课都由日本教习任教。学前教育所用书籍，包括幼稚园读本、幼稚师范生教材等也多由外国进口。对此，东西方国家十分积极地向中国施加影响，他们很重视利用教材影响中国，认为为中国编辑教科书是传播西方“文明”的极好形式。到 1937 年，翻译的日本书籍中，教育一类的书就有 140 余种。西洋的教育书籍就更多。东西方国家还编译和出版了不少儿童图书和期刊，如《儿童故事》《儿童乐园》《童男须知》《童女须知》等，更加广泛深入地影响中国儿童。

4.兴办各种“慈幼机构”

在设立幼稚园和幼稚师范的同时，帝国主义还以兴办“慈善”事业为名，到处设立孤儿院、慈幼院、育婴堂之类的慈幼机构。早在 19 世纪 40 年代，教会就在湖南衡阳开办了一所慈幼院，此后其他地方的教会也陆续举办了一些这类“慈善”机构。在这些“慈善”机构中，儿童们长年被关在高楼深院里，与世隔绝，有的孤儿院还设有剥削和压榨童工劳动力的工厂。帝国主义除从肉体上摧残儿童外，还从精神上腐蚀、毒害中国儿童，使之感恩戴德，长大了死心塌地为传教服务。

### （三）收回教育权的斗争

鸦片战争后，帝国主义列强在中国办学，从幼稚园至留学教育，从普通教育到师范教育、技术教育、盲聋哑教育等，形成独立的教会学校网。外国在华办的文化教育事业，不受中国政府管辖，不必在中国政府立案，尤其是一些传教士，利用他们办学的合法机构，从事危害中国人民利益的侵略活动和宗教宣传，这些引起了中国人民的强烈不满，并不断地受到中国人民的抵制。蔡元培 1917 年提出“以美育代宗教”的主张，李大钊也著文论述宗教问题，更有挥代英撰文《打倒教会教育》，反对外国利用宗教办学，破坏中国教育主权，压制学生。1924 年，随着中国革命形势的发展，首先由广州开始，成立“广州学生收回教育权运动委员会”，当时有影响的全国性教育团体，如中华教育改进社、全国教育会联合会等都开会、撰文支持和参加收回教育权的斗争。

收回教育权运动取得了一定的成绩，这是中国人民反对外国强夺中国教育主权斗争的成果。此后，凡外国在中国办的幼稚园、幼稚师范学校或幼师培训班，都要向中国政府注册，课程也要大致符合中国教育部所颁发的课程标准的要求。20 世纪 20 年代收回教育权的斗争，虽然取得了一定胜利，但也有不少流于形式，真正收回教育主权只能在收回政治、经济、军事权之后。

### （四）康有为的学前教育思想

清末著名政治家、思想家、社会改革家和教育家康有为（1858—1927），广东南海人，资产阶级改良领袖。1888 年，鉴于在中法战争中清政府的无能，他第一次向光绪皇帝上书，要求清政府图强变法，因遭顽固派阻挠，未能上达。这使他认识到：深刻的社会变革必有思想文化运动为其先导。为此，他把从事教育工作当作进行政治维新运动的重要手段。康有为一生写下了许多在当时和以后都极有影响的著作。他在“万木草堂”讲学期间所完成的《新学伪经考》和《孔子改制考》为维新变法奠定了理论基础，而他在《大同书》里，则设计了一个理想社会的蓝图。该书共三十卷分十部分，康有

为认为如果能实现他在书中指出的各项主张，就可以建立一个既没有阶级，也没有压迫，财产公有，男女平等，天下太平，世界极乐的理想社会。

他把教育看作是救亡图存、政治维新的重要手段。在《大同书》中，康有为第一次提出了在我国实施学前社会教育的思想。他强烈要求，公立政府要代替父母承担抚养、教育孩子的责任。

(1)将胎教视为教育的基本环节。“胎教既误，施教无从”，为了保证胎教的顺利实施，康有为要求政府专门为孕妇设立人本院，为胎儿的生长发育提供良好的环境与条件。康有为不但将胎教视为教育最基本的一环，还肯定了胎教是“人种改良之计”，这种优生学观点是很有远见的。为了实施胎教，康有为还对专为孕妇设立的人本院的环境、建筑、设备、医疗、卫生、保健、教育、服务等方面提出了 40 多条要求。他十分强调外感影响的作用，认为人脑“一有所感于外物，终生受之而不忘，迁事逢时，萌芽发扬”。同时他指出“胎孕多感地气”，把一个人的面相、性、肤色以至人口出生的多寡都归之于受不同地区、不等地势以及不同气候的原因。当时，康有为能够注意到环境对胎教的影响，应当说是有积极意义的。但他过分强调地理环境的作用，并有种族歧视之意，这是不可取的。

(2)提出了在育婴院养育婴儿的思想。康有为认为，婴儿出生 6 个月后就应离开母亲，送到育婴院公养，直至 3 岁。满 3 岁后，移入慈幼院或怀幼院教育，如不设慈幼院，则仍在育婴院受教育，直到 6 岁入学为止。这样就免去了母亲生育孩子后怀抱与抚育孩子的责任，一律由公立政府另请专人负养育之责。这是他“去家界为天民”思想的重要表征。

(3)要求政府设立慈幼院代替家庭教育，养育 3～8 岁的儿童。由于历史条件所限，尽管这一要求是无法实现的空想，但康有为重视早期教育的思想是不可否认的。

康有为早在 1884 年写的《礼运注》中，就提出了“人人教养于公产而不恃私产”的儿童公育思想。以后，在《大同书》中，他又在《去家界为天民》这一部分更充分地阐发了他的上述思想。康有为设计的儿童公育体系，包括儿童在出生前从母亲怀孕时起，在人本院接受胎教，从出生至断奶后入育婴院、慈幼院接受公育，满 6 岁后进入小学接受公教，直至中学和大学。康有为在我国学前教育史上，首次提出了一整套儿童公育思想，设想了从胎教到幼教的完整的学前公共教育体系。他的理想虽然是永远实现不了的空想，却反映了新兴资产阶级的要求，汲取了西方资产阶级教育思想的某些合理因素，对我国近代儿童公育思想的发展以及学前教育机构的产生都起了促进作用和奠基作用。

## 二、中华民国时期学前教育的演进

1912 年，南京临时政府教育部成立，由著名的民主教育家蔡元培任教育总长。在他的大力倡导和支持下，对封建主义教育进行了全面改革。

### 一、蔡元培的教育改革

这次全面改革主要分以下几个方面。

#### 1.建立新的教育行政机构

辛亥革命后，成立教育部，总管全国教育事务。教育部下设三司一厅，即专门司（下设大学科、专门科、留学科）、普通司（下设师范科、中学科、小学科、实业科）、社会司（下设图书博物科、通俗科）和总务厅（下设统计科、会计科、文书科、庶务科、编审处）。各省或为都督府的教育科，或为省公署的教育司，总理全省教育事务。县教育行政仍沿用 1915 年教育部颁布的《劝学所规程》所规定的“劝学所”制。直到 1917 年 9 月，颁布《教育厅暂时条例》，各省始建独立的教育厅。下设三科：第一科主管会计、庶务、文牍、统计等事务；第二科主管普通教育和社会教育；第三科主管专门教育和留学教育。

#### 2.发布教育改革令

1912 年 1 月，教育部颁布《普通教育暂行办法》，规定“初等小学可以男女同校”；“小学读经科一律废止”；“中学校为普通教育，文、实不必分科”；“凡各种教科书，务合乎共和民国宗旨，清学部颁行之教科书，一律禁用”。

当年9月，商务印书馆按新学制出版了一套中小学教科书及教师用书，称为《新编共和国教科书》。其中，由庄俞等人编写的"国文教科书"适合于初等小学用的春秋季共8册，适合于高小用的春季本共6册；而由许国英编、蒋维乔校订《国文读本评注》的中学版共计6册；此外，另有供半日制学校使用的，共计6册。这些教材，因其文字浅显，除儿童所见事物之外，颇合小学文化程度识记，使用年限最长，重印次数最多。

随后，教育部又先后颁布《普通教育暂行办法通令》《普通教育暂行办法之标准》《民国教育部官职令》等新法令，以代替旧的规章。

3.颁布新的教育宗旨

1912年2月到4月，蔡元培先后在《教育杂志》上发表"对于新教育之意见"的重要文章，他指出："忠君与共和政体不合，尊孔与信教自由相违。"同年7月，在他的主持下，教育部召开了临时教育会议，讨论通过了新的教育宗旨。同年9月，由教育部颁布实行，史称民国元年教育宗旨或教育方针。其内容为"注重道德教育，以实利教育、军国民教育辅之，更以美感教育完成其道德"的教育方针。同年9月，教育部将其确定为新的教育宗旨。所谓"注重道德教育"，就是要以资产阶级自由、平等、博爱的思想教育下一代；"以实利教育、军国民教育辅之"，就是要根据儿童的实际能力，教给其有实用价值的知识，同时要把体育锻炼作为儿童强身健体的基础；"更以美感教育完成其道德"，就是用音乐、美术等来陶冶儿童的心灵，塑造良好的思想品德。这一教育宗旨体现了资产阶级的政治原则和教育观念，否定了清政府1906年公布的"忠君""尊孔""尚公""尚武""尚实"的旧教育宗旨，体现了注重儿童体、智、德、美和谐全面发展的理念。

4.制定学制系统

在1912年7月的临时教育会议上，拟订了一个《学制系统案》。同年9月，教育部公布了《学校系统令》，称为"壬子学制"。

自该学制公布至1913年8月，又陆续颁布了《小学校令》《中学校令》《师范教育令》《专门学校令》《大学令》《小学校教则及课程表》《中学校令施行规则》《师范学校规程》《高等师范学校规程》《公私立专门学校规程》《大学规程》《实业学校令》等规程，用以补充《学校系统令》，逐步形成了一个较为完整的学制系统，即"壬子癸丑学制"。"壬子癸丑学制"规定初等小学校之下设蒙养园，师范教育分师范学校和高等师范学校两级，相当于中等和高等教育阶段。

5.改革学校课程

1912年2月，教育部颁布《教育部普通教育暂行办法通令》，对清朝颁行的教科书一律禁用，留于民间教科书也要勘定。同年，教育部又先后公布《小学校令》《中学校令》《审定教科用图书规程》《小学校教则及课程表》《中学校令施行规则》。1913年，教育部公布《中学校课程标准》，对学校课程进行了大胆改革。

在课程内容改革的同时，还注意了教学原则和方法的改革：强调教学要适应儿童身心发展的特点，要求凡所教授，必适合儿童身心发展程度。在教育方法上，认为学校的校长、教员，在不得已时，可以加做戒于儿童，但不得用体罚；注意使教育与实际生活结合，以适应生活和生产的需要；要求所授知识技能，宜择生活上所必需者教授之。这次教育改革，可以说是教育体制改革上的一大飞跃。

### （二）蒙养园制度

南京临时政府在教育制度和学制上的改革，有力地推动了学前教育的发展。

1."壬子癸丑学制"关于蒙养园的规定

壬子癸丑学制规定："儿童从6岁入学到23、24岁大学毕业，整个学程为17年或18年，分三段四级。小学一段二级，中学大学各一段一级。初小一级，为义务教育，4年，毕业入高小三年或师范、实业学校。中学4年，毕业入大学预科或高等学校、高等实业学校、高等师范学校。大学本科3年或

4年”。6岁以下儿童则进入蒙养园,但不计受教育年限。

2.蒙养园制度的基本内容

“壬子癸丑学制”规定:将蒙养院改为蒙养园,招收未满6岁的儿童。同年,教育部公布的《师范学校令》和《师范学校规程》中规定“女子师范学院于附属小学校外应设蒙养园,女子高等师范学校于附属小学校外应设附属女子中学校,并设蒙养园”。它将蒙养园规定为其他教育机构上的附属机构,并纳入整个学制体系,不再附设于育婴院和敬节堂内,彰显了学前教育的地位。

3.蒙养园制度的实施

①蒙养园保姆培训。按照“壬子癸丑学制”的规定,蒙养园的教育者称为保姆,保姆由师范学校培养。1912年公布,1916年修改的“师范教育令”规定:“专教女子之师范学校称女子师范学校,以造就小学校教员及蒙养园保姆为目的”“女子师范学校,并得附设保姆讲习所”。

②蒙养园、保姆讲习所和幼稚师范的建立。“壬子癸丑学制”颁布后,全国各地陆续出现了一些蒙养园和保姆讲习所。据记载,这一时期出现的学前教育及培训机构主要有:1912年由唐金玲在上海创办的“游沪广东幼儿园”;同年山东济南创设的“保姆养成所”。1913年,张謇在南通新育婴堂设立幼稚园传习所;1913年,黑龙江私立奎垣中学附设蒙养园;1915年,北京女子师范学校设立保姆讲习所;1916年,杭州弘道女学设立幼稚师范科并附设幼稚园;1917年,江苏省第一女子师范学校开设保姆讲习所,第二年设附属蒙养园;1917年,张雪门在浙江宁波创办星荫幼稚园,并于1920年创办幼稚师范学校;1918年,湖州民德妇女职业学校附属幼儿园成立;1919年,陈嘉庚在福建厦门创办集美幼稚园;1919年,熊希龄在北京创办香山慈幼院;1920年,山西大同第一女子高小附设蒙养园;1920年,山西省立师范附小设幼稚园。这些都说明民国初期学前教育在我国得到了一定的发展。

19世纪末到20世纪20年代以前,我国学前教育课程的发展才刚刚开始,在课程宗旨、课程目标、课程内容和课程实施方法方面具有一定的民族性,随着外国先进教育思想的引入,在学前教育课程领域出现一些新思维、新气象,一定程度上促进了我国学前教育课程的发展。但是,应该看到的是,在有的幼稚园也已经出现了不顾中国实际情况、照抄照搬外国幼儿教育课程的问题,特别是对日本的学前教育课程全盘照搬的现象最为严重。

### (三)幼稚园制度

“五四”时期的新文化运动,大力提倡政治民主和科学进步,反对为封建服务的旧传统、旧道德、旧礼教,并开始了马克思主义的传播。这一思想解放运动对教育的发展产生了深刻的影响,在教育领域内掀起了一个空前深入、广泛批判传统封建教育和宣传、介绍西方教育理论、教育学说与马克思主义基本教育观点的热潮,从而使各种教育思潮和教育运动得以产生和发展。这一时期,卢梭、斯宾塞、赫尔巴特、裴斯泰洛齐、福禄培尔、蒙台梭利、爱伦凯、杜威等人的教育思想被陆续引入,形成了平民教育、实业教育、科学教育、实用主义教育等思潮,其核心是教育救国,尊重与发展儿童的天性及才能。

当时,对我国学前教育产生广泛影响的教育理论是实用主义和儿童中心论。儿童中心论反对传统的以教师、书本和课堂为中心,主张从儿童的本能、兴趣和需要出发,以儿童自身的活动为教育过程的中心,这些思想都推动了新学制的形成。

1.新文化运动时期的教育改革

在“五四”新文化运动的推动下,教育领域出现了大的变革。1916年5月,教育部撤销了袁世凯颁布的“教育要旨”,同年10月教育部制定《高等小学校令实施细则》,废除读经科,恢复了民国初期的教育宗旨。1917年10月,全国教育会联合会第三届会议向教育部提出推广女子教育案,要求增设女子高等小学、女子中学。1920年,北京大学首次招收女生,以后各个大学都开始招收女生,一些进步中学也开始招收女生,实行男女同校,逐渐改变了自古以来男女教育不平等的历史。

以白话文取代文言文是新文化运动中一大亮点。以胡适、鲁迅等人为代表,大力提倡使用白话文,反对文言文。商务印书馆、中华书局出版的教科书也开始使用白话文。1920 年,教育部规定,从一二年级开始使用白话文教材,到 1922 年止,除语文课本中的文言文课文外,所有的文言文教科书停止使用。白话文的推行,使口语和书面语相一致,减轻了学习阅读和写作的重担。

推广国语是新文化运动中的另一大亮点。1917 年 10 月,全国教育会联合会决议"请教育部速定国语标准,并设法将注音字母推行各省区,以为将来小学改国语之预备"。1918 年,教育部公布注音字母。国语的推广,方便了全国各地人士的来往和交流。

2."壬戌学制"确立了幼稚园制度

1920 年 10 月,全国教育会联合会第六次代表大会在江苏召开,会上提出了改革学制系统案。第二年 10 月,第七次代表大会在广州召开,把通过《学制系统草案》向各省区教育会和各高等教育机关征询意见。1922 年 11 月,"北洋军阀政府"教育部通过《学制改革系统案》,11 月颁布《学校系统革令》,又称"壬戌学制"或称"新学制"。这个学制受美国实用主义教育思想影响,是根据"七项标准"制定的:(1)适应社会进化之需要;(2)发挥平民教育精神;(3)谋个性之发展;(4)注意国民经济力;(5)注意生活教育;(6)使教育易于普及;(7)多留各地方伸缩余地。

新学制与"癸卯学制""壬子癸丑学制"不同,它结束了辛亥革命以后教育新旧交叉的混乱状态,反映了新文化运动以来教育改革成果,学制简明、科学,具有鲜明的特点和划时代的意义。新学制首次将幼稚园纳入学校教育体系。新学制规定:在小学下设幼稚园,收受 6 岁以下之儿童,改变了以前蒙养院和蒙养园在学制中没有独立地位的状况,确定了学前教育机构在学制系统中作为国民教育第一阶段的重要地位。

3.幼稚园课程标准的公布

新学制虽然将幼稚园正式列人学校系统,但对幼稚园的师资培养、幼稚园教育的调查和实验研究、乡村幼稚园的推广、幼稚园课程和教材的审查及编辑等问题,还没有一个详细的办法和统一的标准。

1928 年 5 月,在南京召开的全国第一次教育会议上,陶行知和陈鹤琴提出了"注重幼稚教育案"(由陶行知五个提案和陈鹤琴的两个提案综合而成),其中一项是"审查编辑幼稚园课程及教材案"。会后,受大学院(后改为教育部)之聘,陈鹤琴、郑晓沧、张宗麟、葛鲤庭、甘梦丹、杨宝康等人,依据南京鼓楼幼稚园的课程实验成果、中央大学附属幼稚园以及晓庄乡村幼稚园的经验,负责起草《幼稚园课程暂行标准》,并通过《幼稚教育》月刊和各种教育杂志的《幼稚教育专号》进行交流研讨。1929 年 9 月,《幼稚园课程暂行标准》拟订完成,由教育部令各省市作为暂行标准试验推行,并于 1932 年 10 月由教育部正式公布,称《幼稚园课程标准》(1936 年又予以修正)。这是我国第一个自己制定的统一的幼稚园课程标准。《幼稚园课程标准》分幼稚教育总目标、课程范围、教育方法要点三部分。

《幼稚园课程标准》是我国第一个由国家颁布的幼稚园课程标准,是由我国的教育专家和学者在总结自己实践的基础上,吸收和借鉴西方学前教育思想与教育方法的结晶,建立起的符合我国实际与儿童身心发展需要的课程理论体系,结束了中国自清末以来幼儿园课程外国化、宗教化和非科学化的混乱局面,特别是运用团体、分组和个别的方式,组织开展教学活动的方法,无疑是历史的进步。而这一时期进行的各种实验活动是对幼稚园课程标准科学性的检验,有力地推动了《幼稚园课程标准》的修订。

4.幼稚园的建立

伴随幼稚园制度的确立,我国涌现出一大批公立、私立民办性质的幼稚园。据不完全统计,1934 年,上海、南京、杭州、天津、北京、青岛、汉口等城市有幼稚园 189 所,其中公立 61 所,私立 128 所,在园儿童 6643 人,教职员 354 人。绝大部分幼稚园设在小学或师范学校,并且发展很不平衡,多数在沿海大城市。

"五四"运动以后,特别是新学制颁行以来,我国的学前教育事业比初创时期又有了新的发展,在城市、乡村先后出现了一批影响较大的幼稚园。以陶行知、陈鹤琴等为代表，先后在南京等地创办了燕子矶、晓庄、和平门、新安、迈皋桥乡村幼稚园和具有实验性质的南京鼓楼幼稚园。另外，南京高师附属幼稚园、厦门集美幼稚园、北京香山慈幼院等也相继建立，幼稚园在数量及儿童入园率等方面也有了较大的发展。

(1)公办幼稚园。这一时期的公立幼稚园多附设于大学教育系(科)、师范学校的教学和科研的实习、实验机构。南京高等师范附属小学下设的幼稚园、浙江大学教育系培育院就是这类幼稚园的代表。除以上两个公立幼稚园外，比较有名的还有四川省立成都实验幼稚园。

南京高等师范附属小学下设的幼稚园创建于 1919 年，园址在校内新建的杜威院内，招收 3～6 岁的幼儿。该幼稚园比较注重与儿童家庭间的联络，每季都要举行几次恳亲会，和家长交流儿童在幼稚园和家庭的成长情况。因幼稚园是高师附小办的，带有模范和实验的性质，教学水平和质量较之其他幼稚园高，所以收费也相对高，每半年缴大洋两元。

浙江大学教育系培育院，成立于 1935 年，招收 4 岁半至 5 岁的幼儿 20 人，每半岁一个阶段。每段各有 4 名儿童，供儿童心理学、儿童训导与心理卫生、儿童心理专题研究等课程观察、研究。四川省立成都实验幼稚园创办于 1941 年，办园的宗旨是在办好本园教育的基础上，还需担负指导全省公私立幼稚园的责任。四川省立成都实验幼稚园的保教人员由专人担任，并且规定必须住校，与儿童共同生活。教学方法以生活为中心，采用大单元的设计教学法。幼稚园建立的成绩考核、教师进修等制度在学前教育史上是一大创新。

(2)私立幼稚园。这个时期私人开办影响较大的有陈嘉庚的集美幼稚园、熊希龄的香山慈幼院、陈鹤琴的南京鼓楼幼稚园、陶行知的燕子矶幼稚园等。北京香山慈幼院是一所官督民办的综合性教育机构，正式创建于 1919 年。香山慈幼院对中国学前教育影响非常大，当时有“南陈北张”之说，“北张”指负责香山慈幼院教学和管理并进行大胆尝试的张雪门先生，“南陈”指创办南京鼓楼幼稚园的陈鹤琴先生。

1923 年春，为了学前教育实验的需要，在东南大学教育科的资助下，陈鹤琴在自己家里开设了中国第一个幼儿教育实验中心——南京鼓楼幼稚园。确定的办园主旨是：“试验中国化的幼稚教育，利用幼稚园以辅助家庭，并以试验所得最优良最经济之方法，供全国教育界之采用，根据儿童心理、教育原理与社会现状，确定我们的主张。”

陈鹤琴探索的《单元教育课程》已成为我国主要的幼教课程模式之一，对课程的实验研究，成为 1932 年颁布的《幼稚园课程标准》的基础。在南京鼓楼幼稚园实验研究的基础上，陈鹤琴与陶行知、张宗麟等发起组织幼稚教育研究会，陆续出版了《我们的主张》《儿童生活写真》《课程》《读法》《设备》《一年的幼稚园单元教学》《儿童故事》《儿童游戏》等系列书籍。1929 年，经南京市教育局批准，鼓楼幼稚园得到了少量补贴。抗日战争爆发时，幼稚园遭到破坏，实验活动被迫停止，至 1945 年年底开始重新恢复。1952 年 8 月，应陈鹤琴的要求，由南京教育局接办，改名为南京市鼓楼幼儿园，后为江苏省和南京市的示范性幼儿园。南京鼓楼幼稚园对于研究和推广适合中国国情的幼儿教育做出了大胆的尝试。陈鹤琴关于幼儿园课程的一系列主张，如课程应为目标服务，课程应以自然和社会为中心，课程应实施“整个教学法”，课程应当采用游戏式、暗示性、小团体式教学法等，不仅指引着鼓楼幼稚园的发展，而且对于中国的幼儿教育的理论与实践产生了深远的影响。

南京燕子矶幼稚园，是由人民教育家陶行知先生 1927 年 11 月 11 日创办的，陈鹤琴、张宗麟、徐世壁、王荆璞都担任过业务指导或教师。这是中国第一个乡村幼稚园，陶行知先生亲自书写了门联：“谁说非学校，就算非学校；彼且为婴儿，与之为婴儿。”南京燕子矶幼稚园办学宗旨为建设中国的、省钱的、平民的幼稚园，使幼儿具有健康的体魄、劳动的身手、科学的头脑、艺术的兴趣、改造社会的精神，为将来成为新时代的创造者打好基础。该园结合农村实际，研究和实验如何办好农村幼稚园的具体办法，以便普及全国农村。

## 三、共产党领导下根据地和解放区的学前教育

1934 年 2 月，苏区中央人民政府内务部颁布了学前教育的指导性、纲领性文件《托儿所组织条例》。《托儿所组织条例》的颁布，为老解放区建立完善、规范的学前教育制度建设打下了良好的基础。

1938 年年初，在武汉成立了中国战时儿童保育会。该组织是抗日民族统一战线下国共两党合作的产物。《陕甘宁边区政府关于保育儿童的决定》是继《托儿所组织条例》之后老区又一重要的学前教育法规文件，它对抗战时期和解放战争时期学前教育发展起了极大的推动作用。

抗日战争时期和解放战争时期，边区政府先后建立了多种形式的学前教育机构。主要有：寄宿制的托幼机构，日间托儿所，母亲变工托儿所、哺乳室，化整为零型的托儿所，小学附设幼稚班。虽然共产党领导下的根据地和解放区的学前教育政策对幼儿教育的发展起到了一定的推动作用，但这不是最主要的发展时期，因此本处不再作过多阐述。

## 四、现代学前教育思想

### （一）陶行知的学前教育思想

陶行知(1891—1946)是我国历史上伟大的人民教育家，他用毕生精力践行着“捧着一颗心来不带半根草去”的诺言，他的“生活即教育”“社会即学校”“教学做合一”的理论，形成了中国生活教育思想体系，极大地推动了我国学前教育事业的发展，为中国人民的教育事业做出了突出的贡献。毛泽东主席称他为“伟大的人民教育家”。

1927 年春，陶行知在南京创办晓庄学校。生活教育论是陶行知的教育基本理论。它的理论体系奠定于晓庄学校的办学实践中。“生活即教育”是生活教育理论的核心。在他看来，首先，生活就是教育。教育与生活原本就是密不可分的，自有人类以来，生活即是教育。其次，生活决定教育。“从生活与教育的关系上说，是生活决定教育。”有生活才能有教育，过什么生活便受什么教育。“要想受什么教育，须过什么生活。”再次，教育能改造生活。“教育就是生活的改造。”生活教育，就是供给人生需要的教育，是教人生活的教育。因生活是社会的生活，改造了生活便是改造了社会。“社会即学校”是生活教育理论的重要组成部分。陶行知认为，杜威的“学校即社会”，只是把社会上、生活中的东西搬一点到学校里，学校还是与社会相隔离的“大鸟笼”。他提倡“社会即学校”，把学校伸展到大自然、社会中去。陶行知提倡“社会即学校”，其目的是使劳苦大众都有受教育的机会。要普及大众教育，就必须改造传统的学校，创办一个将“工场、学校、社会打成一片”的新型学校。

“教学做合一”是晓庄师范学校的校训，是生活教育理论的教学论。陶行知指出“教学做合一”是：教的法子根据学的法子，学的法子根据做的法子，怎样做就怎样学，怎样学就怎样教。“教学做合一”强调教与学都以“做”为中心，教与学都是为了“做”。

#### 1.强调 0～6 岁教育的重要性，并把这一时期当作人格陶冶的关键环节

陶行知非常重视幼稚教育。1926 年 10 月，他在《新教育评论》上发表了《创设乡村幼稚园宣言书》，更加具体地指出，从福禄培尔创办幼稚园以来，人们渐渐地觉得幼儿教育的重要。从蒙台梭利毕生研究幼儿教育以来，人们渐渐地觉得幼稚园的效力，幼儿教育“实为人生之基础”。陶行知非常重视儿童教育问题。他认为，儿童 6 岁以前的教育是人生的基础，这个时期将为一个人打下人格、智力、体格的基础，并且这个基础一旦确定，便不易改变。6 岁以前，是儿童求知的好时机，决不可任意放弃，失掉了这个时机，便减少了很大的人类的造就。

#### 2.从工农大众的需求出发，提出了“中国化”“平民化”的办园思想

陶行知猛烈批判旧中国幼稚园“外国病、花钱病、富贵病”的弊端，指明了当时幼稚园为劳苦大众服务的正确方向，并创办了我国第一所乡村幼稚园和劳工幼稚园。在上海宝山大场地区创办了

"山海工学团""晨更公学团""劳工幼儿团",广泛开展普及教育运动。山海工学团的儿童团员张健经常为农友讲故事,深受欢迎,农友亲切地称他为"小先生"。陶行知对"小先生"这一新事物极为重视,1934 年 1 月正式提出了"小先生制"。

3.幼儿师资培养采用"艺友制"

陶行知在"艺友制是补师范教育之不足"一文中指出:"凡用朋友之道教人学做艺术或手艺便是艺友制。"陶行知主张运用艺友制来培养幼儿师资,为普及幼儿教育,尤其是向广大农村和工厂培养幼儿教师的有利途径。陶行知办晓庄学校时,各中心幼稚园、福建集美幼稚师范、广西南宁国民基础教育研究院的幼稚师范特科、北平香山慈幼院幼稚师范所办的平民幼儿园等也采用了艺友制的办法培养了一部分幼儿师资。陶行知提倡的这种艺友制师范教育最大的优点:第一,学生在幼儿园中实地学习,克服了师范教育理论脱离实际的现象;第二,在不可能迅速建起大批幼稚师范学校的情况下,能迅速培养有质量的师资;第三,节省时间,仅用一年半至两年即可结业,缩短正规幼师三年毕业的期限。这种见效快、质量好的幼教师资培养的方法,在当时很有影响。

### (二)张雪门的学前教育思想

张雪门(1891—1973)是我国著名的学前教育专家。早在 20 世纪 30 年代,他就与我国另一位著名的学前教育专家陈鹤琴先生有"南陈北张"之称。1918 年,他创办了星荫幼稚园,是宁波市第一所由中国人自己创办的幼稚园。

1.行为课程是张雪门课程理论的核心

他指出幼稚园课程应强调直接经验。幼稚园的课程具有"整个的""直接的""偏重个体发育的"特点。行为课程首先应注意的是实际行为,从行动中所得认识,才是真实的知识;从行动中所发生的困难,才是真实的问题;从行动中所获得的胜利,才是真实的驾驭环境的能力。游戏、故事、唱歌等教材虽然也可以表演,然而代表不了实际行为。

根据幼稚园课程的特点,张雪门构建了幼稚园课程结构和相应的教育目标,课程内容包括游戏活动、自然活动、社会活动和美术活动等。

张雪门的行为课程的基本思想就是"生活即教育""行为即课程",他烈反对以教材为中心,反对成人以教材向儿童灌输现成的熟料,主张尊重儿童的特点,联系儿童的生活,引导儿童在自然和社会的环境中学习,养儿童的生活力。他的这个主张与当时陶行知的"生活教育"理论是相通的,对于学前儿童的教育有积极意义。

2.幼稚师范教育思想是幼稚教育思想的重要组成部分

在幼稚师范教育的实践中,张雪门特别重视见习和实习。他在《实习年》一书中要求,在空间上把师范生实习的场所扩大到整个社会,在时间上冲破一般传统师范教育把实习集中在三年中的最后一个学期进行。张雪门认为,平民幼稚园是幼稚师范生必须实习的场所。他在北平西郊罗庄、甸厂等处面向社会开办了农村幼稚园、乡村教育实验区,并进一步提出"有系统组织的实习",包括组织参观、引导见习、指导试教以及积极辅导各阶段。张雪门是一个与时俱进的幼儿教育专家,同时,也是一个爱国主义者。张雪门提出幼稚教育的四个目标,即铲除我民族的劣根性,唤起我民族的信心,养成劳动与客观的习惯态度,锻炼我民族为争中华之自由平等。张雪门认为,幼稚教育的目的在于培养有健康的体魄,有劳动的习惯,有自立能力,有不畏强暴、抵御外来侵略的民族自信心,而又能适应新生活的新民。他从"儿童本位"到"行为课程",对师范生的培养主张"实习"贯穿于三年的学习之中,实行"教学做合一"等思想,是他在学前教育战线多年耕耘不辍的结晶。

### (三)陈鹤琴的学前教育思想

我国著名儿童教育家陈鹤琴(1892—1982)一生致力于教育事业,留下近 400 万字的教育论著,是我国现代教育史上名望卓著的儿童心理学、幼儿教育和儿童教育专家，也是我国教育改革家。

1.将幼稚期的教育视作整个教育的基础

陈鹤琴指出："儿童期是发展个人的最好机会，什么言语，什么习惯，什么道德，什么能力，在儿童的时候学习最速，养成最易，发展最快。"因此，他认为幼稚期是教育的基础阶段，是人生最重要的一个时期。

2.把学前教育时期分为四个阶段

新生婴儿期(新生)、乳儿时期(新生后到 1 岁左右)、步儿时期(1 岁左右到 3 岁半左右)和幼儿时期(3 岁半左右到 6 岁左右)。按照儿童的生理特点和心理发展顺序，陈鹤琴提出了与各阶段相适应的儿童养育措施。

3.创办了我国最早的幼儿教育实验中心

陈鹤琴创办了我国最早的幼儿教育实验中心——南京鼓楼幼稚园，并提出了办好幼稚园的 15 条主张：(1)幼稚园要适应国情；(2)儿童教育是幼儿园与家庭的共同责任；(3)凡儿童能够学的而又应当学的，我们都应当教他；(4)幼稚园的课程可以以自然、社会为中心；(5)幼稚园的课程须预先拟订，但临时可以变更；(6)幼稚园第一要注意的是儿童的健康；(7)幼稚园要使儿童养成良好的习惯；(8)幼稚园应当特别注重音乐；(9)幼稚园应当有充分而适当的设备，幼稚园应当采用游戏式的教学法去教导儿童；(10)幼稚生的户外活动要多；(11)幼稚园多采取小团体的教学法；(12)幼稚园的教师应当是儿童的朋友；(13)幼稚园的教师应当有充分的训练；(14)幼稚园应当有种种标准，可以随时考查儿童的成绩；(15)对幼稚生应当养成的德行、习惯、技能、知识，都应有考查标准。

4.提出了学前教育课程编制的十大原则、九项内容、五指活动及三种编制课程的方法

课程编制的十大原则：课程的民族性、课程的科学性、课程的大众性、课程的儿童性、课程的连续发展性、课程的现实性、课程的适合性、课程的教育性、课程的陶冶性、课程的言语性。九项内容：节日、五爱教育、气候、动物、植物、工业、农业、儿童玩具、儿童卫生。五指活动：健康活动、社会活动、科学活动、艺术活动、语文活动。三种课程编制方法：圆周法、直进法、混合法。

5.提出了"活教育"理论体系

目的论：做人，做中国人，做现代中国人；课程论：大自然、大社会是活教材；方法论：做中教、做中学、做中求进步；另外提出了教学原则共 17 条，训育原则共 13 条。

6.陈鹤琴关于家庭教育的主要观点

陈鹤琴指出小孩子的"知识之丰富，思想之发展与否，良好习惯之养成与否，家庭教育实应负完全的责任。"他在《家庭教育》《儿童的发展与教育》等书和《怎样做父母》等文章中对家庭教育理论都作了充分论述。首先，科学的儿童观是进行家庭教育的前提条件，要科学地了解儿童，再就是家庭教育功能应渗透到儿童体、智、德、美、劳等活动的各个环节，使儿童在各个发展方面都得到教育和体验。

### (四)张宗麟的学前教育思想

张宗麟(1899—1976)，浙江绍兴人，我国著名幼儿教育专家，第一位幼稚园男教师。早年师从陶行知、陈鹤琴，为中国现代学前教育的发展做出了重要贡献。张宗麟曾到陈鹤琴创办的南京鼓楼实验幼稚园当教师，成为我国幼稚园第一个男老师。

1.张宗麟认为，幼儿教育应该是一切教育的起点

张宗麟主张学龄前教育应与其他各期教育有同等重要的地位被正式列入学制。他认为，幼儿教育应该是一切教育的起点，幼儿教育对一个人的一生的教育起着奠基作用，从而充分肯定了学前教育的重要性。

2.《幼稚园里的几种读法教学法》

自1925年到南京鼓楼幼稚园协助陈鹤琴进行幼儿教育实验活动，直至新中国成立后在教育部任职期间，张宗麟都亲手实验或密切地关怀幼稚园的课程设置，并明确给出了幼稚园课程的定义，在理论与实践上都做出了卓越贡献。他认为，“幼稚园课程者，由广义地说之，乃幼稚生在幼稚园一切之活动。……包括一切教材、科目、幼稚生之活动”。

3.张宗麟特别重视培养幼稚园教师

他认为，培养幼稚园教师的途径就是通过建立中国化的幼稚师范来实现。他要求幼稚园教师不完全依赖学校的正规教育，而是要利用业余时间多学习、勤思考，通过非正规教育和定期进修等途径全面提高自身素质和业务技能，以谋合于潮流，以求其业之进步。

## 第三节　中华人民共和国的学前教育

### 一、新中国成立初期学前教育改革(1949—1957)

新中国成立初期，我国的学前教育事业在摸索中前行，虽然国家颁布了一些相关文件来促进幼儿教育发展，但是出现了盲目发展、教育质量下降的情况，整体经历了一个曲折发展的过程。

1949年年底，教育部召开第一次全国教育工作会议，确定了全国教育工作的总方针，明确了改革旧教育的方针、步骤和发展新教育的方向。会议确定建设新教育要以老解放区教育经验为基础，吸收旧教育某些有用的经验，特别要借助苏联教育建设的先进经验。教育必须为国家建设服务，学校必须向工农开门。

1949年11月，中央人民政府教育部成立，在初等教育司内设置幼儿教育处。1952年11月，中央人民政府委员会第19次会议决定成立高等教育部，中央教育部机构相应调整，幼儿教育处调整为教育部的直属单位。幼儿教育事业在中央教育部直接领导下得到迅速发展。1951年10月1日，中央人民政府政务院颁布了《关于改革学制的决定》，这是新中国成立以来国家颁布的第一个学制。幼儿教育被列入学制体系之中，成为小学教育的基础。至此，自1922年壬戌学制定名的、沿用了30年的“幼稚园”从此改称为“幼儿园”。

1951年，中央教育部制定了《幼儿园暂行规程》，并于1952年3月颁布试行。这是新中国发展幼儿园教育的具体纲要。为了更好地贯彻《暂行规程》，1952年7月，教育部印发了《幼儿园暂行教学纲要》。《幼儿园暂行规程》和《幼儿园暂行教学纲要》的制定和试行，明确了幼儿园的双重任务和教养并重的方针，为全面改革旧教育，为逐步建立社会主义学前教育新体系奠定了理论基础。

1953年1月，政务院文化教育委员会召开大区文教委员主任会议，提出1953年文教工作的方针是“整顿巩固、重点发展、提高质量、稳步前进”。1955年1月，国务院发出《关于工矿、企业自办中小学和幼儿园的规定》。规定提出：根据需要与可能的原则，独办或联办，幼儿园所需教养员由当地教育部门负责解决。

1956年2月，教育部、卫生部、内务部颁发《关于托儿所、幼儿园几个问题的联合通知》，规定应该按照“全面规划，加强领导”和“又多、又快、又好又省”的方针。其中指出：“在城市由厂矿、企业、机关、团体、群众举办。在农村提倡农业生产合作社举办(主要是季节性托儿所和幼儿园)。教育行政部门在可能条件下，应有计划地办一些托儿所、幼儿园。卫生、教育部门应办好几个托儿所和幼儿园，使它们起示范作用。”调动了社会各方面力量发展幼儿教育事业。

1952年7月，教育部颁发的《关于高等师范学校的规定》中指出：高等学校设置的教育系分设学前教育组，培养中等幼儿师范学校的专业课教师。根据教育部关于高等学校院系调整的精神，将分散于一些高校的有关专业,适当合并,调整为学前教育专业或幼儿教育系,以便集中力量,切实形成幼儿师范学校师资培养基地。此后,南京师范学院教育系、北京师范大学教育系、西南师范学院教育系、西北师范学院教育系、东北师范大学教育系 5 所院校的学前教育专业承担了为全国培养幼儿师范学校专业课教师和幼教干部的重任。由于政府对幼儿园师资培养的重视和制定了切合实际需要的多种政策,使正规幼儿师范学校与各种培训相结合的手段产生了良好的社会效益,造就了一批中级和高级的幼儿教育的生力军,提高了原有幼教干部和教师的专业水平,为我国幼儿教育的起步与发展起着奠基的作用。

## 二、学前教育盲目发展与调整巩固(1958—1965)

1958—1965 年,我国的学前教育事业经历了一个曲折的发展过程,出现了盲目发展、教育质量大幅度下降的情况,阻碍了学前教育理论研究的顺利发展。

### (一)学前教育的盲目发展阶段

1958 年 5 月,中国共产党第八届全国代表大会第二次会议通过了"鼓足干劲、力争上游、多快好省地建设社会主义"的总路线。之后掀起了"大跃进"和农村人民公社化运动。20 世纪 50 年代末 60 年代初,幼儿教育在"大跃进"中出现了盲目发展的现象。短时间内,各地幼儿园,特别是农村幼儿园急剧增加,有些地方还将小园合并成几百人的大园。于是在有的城市街道和乡村中,托儿所、幼儿园不顾条件,一哄而起,有的地方提出了"三天托儿化""一夜托儿化""实行寄宿制,消灭三大差别"等口号。由于没有足够的物质和资金支持,又脱离了群众的需要,这一大批新发展的幼儿园设施普遍简陋,缺少经费来源,教师水平低下。

1958 年,出现的"左倾"错误促使了学前教育事业规模和速度的盲目大发展。北京师范大学教育系学前专业的学生还发起了对《幼儿园教育工作指南》(初稿)的批判,此后在理论教学及幼儿园教育中大量出现了口号化、成人化、形式化的错误,幼儿教育几乎失去了它自身的特点,教育质量显著下降。

1961—1962 年,虽然对《幼儿园教育工作指南》(初稿)重新作了评价,认为应该重新认识根据儿童年龄特点进行教育的必要性,但批判时所出现的大量口号化、形式化、成人化的错误,对幼儿教育学术研究的影响则是长远的。

### (二)学前教育的调整巩固阶段

为促进经济形势的根本好转,中央一方面对"左倾"错误思想和行为进行适当的纠正,另一方面提出了"调整、巩固、充实、提高"的方针。在此方针指引下,学前教育机构根据经济、师资等实际条件采取了保留、撤销、充实等手段,朝着巩固和提高的目标逐步恢复正常发展秩序。

## 三、十一届三中全会以来的学前教育

1978 年 12 月,党的十一届三中全会召开,标志着新中国成立以来具有深远意义的伟大历史转折,国家进入了社会主义建设发展的新时期,教育工作走上了健康发展的轨道,学前教育也进入振兴和发展的新阶段。本阶段主要是国家颁布了一系列有利于学前教育发展的法规政策,展示了在国家政策法规的支持下,学前教育的发展情况。

### (一)20 世纪 70 年代末至 80 年代的情况

1978 年,原教育部恢复后,在普教司恢复了幼儿教育处,负责对全国城乡各类型幼儿园进行政策及业务的工作指导。1987 年 10 月,国务院办公厅转发的国家教委等部门《关于明确幼儿教育事业领导管理职责分工请示》中规定幼儿教育事业"必须在政府统一领导下",实行"地方负责,分级管理”和“有关部门分工负责的原则”。

1979 年 11 月 8 日，教育部颁发了《城市幼儿园工作条例（试行草案）》。1980 年，卫生部、教育部联合颁发了《托儿所、幼儿园卫生保健制度（试行草案）》，1985 年，卫生部对此进行了修订。1981 年 10 月 31 日，教育部发出《关于试行幼儿园教育纲要的通知（试行草案）》，作为“各类幼儿园进行教育工作的依据”，要求各地幼儿园结合实际试行。

1983 年，教育部下发了《关于加强和改革农村学校教育若干问题的通知》，1985 年 5 月，中共中央下发了《关于教育体制改革的决定》，1987 年 10 月，经国务院批准，国家教育委员会还专门召开了全国幼儿教育工作会议。党和政府为了大力加强对学前教育的领导和管理，采取了一系列行之有效的措施。

1987 年 3 月，劳动人事部、国家教育委员会联合颁布《全日制、寄宿制幼儿园编制标准（试行）》。规定班级的规模，小班（3～4 岁）20～25 人，中班（4～5 岁）26～30 人，大班（5～6 岁）31～35 人。教职工与幼儿的比例，全日制幼儿园为 1∶6～1∶7；寄宿制幼儿园设 3 人，专职教师：平均每班配 2～2.5 人；保育员：全日制幼儿园平均每班配 0.8～1 人；寄宿制幼儿园平均每班配 2～2.2 人，还规定了炊事员、医务人员、财会人员的比例。这使得幼儿园教育管理制度逐渐走向科学化和精细化。

1989 年 8 月 20 日，国务院批准了新中国成立后的第一个幼儿教育行政法规《幼儿园管理条例》，1989 年 9 月 11 日以国家教育委员会第 4 号令发布。

1989 年 6 月颁布《幼儿园工作规程》。《幼儿园工作规程》是幼儿园内部的工作法规，是对全国各类幼儿园的指导性文件，提出了保育与教育结合的原则。

### （二）20 世纪 90 年代初至 90 年代末的情况

1991 年 9 月颁发了《中华人民共和国未成年人保护法》，1992 年 2 月公布国务院妇女儿童工作协调委员会编制的《九十年代中国儿童发展规划纲要》，1995 年 3 月颁发了《中华人民共和国教育法》。《儿童权利公约》从 1992 年 4 月 1 日起在我国生效。

1993 年 3 月 1 日，中国全民教育国家级大会召开，通过了《中国全民教育行动纲领》，将“大小城市基本满足幼儿接受教育要求，农村学前一年教育的幼儿入园率达 60%”列为 2000 年的“全民教育目标”。1996 年 3 月 9 日，中华人民共和国国家教育委员会令第 25 号发布，自 1996 年 6 月 1 日起施行《幼儿园工作规程》。1989 年 6 月 5 日，发布的国家教育委员会第 2 号令《幼儿园工作规程（试行）》同时废止。1997 年 7 月 17 日，国家教委印发了《全国幼儿教育事业“九五”发展目标实施意见》提出，2000 年全国学前三年幼儿入园（班）率达到 45%以上，大中城市基本解决适龄幼儿入园问题，农村学前一年幼儿入园（班）率达到 60%以上，并按“普九”情况和经济发展水平提出分区实施要求。

### （三）21 世纪初至今的情况

#### 1.学前教育制度及政策建设

2001 年 9 月教育部颁布了《幼儿园教育指导纲要（试行）》，它是在总结了近些年来我国幼儿教育改革的经验，并充分吸纳了世界范围内早期教育优秀思想与研究成果的基础上制定的。《幼儿园教育指导纲要（试行）》立足于我国幼教改革的现实，坚持贯彻党的教育方针，坚持全面推进素质教育的思想；倡导先进的教育观念，如尊重每个幼儿，尊重幼儿身心发展规律；力求体现终身教育的思想，将社会、文化、环境与教育密切结合起来的；努力实现教育的目的性与幼儿发展的可能性相适宜的思想以及促进教师与幼儿的相互作用、共同成长的思想等等。

《中国儿童发展纲要 2001—2010 年》是国务院按照《中华人民共和国国民经济和社会发展第十个五年计划纲要》的总体要求，根据我国儿童发展的实际情况，以促进儿童发展为主题，以提高儿童身心素质为重点，以培养和造就 21 世纪社会主义现代化建设人才为目标，从儿童与健康、儿童与教育、儿童与法律保护、儿童与环境四个领域，提出了 2001—2010 年的目标和策略措施。《中国儿童发展纲要

(2001—2010年)》的总目标是:坚持"儿童优先"原则,保障儿童生存、发展、受保护和参与的权利,提高儿童整体素质,促进儿童身心健康发展。儿童健康的主要指标:达到发展中国家的先进水平;儿童教育在基本普及九年义务教育的基础上,大中城市和经济发达地区有步骤地普及高中阶段教育;逐步完善保护儿童的法律法规体系,依法保障儿童权益;优化儿童成长环境,使困境儿童受到特殊保护。

2003年1月27日教育部等部门颁布了《关于幼儿教育改革与发展的指导意见》,2010年7月29日《国家中长期教育改革和发展规划纲要(2010—2020年)》正式发布,2010年11月3日国务院常务会议部署"当前发展学前教育的政策措施",2010年11月24日《国务院关于当前发展学前教育的若干意见》,2012年教育部组织制定《3～6岁儿童学习与发展指南》。这一系列纲要及意见的出台,使我国学前教育的发展逐步走向了科学化和规范化道路,同时也有效地指导了我国各级各类幼教机构的保教工作能够规范化和科学化的开展。

《3～6岁儿童学习与发展指南》从五个领域描述幼儿学习与发展,分别是健康、语言、社会、科学、艺术。每个领域按照幼儿学习与发展最基本、最重要的内容划分为若干方面。每个方面分为两个部分:一是学习与发展目标,分别对3～4岁、4～5岁、5～6岁三个年龄段末期幼儿应该知道什么、能做什么,大致可以达到什么发展水平提出了合理期望,共32个目标,二是教育建议,根据幼儿的学习与发展目标,针对当前学前教育普遍存在的困惑和误区,列举了一些能够有效帮助和促进幼儿学习与发展的教育途径与方法,同时也指出了错误做法对幼儿终身发展的危害,为广大家长和幼儿园教师提供了具体、可操作的指导,共87条教育建议。

《3～6岁儿童学习与发展指南》既适用于幼儿园教师,也适用于广大家长,操作性和实用性都很强,着重强调了以下几个方面的教育理念:

(1)幼儿是积极主动的学习者。促进幼儿学习与发展最重要的是要为幼儿创造机会和条件,注重激发和保护幼儿的求知欲和学习兴趣,调动幼儿学习的积极性和主动性,鼓励、支持和引导幼儿去主动探究和学习。

(2)珍惜童年生活的独特价值。要充分认识生活和游戏对幼儿成长的教育价值,把握蕴含其中的教育契机,让幼儿在一日生活中,在与同伴和成人的交往中感知体验、分享合作、享受快乐。

(3)尊重幼儿的学习方式和学习特点。要最大限度地满足和支持幼儿通过直接感知、实际操作和亲身体验获取经验的需要,严禁"拔苗助长"式的超前教育和强化训练。

(4)尊重幼儿发展的个体差异。幼儿的学习方式和发展速度各有不同,在不同学习与发展领域的表现也存在明显差异。孩子年龄越小,个体差异就越明显。成人不应要求孩子在统一的时间达到相同的水平,应允许幼儿按照自身的速度和方式达到《3～6岁儿童学习与发展指南》所呈现的发展"阶梯",不用一把"尺子"衡量所有幼儿。

(5)重视家园共育。强调要重视家庭教育对幼儿终身学习和发展的重要影响,倡导建立良好的亲子关系,创设平等、温馨的家庭环境,注重家长对孩子言传身教和潜移默化的影响。只有家长和幼儿园共同努力,才能有效地促进幼儿身心健康成长,否则就会事倍功半。

2.21世纪初幼儿教育课程的改革

21世纪初的幼儿教育课程改革,是在20世纪80至90年代幼儿教育课程改革基础上的进一步的研究。它的精神集中体现在2001年颁布的《幼儿园教育指导纲要(试行)》中,为新世纪的幼儿教育课程改革奠定了理论基础,为广大幼儿教育的理论和实践工作者在21世纪进行幼儿教育的课程改革指明了方向。21世纪初,课程改革的指导思想除20世纪80年代的整体观、主体观、个体观、活动观和90年代的"中国化""科学化"和"现代化"的观点之外,还明确提出了一些新的观点,如终身教育的观点、以人为本的观点、新的知识观和学习观等。终身教育的观点要求幼儿教育课程真正为幼儿一生的可持续发展打好基础,重视为幼儿奠定生存的基础、做人的基础、做事的基础和终身学习的基础。以人为本的观点要求从课程目标到课程的实施都要尊重幼儿,保障幼儿权利,促进幼儿富有个性地发展。新的知识观把知识看作是动态变化的,是幼儿主动建构的过程,这就要求课程的组织方式必须是活动，通过活动来促进幼儿主动建构知识。新的学习观认为，学习是与环境相互作用而发生的；学习必须引起相对稳定的变化，这种变化既包括内部的，也包括外部的。只要是具备这两个特点的现象就是学习。这种广义的学习观承认了幼儿学习的多样性和开放性，也促使我们对课程实施中的过程、方法和策略等重新思考。与此同时，对整体观、科学化等 20 世纪 80 年代或 90 年代已经提出的观点又进行了深入的研究，给予了新的注解。整体观要求幼儿教育应注重整体性和全面性；应对课程内容进行合理地、有效地整合；应有机地整合各项活动，努力提高各项活动的成效；应充分发挥各种教育资源的整体性影响；应有机地、综合地利用课程实施的方法、形式及手段等。

总之，我国学前教育经历了漫长的历史发展沿革，有着深厚的历史文化积淀，同时也深受诸多社会经济因素的制约和影响，但整体而言，自 20 世纪 80 年代以来，我国学前教育事业的发展真正地走向了一个全新的科学化发展的时代。我国的幼儿教育及其课程的改革，在世界幼儿教育课程改革的推动下，经历了 20 世纪 80 年代的改革热潮和 90 年代的逐渐深化到 21 世纪初的初见成效的过程，尽管才走过了短短的 30 多年，但在广大理论工作者和幼儿教师的共同努力下已经取得了很大的成绩。当然，我国的幼儿教育改革还在继续，在如何将国外的经验很好地理解和吸收，如何探索适合我国幼儿教育的教育体系，建立适合各地发展的教育模式，如何更好地学习、探讨和完善《幼儿园教育指导纲要(试行)》中有关幼儿教育及课程的目标、内容、组织、实施和教育评价，并将之灵活运用到实践等等方面，还有大量的研究工作要做，还需要幼教理论和实践工作者的进一步努力。

## 【结论及应用】

1.原始社会的儿童教育是伴随着人类社会的产生而产生的。人类社会特有的教育活动起源于人类参与社会生活的需要和人类自身身心发展的需要。

2.原始社会对儿童的教育内容除生产劳动教育外，还包括生活习俗教育、原始宗教与道德教育、原始艺术教育，以及体格与军事训练。

3.原始社会儿童教育的特点主要有：第一，对儿童实施社会公育，教育目的一致，受教育权利平等；第二，原始群落的老人是原始社会儿童教育工作的主要承担者；第三，原始社会儿童教育的内容，以生活经验为教育内容；第四，原始社会教育方法主要是观察模仿和言传身教，在实际生产生活中进行教育；第五，教育还没有专门的场所和专职人员；第六，男女教育有区别，根源在于劳动分工的不同。

4.在奴隶社会，为了加强对太子实施有效的教育，建立了保傅教育制度与乳保教育制度。保傅教育制度是指朝廷内设有专门的师、保、傅以对君主、太子进行教育的制度。乳保教育制度是指在后宫挑选女子担任乳母、保姆等，以承担保育和教导太子、世子事务的制度。

5.奴隶社会学前教育的特点包括：第一，由于阶级的出现，原始社会的儿童社会公育已经消失，而代之以宗法家族承担教育学前儿童的任务；第二，由于奴隶主贵族处于统治地位，垄断着受教育的权力，因而儿童的学前教育也仅限于在奴隶主贵族的家族中实施；第三，学前教育与学校教育已有了较明确的年龄划分；第四，对幼儿实施的学前教育不仅有着鲜明的阶级性，而且已经注意到随着儿童年龄的增长，制订相应的学前教育计划；第五，奴隶社会的最高统治者对学前教育尤为重视，建立了针对君主教育的保傅制度，提出了实施胎教的措施。

6.封建社会学前儿童教育的特点包括：第一，打破了过去奴隶主贵族垄断学前教育的局面，使学前教育成为普通平民家庭教育的重要组成部分。第二，学前教育的内容大为丰富，涵盖了德、智、体诸方面，并出现了许多专为幼儿编写的用于思想教育、文化知识教育等方面的教材。第三，对幼儿的潜能进行了最大限度的挖掘，学前教育内容的难度与广度均有较大的增加。第四，学前教育的实施具有浓厚的功利主义色彩，在实施过程中，总体上是重教轻养。第五，儒家思想规范指导着学前教育的实施。

7.1840 年鸦片战争之后，中国社会逐渐由封建社会转为半殖民半封建社会，开始了近代社会的变革。随着社会政治经济的巨大变化，在教育领域也发生了深刻的变化。近代社会的种种变革，大大地促进了学前教育领域的深刻变化，西方的学前教育思想的传入，客观上促进了我国的学前教育思想和理念从传统到近代的转变，而西方列强在我国创办的一系列学前教育机构是具有奴役特色的教育体系，这也是近代中国学前教育的鲜明特色之一。

8.南京临时政府在教育制度和学制上的改革，有力推动了学前教育的发展，陶行知等人的学前教育思想则大大地完善和推动了我国现代学前教育的发展，尤其是新中国成立后，在人民政府的领导下，我国的学前教育无论从内容还是形式上都开始走向了科学化、规范化发展的轨道。

9.我国著名儿童教育家陈鹤琴在《家庭教育》《儿童的发展与教育》等书和《怎样做父母》等文章中对家庭教育理论都作了充分论述，提出科学的儿童观是进行家庭教育的前提条件，要科学地了解儿童，再就是家庭教育功能应渗透到儿童体、智、德、美、劳等活动的各个环节，使儿童在各个发展方面都得到教育和体验的重要思想成为指导我国现当代学前教育发展的重要理论依据。

## 【复习与思考】

1.我国封建社会学前教育有哪些特点，请举例说明。

2.谈谈陶行知的教育思想对我国现代学前教育发展的重要意义。

3.谈谈陈鹤琴、张雪门和张宗麟三人各自的学前教育主张及重要贡献。

4.简述《幼儿园教育指导纲要(试行)》的颁布对我国幼儿教育事业的发展的历史意义。

5.简述21世纪初幼儿教育课程改革的进展情况。

## 【拓展阅读】

### "小先生制"

"小先生制"是陶行知在普及教育实践中依据"即知即传人"的原则，采取小孩教小孩、小孩教大人的方法推广实施的一种教育组织形式。

何谓"小先生"？陶行知先生是这样说的："生是生活。先过那一种生活的便是那一种生活的先生，后过那一种生活的便是那一种生活的后生，学生便是学过生活的人，先生的职务是教人过生活。小孩子先过了这种生活，又肯教导前辈和同辈的人去过同样的生活，是一名实相符的小先生了。"他又说："小孩子最好的先生，不是我，也不是你，是小孩子队伍里最进步的小孩子！"从他的话语中，我们不难理解的就是学生也可以做教师，每个学生都可以去参与知识信息的交流。"小先生制"是陶行知普及教育方法的一个重大发展。在当今提倡的"生本教育"的课堂中仍然发挥着举足轻重的作用。

**一、引导每位学生都当"小先生"，挖掘教材中的生活资源**

陶行知先生认为："人人都可以当小先生"。生活中到处有学问，到处存在着人文思想，把生活和语文有效地联系起来，关键在于教师是否善于结合课堂教学内容，去捕捉"生活现象"，采撷生活实例，为课堂教学服务。引导学生用自己的眼睛去发现、积累，在生活中学习。课堂展示时，让每个人都争当"小先生"，引导学生互相学习交流，再加以归纳、分类。在课堂教学中，教师善于发现孩子的闪光点，及时挖掘孩子当"小先生"的"资本"，要让孩子自己善于去发现自己的"小先生"的"资本"，产生一种强烈当"小先生"的愿望。在这个过程中，教师要不断地去观察孩子们之间的"学"与"教"，及时做出反应，或鼓励或希望。

**二、引导"小先生"用学习的眼光去观察和认识周围的事物**

不断挖掘小先生，让更多的学生观察生活中的事物，既可积累课外知识，更是培养学生学习兴趣的最佳途径。引导学生观察生活中的事物，教学中教师经常用"小先生"的荣誉激励学生，积极引导学生研究生活中的事物，让他们在研究中不断思考，不断尝试，并不断地体验成功，这本身就是最好的学习方法。如布置学生观察和教学有关的事物，他就会对各种事物进行观察，对它们的特征有初步的认识。第二天，每个学生就会把已有的体会与同学交流，个个胸有成竹，争先恐后发言，使课堂教学充满生活的乐趣。

**三、引导"小先生"用所学的知识去解决实际问题，养成"学以致用"的好习惯**

语文教学中要重视挖掘教材中与生活实际有联系的因素，尽可能让"小先生"利用已掌握的知识去解决生活中的简单的问题。在学生有了一定的解决问题的经验后，引导学生三三两两组合，课上每组推荐一名"小先生"汇报交流。这样，除了可以加深对解决问题的认识，还有助于使学生体会到学习的目的，就是用学到的知识解决生活中的问题。学习就在身边，感受到学习的趣味和作用，对学习产生亲切感。

**四、倡导"小先生"答疑和"小先生"互助学习**

"三人行，必有我师"，让学生知道，身边到处都有老师，自己也可为师。"小先生"答疑可以课堂内进行，也可以课堂外进行。课堂内，学生的问题可以让其他学生担任教师角色做出解答。课堂外，安排某些学生对某部分知识认真准备，对其他同学的疑问做出解答。学生正确解答后，获得成功感，产生愉快的心情。这种情绪反复发生，学习和愉快的情绪就会建立起较为稳定的联系，学生对学习就有了一定的兴趣。

“小先生”只是一种对部分先学会学习的学生的一种认可，一个领头羊，但他并不是完美的。教学中，要消除个别儿童的“唯我独尊”的不良影响，帮助学生树立正确的学习观、认知观。创新是教育的生命。今后，在大力提倡“小先生”制的同时，要将创新教育这个大目标与“小先生”有机结合起来，提高课堂教学效率，使我们的幼儿为本课堂能够迈上一个新的台阶。

# *第三章　国外学前教育发展历程概况

**【内容提要】**

雅典教育对儿童实施德、智、体、美和谐发展的教育，这奠定了西方教育发展的基础。柏拉图的《理想国》和卢梭的《爱弥儿》、杜威的《民主主义与教育》被称为教育思想发展的三个里程碑。德国的福禄培尔所创办的幼儿园，又成为世界许多国家效法的榜样，从而也使得德国学前教育走在世界前列。乌申斯基的教育实践和教育理论对苏联教育的发展起到了重要的作用，也为苏联学前教育理论的创立奠定了基础。洛克、卢梭、裴斯泰洛齐、赫尔巴特、福禄培尔等的学前教育思想和主张，对当代学前教育的发展仍有着重要的启发意义。而杜威等人的学前教育思想及其科学的儿童观开启了现代学前教育的新历程。

**【学习目标】**

1.了解古代各阶段西方学前教育发展的状况及特点；

2.掌握西方学前教育史上几位具有代表性的教育思想和观点；

3.学习和掌握现当代西方学前教育的发展现状及发展趋势；

4.说说福禄培尔的教育思想对我国学前教育发展的现实指导意义。

**【关键词】**

优生优育；教育阶段论；白板说；联合托儿中心

## 第一节　外国古代学前教育

原始社会是人类历史发展的第一阶段，是文明社会的前身，所以也是人类教育产生和发展的起点，但这一时期的教育还未从生产劳动中分离出来。随着古代埃及、印度、希伯来等几个文明古国进入奴隶社会，学前教育也发生了本质性改变，突出的特点就是学前教育被统治者独享，教育的民主性逐渐被等级性、阶级性所取代。

### 一、古希腊与古罗马的学前教育

#### (一)古希腊与古罗马的学前教育概况

古希腊是西方教育的重要发源地，公元前5世纪到公元前4世纪进入繁荣昌盛时期，其政治、经济、文化都得到高度发展。在奴隶制形成过程中，数以百计的城邦国家出现，其中最强大且具有代表性的当属斯巴达和雅典。斯巴达教育的唯一目的就是要通过严酷的军事体育操练把氏族贵族的子弟训练成为体格强壮的武士。雅典的教育与斯巴达相比发生了根本的改变：不仅要把统治阶级的子弟训练成身强力壮的军人，还要把他们培养成为具有多种才能、能言善辩、善于通商交往的政治家和商人，以适应雅典社会发展的需要，尤其是民主政治的需要。雅典教育不仅强调体育和道德教育，也十分重视智育和美育，对儿童实施德、智、体、美和谐发展的教育，这奠定了西方教育发展的基础。

古代罗马位于意大利半岛，是继古希腊之后西方又一类型的奴隶制国家。古罗马的教育主要分为共和时期(前6—前1世纪)的教育和帝国时期(前1—5世纪)的教育。古代罗马的教育除了受本国政治历史演变的影响外，自公元前146年，古罗马在军事上完全征服古希腊之后还深受古代希腊的影响。共和时期罗马教育主要是农民一军人教育，教育形式主要是家庭教育。古罗马以父权的家长制著称。7岁前的儿童由母亲在家庭中进行不分性别的教育。当男孩满7岁时，由母亲承担主角的女性教育便宣告结束，从此时起，父亲成为儿童真正的教师。男孩随同父亲学习有关农业生产劳动的知识经验和技能，劳动之余练习骑马、角力、游泳、使用武器，接受有关军事战争的知识、技能，同时参加各种社会生活活动（包括家庭生活及父辈日常教诲等），养成敬畏神明、孝敬父母、忠勇爱国的品性，也有些儿童进入学校学习文化知识，具有宗教色彩。女孩则在家里协助母亲管理家务，学习持家的本领。

公元前30年，罗马进入奴隶制帝国时期，并发展成为称雄西方世界的军事大帝国。罗马统治者改变了教育目标，核心是培养效忠帝国的官吏和顺民。他们对不同阶级的儿童灌输不同的教育思想，奴隶主贵族子弟从小就被培养成自命不凡、好逸恶劳、贪图享乐、道德堕落的未来统治者；劳动人民的后代则被训练成麻木不仁、唯命是从的帝国公民。

### （二）古希腊与古罗马的学前教育思想

#### 1.柏拉图的学前教育思想

柏拉图（约前427—前347）是古希腊著名的哲学家，西方客观唯心主义的创始人。在举世闻名的《理想国》中，柏拉图提出了自己的学前教育见解。他是欧洲哲学史上第一个有大量著作流传下来的哲学家，他的《理想国》和卢梭的《爱弥儿》、杜威的《民主主义与教育》被称为教育思想发展的三个里程碑。《理想国》是柏拉图社会政治学说的核心，也是柏拉图教育思想的出发点。教育是被当作实现“理想国”的重要手段或工具来加以重视的。他强调教育是国家的重要职责，主张实施按能力而不是按出身选拔培养人才的筛选制度，构筑了从优生到成人教育的理论体系，这是古代西方幼儿教育的重要组成部分。

第一，教育要从幼年开始。柏拉图高度重视学前教育的重要意义。他说：“凡事之开始，为最重要之点。而于教育柔嫩之儿童，则更宜注意。盖其将来人格之如何，全在此时也。”在西方教育史上，柏拉图最早论述了学前儿童的教育问题。

第二，提倡优生优育。在西方教育发展史上，柏拉图首次提出了胎教的主张，第一次论述了优生优育问题。他认为，只有优生优育，才能不断提高国民的素质。

第三，第一次提出了学前社会教育的主张。柏拉图认为，在理想国中，儿童属于国家所有。国家要设立专门的养育所，选派专职人员，承担抚养教育儿童的责任，施以公共教育。

第四，重视游戏在幼儿教育中的重要作用。柏拉图已经意识到，游戏是符合儿童身心发展的重要活动，是儿童喜爱的活动。他重视游戏的道德教育作用，认为游戏的内容和方式必须符合法制的规范，符合道德的精神。

第五，柏拉图继承了苏格拉底“美德即知识”的思想。柏拉图强调教育的最高目标是“智德统一”，德是一个人最重要的品质。早期教育的核心是儿童的德性培养。柏拉图认为可以利用儿童的模仿性，通过早期教育的内容发展儿童的德行。柏拉图的诸多学前教育思想开创了历史先河。他最早发出优生优育的倡议，提出儿童心灵和体质和谐发展的观点，但受历史条件和阶级性所限，其教育主张不乏唯心主义色彩。

#### 2.亚里士多德的学前教育思想

亚里士多德（前384—前322）师从于柏拉图20多年，他继承了柏拉图重视学前教育的思想，并提出了许多新的见解。亚里士多德是古代希腊哲学家中最博学的人，具有“百科全书式的科学”知识。他在《伦理学》和《政治学》两本著作中，集中阐述了他的教育理论以及幼儿教育思想。

第一，教育应成为国家的重要事业，由奴隶主、国家统一管理，决不能让私人插手，并要求把教育作为国家公共要务，专门制定有关法律，明确规定一定年龄阶段的儿童必须接受国家给予的教育。强调"教育应由法律规定"，这是西方教育史上"教育立法"思想的开端。

第二，教育阶段论。亚里士多德认为，人是由躯体和灵魂两个不可分割的部分组成的，在西方教育史上第一个从理论上论证了身心和谐发展教育的问题。据此他提出了学前儿童的年龄分期教育。按照亚里士多德的观点，学前教育应分为三个阶段，出生前是胎教阶段；出生后至5岁是第二阶段，进行婴幼儿教育；5～7岁为儿童阶段，要适应儿童的心理特征进行儿童教育。

第三，提出胎教，探讨了孕妇保健的问题，提倡母乳喂养。

第四，音乐教育是亚里士多德和谐发展教育思想的核心部分。在亚里士多德看来，音乐不仅是实施美育的最有效的手段，而且它还担负着智育的部分职能，并且又是实施道德教育不可缺少的内容。

第五，在道德教育中，亚里士多德强调必须重视培养学生的习惯，因为在他看来，理性和习惯是人们具有"善德"的根基。他指出，"在教育儿童时，我们当然应该先把工夫用在他们的习惯方面"。"习惯成自然"这句谚语，在西方即渊源于亚里士多德。

亚里士多德的教育理论及幼儿教育思想对西方学前教育理论与实践的发展都产生了重要影响。但是，他在对女子教育方面表现消极，不少观点带有明显的阶级偏见和时代局限性。

#### 3.昆体良的学前教育思想

昆体良(约35—95)是古罗马杰出的教育家。他十分重视早期教育。在《雄辩术原理》一书中，昆体良较详细地论述了学前教育的基本思想。第一，雄辩家的培养必须从摇篮时代开始，重视儿童的早期教育。第二，重视家庭环境和社会环境在早期教育中的重要作用，对家长、保姆和教师提出了严格的要求。第三，提倡根据儿童不同的性格特点，因材施教。第四，重视儿童的游戏活动，论述了游戏在发展儿童智力、促进儿童品德发展中的意义。第五，重视幼儿语言教育，探讨了幼儿语言教法。主张教儿童认字母、书写和阅读，并且在教育史上第一次提出双语教育的问题。第六，提出劳逸结合、量力而行的教学思想，并坚决反对体罚。

## 二、欧洲中世纪和文艺复兴时期的学前教育

### (一)欧洲中世纪和文艺复兴时期的学前教育概述

西欧中世纪的早期教育，不论是宫廷学校还是骑士教育，都带有鲜明的宗教性和等级性，这正反映了它们为封建地主阶级利益服务的性质。基督教在中世纪地位独尊，鼓吹由于儿童是带有"原罪"来到人世的，故生来性恶，教育中体罚盛行，且取消了体育。文艺复兴时期的人文思想家开始尊重儿童的天性，关注儿童的兴趣与需要，提出了一些适应幼儿身心发展特点的教育内容和方法。虽然缺乏系统的理论论述和实践尝试，但它毕竟扫荡了中世纪的阴霾，为近代学前教育的发展奠定了坚实的基础。

### (二)夸美纽斯的学前教育思想

夸美纽斯(1592—1670)是捷克出色的教育家，是中世纪时期著名的教育思想家，对学前教育的发展做出了巨大的贡献。

夸美纽斯的主要著作有《母育学校》《大教学论》和《世界图解》。《母育学校》(又名《论六岁以下儿童的细心教育法》，1630年完成，1633年出版)，这是一本为父母所写的学龄前儿童教育指南，也是世界历史上第一部学前教育专著，它详细论述了在家庭中进行幼儿教育的各个问题。《大教学论》(1632年完成)，此书是夸美纽斯教育思想的代表作，它的问世，标志着教育学作为一门独立的科学而存在，被视为是近代教育理论的奠基之作，夸美纽斯也被视为近代教育学的奠基人。《世界图解》(1654年完成，1658年出版)，这是世界历史上第一部带有儿童插图的识字课本，自出版后被译成欧亚各国十几种文字，保持其教科书地位200多年，夸美纽斯也被视为"儿童插图书的始祖"。"泛智"

思想是夸美纽斯一生教育活动与教育思想的核心。所谓“泛智”，就是使所有的人通过接受教育而获得广泛、全面的知识，并使智慧得到普遍的发展。夸美纽斯的“泛智”思想，反映了文艺复兴以来反对宗教蒙昧主义，以及提倡认识客观世界和发展科学的时代精神，具有反对封建主义的进步意义。夸美纽斯提出了儿童教育的自然适应性原则。这是继亚里士多德之后又一个提出教育适应儿童自然的教育家。夸美纽斯主张全面发展的早期教育。他在《母育学校》中论述了胎教、体育、德育和智育四个方面。关于学前儿童的智育教育内容方面，夸美纽斯教育思想中最有特色的部分，是他在西方学前教育思想史上第一次为 6 岁以下的儿童的智育提出了一个广泛而详细的教学大纲。

在西方学前教育思想史上，夸美纽斯是第一个从幼儿的年龄特征来论证游戏、玩具和作业方面问题的教育思想家。夸美纽斯提出了集体教育的主张，他认为，只有在集体活动中，唯当通过与同龄儿童的交往，才能培养幼儿合作、守信用、负责的态度和行为习惯。夸美纽斯对世界学前教育的发展做出了重要贡献。他在历史上第一次把学前教育纳入其充满民族色彩的单轨学制，撰写了历史上首创的著作，首次深入研究了家庭条件下学前教育的完整体系，规定了其目的、内容和基本方法。总的来说，夸美纽斯处于“在教育史上居于首屈一指的地位”。

## 第二节　外国近代学前教育

### 一、外国近代学前教育概况

1640 年至 1688 年英国的资产阶级革命，标志着世界近代史的开始。之后，英、法、德、俄、美、日等国通过各自不同的途径先后确立了资本主义制度。近代资本主义及生产力的迅猛发展必然要求建立与之相适应的教育制度，在这个背景下，近代幼儿公共教育产生了。最早诞生的近代学前教育机构是英国的欧文在 1816 年创办的幼儿学校，它一度成为欧洲一些国家学前教育的楷模。到 19 世纪中期，德国的福禄培尔所创办的幼儿园，成为世界许多国家效法的榜样，福禄培尔的学前教育思想和实践经验很快流传到世界各国。到 19 世纪末，学前教育在西方各国教育制度中已初具规模，确立了基本的基础地位。

#### （一）英国学前教育

1816 年，空想社会主义者欧文在苏格兰创办英国也是世界上第一所幼儿学校——新拉纳克幼儿学校，激起很大的社会反响。其后，热心人士纷纷仿效，一时成为英国幼儿学校运动。其领导人是维尔德斯平。

早在 1697 年，在教育家洛克的倡导和参与下，英国政府颁布《国内贫民救济法》，提出设置“纺织学校”和“贫穷儿童劳动学校”的计划。到 19 世纪末，英国社会出现了少量慈善性质的“免费幼儿园”，招收贫民和工人的幼儿。第一所免费幼儿园是由马瑟爵士于 1873 年在曼彻斯特开办的。1919 年后，免费幼儿园改名为“保育学校”。免费幼儿园的产生意味着福禄培尔幼儿园运动在英国的普及和发展。

#### （二）法国学前教育

近代法国的幼儿教育深受英国幼儿学校运动的影响，奥伯林“编织学校”被认为是法国近代学前教育的开端。1832 年，法国《初等教育法》（基佐法案）颁布后，政府将托儿所视为初等教育的基础，要求公共教育部给予财政援助。1837 年，为了进一步加强对托儿所的统一管理和监督，法国政府发布《托儿所管理条例》，该条例作为世界上第一个有关托儿所教育的法令而载入史册。

19 世纪末，受福禄培尔幼儿园影响，“母育学校”诞生。法国政府颁布《费里法案》（1881 年）。

《费里法案》的颁布，标志着法国基本上确定了近现代资本主义幼儿教育制度，对法国近现代幼儿教育影响深远。“母育学校”作为法国统一的学前教育机构，名称一直沿用至今。

### （三）德国学前教育

德国是近代第一所幼儿园的诞生地，但近代学前教育起步却晚于英、法等国。德国社会长期不统一，经济、文化发展受到影响，1871 年建立德意志帝国，受英国幼儿学校运动的影响，尤其是 1837 年福禄培尔幼儿园的创办，极大地推动了学前教育的发展。在德国最早的学前教育设施中，比较有名的是巴乌利美保育所。巴乌利美保育所是由巴乌利美侯爵夫人（1769—1820）于 1802 年在多特蒙德设立的一个保育所，原本是让穷苦孩子的母亲们安心劳动，不必为留在家中的孩子牵肠挂肚而设立的一个机构。

19 世纪初的英国幼儿学校运动也波及德国，其领导者是弗利托娜。1835 年，弗利托娜在自己的教区建立了一所奥伯林式的编织学校，改名幼儿学校，招收 2 岁以上贫穷工人的幼儿 40 名。弗利托娜幼儿学校的主要目的在于对工人阶级的孩子进行宗教教化和道德教化。严格上说，上述的学前教育设施具有贫民救济性质，不能算是正规的教育设施。直到 1837 年福禄培尔在德国勃兰根堡设立了一所学龄前儿童教育机构，并于 1840 年将它正式命名为幼儿园，才有了真正的学前教育机构。福禄培尔幼儿园的成立，标志着学前教育由“看管”转向“教育”。从此，德国学前教育走在世界前列。

### （四）俄国学前教育

乌申斯基是俄国著名的资产阶级民主教育家，他的教育实践和教育理论对俄国教育的发展起了重要的作用，也为俄国学前教育理论的创立奠定了基础。乌申斯基教育思想中最重要部分就是“教育的民族性原则”，这是他整个教育理论体系的基础。根据这一原则，在儿童教育方面，乌申斯基主张让儿童从幼年起就要接触本民族的语言宝藏，努力使儿童通过学习民族语言来继承优秀传统，弘扬爱国主义精神，形成民族自豪感和责任感。他编写的儿童教材《祖国语言》一书，被誉为“19 世纪的‘世界图解’”。

### （五）美国学前教育

美国最早的幼儿园是德语幼儿园，由德国移民舒尔茨夫人（1832—1876）在威斯康星州的维特镇开办，专门招收德国移民的子女。

1860 年，美国妇女伊丽莎白 · 皮博迪（1804—1894）在波士顿开办了美国第一家英语幼儿园，使学前教育在美国得到普及和发展，她被公认为美国幼儿园的奠基人。19 世纪 30 年代至 50 年代在美国的公立学校运动是一场旨在建立由公共税收维持、公共行政机关监督、向所有儿童免费开放的学校教育制度的运动。

美国第一所公立幼儿园是威廉 · 哈里斯（1835—1909）和苏珊 · 布洛（1843—1916）共同创建的。哈里斯是当时密苏里州圣路易市的教育局长，是公立学校运动的积极支持者。在皮博迪的建议下，1873 年秋天，实现了创办公立幼儿园的设想，哈里斯聘请曾在德国考察过幼儿园的布洛作为该园的第一任教师，第一批招收 20 名幼儿。布洛运用福禄培尔的教育思想与方法对幼儿园进行实际指导，在许多方面做出了杰出的贡献，促使美国公立幼儿园进入一个全盛时期。因此，布洛被誉为公立学校运动中的“幼儿园之母”。

### （六）日本学前教育

1876 年，按文部省次官母中不二麻吕的提议，在东京女子师范学校附设幼儿园，它是日本学前教育史上第一所国立幼儿园。1899 年，文部省颁布《幼儿园保育及设备规程》，这是日本首次由政府颁布的有关幼儿园的正式法令。这同时是近代日本学前教育走向制度化的重要开端,不仅成为19世纪末20世纪初日本幼儿园设置和编制课程的标准,而且还成为日本幼儿园新章程的基本依据。

## 二、外国近代学前教育思想

### (一)洛克的学前教育思想

约翰·洛克(1632—1704)是17世纪英国杰出的哲学家、政治思想家和教育家。在《教育漫话》中,形成了自己的绅士教育理论。洛克提出教育的目的是培养绅士,并详细地阐释了他对儿童教育的理解。

1.反对儿童教育中的“天赋观念说”,提出了“白板说”

即在人的意识中没有先天的思想观念(诸如“上帝”、善恶标准、数学公理等),人的心灵原来就像一块白板,一切思想观念都是后天获得的,都是从广大经验中获得的。因此,教育对人的发展起非常重要的作用。洛克尤其重视早期教育的作用,因为既然幼儿的心灵犹如“白板”,那么通过教育的作用是“可以随心所欲地做成什么式样的”。洛克坚持唯物主义的立场,认为知识高于经验。

2.洛克提出教育的目的是培养绅士

绅士应具有德行、智慧、礼仪、学问等品质。绅士的基本特征是:(1)具有精明的处理事务的才干,善于赚取财物,从而使自己得到幸福;(2)具有德行和勇敢精神;(3)懂“礼仪”,具有文雅风度。这一教育目的显然反映了当时资产阶级新贵族对教育的需求。而要培养这种绅士,必须从幼儿期开始。不过,洛克认为当时英国学校教育存在种种弊端,不利于绅士的培养,因此他主张采取家庭教育的形式,不赞成学校教育。

3.重视儿童体育

洛克提出了健康教育的思想,他尤其重视养护、运动与体育锻炼在增强儿童体质中的意义。“健康之精神寓于健康之身体”,洛克是第一个提出并详细论述儿童体育问题的教育家。

4.重视培养儿童的良好德行

儿童德育是洛克早期教育思想体系中的重要组成部分。洛克认为,德行是做人不可或缺的基本品德。他指出:“我认为在一个人或者一个绅士的各种品性之中,德行是第一位,是最不可缺少的。”

5.强调慎用智育方法

在绅士教育体系中,智育没有德育那么重要。洛克认为,在促进儿童智力发展的启蒙教育中,不能强迫儿童学习。洛克主张让儿童自己去学习,寓学习于游戏中。在教育内容上,洛克把教育分为德、智、体三个部分。这三部分划分在西方教育史上还是第一次。

他对教育内容的论述,带有明显资产阶级功利主义色彩。洛克的绅士教育体系,是根据自己的唯物主义经验论概括了当时先进的资产阶级教育经验而提出来的,它比宗教色彩还十分浓厚的夸美纽斯的教育理论更富有现实性和实际意义,因而在近代教育史上有深远的影响,成为资产阶级教育思想发展的一个新起点。洛克有关儿童教育的内容十分丰富,包括体育、德育和智育。但洛克代表的是资产阶级新贵族的利益,只强调家庭教育而低估学校教育的价值,过分注重所谓绅士礼仪的教育,阶级性十分明显,需要我们一分为二来看待。

### (二)卢梭的学前教育思想

卢梭(1712—1778)是18世纪法国著名启蒙思想家、哲学家和教育家。在《爱弥儿》一书中,卢梭指出封建教育压抑、桎梏儿童本性发展,提出了以儿童为本位的自然教育主张。继夸美纽斯后,卢梭再次提出和强调了教育的自然适应性原则。他在《爱弥儿》中开卷即写道:“出自造物主之手的东西都是好的,则一到了人的手里,就全变坏了。”此外,在世界历史上,卢梭第一次提出了发现法,并进行了深入的分析和论证。

1.提出早期教育要“归于自然”的自然教育理论

卢梭对传统的封建教育进行了猛烈的抨击。卢梭教育思想的核心是自然教育理论。自然教育的目的是培养自然天性充分得到发展的“自然人”,这种强调儿童是教育主体的全新的儿童观,开辟了现代教育理论的先河。他的论证初步触及遗传、环境、教育对人发展的作用问题。教育必须顺应儿童天性发展的自然历程,即遵循儿童身心发展的特质同时还要尊重儿童的个性特点。卢梭说:“大自然希望儿童在成人以前就是儿童的样子。如果我们打乱了这个次序,我们就会造成一些早熟的果实,它们既不丰满也不甜美,而且很快就会腐烂;我们将造成一些年纪轻轻的博士和老态龙钟的儿童。”

2.依据受教育者的年龄特征划分教育阶段,并提出了相应的教育内容

卢梭将儿童教育划分为两个阶段:第一阶段为婴儿期(0～2岁),这一时期主要进行健康教育,努力增强儿童的体质;第二阶段为童年期(2～12岁),这一时期教育的主要任务是促进儿童智力的发展,培养儿童良好的道德品质。

3.提出了“自爱—爱亲近的人—爱全人类”的道德教育发展三部曲

卢梭将性善论作为道德教育的理论基础。他认为道德来源于人的天赋良心,要求人们把正义和道德的原则发扬光大。他说:“只要把自爱之心扩展到爱别人,我们就可以把自爱变成美德,这种美德,在任何一个人心中都是可以找到它的根底的。”

4.在早期教育的教学原则和方法上,卢梭也提出了一些有益的见解

比如,在各种感觉中运用最多的是触觉。所以,首先必须发展触觉,其次是视觉,最后是听觉。卢梭把各种游戏、写生、唱歌、制图等活动视为感觉教育的最好途径,当然在日常生活中要多利用儿童的感官。比如,让孩子目测观察用仓房里的梯子能否摘取一棵樱桃树上的樱桃;估计院子里的一块地的大小、板可不可以搭在一条很宽的溪流上;通过赛跑游戏,让孩子正确判断出达到目标的最短距离等。他依据自然教育理论提出“自然后果”的道德教育原则。这就是让儿童从自己错误行为的不良后果中获得经验,从而认识到哪些是该做的,哪些是不应该做的。

卢梭是西方近代教育史上具有划时代意义的人物,他把文艺复兴以来重视儿童的思想推向一个新的境界。他提出的自然教育思想,开辟了资产阶级教育理论的新阶段。他在自然教育理论中提出,通过教育培养自然人,教育要顺应儿童的天性发展,把儿童作为教育的主体,主张教育者要热爱儿童,尊重儿童,研究儿童及其心理特点。这些思想具有很强的反封建性,反映了新兴资产阶级的新教育的要求。另外,他从教育内容和教育方法上对封建教育进行了全面声讨,主张改革封建的教育,建立以发展儿童天性为目的的资产阶级的新教育。卢梭的教育思想对欧美近现代教育理论的发展产生了重要影响,很多教育家都从他的自然教育理论中得到启发,在此基础上形成自己的教育观点,如裴斯泰洛齐、福禄培尔、杜威等。但是,卢梭的教育理论也有其局限性,在理论和实践方面存在一定的矛盾,如片面强调教育要顺应自然,把儿童的天性过分理想化,在教育的年龄分期方面缺乏科学依据。还有,过分强调儿童的个人生活经验,过分强调感觉,而忽视理论知识的学习等等。而最根本的缺陷是,卢梭还没有认识到教育首先受到社会、政治、经济等方面因素的制约和影响,强调完全按照人的本性来培养人,这种完全摆脱社会制约来培养人的理论,是不切实际、不能实现的空想。

### (三)裴斯泰洛齐的学前教育思想

裴斯泰洛齐是18世纪末19世纪初瑞士著名的资产阶级民主教育家,一生致力于发展贫民教

育,希望通过教育来改变人民的贫困状况。在教育史上,裴斯泰洛齐第一个提出了“教育心理化”的主张。

1.教育目的就是促进人的一切天赋能力的和谐发展

为实现这一目的,必须做到教育要适应自然。他认为:“为人在世,可贵者在于发展,在于发展各人天赋的内在力量,使其经过锻炼,使人能尽其才,能在社会上达到他应有的地位。”裴斯泰洛齐吸收了卢梭自然教育理论的主要精神,他特别强调教育要适应自然。按照儿童的天性及其发展顺序来进行教育。他指出:儿童天赋力量和才能有其自然发展的规律,教育必须适应儿童的天性,即教育要与儿童的自然发展规律相一致。裴斯泰洛齐不像卢梭一样将儿童的天性理想化,主张教育遵循自然还要通过教育来约束天性中恶的(动物性)一面,才能使人的自然天性得以完善。

2.培养身心和谐发展的完人

裴斯泰洛齐提出实施和谐发展的教育内容,包括德育、智育、体育和劳动教育。裴斯泰洛齐把道德教育放在重要的地位。在裴斯泰洛齐看来,道德教育就是“爱”的教育。爱的教育贯穿在裴斯泰洛齐的全部教育观点和教育活动之中。他还提出了在家庭教育和学校教育中如何实施爱的教育问题,在家庭中父母要给予孩子充分的母爱和父爱,而且从孩子刚出生时就要体现出来。对年幼儿童实施爱的教育,裴斯泰洛齐认为,家庭教育是儿童教育的第一阶段和最好方式,尤其强调母亲对儿童的教育作用。在学校里,教师要像慈祥的母亲一样热爱儿童,教导儿童,教师应当与儿童共同生活,产生深厚的感情,并通过良好的示范作用,全心全意地以母爱精神去感化儿童。

3.要素教育理论

要素教育理论是裴斯泰洛齐教育理论的精华所在,是他教学理论的核心。裴斯泰洛齐认为,教育过程必须从一些最简单的因素开始,逐渐转向复杂的因素,从而促使儿童各种天赋能力的全面和谐发展。德育、智育、体育和劳动教育,不同的方面有不同的要素;各种教育都能找到一定的最简单的要素作为实施教育的起点。比如,体育最简单的要素是关节活动,如抛、搬、推、拉、戳、摇、转等基本动作,这也是儿童体力发展的基础。德育最简单的要素是儿童对母亲的爱。这种爱的种子是母亲对婴儿的热爱及满足其身体上的需要而激发起来的,这种爱反映和表现最早,再逐步扩展到家庭其他成员,甚至爱全人类。智育最简单的要素是“数”“形状”。要素教育理论集中体现了裴斯泰洛齐教育民主化的要求。

4.裴斯泰洛齐在要素教育的基础上,进一步确立了初等教学法

裴斯泰洛齐不仅研究了各门学科的简单要素,而且还研究了各门学科的教学步骤,从而形成了各门学科教学法。裴斯泰洛齐在教育理论和实践上均做出了杰出的贡献。他是近代教育史上提倡和实施爱的教育的杰出代表,重视家庭教育的作用,尤其突出母亲的作用,将前人的教育适应自然的思想发展到一个新的历史高度。裴斯泰洛齐开启了19世纪欧洲教育心理化运动,使教育学在科学化历史进程中迈出重要一步,他根据心理学原理论证要素教育理论,这些观点与主张同样对当前的学前教育具有启发作用。

### (四)赫尔巴特的学前教育思想

赫尔巴特(1776—1841)是19世纪德国著名的教育家、心理学家和哲学家。《普通教育学》是赫尔巴特的教育代表作,它是西方最早以“教育学”来命名的教育专著,这本书奠定了赫尔巴特在教育史上的重要地位。在西方教育史上,赫尔巴特被誉为“科学教育学的奠基人”。

1.赫尔巴特的教育理论建立在他的哲学、心理学和伦理学思想的基础上

赫尔巴特认为,教育的最高目的就是“道德”,教育的唯一工作和全部工作都可以总结在这一概念中。

2.把教学视为道德教育的最主要和最基本的手段

在西方教育史上,赫尔巴特第一次明确、系统地提出并论证了教育性教学的原则,把教学视为道德教育的最主要和最基本的手段。他说:“我想不到有任何‘无教学的教育’,正如在相反方面,我不承认有任何‘无教育的教学’。教学如果没有进行道德教育,只是一种没有目的的手段,道德教育(或者品格教育)如果没有教学,就是一种失去了手段的目的。”以此说明教学与道德的关系。

3.根据儿童兴趣设置广泛的课程体系

赫尔巴特把儿童的兴趣分为两大类六个方面,并且根据六个方面的兴趣设置了一个广泛的课程体系,如表 3-1 所示。

**表 3-1　赫尔巴特关于儿童兴趣的课程设置**

| 两大类 | 六个方面 | 相关课程 |
| --- | --- | --- |
| 经验的兴趣 | 经验的兴趣 | 自然、物理、化学、地理等课程 |
| | 思辨的兴趣 | 数学、逻辑、文法等课程 |
| | 审美的兴趣 | 文学、绘画等课程 |
| 同情的兴趣 | 同情的兴趣 | 外国语(古典语言与现代语言)、本国语等课程 |
| | 社会的兴趣 | 历史、政治、法律等课程 |
| | 宗教的兴趣 | 神学等课程 |

4.主张把教学理论的研究建立在心理学基础上

在西方教育史上,赫尔巴特是近代第一个提出把教学理论的研究建立在心理学基础上的教育家。赫尔巴特以其观念心理学为基础,特别是依据“统觉作用”原理把教学过程分为四个阶段,后来被他的学生发展成为“五阶段教学法”,即把教学分为预备、提示、联系、总结、应用五个阶段。赫尔巴特教学理论被后世人们归纳为三个突出的中心,即课堂中心、教材中心和教师中心,他本人也被称为“传统教育的鼻祖”。

5.专门论述 0～8 岁的婴幼儿教育问题

赫尔巴特在其著作《教育学讲授纲要》中曾专门论述了 0～8 岁的婴幼儿教育问题。他把婴幼儿教育分成两个阶段:0～3 岁和 4～8 岁,并分别阐述了各年龄段幼儿的教育。

### (五)福禄培尔的学前教育思想

弗里德里奇·福禄培尔(1782—1852)是德国 19 世纪著名的幼儿教育家,创立了以“幼儿园”命名的学前教育机构,同时创立了一整套学前教育理论,确立了游戏与作业在儿童发展中的重要作用和地位,培训了第一批幼儿教师,推动了世界各国幼儿园的建立和发展,推动了德国以及世界学前教育的发展。

学前教育学是从德国教育家福禄培尔开始创立的。福禄培尔把自己的毕生精力都贡献给了学前教育事业。他被世人誉为“世界幼儿教育之父”,他主要的著作是《人的教育》(1826 年)。1837 年,55 岁的福禄培尔回到德国,在勃兰根堡创立了一所实验学校。1840 年,他正式命名这个学校为“幼儿园”,确定了幼儿园游戏和作业的内容与方法。这也是世界上最早创立的命名为幼儿园的学前教育机构。同时他又开办了讲习班,训练大批幼儿园教师。

1.教育必须适应儿童的自然发展

福禄培尔反对违背儿童天性的教育范式,他指出:“一切专断的、指示的、绝对的和干预的训练、教育和教学必然地起着毁灭的、阻碍的、破坏的作用。”人的发展与自然的发展法则一样,因此,教育要适应自然、遵循自然的法则。福禄培尔曾以园丁修剪葡萄藤为例说明这一原则。他说,葡萄藤应当被修剪,但如果园丁在工作中不是十分耐心地、小心地顺应植物本性的话,无论园丁是出自多么良好的意图,葡萄藤很有可能由于被修剪而彻底毁灭。因此,对人的教育,要遵循同样的道理,即必须顺应儿童的特点正确对待他们。

2.将儿童的发展划为彼此联系的三个时期

福禄培尔依据整体联系的观点认为,可将儿童的发展划分为彼此联系的三个时期,并提出了相应的养育对策。第一时期为婴儿期,主要任务是养护。第二时期是幼儿期,主要任务是展现儿童天性。福禄培尔认为,幼儿期才是"真正的人的教育开始的时期"。第三时期是少年期,主要任务是学习。

3.认为幼儿时期是人真正教育的开始

这个时期儿童的生活方式和所受的教育将影响他整个一生。受到夸美纽斯和裴斯泰洛齐的影响,福禄培尔认为家庭和母亲在早期教育中占有重要地位,但又指出,许多母亲没有充分的时间教育自己的子女,而且也没有受过相当的教育训练,不清楚幼儿教育的任务、内容和方法,不能胜任其子女的教育,因此,有必要建立公共的幼儿教育机构来弥补家庭教育的缺陷。鉴于此,福禄培尔提出要建立学前教育的专门机构——幼儿园。

4.重视游戏在儿童教育中的价值

福禄培尔认为,游戏不仅有利于促进儿童体力和智力的发展,而且可培养儿童合作、团结、负责任等道德品质,号召成人鼓励和支持儿童的游戏。他将游戏分为身体的游戏、精神的游戏和感官的游戏三种类型。为了更好地进行游戏教学,福禄培尔还专为幼儿设计制造了一套玩具——恩物。

5.福禄培尔为幼儿园确立了一种教育活动形式——作业

作业活动是儿童体力、智力和道德品质和谐发展的一个主要方法。福禄培尔指出,幼儿只有掌握恩物的使用后,才能进行作业活动。因此,恩物在先,作业在后,恩物的作用在于吸收或接受,作业的作用在于表现或建造。

6.创作《慈母游戏和儿歌》

在福禄培尔的著作《慈母游戏和儿歌》中,专门设计了一套精选的歌谣及其图画的表示和游戏方式的说明。福禄培尔是近代系统学前教育理论的奠基者,也是近代影响最大的幼儿教育家。他首创了幼儿园教育体系,使学前教育成为教育领域中的一个重要分支和独立部门,标志着学前机构的作用开始由"看管"转向"教育",客观上顺应了 19 世纪以来工业革命不断发展对学前社会教育的要求。福禄培尔在借鉴前人经验的基础上,详细论述幼儿园工作的体系、内容和方法,为幼儿园创造教学材料、玩具,设计一整套作业体系的思想和方法,这在整个学前教育史上是首创,具有重大的历史意义。虽然他利用"恩物"等玩具和材料进行教学和作业的方法过于枯燥和形式主义,但如果我们能结合儿童实际灵活运用这套"恩物"和作业体系,确实可以发展儿童的各种能力。因此,福禄培尔的"恩物"和作业体系在西方各国的幼儿园中被广泛采用,影响很大。他的学前教育理论的某些思想材料成为杜威教育思想的渊源之一,直到今天,对当前学前教育的发展仍有重要的启发意义。但是,由于他的理论是建立在其唯心主义哲学观上的,因此不可避免地带有神秘主义和浓厚的宗教色彩。

## 第三节　外国现代学前教育

### 一、外国现代学前教育概述

#### (一)英国学前教育

1870 年,英国颁布了《初等教育法》,规定:"入学儿童的最低年龄为 5 岁。"1918 年,政府又颁布了《母亲和儿童福利法》，要求由地方行政当局为 5 岁以下幼儿设立保育学校。同年，又颁布了著名的《费舍法案》。该法案的目的是在英国建立一个包括保育学校、小学、中学和专科学校在内的公共学校系统。法案要求将小学分为 5～7 岁(幼儿学校)和 7～11 岁(初级学校)两个阶段，此外正式承认保育学校属于国民学校制度的一部分，应实行免费入学(伙食费、医疗费除外)。要求地方教育行政部门设立和援助保育学校，并决定对 13 所保育学校实行国库补助。第一次世界大战之后，杜威的实用主义教育理论和蒙台梭利的自由主义教育思想对英国的学前教育产生了很大的影响，英国的保育学校和幼儿学校都受其影响很大。1907 年，蒙台梭利的"幼儿之家"在罗马成立后，英国也办起了一些蒙台梭利式的"幼儿之家"和幼儿师范学校。第二次世界大战前的英国幼儿教育的发展以保育学校的创立、发展和幼儿教育方法的改革为主要内容。幼儿园被纳入保育学校系统。英国保育学校的创始人是麦克米伦姐妹。1908 年，麦克米伦姐妹在博乌开设实验诊疗所；1910 年，改称德普特福特学校治疗中心；1911 年，发展为野营学校；1913 年，正式命为"野外保育学校"。1933 年，以哈多为主席的调查委员会对英国初等教育进行调查后，于 1933 年发表了《关于幼儿学校及保育学校的报告》(简称《哈多报告》)。这一报告吸收了裴斯泰洛齐、蒙台梭利、福禄培尔和麦克米伦等人的幼儿教育思想，被认为在英国学前教育史上具有划时代的意义。

1944 年，丘吉尔政府通过了一个重要的教育改革法令，即《巴特勒法案》(*Butler Act*)。该法案以 1918 年的《费舍法案》为蓝本，确定了英国现代教育体系的基础。但未能将保育学校和幼儿学校连贯起来的思想形成制度保障，幼儿学校仍作为义务教育的最初阶段而包括在初等教育之中。幼儿教育以 5 岁为界被割裂开来。1967 年的《普洛登报告书》和 1972 年的《教育白皮书》，都对英国的学前教育起到了极大的推动作用。1967 年，教育咨询委员会委员长普洛登女士发表了一篇报告书。该报告在第六章"为义务教育前的幼儿提供教育设施"中，呼吁大力发展英国的幼儿教育，尤其是在教育不发达的地区。1972 年 12 月，教育科学大臣萨切尔发表一份白皮书《教育：扩展的架构》，提出将"扩大幼儿教育"定为内阁将要实行的四项教育政策之一。白皮书肯定了普洛登报告中具有实践意义的建议，并制订了实施计划，打算 10 年内实现幼儿教育全部免费，并扩大 5 岁以下儿童的教育。

1.学前教育机构类型

英国的幼儿教育作为初等教育的重要组成部分，类型灵活多样，比较重要的有以下七类：

(1)幼儿学校和幼儿班。幼儿学校是独立的幼儿教育机构，由教育部创办，招收 2.5 岁的儿童。幼儿班附设于小学，招收 3～4 岁的儿童，进行 1～2 年的学前教育，儿童就近入学，以半日制为主，全日制为辅。幼儿学校和幼儿班没有正式的课程。

(2)托儿所。英国的托儿所分为日间托儿所和寄宿托儿所。托儿所在社会福利机关登记立案，主要招收 2～5 岁的儿童，儿童依据家庭经济情况交纳费用。

(3)日托中心。1870 年时称托儿所。公立和私立的日托中心都必须接受地方社会福利部门的定期检查，只有在教师资格、环境设计等方面符合要求以后，才准予开办、招生。日托中心全年开放，招收出生 8～5 岁的儿童。

(4)学前教育中心。学前教育中心为父母及儿童提供良好的设备，有些还成立妈妈娃娃班、游戏小组和其他一些非正式的托儿班。他们提供看护和养育的服务，讨论教育子女中的问题，分享彼此间的教育经验。

(5)学前游戏小组。大多数学前游戏小组是由家长资助建设的，它为儿童提供游戏的伙伴、游戏的时间和空间，为儿童家长提供交流、学习的机会。家长通过参加儿童的游戏，能了解自身的教育价值，提高自信心，在家庭中更好地照顾和教育儿童。

(6)家庭保育。家庭也可以开办保育机构，这是英国幼儿教育的一个特色。这种家庭必须符合健康、安全标准，经地方社会服务部注册以后方有资格开展保育活动。

(7)联合托儿中心。为了父母的工作方便，英国还有一种幼儿教育机构，即联合托儿中心，主要招收 0～5 岁的儿童，全年开放，每天从上午 8:00 到下午 6:00，父母可根据工作需要，接送孩子。该机构还设有父母屋,鼓励父母积极参加中心的活动,使保育和教育有机地结合起来。

2.幼儿教育师资队伍的水平直接关系到幼儿教育的质量

英国的保育学校、保养班由教师、保育助理、保育学生和临时工作人员组成。托儿所由保育护士或保育助理和教师组成。学前游戏小组有一名学前游戏小组指导者。

### (二)法国学前教育

1.第三共和国时期的学前教育

1881 年,法国通过《费里法案》,提出国民教育的三个原则,即“免费”“义务”“世俗化”。同年 8 月 2 日,在政府颁布的教育法令中又宣布,改托儿所为“母育学校”,并将其列入免费的公共教育系统,实施统一的“母性养护及早期教育”。母育学校招收 2～6 岁的儿童,根据不同年龄男女混合编班。1881 年的两个法令基本上确立了法国的近代幼儿教育制度。“母育学校”一直被作为法国统一幼儿教育机构的名称。

2.20 世纪下半期学前教育的改革与发展

1975 年,法国政府颁布《哈比改革法案》,将发展幼儿教育,提高教育质量列为 1976—1980 年第七个五年计划的重点任务之一,要求学前教育发挥教育、补偿、诊断治疗、与小学衔接的四重作用。法案规定学前教育的目标是:启发儿童的个性;消除儿童由于出身和家庭条件差异而造成的成功机会的不均等;帮助儿童顺利完成学前教育向小学教育的过渡。进入 20 世纪 80 年代以后,法国学前教育进入一个新的发展时期。1986 年,国民教育部在《幼儿学校:作用与任务》的报告中指出:幼儿学校的总目标在于使儿童的各种可能性得到发展,以形成其个性品质,并为他们提供最佳机会,使其能在学校学习和社会生活中获得成功,使儿童“受学校教育”成为幼儿学校的首要目标。

1990 年 9 月 6 日颁布的法令重新规定,幼儿学校的总目标是:开发儿童的各种潜能,提高他们的语言能力,通过审美、身体、灵巧等方面的培养和对公众生活的适应,使之形成个性,为接受小学教育并取得成功做好准备。新的法令将学前教育和小学教育作为一个整体,并把这两种教育分为三个相互关联的教学阶段:幼儿学校为起始阶段,幼儿学校的大班和小学一、二年级为基础阶段,小学的后三个年级为加深阶段。每阶段的教学条件应当适合本阶段儿童的特点,学前教育和小学教育在教学上的交叉,将有利于学前儿童顺利进入小学。法国幼儿教育是初等教育的组成部分之一,是由国家来统一管理的。法国母育学校在教育行政上由省一级政府领导,但由于长期的传统使之与市镇有着密不可分的联系。在这样的双重领导下,校长没有财政和行政自主权,一般情况下,都是校长接受所在市镇的领导,直接处理行政、财务、教学、联络等事宜,不再设专门职能部门,也没有其他专职管理人员。法国的教师及所有的教育行政人员都是国家公务员,待遇列入国家预算,教育方面的重要开支根据国家的财政预算决定。法国的教育经费主要来源于国家和地方政府的财政支出。

3.幼儿教育机构类型

法国幼儿教育机构形式多样,主要有以下九种:

(1)母育学校。母育学校与其他国家的幼儿园相似,是法国幼儿教育机构的主要形式,也称幼儿学校,有公立和私立两种,受教育部或地方当局管辖。按照法国政府的规定,公立母育学校由国家和地方自治团体开办并支付经费,实行免费制,但不属于义务教育。相对公立母育学校,私立母育学校在母育学校中所占比例极小。

(2)托儿所。这是法国学前教育中最古老的一种形式,隶属于保健部门,多附设于农村小学,有公立及私立两种。幼儿班的性质与母育学校相似,招收 2～5 岁的儿童。在对儿童进行保育的同时,也对他们进行文明礼貌等方面的教育,逐渐适应未来的初等教育。

(3)幼儿班。以前,幼儿班附设在小学里,主要招收 3～5 岁的儿童,为儿童进入小学做好身心的准备。现在有些幼儿班独立开办，招收2～6岁的儿童。农村小学附设幼儿班及幼儿园的监督工作，由教育部的母育学校女士学官担任。多数私立幼儿班则由小学的督学官负责监督。

(4)温和过渡班。这是幼儿进入正规幼儿教育机构之前的一种过渡性质的机构，它的招收对象是16个月到5岁的儿童，每次活动两个半小时，每次活动人数不超过10人。这一实验的目的是使幼儿逐步习惯离开家庭到幼儿集体中来。由于幼儿参加活动的时间不太长，家长又可以随时接送，儿童便不会因突然离家到幼儿园而产生心理上的陌生感和生活上的不适应。

(5)小小俱乐部。这种机构主要为了解决幼儿又想参加集体活动，又不愿离开家长的矛盾。招生对象是2个月至8岁的儿童，每次活动人数为10～15人。

(6)保育室。保育室为有紧急事件的家长而设，临时照看学前儿童，解决家长的后顾之忧。

(7)流动车。对偏远地区的儿童，利用流动车，实行送教上门，到家服务。

(8)儿童假期中心和休息中心。这种中心主要是在寒暑假中组织儿童活动。一般招收4～6岁的幼儿，每次活动(一期)为20～25天，在这段时间里教师组织幼儿到社会中去，到大自然中去，从而达到陶冶幼儿情操、锻炼幼儿体质、增强幼儿独立生活能力的目的。

(9)微型托儿所。微型托儿所是在新建的公寓中留出部分住房，收托10～12个3岁以下的儿童，以解决就近入托的问题。可见，法国学前教育机构正朝着规模小型化、活动多样化、组织灵活化、教育个人化、环境家庭化的方向实验性地发展。

### (三)德国学前教育

#### 1.第二次世界大战前的德国学前教育

德国的幼儿教育历史比较悠久，1840年德国幼儿教育家福禄培尔就创办了世界上第一所幼儿园。在第二次世界大战前，德国的幼儿教育机构呈多元化的形式，除幼儿园外，还有一些从历史上沿袭下来的收容幼儿的慈善机构和幼儿学院。魏玛共和国按照民主的原则对教育进行改革，强调德国所有儿童都享有受教育的权利，使他们在身体、精神和社会方面都得到发展，成为有才干的人。同时决定设立公共儿童保护机构——儿童保护局，负责监督和指导民间儿童福利事业。

1922年，德国政府制定《青少年法》，其中强调要设立“白天的幼儿之家”，包括幼儿园、托儿所及幼儿保护机构等；同时提出训练修女担任看护工作；此外还要求加强幼儿教师的培训。

#### 2.德国时期的学前教育

德国的学前教育深受福禄培尔的影响，逐渐形成了约定俗成的观念，即倡导“自由发展”“自我教育”，注意为幼儿创造良好的环境，重视游戏与活动，努力使幼儿通过各种活动发展体力、智力和道德感。联邦德国的幼儿园主要是由教会、普通慈善机构和民间团体开办的，对幼儿园的监督工作由开办团体自行负责。学前教育长期由市民或非政府机构自行管理:宗教团体的活动异常活跃，成为私立幼儿园的主导力量。幼儿园民办几乎成为一种传统，直到20世纪60年代中期才有所改善。

#### 3.学前教育机构的主要类型

德国的学前教育主要在幼儿园及学校附设幼儿园实施，此外还有多种形式的其他幼教机构。

(1)幼儿园。大多由地方政府、教会、企业、社会团体或私人开办，未纳入国家教育计划。

(2)学校幼儿园。幼儿园在学前教育中占据主导地位。此外就是学校附设的幼儿园及学前班。

(3)托儿所。接收0～3岁的儿童。

(4)特殊幼儿园。专门为身体有残疾、智力发育不正常或聋哑儿童开设的幼儿教育机构。承担治疗和教育的双重职能。

### (四)美国学前教育

1.20 世纪上半期

19 世纪末至 20 世纪三四十年代,美国开展了进步主义幼儿园运动,强调研究儿童,注重幼儿教育与实际生活的联系,它是具有美国特色的学前教育改革的开始。

为进步主义幼儿园运动提供理论依据的是美国心理学家霍尔和哲学家、教育家杜威。霍尔提出了心理进化理论"复演说"。杜威是美国进步主义教育运动的"精神领袖",他的哲学思想、心理学思想和教育思想也给进步主义幼儿园运动以指导性的影响。两者都认为,恩物和作业脱离儿童的生活经验,不科学。进步主义幼儿园运动主要领导人是安娜·布莱恩。布莱恩是进步主义幼儿园运动的先驱。19 世纪 80 年代,她最先公开批评福禄培尔式幼儿园的种种缺陷,并在自己的幼儿园里开始实验用新的方法来教育幼儿。她认为,应将幼儿看成是主动的、活泼的人,教师应帮助孩子自己思考而不是强迫幼儿领会恩物,将日常生活纳入幼儿园,强调父母的责任,加强幼儿与父母的联系。布莱恩的批评和改革在美国幼儿教育领域产生了很大的影响,使美国幼儿教育界日益形成两大对立的派别——进步派(或称自由派)和传统派(或称保守派)。两派展开了长期针锋相对的论战,实际上最终促进了美国学前教育理论和实践的发展。

意大利幼儿教育家蒙台梭利在罗马创办"幼儿之家"获得成功。1910 年,蒙台梭利教育方法连同她所设计的教具传入美国,1912—1915 年,蒙台梭利两次访美,宣传自己的学说。1913 年,美国蒙台梭利协会成立,蒙台梭利学校纷纷成立,蒙台梭利热达到顶峰。1916 年后,美国的蒙台梭利热迅速冷却。重要原因是遭到进步教育家的批评,克伯屈曾指责蒙台梭利法"实属 19 世纪中期的货色",其感官训练是"非强制不可的""孤立的""脱离幼儿生活实际和生活体验的"和"缺乏创造性训练的"。尽管"昙花一现",但她在美国学前教育界的影响仍然很大。她的著作通俗易懂,引起了人们对学前教育的普遍重视,强调"儿童的自由"及"自我活动",促使人们重新探索福禄培尔的"儿童自动性原则"及"自由作业"的真正含义。蒙台梭利重视感觉训练和智力训练的思想使人们更加认识到智力开发的重要性,这为在 20 世纪后半期"蒙台梭利热"的再一次升温埋下伏笔。

2.20 世纪下半期

开端计划属政府行为,是美国政府为实现幼儿教育机会均等的目标而实行的一项重要计划。1965 年秋,美国联邦教育总署提出开端计划,并在全国范围内实行,要求对"处于困境者"家庭的子女进行"补偿教育"。计划目标有五个方面:为学前儿童看病治牙,开展为儿童心理发展的服务,为幼儿进入小学做必要的准备,加强对志愿服务人员的培训与使用,开展社会服务与家庭教育,以消除他们与其他儿童入学前形成的差异,实现"教育机会均等"。

开端计划的实施效果研究表明,儿童刚入学时,这一计划的短期效果是好的,但长期效果则不够理想,引起了各方面的争议。反对派认为,开端计划中的儿童尽管在认知方面有所进步,但情绪情感方面并未得到相应的发展。许多服务方案只注重于服务范围和数量的扩大,而忽略了教育质量,投资过大,而效益不大。此后对开端计划进行了修正,尽管人们对这一计划的效果褒贬不一,但是总地说来,这一计划的实施大大促进了美国学前教育的普及。

1957 年,苏联"人造地球卫星"发射成功,使美国开始反省本国教育的失误。于是开展了一系列促进幼儿智力开发的计划。"佩里学前教育研究计划"是 20 世纪 60 年代由赫斯教育基金会组织、儿童心理学家魏卡特领导,探讨学前教育成效的一项长期跟踪研究计划。

幼儿智力开发运动模式丰富多彩,蒙台梭利运动的再度兴起和布鲁纳、皮亚杰理论对幼儿教育实验的影响和指导最为突出。20 世纪 50 年代后期,"蒙台梭利热"再度兴起。蒙台梭利对早期教育的重视,对于智力发展的看法、感官训练的方法,以及强调个别指导和科学研究的态度与方法,在需要智力的时代引起人们的兴趣。

20 世纪 60 年代后,布鲁纳结构主义教育理论和皮亚杰的认知发展理论被应用于幼儿教育实践。布鲁纳主张，只要做到使学科教材适合儿童发展的阶段，并按照儿童理解的方式加以组织和表达，则任何学科都可用某种方式有效地教给处在任何发展阶段的任何儿童，学前儿童也不例外。他认为儿童存在着极大的智力发展的潜力。在他的影响下，学前教育界日益重视幼儿智力开发，强调对幼儿进行科学教育。随着皮亚杰的影响日益扩大，在美国有不少皮亚杰理论的信奉者、解释者，并将皮亚杰的认知发展理论应用于幼儿教育实践，为此设计了种种幼儿教育实验方案。较有影响的是拉瓦特里的"儿童早期课程方案"和威斯康星大学皮亚杰学前教育方案。进入 20 世纪 80 年代以来，世界各国面对新技术革命的发展，国家之间的竞争表现为更深层次上的科技竞争、综合国力的竞争。1983 年，一份《国家在危急中：教育改革势在必行》的教育改革调查报告在美国引起了震动，一场以整体性、综合性为特点的包括学前教育在内的教育改革运动开始了。改革主要表现在：学前教育的正规化、科学化不断加强，各州采取措施使入园率迅速提高；政府出台各种法律法规，加强投入，引导全社会重视学前教育，提高保教质量。

3.学前教育机构类型

20 世纪 80 年代以来，美国学前教育类型除了幼儿园、保育学校、各种类型的日托中心及传统类型外，还出现了一种颇具特色的以家庭为基础的学前教育计划。这种教育计划是把家长培养成自己孩子的合格的家庭教师。1981 年，密苏里州教育部创办的"父母做老师"项目最为著名，目前该组织已将此项目推广到 47 个州，培训了 8000 名"父母辅导者"。这些工作人员主要是每月对每个幼儿家庭进行一个小时的家访指导。

### （五）日本学前教育

1.二战前的日本学前教育

1926 年 4 月，文部省制定颁布了日本第一部较为完整而又独立的学前教育法令——《幼稚园令》及实施规则。该法令的颁布标志着学前教育逐渐趋于制度化而进入一个新的发展时期。二战前，日本的托儿所和幼儿园是并行发展、各自独立的学前教育机构。日本从 1876 年建立了第一所公立幼儿园开始，到 20 世纪初，公立幼儿园在日本幼儿园中一直占主导地位，基本上为富裕阶层的3～6 岁幼儿教育。由于经费不足问题和"幼儿园无用论"的产生，使公立幼儿园发展缓慢，而且和私立幼儿园的差距越来越大。1926 年，私立幼儿园多达 629 所，而公立只有 372 所。托儿所承担起收容贫民幼儿的任务，招收出生至学龄前期的婴幼儿，每日保育时间为 11～12 小时。托儿所开始只为母亲和儿童提供养护，后来还强调注重婴幼儿的精神教化。日本自 1893 年由私人建立了第一个托儿所以来，私人托儿所在日本托儿所中就占据着主导地位。

2.二战后的日本学前教育

二战结束后，日本的经济、教育都处在混乱不堪的状况下。日本社会在国际社会普遍重视学前教育的大环境下，认识到了学前教育的重要性，从 20 世纪 50 年代开始加大对学前教育的投入，使幼儿园得到了迅速发展。1946 年，全国幼儿园 1033 所，1953 年发展到 3490 所，增加了 3 倍多。1964 年，为配合"人才开发"政策，以满足产业经济高速增长的需求，文部省对 1856 年的《幼儿园教育大纲》进行了修订并予以颁布。1989 年 3 月 15 日，日本又颁布了一个新的《幼儿园教育大纲》。1991 年，文部省又策划、制订了战后第三部分幼儿教育振兴计划。目标是确保今后 10 年 3～5 岁学前儿童有充分的入园机会。

3.二战后的几种保育理论思潮

二战后，随着西方儿童中心主义教育思潮的传入，日本幼教界逐渐形成了儿童中心主义保育思潮，主导了战后初期日本的幼儿教育。这种思潮以幼儿的快乐作为检查学前教育工作优劣的一个重要标准，让幼儿自由游戏，尊重幼儿自由和自发活动。这在 1948 年 3 月文部省颁布的《保育大纲》中得到了印证。《保育大纲》明确提出：以自由游戏为主，让幼儿尽情愉快地活动，在快乐的活动中获得幼儿经验,最终把儿童培养成为尊重"个人的价值"、充满"自主精神"的国民。

二战后,受到苏联教育家马卡连柯思想的影响,日本出现了集体主义保育论思潮,认为儿童是通过在集体中生活而主动获得连续性发展的。

20 世纪 60 年代以后,日本学前教育研究很活跃,诸如早期智力、幼保一元化、幼小衔接、幼儿园与家庭、学前教育与终身教育等方面,都有学者进行研究并取得重要成果。下面重点介绍两人。

井大深是著名实业家及幼儿教育家,日本早期发展协会创始人。1970 年,出版《到了上幼儿园的年龄就太迟了》,书中列举大量事例说明,人的品德或能力并非天生,而是取决于 3 岁前的教育方法。早期教育得法,就可充分发掘幼儿的潜在能力,而幼儿的这种潜能几乎是无限的。与智力开发的主张相呼应,在日本幼教界产生广泛影响。

铃木是音乐教育家,早年留学德国。20 世纪 40 年代开始潜心研究幼儿小提琴教学,后创立"铃木方法"。铃木镇一认为:才能并非天生,而是后天培养的结果;重要的是循循善诱,耐心创造条件激发幼儿的学习热情。60 年代后,其教育思想及成果引起国内外瞩目。

### (六)苏联学前教育

1917 年 11 月 12 日,苏联建立了教育人民委员会学前教育局。20 日,发表关于学前教育的宣言,指出苏维埃共和国的儿童公共免费教育必须从儿童出生时开始,学前教育制度是整个学校制度中的一个组成部分,从而把学前教育纳入了国民教育体系之中。1932 年,教育人民委员部颁布了第一部国家统一的《幼儿园教育大纲草案》,规定幼儿园教学内容包括社会政治教育、劳动教育、认识自然的作业、体育、音乐活动、美术活动、数学、识字等。在二战后相当长的时间里,苏联托儿所和幼儿园分别属于卫生部和教育部,因此产生了许多矛盾,影响了学前教育机构的发展。为消除这一现象,实行一元化的行政领导,1959 年 5 月 21 日,苏共中央和前苏联部长会议公布了"关于学前教育制度改革的决定"。改革的重点是创立将托儿所和幼儿园合并的统一的学前教育设施,并将这种设施的指导和监督权统一于各共和国的教育部,卫生部主要负责对儿童的保健方面的领导。决定公布以后,苏联在原有基础上出现了第三种学前教育机构"托儿所—幼儿园"招收出生至 6 岁的儿童。此后,新设的学前教育机构基本上都是"托儿所—幼儿园"。这种一元化发展形成了苏联学前教育的特点:学前教育统一领导和集中管理;教育工作与保育工作紧密结合;教学—训导型教学模式盛行,教学过程强调教师的主导作用,小学化教育形式严重。1962 年,在《幼儿园教养员工作指南》基础上,以俄罗斯联邦教育科学学院学前教育研究所第一任所长乌索娃为首,在医学科学院的教授洛万诺夫教授协助下制定了《托儿所—幼儿园统一教学大纲》,这也是世界上第一部综合婴幼儿教育的大纲。苏联学前教育机构的主要类型有:托儿所—幼儿园、疗养幼儿园、幼儿之家和学前儿童之家、特殊儿童幼儿园、体弱儿童幼儿园。

## 二、外国现代学前教育思想

### (一)杜威的学前教育思想

杜威,美国著名教育家。1896 年,他创设了芝加哥实验学校(通常称"杜威学校"),作为他的哲学和教育理论的"实验室"。芝加哥实验学校的经验成为杜威教育思想的一个重要来源。他一生著述甚多,一共有 30 多部著作和近千篇论文。他的主要教育著作有《我的教育信条》(1897 年)、《学校与社会》(1899 年)、《儿童与课程》(1902 年)、《民主主义与教育》(1916 年)、《经验与教育》(1938 年)等。其中,《民主主义与教育》一书被认为是杜威实用主义教育思想的代表作,它是现代世界上理论体系相当完整和系统的教育巨著。其思想的理论基础包括:(1)社会政治理论。杜威的主要思想是他的社会改良主义。他期望"以合作的智慧的方法,逐步代替暴力冲突的方法","坚持学校是社会进步和改革的最基本的和最有效的工具"。杜威说,民主主义社会最需要教育,且为教育提供良好的条件和要求,要求教育使人获得有效地参与共同生活的经验,“使每个人都有对于社会关系和社会控制的个人兴趣,都有能促进社会的变化而不致引起社会混乱的心理习惯”。这种思想,成为杜威教育理论的根本出发点,即所谓杜威教育理论中的“社会方面”。(2)实用主义哲学。杜威的教育理论同时又是建立在实用主义哲学的基础上的。杜威继皮尔斯、詹姆斯之后,把实用主义哲学加以深化,并结合自己对学校教育工作的长期实验,具体加以应用,形成一个实用主义教育思想体系。在杜威的哲学词汇中,“经验”是个中心概念。杜威的经验论强调经验的行动性,认为观念、知识、经验都是从行动中、从实际经历中得来的。他把这种经验论全部应用到教育上,反复强调“一切学习来自经验”。(3)心理学依据——机能主义。杜威认为,教育应该尊重儿童的天性,即本能及其活动,教育的任务就在于为儿童本能的生长和儿童活动的开展创造条件。杜威关于本能的说法混淆了人的生物性的本能和社会的属性,混淆了人的先天素质和后天经过学习而获得的技巧。这种唯心主义的本能论是错误的。同时,杜威从本能论出发,把儿童在教育过程中应有的地位强调到了不适当的地步,认为“儿童是中心,教育的措施便围绕他们而组织起来”。但其中也有一定的合理因素就是重视儿童。

1.杜威“以儿童为中心”的教育思想

强调教育对象的中心作用,儿童在教育过程中应该受到充分重视,要求教育工作务必照顾到儿童的健康和生理心理条件,主张发展儿童的个性兴趣和才能,努力使教育成为生动活泼的过程。

2.教育的本质

杜威认为,“教育即生活”,教育就是儿童现在生活的过程,而不是将来生活的预备。最好的教育就是“从生活中学习,从经验中学习”。“教育即生长”,杜威强调说:“生长是生活的特征、所以教育就是生长。”杜威认为,教育过程在它的自身以外无目的。“学校即社会”,他强调说,学校应该“成为一个小型的社会,一个雏形的社会”。

3.实用主义教育思想体系中的教学论

杜威认为,“从做中学”也就是“从活动中学”“从经验中学”,它使得学校里知识的获得与生活过程中的活动联系了起来。杜威提出了“思维五步”:一是教师给儿童提供一个与现在的社会生活经验相联系的情境;二是使儿童有准备去应付在情境中产生的问题;三是使儿童产生对解决问题的思考和假设;四是儿童自己对解决问题的假设加以整理和排列;五是儿童通过应用来检验这些假设。杜威指出这五个步骤的顺序并不是固定的。他还提出了“教学五步”。另外,在杜威看来,在这种教学过程中,儿童可以学到创造知识以应付需求的方法。但是,他也承认,这实在不是一件容易的事。

4.以学生直接经验为主的活动课程

杜威设计了以学生直接经验为主的活动课程,强调教学过程中的非智力因素对学生的影响等观点,否定了科目本位式的传统课程。杜威作为现代西方教育史上最有影响力的一位教育家,顺应了时代的要求,提出了“做中学”的教学论体系,否定了科目本位式的传统课程,设计了以学生直接经验为主的活动课程,强调教学过程中的非智力因素对学生的影响等观点,都具有顺应时代的积极意义,对整个世界教育体系产生了巨大的推动作用。但是,因为杜威关于经验的学说及历史条件的限制,没有处理好教学过程中的一些基本矛盾,如传授系统知识和丰富儿童感性经验的关系,知识传授与发展智力的关系,以及间接经验和直接经验的关系等等。最受批评的是杜威忽视了教学过程中学生认识过程的自身特点,而把学生的学习过程与科学家的研究过程相等同,以学生的直接经验作为教学的基础和出发点,结果必然导致对整个教学质量的提高产生消极的影响。

### (二)蒙台梭利的学前教育思想

蒙台梭利(1870—1952)是意大利幼儿教育家。她在1907年创办了举世闻名的“儿童之家”,设计了蒙台梭利教学法,著有《童年的秘密》《蒙台梭利法》(又名《儿童之家的科学方法》)和《教育人类学》,系统地探讨了儿童教育的基本原理和方法,对现代儿童教育的改革和发展做出了突出的贡献。蒙台梭利学说与“儿童之家”的实践使她在幼儿教育领域享誉全球,被称为20世纪“幼儿园改革家”。

1.探讨了儿童心理发展与遗传和环境的关系

蒙台梭利认为,在儿童心理的发展过程中,遗传是第一位的,环境是头等重要的。因此,遗传、环境在儿童心理发展过程中均具有重要作用,不能顾此失彼。

2.尊重儿童的心理特点和个性差异,进行有针对性的教育

在蒙台梭利看来,传统儿童教育的重要弊病之一,就是忽视儿童的生理和心理发展规律,把儿童看成是未成年的“小大人”,影响了儿童身心的健康发展。她尖锐地批判忽视儿童内在因素和压抑儿童个性发展的错误做法,强调真正的教育必须建立在尊重儿童的心理特点和个性差异的基础上。蒙台梭利不仅重视儿童发展的连续性,也十分注意发展的阶段性。她分别论述了各年龄阶段儿童心理、生理发展的特点及其教育的任务、内容和方法。感觉训练和智力发展是蒙台梭利研究的重点,她通过研究发现儿童心理发展和学习过程中也存在着“敏感期”,并指出儿童心理发展过程中的“敏感期”的含义是:在不同发展阶段儿童表现出对于某种事物或活动特别敏感或产生一种特殊兴趣和爱好,学习也特别容易而迅速,是教育的最好时机。但是,这种现象经过一定时间便随之消失。因此,教师和父母必须随时留心观察儿童的实际生活及其表现,发现和把握儿童在各个阶段出现的这种心理现象,并及时地进行引导、帮助和鼓励,否则将对儿童的发展造成难以弥补的缺陷。蒙台梭利提出的“敏感期”,或称为儿童发展和学习的“关键期”“心理预备状态”并通过他们的实验研究的验证而予以肯定。然而,蒙台梭利在她的著作中,说成是“上帝的恩赐”“自然赋予儿童的灵感”。

3.认为儿童自身具有发展的能力,强调儿童的自我教育

蒙台梭利认为,儿童身体内存在巨大的发展潜力,这种力量促使儿童不断走向成熟。因此,教师的任务在于为儿童创设一个良好的环境,要鼓励儿童的自我指导活动和个人创造,而不是干涉和妨碍儿童的自我活动,以培养儿童的自主精神和自我教育能力。

4.提出了儿童教育的两条基本原则

蒙台梭利认为,教育儿童必须坚持两条原则:一是自由原则。蒙台梭利指出:“科学教育学的基本原理将是学生的自由:永续个人的发展和儿童天性的自由。”蒙台梭利倡导热爱儿童,尊重儿童个性,在儿童自由和自发的活动中帮助儿童智力的、精神的和身体的、个性的自然发展。蒙台梭利的教育理论和方法是建立在较少(或尽量减少)干预儿童主动(或自发性)活动的基础上的。另一个是工作的原则。按照蒙台梭利的解释:“人之所以成为人,不是因为教师的教,而是因为他自己的工作。”蒙台梭利的“工作”的含义,其内涵的主要特征是自发的需要,即“这工作不能由外界武断地提供,在这种工作中,生命潜能将自然地出现,或者说,个人逐步地上进”。“工作”可广义地理解为“自发的活动”,并且可以得出:工作有助于肌肉的协调和控制,培养独立性,培养意志力。

5.儿童之家的教学内容

蒙台梭利安排儿童之家的教学内容包括日常生活练习、感官训练、肌肉训练和初步知识的学习(读、写、算练习等)。对于课程采用齐头并进的方式,各种不同练习大部分都同时进行,而且审慎地分级推进,可以自我矫正。重视肌肉训练和感官训练,并设计了一些专门进行肌肉训练和发展感官的器械和设施,用以锻炼儿童的四肢,增加他们的肌肉力量,促进儿童心理和智力的发展。

6.蒙台梭利幼儿教育体系中教师扮演的角色

在蒙台梭利幼儿教育体系中,教师主要扮演以下角色:观察者、环境创设者、指导者、家园合作的联络者。

蒙台梭利学说与“儿童之家”的实践使她在幼儿教育领域享誉全球,被称为20世纪“幼儿园改革家”。蒙台梭利关于探索儿童的心灵,主张儿童发展的主动性和阶段性在当时具有革新的意义。

重视环境对幼儿的教育作用,对教师工作方法的观点以及精心设计的各种教具材料,特别是感觉训练的教具都在一定程度上符合儿童心理发展和教育理论潮流,具有一定的科学性和合理性,使蒙台梭利方法成为现代幼儿教育的主要方法之一。但是,她的教育学说也是不完善的,她夸大了儿童本能的作用,过高地估计了儿童的自塑能力。关于教具的僵化和教师的职责局限于建立常规和排除儿童自然发展的障碍,局限于观察儿童的表现和了解儿童的需要。

### (三)马卡连柯的学前教育思想

安·谢·马卡连柯(1888—1939),苏联著名教育家,出版著作有《教育诗篇》《塔上旗》等。1920年9月,马卡连柯接受波尔塔瓦省教育厅的委托,为少年违法者和流浪儿创建一所工学团,名为"波尔搭瓦",1925年改称高尔基工学团。马卡连柯十分重视教育目的的研究。他认为,教育目的的制订应以下述两个方面为依据:首先,教育目的要以社会政治需要为依据。他指出,教育目的"是从我们社会需要,从苏维埃人民的意向,从我们革命的目的和任务,以及我们斗争的目的和任务里产生的","只有根据社会的要求,根据它的需要才能规定出教育的目的"。其次,人的个性特征也是教育目的的依据。马卡连柯告诫人们:"我们总应当记住一个非常重要的情况。人,作为最抽象的概念,在我们心目中不论多么完整,然而作为教育的对象来看,人毕竟是非常多种多样的材料,被我们制成的'产品'也将是多样性的。个人的一般品质和个别品质,在我们的设计中能够形成错综复杂的形态。"集体教育是马卡连柯教育理论的重要组成部分。他认为,集体是社会主义公有制经济基础上结集起来的人与人之间关系的集中表现。在明确了集体的概念后,马卡连柯提出了集体教育的基本原则:在集体中,通过集体和为了集体而进行教育;尊重与要求统一的原则;前景教育。

马卡连柯教育思想体系的一个突出特色就是重视劳动教育。马卡连柯认为,让学生进行劳动是组织和培养集体教育实践的重要内容,可以通过劳动来培养学生的品质,发展其智力和能力,加强学生的组织性和纪律性。他在高尔基工学团和捷尔任斯基公社工作时,就通过劳动教育,使大批染上了不良习惯的儿童成为具有坚强意志和毅力的社会主义优秀建设者。

家庭教育问题也是马卡连柯教育思想体系的重要组成部分之一。他以《父母必读》和《儿童教育讲座》奠定了苏联家庭教育体系的基础。家庭应是一个和谐的集体,这样才能为儿童受教育提供良好的环境,因此父母要共同致力于维护家庭的和谐。另外,他还强调父母对儿童的教育要严爱结合、把握分寸,认为对子女缺乏理智的过分溺爱和过分严厉都是有害的。马卡连柯还特别强调儿童在家庭中也要遵循规律的生活作息制度。

无论在苏联以及世界教育史上,马卡连柯都是一位具有深刻影响的重要人物。他把教育看作一项极其崇高的事业,以培养共产主义新人为己任。他的教育实践活动和由此而产生的一整套社会主义教育理论具有革新的性质。

## 【结论及应用】

1.古希腊是西方教育的重要发源地,在其奴隶制形成过程中最有代表性的城邦是斯巴达和雅典。斯巴达教育的唯一目的就是要通过严酷的军事体育操练把氏族贵族的子弟训练成为体格强壮的武士,雅典教育不仅强调体育和道德教育,也十分重视智育和美育,对儿童实施德、智、体、美和谐发展的教育,这奠定了西方教育发展的基础。

2.西欧中世纪的早期教育,不论是宫廷学校还是骑士教育,都带有鲜明的宗教性和等级性,这正反映了它们为封建主阶级利益服务的性质。

3.最早诞生的近代学前教育机构是英国的欧文在1816年创办的幼儿学校,它一度成为欧洲一些国家学前教育的楷模。到19世纪中期,德国的福禄培尔所创办的幼儿园,又成为世界许多国家效法的榜样。

4.近代,洛克、卢梭、裴斯泰洛齐、赫尔巴特、福禄培尔等的学前教育思想和主张,对当代学前教育的发展仍有着重要的奠基和推动作用。而杜威等人的学前教育思想及其科学的儿童观开启了现代学前教育的新历程。

5.柏拉图的《理想国》、卢梭的《爱弥儿》、杜威的《民主主义与教育》被称为教育思想发展的三个里程碑。

## 【复习与思考】

1.说说斯巴达和雅典学前教育理念的共性和个性。

2.福禄贝尔教育思想对世界学前教育的发展的重要影响是什么？

3.谈谈苏联的学前教育发展的概况。

4.日本学前教育发展对我国近代学前教育的发展有哪些影响？

5.谈谈国外学前教育发展的趋势。

## 【拓展阅读】

### 国外学前教育实践的新趋势

自20世纪80年代以来，加强学前教育成为世界未来教育的主要目标之一。许多国家把学前教育作为整个教育的基础，并依据教育学、心理学、生理学、保健学等方面取得的科研成果，尝试新的改革，以促进本国学前教育的发展。学前教育逐步被纳入义务教育和终身教育体系，在学前教育的目标、制度、内容、方式、方法等方面，都出现一些新的趋势。了解并研究这些新的动向，将有助于我们借鉴别国的经验，促进本国学前教育的发展。现将80年代以来，尤其是90年代世界发达国家学前教育发展的一般趋势综述如下。

**一、学前教育中心的转移**

20世纪80年代以来，世界发达国家学前教育目标有一个明显的变化，那就是由"智育中心"向注重整体发展方向转变。60年代，美、日、苏等国在冷战和"知识爆炸"等因素的压力下，都以高、新、难等原则进行中小学课程改革，教学内容逐级下放。尤其是美国心理学家布鲁姆关于儿童早期智力发展的观点，受到许多国家的重视，加强早期智力开发成为美、苏、日、德等国教育改革的重要内容之一。在这种情形下，人们倾向于把早期教育误解为早期智力开发，导致"智育中心"，忽视学前儿童社会性和情感的发展。随着冷战时代的结束和人文主义教育观的复归，80年代以来，各国教育工作者都呼吁要纠偏。1985年6月，在日本召开的"日、美、欧幼儿教育、保育会议"的中心内容，就是要求从"智育中心"转向幼儿个性的全面发展。人们意识到，各育之间是相互联系的，社会和情感问题应被看成智能发展的一个重要组成部分。1990年4月，日本开始实施新修定的《幼儿园教育要领》，明确地将人际关系、环境、表现列入幼儿园的教育内容中，以纠正偏重智育的倾向，促使儿童在天真、活泼、幸福的气氛中得到良好的发展。美国幼儿教育界也普遍重视通过社会教育促进幼儿智力、社会交往能力、价值观和自我意识的发展。

但是，智育中心的问题并没有因此而得到根本的解决。由于家长们望子成龙心切，社会也要求高层次的人才，成人仍对幼小的孩子寄予过高的期望。在儿童很小的时候，人们就对他们进行某一学科或某一方面如计算、阅读、体操、芭蕾、钢琴、健美、武术等方面的教育。这种单一的技能技巧训练有着明显的片面性，并且在教学过程中无视儿童的兴趣，强制行事，过于正规和严格，给幼儿个性的发展带来不良影响。因此，各国教育专家认为，尊重、研究和了解幼儿的特点，提供适合他们发展的教育，仍然是摆在教育工作者面前的一项重要任务。他们主张让儿童通过自然经验、社会交往和游戏等方式自发地、自主地去学习。

**二、尝试不分年级的教育**

不分年级的教育在世界发达国家已成为影响现行教育改革的一种重要潮流。1990年，法国政府颁布关于建立初等教育3年制学习阶段改革计划的法令，进行打破传统的年级概念的改革尝试。其做法是：将2～11岁儿童的教育分为3个阶段，每个阶段一般由3个学年组成。第1个阶段称作初步学习阶段，包括幼儿学校的小班和中班，儿童年龄为2～5岁。第2个阶段称作基础学习阶段，包括幼儿学校的大班和小学前2个年级，儿童年龄为5～8岁。第3个阶段称作深入学习阶段，包括小学后3个年级，学龄为8～11岁。在美国，近年来人们对学前教育中的混合年龄组和小学低年级中的不分年级计划的潜在作用也倍感兴趣，如20世纪90年代肯塔基教育改革法和俄勒冈州迎接21世纪教育法案，就是这种情况的反映。

不分年级教育形式古已有之。首先，到近代，年级制和班级授课制在推动义务教育的普及和发展方面发挥了重要的作用。但这种制度过于强调整齐划一，忽视儿童的个性差异，因而在19世纪末开始的欧美教育革新运动中就受到了批评。不分年级教育的指导思想的核心是重视儿童个体发展的差异性，允许超前和落后，使优秀学生和后进生都能获得有效发展。其次，不同年龄儿童混合在一起共同活动，通过社会交往，无论是年龄大的儿童还是年龄小的儿童，都能学到大量知识，并获得社会能力的发展。再次，不分年级的教育还促进了教师对儿童的因材施教，以及父母和教师之间相互联系的加强。最后，不分年级制有利于幼小衔接，使儿童从幼儿园教育自然地过渡到正规的学校教育。

### 三、多形式和多功能的学前教育机构

各国学前教育事业在战后虽然有较大发展,但一般来说,正规的学前教育机构如幼儿园和保育学校等仍难以满足社会上的各种不同需要。近年来,许多国家学前教育机构的办学形式日益多样化和灵活化。

一是扩大幼儿园服务社会的功能。如日本,除实行全日制和半日制保育以外,还发展临时保育事业,以方便家庭主妇出门临时购物,或为那些母亲突然生病以及有其他紧急情况的儿童提供服务;为未入园儿童及家长提供活动条件;为低龄学童提供放学后的托管服务;开展家长培训和利用假期为社区的各种活动提供服务等。

二是学前教育机构微型化和家庭化。如瑞士和挪威等国被称作"日间妈妈"的家庭式微型幼儿园。这类教育机构仍以裴斯泰格齐和福禄培尔重视家庭教育的观点为指导,把家庭视为幼儿教育的主体,其他组织形式不过是家庭的补充。20 世纪 80 年代以来,美国也出现了类似的机构:日托之家。许多美国人认为,家庭是教养儿童的合适场所,他们珍视日托之家那种温馨的家庭气氛。英国的"学前学校"也属于这类机构。这些家庭式的微型幼儿园一般都设在开办人自己家里。除自己的孩子以外,她们也另外招收少量其他人家的孩子。这类教育机构由于适应了这些国家早期教育发展的迫切需要,发展极为迅速。

三是社区学前教育机构。学前教育社区化是当今世界发达国家学前教育发展的一个重要趋势。一般来说,社区教育须以发达的经济实力作为后盾。美国、日本、英国、澳大利亚等国的社区学前教育都较为发达。社区学前教育的基本特点是非正规性、开放性、综合性、地域性等。社区学前教育设施大致有三种:有专为儿童设立的,如儿童馆、儿童咨询所、儿童公园等;有为儿童与家长共同参与服务的,如图书馆、博物馆、儿童文化中心和各种终生教育中心等;还有所谓"父母教育",如母亲班、双亲班、家长小组会议等。20 世纪 70 年代左右,英国就出现了"玩具馆"。到 1996 年已发展到 1000 多家。它实际上集社区中心、收藏馆和学校为一体。玩具馆的设立者充分认识到游戏和玩具在儿童成长中的重要性。玩具馆酷似图书馆,所不同的是书架上陈列的是玩具而非书籍。玩具馆给儿童带来了欢乐,增长了他们的知识,培养了他们与人交往的能力和对学校的愉快体验,有助于他们更好地适应学校生活。

### 四、倡导多元化教育

多元文化教育是当今世界教育的一个热门话题。联合国教科文组织 21 世纪教育委员会认为,教育的使命就是教学生懂得人类的多样性。同时,还要教他们认识到地球上的所有人之间具有相似性而且相互依存。同时,建议从幼儿时期开始,教育机构就应利用各种机会来进行这种教育。多元文化教育实际上包括两个组成部分:一是国内;二是国际。就国内而言,多元文化教育即在多民族的各种文化共存的国家社会背景之下,允许和保障各民族的文化共同平等发展,以丰富整个国家文化的教育。这是一国以内为了解各民族文化而实施的多元文化教育或跨文化教育。它的目的或中心在于满足少数民族儿童的需要,促进民族团结。从国际上讲,是要加强全球观念的培养。一方面,世界文化多元并存,各文化有其独特价值。文化多元主义强调尊重异文化,鼓励各种文化之间的相互交流,以促进世界和平。另一方面,今天的人类面临着许多共同的问题,如环境污染、贫困、人口过剩、艾滋病及其他疾病的蔓延等。这些问题的解决需要世界性的合作,而这种合作的前提是要求人类对多元文化有深刻的理解。

为适应未来世界各国之间联系和交往日益频繁的趋势,各国普遍重视多元文化教育、全球教育或国际理解教育。教育家们提倡在婴幼儿教育阶段,就应开始多元文化教育。教师应尽量保证所使用的教具(玩具、音乐、书籍等)能反映多元文化的要求。此外,在组织各种教学活动时,也应尽量使用具有不同文化和民族特色的图片等。教师应教育儿童尊重所有的人及其文化,尊重来自不同文化背景中的儿童,促使他们同来自不同文化背景中的人们愉快交往。

(资料来源:引自周采的《国外学前教育的主要发展趋势综述》,载《外国教育研究》1999 年第 5 期)

# 第四章　学前儿童全面发展教育

**【内容提要】**

对幼儿实施体、智、德、美诸方面全面发展的教育，促进其身心和谐发展。这是幼儿教育的保教目标，也是对学前儿童进行教育的主要内容。

**【学习目标】**

1.学习并识记《幼儿园教育指导纲要(试行)》对幼儿全面发展教育的目标要求；

2.掌握幼儿体、智、德、美教育的意义、内容和策略；

3.了解对幼儿实施全面教育需要注意的问题；

4.能够有效地设计和开展幼儿的体、智、德、美的教育活动。

**【关键词】**

幼儿体育；幼儿智育；幼儿德育；幼儿美育

## 第一节　学前儿童体育

幼儿保教目标是实行保育与教育相结合的原则，对幼儿实施体、智、德、美诸方面全面发展的教育，促进其身心和谐发展。其中体育是幼儿全面发展教育的一个重要内容。由于幼儿期是儿童身体迅速生长发育的时期，体育对于保护幼儿的身体健康，促进他们正常的生长发育具有十分重要的意义。

### 一、学前儿童身体生长发育的特点和规律

身体的生长发育是按照一个相对确定的顺序进行的，它比较严格地受到年龄段的制约，这是由身体发展的生物学基础所规定的。对学前儿童进行体育教育，就必须了解和遵循幼儿生长发育的特点和规律，才能有效地促进幼儿的健康发展。

#### (一)学前儿童身体生长发育的特点

在人的一生中，生长发育大致经历四个时期：第一时期，从受精卵开始到出生后2岁。这个时期生长占优势，而功能分化较少。到2岁时，体重约增加了20亿倍，身高的增长亦是非常显著的，这个时期是人体生长发育的第一个激增时期，也称第一次生长高峰。第二时期，从学前儿童到成人期之前。这个时期，生长与发育很快，又可分为两阶段：一是青春期前，此时生长发育都很快；二是青春期，此时生长发育突增，是人生第二次生长高峰，表现为身高和体重的快速增长，且身体内部的结构和功能也发生突出的变化。第三时期为成人期。第四时期为老年期，此时各种机能逐渐衰退。

学前儿童身体生长发育的特点包括：学前儿童身体生长发育迅速，可塑性大；身体各器官和系统尚未发育完善，比较娇嫩柔弱，抵抗力弱，易受伤害；身体形态结构没有定型。

#### (二)学前儿童身体生长发育的规律

(1)由头至尾原则。生长发育是由上及下进行的。这点在胎儿日均发展上表现得最清楚，在胚

胎初期，头部约为身长的一半，出生时头为身体的1/4。

(2)由近及远原则。生长发育方向由近处至远处进行。最靠近身体中心的大肌肉先成长并发展出协调的功能，较远的手部和指头的发展较慢。

(3)生理年龄和生长发育阶段相关原则。每个儿童发展的顺序和方向大致相似，但每个儿童会以自己的速度和个体差异行进在成长途中。

## 二、学前儿童体育的概念与意义

### (一)体育的概念

体育有广义和狭义之分。广义的体育泛指提高个体的健康水平，促进身体健康和增强体质的一切教育活动。狭义的体育仅指学校体育。学校体育是保证儿童身体健康成长和增强体质的教育，是全面发展教育的重要组成部分。学前儿童的体育是指遵循儿童生长发育的基本特点和规律，运用科学的方式和手段促进儿童机体的协调发展，以增强儿童的体质，提高儿童的健康意识和健康水平为目的的一系列教育活动。

体质，即人体的质量，表现在体格、体能、适应能力和心理因素等方面的相对稳定的特征。体质是身心各方面因素的综合表现。一个人的体质强或弱，受多方面的影响，既有遗传的因素，也受制于后天条件的影响。

体格，即人体的形态结构，包括人体的生长发育、体形和身体姿势等。通常以身高、体重、头围、胸围等指标来测评。

体能包括三个方面。一是生理机能，即各组织器官的工作能力(如脉搏、血压、肺活量等指标)。二是身体素质，指人体活动时，骨肉活动所表现出来的能力(如速度、力量、耐力、灵敏、柔韧、协调等)。三是基本运动能力，指人的最基本的活动能力(如走、跑、跳、投掷、攀登、钻爬等)。

适应能力，即有机体对外界环境的各种变化(如冷热、风雨、干燥、潮湿、噪音等)的适应能力，以及机体对各种疾病的抵抗能力和病后恢复能力。

心理因素包括人的感知能力、情感以及个性方面的特征等。人的健康不仅是指机体方面的健康，也包括心理方面的健康。所以体质也包括心理因素，如情绪情感、感知觉、记忆、注意、思维能力及性格等。

健康的标志，也就是从体质所包括的各方面来衡量。一个健康的幼儿，不仅要体格发育正常，形态端正无异常(如驼背、斜视等异常)，体能正常无障碍(如龋齿、慢性病等障碍)，而且要活泼愉快，自信自主，富有好奇心，乐意分享与合作。

### (二)学前儿童体育的意义

幼儿处于生长发育的重要时期与特殊阶段，科学合理的体育运动可以保障幼儿的健康成长，为幼儿身心全面发展提供良好的条件与基础。

(1)体育是幼儿生命与健康的重要保障。幼儿正处于生长发育的特殊时期。幼儿对外界环境的适应能力和对疾病的抵抗能力较差，容易感染疾病，身体易受损害。因此，在这一时期体育具有特殊的重要意义。通过科学合理地照顾、安排与组织幼儿的生活，加强体育运动可以保障幼儿的生命与安全，提高他们的健康水平，预防和减少不必要的身体伤害与精神损害。

(2)体育为幼儿全面发展提供基础。身体的发展是人的其他方面发展的重要的物质基础。儿童年龄越小，身体的发展对心理的发展影响越大。

(3)体育可以促进智育、德育和美育任务的完成。体育为智育、德育、美育的实施创造良好的条件，对于智育、德育、美育具有促进作用。首先，人的大脑是心理活动产生的物质基础。幼儿大脑和神经系统生长发育与机能的良好状态，是对幼儿进行智育、组织幼儿进行智力活动的必要前提。体育通过合理安排幼儿的生活可以保证幼儿神经系统的活动处于良好的机能状态，使幼儿精力充沛，注意力集中地参与活动，同时体育活动也可以提高幼儿神经系统反应的灵敏性，为智育提供了良好条件。其次，在体育中培养幼儿克服困难，勇敢、合作等良好的品质，正是德育的内容。第三，从美育的角度看，体育也是一种人体美的教育。在体育中帮助幼儿认识与体验身体的动作美与姿势美，培养健美的体态与姿势，可以帮助幼儿感受、领悟与创造人体美。

(4)体育关系到国家与民族的未来。体育可以为幼儿终身发展奠定良好的身体素质，它不仅关系到每个幼儿的未来发展，而且也关系到国家与民族的未来发展。今天的幼儿，是明天社会主义事业的建设者和接班人，实现中华民族的伟大复兴，实现社会主义共同理想，人是最核心因素，改善中华民族的体质，培养坚强、勇敢、刚毅的民族性格要从幼儿开始。幼儿体育直接关系这些未来的建设者与接班人的身体素质与工作能力，关系到中华民族体质的改善与提高，关系到整个国家与社会的兴旺发达。

## 三、学前儿童体育的任务

### (一)学前体育的基本项目

早在古希腊时期，柏拉图就将体育作为早期教育的内容，主张音乐与体育并重。柏拉图之所以如此重视体育，乃是希望通过体育培养身体健壮的军人，即培养奴隶主国家的保卫者。因而在体育项目的选择上，他特别重视体操、骑马、射箭、摔跤等体育训练项目，并明确提出要在城郊建立体育运动学校，并建造大的体育广场，以利于学习骑术、标枪、投掷等竞技。“这些项目，男孩子一定要进行实地练习，女孩子也要尽可能地做到。”与柏拉图不同的是，现代的体育已经突破了单一的政治、军事等社会需要，更多地从体育的强身健体，增进健康，培养人们竞争、协作与团结的社会意识，发挥体育的文化娱乐功能和作用，展示体育精神等方面，来选取体育的基本项目。

1.舞蹈

通过教师直观、形象、具体的舞蹈示范，对儿童进行舞蹈启蒙，让他们喜欢舞蹈，提高对舞蹈的感受力；进行舞蹈基本功的训练、教会儿童舞蹈动作，并在音乐的节拍、节奏中初步掌握舞蹈动作的动律与规律。

2.体操

编制一整套儿童体操，从最简单的队形队列入手，让儿童学习身体平衡、灵敏性的基本动作，使肌肉得到锻炼，提高身体各部位特别是提高关节的柔性、韧性和活动范围，促进身体形态、机能的协调发展。

3.游泳

让儿童了解游泳的意义，掌握游泳的基本样式，培养儿童对游泳的兴趣。根据儿童爱玩、乐嬉戏的特点，要配备许多儿童喜欢的水中游戏材料，让儿童抱着救生圈、踩着气垫积极参加游泳训练，在游泳中发展速度和力量，提高体弱孩子的抵抗力。

4.足球

创设愉快的足球氛围，鼓励、吸引中班和大班的孩子参与到足球活动中，一方面让儿童了解足球，熟悉足球，亲近足球，掌握简单的足球比赛规则、足球技能和安全知识；另一方面培养儿童吃苦耐劳的品质及团队协作精神。

5.乒乓球

乒乓球是深受儿童喜欢的体育运动项目。通过体能训练和技能训练，让儿童学习滑步、移步、交叉步、小跳步、小弹步、正手攻球、反手攻球、扣球等基本动作和基本技能，并在乒乓球运动中发展儿童体能，培养他们顽强的意志和坚韧的精神。此项活动多在大班进行，通常是2～4人同时玩。此外，学前儿童的体育活动内容还包括皮球、篮球、排球、手球、网球、羽毛球、跳绳、投掷、田径、武术、翻滚、滑雪和雪橇等项目，只不过在不同的学前教育机构，对不同年龄阶段的学前儿童，其培训项目和侧重点应区别对待。

### （二）学前体育的任务及教学手段

#### 1.学前体育的任务

学前儿童体育的任务包括促进幼儿身体正常发育和机能的协调发展，增强体质，培养良好的生活习惯、卫生习惯和参加体育活动的兴趣等。

（1）做好卫生保健工作，保护儿童的健康与生命。儿童机体发育不成熟，抵抗能力差，免疫力低，容易感染各种病毒。因此，为学前儿童创设一个健康的成长环境，做好饮食、营养、睡眠、保健和卫生工作，保障儿童机体的正常生长和发育，预防感冒、呼吸道感染与贫血等各种生理疾病，谨防跌倒、碰伤、摔坏等伤害身体事故的发生，保障幼儿身体的健康发展和生命的安全，使他们免受一切生理、心理的伤害，是学前儿童体育的主要任务。

（2）培养儿童对体育活动的兴趣，提高儿童参与体育活动的主动性。培养儿童对体育活动的兴趣是学前体育的重要任务。所以，幼儿教师在组织体育活动时，一定要依据儿童的个性和性格特征，调动他们参与体育活动的主动性和能动性，提高体育活动的成效。

（3）培养儿童良好的生活习惯和卫生习惯，增强儿童独立生活的能力。良好的生活习惯和卫生习惯是心理健康的前提。儿童期是培养个体良好行为习惯和卫生习惯的重要时期。因此，成年人要抓住这个有利时机，制定和执行合理的生活作息制度、安全制度和卫生制度，强化儿童的良好行为和习惯。

#### 2.学前体育的教学手段

体育教学手段不仅决定着体育教育的具体组织形式和实施途径，而且直接关系到体育目标的达成。在学前儿童体育教学中，一般采用以下几种教学手段：

（1）课堂教学法。课堂教学法以教师的口头讲解和动作示范为主，通过集体教学的方法进行，时间一般在 10～15 分钟，每周安排 2 到 3 次为宜。课堂教学法有利于让儿童初步认识到体育活动的作用、功能、快乐与价值，掌握体育比赛的规则，了解使用运动器械的基本常识，懂得运动的安全知识和卫生保健知识。

（2）激发兴趣法。为激发孩子们对体育的兴趣，教师可以通过表扬和奖励的方法，对完成体育任务的儿童给予情感上的肯定与鼓励，让他们体会到成功的喜悦，增强自信心和成就感，激发儿童锻炼、学习的兴趣；也可以利用榜样示范效应，使儿童对他们产生爱慕和向往的情绪体验，激发儿童参加体育运动的兴趣。

（3）体育训练法。体育训练法是教师精心策划和组织的体育活动中，本着以儿童为本的原则，在教师的指导下，调动儿童参加体育锻炼的积极性，将所习得的体育基本知识运用于实践。在体育教学中，要重视儿童做动作时的正确姿势和协调性。特别是通过游戏竞赛，加强活动能力和耐力的训练。体育训练法不仅让儿童体验到快乐，也培养了他们克服困难、战胜挫折、敢于竞争、勇于创新的良好品质。

（4）体育游戏法。游戏是一种集娱乐性、趣味性、教育性为一体的活动。通过体育游戏，寓教于乐，让孩子们在玩中学、玩中练，利用各类游戏加强孩子的动作发展，习得动作技能，甚至完成各种高难度的体育动作。通过游戏活动，既可以促进儿童动作的发展，又培养了他们的集体观念和合作意识。

### （三）学前体育的实施

为了完成学前儿童体育的任务，幼儿园既要积极开展生活照料、卫生保健方面的工作，又要开展体育活动和身体锻炼，两者不可偏废。幼儿园实施体育，有下列内容和手段：创设良好的生活条件，科学护理幼儿的生活；制定和执行合理的生活制度；培养良好的生活习惯和卫生习惯；开展体育活动，锻炼身体；做好卫生保健工作，进行安全教育；重视幼儿的心理卫生等。

1.幼儿生活护理

(1)为幼儿建立安全卫生的生活环境；

(2)合理安排与照顾幼儿的饮食、睡眠等生活起居活动。

2.幼儿体育活动

(1)基本动作练习；

(2)身体姿势及体操练习；

(3)体育游戏。

3.幼儿健康教育

对幼儿进行健康教育，也是幼儿体育工作的重要内容。幼儿健康教育内容大致可分为健康生活指导和身体运动指导两个方面。其主要目标是：

(1)使幼儿心情愉快地生活与学习；

(2)使幼儿了解健康生活的基本知识、养成健康的生活习惯；

(3)使幼儿了解安全生活的基本知识、培养自我保护的意识与能力；

(4)培养幼儿参加体育活动的兴趣。

4.卫生保健工作

(1)对幼儿的日常护理工作；

(2)清洁卫生消毒工作；

(3)疾病预防及常见病的治疗工作，幼儿身体健康检查工作；

(4)营养的调配及膳食卫生的检查等。

### 四、指导幼儿体育工作的基本观点与原则

幼儿体育工作的开展，必须坚持和贯彻以下两个基本观点：一是身体健康与心理健康相统一的健康观；二是保护与锻炼相结合的体育观。

幼儿体育工作应遵循以下基本原则：一是家园合作，互相配合；二是统一要求，个别对待；三是循序渐进，持之以恒。

## 第二节　学前儿童智育

### 一、学前儿童智育的基本问题

#### (一)学前儿童智育的基本概念

1.学前儿童智育

学前儿童的智育是全面发展教育的重要组成部分，是在教育者有目的、有计划的指导下，激发儿童的学习兴趣和求知愿望，引导儿童掌握基本的知识和技能，认识周围环境、发展智力的过程。在智力的综合能力中思维能力是核心，一个人思维能力的发展水平是智力发展的标志。

2.知识

知识是人类生产和生活经验的总结，包括物理知识、化学知识、人际交往知识、管理知识等。知

识是我们适应社会和工作的基础,没有知识就会被社会所淘汰。

3.技能

技能是按一定的方式反复练习或模仿而形成的熟练的动作。学习知识是掌握技能的基础,知识的多少决定着技能掌握的快慢和深浅,技能的掌握又反过来影响知识的学习和发展。

4.智力

智力是人认识客观世界,获取知识,并运用这些知识来解决实际问题的能力。智力发展是认知发展的一个很重要的内容。儿童的智力发展水平制约并代表着其认知发展的一般水平。

人的认知发展受到遗传素质、生活经验、环境与教育的条件等多种因素的影响。以发展智力为目的的智育,可以为幼儿的认知发展创造良好的条件。

### (二)学前儿童智育的重要性

第一,从社会价值看,智育是社会生产发展和社会文明进步的必要条件。人类社会的发展是以物质生产和精神文明发展为主要标志的。随着社会文明的进步,智育的作用越来越显著,科学技术的发展,要求劳动者具有相适应的智育素质。

第二,从个体发展的价值看,智育是幼儿发展所必需的。幼儿已具有实施智育的生理条件。心理发展敏感期的研究表明:把握能力发展的敏感期,为此提供适宜的刺激条件,则此种能力便可获得较早、较快、较好的发展,学习的效率显著提高。

第三,从智育与实施其他各育的关系看,智育为人的全面发展提供了科学知识的基础和智力的基础。

另外,幼儿智育通过对处境不利的幼儿或智力发展有缺陷的幼儿的早期干预,可以预防智力缺陷的形成,减缓与纠正智力发展缺陷的程度,使他们生活自理自立,不仅对于儿童未来的人生和他们的家庭幸福来说具有重要意义,而且也可以减轻社会的负担与压力。

## 二、学前儿童智育的任务与内容

### (一)学前儿童智育的任务

(1)传授基本生活知识。知识是智育的重要内容。学前儿童的知识主要来源于他们接触的事物、游戏、日常生活以及与成人的交往活动。在这个过程中,成人引导儿童获得日常生活中简单的、广泛的和基本的知识,包括动物与植物的知识、时间和空间的概念、形状的概念、安全卫生的常识等。进行基本生活知识的传授,可提高儿童对具体事物和现象属性的认识,进而达到初步认识客观世界的目的。

(2)发展儿童的动手操作能力。苏霍姆林斯基指出:“儿童的智力在他的手指尖上。”儿童的自我动手能力,如触摸物体、读、写、算、穿衣、吃饭、洗脸等活动,是儿童认识事物、发展智力的重要途径。

(3)发展儿童的语言表达能力。语言是表达思维的重要工具之一,语言的学习可促进思维的发展。儿童期是口头语言发展的关键时期。成人要利用这个有利的机会,营造儿童敢说话、多说话、爱说话的场景或氛围,鼓励儿童勇于表达自己的思想,培养儿童的口语表达能力,发展儿童的语言交往能力。

(4)培养儿童良好的智力品质。智力是个体认识的综合能力,由感知力、观察力、注意力、记忆力、想象力、思维能力、语言能力等组成。良好的智力品质包括感知的灵敏性、观察的全面性、注意的集中性、记忆的持久性、思维的新颖性、语言的准确性等。良好的智力品质是智力发展的重要内容,是提高创造力的必要条件。

(5)培养儿童有益的兴趣。儿童对世界充满了好奇,具有强烈的探求愿望。他们不停地向成人提出一个又一个问题，表现出儿童浓厚的学习兴趣和强烈的求知愿望。成人要保护儿童的好奇心和求知欲，认真倾听儿童的提问，耐心、细致地回答，并因势利导地鼓励儿童发问。

### (二)学前儿童智育的内容

第一，保护和促进幼儿的学习兴趣，培养幼儿良好的学习习惯。

第二，培养幼儿的感知能力和动手操作能力。

第三，引导幼儿学习周围生活中初步的知识和概念。

第四，发展幼儿的语言运用能力。

## 三、学前儿童智育的实施途径与策略

### (一)实施途径

学前儿童智育主要通过知识教学、日常生活、劳动教育、游戏活动的方式进行。第一，知识教学是儿童获取间接经验最有效的途径。第二，儿童所获得的关于周围自然界和社会生活中的初步知识，相当大的部分来源于儿童的日常生活和实践。第三，劳动教育中渗透着智育。在劳动教育中，儿童掌握了从事劳动所必需的基本知识，也发展了儿童的实际动口、动手、动脑能力，增加了儿童视、听、闻、问的机会，发展了儿童的智力。第四，游戏活动是促进儿童智力的重要手段。

### (二)实施策略

#### 1.创设丰富的环境

一般说来，幼儿学习的环境有两类：一是幼儿生活在其中的客观现实的大环境，二是为达到一定教育目标而设置的专门学习环境。教师应该合理地综合运用这两类环境来为幼儿智育服务。幼儿的思维能力是在和环境的交互作用中发展的，实践活动是这种交互作用的重要方式。因此，教师应有效地利用客观现实的大环境，创设适当的数学环境，引导幼儿与其积极地发生作用，从而建构数学知识，发展思维能力。

#### 2.在游戏中发展幼儿思维

从思维活动的智力品质来看，它表现为思维的独立性、思维的敏捷性、思维的灵活性、思维的批判性和思维的逻辑性等等。在学前期，则注重于前三种智力品质的培养。游戏是幼儿期独特的实践活动。游戏发展本身反映了幼儿思维的发展。儿童游戏的内容、形式、时间和参加成员的变化、发展，说明了游戏所反映的现实关系在不断深刻，社会生活中的实质性问题一步步地在游戏中获得体现，因此游戏的发展变化正是反映了幼儿思维水平的变化。在游戏中，创设解决问题的情境，提出思维的课题，能促进幼儿思维积极地开展，提高幼儿独立地解决问题的能力，而不盲目地接受别人的暗示和影响。

游戏是幼儿喜爱的活动，受游戏兴致的驱使，幼儿的思维活动可以积极地展开，尤其是智力游戏可以训练幼儿思维的速度、灵活程度与独创程度。

#### 3.保证必要的探索时间

幼儿来自不同的家庭，各自积累的经验互不相同，各种不同文化背景下形成了幼儿在认知发展上的个别差异，这些都使得幼儿各自具有不同的学习形式、学习速度和认知策略。如在学习速度上，有的幼儿对教师的要求领会得快，尝试两三次就能掌握；有的幼儿仅仅依靠教师的语言讲解还不能领会，必须通过亲身反复实践才能掌握，因此要使每个幼儿有足够的时间和机会去探索学习。美国著名的教育心理学家布卢姆提出："只要有足够的时间和机会，每个儿童都能达到高水平的学习。"

4.用正确的语言进行引导和指导

首先,教师的语言要富有启发性。语言表述要正确,提出的问题要前后有序,引导思路也应步步深入。思维通常是与问题联系在一起的,但不同的提问设计对幼儿思维发展的作用是不同的。教师的启发性提问,可以激发幼儿思维的积极性,引导幼儿探索的方向与思路,发展幼儿的抽象逻辑思维。为此,启发性提问应具有以下一些特征:有助于开通幼儿的思路,使幼儿有可能做出多种回答;引发幼儿迅速作答,从多个角度来认识事物;引发幼儿产生问题,围绕问题展开观察、操作、思索活动;帮助幼儿整理知识,促进抽象思维能力的发展。其次,教师还要运用语言引导幼儿善于发现问题。因为意识到问题的存在,是思维的起点。爱因斯坦认为,提出一个问题往往比解决问题更重要,因为解决问题也许只是数学上、实验上的技能问题、知识问题,而提出新问题,从新角度看旧问题则需要创造力、想象力,幼儿有了疑问才会导致"疑则勿容""疑则必究"。

5.鼓励幼儿独立发表意见、独立做事

问题是幼儿对周围环境的认识的一种特殊的表现形式,是幼儿求知欲的表现。幼儿提问题的深度与广度可以反映幼儿智力发展的一般水平与状况,能够提出问题,正是幼儿积极动脑筋、想问题的表现。因此,成人应以认真的态度对待幼儿的问题,鼓励和支持幼儿提出问题,不应以轻视、敷衍的态度对待幼儿的问题,更不应以粗暴的态度制止幼儿的提问。

## 四、学前儿童智育工作的基本原则

### (一)专门的教学活动与实际生活相结合

智育可以有多种途径,除传统的教学活动外,可以通过其他各种活动来进行,尤其要注意通过游戏、实验、调查、观测等活动来进行。应当组织幼儿接触真实的社会环境与生活,让幼儿走出教室,走进自然界与大社会,引导幼儿去认识周围的生活与世界。同时,更要创造条件,让幼儿运用感官去直接感知事物,让他们在动手中动脑。

### (二)教师的引导与幼儿的探索相结合

幼儿的认知发展,是在幼儿积极主动地与周围环境的相互作用中实现的。强调幼儿的主动探索并不排斥教师的引导,相反,适宜的教师引导可以促进幼儿的主动探索,因为在有些情况下,幼儿只是"做"或"操作",但是并没有意识到他自己操作的意义。

### (三)知识的获得与能力的培养相结合

知识的获得虽然不等于智力的发展,但是知识的学习与能力的发展是相互联系的。在引导幼儿认识周围环境,丰富幼儿的知识经验的过程中,要注意幼儿动手动脑解决问题的能力的培养,不要急于把现成的概念或结论告诉幼儿,或者急于纠正幼儿的错误,马上进行示范。在幼儿智育中不能仅仅以幼儿获得知识为目的,更应注意在帮助幼儿获得知识的过程中,使能力得到锻炼与培养。

### (四)智力因素与非智力因素的培养相结合

一般来说,智力因素是指感觉、知觉、记忆、思维、想象等心理因素,非智力因素是指动机、情感、兴趣、态度、意志、性格等。可以将非智力因素进一步概括为动力因素(包括需要、动机、兴趣、情感)和控制调节因素(主要指意志品质、坚持性、独立性等)。非智力因素虽然不是智力的构成因素,但是它参与人们的智力活动,对学习活动起促进、定向、维持、调节和强化等多种作用。研究表明,利用儿童的非智力因素的作用,可以改善与提高儿童的学习成绩。人才的造就,不仅仅是由智力因素单方面决定的，而往往是智力与非智力因素相互作用产生的结果。我国古代思想家墨子说："志不强者，智不达"，说明了意志品质与智力发展之间的关系。

# 第三节　学前儿童德育

## 一、德育的概念与意义

### (一)德育的概念

德育有广义和狭义之分。广义的德育，泛指一切影响人的品德形成的活动，是思想教育、政治教育、道德教育和个性品质教育的总称。狭义的德育，是指教育者按照一定的社会要求，对受教者施加有目的的教育影响，使他们形成教育者所期望的思想品德的社会实践活动。狭义的德育仅指学校德育。德育是全面发展教育的重要组成部分。

学前儿童的德育，是指教育者根据社会对新生一代道德品质方面的要求和儿童思想品德的发展规律，有目的、有计划、有组织地对儿童进行道德启蒙教育，促进儿童道德认知、道德情感、道德意志和道德行为的发展，使儿童养成良好道德行为习惯的活动。在促进幼儿身心全面发展的全面发展教育体系中，德育主要指向于人的社会性发展过程，以引导和促进儿童社会性发展，培养和塑造儿童道德人格为目的。

### (二)相关概念

1.道德

道德具有广义和狭义之分。广义的道德是调节人与人之间，个体与社会、集体之间的行为规范和准则的总和。狭义的道德是指人们的日常行为规范。道德与法律、法规法令不同，没有强制性，不由国家统一制定，不用强制的手段保证执行。它是依靠社会舆论，传统习俗，特别是人们的内心信念如"善良""公正"与"正义"等对社会生活起约束与维持作用。人们只有依据道德规范才能对是非、善恶、美丑、真假等做出道德选择与判断。道德也是历史的产物。在阶级社会里，道德具有鲜明的阶级性。道德作为一种社会意识是对社会存在的反映。

2.品德

品德，又称道德品质、品行或德性，简称德。它是指个体根据一定社会的道德准则和行为规范，在行为活动中所表现出来的某些稳定的心理特征，是道德在个体身上的体现。从心理学的角度来讲，品德的获得与外化离不开人的心理活动，它是人的道德认识、道德情感、道德意志和道德行为相结合的有机统一体。品德是个体社会行为的内在调节机制，任何品德行为都是在思想支配下的自觉行为，如果仅仅表现出道德行为，而没有道德动机的激发与维持，还不能说一个人是有道德的。因此，在评价一个人的思想品德时，我们不仅要看结果——品德行为，也要重视其过程——思想动机。品德的形成，也离不开一定的社会关系，统治阶级总是根据社会的要求，去培养受教育者的思想品德，用以维持和巩固其统治。

3.社会性

广义的"社会性"是与"生物性"相对的概念，是指人由于社会生活而获得的特征或品性，是人的社会化的结果，涉及人发展的各个方面的内容。

狭义的"社会性"，是人的身心发展的一个方面，是与人的身体、认知、情绪情感等方面的发展相对而言的。

4.社会性发展与德育

人的社会性发展具有两极性和层次性。所谓两极性，是指它可以朝着符合社会期望与要求的方向发展，也可以朝着不符合社会期望与要求的方向发展，如犯罪等反社会性行为。所谓层次性，是指人的社会性发展是有层次结构的，由低级向高级层次发展。

(1)德育是对人的社会性发展的规范与引导作用。德育按照社会的期望与要求，来引导和促进人的社会性发展。

(2)德育对人的社会性发展的引导与促进，还表现在对人的社会性发展方向的规范上。人的社会性发展具有两极性。德育的任务是要按照社会期望与要求的方向，引导和促进儿童的社会性发展，即培养儿童的亲社会性行为。"亲社会性行为"是与"反社会性行为"相对立的概念，是指一切受社会欢迎、符合社会期望或对他人、群体或社会有益的行为。亲社会性行为的范围很广，包括友好、微笑等受社会欢迎的行为，也包括具有道德评价意义的助人和利他行为，以及主观为自己、客观上有利于他人或社会的行为。亲社会性行为，是受社会规范影响与指导的合群性行为，亲社会性行为的最低标准是利己不损人，其上限是利他与助人，可以归入"道德行为"范畴。

5.学前儿童社会性发展与德育

对儿童进行德育，必须考虑儿童身心发展的年龄特点。在学前阶段，受幼儿身心发展的年龄特点的限制，幼儿还不可能接受与理解抽象的政治理论与哲学观点。因此，幼儿德育主要是在社会性发展的基础层面发挥作用，主要培养幼儿在人群中生活所应有的健康态度与能力，形成和发展幼儿的道德品质。故幼儿德育的内容以亲社会性行为的培养和道德品质教育为主。

### (三)学前儿童德育的意义

幼儿时期是人的社会性、道德品质和个性形成与发展的重要时期。维果茨基的发展心理理论认为：学前期是一个人最早产生道德规范、形成道德准则的时期，在这个时期，儿童开始建立对世界、对社会、对自己乃至身边一切事物的基本概念。在这样一个时期，对幼儿进行德育具有重要意义。

1.帮助幼儿适应社会生活

人们生活在社会中，必须按照一定的社会生活准则(包括道德行为规范)来为人处事，了解和掌握这些社会生活准则，是人的社会性发展的重要内容。了解这些社会生活准则并用以指导自己的行为，有益于人的社会适应。德育过程，是外部的社会意识与行为准则转化为个体的思想意识与行为准则的桥梁，可以帮助年轻一代更好地适应社会生活。幼儿德育可以帮助幼儿了解和体验社会生活的基本行为准则，学习和掌握社会性交往技能，可以帮助幼儿适应社会生活。

2.促进幼儿个性健康发展

在人的个性结构中，道德品质、性格、意志等是重要的构成因素。它们作为"非智力因素"，对一个人的发展与成才起着十分重要的作用。它们不仅参与人的智力活动，对学习起着促进、定向、维持、调节与强化的作用，而且影响人的社会生活，影响着个体在群体中的地位和受欢迎程度，影响着个体的心理健康。幼儿德育的重要任务，是要培养幼儿"诚实、自信、好问、友爱、勇敢、爱护公物、克服困难、讲礼貌、守纪律等良好的品德行为和习惯，以及活泼、开朗的性格"，这对于促进幼儿个性健康发展具有重要意义。

3.促进社会主义精神文明建设

社会主义的现代化建设，需要培养有理想、有道德、有文化、有纪律的社会主义事业的接班人和建设者。德育在社会主义事业接班人和建设者的培养中，起着塑造人"灵魂"的作用，对于社会主义精神文明建设具有重要的意义。

人的品德要从小培养。幼儿时期是人的品德与行为习惯形成的重要时期。在这一时期，他们容易接受外界环境的影响与熏陶，并留下深刻的印象。学前儿童德育为人的终身发展奠定良好的品德基础，对人的一生都会有重要的影响。

## 二、学前儿童道德发展理论

通过对儿童道德发展理论的了解，可以进一步明确幼小儿童的道德发展状况，进一步明确幼小儿童与道德之间的关系。

1.杜威关于儿童道德发展的论述

杜威在皮亚杰、科尔伯格提出自己的儿童道德发展理论之前，曾提出过自己对儿童道德发展的看法，他认为要经历以下三种水平：

(1)前道德或前习俗的水平。处在这个水平的儿童，其行为动机大多来自生理和社会的运动。

(2)习俗水平。处在这个水平的个体，其行为大都接受团体的规范，很少对外在规范进行批评或异议。

(3)自律水平。处在这个水平的个体，其行为的善恶全由自己的思想与判断等决定，而不受制于团体的标准。

2.皮亚杰关于儿童道德发展的论述

皮亚杰主要从认识发展的过程和结构来研究儿童道德的发展，他认为儿童道德品质的发展在很大程度上依赖于儿童思维的发展，而且，他对儿童道德发展的研究主要着眼于不同年龄儿童道德判断的思维结构。他认为儿童的道德发展主要有：

(1)从把规则看作是客观的不可更改的，到意识到规则是契约。

(2)从单方面尊重到多方面尊重。幼儿在单方面尊重周围权威人物的基础上作出道德判断，权威要求他做的就是应当作的，儿童还不能理解“好”与“坏”的道德意义。大年龄的儿童能根据行为动机和公平概念作道德判断。

(3)从约束的道德到合作的道德判断。幼儿很自然地尊重长者的权威和力量，后期儿童则是从人与人之间的相互关系上做出道德判断，前者成为约束的道德，后者成为合作的道德。

(4)从他律到自律。幼儿的道德判断只注意行为的外在结果，不关心主观的动机；大年龄儿童不再把规则看作是不变的绝对的，而是把它看作人们在集体生活中相互约定的准则。

3.科尔伯格的三水平六阶段理论

科尔伯格在皮亚杰道德发展理论的基础上进行了各种纵向研究，将道德判断的发展分为三水平六阶段。

(1)前习俗水平

阶段1：以惩罚与服从为定向；阶段2：以个人主义、工具性目的和交易为定向。

(2)习俗水平

阶段3：以人际关系的和谐或“好孩子”为定向；阶段4：以法律与秩序为定向。

(3)后习俗水平

阶段5：以法定的社会契约为定向；阶段6：以普遍的伦理原则为定向。

科尔伯格通过追踪研究发现，大多数9岁以下的儿童处于阶段1和阶段2的推理水平。阶段1的儿童为了保护自己不受惩罚，对大人或规则采取服从的态度，自我中心地遵从较高的权力与威望，相信客观责任，避免对人和物造成损失。阶段2的儿童行为只要能满足自己及他人的需要，便被看作是正当的，因而儿童遵守会给人即时利益的规则。儿童认为互利的交易、交换和协定便是对的、公平的。

## 三、学前儿童德育的任务和内容

育人以育德为先，学前儿童的德育作为育人工程的核心，应当从早抓起。儿童期是进行良好行为习惯训练的关键时期，也是培养和巩固良好品德行为的重要启蒙时期，所以应当抓住这个有利的时机，及时向幼儿进行道德教育，为个体发展奠定坚实的良好个性和品德素质基础。

### （一）学前儿童德育的任务

萌发幼儿爱家乡、爱祖国、爱集体、爱劳动、爱科学的情感，培养诚实、自信、好问、友爱、勇敢、爱护公物、克服困难、讲礼貌、守纪律等良好的品德行为和习惯，以及活泼、开朗的性格。

### （二）学前儿童德育的内容

学前儿童德育工作以德育任务为依据，在人际关系与交往、集体生活、道德品质、自我意识与个性品质以及爱家乡、爱祖国、爱劳动等方面，对幼儿进行合乎幼儿年龄特点的培养与教育。学前儿童德育工作的内容主要包括以下几点。

#### 1.文明礼貌教育

文明礼貌教育主要培养幼儿待人接物的文明行为。文明的行为习惯是最基本的社会性行为，它既反映人的教养水平，也是社会精神文明建设水平的外部表现。对幼儿进行的文明礼貌教育主要包括以下内容：(1)培养幼儿礼貌待人的态度与行为习惯；(2)培养幼儿关注社会生活的态度与文明行为。

#### 2.友爱教育

同伴关系是幼儿生活中重要的人际关系之一 。对幼儿进行友爱教育，目的在于帮助幼儿掌握同伴交往的基本技能，培养幼儿尊重、关心和理解他人的态度与能力，学会分享、合作、谦让、助人，能与小朋友友好相处。

#### 3.集体生活教育

幼儿从家庭进入幼儿园，幼儿生活环境发生了重大变化。要帮助幼儿逐步适应幼儿园的新的生活环境，习惯在集体中生活。对幼儿进行集体生活教育的目的是：(1)使幼儿喜欢上幼儿园，习惯于和家人短暂分离；(2)遵守集体生活的基本规则；(3)对集体有归属感、认同感，并且愿意为集体做事，具有初步的责任感。对幼儿进行集体生活的教育，应循序渐进，逐步提高要求。

#### 4.培养幼儿诚实、勇敢的品质

成人要为幼儿树立诚恳老实的榜样，不在孩子面前撒谎，弄虚作假；要满足幼儿合理的愿望与要求。注意正面教育，合理要求，建立必要的规则。

幼儿的勇敢主要表现在积极参与各种活动，不怕羞、不胆怯，能经受住一定的苦痛，勇于克服自己在生活和学习中遇到的困难，自己想办法解决力所能及的问题等方面。成人应当鼓励幼儿积极参加各种活动，根据幼儿现有的身心发展水平，提出适合于幼儿年龄与个体特点的任务与适当的挑战，使幼儿有机会得到锻炼，体验克服困难后产生的成功感和愉悦感，增强幼儿自己的自信心。

#### 5.培养幼儿自信、活泼开朗的性格

幼儿自信、活泼开朗的性格的形成，与成人对待他们的态度有关。对幼儿过多的限制和过多的消极批评，甚至滥用惩罚，会影响幼儿对自身的认识与评价，造成幼儿畏首畏尾、消极懦弱甚至恐惧压抑的心理状态。成人对待幼儿应以积极的鼓励与肯定为主，发现并欣赏每个幼儿的优点与潜能，帮助幼儿认识自己的优点与潜能，支持、鼓励幼儿大胆地表现自己的意愿、想法与感受，使幼儿有机会体验与展现自己的能力，增进他们的自我价值感与自信心。

#### 6.爱家乡、爱祖国、爱劳动情感的萌发

幼儿是社会主义事业的接班人和建设者。从小萌发幼儿爱祖国、爱劳动的情感，可以为爱国主义的思想品德的形成奠定良好的基础。

萌发幼儿爱家乡、爱祖国、爱劳动的情感，要由近及远，逐步扩大范围。爱家乡、爱祖国的培养要从具体的事物入手，如认识家乡或祖国的名胜古迹、自然风景、革命文物及家乡的社会主义建设等。

萌发幼儿爱家乡、爱祖国的情感，应当从培养幼儿热爱身边亲近的人开始。要培养幼儿爱父母、爱老师和小朋友，帮助幼儿体验父母、亲人和老师、小朋友对他的爱。从爱身边的亲人开始，逐步扩展到爱周围的人。

## 四、德育过程应注意的问题

德育过程，是教育者根据一定的社会要求和幼儿社会性发展的基本规律，对幼儿有目的地施加教育影响，促进和引导幼儿社会性发展的过程。从受教育者的角度来看，是幼儿社会学习的过程。在这一过程中，要注意以下几个基本问题。

### (一)社会认知、情感、行为习惯全面培养

人的任何一种社会性品质的形成，都离不开认知、情感与行为习惯等因素的相互作用。在德育过程中，提高幼儿的社会认知，丰富幼儿的社会性情感，培养幼儿良好行为习惯，三者都很重要，不可只强调或忽视其中任何一个因素。

### (二)协调和统一各种可控因素的影响

幼儿年龄虽然小，但他们也生活在社会中，受到来自社会生活各方面的影响。同时，家庭生活的方式、父母或其他人的育儿观念与育儿方式，都会影响幼儿的社会性发展。这些因素可以增强或抵消幼儿园德育工作的效果与影响。要使德育工作取得好的效果，削弱不利因素的影响，发挥与增强有利因素的影响，就必须注意协调与统一各种因素，贯彻教育的一致性与一贯性原则，注意正面教育和发挥榜样的作用，使幼儿园教育与家庭教育的影响协调一致，互相配合，为幼儿创设良好的成长环境。

### (三)活动与交往是德育过程的基础

学前儿童德育，应当主要通过幼儿的实际生活，通过幼儿一日生活的各种活动与交往来进行。以幼儿的实际生活为基础的活动与交往，是德育过程的基础。

幼儿在实际生活中，在与伙伴的交往过程中，常常会遇到各种问题，产生“利益”冲突与矛盾。这种实际活动与交往，为幼儿体验与理解“规范”的意义，练习与掌握社会性交往技能提供了机会与条件；可以帮助幼儿体验与理解社会生活的基本规则的意义。活动与交往，是幼儿体验和理解来自于成人灌输的社会生活规范或道德规范的基本途径。所以，必须注重幼儿的实际生活，注重活动与交往在幼儿社会性发展中的作用。

### (四)正确处理“规范”与“尊重”之间的关系

在德育过程中，成人总是要对幼儿提出合乎社会期望与规范的要求，去规范幼儿的行为。但是，这种“规范”不等于“就范教育”，不能把幼儿当作被动的管教对象。实践证明，“说教式”或“管教式”的德育造就不出自觉的道德主体。幼儿年龄虽小，但是也有自己的情感、需要与想法。在德育过程中，要尊重幼儿作为学习与发展的主体，调动幼儿自求进步的主动性与积极性。首先，要充分利用幼儿的社会性交往动机，充分发挥社会性情感与需要对于幼儿行为的调节作用。其次，要尊重和保护幼儿的独立人格与自尊心。

## 五、学前儿童德育的实施

### (一)学前儿童德育实施中的误区

(1)重强硬灌输,轻主体参与。当前对儿童道德启蒙教育的错误倾向之一是教育者完全忽视了儿童的主体地位,习惯于从道德认识入手,对儿童讲大道理,认为这样做就可使儿童明辨是非。实践证明,对儿童道德主体地位与作用的忽视,给儿童造成了一种逆反心理,其结果往往事倍功半。

(2)重明理导行,轻情感激发。在现实生活中,许多成人在教育孩子时忽视了对他们进行道德情感的激发,甚至根本不考虑孩子的情绪情感。苏霍姆林斯基曾说过,道德情感是道德信念、原则性、精神力量的血肉和心脏,没有情感的道德就变成了干枯的、苍白的语句,只能培养出伪君子。因此,儿童的道德启蒙是情感的启蒙,儿童道德教育要以道德情感的教育为基础。

(3)重规范限制,轻道德践行。儿童品德的形成有赖于他们在真实情景和社会生活中获得的感性经验。然而,在德育实施过程中,许多成人认为,孩子年龄还小,良莠不分,让他们参与到孩子群体或真实的社会活动中,容易沾染社会负面影响,跟着别的孩子学坏,养成一些不良的行为习惯。有意识地限制孩子的活动,就减少了他们受不良信息影响的机会。事实上,这种做法不仅违背了孩子的身心发展规律与特点,而且忽视了"道德在本质上是实践的"这一特征,因而难以收到良好的教育效果。

(4)重道德说教,轻道德养成。叶圣陶先生指出:"什么是教育,简单一句话,就是养成习惯。"教育家马卡连柯也曾经说过:"如果儿童的早年不能合理地教育儿童,使儿童养成不良的意识与习惯,那将给以后的再教育带来几倍、几十倍的困难。"养成教育在品德教育中之独特价值。许多成人习惯于通过说教培养儿童良好的品德,这种做法虽然取得了一定的成效,但由于忽视了道德启蒙的随机性和养成性,缺乏经常性的巩固与练习,孩子道德行为的坚持性就差。

### (二)学前儿童道德教育的实施要领

(1)学前儿童道德教育应避免成人化倾向。学前儿童道德教育的内容选择必须基于儿童的视野和活动所能及的范围,必须是儿童世界里的东西。

(2)发展儿童的智慧,为提高儿童道德水平提供必要条件。智慧的发展是道德认知发展的必要条件。对于他律阶段的儿童而言,道德就是知识,儿童一旦认识到规则可以通过协调而产生,那么这时具有价值判断形成的规则才从原来的本质上的实然判断转变成表里如一的价值判断。既然对于他律阶段的儿童来说道德即知识,那么在这一时期里,发展儿童的认知能力必然会影响儿童对外部规则的认同和操作能力。

(3)道德知识的传授在儿童早期是必要的。向儿童传授的规则常识必须经过严格的选择和检查,并且建立在儿童与教育者之间良好的情感关系之上。

(4)对不同年龄的儿童应当采用不同水平的道德教育形式。儿童的智慧发展可以高于道德发展阶段,但道德发展阶段则不可能高于相应的智慧阶段,不过它可以与相应的智慧发展阶段平行发展。

(5)优化教育环境,注重德育教育的隐性渗透。美国教育家班杜拉认为:人的行为的变化不是由个人的内在因素单独决定的,而是由它与环境相互作用结果来决定的。为此,我们重视通过合理构建幼儿园的环境来实施幼儿德育的内容。第一,注重园内大环境的设计;第二,活动室的布置应体现德育内容。除了为幼儿创设了一个良好的物质环境外,还要注重为幼儿提供一个良好的社会环境。包括幼儿园全体工作人员集体的团结、协作,教师的言语行动以及幼儿中间的好人好事,都成为幼儿的良好榜样。

(6)将德育教育渗透到各种幼儿活动中去。提供交往机会,利用游戏、童话促进儿童道德发展。

第一，利用节日活动，进行德育；第二，户外活动和体育游戏时的德育教育；第三，爱心体验，“大带小”活动；第四，开展德育主题活动，创设良好的育人环境。

(7)善于抓住契机，在日常生活中随时随地进行德育教育。在日常生活中根据幼儿的年龄特点，从常规教育入手，使道德教育与生活实践相结合，随时随地地进行教育。

(8)在良好的家庭环境中促进幼儿德育的发展。幼儿期是塑造健康人格和形成良好道德素质的重要时期，家庭环境会给孩子人格的形成打下难以磨灭的烙印。

(9)遵循德育的规律实施德育。人的每一种品德都由道德认识、道德情感、道德意志、道德行为四要素构成。在幼儿的品德形成过程中，四要素的发展不是同步的，幼儿的道德认识、道德意志等发展较差，因此，幼儿德育必须从情感入手，重点放在道德行为的形成上。

## 第四节　学前儿童美育

### 一、美育的概述

#### (一)美育的概念

美育是培养正确的审美观，发展感受美、鉴赏美和创造美的能力，培养高尚情操和文明素质的教育。狭义的美育，主要指艺术教育，指向于人的审美能力的发展，以培养和发展人的审美能力为主要目的。学前儿童美育指通过对自然的美和社会生活美，以及多种艺术活动，引导幼儿对美的兴趣和爱好，培养幼儿感受美、欣赏美、表现美、创造美的能力的教育。

#### (二)美感和幼儿美感

1.美感

美感，即对美的事物的感知能力。美感是人对美的事物与现象的一种心理反应。美感具有以下特点：个体自由性、情感性、直觉性。

2.幼儿美感

与成人相比，幼儿的美感具有以下特点：幼儿的美感直接受情绪的影响；幼儿的美感较为简单浅显；幼儿的美感具有明显的行动性；幼儿的美感不受常规约束。

### 二、学前儿童美育的意义

美育丰富了幼儿的生活，引起积极愉快的情绪，使幼儿精神饱满，心情舒畅，以调节疲劳，促进健康。

第一，美育要求身体各部位根据各种不同的需要参与活动，促进幼儿动作的发展，其中对手的精细动作的练习尤为突出。

第二，审美能力的发展是人全面发展的重要内容。一个人如果没有一定的审美能力，对美的事物无法感受和鉴赏，也不知道如何表现美和创造美，甚至美丑不分、以丑为美，他就算不上一个全面发展的人。人的审美能力主要是通过美育来培养的。

第三，美育对幼儿德、智、体等方面的发展有促进作用：美育对幼儿的社会性发展有促进作用；美育可以增长幼儿的知识；促进幼儿智力的发展；美育可以促进幼儿体质和身体机能的发展。

## 三、幼儿美育的任务

第一,培养幼儿对艺术的兴趣和爱好,发展初步的审美能力。幼儿园应根据幼儿美感发展的特点,有目的、有计划地培养幼儿的美感和审美能力。审美能力要以正确的审美观点和对各种形式美的理解为基础,奠定幼儿审美能力发展的基础。

第二,让幼儿学习简单的艺术活动技能,发展幼儿表现美、创造美的能力。要注意培养幼儿对各种艺术活动的兴趣和爱好,能大胆地参与各项艺术活动,鼓励他们去表现,而不拘于技能的要求。在培养幼儿简单的艺术活动技能时,应考虑儿童艺术创造能力的发展水平,如就儿童绘画而言,可分为三个时期,在涂鸦阶段(一两岁后),幼儿无目的地涂抹线条,后期能控制涂鸦动作,画出各种线条、曲线、圆圈;在基本图形阶段(三四岁后),由于幼儿肌肉控制能力和手眼协调能力加强,能画出基本形状,圆、椭圆、正方形、长方形及简单物体等;在绘画启蒙阶段(四五岁),可以有目的地画出一定形象,能予以命名,并能逐渐画出有情节的内容。

## 四、学前儿童美育的实施要领

### (一)创设美的生活环境

环境是幼儿生活和受教育的场所。为幼儿创设美的生活环境,可以熏陶和感染幼儿,引起幼儿对美的兴趣,使其经常感受环境中的美。

### (二)领略大自然的美

大自然是美育的丰富源泉。幼儿是天真好奇的,他们为自然景物的丰富多彩、形态、声响所吸引。教育者要引导幼儿培养欣赏大自然的情趣,要善于发现、揭示自然景物中生动诱人的美。

### (三)感受各种形态的社会美

选择社会生活中美好的事物感染儿童。社会生活是以人的活动为中心而组成的,社会主义现实生活,到处充满了美好的事物,要善于选择其中能为儿童理解的事物,引导儿童认识、欣赏。比如宽广的马路、节日的装饰、模范人物等。

### (四)注重艺术教育

首先,音乐教育方面,要选择合适的歌曲,注意保护孩子稚嫩的声带,孩子唱歌时间不能太长,一般连续唱歌不能超过5分钟。其次,要重视幼儿律动训练,培养幼儿节奏和动作的协调性。再次,文学教育方面,要重视提供刺激的环境,通过儿歌、谜语、快板、故事等来培养孩子的文学兴趣。最后,美工教育方面,要重视儿童绘画、手工制作和美术欣赏活动。

### (五)在游戏和节日娱乐活动中实施美育

节目与娱乐活动的内容、形式丰富多彩,能给幼儿带来欢乐并留下深刻的印象。教育者要善于通过游戏、节日和娱乐活动进行美育。在幼儿自愿的、自由的游戏活动中,引导他们反映现实生活中美的事物、美的行为和美的语言。

## 【结论及应用】

1.幼儿保教目标是实行保育与教育相结合的原则,对幼儿实施体、智、德、美诸方面全面发展的教育,促进其身心和谐发展。

2.学前儿童体育是保证儿童身体健康成长和增强体质的教育，是全面发展教育的重要组成部分。幼儿体育的项目主要有舞蹈、体操、游泳、足球和乒乓球等。

3.学前儿童智育是在教育者有目的、有计划的指导下，激发儿童的学习兴趣和求知愿望，引导儿童掌握基本的知识和技能，认识周围环境、发展智力的过程。培养幼儿良好的学习习惯、培养幼儿的感知能力和动手操作能力，以及引导幼儿学习周围生活中初步的知识和概念是幼儿智育的主要任务。

4.学前儿童德育是指教育者根据社会对新生一代道德品质方面的要求和儿童思想品德的发展规律，有目的、有计划、有组织地对儿童进行道德启蒙教育，促进儿童道德认知、道德情感、道德意志和道德行为的发展，使儿童养成良好道德行为习惯的活动。

5.学前儿童美育是按照幼儿美感发展的特点，以培养幼儿感受美和表现美的情趣和能力为目的教育活动。

6.幼儿园全面发展教育是指以幼儿的身心发展的现实与可能为前提，以促进幼儿在体、智、德美诸方面全面和谐发展为宗旨，并以适应幼儿身心发展特点的方式、方法手段加以实施的、着眼于培养幼儿基本素质的教育。对幼儿实施全面发展教育是我国幼儿教育的基本出发点，也是我国幼儿教育法规所规定的幼儿教育的基本任务。

7.幼儿园的全面发展教育在保证幼儿体、智、德、美诸方面全面发展的基础上，可以允许幼儿个体在某方面突出一些，同时，应注意幼儿各方面发展的和谐与协调，同时要更多地关注幼儿全面发展诸方面情感和态度的培养。

## 【复习与思考】

1.幼儿体育的意义和任务是什么？幼儿体育的主要项目有哪些？
2.幼儿智育的任务是什么？幼儿智育教育的策略有哪些？
3.幼儿德育的任务是什么？如何有效地开展幼儿德育教育？
4.幼儿美育的任务是什么？如何开展幼儿音乐教学活动？
5.选择幼儿歌曲的原则是什么？

## 【拓展阅读】

### 美国学前儿童艺术教育的特点及启示

20 世纪 90 年代末以来，学前儿童艺术教育逐渐得到美国政府的重视。美国学前儿童艺术教育在目标、内容、途径、评价等方面独具特色，这些特点对解决我国学前儿童艺术教育存在的问题、深化学前儿童艺术教育发展、提升学前儿童的艺术素养等具有一定的借鉴价值。

**一、美国学前儿童艺术教育的特点**

（一）儿童艺术教育面向全体儿童的整体发展

从儿童艺术教育对象来看，美国学前儿童艺术教育面向全体儿童，追求每一个儿童的整体发展。《美国艺术教育国家标准》指出，全体学生，不论其背景、天赋或残疾，都有权享受艺术教育及其提供的丰富内容。在一个科技日益先进、感官信息日趋复杂的环境中，对这类刺激的感知、阐释、理解和评价的能力便成为关键。艺术有助于全体学生发展理解和辨别这种充满形象与符号的世界的多种潜力。每一个儿童都有参与、欣赏和表现艺术的权利，并通过欣赏和使用艺术去改善他们的生活。同时，每一个儿童也都拥有接受艺术教育的权利。艺术教育对于建构一个完整儿童是必不可少的。如果一个孩子没有被给予机会参与艺术——律动、绘画或者音乐，那么我们就剥夺了另一种他所拥有的语言。视觉艺术、音乐、舞蹈和戏剧——工作中的创造性过程将真正改变未来我们思考、学习和解决问题的方式。事实上，艺术教育对于建构完整儿童是一个必不可少的组成部分，这是一种权利，而不是特权，从幼儿园到高中所有的孩子都能接受艺术教育。在美国，每一个儿童均享有接受儿童艺术教育的权利，而且旨在通过儿童艺术教育建构完整儿童。

（二）生活化、综合化的儿童艺术教育内容

从儿童艺术教育内容来看，美国学前儿童艺术教育的内容是生活化、综合化的。艺术来源于生活，学前儿童艺术教育也应该是与生活密切相关的。不少学者认为艺术教学与艺术学习应当与儿童的生活紧密相连。自 20 世纪 80 年代开始，综合艺术教育在美国各地广泛兴起，并对世界艺术教育的发展产生了重要影响。综合艺术教育趋势反映的不只是在课程组织方式上的一种变化，更重要的是教育价值观的深层变革。它体现了一种以儿童的整体发展为中心的目标取向，旨在促使儿童建立各种艺术感觉、经验、知识、智能相互衔接、融会贯通的生态结构，并具有积极向外探索、表现和创造艺术的能力。美国学前儿童艺术教育的内容强调各门艺术学科之间以及艺术与其他学科之间的联系，力求实现幼儿园(或学校)整体教育方案中课程的相关和综合，同时在最大可能的广度与深度上实现儿童艺术教育的潜在价值。

(三)幼儿园与社区联合的艺术教育生态圈

从儿童艺术教育途径来看，美国学前儿童艺术教育是幼儿园(或学校)与校外艺术教育积极合作、互动的。由于校外艺术教育具有许多幼儿园(或学校)艺术教育所没有的优势，不少学者提出了在校外教授艺术而非仅仅依赖于幼儿园(或学校)来提供艺术教育的正当理由。校外艺术教育在参观作品的机会、用于艺术体验的时间、学习环境、所教内容等方面很少受到幼儿园(或学校)时间安排的限制。而且，许多校外艺术教育机构都有成人艺术家参与，因此儿童可能更轻易地看到他的创作与专业艺术家的创作之间的联系。美国政府和民间投入资金，建造各种各样的艺术中心、博物馆、美术馆、剧院等，为儿童艺术教育提供了较好的社会条件和艺术氛围。美国学前儿童艺术教育拥有一个由幼儿园与社区密切联合的艺术教育生态圈，为儿童营造了良好的艺术氛围。

(四)日益完善的儿童艺术教育测评体系

从儿童艺术教育评价来看，美国非常关注儿童艺术领域学习标准或测评体系的制定，以期更好地保障儿童艺术教育的质量。《美国艺术教育国家标准》对从幼儿园到4年级等年龄阶段的儿童关于艺术(舞蹈、音乐、戏剧和视觉艺术)应该知道和能够做什么做出了详尽的表述。每一能力领域中的两类标准(内容标准和成就标准)，用于指导对儿童的评估。其中，内容标准具体地表述学生在艺术学科中应该知道和能够做什么，成就标准具体地表述儿童在完成4年级、8年级和12年级的学习时，在每门艺术中的各项能力上应该获得的理解和成就水平。美国的学前儿童艺术教育测评体系是比较健全、详尽的，而且其测评体系也是开放的、发展的。

(五)宽容开放的多元文化艺术教育

美国是一个移民国家，特别是20世纪下半叶以来，由于来自世界各地的移民的增加，加诸美国民族呈现多样化发展趋势，美国兴起了多元文化教育。在20世纪末至今，在艺术教育领域，美国非常倡导多元文化艺术教育。美国艺术教育国家标准明确要求把艺术产生的历史、文化、民族背景作为艺术课程研制的基础，强调艺术教育的文化多样性，期待通过理解其他民族往往是很不同的思维方式、表达方式和工作方式，从而达到学会尊重和借鉴其他民族的目的。因此，儿童艺术教育课程必须扩大到包括超出西方标准的艺术形式，以当代艺术、非西方艺术、民间和当地艺术等形式呈现给儿童。

**二、美国学前儿童艺术教育的启示**

(一)政策支持儿童艺术教育发展

自20世纪下半叶以来，美国政府出台了一系列政策扶持儿童艺术教育的发展，尤其是20世纪90年代以来，美国政府日益关注艺术教育的发展，《2000年目标：美国教育法》明确规定艺术被法定为国家教育目标所列"核心学科"之一，继而《美国艺术教育国家标准》颁布，到目前为止美国绝大多数州(特区)早期艺术领域学习标准已纷纷出台等等一系列政策的颁布和实施，表明了政府对儿童艺术教育的重视。为了改进和提高美国的儿童艺术教育质量，促进每一个儿童的整体发展，美国不仅为儿童艺术教育的发展提供政策保障，也提供了理论支撑和资金扶助等。在我国，目前儿童艺术教育的发展参差不齐，而政府的适时介入和干预可以使儿童艺术教育中存在的问题得以缓解。

(二)注重课程的生活性、综合性

美国儿童艺术教育强调艺术源于生活，儿童艺术教育应与儿童的生活、儿童的体验密切相关。生活是艺术的基础与源泉，儿童艺术教育内容应该反映儿童的生活，与儿童的生活密切联系，让儿童感受生活和大自然中的美，学会用艺术的形式表现生活，增强对生活的热爱。目前，我国儿童艺术教育中存在的一个现象就是有些儿童艺术教育活动在一定程度上脱离儿童生活，基本上按照学科的角度组织安排教学活动。最初的艺术是综合性的活动，后来逐渐分化成独立的艺术门类，如音乐、美术等。对应人类艺术的发生发展历程及儿童的身心发展特点，在某种意义上可以说，早期儿童艺术教育内容也应该是综合的。儿童艺术教育不仅要体现艺术学科内部各艺术门类的联系，也要体现艺术学科与其他学科之间的联系，还要体现艺术欣赏与艺术创作的综合等。综合化、生活化的美国儿童艺术教育，可以为克服我国目前一些幼儿园儿童艺术教育内容人为割裂等问题提供借鉴和启发。

(三)关注儿童艺术教育评价

目前，我国的儿童艺术教育评价相对滞后，即我国尚未建立起健全、科学的艺术教育评价机制。存在的问题表现在：首先，缺乏科学、系统、完整的艺术教育评价的理论支持；其次，缺乏统一的测评体系和标准；再次，缺乏可供借鉴的研究成果。在我国，儿童艺术教育评价比较主观、不够科学，有些教师就凭自己心里对于儿童的表现或者儿童艺术作品的既定标准进行评价；有些教师则没有标准，不知如何评价。美国艺术教育国家标准对幼儿园至4年级、5年级至8年级、9年级至12年级3个年龄阶段的学生关于艺术(舞蹈、音乐、戏剧和视觉艺术)应该知道和能够做什么做出了详尽的表述。美国各州的早期艺术领域学习标准则指明了3～5岁儿童在艺术领域的标准条款，每条标准的行为表现指标，帮助儿童达标的准备性学习活动。评价的目的是确保儿童艺术教育质量，最终促进儿童的整体发展。因此，在我国研制儿童艺术领域学习标准或测评体系也势在必行。

(四)重视多元文化艺术教育

美国由于其独特的社会文化环境非常重视多元文化艺术教育。美国各州(特区)艺术领域早期学习标准的内容充分体现了学前儿童艺术教育内容的丰富性与形式的多样性。各州(特区)学习标准不仅涉及音乐、律动、美术、戏剧表演4个主要学科，还包括儿童体验自然之美，了解不同文化背景下的艺术等。而目前，随着国际化的进程加速，各民族之间的联系加强，应该对儿童进行多元文化艺术教育，学会在了解自己本国、本民族文化艺术的同时，尊重和借鉴其他国家和民族的文化艺术，促进多元文化融合和交流。每一种文化都有它自身存在的价值，都是儿童学习的教育资源。联合国教科文组织(UNESCO)颁布的《艺术教育路线图》(Road Map for Arts Education)提出艺术教育的目标之一是促进多元文化的表达。可见，正因为各种文化艺术的差异，才会有整个文化艺术的丰富、精彩，多种文化艺术都应该有表达的机会，而儿童也应该有了解和学习多种文化艺术的权利。

(五)加强儿童艺术教育师资培养

要提高儿童艺术教育的质量，关键在于教师，美国非常重视儿童艺术教育的师资培养。儿童艺术教师要经过严格的专门训练，艺术师资均在高校进行培养，从事艺术教学方面的教师至少应取得学士学位。在加强艺术教师职前教育的同时，通过高校、艺术教师培训中心举办艺术讲座、各种培训等多种途径，加强艺术教师的在职培训，提高儿童艺术教师的综合素质。目前，我国的儿童艺术教育师资良莠不齐，部分艺术教师综合素质太低，教学观念陈旧，难以胜任儿童艺术教育教学。因此，我国应加强儿童艺术教育师资的职前教育和职后培训，促进艺术教师的专业发展。不仅儿童艺术教育教师的职前教育要重视与儿童艺术教育实践的结合，而且还要通过专家讲座、短期培训、定期教研、参观访学等多种形式，提高在职儿童艺术教师的综合素质和教学水平。

(资料来源：http://www.cnki.com.cn/Article/CJFDTotal－WGJY201107010.htm)

# 第五章　学前教育课程

【内容提要】

课程的概念经过了漫长的历史发展沿革，最终形成了不同理论派系下的内涵。学前教育课程是学前教育领域中的一个核心问题，认识学前教育课程的基本内涵，了解学前教育课程的主要理论流派和教育模式，有助于我们设计出更好的学前教育课程。哲学、心理学和社会学的发展对学前教育课程的完善和发展起到很大的促进作用，同时也促进了学前教育课程教学模式的创新。科学的评价模式是不断提高学前教育课程质量的有效途径。

【学习目标】

1.了解学前教育课程的发展沿革和课程特点；

2.掌握学前教育课程的教学模式和活动创编的原则和实施策略；

3.掌握学前教育课程的目标结构、内容的选择和课程评价的方法。

【关键词】

学前教育课程；价值取向；目标结构；课程特点；创编原则；评价体系

## 第一节　学前教育课程概述

### 一、学前教育课程的内涵

#### (一)课程基本问题

1.课程的定义

对于课程，存在着许多种定义。每一种课程定义都隐含着某种哲学假设和价值取向，隐含着某种意识形态以及对教育的某种信念。

"课程"一词始见于唐宋间。但在"课程"一词还未出现之前，我国古籍书中就有关于课程内容及安排的记载。比如《礼记·内则》有："六年，教之数与方名"；"九年，教之数日"；"十年，出就外傅，居宿于外，学书计"；"十有三年，学乐、诵诗、舞勺。成童，舞象学射御。二十而冠，始学礼。"唐代学者孔颖达在《五经正义》中为《诗经·小雅·巧言》的"奕奕寝庙，君子作之"一句注疏时，说"教护课程，必君子监之，乃得依法制也"。据考，这是"课程"一词最早在汉语文献中的使用。南宋学者朱熹在《朱子全书·论学》中多次运用课程一词，其课程的含义与当今人们对课程的理解已经很接近。在英语中，课程(Curriculum)一词来源于拉丁语"Currere"，用名词形式解释该词的词义是"跑道"即"学程(Course of Study)"，课程的含义是为儿童设计学习的轨道。用动词形式解释该词的词义，"奔跑"即"学习的过程"，课程的含义是儿童对自己学习经验的认识。

可见，课程最常见的定义是学习的进程。课程一词作为教育术语，是在1582年荷兰的拉丁大学里得到首次确认的。可以说，世界上有多少种语言，就有多少种"课程"的表达方式，但对课程所指向的基本内涵却是相似的，即指教育的内容及其进程安排。

在当代课程文献中探讨课程的本质内涵时，不同的学者由于个人的价值倾向不同，对知识、教育的理解不同，对课程的本质的理解也各不相同，结果出现对课程界定的众说纷纭。有人统计目前关于课程的定义超过100种。但仔细梳理一下，多种多样的课程界定大致可以归为五类：

(1)计划类，这种课程观把课程视为教学的预先计划。作为培养人的计划，它包括课程目标(培养什么样的人)、课程内容和组织(提供什么样的学习经验，以及如何组织这些经验)、课程评价(如何检验课程目标的实现)等四大要素。这种课程观的特点在于课程计划和课程程序。但是，从课程作为一种教育的手段和基本途径来看，显然忽略了作为教学实践的课程实施。可以说，这种课程观过于强调静态设计、预设课程，而忽视动态设计、生成课程。

(2)经验类，这种课程观把课程视为学生在教师指导下所获得的经验或体验，以及学生自发获得的经验或体验。它起源于杜威的进步主义教育思想，其基本的着眼点是儿童的兴趣和动机。这种课程观的突出特点是把学生的直接经验置于课程的中心地位，从而消除了课程中“不见人”的倾向。这种将课程的内涵转移到学生身上，关注学生的兴趣、需要，关注学生在学习过程中所学的知识及其个人意义，是课程概念的一个里程碑式的革命。但是，这种课程观在实践中由于经验课程的个体性、默会性等特点，很难为教师所把握。因此，这种观点很吸引人，但真正实施时会遇到很大挑战。

(3)结果类，这种课程观把课程视为教学过程要达到的目标或结果。他所关注的结果不是实现中的学习结果，而是预设中所期待的结果。为此，选择和制定一套有结构、有序列、可操作性的课程目标是课程编制的核心任务。这个目标系统既是选择和组织教学活动的指南，又是监控、评价教育教学和结果的标准。总之，整个课程的运行都围绕目标体系进行的。如此一来，这种课程就把课程目标或结果与课程手段、课程过程人为地割裂开来，并片面强调前者。

(4)知识类，这种课程观主要强调的是课程内容，而且把课程内容限于源自文化遗产的学科知识，具体包括了以自然科学、社会科学、人文科学为基础来组织教学的各种学科形态，如数学、语文、英语等。这种课程观最大的缺陷是把课程视为外在于学习者的静态的东西，对学习者的经验重视不够。

(5)活动类，这种课程观把课程视为实现教育目的的手段，是帮助儿童获得有益的学习经验、促进儿童身心全面和谐发展的各种活动的综合。这种分类不同于“计划类”“经验类”“结果类”，它突出强调两点：一是活动，二是过程。其关注的内容包括活动计划、活动过程、活动结果以及在此过程中儿童获得的经验等。这种课程观用活动来解释学前教育课程，有其优越之处：一方面，活动具有主体性和对象性，作为活动的两大因素——对象和主体并存在活动当中。活动是连接主客体的桥梁，将课程理解为活动，有利于研究者与教师同时注意两个方面的问题——学习的对象和学习的主题。另一方面，活动一词更能反映儿童学习的本质和特点，因而更适合用来解释学前教育课程。

2.课程类型

(1)一元化课程与多元文化课程

一元化课程是一种“主流中心的课程”，是一种以占主导地位的民族的文化、历史、立场和经验为中心而设置的课程。

科学技术的发展、社会关系的变化以及人口的流动等因素使多元文化的影响“注入”课程和活动设计之中，在批评一元化课程的基础上多元文化课程发展起来。这种课程强调课程要能体现各种文化之间的差异，在尊重各种文化的同时，要将主流文化与少数族群的文化能够整合成一体。

(2)分科课程与活动课程

分科课程又称科目课程，指的是根据培养目标和科学发展水平，从各门学科中选择适合一定年龄阶段儿童的发展水平的知识，组成教学科目。分科课程将科学知识加以系统组织，使教材依一定的逻辑顺序加以编排，注重儿童在学习过程中知识和技能的掌握。活动课程以儿童的兴趣、需要和能力为出发点，通过儿童自己组织的活动而实施课程。活动课程打破了学科本身的逻辑，注重儿童的学习过程本身。

(3)显性课程与隐性课程

显性课程是有计划的、有组织的学习活动，学生有意参与活动的成分很大。显性课程主要通过课堂教学而获得知识和技能，学生在显性课程中获得的主要是预期性的学科知识。隐性课程则是无计划的、无组织的学习活动，学生在学习活动中主要获得的是隐含于课程中的经验。隐性课程主要通过学校环境(包括物质环境、社会环境和文化影响等)让儿童得到知识、态度和价值观。

显性课程与隐性课程之间存在着内在联系。一方面，在显性课程实施的过程中常常伴随着隐性课程；另一方面，隐性课程也在课程实施的过程中不断地转化为显性课程。

### (二)对学前教育课程的界定

#### 1.学前教育课程的定义

学前教育课程一词，早在70多年前就已经为我国幼儿教育界所使用。20世纪二三十年代，张雪门专门对课程和幼儿园课程做过解释："课程是什么？课程是经验，是人类的经验最经济的手段，按照有组织的调制，用各种方法，以引起孩子们的反应和活动。幼儿园课程是什么？就是给三周岁到六周岁的孩子所能够做而且喜欢做的经验的预备。"

20世纪50年代以来，我国关于学前教育课程比较有代表性的观点有以下三种：

(1)学前教育课程是指幼儿园所设科目，如体育、语言、常识、计算、音乐、美术等。这种说法是从苏联引进的，他强调的是系统知识的价值。

(2)学前教育课程是反映幼儿园某一门科目的教学规律的整体教育结构，或反映幼儿园整体教育客观规律的总体结构。

(3)学前教育课程是指幼儿园教育活动的总和。

进入21世纪后，学前教育在各个方面进行广泛的改革，其基本价值取向是以儿童的身心和谐发展为最终目的，旨在培养人格健康的"完整儿童"。就课程界说而言，其中心在于做出"经验维度"的解释。可见，学前教育课程是在学前教育机构安排下所进行的一切有组织、有系统、有意义的儿童在教育机构内外的学习经验或活动。这个概念的界定有以下两层意思：

第一，学前教育课程是"学习经验"或"活动"。目前，我国的基础教育课程改革主要接受的是经验维度的课程观，课程是指学生在学校教师的指导下的整个生活活动的总体。这种课程定义的特点是把学生的直接体验置于课程的中心地位，从而消除了课程中"见物不见人"的倾向，一定程度上消除了内容和过程、目标和手段的对立。这种课程观在我国当前基础教育改革中得到强调，尤其在学前教育课程改革中更得以积极提倡。

第二，学前教育课程是有组织、有系统、有意义的。这也意味着，学前教育课程是有目的的。如果我们对学前教育机构组织的学习经验或活动不加以目的引导，就有可能使学前教育机构陷入为活动而活动的危险。有组织、有系统、有意义的内涵在于帮助儿童获得有益于身心健康发展的学习经验。这样，使得学前教育课程具有明确的目标，为活动的开展指明了方向。

#### 2.学前教育课程的性质

(1)学前教育课程是基础性课程。学前教育课程的基础性包含直接性和间接性两方面意义。就直接性而言，学前教育课程的基础性意味着学前教育和小学教育的必然联系，是儿童发展阶段性与连续性有机统一的必然性要求。学前教育课程的基础性不仅是身体方面的，也是心理方面的，是知、情、意、行各方面的。这种基础性孕育着今后发展的巨大潜能，其中的秩序是不可逆转的。这就涉及基础性的间接方面。未来社会是学习型的社会，人需要终身学习才能适应变化激烈的社会环境。目前，终身学习理论已经成为人们的共识，由此看来，学前教育课程将是人生教育的根基课程。

(2)学前教育课程是适宜性发展课程。所谓"适宜性发展"，是指课程适应学前儿童身心发展的客观规律，但不仅仅停留于儿童身心发展的现状；而是提供适宜的刺激，促进儿童适应的发展。换句话说，课程是着眼于儿童的明天。"适宜性发展"的提出说明了儿童发展的可能性，其意义在于教育者不仅看到儿童今天已达到的发展水平，而且还看到仍处于形成的状态，正在发展的过程。

## 二、幼儿园课程的特点

### （一）幼儿园课程目标的全面性、基础性、启蒙性

学前教育是全面发展的教育，幼儿园课程是实现学前儿童全面发展目标的中介。因此，幼儿园课程必须以实现学前儿童在身体、认知、情感、个性、社会性等方面的全面、和谐发展为目标。学前儿童的全面发展与其他年龄段的学习者相比有特殊之处。在学前儿童发展的诸方面中，身体的发展是首要的目标，因此，幼儿园课程应充分遵循学前教育和保育相结合的原则，做到教育目标和保育目标的融合。幼儿园课程是幼儿教育的载体，它直接影响幼儿在这一阶段所获得的经验及成长，从而为他今后的发展奠定基础，因而具有基础性。

学前阶段是人生发展的启蒙阶段，幼儿园课程需要向幼儿传递关于自然、社会与人类最浅显的知识和观念。学前教育的目标应使幼儿在原有发展水平的基础上得到初步的身心锻炼和启迪，使幼儿在享有快乐童年的同时，身心得到与其发展水平相适应的发展和提高。所以，幼儿园课程的目标应是启蒙性的，不宜追求过高的目标，尤其不应追求过高的认知目标。

### （二）幼儿园课程内容的生活性、浅显性

幼儿园课程具有浓厚的生活性特征，课程的内容来源于幼儿的生活，课程实施更要贯穿于幼儿一日生活的各个环节，这就是幼儿园课程的生活性特征。学前儿童处在身心发展的特殊时期，他们的思维是感性的、直观的。对学前儿童来说，最有效的学习就是他们感兴趣的学习，最有效的学习内容就是他们可以感知的、具体形象的内容。这种学习内容主要源自儿童周围的现实生活。因此，幼儿园课程的内容与现实生活的距离越近，越能引发幼儿的学习兴趣，幼儿的学习也就越有效。当然，现实生活是多层次的、复杂的，生活中有有益的经验，也有无益的或有害的经验。因此，必须对生活进行过滤，才能使之成为课程内容，且这些内容不应是以知识的逻辑组织起来的严格的学科，而应是以生活的逻辑组织起来的多样化的、感性化的、趣味化的活动。幼儿园课程的生活性还意味着幼儿园课程的内容并不是严格的学科知识的再现，课程内容是随着生活情境的变化而发生变化的，幼儿的兴趣是确定课程内容的重要依据。

### （三）幼儿园课程结构的整体性、综合性

幼儿园课程是多个学科、多个发展领域之间的相互联系、相互促进的整体。既然幼儿园课程是以生活的逻辑加以组织的，是以幼儿的兴趣为引导的，而生活是整体的，因此幼儿园课程不应追求将现实生活割裂的或与现实生活不一致的知识系统。在现实的课程实施中，儿童是以“完整人”的形象出现的。因此，幼儿园课程的内容应是综合的，应尽可能使不同的课程内容产生联系，以促进学习迁移。

### （四）幼儿园课程实施的活动性、经验性

幼儿园课程的实施，关键在于为幼儿创设丰富的活动情境和有利于幼儿自发、积极主动探究的活动氛围，为幼儿提供各种探究与互动的机会，使幼儿在一日生活中获得直接经验。学前儿童心理发展的特点尤其是学前儿童学习的特点决定了学前儿童学习的内容应是直观的、形象的，因此，学前儿童的学习一定要借助具体的情境、具体的事物，在参与、探索和交往的过程中学习。幼儿园课程的实施，关键在于创设丰富的活动情境，创设有利于幼儿自发主动活动的氛围，为幼儿提供各种互动的机会，为幼儿提供与其发展相适应的帮助。

### （五）幼儿园课程资源的潜在性、开放性

幼儿园课程总是蕴含在环境、材料和活动之中，使幼儿受到这些因素潜移默化的影响。

## 三、学前教育课程的价值取向

### （一）如何理解学前教育课程的价值取向

课程的价值问题是课程的核心问题。课程的价值取向决定了课程的内容以及他们之间的各种关系，课程的价值取向一旦确定，课程的目标、内容、方法和评价等因素就会在其统和之下形成一个整体，并发挥整体功能。各种课程之间的差异主要反映其所依据的哲学观和教育目的的不同，表现为相对强调价值体系中的某一个方面。

学前教育课程的价值取向是学前教育课程活动的起点和目标，学前儿童在他们的身体、认识、情绪、社会性等方面的发展，会相互影响，会起连锁的反应，因此，课程不应该侧重某一方面的内容，而是要努力达到一种全面的平衡，实施全人格教育。

### （二）21世纪我国学前教育课程的基本价值取向

塑造完整儿童，实施全人格教育，发展学前儿童主体性，实施主体性教育，是学前教育课程的基本价值追求。他可以通过三方面得以体现：承认儿童童年生活的独特性；从科学世界回归生活世界，凸现儿童主体性；整合个人与社会之间的张力，追求主题的个性化发展。下面我们将具体地阐述这样的价值取向。

1.承认儿童童年生活的独特性

在漫长的社会发展历程中，儿童被看作“有罪的羔羊”“家庭的财产”，教育的职能就是使这些天生有罪的儿童变成社会所需要的附庸，卢梭的“自然教育论”，第一次把儿童从社会偏见和成人的束缚下解放出来。后来，随着科学的发展，人们对儿童的生理、心理、教育等诸多方面有了更多、更深刻的了解，因而对儿童的看法也发生了根本性的变化，社会不仅开始承认儿童的独特性，而且以法律、法规等形式来确保儿童的利益。

承认儿童童年生活的独特性包括两层意义：第一，学前儿童具有巨大的发展潜力。不过，试图人为地加速儿童的发展，缩短童年期，将会给儿童带来极大的身心伤害。学前教育回归生活课程既要看到儿童教育的近期效益，更应该把儿童的长远发展作为追求的目标。第二，要珍视童年生活的价值。必须了解儿童，摒弃以成人世界的好恶为标准来评判儿童的传统思维模式，走进儿童的世界，应以儿童的过去、现在、未来为基点，以发展变化的观点去观察儿童的变化，了解他们已经具备什么，需要什么，是怎样发展的。

2.从科学世界回归生活世界，凸显儿童主体性

生活世界对儿童来说是不可或缺的，它具有重要的课程意义。一方面，生活世界是构成儿童各种认识素材的主要来源，生活世界是科学世界的根基，儿童在客观世界中所获得的真理性认识必须根植于其中，赋予其以丰富素材。教育活动成效在很大程度上取决于儿童本人在生活世界中实践活动的广度和深度，取决于他的感悟和理解。另一方面，生活世界能帮助儿童确立生活信念和获得发展内驱力。生活信念是具体生活实践中日积月累形成的、对生活本身真切的、不需要任何修饰的理解，是儿童在生活中所获得的各种观念进一步升华的胚胎，也是儿童确立人生信念的基础。

3.整合个体与社会之间的张力，追求主体的个性化发展

人类社会的发展除受经济、文化、环境等社会外部危机的影响外，人类社会内部的危机是困扰人类社会发展的又一个问题，突出表现在个人与社会关系的支离破碎。时代进步了，学校教育发展

了,而个人与群体间原本水乳交融的有机关系却变得支离破碎,人际交往中必备的合作、理解、同情、友谊日渐衰微。儿童取得良好的学业成绩是以牺牲人格的健全发展为代价的。学校变成了滋生孤独和个人主义的温床,更可怕的是,这种孤独和个人主义还会在未来社会中蔓延开来。

### 四、幼儿园课程的类型

#### (一)国外著名学者的课程类型思想

1.古德莱德的课程思想

美国学者古德莱德以课程决策的层次为标准把课程分为五种类型,即观念层次的课程、社会层次的课程、学校层次的课程、教学层次的课程、体验层次的课程。

2.艾斯纳的课程分类

美国斯坦福大学的艾斯纳教授从课程的功能出发,把课程分为以下三种类型:一是显性课程。显性课程又被称作正规课程,即学校教育中按计划开设的、由专门的教师负责组织实施的课程。二是隐性课程。隐性课程又称为隐蔽课程、无形课程、潜在课程等。它是在学校情境中以间接的、内隐的方式呈现给学生的课程。具体来说,隐性课程是指那些在学校政策和课程计划中没有明确规定的,但却对受教育者身心发展产生重要影响的教育因素,即学生在学习环境中所学习到的非预期的或非计划性的知识、价值观念、规范和态度。三是悬缺课程。悬缺课程是指学校理应教导却未教导的东西,诸如学校未能提供给学生学习的选择机会、看法、概念及技能等。对悬缺课程的探讨可以分为如下三个层面:一是学校教育忽略的心智能力;二是学校课程遗漏的科目或教材;三是学校教育疏忽的情意陶冶。

#### (二)我国幼儿园课程类型

目前我国幼儿园课程主要是学科课程、活动课程和核心课程三种类型。此外,隐性课程的影响力也不可估量。“通过环境教育幼儿”“寓教育于一日生活中”“在生活中,在游戏中,在幼儿的自主活动中指导幼儿学习”等提法,均反映了隐性课程在幼儿园课程中的重要价值。

## 第二节　学前教育课程的编制原理

### 一、学前教育课程编制的依据

#### (一)教育哲学对学前教育课程的影响

学前教育课程发展的多样性与统一性也是教育哲学的多样性与统一性的一种反映。工业革命以来,随着科学技术的进步,现代社会发生了巨大变化。各国在解决各自的教育问题时,涌现了各种各样的教育思潮。它们在一定程度上也影响着学前教育课程的发展。作为学前教育课程的基础之一,教育哲学为课程提供了有关知识的来源、知识的性质、知识的类别、认识过程以及知识的价值趋向等问题的基本认识,这一切对于学前教育课程的理论和实践,特别是对学前教育课程的价值取向、学前教育课程设计模式、学前教育课程内容的选择和组织等都会有直接的指导作用。从不同的哲学立场出发,会有不同的知识观,因此也会对儿童早期的生活和未来生活的成功所需要的知识持不同的意见,从而对如何编制学前教育课程有不同的做法。

### (二)心理学对学前教育课程的影响

促进学前儿童发展是学前教育的基本出发点。在学前教育课程的编制过程中,必然会涉及对儿童发展及其学习过程本质等问题的思索。作为学前教育课程基础之一的心理学,为课程的编制提供了儿童心理发展的原因和规律,以及儿童的学习动机和学习过程等方面的有关的信息。学前儿童的心理发展具有独特性,学前教育的课程编制也应当依据儿童心理发展的基本规律。

### (三)社会学研究对学前教育课程的影响

社会学作为一门独立的学科还较为年轻,在此之前,一些思想家和教育家已经在一定的社会观背景下考察课程的问题。最著名的莫过于斯宾塞基于"完满生活做准备"学说和知识价值论,而为学科课程论所做出的新论证。他根据当时工业革命后所发生的社会政治、经济、文化等诸项变革,从实科教育思想出发,提出了"什么知识最有价值"的问题,从而变革传统课程,设计了我们所熟悉的分科课程。课程,作为社会文化的一个组成部分,同样受到各种社会因素的影响;同时也会因其保存、传递或重建社会文化的职能而对社会发展和人类文明产生作用。具体而言,社会文化不仅决定了个体的发展方向,也决定了培养人的教育机构的发展方向。

因此,教育必须完成把儿童培养成合格的社会成员,继承本国传统文化这样一个目标。教育应该明确地反映社会文化的价值观。就学前教育课程而言,社会文化的影响不仅表现在"教什么""如何教"的问题,而且在很大程度上影响着学前教育课程中"为什么教"的问题。

## 二、课程编制的基本模式

### (一)目标模式

目标模式是围绕课程目标的确定及其实现、评价而进行课程编制的模式。它产生于20世纪初期。当时,现代工业和科学技术的发展,使崇尚科学成为当时的时代精神。在这种思潮的影响下,教育也开始着眼于科学化,课程编制走向了社会控制的、有组织的和讲究实效的道路。

美国课程论专家拉尔夫·泰勒是科学化课程编制的集大成者。他在多年研究的基础上,提出了课程编制的基本程序、步骤和方法,称为泰勒原理。泰勒认为,在课程编制过程中,编制者必须回答四个问题:(1)学校要达到哪些教育目标?(2)提供哪些教育内容才能实现这些目标?(3)怎样有效地组织这些教育内容?(4)怎样确定这些目标正得到实现?解决这四个问题就需要做好四件事情,即确定教育目标、选择教育内容、组织教育内容、实施与评价课程。

### (二)过程模式

过程模式的代表人物是英国著名课程论专家斯滕豪斯。所谓过程模式,就是通过对知识和教育活动内在价值的确认,鼓励学生探索具有教育价值的知识领域,进行自由自主的活动。该模式把学生视为一个积极的活动者,教育的功能就在于发展学生的潜力,使他们自主而有能力地活动。该模式强调过程本身的教育价值,主张在教育过程中给学生以足够的活动空间。该模式还强调教师和学生的交互作用,教师在课程编制过程中不是学生行为的主宰者、控制者,而是学生的学习伙伴、学生行为的引导者。过程模式最有特色的地方就是给了教师充分的自主权,让教师在课程编制中发挥主动性、创造性。但同时也对教师的素质提出了较高的要求。因此,斯滕豪斯后来又提出"教师作为研究者"的课程思想,开创了课程研究重视教师主体的思想之河。

## 三、学前教育课程编制的逻辑

课程编制的逻辑主要涉及两个基本因素:一是作为教学内容的"学问的知识结构、知识系统以及学问逻辑”;二是不同发展阶段儿童的认知方式、认知结构和认知过程。作为教学内容的知识,它是以科学、学问为依据引申出来的。

## 四、课程编制的基本过程

自从泰勒提出课程开发的四大问题(确定教育目标、选择教育内容、组织教育内容、评价教育计划)之后,课程开发的理论研究和实践都是围绕这四个问题建构起来的,虽然它也曾遭受各方面的攻击,但“泰勒原理”经受了历史的考验。在学前教育课程编制中,我们也离不开这四大问题,因此,我们把“目标”“内容”“实施”“评价”作为课程编制的分析框架。

### (一)学前教育课程的目标

学前教育课程的目标是学前教育工作者对儿童在一定学习期限内学习效果的预期。它是学前教育机构教育目的的具体化。在课程编制过程中,最重要的阶段显然是确定目标这一阶段,因为其他三个阶段都取决于目标的确定。学前儿童身心发展特点、社会文化生活、人类知识是制订学前教育课程目标的依据,也是学前教育目标的“来源”。因此,要科学地制订学前教育课程目标,就必须研究学前儿童、社会、人类知识,从三个方面的研究信息中寻求支持。

### (二)学前教育课程的内容

选择学前教育课程内容是一项极其重要而复杂的活动。首先,要系统地考虑教育目的、教育价值等这些基本的教育哲学问题,以教育理念和学前教育课程目标定位出发点,选择教育内容。其次,必须考虑技术、意识形态、社会状况等这一类现实的文化条件对课程内容的影响。再次,明确作为现代人所应当具备的健康、语言、社会、科学、艺术等领域内容的知识体系,据以选择各领域内容。最后,根据儿童的身心特点,以接近理想的方式,选择、组织符合儿童特点的、符合学问逻辑和教学逻辑的教学内容。

### (三)学前教育课程的实施

课程实施是把静态的课程方案转化成为动态的课程实践的过程,也是教师以课程计划为依据而组织儿童活动的过程。美国课程论学者古德莱德总结了五种不同层次的课程,深刻地触及了课程实施的问题。

(1)理想的课程。这是尚处于观念之中的课程,课程目标、内容都以观念形态被倡导。这是诸如政府、研究机构、学术团体和课程专家探讨的课程问题或提出的课程改革方向。

(2)正式的课程。国家和地方经常通过各种政策法规来影响课程,产生诸如课程政策、课程标准、教科书等形式的课程实体,便是正式的课程。

(3)理解的课程。它是指学校教师对正式课程加以理解后所调整的课程。这类课程大部分是经过学校有关人员根据学校特色和需要对正式课程进行选择和修改而形成,表现为具体的每日、每周、每学期和每学年的课程。

(4)运作的课程。它是指教师实际实施或执行的课程。在这个层面上,教师必须根据课堂上的具体教育情境的变化对“理解的课程”做出不断地、适当地调整。

(5)经验的课程。它是指学生实际体验到的课程。从理想的课程到经验的课程,尽管学生所经历的课程学习是一致的,但是不同的学生会获得不同的学习经验,这也是课程实施中的最终检验环节——每一个儿童究竟受到怎样的影响。

从上面五个层次来看,理想的课程、正式的课程属于课程计划阶段,而理解的课程、运作的课程、经验的课程则属于课程实施阶段。

### (四)学前教育课程的评价

所谓学前教育课程的评价,是对学前教育课程进行考察和分析,以确定其价值和适宜性的过程。其主要目的在于了解课程的适宜性、有效性,以便调整、改善、选择和推广课程,提高学前教育的质量。学前教育课程评价有不同的种类,按照功能加以区分,可以将课程评价分为诊断性评价、形成性评价和总结性评价等。诊断性评价是指在教育活动开始之前,为使其计划更有效的实施而进行的预测性评价,其目的在于了解被评价者的基本情况,为制订教育计划或解决问题搜索资料做好准备。形成性评价是指在教育活动过程中评价活动本身的效果,目的在于及时了解教育活动过程中的情况,以便及时获得反馈信息,适时调节控制,以缩小工作过程与目标之间的差距,并通过评价研究工作进程,总结经验,及时改进工作。总结性评价是指在完成某个阶段的教育活动之后,对其成果做出价值判断,也就是以预先设定的教育目标为基准,对评价对象达到的目标程度进行评价。这种评价的目的在于全面了解该阶段的成果,以向教师或其他决策者提供信息。

为了充分发挥课程评价的积极作用,避免错误评价带来的负面影响,学前教育评价一定要做到诊断性评价、形成评价和总结性评价相结合。同时,课程评价一定要有科学、正确的评价取向和评价标准。

# 第三节　学前教育课程的目标

## 一、学前教育课程目标的基本价值取向

### (一)学前教育课程目标的内涵

学前教育课程目标是幼儿教育工作者对幼儿在一定学习期限内学习效果的预期,它是学前教育目的的具体化。学前教育课程目标与中小学课程目标相比,学科性、知识的系统性并不明显,课程目标更具整合性,突出指向幼儿的一般发展性。

### (二)学前教育课程目标的基本取向

根据美国课程论专家舒伯特的观点,可以把课程目标取向分为以下四种类型。

1.普遍性目标

普遍性目标是指依据一定的哲学或伦理观、意识形态、社会政治需要而引出的对课程进行原则性规范或总括性指导的目标。

2.行为目标

行为目标是关注儿童在学习中的行为变化,将儿童在学习活动中的具体的行为表现作为描述重点的目标。

3.生成性目标

生成性目标也称形成性目标或展开性目标。它是在教育过程中生成的课程目标,即不是事先规定的目标,而是强调教师根据课堂教学的实际进展情况提出合适的目标。

4.表现性目标

表现性目标是由美国课程论专家艾斯纳提出来的,是指课程的设计者将课程的重点放在学习活动给幼儿身心整体发展带来的变化上,将课程引起的幼儿身心变化作为描述的重点。

## 二、学前教育课程目标的制订原则

### (一)整体性原则

学前教育课程目标的涵盖面要尽量力求周全,考虑幼儿的全面发展。这里的全面发展,不仅包括体、智、德、美各方面,而且要尽量涵盖情感、态度、认知、动作技能等内容。

### (二)系统性原则

课程目标的制订要遵循连续性和一致性的原则。一方面,阶段性目标之间要相互衔接,体现心理发展的渐进性;另一方面,下层目标与上层目标之间、局部目标与整体目标之间要协调一致。

### (三)可行性原则

课程目标的制订要充分考虑本地区、本幼教机构、本班儿童的实际情况。就学前儿童而言,一方面,不同年龄阶段的幼儿,其思维发展的水平也不一样,但都处于形象思维的不同阶段,因此就必须考虑到学习活动主题的生动性和相对应的难易程度。另一方面,幼儿原有的知识经验也影响着主题学习的效果。

### (四)时代性原则

课程目标的制订应关注社会,关注社会的发展,在了解社会发展趋势的基础上培养未来社会所需要的人才,体现时代性。

### (五)补偿性原则

补偿性原则也称为缺失优先原则。一般来说,由政府或课程专家制定的幼儿园课程总目标是一种理想的目标,儿童现实的发展与这种理想目标之间不可避免地存在着一定的差距。因此,在制订地方课程纲要或园本课程时,特别要在课程目标中把儿童现实发展中不足的但又是理想发展中所必需的方面突显出来,并在课程的各个环节中给予特别的关注,以保障幼儿基本的学习权和发展权。

### (六)辩证性原则

在课程设计中应该处处体现辩证的观点。辩证的观点不仅应表现为协调社会要求、儿童需要和学科知识之间的关系,而且体现为平衡情感、认知、动作技能之间的关系。

## 三、学前教育课程目标的层次与结构

概括而言,目前学前教育课程目标的体系主要有两种:以学习内容领域为结构框架的目标体系和以儿童发展领域为结构框架的目标体系。

教育目标具有不同的层次,高一层次的概括性目标必须转化为低一层次的具体目标才可能实施。教育实践中,经过分解的具体目标直接决定着教育活动内容的选择与组织实施。

### (一)学前教育课程目标的层次

一般来说,幼儿园课程目标可划分为五个层次:

(1)幼儿园课程总目标,即幼儿园教育目标(长远目标);

(2)年龄阶段目标(中长期目标);

(3)学期目标(中期目标);

(4)月(或几周)计划(主题活动)的教育目标(近期阶段目标);

(5)某一教育活动目标(近期具体目标)。

上述五个层次的课程目标中,每一级目标都是上位级目标的具体化,同时又是下位级目标的抽象与概括。通过这样的层层分解,使课程目标转化为具体可见的教育行为,落实在日常保教活动中。

在目标纵向层次化的过程中,需要教师做到以下几点:一是通过观察研究,把握儿童的年龄特点和实际发展状况;二是把握目标实现的"梯度",层层分解目标,使之具体、细化;三是根据儿童的个体差异,制订不同水平层次的活动目标。

### (二)学前教育课程目标的结构

课程目标的层次是从儿童的年龄和发展水平的维度来探讨课程目标的构成。课程目标的结构则是从儿童心理结构的维度和教育范畴或内容的维度来探讨怎样将课程目标进行分类。

1.按儿童心理结构的维度进行分类

美国教育家布鲁姆以人的身心发展的整体结构为框架,将教育目标分成认知、情感、动作技能三个领域。

(1)认知领域的目标:由知识的掌握与理解及智力发展诸目标组成,包括知识、领会、运用、分析、综合、评价六个层次;而知识这一层次又分成三个小类,如具体的知识、处理具体事物的方式方法的知识、学科领域中的普遍原理和抽象概念的知识。

(2)情感领域的目标:由兴趣、态度、价值观与正确的判断力、适应性的发展目标组成。

(3)动作技能领域的目标:由感知动作、运动协调和运动技能诸目标组成。

布鲁姆的目标分类为我们拟订学前教育课程目标提供了一个较为全面的框架。在课程实施中,我们不仅要促进儿童在认知方面的发展,还要促进他们在情感、动作技能等方面的发展,而且这三个方面是互相渗透、互相联系、互相促进的。

2.按教育范畴或内容的维度进行分类

(1)从教育范畴的角度提出课程目标。我国《幼儿园工作规程》中规定的保教目标,基本是按体育、智育、德育、美育等四个方面提出的。体育:促进幼儿身体的正常发育和机能的协调发展,增强体质,培养良好的生活习惯、卫生习惯和参加体育活动的兴趣。智育:发展幼儿智力,培养正确运用感官和运用语言交往的基本能力,增进其对环境的认识,培养有益的兴趣和求知欲望,培养初步的动手能力。德育:萌发幼儿爱家乡、爱祖国、爱集体、爱劳动、爱科学的情感,培养诚实、自信、好问、友爱、勇敢、爱护公物、克服困难、讲礼貌、守纪律等良好的品德行为和习惯,以及活泼、开朗的性格。美育:培养幼儿初步感受美和表现美的情趣和能力。

(2)从教育内容领域的角度提出课程目标。《幼儿园教育指导纲要(试行)》采用的就是这种目标分类方法。它把幼儿园教育划分为健康、科学、社会、语言、艺术五个领域,规定了每一个领域的教育目标。此外,还有从儿童发展领域的角度提出的课程目标。例如,美国哈托夫等人将学前教育课程分为四大领域:社会与情绪发展、知觉与动作发展、认知发展、语言发展,并对每个方面达到的目标做出了规定。

探讨课程目标的层次与结构,为我们建构学前教育课程目标体系提供了一个全面完整的理论框架。在确定课程目标时,我们首先考虑的是期望儿童在哪些方面获得发展,即心理结构问题。其次,无论是哪一个方面的发展都有其特定的具体内容,都应有相应的课程内容做依托。再次,我们要考虑儿童的年龄特点。它为我们选择课程内容的深度、广度、儿童达到的要求提供了心理学依据。

## 四、学前教育课程目标的表述

目标是对儿童学习结果的预期，它既对教育行为起导向作用，又是检验教育效果的标准。因此，目标的表述要准确，清晰。

### （一）目标表述的角度

课程目标可以从不同的角度来表述。

（1）从教师的角度表述，指明教师应该做的工作或应该努力达到的教育效果。常用“培养……”“教育……”“引导……”“要求……”等方式表述。

（2）从儿童的角度表述，指明儿童通过学习应达到的发展。常用“感受……”“理解……”“喜欢……”“参与……”“能够……”等方式表述。

对于这两种表述方式，更多的人倾向于使用后者。因为它可以让教师将教育活动的关注点更多地放到儿童的“学”、儿童的发展上，而克服以往教师较多注意自己“教”的行为。

### （二）目标表述的性质

目标按其性质可分为行为目标和表现性目标。

1.行为目标

一种用可观察到的或可测量的儿童的行为来表述的课程目标。它具体、明确，具有客观性和可操作性的特点。行为目标一般包括三个构成要素：

（1）核心行为。它是期待孩子能够做到的某种行为，往往要用一个操作性动词表示，如“说出”“指认”“区分”等。

（2）行为产生的条件。它是核心行为发生的条件或背景。比如“能够在团体面前表达自己的意见”。

（3）行为表现的标准。它是指核心行为表现可接受的程度。比如“能够在团体面前声音洪亮地表达自己的意见”。

2.表现性目标

与行为目标相对，表现性目标描述的是幼儿身心的一般变化，而非某种特定行为。例如，“能避开危险，学会保护自己”“有求知欲，情绪愉快”。由于表现性目标描述的是儿童身心的一般变化，所以它比较适合表述中远期目标，比较适合难以用具体行为来表述的那些情感态度类目标。

## 五、学前教育课程目标制订的基本要求

（1）目标的内容要有机整合。一般来说，目标的整合可以通过两种方式来实现。其一，目标尽量涵盖儿童在五大领域获得的发展，不宜只就某一领域提出目标。其二，目标要能够促进儿童认知、情感和态度、动作和技能的全面发展，不宜只就某一方面提出目标。教育活动目标的“整合”，并不是说每个教育活动的目标都要面面俱到，某一活动的目标可以有所侧重。但从一段时间看，从整体上来看，应当保证儿童身心全面发展，不可偏废。

（2）目标的制订要明确具体。目标的层级不同，其内涵、阐述的方式都是不同的。越是上位的目标越宏观、笼统、概括，反之则越微观、明确、具体。

（3）目标的表述要清晰。目标的清晰表述必须注意两个方面的问题：

一是认知、情感和态度、动作和技能三方面的内容分别阐述，避免交叉重复。

二是表述的角度要统一。叙述目标时可以从教师的角度出发，也可以从儿童的角度出发，但是表述的角度前后要统一，不要混用。

(4)目标的水平要符合儿童的实际。只有在研究和把握本班儿童身心发展的实际水平、发展需要和可能性的基础上,才能确定儿童进一步发展的潜力、方向和步伐。因此,教师要观察、了解儿童发展的现状及内在需要,使教学目标处于儿童的最近发展区内,促进儿童由潜在发展水平向现实水平过渡。另外,在一个活动中,拟订的目标容量不易过大。由于儿童之间的能力、态度、认知等方面存在很大的差异,教育目标不仅要满足大多数孩子的发展需要,还要照顾到个别儿童。

(5)上、下位目标之间要保持一致。目标的实现不是一次教育活动所能办到的,越是长远的目标越是如此。任何一个上位目标的实现,都是通过多个下位目标的实现而达成的。因此,我们在拟订一个具体教育活动目标的时候,一定要与阶段目标在方向、内容上保持一致。

(6)要根据儿童的反馈情况,及时调整目标。由于儿童所具有的生活经验各不相同,他们的兴趣与需要往往也与教师预想的不完全吻合,因此要根据教育过程中对儿童的观察了解,如果发现目标拟订得过高或过低,就要及时、灵活地调整目标。

## 第四节　学前教育课程内容的选择

### 一、正确理解学前教育课程内容

#### (一)学前教育课程内容的内涵

学前教育课程的内容是根据学前教育课程目标和儿童的年龄特点选择的,通过学前教育机构的一日生活使儿童习得的基础知识、基本技能、基本态度和基本行为方式。

明确幼儿园课程内容的内涵,有非常重要的意义。第一,可以使我们去思考什么是知识。课程内容包含基本知识、基本态度、基本行为三个方面。在这里,我们就需要认真思考这里的知识是什么?新的知识观和以往的知识观有什么区别?幼儿园课程应该关注哪些知识?这些都是学前教育课程内容必须回答的问题。第二,可以理解什么是幼儿的学习。既然幼儿园课程的内容如此丰富,那么学习的方式也必定是多种多样的。幼儿的学习也应该从间接到直接、从掌握到建构、从单一形式(上课)扩展到多种形式。第三,可以使我们从容地面对“知识爆炸”的危机。当今社会知识呈几何级数增加,反映到幼儿课程内容中就是“幼儿学不过来”。科学把握幼儿园课程内容的内涵,能够有效选择幼儿发展所需的内容,灵活应对“知识爆炸”的危机。第四,可以从逻辑上判断学前教育课程内容的条理性、一致性。学前教育课程内容同样也追求知识的逻辑性。只要我们明确了课程内容是一个有机协调的组织体,就能够判别课程内容在逻辑上的一致性、条理性。

#### (二)学前教育课程内容的范围

根据学前教育目标和儿童的年龄特点,学前教育课程内容包含以下四个方面。

(1)关于自己及其周围世界的粗浅的知识经验。对于学前儿童来讲,学习关于周围生活的粗浅知识,不仅能帮助儿童认识自己生活的环境,还能帮助儿童适应环境、发展自我。同时,知识还是培养儿童能力,形成良好的情感、态度的载体。知识对学前儿童具有教育价值和发展价值,因此知识是学前儿童学习的重要内容,传授知识是学前教育的重要任务。

(2)关于基本的活动方式、方法的知识技能和经验。学前儿童大大小小的诸多活动,构成了一日生活和学习活动。学前儿童需要了解和掌握的基本活动方式往往存在于他们经常进行的活动中,即在交往中学会交往,在劳动中学会劳动,在游戏中学会游戏,在观察中学会观察。教师只要具备这样的意识,就能抓住时机,充分发挥活动的各项价值。

(3)关于发展儿童智能和解决问题能力的经验。《幼儿园教育指导纲要(试行)》提到的五个领域中,每个领域都可以提炼出一个关键的能力,如健康领域的生活自理能力、自我保护能力,语言领域的倾听和表达能力,社会领域的交往能力,科学领域的思维能力,艺术领域的创造能力。只有抓住这些关键能力的培养才能保证幼儿在每一个领域的长远发展。

(4)关于帮助学前儿童形成良好的情感态度的经验。情感,是人对客观现实的态度的体验,它反映了客观事物与个体需要之间的关系,具体表现为爱憎好恶、喜怒哀乐等。积极的情感是个体发展的持续动力。那么,如何培养学前儿童良好的情感、品质呢?原则上讲情感态度不是“教”出来的,它是伴随着活动而产生的一种体验,类似的体验积累多了,就形成了比较稳定的倾向性。因此,创设良好的情境,在情感体验中陶冶情感,是幼儿阶段培养良好的情感、品质的有效途径。

### (三)学前教育课程内容的类型

学前教育课程内容的划分可以有多种维度,每种划分都有其针对性或特定的适用范围。

(1)按学科划分课程内容:我国 1981 年颁布的《幼儿园教育纲要(试行草案)》中,将课程内容分为体育、语言、常识、音乐、计算、美术六科,采用的就是这种分类方法。

(2)按学习领域划分课程内容:我国 2001 年颁布的《幼儿园教育指导纲要(试行)》中,将课程内容分为健康、语言、科当、社会、艺术五个领域。

(3)按儿童的主要活动形式划分课程内容:欧美一些国家,将课程内容分为游戏、工作、唱歌、律动、感觉训练、故事、实物观察、烹饪等,采用的就是这种分类方法。

(4)按幼儿心理发展领域划分课程内容:英国的“学会学习”课程内容是从幼儿身心发展的角度划分的。有自我意识、社会能力、文化意识、交际能力、动作与感知能力、分析与解决问题的能力、美感与创造意识七个发展领域。围绕这些领域选择活动和游戏,便构成了幼儿园的课程。

(5)其他形式的划分:中国福利会幼儿园的“生存课程”将课程内容分为学生活、学习、学做人几个方面。上海市二期课程改革时编写使用的教师参考用书,根据幼儿园一日不同活动形态的特点,把课程内容分为游戏活动、生活活动、运动和学习活动。

## 二、选择学前教育课程内容的基本要求

### (一)与课程目标相一致

学前教育课程内容是依据学前教育课程目标选择和确定的,它要体现目标的方向和要求,为目标服务,可以说目标为内容的选择提供了一个基本的范围和标准。

### (二)考虑发展的适宜性

所谓发展适宜性原则,是要求我们在选择课程内容时,要与本地区、本园、本班儿童以及个别儿童的实际相符合。心理学的研究向我们揭示了不同年龄孩子身心发展的规律、特点和发展趋势,为我们选择内容和确定方法提供了依据。具体来说,课程内容的难度控制在“最近发展区”内进行的学习活动才是最适合儿童发展的活动。

### (三)能够让儿童获得直接经验

0～6 或 7 岁的儿童,年龄越小越是以直觉行动思维为主,随着年龄的增长逐渐以具体形象思维为主,认知能力的提高离不开具体动作和具体事物的支持。学习的过程是儿童主动探索、自我思考、观察、比较、提问、讨论的过程。他们的学习是在具体的活动中进行的,是通过动作、通过现实地接触具体的、感性的事物来学习的。所以,在设计学前教育课程时,就必须考虑课程的内容是否可以经验化,即课程内容能否在具体的、生动的活动中,在儿童积极的操作、探索和体验中被有效地接受。

### (四)课程内容是儿童感兴趣的、关心的

儿童的兴趣、需要及已有的经验是学习的动力和基础。为了促进儿童的健康成长,引导有效的学习,教育者必须关注儿童,关注他们的兴趣和需要。儿童乐于参加的、能够全身心投入的活动,一定是他们感兴趣的活动。孩子"上课"时的说话、玩耍、调皮捣蛋,都是在以他们特有的方式告诉教师:我不感兴趣。

### (五)课程内容源于生活,又能加深儿童对生活的认识

(1)课程内容可源于儿童生活中的真实事件。这里的生活指的是儿童全部的生活实践,既包括物质生活(如衣、食、住、行等物质生活),也包括精神生活(如认知、情感等),既包括个人生活,也包括社会生活。

(2)课程内容要能加深儿童对生活的理解。源于生活并不是简单地重复生活,而是通过学习活动能够帮助儿童扩展、整理、提升生活经验,加深儿童对于生活的理解。

### (六)课程内容要利于儿童的长远发展

课程内容应关注儿童的长远发展,重视人生发展的最基本问题,如良好的行为习惯、健康的生活方式、良好的情感态度、学习的基本能力等。

### (七)课程内容要利于儿童的全面发展

学前儿童的发展包括身体的、认知的、情感的、社会性的发展等多个方面,各方面的发展相互联系、相互制约,形成有机的整体,因此选择课程内容不能以孤立地发展儿童某一方面的技能为主要目的,而要从全面的角度满足儿童整体发展的需要。同时儿童的生活是一个整体,在与外界环境相互作用的过程中,儿童不仅获得知识、技能,也同时获得某种体验,形成对事物的相应态度。因此,只有以促进儿童全面发展为目标选择课程内容,才能够培养出身心、人格完整的儿童。

## 三、幼儿园课程内容选择的原则

在《幼儿园教育指导纲要(试行)》中明确指出课程内容选择的要求:"第一,既适合幼儿的现有水平,又有一定的挑战性;第二,既符合幼儿的现实需要,又有利于其长远发展;第三,既贴近幼儿的生活来选择幼儿感兴趣的事物和问题,又有助于拓展幼儿的经验和视野。"依据这样的基本精神,在选择幼儿园课程内容时必须遵循以下具体的原则。

### (一)目的性原则

选择幼儿园课程内容时必须牢牢把握幼儿园课程目标的要求,一方面要兼顾体、智、德、美诸方面的内容,同时也要考虑每一方面在基本知识、基本态度、基本行为上的要求。

### (二)适宜性原则

选择幼儿园课程内容时,应选择能够促进幼儿适宜发展的内容。选择课程内容的时候,不能囿于幼儿已有的水平,不能只是低水平重复,而应该基于幼儿的水平、着眼于幼儿的发展来确定课程内容。

### (三)生活化原则

在选择课程内容时,应着眼于基于生活而又高于生活的原则要求,尽可能从幼儿的生活中寻找适合目标的内容,切忌舍近取远,求新求奇。

（四）兴趣性原则

兴趣性原则是基于幼儿学习成效考虑的。在选择课程内容时，兴趣性原则要求我们必须关注幼儿的兴趣，从幼儿感兴趣的事物中挖掘富含教育价值的内容。

（五）基础性原则

幼儿园教育是基础教育的重要组成部分，是我国学校教育和终身教育的奠基阶段。城乡各类幼儿园教育应从实际出发，因地制宜地实施素质教育，为幼儿一生的发展打好坚实的基础。

（六）逻辑性原则

逻辑性原则既不能拘泥于学科自身的体系，也不能抛开儿童身心发展特点而不顾。该原则要求在选择课程内容的时候，能够心中有“教学大纲”，眼中有“儿童大纲”，帮助幼儿在原有水平上获得提高，体现教育独特的价值。

### 四、幼儿园课程内容选择中容易出现的问题

（一）课程目标缺失

课程目标缺失突出的表现是：第一，在选择课程内容时，体、智、德、美诸方面不完全，偏重智育；第二，在选择各方面内容时又偏重于基本知识和技能，忽视情感态度方面的内容。

（二）课程内容超载

超载首先表现为量大，而量大的内容会有两种特性：一是难、深、偏、怪，大大超过了幼儿的可接受水平；另一种是浅、易，幼儿的学习是在重复自己的经验，没有适宜的提升和发展。所以，量大质不优，是课程内容超载的突出问题。

（三）课程内容脱离幼儿的生活实际

这表现为忽视幼儿在实际生活和活动中获得的直接经验与亲身体验，幼儿学习的内容离他们的生活经验很远，也不是他们的兴趣和需要所在，所以他们学习时常常是口是心非，出现“知识异化”。

（四）课程内容缺乏提升

在选择课程内容时，很多教师仅仅依靠个人的经验、偏好来确定幼儿课程的内容。很少考虑课程内容的系统性，缺乏整合与提升。

## 第五节　学前教育课程的组织

### 一、学前教育课程组织的概念

（一）学前教育课程组织的内涵

课程组织是指在一定的教育价值的指导下，将所选取的各种课程要素妥善地组织成课程结构，

以便有效地实施,进而实现课程目标。根据学前教育课程的特点,学前教育课程组织是教师通过科学地组织儿童经验与能动性、教育内容、活动、教师与儿童关系、班级氛围、环境材料等各种课程要素,使课程活动有序化、结构化、兴趣化,以产生优化的教育效应,实现课程的目标。

### (二)学前教育课程组织的线索

学前教育课程的有效组织可以从不同的角度和逻辑起点来考虑,主要是纵向、横向的两个方面。

1.纵向组织的线索

根据知识的内在联系组织课程内容有利于学习者获得系统的知识和严密的思维训练,其计划性比较强。根据学习者的心理逻辑(即儿童的经验、能力、兴趣、需要来组织内容),以儿童的生活经验为基点,按经验演进的规律逐步扩大学习范围,较适合儿童身心发展规律和个别差异,易于调动学习者的积极性、主动性和理解力。其教学内容具有较大的灵活性、变通性。

2.横向组织的线索

课程的横向组织体现为整合性。学前教育课程横向组织包括如下三个维度。(1)学前儿童经验的整合:在学前儿童不断学习和发展过程中,新学习的经验要与已有的经验在交互作用中不断整合起来。(2)知识内容的整合:不同学科知识在差异得以尊重的前提下有联系地相互整合起来,消除学科之间彼此孤立甚至相对立的局面。(3)社会生活的整合:课程内容以社会生活的需要为中心整合起来,并将社会生活视为具有内在联系的整体。

## 二、学前教育课程内容的组织

### (一)以学科为中心的组织形式

按照知识本身的逻辑性和系统性组织课程内容,是这种组织形式的共同点。根据知识分类的强弱程度,主要包括以下几种方式。

1.分科组织形式

分科组织形式,是将幼儿园教育内容分成不同科目,从各门学科中选取最基本的内容,组成各种不同的学科,分学科安排教学顺序、学习时数和期限。例如20世纪50年代,我国幼儿园课程分为语言、计算、常识、音乐、美术、体育六个科目,进行分科教学。

2.相关课程形式

注重相关学科在知识点上的必然联系,试图把两个以上的学科之间的联系作为组织内容的依据,但是科目的界限仍存在,同时保持了学科自身的逻辑体系和独立的学科地位。比如语文与历史、数学与物理、历史与地理等。

3.融合课程形式

采用合并相邻领域学科的方法,把几门学科的教材组织在一门综合的学科中,以减少教学科目。不同学科融合后所形成的新学科,其整体逻辑逐渐产生。例如幼儿园的“常识”,包括了植物、动物、气候等内容。

4.广域课程形式

这里的领域既可指知识领域,也可指学前儿童的发展领域。其主要特点是,把性质基本相同的学习内容分为几个领域,形成了相对独立的知识领域或发展领域,如健康、语言、科学、社会、艺术。这种形式加强了领域内部相关知识的联系,但本质上仍属于学科课程。

(二)以社会问题为中心的组织形式

这一课程形式是围绕着有关社会问题的解决来组织内容的。核心课程是这类组织形式的代表。从社会现实和儿童的需要、特点出发,选择出一个个主题,以此为核心将相关内容组织起来。在一定时期内,儿童所有的学习活动都围绕这个中心来进行,这个中心就叫作核心,这样编订的课程叫作核心课程。

(三)以儿童为中心的组织形式

以儿童为中心的课程强调,根据儿童的兴趣、需要和能力来组织课程内容,注重让儿童在生活情境中学习。

### 三、学前教育课程内容组织的基本要求

(一)连续性

该要求强调的是后续的学习经验与先前的经验之间的关系。也就是说,新学习的课程内容应该建立在儿童已有经验的基础之上,并对已有经验进行扩展与加深。

(二)顺序性

我们在组织课程内容时,要根据儿童的认知、学习特点,由浅入深、由易到难、由简单到复杂、由具体到抽象。

(三)整合性

整合性是把课程当中各种不同的课程内容之间建立适当的联系,以达到最大的学习累积效果。

## 第六节　学前教育课程的实施

### 一、学前教育课程实施的界定

学前教育课程的实施是通过拟订各层次的教育教学计划,并把计划付诸实践的过程。通过课程的实施,使课程所持有的教育理念得以实现。要想很好地理解学前教育课程实施的实质,首先须弄清学前课程计划及其与实施的关系。

(一)学前教育课程计划

1.学前课程计划的内涵

学前教育的课程计划是教师根据学前教育的课程目标,有计划、有系统地设计、组织和安排各育内容和教学活动,创设适宜的环境,合理安排儿童的生活。

2.学前教育课程计划的类型

课程目标可以分为不同的层级,与此相应课程计划也可以分为以下几个层次。

(1)学年计划。这是一个幼儿园全年教育目标和内容的整体性规划,要计划出全年的课程范围和进度,应由幼儿园领导组织有关教师集体拟订。

(2)学期计划。学期计划由班级教师共同拟订。

(3)月(周)计划。月(周)计划是由班级教师依据学期计划制订的,其重点应放在教育教学的具体活动以及环境的创设上。

(4)一日计划。一日计划是对一天的各个具体时段上的生活的安排和活动的设计,它是周教育活动计划在每一天的具体体现。学前教育机构一日生活的安排应该注意:第一,尽量减少转换环节。转换环节是学前儿童一日生活各个环节之间的转换。当儿童从一个活动转向另一个活动时,如果他们不知道下面要做什么,不知道对他们有些什么要求时,他们很容易失去自控能力。因此转换环节能少则少。第二,一日生活内容要有明确的规定,使儿童知道这一环节结束后,下一个活动的内容等。第三,一旦儿童集中后马上进行活动,即使还有少数儿童未到,减少等待现象,以免浪费时间。第四,根据动静交替的原则安排一日生活,防止儿童疲劳。

(5)具体活动计划。具体活动计划即教师通常所说的教案。它是对一个具体的教学目标、教学内容、教学途径与方法等方面的组织与安排。一般来讲,具体活动设计要考虑以下几个方面。

①基本信息。包括活动的名称、所属的课程领域、年龄班、活动的时间、地点、活动所需的时间等。

②活动来源。要表述开展这一活动的充足理由,并回答为什么要选择在这个时间、选择这些孩子做这样的活动。同时还要联系实际,考虑活动的目的是否建立在了解本班幼儿现状的基础上,说明从孩子身上观察到了哪些现象,促使教师觉得有必要开展此项活动。

③活动目标。期望儿童通过活动在知识、技能、情感态度等方面获得的发展。

④活动准备。列出活动在材料、场地等方面的需求,包括物质准备与知识准备。

⑤活动步骤与方法。要详细写出活动的整个过程,包括如何开始,如何发展,如何结束等具体步骤。

⑥教学反思。对这一栏内容的撰写,是在活动结束之后。教师要对自己设计和实施的具体教学活动作一个完整全面的思考、评价及总结。总结的内容包括对活动内容、教学方法、儿童行为表现的反思,也包含教师对自身行为、教学特点等方面的反思。在此基础之上,教师还要进一步提出对活动的调整、修正或改进的方案。

### (二)学前教育课程计划和实施的关系

在学前教育教学实际中,课程的计划和实施的关系主要体现为以下三个方面。

#### 1.教师在课程实施的过程中忠于课程计划

这种关系在一定程度上反映了我国传统的预设课程理念,即重视预先设计的方案或计划,教师的教育过程就是实施自己事先设计好的方案或计划,儿童在教育过程中学习教师准备让他们掌握的相对固定的内容。这种实施,其优点在于目的性较强,教师相对容易把握。过分拘泥于预定的、具体的教育目标,过于强调其确定性、准确性,容易造成教育过程“走过场”“有教无学”的情况,不利于儿童主体性的发挥发展,也不利于教师临场发挥和专业成长。

#### 2.教师可根据课程实施的具体情况适当地加以调整

课程实施中,教师在不改变其基本设计的情况下,根据个人主观的理解可以对计划进行微调。

#### 3.教师与儿童共建课程

共建和生成课程的最大优点是在课程实施和执行计划的过程中,根据儿童的兴趣与需要以及活动情况,随时进行调整。教师与儿童共建课程,给了教师很大的自主性,使课程计划成为动态的、开放的计划,使教师、儿童真正成为课程计划的拟订者与实施者,充分调动了教师工作的积极性,让孩子学得更主动、更有效,有利于发挥和发展儿童的主体性,培养创新型人才。

## 二、影响学前教育课程实施的因素

### (一)组织制度因素

良好的组织制度具有保障正常的教养工作秩序、提高管理成效、建设良好教育机构风貌、规范行为指向、提高课程实施质量的重要作用。学前教育课程实施计划由谁拟订、何时拟订、根据什么拟订、如何安排等问题,都反映出组织管理者的教育观、儿童观、课程观,也同时影响着教育活动的开展和儿童的发展。不同的管理思想和教育气氛熏陶出来的教师或儿童,在气质、行为方式、言谈举止乃至着装方面都会显出差异。如果教育机构的组织文化和主导教育思想保守、封闭、集权、僵化,则教师与儿童也会因循守旧、安于现状、沉闷压抑、不善于开拓,这势必会影响到课程的实施。

### (二)时间因素

课程实施中在时间利用上最大的问题就是时间浪费。造成时间浪费的主要原因包括:过分整齐划一的集体行动;固定而不可改变的时间表;时间分割得过于零碎,环节过渡多而不适当;活动内容与组织形式配合得不好;活动本身不适合儿童;儿童缺乏参与的机会,丧失积极性;教师"照顾过度"而又忙不过来;教育过程缺乏灵活性;工作的计划性不够,准备工作未做好;忽视必要的常规的培养等。

充分利用好时间的建议与对策:尽量减少不必要的集体行动,包括不必要的集体活动,以减少等待;过渡环节提供一些有趣的活动,以减少消极等待;活动安排要符合儿童的兴趣和需要;避免照顾过度,培养儿童的自理能力;养成良好的常规和专心做事的习惯。

### (三)物质空间因素

物质空间,即环境,是重要的教育资源,应该通过环境的创设和利用有效地促进儿童的发展。例如,幼儿园的绿化、美化会对儿童的认识、思想、观察力、想象力等产生作用;而活动室的大小、照明、色彩搭配、墙饰、玩具,图书、桌椅的摆放、座次的排列,也会影响儿童的活动积极性、学习方式、行为种类;声光、温湿度不仅以其物理特征直接作用于儿童,影响儿童的情绪状态、心理基调、个性特点,同时还影响到课程实施的效率。

### (四)教师因素

教师是课程的实施者,是课程能否取得预期效果的关键因素。促进儿童主动学习是实施当代学前教育课程的基本观点。儿童的主动学习区别于被动学习,表现为儿童有学习的愿望、热情、兴趣和持久性,有动手动脑亲自体验的需要。课程实施中,教师要树立以下意识:同伴是宝贵的教育资源,应充分发挥这一资源的作用;教师的态度、言行和管理方式等应有助于形成儿童良好的学习氛围;充分利用自然环境和社区的教育资源,开放办学,扩展儿童的发展空间;家长是教师重要的合作伙伴,应争取家长的理解、支持和主动参与,通过家园合作,更有效地促进儿童的发展。

## 四、学前教育课程的实施

### (一)学前教育课程实施取向

一般而言,课程实施有三个基本取向,即忠实取向、相互适应取向与课程创生取向。

1.忠实取向

**课程实施的忠实取向是指把课程实施过程看成是忠实地执行课程计划的过程。**

2.相互适应取向

课程实施的相互适应取向是指把课程实施过程看成是课程计划与班级或学校实践情景在课程目标、内容、方法、组织模式各方面相互调整、改变与适应的过程。

3.课程创生取向

课程创生取向是指把课程看成是教师与学生联合创造的教育经验,课程实施本质上是在具体教育情境中创生新的教育经验的过程,而课程计划只是作为这个经验创生过程选择的工具。

### (二)学前教育课程实施的途径

1.教学活动

教师专门组织的教育教学活动是教师依据课程目标和内容,有计划、有组织地设计和安排活动,以引导儿童获得有益的学习经验。它具有目标明确、内容精选、计划性强、教师的组织指导作用明显等特点。这类活动主要用于帮助儿童获得新知识、新技能,并能整理、扩展、提升儿童原有的经验。

2.游戏活动

游戏是学前儿童最喜爱、最适合其年龄特点的活动,其中蕴含着巨大的发展价值,教师要充分尊重儿童游戏的愿望与需要,支持和保护儿童游戏的权利,给予充分的时间、材料等的保证,还原游戏的本来面目。

3.日常生活活动

除教师专门组织的教育教学活动及游戏外,儿童从事其他各项活动,如进餐、盥洗、睡眠、交往等活动,同样蕴含着巨大的发展价值。学前教育机构的教育目标和内容很多是通过日常生活完成的,尤其是儿童良好的生活习惯的形成、亲社会性行为的养成等。

4.其他类型活动

除了前述的教学活动、游戏、日常生活活动外,学前教育机构还开展其他类型的活动,如节日活动、劳动活动、外出活动、亲子活动、家长开放日活动等。

5.家、园、社区的合作

家庭、托儿所或幼儿园、社区是学前儿童生活、学习的主要场所。儿童的发展是它们彼此之间共同作用、和谐一致的结果。因此,教师应树立大教育的观念,与家庭、社会建立合作伙伴关系,相互尊重,真诚合作。

### (三)学前教育活动的组织形式

从学前儿童参与教育活动的规模来看,学前教育课程的组织形式有三种,即集体活动、小组活动和个人活动。

1.集体活动

集体活动是全班儿童在教师的组织与引导下,在同一时间内以同样方式与速度学习同样的内容,做基本相同的事情。当把这种组织形式运用于教学时就是集体教学,这是我国学前教育传统的教学组织形式。

2.小组活动

小组活动可以是教师有计划安排的或引导组织的活动,也可以是儿童自发的活动。它与集体活动相比,小组活动有助于满足儿童不同的兴趣需要,可以让他们有更多的机会交往、表达、合作、分享;便于优势互补,有利于培养探究意识和合作精神,也有利于儿童口语交际和解决问题能力的发展。

3.个别教学

个别教学活动是教师面向一两个儿童进行指导，常在区域活动中进行。可以是教师根据观察到的情况随机进行指导，也可以是有计划的专门辅导。

在托儿所、幼儿园的一日生活中，集体教学、小组教学、个别教学各有各的价值和适用范围，要根据课程目标、内容和材料，灵活地加以运用。但不论选用哪种形式，其最终目的都是使每个幼儿均能参与到学习活动中主动地学习，获得相应的发展。

## 第七节　学前教育课程的评价

### 一、学前教育课程评价的内涵

学前教育课程评价是对学前课程进行考察和分析，以确定其价值和适宜性的过程。它是了解教育的适宜性、有效性，调整和改进课程设计与实施工作，促进每一个儿童的发展，提高教育质量的重要过程和必要手段。

### 二、学前教育课程评价的目的、作用

#### (一)评价目的

1.研究、完善和发展课程

以研究、完善和发展课程为目的的课程评价，要求在课程评价过程中不断地发现问题，即提出“为什么”，并尝试做出解释。它强调课程评价的过程性、调整性、促进性。这种评价本身就是研究，不仅能发展和完善旧课程，开发新课程，而且会使评价者自身的专业文化水平得到发展和提高。

2.管理课程

以管理课程为目的的评价，一般以选择、推广课程与鉴定学前教育质量为其主要功能。事实上，当以课程研究人员和教师作为课程评价主体时，课程评价的目的就会指向改进、完善、开发、发展课程上面；当以教育行政和管理人员作为课程评价主体时，课程评价的目的就会指向鉴别、选择、推广、管理课程上面。不过，从课程研究的角度上来说，尤其是课程评价教师在选择各种版本的教材和教育活动设计时，甚至在参考本园传统的教育计划和教案时，也需要进行高质量的鉴别。

#### (二)评价作用

课程评价伴随幼儿园课程运作过程的始终，它对幼儿园课程具有选择、监控、总结、反馈、导向的作用。

(1)选择作用。课程评价可以帮助教师选择更好的课程。

(2)监控作用。课程评价可以帮助教师和管理人员监督控制教育教学过程。

(3)总结作用。课程实施过程结束后，需要通过课程评价所提供的信息来全面总结预定目标的达成情况及课程实施的效果，找出课程系统运作中的经验和存在的问题，为新一轮的课程实施提供借鉴。

(4)反馈作用。课程评价作为教育过程的一种反馈机制，它既是课程系统运作的终点，又是新的起点。

(5)导向作用。课程评价具有鲜明的方向性,它就像一根指挥棒,评什么和怎样评,会对幼儿教育的实践产生直接的导向作用。

## 三、幼儿园课程评价的基本要素

### (一)评价主体

课程评价的主体指的是课程评价者,《幼儿园教育指导纲要(试行)》中明确提出:"管理人员、教师、幼儿及其家长均是幼儿园教育评价工作的参与者","幼儿园教育工作评价实行以教师自评为主,园长及有关管理人员、其他教师和家长等参与评价"。在此之前,我国的学前教育机构教育评价的主体是比较单一的管理人员评价,而课程评价的主体从单一的行政评价转向管理人员、教师、儿童及其家长的多元评价,对全面了解学前教育机构教育质量、改进学前教育机构教育、促进儿童发展都是非常有利的。

### (二)幼儿园课程评价的客体

评价客体即评价对象,其主要内涵是指评价的内容和范围。从一般意义上讲,幼儿园课程评价的内容和范围是比较广泛的,大致可以划分为课程方案评价、实施过程评价、课程效果评价。因此,课程评价的对象包括课程方案、课程方案的实施过程与课程方案的最后效果三个部分。

#### 1.课程方案评价

评价学前教育课程方案,主要了解两个方面的内容:第一,方案以及方案中的各个要素、部分是否依据了科学的原理、原则,是否以先进的课程理论为指导;第二,课程结构是否合理,各要素之间是否具有较高的内部一致性,是否符合原先的指导思想。值得注意的是,学前课程方案的范围很宽泛,大到课程的整体规划,小到具体教育活动的设计。

#### 2.课程实施过程评价

评价学前教育机构课程方案实施过程,了解的内容就比较多,包括:

(1)儿童在教育活动中的反应,指主动性、参与程度、情绪表现等。

(2)教师的教育态度和行为,指对儿童的控制程度、课堂管理方式、教育机制和技巧等。

(3)教师与儿童互动的质量。在学前教育机构里,师幼互动贯穿于儿童一日生活的各个环节,是学前教育机构各项教育目标得以实现的重要保证,是促进儿童全面发展的关键性因素,也是教师内在的教育观念、教育能力和外显的教育手段、教育行为相结合的综合表现。

(4)环境创设效果评价。《幼儿园教育指导纲要(试行)》指出:"环境是重要的教育资源,应通过环境的创设与利用,有效地促进幼儿的发展。"环境是学前教育课程实施中不可忽视的重要组成部分,它能通过斑斓的色彩、具体的形象、合理的布局随时随地影响着儿童,通过情感交融与互动,每时每刻都在儿童教育中发挥着隐性的教育价值。

#### 3.课程效果评价

评价课程方案效果,一般是通过对儿童的发展评价来确定的,评价内容包括:一是评价儿童学习后的发展状况。二是发展状况与课程目标的符合程度:产生了哪些非预期的结果;了解教师发生了哪些变化,有怎样的提高等。

### (三)评价标准

#### 1.评价标准的意义

从评价对课程实施过程的影响看,它具有导向、鉴定、诊断、改进等作用。

(1)导向作用。评价所依据的标准应按《幼儿园工作规程》和《幼儿园教育指导纲要(试行)》的指导思想确立,体现其鲜明的方向性。评什么和怎样评对教育的实践产生直接的导向作用。

(2)诊断作用。评价的作用之一就是检查或鉴定教育目标是否达成,或者判断达到目标的程度。通过评价,可以及时发现现行课程与预定目标之间的差距和问题,对明确努力方向、提高教育效果、改善今后的教育教学有很大意义。

(3)规范和改进教育的作用。评价最重要的作用就是促进教育教学的改进。在评价过程中会发现不足和问题,可以及时地通过信息反馈,引起注意,促进保教工作的改进,提高教育质量。

2.科学的评价标准应具备的基本特征

科学的课程评价标准应具有以下四个基本特征。

(1)准确性,是指评价标准能保证所有的信息是需要的、可靠的。

(2)有用性,是指评价结果具有实用价值,能为各类对象提供丰富的信息,并对课程的发展、应用和推广有一定的影响作用。

(3)合法性,是指评价过程应符合社会道德标准、教育机构和个人的权益。

(4)可行性,是指切实可行,投入的人力、物力适宜有效。

### (四)评价类型与方法

1.评价类型

从评价的参照点来分,有相对评价、绝对评价和个人发展评价。相对评价是根据儿童在集体中占据的相对位置进行评价;绝对评价是根据教育目标达成度来进行评价;个人发展评价是通过对该儿童的各种能力的前后比较,掌握其进步的情况。

从评价的功能来分有诊断性评价、形成性评价和终结性评价。诊断性评价就是确定儿童在接受教育前的"准备程度";形成性评价是确定儿童学习过程中发生了什么,确定教学任务实现程度;终结性评价是在课程实施一个阶段之后进行评价,评定达到的程度。

从评价主体的不同划分,可以将课程评价划分为内部评价和外部评价。

从评价的方法划分,可以将课程评价分为定性评价和定量评价。

从评价对象的范围划分,可以将课程评价划分为整体评价、局部评价和单项评价。

从评价的参照体系划分,可以将课程评价分为相对评价、绝对评价和个体内差异评价。

评价中实施多元主体的评价是很有必要的。教师评价、家长评价与儿童自我评价要相结合。

2.评价方法

学前教育课程评价方法包括观察、谈话、测验、作品分析、调查、档案分析等。幼儿园课程评价从确定评价目的到得出评价结论是一个完整的过程。在这个过程的每个阶段,都应该视整体情况而采用相应的评价方法。

## 四、幼儿园课程评价的主要模式

### (一)目标评价模式

该模式是美国著名课程专家泰勒于20世纪中期提出的。他将教育评价理解为判断实际教育活动的效果达到预定教育目标的过程。基本的评价程序如下:确定教育方案的目标;根据行为和内容对每个目标加以定义;确定应用目标的情境;设计呈现情境的方式;设计取得记录的途径;决定评价方式;确定并获取代表性样本的方法。

### (二)CIPP评价模式

CIPP评价模式,亦称决策导向或改良导向评价模式,是美国教育家斯塔弗尔比姆倡导的课程评价模式。它认为，评价就是为管理者做决策提供信息服务的过程。这种评价模式把评价看作是一种决策过程。斯塔弗尔比姆主张这一决策过程应当由背景评价、输入评价、过程评价和成果评价几个环节构成。

### (三)外观评价模式

外观评价模式是由斯塔克提出的。他认为评价应该从三方面收集有关课程的材料：前提条件、相互作用、结果。前提条件是指教学之前已存在的、可能与结果有因果关系的各种条件；相互作用是指教学过程，主要是指师生之间和学生之间的关系；结果是指实施课程计划的效果。对于这三个方面的材料都需要从描述与批判两个维度作出评价。描述包括课程计划打算实现的内容和实际观察到的情况这两方面的材料；评判也包括根据既定标准的评判和根据实际情况的评判两种。

### (四)目的游离评价模式

目的游离评价模式是斯克里文针对目标评价模式的弊端而提出来的。他认为，评价者应该注意的是课程计划的实际效应，而不是其预期效应(即原先确定的目标)。斯克里文认为目标评价模式只考虑到预期效应，忽视了非预期的效应(或称为"副效应""第二效应")。目的游离评价的方式把评价的重点从"课程计划预期的结果"转向"课程计划实际的结果"上来。该模式强调评价者不应受预期的课程目标的制约，尽管这些目标在编制课程时可能是有用的，但不适合作为评价的准则。因此，评价者要收集有关课程计划实际结果的各种信息，不管这些结果是预期的还是非预期的，也不管这些结果是积极的还是消极的。只有这样才能对课程计划作出准确的判断。

### (五)差距评价模式

差距评价模式是由普罗佛斯提出的。普罗佛斯指出一些评价模式只重视几种课程计划之间的比较，没有注意该计划本身所包含的成分。差距模式旨在揭示计划的标准与实际的表现之间的差距，以此作为改进课程计划的依据。差距评价模式注意到课程计划应该达到的标准(应然)与各个阶段实际表现(实然)之间的差距，并关注造成这种差距的原因，以便及时作出合理的抉择。

## 五、幼儿园课程评价的特点

(1)从评价的目的看，幼儿园课程评价是为了发现课程运作各环节中存在的问题，从而进一步改进和完善课程，提高幼儿教育质量，促进每个幼儿的全面和谐发展。

(2)从评价的内容看，幼儿园课程评价的重点不是幼儿知识技能的掌握情况，而是幼儿从身体到心理的全面发展水平。

(3)从评价的方式看，幼儿园课程强调评价过程的自然性，提倡在真实的教育过程中进行评价。教师要通过观察幼儿的反应和行为，而不能通过对幼儿进行纸笔检验来获取评价信息。

(4)从评价结果的用途看，幼儿园课程评价的结果主要用于反馈和调节，进而提高幼儿教育质量。因此，评价不应作为幼儿或幼儿园排名、选拔的依据。

## 六、学前教育课程评价的程序

### (一)学前教育课程评价的一般程序

对于学前教育机构或上级行政部门专门组织的课程评价而言，一般要有以下四个程序。

#### 1.准备阶段

准备阶段是课程评价实施前的预备工作阶段。在这个阶段，主要工作就是建立课程评价机构，拟订评价方案并进行论证。

评价机构的人员构成一般应包含三个方面：一是掌握一定课程评价理论，具有一定课程评价技能的专家；二是课程管理与决策部门的人员；三是参与课程实施的教师和学前教育机构领导。有时还可以吸收社区代表、儿童及家长。

2.收集、整理和分析评价资料

(1)收集评价资料。这是课程评价实施中的重要基础性工作。这项工作主要考虑的是应该收集什么样的资料，应该收集多少资料，应该从哪些方面来收集资料，应采用何种方法和技术等。一般来说，课程评价收集资料的范围主要包括儿童、教师、课程材料以及学前教育机构与社会几个方面的资料，有时还要收集家长及社区代表的资料。收集资料的方法包括测验、观察、观摩、查阅教案、查阅儿童用品、问卷调查、访谈调查等。

(2)整理和分析评价资料。收集的资料首先应归类整理。一般而言，这些资料包括数据型资料和非数据型资料两类。

3.解释评价资料

通过资料的整理和分析，已能显示出课程实施的概况。这时评价组成人员就要根据评价指标体系规定的内容和要求，进行指标评定，做出分项结论，分头完成评分评议表。有关工作人员对评委的评分和意见进行汇总，做出综合的评价结论。评价结论不仅要就课程的价值做出定论和做出解释，同时还要分析问题，诊断问题，提出课程今后的改进措施和努力方向。

4.撰写评价报告

课程评价结束后应该把评价的结果以书面的形式报告给课程实施人员、教育行政部门或其他需要知道、了解课程评价结果的人群。只有完成了这一任务，才算是真正进行完了课程评价工作。

### (二)学前教育课程评价的具体步骤

教师在课程实施前后，针对儿童的发展进行评价的具体步骤如下。

(1)前评价，即在设计单元活动之前，对儿童已有的学习经验和学习能力进行评估，以此作为设计活动的参考，并作为和活动之后效果比较的依据。这种评价一般通过观察儿童的日常表现进行，或创设一定情景引发儿童的相关表现进行。

(2)活动过程中的评价，即教师依据前评价获得的信息，设计活动方案，并加以实施，在实施过程中进行的评价。在实施过程中，教师须依具体情况不断调整原来的活动设计，以使教学活动能够成为儿童更感兴趣、更适合儿童发展水平与需要的活动。

(3)后评价，即对课程实施的效果进行评价，并与前评价的资料进行比较，以此了解儿童进步的情况及教育目标达成情况。

(4)追踪评价，即在教学活动结束之后，过一段时间再进行评价，以此了解儿童是否获得真正的学习，其学习效果是否能够保持并运用、迁移。

## 七、课程评价的注意事项

(1)评价应有利于改进与发展课程。学前教育机构对教育教学计划执行情况以及教育效果进行测量与评估，要侧重于诊断和改进课程与教学的作用，不适合把评价只作为对教师工作或儿童发展的鉴定手段。

(2)评价中要以教师自评为主。评价过程应主要是由教师运用相关专业知识，去审视自己的教育实践，发现、分析、解决问题的过程。只有让教师参与课程评价的过程，评价才能起到改进、发展的作用。因此，应坚持以教师自评为主，管理者、其他教师参与评价为辅。

(3)评价要有利于儿童的发展。评价应更多地指向儿童的学习过程，使每一个儿童通过评价都能看到自己在发展中的长处，从而树立自信心。教师必须强化“儿童是学习和发展主体”

的意识，不仅关注儿童在语言、数理逻辑方面的发展，还要了解他们在发展中的需求，发现和发展他们多方面的潜能，帮助他们认识自我，注重对他们情感、态度、价值观、责任心、意志品质等方面进行全面评价。

（4）评价应客观、真实。评价中最重要的就是真实，所得到的资料和数据如果不真实，依据它所做出的判断就会是错误的。客观就是不抱成见，没有偏见，以评价的标准公正平等地对待人和事，把从各方面所搜集到的资料和数据，客观如实地加以描述，并以正确的教育观做出分析和判断。

总之，评价是课程的重要组成部分，它的主要目的就是为了改进和完善课程，为儿童提供更适宜的教育机会和条件，促进儿童健康和谐地发展。

# 第八节 学前教育经典课程方案

## 一、蒙台梭利教育方案

### （一）蒙台梭利教育方案的理论基础

1.儿童观

蒙台梭利继承卢梭、裴斯泰洛齐、福禄培尔等人强调儿童天赋的潜能，主张让儿童在充满爱与自由的环境下发展。她认为儿童是一个完整的个体，儿童不是一个事事依赖成人的呆滞的生命，儿童创造了成人，不经历童年，不经过儿童的创造，就不存在成人，儿童是成人之父。蒙台梭利把儿童看成是爱的源泉，把儿童看作成人精神的唤醒者。她甚至认为，单单是为了改造社会，我们也应该多研究儿童。她不止一次地说，成人应当向儿童学习，建立相互尊重的师幼关系，建立健康的成人与儿童的关系，甚至对于改造社会，都具有重要意义。

2.教育观

蒙台梭利认为，决定儿童发展的有三种因素：一是儿童的心灵以及他的特殊需要、潜力和敏感性，它们决定着儿童个性发展的进度和方向。二是文明社会的准则、习俗、行为规范、理想、宗教和所有的文化知识，以及由这一切构成的秩序，它能促使儿童的心理和外界取得协调。三是儿童能适应的物质环境以及所接触的事物，它们能使儿童自由地施展自己的才能。在她看来，儿童必须依赖与周围环境的整体关系，包括事与人。只有通过这种交流，儿童才可能了解自己，了解环境的界限，也才可能发展出完整的人格。儿童需要自由，如果他可以掌握自己人格发展的关键，同时又接受自己的成长规则的监督，他便已拥有了极为敏感且独特的力量。如果这两个条件达不到，儿童的精神生活将无法发展到其潜力的极限，人格的发展也会受到阻碍。

3.敏感期

蒙台梭利把敏感期看作是个体一生中发展重要的特性或能力的最佳时期。敏感期是指幼儿成长过程完全融入环境中某一个特质而且完全排除其他特质的特定阶段。这些阶段表现出来就如同全心全意于某些动作的重复，直到另一崭新的功能或动作突然以爆炸性的威力出现为止。正是由于这种敏感性使他能从复杂的环境中选择对自己生长适宜的和必不可少的东西，使儿童对某些东西敏感，而对其他东西无动于衷。蒙台梭利试图对儿童的敏感期加以区分：婴儿出生头几个月至1岁左右是秩序的敏感期；1.5至2岁是细节的敏感期；出生到2岁是行走的敏感期；1至3岁是动作的敏感期；语言的敏感期是出生后8个星期左右到8岁；幼儿期是社交的敏感期，幼儿努力想去了解别人的权利并且建立和谐的关系。

4.吸收性心智

蒙台梭利认为，儿童有一种下意识的、不自觉的感受能力与特殊鉴别能力，简称“吸收性心智”，即通过与周围环境（人和事物）的密切接触和情感联系，获得各种印象和文化，从而形成心理、个性和一定的行为模式，“利用周围的一切塑造自己”。这种强有力的心理建构过程发生在从出生到6岁这一段时间，包括两个不同的阶段：“从出生到3岁，儿童处于无意识吸收心理阶段，在这个阶段，儿童通过感官和运动探索环境，同时吸收周围文化环境中的语言。儿童这种无意识的心理可以是非常有智慧的。”儿童在大约3岁的时候，这种强大的吸收力变得更加有意识、有目的。正是从这一点来说，儿童不仅是感官的，而且也成为实际的探索者，开始注意到事物间的联系并进行比较。

### （二）蒙台梭利教育方案的建构

1.课程目标

蒙台梭利通过科学的观察证明，教育并不是教师能给予什么，而是由个人自然产生的程序，必须通过环境中的各种经验而来，而不只是听讲就可能获得的。教师的任务应该是在各种特殊的环境中准备各种文化活动的激励物，同时避免让儿童受到强制性干扰，在她看来，教育的目的是运用科学的方法激发儿童的“内潜力”，使之获得自由的展现和自然的发展，培养儿童成为具有“独立、自主”精神和善于工作的人。

2.课程内容

蒙台梭利把关于3～6岁的儿童的学习环境通常划分为四个基本领域：日常生活活动教育、感官教育、语言教育和数学教育。此外，在课程中还包括音乐、艺术、运动和戏剧。

(1)日常生活教育。蒙台梭利认为，通过参与日常生活的实际体验，有助于他们在其他所有教室活动中专心学习。蒙氏日常生活教育的内容包括动作练习、照顾自己、照顾自己周围的环境、文明礼貌的训练。

(2)感官教育。感觉教育在蒙台梭利教育体系中占有重要位置，也是她教育实验的主要内容。她认为，学前阶段儿童的各种感觉特别敏感，正是感觉发展的敏感期。如果在这个时期感觉得不到充分发展，以后难以弥补，还会影响其整个精神的发展。蒙台梭利的感觉教育内容包括触觉、视觉、听觉、嗅觉、味觉、立体感觉等感官训练。不同感觉训练有不同方法和材料，触摸的训练采用限制戴指套的练习和闭目练习等，使用的材料有不同形状和光滑程度的木板，盛在不同形状的容器中的温度相同的水等。

(3)语言教育。蒙台梭利把语言机制看作高级心理活动的先决条件，认为语言能促进智力的发展。她的语言教育包括口头语言训练和简单的书写活动。她主张通过各种环境来促进儿童语言发展：社区的环境和孩子间的自由交流；精确的术语则由教师通过特定的课程提供给儿童；在全组集中的时间，儿童一起唱歌、吟诗和交谈。蒙台梭利教育为口语的发展提供丰富的环境，为儿童最终获得书面语言技巧创造了条件。蒙氏语言教育包括谈话活动、讲述活动、听说游戏、早期阅读、文学作品欣赏。

(4)数学教育。在蒙台梭利看来，只有对数字间的关系有了系统联系后，儿童才真正成了数学思考者和问题解决者。教育者主要是督促儿童清晰地思考问题，运用崭新的和富有想象力的方法获得概念。在她看来，利用实际生活和感觉材料有助于产生秩序感、精确度、对细节的注意和顺序感，这些为形成儿童的“数学头脑”奠定良好的基础。

3.蒙台梭利教育方案的实施

(1)准备好的环境

蒙台梭利认为新的教育环境包括三个因素：教师、环境和儿童。儿童的身心是个体和环境之间相互作用的结果。这种环境有六个要素：自由的观念、结构与秩序、真实与自然、美感与气氛、蒙台梭利教材和群体生活发展。这六个要素分别从生理和心理两方面极大地满足了儿童发展的需要。

(2)使用蒙台梭利教具

蒙台梭利把教具亦称作“教材”。蒙台梭利教具是她的教育方案中颇为引人注目的。在蒙台梭利教室里，儿童可以提东西、搬运、平衡、堆积、倾倒、打扫、收集及对各种物体进行分类，他们通过这些活动积极从事和操纵学习环境。这种身体运动的活动用以维持儿童在学习时的兴趣。蒙台梭利指出，“一个东西要能吸引儿童的兴趣，不依赖于物体本身的性质，而是依赖于它提供给儿童行动的机会”。

蒙台梭利的教材有五个设计原则：一是每一种教具中儿童所要发现的问题与错误必须只限一种；二是教具的设计与使用是由简到繁的；三是针对间接帮助儿童日后学习所设计的；四是材料最初以具体表达概念的方式出现，随后逐渐转为抽象；五是对自我教育含有控制错误的功能。

(3)做好观察、示范、指导和准备

蒙台梭利主张3～7岁儿童的教育不是以填鸭式的灌输知识为主，而是以活动为主，儿童在教师指导、关心、鼓励、启发诱导和帮助下，从活动中获得知识和经验，促进身心和谐发展。所以，蒙台梭利教育方案的核心就是活动，教师是儿童活动的观察者、示范者、指导者。

观察——在蒙台梭利学校中教师所接受的第一个任务就是观察儿童。

示范——在蒙台梭利学校的教师每时每刻都在做着示范。

指导——教师必须能够明察秋毫，反应敏感，冷静沉着，精明强干，有教育艺术和才能，做儿童活动的自觉的指导者。

准备——当教师观察了解了每一个儿童后，她就要根据每一个儿童的程度、兴趣、爱好去准备他们在第二天可能会用到的每一样东西。这些东西可能是图书、纸张、画笔，也可能是一把扫帚、一根针、一粒扣子以及一些其他的教具。

### (三)蒙台梭利教育方案的评价

1.先进的教育理念

蒙台梭利教育方案之所以至今仍保持着旺盛的生命力，是因为它是建立在科学的、先进的理论基础之上。在蒙台梭利的教育方案中重视儿童早期经验，主张通过感知运动协调促进智力发展的思想符合儿童身心发展规律。

2.特殊的教育方法

蒙台梭利倡导的教育方案拥有完备的实践课程体系，在学前教育的实践方面远远走在前面。她在实践中提出的混龄分组、同伴指导、学习的个性化、有准备的和互动的环境创设、教师作为观察者和指导者、运用实际的操作材料作为学习的工具等，尤其是她发明的一套特定的教学材料采用适当的方式传授适宜的知识内容，建构了蒙台梭利教育方案的实践体系。

3.对蒙台梭利教育方案的学习与发展

尽管蒙台梭利的学说从问世至当代，对它一直存在着批评意见，批评的焦点总是围绕其学说研究的对象是针对一些特殊儿童，人们认为蒙台梭利学校是为具有特殊需要的儿童(特别是那些具有学习障碍的儿童或天才儿童)开设的，她的一些方法是用来教育具有特殊需要的学生的方法。比如说，使用具体材料和从多种感觉通道获取材料的方法只是非常适合那些有学习障碍的学生。但事实正如蒙台梭利当初所预言的那样，她的教育方法也适合正常儿童。

## 二、陈鹤琴五指活动课程

### (一)五指活动课程产生的背景

中国的传统教育由于受封建主义和科举制的影响，注重灌输知识，强调死记硬背，把儿童的思想禁锢在书本中，把儿童的活动限制在课堂上。清末民初我国近代学前教育刚刚发展时，幼儿园的课程非常混乱，有教会幼稚园的宗教课程，有蒙养院的日本式课程，也有少数幼稚园实施福禄贝尔、蒙台梭利的课程。中国本土的幼儿园教育没有明确的目标，学习内容简单而机械，也不管儿童的年龄和个体差异，忽略儿童的兴趣需要。针对这一社会事实，陈鹤琴提出，中国的幼儿教育迫切需要改革，并努力致力于找到一种既符合中国的国情，又适合幼儿身心发展特点的课程，五指课程就是在这种背景下产生的。

### （二）五指活动课程的理论基础

#### 1.儿童观

陈鹤琴深受“五四”新文化运动以来科学与民主精神的陶冶，提出了自己新的儿童观。他认为儿童不是成人的缩影，而是有自己独特的生理、心理的。他曾具体描画出儿童心理的七个基本特点：好动、好模仿、易受暗示、好奇、好游戏、喜欢成功、喜欢合群。

#### 2.活教育理论

针对旧教育理论脱离实际、学校脱离社会、教学脱离儿童实际的弊端，陈鹤琴提出“活教育”的理论，并根据陶行知批判旧教育“教死书，死教书，看书死，读死书，死读书，读书死”的著名格言，从正面提出“教活书，活教书，教书活，读活书，活读书，读书活”的口号。陈鹤琴先生的活教育理论主要有三大部分：目的论、课程论和方法论。

（1）“活教育”的目的论

“活教育”的目的是为培养一个人，一个中国人，一个现代化中国人。他的教育对象和出发点是人，教育的目的是教人做人，目的的提出本身就包含了对人的发展和完善，包含了对人生理想的设计和追求。他从一般到具体三个不同的层次论述了教育的目的、意义价值以及应具备的基本素质。第一层次是“做人”，做人是指做一个一般意义上的人，是最起码的。第二层次是“做中国人”，陈鹤琴先生说：“今天我们生在中国，是一个中国人，做一个中国人与别的国家的人不同。”强调了做人的民族性特征。第三个层次目标强调了它的时代精神，“做现代中国人”：一是要有健全的身体，二是要有建设的能力，三是要有创造能力。

五指活动课程的总目标就是以做人为基点，以做现代中国人为中心，培养幼儿具备良好的行为习惯、社会性品质和各种能力。“做人”的目标贯穿于整个课程始末。

（2）“活教育”的课程论

陈鹤琴认为，“活教育”的课程是把大自然、大社会作为出发点，让幼儿直接向大自然、大社会去学习。他明确指出大自然、大社会是知识的主要源泉。

（3）“活教育”的方法论

陈鹤琴认为，活教育的教学方法有一个基本原则，就是“做中教，做中学，做中求进步”。他强调教学中应注重儿童直接经验的掌握，教师应积极地鼓励儿童去实践，去获得直接经验。在他看来，活教育的教学应着重于室外的活动，着重于生活的体验，以实物作为研究对象，以书籍作为辅佐参考。陈鹤琴主张在“做”中要发挥教师的主导作用，他认为“鼓励”是教师的一个法宝，要经常使用这一方法。

### （三）五指活动课程的建构

#### 1.课程目标

陈鹤琴以“活教育”的目的为基础，逐步建立“五指活动课程”的目标体系。他提出，五指活动课程的目的在于发展幼稚生的心智和身体。

（1）培养受教育者有合作的精神，有同情心，有服务的精神（做怎样的人）。

(2)培养受教育者有健康的体格,养成讲卫生的习惯,并有相当的运动技能(有怎样的身体)。

(3)培养受教育者应有研究的态度、充分的知识和表达的能力(怎样开发儿童的智力)。

(4)培养受教育者能欣赏自然美和艺术美,养成欢天喜地的快乐精神,消除惧怕的情绪(怎样培养情绪)。

2.课程内容

活教育打破了习惯按学科安排课程体系的传统,陈鹤琴以人的五个连为一体的手指作比喻,创造性地提出了"五指活动"理论。他认为,五指活动包括以下五个方面。

(1)健康活动:饮食、睡眠、早操、游戏、户外活动、散步等。

(2)社会活动:朝夕会、周会、纪念日、集会、每天的谈话、政治常识等。

(3)科学活动:栽培植物、饲养动物、研究自然、认识环境等。

(4)艺术活动:音乐(唱歌、节奏、欣赏)、图画、手工等。

(5)语文活动:故事、儿歌、谜语、读法等。

陈鹤琴认为,儿童健康是幼稚园课程第一重要的。强国需先强种,强种先要强身,强身先要重视年幼儿童的身体健康。身体强健的儿童,性格活泼,反应敏捷,做事容易。为了儿童的现在和将来,幼稚园的教育应注意儿童的健康。为了培养儿童健壮的身体,幼稚园应十分注意培养儿童良好的行为习惯。

3.五指课程的实施

(1)采用整体教学法。因为学前儿童的生活是整个的,学前儿童的发展也是整个的,外界环境的作用也是以整体的方式对儿童产生影响,所以为儿童设计的课程也必须是整个的、互相联系的,而不能是相互割裂的。他指出:"幼稚园的课程全部包括在五指活动中,并采用单元制,各项活动都围绕着单元进行教学。"课程是整个的、连贯的,依据儿童身心发展,五指活动在儿童生活中结成一张教育的网,有组织、有系统、合理编织在儿童的生活上,课程内容能分则分,能合则合。

(2)开展游戏和小团体活动。游戏法是整个教学活动的具体化。儿童在游戏中、在活动中学习,能收到事半功倍的效果。学前儿童的课程最容易游戏化,采用游戏化方式组织课程,有利于学前儿童健康发展。由于学前儿童都是具有差异的不同个体,每个儿童都是相对独立的,他们的智力发展水平不一,兴趣不同,应采用小团体式教学,使处于不同发展水平的儿童在相互作用中都获得长进。

4.五指活动课程的评价

(1)引入先进的儿童观和"活教育"的理念。陈鹤琴的"活教育"思想理论基础雄厚,结合了中国的国情,在理论中有突破,在实践中有发展。

(2)开辟了中国学前课程体系的先河。创立了从课程理论到课程目标、课程内容、课程实施等一系列的理论体系,并在实践的基础上提出了单元式的整体教学的方法。这为建立中国本土化的学前课程体系奠定了良好的实践基础。

(3)采用了"五指"划分课程内容的方法。陈鹤琴第一次采用了"五指"划分的方法,将学前教育的课程内容分成五大模块,这与当今五大领域活动的划分方法是一脉相承的,这两种划分虽然叫法不同,但实质上是非常接近的。

5.五指活动课程的继承与发展

首先,陈鹤琴提出的学前教育课程思想在理论层面上虽然努力避免课程中的知识中心倾向,但在实践层面上仍然比较注重教材,而对幼儿反应的注重程度不足,尽管陈鹤琴强调五指活动课程中的五指不是五个学科,应整合成一个整体进行施教,可惜在推行时,还是免不了分科进行;在促进幼儿主动学习、创造学习方面也有些不足。

其次,五指活动课程在理论建构上还只是一个笼统的框架,比如目标体系上,它只是提出了总体目标和一个大的层次结构，而每个年龄阶段的儿童在每个学科、每个单元方面的目标都要进一步明确具体化。

再次，五指活动课程在实践方面只是搭建一些基础的设施，许多方面有待进一步去发展、去完善。比如陈鹤琴所提出的“活动单元”，只是偏重以自然为主线来设置，而为了顺应时代发展，仅仅是这条线还远远不够。实践中还必须开辟以情感—社会性发展的、理性—科学性发展的活动内容。

最后，五指活动课程中教学活动方法的探索还有极大的空间。关于整体教学、小组教育、游戏活动等如何取得最优的教育效果更需进一步探索。

## 三、苏联知识系统化教学

### (一)知识系统化教学的理论基础

1.教育与发展观

苏联教育家维果茨基将历史主义的原则引入心理学，解释本质上与动物不同的人类高级心理机能。他指出，高级心理机能的实质是以“心理工具”(词或符号)为中介的，而这种中介物是社会文化历史发展的产物，它构成了人的心理与动物心理质的差别。个体是在接受人类经验的影响下形成各种高级心理机能的，环境和教育有着重要的影响。他把“发展”理解为心理发展，即指一个人的心理(从出生到成年)在环境与教育的影响下，在低级心理机能的基础上，逐渐向高级心理机能的转化过程。从这个原理出发，他把教学定义为“人为的发展”，但这种“人为的发展”必须符合儿童的年龄特征，必须以儿童一定的成熟为基础。

2.最近发展区理论

维果茨基的研究表明，教育对儿童的发展能起到主导作用和促进作用，但需要确定儿童发展的两种水平：一种是已经达到的发展水平；另一种儿童只有在成人的帮助下才可以完成的水平。这两种水平之间的距离，就是“最近发展区”。最近发展区决定着教学的可能性，而教学也应当以它为目标。因此，教育教学的作用就在于创造“最近发展区”，推动或加速儿童内部的发展过程，为儿童的心理发展创造条件。教育者不仅要了解儿童的现状，还要判断儿童发展的动态和趋势，让孩子“跳一跳，够得着”，帮助儿童勇敢地迎接挑战，激发思考力、创造力和意志力，体验成功的快乐。

3.学前知识系统化教学的思想

苏联学前教学论专家乌索娃逐步完善了知识系统化教学的思想。她提出，学前知识系统化的关键在于深入评定每种知识，弄清知识间的联系，并充分利用儿童已有的经验，使儿童在掌握知识的过程中，逐渐认识事物之间的简单联系和规律，从而使儿童的个别知识经验能结合成一个完整的体系。儿童零散的、偶然的、琐碎的知识不具有发展价值，而有计划、有目的的系统化教学，能使学前儿童从认识现象的外部特征和联系过渡到认识一些不能直接感知的内部规律和关系，从而从本质上改造儿童的思维活动，使他们形成掌握知识的新方式和新方法，引起智力发展的重大进展，形成概括性的观念和概念。

### (二)知识系统化教学的建构

1.课程目标

根本目的就是为了尽可能地开发儿童的潜能，使其更加接近“最近发展区”发展。在这种教学模式中，特别强调智育的重要性，认为教学应当在儿童的年龄可能范围内最大限度地去促进儿童智力的发展。

2.课程内容

乌索娃把要求儿童掌握的知识和技能分为比较简单的和比较复杂的两类。前者不需专门教学，可在日常生活和游戏中获得；后者则须经过专门教学，且其对幼儿智力发展具有决定性的影响。她主张最好把知识内容和学前教学的大纲组成一个体系，这样有利于培养儿童的概括能力和独立发现事物之间关系的能力。

根据乌索娃的教学思想，首先将学前儿童学习的知识、技能分为“生活卫生习惯”“思想品德”“体育”“语言”“常识”“计算”“音乐”“美术”八个方面，“生活卫生习惯”“思想品德”教育的内容融入其他六科之中，对六科课程采取分科教学的形式，并使各科较复杂的知识技能按其自身知识体系的逻辑顺序组织成条块清晰的学科。这样学前儿童就可以由易到难循序渐进地学习，获得较基本、系统的知识技能。

3.课程的实施

(1)采用集体教学的形式。知识系统化教学最主要的组织形式就是集体教学。

(2)实行“课”的教学模式。将儿童学习的教学内容、教学手段、教学方法，按学科和学年分成许多小的部分，彼此连续而又相对完整，每一小部分内容和教学活动，就叫作“课”。

(3)运用学前教学指示法。“学前教学指示法”是乌索娃针对学前知识系统化教学创造的一种新的教学方法。其基本特点是，教师不仅要把知识技能传授给儿童，而且要教给儿童掌握知识技能的方法，使教师和儿童双方的积极性都能充分发挥。

(4)强化教师的主导作用。

### (三)知识系统化教学的评价

(1)有利于儿童学习系统化知识和智力的发展；

(2)能有效地控制教学活动的全部过程；

(3)帮助我国建立了完整的分科教学体系。

## 四、基于认知理论的学前教育方案

### (一)认知理论学前教育方案产生的背景

从20世纪60年代开始，以皮亚杰理论为指导的学前课程的开发空前活跃起来。到现在为止，认知理论的学前课程有许多种类，其中美国儿童心理学家戴维·韦卡特创立的海恩/斯科普(HIGH/SCOPE)教育研究机构研制的学前教育课程被称为是最有影响的皮亚杰式学前教育方案，下面主要以海恩/斯科普课程为例介绍基于认知理论的学前教育方案。

### (二)认知理论的学前教育方案的理论基础

认知理论的学前教育方案基本上就是在皮亚杰的认知发展理论的基础上建构起来的，因此，该方案建立的理论依据与皮亚杰教育思想密切相关。

1.儿童发展观

(1)教育要符合儿童心理发展阶段，符合儿童心理发展的水平，避免儿童教育成人化的倾向。皮亚杰认为，在儿童教育中应该注意分析和考虑制约儿童心理发展的四个基本因素：一是生物成熟的影响。皮亚杰将儿童认知或智力发展分为四个阶段：感觉阶段(0～2岁)、前运算阶段(2～7岁)、具体运算阶段(7～11岁)、形式运算阶段(11～15岁)。他认为儿童的认知发展的成熟程度是制约儿童心理发展的重要因素之一。二是练习和习得经验的影响。这里所说的经验有两种，一种是物理经验，一种是数学逻辑经验。三是社会传递的影响，它包括了语言传递与教育。这对儿童的影响大大超过了自然环境对儿童的影响，特别是语言和文字对儿童心理发展有很大的影响。四是平衡化的影响。平衡化是指使同化或顺应获得平衡的过程和结果。在儿童心理发展的诸因素中，平衡是最重要的因素。只有通过平衡化，儿童的心理才能得到发展。儿童也正是借助平衡化的作用，不断地重新建构认知结构，并克服“自我中心”的倾向。

(2)发展儿童的主动性。皮亚杰认为，教育者必须注意发展儿童的主动性。皮亚杰的“主动性”有两层含义：一是儿童直接作用于他的环境，二是儿童在心理发展上的主动性。儿童通过自己的“主动性”培养兴趣和发展才能。教育的作用是发现最适宜的环境和方法，帮助儿童自己去组织认知能力的发展。

(3)强调儿童的实际活动。皮亚杰认为认知起源于动作，动作在儿童心理发展中起着重要的作用，因而教育者应该使儿童通过实际生活和具体事物进行学习。他还指出，游戏是幼儿所特有的活动中的一种活动。因此，他把游戏分为四类：①练习性游戏。这种游戏是通过重复练习的活动以取得快乐。②象征性游戏。它是通过象征性“语言”使同化作用成为可能并得以强化。③有规则的游戏。它是促进儿童社会生活的一类最有效的游戏。④构造游戏。它最初受游戏象征主义的影响，后来倾向于构成“真正的”适应活动或构成对问题的解决以及构成智慧性的创造活动。

(4)重视儿童的社会交往。皮亚杰十分重视社会交往在儿童心理发展中的重要性。他认为同伴交往有助于儿童语言和思维的发展以及情感和道德的发展。这种社会交往主要是指社会合作，特别是儿童之间的合作。它是推动儿童个性发展的一部分，也是儿童认知发展的重要源泉。

2.教育观

(1)教育的目的。皮亚杰认为，教育的首要目的是培养儿童能做新事、有创造能力和发明的兴趣，而不在于做重复的事情；教育的第二个目的就是要培养儿童的批评性，具有求证的能力，而不只是接受知识。由此可见，皮亚杰主张教育最主要的目的不在于接受事实，而是培养创造力、想象力、洞察力。

(2)强调活动的重要性。皮亚杰认为，动作是联系主客体的桥梁和中介，一切知识是主客体相互作用的产物。儿童学习决非坐在椅子上被动地学习，正如他们学游泳，不只是坐在看台上观察水中的成人游泳，而必须跳入水中去游泳一样。因此，皮亚杰十分注重“活动法教学”，他提出让儿童在活动中学习，只有儿童自己通过具体地和自发地参与各种活动，才能获得真实的知识。

(3)强调兴趣和需要的重要性。皮亚杰强调兴趣和需要在儿童心理发展中的动力作用，他说：“我们必须承认有一个心理发展过程的存在：一切理智的原料并不是所有年龄阶段的儿童都能吸收的。我们应该考虑每个年龄阶段的特殊兴趣和需要。”

(4)发现式教学方法。给儿童提供相应的材料和设备，激发儿童的兴趣，使儿童自由地去探索事物、发现问题、找到答案，这就是发现式教学法。这个过程就是利用儿童的好奇心，促使儿童发挥自己的能力，允许他们根据自己的方式来进行学习，从而满足他们发现需要的过程。在整个教育过程中，教师是儿童发展的支持者，他的基本任务是促进儿童主动学习。

(5)强调智力发展是一种积极的、主动的建构过程。皮亚杰认为，知识是从学习者内部构成的，思想就是内化了的行动，儿童的学习必须是一个主动的过程，因此教育必须重视发挥儿童的主动性，鼓励他们学会自己去学习，培养他们的创造力。

### (三)认知理论学前教育方案的建构

海恩/斯科普课程是认知理论教育方案的典型代表，下面就这一课程方案做详细介绍。

1.课程目标

海恩/斯科普的课程目标主要在于有效地促进儿童的智力和认知能力的发展，为今后的学习成功奠定基础。在该方案中，把儿童的主动学习和强调知识建构作为课程的核心思想，强调以儿童的主动学习为中心，促进儿童认知、情感、社会性的全面协调发展，培养主动的学习者。所谓主动学习，就是指儿童在内在兴趣需要的基础上，自主选择、自由安排、开展活动，在活动中不断思考，发现问题并解决问题的过程。

2.课程内容

海恩/斯科普课程以儿童的“主动学习”为中心来“编制”儿童发展的课程内容。海恩/斯科普教育机构的研究人员根据儿童认知的特征，确定了50条关键经验，作为学前儿童发展课程中计划制订和评价的指标。海恩/斯科普课程围绕儿童发展必需的一系列“关键经验”来创设学习环境，设计学习内容。这些关键经验主要涵盖五大方面：(1)主动学习的关键经验；(2)语言运用的关键经验；(3)经验和表征的关键经验；(4)发展逻辑推理的关键经验分类；(5)理解时间和空间的关键经验。

3.课程的实施

(1)准备和布置特殊的教室环境。一个用于认知发展课程的教室需要一个宽敞的场所。通常，教师把教室布置成几个明确的活动区，每个活动区的材料都便于儿童寻找和取放。核心的活动区包括：积木区、娃娃家、美工区、安静区、木工区、音乐和节奏活动区、玩沙玩水区、动植物区、户外活动区。

(2)支持主动学习的一日活动安排。海恩/斯科普课程的一日活动安排由计划、实施、回顾事件以及几个附加的成分组成。计划—实施—回顾事件是课程的中心。它让孩子们在有教师密切参加的整个过程中有机会表达自己的意图。海恩/斯科普课程一日生活的主要环节：计划时间、操作活动时间、整理和打扫时间、回忆、点心和小组活动时间、户外活动时间、集体活动时间。

(3)建立海恩/斯科普课程观察评估方式。海恩/斯科普课程实施方法中的评价意味着工作组在工作中支持与建构儿童的兴趣与能力。工作组用他们记录的观察资料来为每个孩子建立一个以主要经验为基础的儿童评价工具——海恩/斯科普儿童观察记录。

(4)教师角色。在海恩/斯科普课程中，教师扮演着支持者的角色。海恩/斯科普课程实施过程中特别重视教师与学生之间的积极互动。尽管在教学过程中，教师无需写下精确、严格的备课稿，但取而代之的是要聆听儿童的计划，然后主动参与其中，提出适当的、更具挑战性的水平。教师必须能保证儿童对自己进行的活动有一个建构性的理解过程，而不是直接把关键经验教给儿童。为了实现这种互动，教师要设法营造一个支持儿童主动学习的氛围，创设一个儿童自由探索、心理宽松安全的环境。

### (四)认知理论学前教育方案的评价

基于认知理论的学前教育方案，主要由三个方面的特色：一是创立了一种开放的发展理论和教育实践框架；二是重视对儿童的发展性评估；三是强调家庭的参与与交流。

但认知理论的教育方案也存在着一些弊端，有教育家认为认知理论教育方案在实施过程中低估了教师在促进儿童发展中的作用，人为地将思维和语言割裂，过分强调儿童的发展阶段。

## 五、意大利瑞吉欧幼儿教育体系

瑞吉欧·艾米里亚是意大利北部的一个小城，具有良好的城市公共生活传统和艺术、人文的精神氛围。20世纪60年代以来，该市在马拉古兹的发起和领导下，凭借市政府和社区民众的全力支持、合作与参与，经过专业人员数十年的艰苦努力，终于继蒙台梭利之后，又推出了一个颇具特色的、堪称影响世界的幼儿教育模式或体系。

### (一)瑞吉欧幼儿教育体系的理论基础

1.儿童观

瑞吉欧儿童观认为儿童是社会的一分子，是社会与文化的参与者，是他们共同历史的演出者，也是他们自己文化的创造者，他们有权利发表自己的看法，与成人一样，是拥有独特权利的个体。儿童还是主动的学习者，他们拥有自己独特的学习方式。儿童具有巨大的潜能，他们有着强烈的学习、探索和了解周围世界的愿望，他们是在与外部世界的相互作用中主动地建构自己的知识与经验，主动地寻求对这个复杂世界的理解的。儿童是坚强的，他们有能力担当自我成长过程的主角，儿童之间尽管有着一定的差异，但他们都试图通过与别人的对话、互动与协议来找到自己的定位，找到与别人的共同点与不同点。儿童天生都是艺术家，他们能够广泛运用各种不同的象征语言和其他媒介来表达自己对世界的认识，《儿童的一百种语言》就生动地揭示了儿童运用绘画、动作、雕刻、粘贴、构建、音乐等"语言"所展示的事物的魅力，表达的是一种颇具艺术性的认识。

2.教育观

瑞吉欧学校的教育观认为，教育的目标就是要创造一个和谐的环境，发展幼儿的创造力，使幼儿形成完整的人格。在教学方法上，他们反对传统的单向灌输，反对将语言文字作为获取知识的捷径。强调教育就是要帮助儿童在与情境中的人、事、物相互作用的过程中主动建构知识。教育应以儿童为中心，儿童在教育过程和课程决策上应有参与发表意见的机会。在对待"教"与"学"的关系上，瑞吉欧教育观更尊重幼儿的"学"，是以学定教的。

### (二)瑞吉欧幼儿教育体系的建构

1.课程目标

瑞吉欧幼儿教育体系以一种儿童本位的课程论为指导，在确定课程目标时更多立足于儿童需要和个性发展，有机地融入了一定的学科知识和当代社会对新人的需求。瑞吉欧幼儿教育体系的课程目标中并没有预先制订的非常细致、具体、可操作的行为目标，而是强调在活动过程中培养儿童的个性、主体性，以及他们在学习过程和具体教育情境中生成性、表现性目标的实现，这样的课程目标，不仅解放了儿童，而且也使教师的教学有了较大的自由空间。对瑞吉欧幼儿教育体系的课程目标有一种颇具人文特色的描述：让儿童"更健康、更聪明、更具潜力、更愿学习、更好奇、更敏感、更具随机应变的适应能力、对象征语言更感兴趣、更能反省自己、更渴望友谊"。

2.课程内容

瑞吉欧的幼儿学校没有预先设计好的课程，强调幼儿本身的需要、兴趣、经验和能力是极为多样化的，教师和他们在一起，"就是在同三分之一的确定性和三分之二的不确定性与新异性打交道"。日常生活是取之不尽的课程内容的资源，如积木游戏、角色游戏、听故事、游戏表演、烹调、家务活动、穿衣打扮、颜料画、拼贴画、黏土手工等。所以，瑞吉欧幼儿教育体系无明确规定的课程内容，无固定的"教材"或预先设计好的"教育活动方案"。课程内容来自周围的环境——儿童生活中感兴趣的事物、现象和问题，来自他们各自的活动。

3.课程的实施

(1)方案教学

方案教学又译为项目教学，它是根据儿童的生活经验和兴趣确定活动的主题，并以该主题为中心加以扩散，编制主题网络，将概念予以分化、放大，让儿童通过自己的学习，探索概念的内涵。在编制主题网络时，涉及儿童的认知、情感、社会化、语言、体能等各发展领域，将游戏、故事、绘画、手工、音乐、数学等方面的内容融合为一体。

①瑞吉欧的方案教学的实施过程。第一，师生共同合作设计方案的主题。主题的选择就是根据儿童的兴趣、能力和教师的经验、园内外的教育资源状况，由师生共同决定的。第二，师生共同编制策划主题网络。所谓主题网络，是一种由许多与主题相关的小子题编织而成的放射状的图形，它把各种资料都纳入到主题之下的各子题内。第三，教师们共同讨论方案执行的思路。在孩子们尚未正式开始进行方案之前，教师们要先讨论关于方案的各种可能性、假设及方案可能进行的方向。第四，创设一定的情景推动方案进行。任何方案的进行必须首先设立目标并评估幼儿与方案相关的知识和兴趣，然后，协助幼儿设立一个适当的情境，以使幼儿能从一开始就参与问题的探索。

②瑞吉欧方案教学与一般教学的区别。第一，一般意义上的教学以目标为导向，强调教育目标的实现；而瑞吉欧的方案教学强调的是互动，强调儿童在主题探索活动中与教师、同伴的互动，强调学校与家庭、社区间的互动，强调儿童在主题探索活动中多种多样的表达方式，尤其是视觉语言的表现方式。第二，一般意义上的教学强调的是教师个体的学习，而瑞吉欧的方案教学则强调教师集体协作的学习，强调以集体的力量进行工作。第三，一般意义上的教学强调“做”的要素，强调“过程”与“步骤”；而瑞吉欧的方案教学强调意义的分享、经验的分享。

(2)小组工作

瑞吉欧的方案教学活动一般采取小组工作的方式，小组一般是3～5个人。瑞吉欧认为这种小组工作的方式有利于保证同伴间的合作研究。

(3)档案支持

档案指的是对教育过程及师生共同工作结果的系统记录，包括儿童自己的视觉表征活动作品以及对儿童工作过程中具体实例的记录，如记录儿童在工作进程中的具体实例，正在工作的儿童的照片、教师写的旁注、撰写下来的儿童的争论短评和对于活动意向的解释以及家长的评议等。这种档案并非简单的文字记载，而是以图画、实物、照片、录音、录像、幻灯、文字说明等多种形式表现出来，它贯穿方案活动的始终，并在活动结束后延续。

(4)图像语言

在幼儿围绕着一个共同的方案研究的过程中，瑞吉欧方案教学鼓励幼儿运用他们的自然语言和表达风格自由地表达和相互交流——包括语词、动作、手势、姿态、表情、绘画、雕塑等，这就是瑞吉欧幼儿教育体系中所说的图像语言。

(5)教师角色

在瑞吉欧幼儿教育系统中，教师不是权威，也不是传统意义上的知识、技能的拥有者、传授者，而是充当伙伴、园丁、向导、记录者、研究者等多种角色。

### (三)瑞吉欧教育体系的主要特点

#### 1.全社会的幼儿教育：社会支持和家长参与

瑞吉欧的幼儿教育是全社会的事，体现了意大利文化中的集体主义精神。

#### 2.民主与合作：学校管理风格

瑞吉欧学前教育系统是一个以儿童为中心的联盟，一个教师与儿童同样能获得“家一样的感觉”的地方。

#### 3.项目活动：弹性课程与研究式的教学

项目活动是对该学校的课程与教学最全面准确的概括。这种活动的基本要素或关键的词包括：解决真实生活中的问题，小群体共同进行长期、深入的专题研究等。瑞吉欧教育体系没有固定的课程计划，项目活动强调深入而富有实效的学习，绝不匆匆忙忙“走过场”。

#### 4.百种语言：儿童学习与表达的手段

在幼儿小组围绕着一个共同的“项目”开展研究、探索解决问题的办法并不断有所发现的过程中，自我表达和相互交流是两种基本的活动。在瑞吉欧看来，幼儿表达自我和彼此沟通的手段，以及教师判断幼儿对于相关内容是否理解的标志，不应只是人类特有的语言符号，还应包括动作、手势、姿态、表情、绘画、雕塑等一切表达方式。

#### 5.合作学习和反思实践：教师的成长

教师是通过进入一个充满各种关系的环境中学习的，环境中的这些关系支持教师们合作建构了关于儿童、关于学习过程以及关于教师角色的知识。教师的成长与孩子的发展被视为一个“连续体”。在与儿童合作开展的项目活动中，教师不断地观察幼儿，并采用多种方式记录、保存学习过程和“产品”，为孩子建立“档案”。记录、整理、分析解释档案的过程，不仅为教师本人计划和实施课程提供了充分的信息基础，而且成为教师自我反思和同其他教师、教研员、艺术教员及家长共享的宝贵资源。

6.开放的环境：学校的第三位教师

物质环境的布设同样也是瑞吉欧教育的中心环节，而该环节的一个核心问题就是如何增进环境的开放和资源的综合利用。学校在设计新的空间和改造旧的场所时，一个通常的考虑就是如何使各部分的教室能够便利有效地衔接起来，并且使学校与周围的社区密切互动。学校所有的教室都向一个中心区域敞开大门，厨房间可以随时提供参观的便利，大大的玻璃窗、教室后面的院落、开向外面的大门，也使学校同社区保持随时的沟通。

### （四）瑞吉欧幼儿教育体系的评价

1.创造性地借鉴多种教育理念

瑞吉欧幼儿教育体系批判性地吸收与借鉴了杜威、皮亚杰、维果茨基等人的教育理念，但没有仅仅停留在接受、继承与吸取的程度，而是结合自己特有的文化背景与教育实际，进一步发展与完善了自己的教育经验，从教育观念到教育行为真正做到了以儿童为核心、以儿童发展为本，从而形成了独具特色的瑞吉欧教育理念。

2.灵活地运用了“互动合作”的理念

“互动合作”是瑞吉欧教育体系的一个重要理念，也是贯彻在整个教育活动过程中的一项原则。“互动”存在于以下几个方面：(1)存在于发展和学习之间；(2)存在于环境和儿童之间；(3)发生在不同符号语言之间；(4)发生在思想和行为之间；(5)发生在个人与人际之间。这一种对家长、教师和儿童互动、合作关系的看法，不仅使儿童处于主动学习地位，同时还加强了儿童对家庭、团体的认同感，使每个幼儿在参与活动时，能感受到归属感和自信心。

3.极大地丰富了生成、预设课程的经验

瑞吉欧教育体系在生成与预设课程建设方面为我们提供了一个成功的范例。比如怎样选择幼儿自发生成的主题并引导其进行有一定深度和广度的长期探索等，都极具借鉴意义。

4.鼓励儿童大胆使用各种语言来表达

在瑞吉欧幼儿教育体系中，把儿童可使用的语言分为表达语言、沟通语言、符号语言（标记、文字）、认知语言、道德语言、象征语言、逻辑语言、想象语言和关系语言等，幼儿在探索、研究、解决问题的过程中可以自由地使用各种语言。丰富多彩的表达形式可以有效地促进儿童创造与想象力的发展。

## 六、多元智能课程方案

### （一）多元智能课程方案产生的背景

加德纳在提出多元智力理论时，并没有明确多元智力理论的教学模式和评估模式，这种开放性使得教育界在多元智力理论基础上提出了多种多样的课程模式。多元智力理论落实到具体的教育实践中时，出现了很多各具特色的课程，如光谱方案、新汇流课程方案和艺术推进方案等。其中，光谱方案是专门以学前儿童为研究对象的教育方案。

### （二）多元智能课程方案的理论基础

1.多元智能观

加德纳把智力界定为“个体用以解决或生产出被一种或多种文化或环境所珍视的问题和产品

的能力”。支撑多元智力理论的是个体身上相对独立存在着的、与特定的认知领域或知识范畴相联系的八种智力：言语—语言智能、逻辑—数理智能、音乐—节奏智能、视觉—空间智能、身体—运动智能、自我认识智能、人际智能、自然观察者智能。

2.学生观、教学观

根据加德纳的多元智能理论，每个人的智力是各具特点的，但个体的智力发展的方向和程度受环境和教育的影响和制约。教育者要根据每个学生的智力优势，来选择各自的学习风格和方式方法。因此，学校里不应该有“差生”的存在，教师应该清醒地认识到：每个学生都是多种不同智力不同程度的组合，问题不再是一个学生有多聪明，而是一个学生在哪些方面聪明和怎样聪明。在加德纳看来，教师应该树立“对症下药”的教学观。“对症下药”的教学观有两个方面的含义：一是针对不同智力特点的“对症下药”；二是针对不同学生的“对症下药”。

3.教育评价观

教育者应该摒弃以标准的智力测验和学生学科成绩考核为重点的评价观，树立多元化的评价观：即教育评价应该通过多种渠道、采取多种形式，在多种不同的实际生活和学习情景下进行，切实考查学生解决实际问题的能力和创造出精神产品和物质产品的能力；教师应该从多方面观察、评价和分析学生的优点和弱点，并把这种通过从多方面观察、评价和分析学生的优点和弱点得来的资料作为服务于学生的基础，以此为依据选择和设计适宜的教学内容和教学方法，使评价名副其实地成为促进每一个学生充分发展的有效手段。

### （三）光谱方案的建构

光谱方案是由哈佛大学的加德纳教授和塔夫茨大学的费尔德曼教授率领哈佛大学零岁方案和塔夫茨大学的合作研究小组合作完成的，是一项持续了 10 年的研究(1984—1993)。光谱方案的理论基础有两个，一是加德纳的多元智力理论；二是费尔德曼的非普遍性理论。其中非普遍性理论确认了人类对非普遍性领域的追求，这两大理论都看到了儿童在智力上的多样性，都认为儿童具有独特性，应该相应地给儿童提供多种发展空间和机会，使每一个儿童都有机会发挥和实现自己的潜能，从而奠定了光谱方案的基调。光谱方案认为，每一位儿童所展现的能力剖面各具特色，如同智慧的光谱。智慧的力量并不是固定的，通过教育的机会和一个充满引人入胜的材料和活动的环境，可以增加它的力量。一旦儿童的强项被发现，教师可以利用这些信息设计一个更个性化的教育方案。

1.课程目标

光谱方案的目的是确定和支持幼儿的强项，帮助教师、家长和儿童自身欣赏多样化的潜能，提高教师、家长以及儿童自身的意识，使他们认识到只要以更宽泛的眼光来看待能力，潜力就会有很多表现机会，从而以各种方式改善幼儿的早期经验。换言之，光谱方案的目标就是发展儿童的多种智力及相关的关键能力。

2.课程内容

光谱方案的内容主要是根据关键能力而设计的。光谱方案设置了八大课程领域(机械和建构、科学、音乐、运动、数学、社会理解、语言、视觉艺术活动)和八大评估领域(运动、语言、数学、科学、社会理解力、视觉艺术、音乐、工作风格)。一般每一个光谱教室有八个学习中心，包括语言、数学、自然科学、机械和建构、视觉艺术、社会理解、音乐和运动等，这些学习中心的设置以及在学习中心开展的活动都是根据光谱方案的评估领域以及相关的关键技能来建构的。

3.光谱方案的实施步骤

(1)引导儿童接触广泛的领域。光谱方案有计划地把儿童引入到八个知识领域：语言、数字、运动、音乐、科学、机械建构、社会理解和视觉艺术。设计学习活动区是为了给所有儿童在全部八个领域进行探索的同等机会。一些儿童在直接操作材料时可能会显示出在纸笔测验中没有显现的智能。

(2)确认并支持儿童的强项领域。教师既可以通过正式的评价,也可以通过非正式的观察来识别儿童的强项。在光谱方案中,教学和评价是交织在一起的。

(3)加强和培育儿童的智能强项。一旦确认了儿童的强项领域后,教师应提供必要的帮助来加强和培育这些强项。光谱方案鼓励教师在识别儿童智能强项的基础上,使课程更适合儿童的兴趣和能力。例如,当某个儿童在机械学习活动区中显示出特别的兴趣和特长时,教师就可以提供更多的工具和机械、建构性的材料,以鼓励其进一步发展。凭借对儿童"关键能力"的指导,教师可以开发相应的活动,发展儿童特定的能力、知识和技能。

(4)建立儿童智能强项与其他学科的联系。光谱方案的最后一步是利用儿童在其强项领域的经验,引导他们进入其他广泛的学习活动中,这是一个"搭建桥梁"的过程。"搭建桥梁"可以表现在很多方面:第一,儿童发现了自己的强项领域,乐于在其中探索并自我感觉良好,这种成功的体验会使儿童对进入一个较困难的领域产生信心。第二,可利用儿童在其强项领域的学习风格引导其进入困难领域。如对于一个有音乐智能强项的儿童,如果将数学任务配以音乐的话,就会对其更具吸引力。第三,可以利用儿童在强项领域学习的内容引导其参加其他领域的学习。第四,儿童在某个领域的优势可能与另一个遥远的领域相关。

(5)采用活动形式分领域进行。光谱方案把儿童的活动分为八个不同的领域,每一领域的活动大体包括 15～20 个活动。每一活动既包括自由游戏,又包括结构性活动。

从目前的教育实践来看,光谱方案采取的主要活动形式有在教室里设立学习中心、与社区如儿童博物馆联合、实行导师制等。

### (四)多元智能课程方案的评价

#### 1.提出了全员全面发展课程目标

多元智力理论认为每个人都拥有多种智力,都有自己的智力强项和弱项,每个人都可以找到适合自己的学习内容和方式。也就是说,只要有适宜的课程和学习环境,每个儿童都能得到相应的发展,课程目标应该面向全体,追求全体成员的全面发展。这种全员全面发展的课程目标在解决教育机会均等问题,如可以正确看待"弱势群体"问题、儿童智力"缺陷"问题等提供一种符合时代要求的新理念、新思路。

#### 2.提出了两种思路的课程设计理念

多元智力理论的课程设计思路可以概括为两个方面:一是"为多元智力而教";二是"通过多元智力来教"。前者是对教育目的的新思考,后者是在教育方法上的新追求。

#### 3.提出了发展性和创造性教育评价观

评价是一把"双刃剑",既可以促进课程的展开,也可以阻碍课程的进步。光谱方案与传统评价方法的最大不同就是它不以发现儿童的缺陷为导向,而是发现儿童的强项,并为儿童积极的变化提供基础,最终促进儿童的全面发展。光谱方案的评价关注个体生存所必需的能力,并在此基础上实现个体的全面发展,这种具有发展性和创造性的教育评价观念,不仅符合素质教育的要求,还能充分调动个体的积极性,有效挖掘每一个儿童的特别潜能。

# 第九节　园本课程

## 一、园本课程的历史发展

20 世纪 20 至 40 年代开展的幼儿园课程实验，其目的虽不在于开发园本课程，但其精神与现在的园本课程及园本课程开发的理念却是相吻合的。可以说，这些课程研究为我国园本课程开发的理论与实践奠定了良好的基础。20 世纪 80 年代以来，幼儿园课程改革成为我国幼儿教育改革的核心。由于幼儿教育不属于国家义务教育，幼儿园课程改革与园本课程开发与建构是联系在一起的。幼儿园已从单纯的课程实施者转向为肩负课程实施者与开发者的双重角色，园本课程的开发取得了很大的发展。

进入 21 世纪，国家明确提出课程包括国家课程、地方课程与校本课程三级体制后，我国幼儿园的园本课程开发逐渐走向科学化与全面化。

## 二、园本课程的内涵及特点

园本课程是指幼儿园为达成教育目标，从本地本园的条件出发，以幼儿园为主体，由参与幼儿园教育的有关人员，为改善幼儿园的教育品质所开发的富于个性化、适合本园特点的课程。

园本课程的特点如下：

(1)具有特色性。各个幼儿园的师资条件和幼儿园环境的不同以及本来就存在的地区差异，使得开发出来的园本课程具有明显的差异，即每个幼儿园园本课程都有独特性。这种独特性可以说是幼儿园的办园特色，而每个幼儿都是独立的个体，存在着个体差异，所以我们开展的园本课程建设也应该根据本地区、本幼儿园及幼儿的需要开发多样化的课程，形成特色课程。

(2)具有自主性。园本课程是课程权力重新分配的产物，其前提是课程权力下放给幼儿园。在园本课程的建设过程中，包括课程选择、课程改编、课程整合、课程补充和课程拓展等活动，都体现了幼儿园本身的主体性。

(3)具有生成性。园本课程的建设是一个逐步建设、逐步完善的过程。幼儿园的现状、资源、条件会随着幼儿园课程的研究和建设不断发生变化，幼儿园课程也必须反映这种变化。另外，园本课程的建设也是一个各种课程资源得到开发、利用的过程，是幼儿园课程自身的特色逐渐彰显的过程。

(4)具有民主参与性和开放性。从参与园本课程建设的人员来看，虽然说幼儿教师是课程的主要构建者，但园长、课程专家、幼儿及家长和社区人员，都有权提出自己关于课程建设方面的意见，因此，园本课程必须体现出园本课程建设的民主参与性和开放性的特点。

(5)具有灵活性。园本课程鼓励家长和社会人士参与幼儿园的课程建设，容易融进最新出现的相关课程，因而具有一定的弹性。

## 三、园本课程的功能

园本课程的根本功能是育人。具体来讲，主要表现在以下四个方面。

第一，园本课程是有效促进幼儿和谐发展的保证。

第二，园本课程建设是有效促进幼儿教师专业化成长的重要手段。

第三，园本课程研究与开发是幼儿园课程理论的重要生长点。

第四，园本课程开发是国家幼教政策、法规的要求。《幼儿园工作规程》《幼儿园教育指导纲要(试行)》不仅从政策、法规层面上为幼儿园园本课程的开发提供了保障，而且为园本课程的开发建设提供了理论上的指导。

## 四、园本课程的开发

### (一)园本课程开发的条件

1.明确而独特的办园宗旨和教育哲学思想

一般而言,国家对各级各类学校(包括幼儿园)的培养目标和培养规格都有统一的规定,这种规定只是最基本的原则性方面的要求,不可能照顾到各地各类各级学校的具体特殊性。这就要求幼儿园要有自己独特的教育哲学思想和办园宗旨,即幼儿园要根据具体的师幼特点、教育资源和幼儿园环境以及教育者的办园志趣确立自己幼儿园的独特的发展方向。

2.民主、开放和科学的幼儿园管理

园本课程的开发是根据国家、地方的规定和幼儿园的特点由众多的参与人员共同参与完成的,不是单个人的行为。这就要求幼儿园有一个民主、开放的组织结构,需要幼儿园园长纵向、横向的协调,需要幼儿教师广泛而积极地参与,需要家长的配合,需要社会主动而有力的支持。

3.素质较高的教师队伍

“校本课程的开发利用在有高素质的受过良好教育的教师的教育系统中更容易实现。”这说明,幼儿教师的敬业精神、专业知识和专业技能是影响园本课程开发成功的重要因素。由于课程开发对幼儿教师来讲是一个新的领域,而要致力于这一活动,必须具备相关的知识、技能。

4.提供有效的监督和服务机构

园本课程应该有一套完备的服务和监督机构,一方面这个机构能为园本课程开发提供有效的服务,使社会各界广泛参与决策、管理,同时它又能起到监督作用,对于不符合课程原则的幼儿园课程或违反幼儿身心发展的课程能及时发现、及时纠正。

### (二)园本课程开发过程中需要处理好几个问题

1.以和谐发展为前提,建立科学的课程体系

园本课程的开发应在促进幼儿和谐发展思想的指导下,涉及幼儿教育的各个领域(社会、科学、健康、艺术、语言等),开展实质性的探索,形成科学的园本课程体系。发展是促进幼儿个性的发展,是促进幼儿各个方面而不是某个方面的发展。

2.发挥教师和幼儿的双主体作用

幼儿是有需要、有尊严、有动机的相对自主的不断变化发展的个体。教师则是具有教育主体性的人,即教育主体,代表着教育的方向。教师、幼儿、教育情境是园本课程开发的条件,教师对园本课程的开发应以发挥幼儿的主体性为前提,因为幼儿在认识过程中不是被动、消极的,而是积极、主动的,幼儿与环境之间的关系是互动的。同时,幼儿与教师的关系也是互动的,是主体与主体之间平等的交往关系。儿童不是接受知识的容器,教师也不是知识的灌输者,教师应通过园本课程的开发来调动幼儿的主动性,通过幼儿的主动学习来培养兴趣和发展才能。

3.重视潜在课程的影响

园本课程的开发应更多地关注各个幼儿园的特色,重视潜在课程的影响,关注各幼儿园的各种教育因素,加强家园合作、加强幼儿园与社区的合作。

4.避免流于形式,避免增加教师和幼儿的负担

园本课程开发过程中要避免流于形式,避免增加教师和幼儿的负担,关键在于对园本课程要正确理解。首先,园本课程的开发可以通过多种渠道实现,教师对现有课程进行改编(包括整合、选择、

补充和拓展）或新编课程要根据自己的特点、风格，同时还要考虑本园的条件及幼儿的要求；其次，园本课程开发是一种政策导向，并不是上级给下级的命令。

5.注重活动、强调游戏

游戏具有假想性、愉悦性，适合幼儿的年龄特点，因此被确定为幼儿园的基本活动，成为对幼儿进行教育的基本形式。1996 年，国家教委颁布的《幼儿园工作规程》明确指出："幼儿园的教育活动应是有目的、有计划引导幼儿生动、活泼、主动活动的，多种形式的教育过程。""教育活动"这一概念的提出，反映了一种新的幼儿教育观和儿童发展现，是新时代教育思想的具体体现。课程开发应立足于科学的儿童观、教育观、课程观，尊重幼儿身心发展特点，发展幼儿的主动性，尊重幼儿的主体性，调动教师的积极性和主动性，注重各种课程资源的开发，以生动活泼的形式组织活动。

## 【结论及应用】

1.课程是幼儿园教育活动的关键所在，根据不同的课程含义，多种多样的课程界定大致可以归为计划类、经验类、结果类、活动类四类课程。

2.幼儿园课程设置的原则有目的性原则、适宜性原则、生活化原则、兴趣性原则、基础性原则、逻辑性原则。

3.课程组织是课程的下位概念，它是指在一定的教育价值的指导下，将所选取的各种课程要素妥善地组织成课程结构，使各种要素在动态运行的课程结构系统中产生合力，以便有效地实现课程目标。

4.幼儿园课程实施取向有忠实取向、相互适应取向、课程创生取向。

5.学前教育典型课程方案主要有蒙台梭利教育方案、多元智能课程方案陈鹤琴的五指活动课程的理论、苏联知识系统化教学、认知理论的学前教育方案和意大利瑞吉欧幼儿教育体系。

6.园本课程是指幼儿园为达成教育目标，从本地本园的条件出发，以幼儿园为主体，由参与幼儿园教育的有关人员，如教师、行政人员、家长与幼儿等，为改善幼儿园的教育品质所开发的富于个性化、适合本园特点的课程。

## 【复习与思考】

1.课程的概念是什么？有哪些类型？
2.幼儿园课程选择的内容是什么？
3.幼儿园课程选择的原则和实施的途径是什么？
4.幼儿园教育目标的表述应注意哪些策略？
5.什么是园本课程？园本课程的编制应注意哪些问题？

## 【拓展阅读】

### 综合教育课程设计案例

**主题名称**：南京——我的家乡（三周）

**主题思路**：

家乡的山，家乡的水，家乡是儿童成长的摇篮。孩子们从出生之日起，就和家人生活在这里。家乡便成为他们生命历程中最重要的生活环境。从小他们便睁着清澈的眼睛，天真地搜寻着周围新鲜而神奇的事物；竖起耳朵，聆听着大自然奇妙的声音。他们渴望着认识和了解这块养育他们的土地。

在"南京——我的家乡"这一主题中。孩子们通过实地参观、调查访问、收集特产等多种方式，能更多地感知家乡的美丽风景、古迹名胜、美味佳肴、名优特产、民歌民谣……多一份认识，多一份情感。在小记者、小导游、小演员、小厨师的多重角色中，体验做南京娃的自豪，激发爱南京和把南京建得更好的愿望。

**环境设置**：

收集陈列有关家乡名胜古迹和特色建筑的图片和照片，并根据儿童发展情况，逐步增加有关内容，引导儿童欣赏。

布置主题墙饰"我的家乡",以市花、市树为背景,以儿童照片和家乡风光明信片为主。

**家园共育:**

请家长向儿童介绍家乡的一些变化、新貌,收集土特产。师生共同布置展览,并引导儿童观赏。

家长利用休息时间,有意识地带儿童游览家乡的名胜古迹,支持并帮助儿童收集有关家乡风光的图片或在名胜风景区留影的相片。

更换家长园地,介绍主题目标及主要活动安排。

**区域活动:**

| 区域名称 | 指导要点 |
| --- | --- |
| 美工区 | 提供正方形(10 cm×10 cm)纸,供儿童折灵谷塔<br>重点指导儿童在折好双三角的基础上再折塔<br>指导儿童边角要对齐,折痕要清楚,记清步骤<br>提供废旧纸盒、卷纸的轴心等,供儿童建桥用<br>重点指导儿童合理使用粘贴剂(双面胶、透明胶、糨糊等)进行创作<br>提供彩色蜡光纸,供儿童折剪市花、市树<br>重点指导儿童用对称的方法进行折剪<br>提供勾线笔、白纸,供儿童画线,描画城门和楼房<br>重点指导儿童如何用线条画出城门的特点 |
| 建构区 | 提供各种大小不同的积木、盖板<br>提供各种辅助材料(果奶瓶、小易拉罐、自制的树、路灯),供儿童搭建各种桥梁、城门和有特色的建筑物<br>重点指导儿童用对称法建构出建筑物的特点和特色<br>能与同伴合作完成建构 |
| 科学区 | 提供雨花石供儿童探索发现它的特点(色彩、花纹、形状、色泽等方面)<br>提供鹅卵石或其他石块,让儿童学会对比观察<br>指导儿童用看、摸等形式进行观察<br>对观察的结果做简单的记录<br>提供磁铁、大头针、回形针、糨糊、双面胶、铁夹子、各种小图片、不同质地的直立的板(小块的),供儿童作固定材料的探索<br>指导儿童探索最佳固定方式,并能说出原因 |
| 语言区 | 提供画有市花、市树的小看板,家乡名胜的风光明信片(儿童自己的照片、画的小图片)、小指偶,供儿童创编诗歌时使用<br>将儿童创编的较好的诗歌段落、记录展出在家乡主题墙饰中<br>语言游戏(开火车、城门几丈高) |
| 益智区 | 提供各种表示数字 10 以内的实物图片,表示数字 1～10 的数字卡片和"＝""≠"">""<"标记卡,引导儿童用这些符号正确表示两个集合(数字之间的关系)<br>提供 5～6 张宽窄不同的实物卡片(小桥面、毛巾、小河等),供儿童练习宽窄排序<br>提供油泥供儿童做不同粗细的柱子,引导儿童理解粗细和宽窄的不同<br>利用拼图熟悉家乡的风貌<br>走迷宫"游南京",熟悉景点所在的方位及乘坐的车次<br>鼓励儿童在成人的指点下,在南京地图上寻找南京著名风景区的方位以及乘坐的车次 |
| 生活区 | 提供洋花萝卜、盐、醋、糖、勺子、点心盘,供儿童拌洋萝卜使用,引导儿童适量添加调料 |
| 角色区 | 提供有关家乡的民歌、民乐、民谣,供儿童欣赏表演<br>提供"水族馆""工农兵联合起来"音乐,供儿童表演使用<br>"花店:有趣的插花艺术"<br>制作有市花、市树的导游旗,开展旅游公司游戏,巩固儿童对家乡名胜古迹的认识<br>"超市:丰富的家乡特产" |

**三周活动安排：**

第一周

主要活动

我是南京人(社会)

明孝陵(综合)

夸南京(音乐)

南京的桥(综合)

傻小熊进城(语言)

备选活动

它们相等吗(数学)

梅花山(音乐)

雪碧瓶操(体育运动)

第二周

主要活动

南京娃(语言)

宽窄排序(数学)

水族馆(音乐)

南京的城门(综合)

包野菜馄饨(综合)

备选活动

南京长江大桥(综合)

美丽的南京长江大桥(美术)

夹包跳(体育活动)

第三周

主要活动

家乡的特产(社会)

美丽的雨花石(美术)

我有好办法(科学)

工农兵联合起来(音乐)

绿色的城市(语言)

备选活动

比较粗细(数学)

我们长大后的南京(美术)

快乐小导游(体育活动)

(资料来源：引自南京市实验幼儿园编著《幼儿园综合教育课程》,南京大学出版社 2003 年版)

# 第六章　学前儿童教学活动

**【内容提要】**

本章主要阐述学前儿童教学活动的内涵、特点、功能，介绍幼儿园常见的教学方法，探讨教学活动的设计、组织与指导，以及领域活动和主题活动这两大教学活动的内涵、特点、教育功能，活动方案设计及组织指导策略。

**【学习目标】**

1.理解学前儿童教学活动的内涵、特点、功能；

2.掌握幼儿园常见的教学方法；

3.理解幼儿园领域活动、主题活动的内涵、特点及教育功能；

4.掌握幼儿园教学活动方案设计；

5.了解幼儿园教学活动的组织与指导策略。

**【关键词】**

幼儿园教学；领域活动；主题活动；幼儿园教学方法；活动方案设计

## 第一节　学前儿童教学活动及其功能

### 一、学前儿童教学活动的内涵及其特点

#### (一)学前儿童教学活动的内涵

学前儿童教学活动有广义和狭义两种理解。广义的学前儿童教学活动是指学前教育机构全部教学活动的总和，包括托儿所、亲子园教学等。在生活活动、游戏活动、劳动活动等环节中教师有目的、有计划地引导儿童学习从而实现某种目的的活动均可以理解为教学活动。狭义的学前儿童教学活动是指教师根据国家的学前教育目标和任务，结合社会的需求和学前儿童身心发展规律而专门设计的、多种形式的、有目的、有计划地引导学前儿童生动活泼、主动活动的学习活动。

对学前儿童教学活动内涵的理解应注意以下几个方面。

首先，它与所有教学活动一样，具有目的性、计划性和教师的引导作用。只是学前儿童教学活动的引导更强调教师的隐形指导，即间接指导，充分调动学前儿童的主体性。

其次，学前儿童教学具有宽泛的含义。从教育对象来看比较宽泛，学前儿童是指六七岁以前所有的孩子，我们这里的教学具有广泛的含义，它不仅包括托儿所、幼儿园的教学，也包括近几年兴起的各种早教机构、托幼机构和亲子教育活动；它不仅指学前教育机构教师有目的、有计划的教学活动，也包括家长开展的有目的、有计划的教学活动。

第三，从教育内容和形式来看，比较灵活多样。可以是教师以直接教学的方式，如按教育领域进行的健康、社会、语言、科学、艺术五大领域的教学，还可以是以“单元主题”或“整合课程”形式开展的教学，还可以是教师精心创设学习情境，提供操作材料引发儿童主动学习，从中获得某些学习经验，促进和谐发展，如活动区活动中幼儿自发的个人学习活动或小组学习活动。

最后，强调对学前儿童学习的主动性、积极性、创造性的开发，强调对学前儿童学习过程、探索过程的重视和关注。要强调在教学中倡导学前儿童的体验式学习过程，强调孩子的探究、操作、游戏等实践活动，让孩子在活动中获得认知、经验、情感、技能的发展，促进其健康成长。无论是亲子教育还是在托幼教学中，都应该让孩子成为活动的主人，家长、幼儿教师不能包办代替。

#### （二）学前儿童教学活动的特点

学前儿童教学活动由于受学前儿童身心发展制约，与中小学教学活动相比，有它自身的特点，表现为主体性、活动性、启蒙性、直观性、整合性和灵活多样性。学前儿童教学活动要体现以儿童为本的思想，以游戏或游戏化的手段来开展各种活动，注重教学的启蒙性，多采用直观形象化教学方法，灵活多样地开展教学活动。

### 二、学前儿童教学活动的功能

#### （一）教学活动是对儿童实施全面发展教育的重要途径

教学活动是对学前儿童实施全面发展教育的重要途径，是培养完整儿童和为儿童终生学习奠定坚实基础的主要手段，它直接影响着儿童发展的质量和水平。

(1)与日常生活活动、游戏活动相比，教学活动对儿童的全面发展更具直接性和目的性、计划性，更能按照教师预设的教育目的有效实施。

(2)教学活动可以从规范儿童行为和培养孩子良好习惯入手，逐渐帮助儿童学会学习、学会生活、学会做人，保持持久的学习兴趣，掌握正确的学习方法，养成良好的学习习惯，从而为学前儿童终身学习奠定坚实的基础。

#### （二）教学活动是促进教师专业成长的重要途径

学前儿童的发展有赖于全面参与高质量的学前教育活动，而高质量的教育教学活动与教师本人的教育观念、素养、教学艺术等关系密切。教师通过不断地反思自己的教学行为，不断地提高自身的教育观念、职业素养、教学艺术，促进专业化成长。

#### （三）教学活动是学前教育改革的重要阵地

学前教育改革是否深入，体现在儿童教学活动的过程中。教学活动不是随心所欲任意设计的，它是根据《幼儿园教育指导纲要（试行）》精神和学前儿童发展实际，有目的、有计划地设计的，是受各种因素的影响和制约的，它充分体现了设计者某种教育思想、教育观念和设计思路。通过教师的教学设计、组织和反思，每一个教学活动无论成功还是失败，都是幼教科学研究的基本依据，教学活动的探索改革与研究都将促进教育科学的完善和进步。

### 三、学前教育常用教学方法

#### （一）游戏法

游戏法是指教师采用游戏或以游戏的口吻开展教育教学活动，它是学前教育机构教学活动的主要方法。运用游戏法时应注意以下几个方面：

(1)根据具体的教学目的、任务、内容设计合适的游戏化教学模式。

(2)教学活动中采用游戏法，即游戏化的教学，是指教师在教学活动中创设游戏的场景，采用游戏口吻教学，以便达到一定的教学目的。游戏化的教学与平时的游戏活动是有区别的。

(3)在教学中，各年龄段运用游戏化教学的比重应该有所不同，年龄较小，宜多采用游戏法，随着儿童年龄的增长，知识经验的丰富，语言和智力的发展，可以适当减少游戏法的比重，综合运用多种方法。

（二）直观法

直观法是一种让幼儿直接感知认知对象的方法。演示、示范、运用范例等都属于直观法。演示是教师通过向儿童展示各种事物或直观教具，引导儿童按照一定的顺序注意物体的各个方面和各种特征，使他们获得对某一事物或现象较完整的感性材料。示范或范例是教师通过自己的或儿童的动作、语言、声音，或已经过选择的图画、剪纸和典型事例，为儿童提供模仿的对象，如在艺术教学中的教师范唱、范画、舞蹈动作示范等。

（三）观察法

观察法是指儿童在教师或成人指导下，有目的地感知客观事物的过程和儿童自发地观察的过程。观察法是儿童认识周围世界，取得直观经验的重要途径，是学前儿童教学活动的基本方法。运用观察法要注意以下问题：

(1)根据教学目标，专门组织的观察活动要做好观察前的准备活动，包括：确定观察目的，选择观察对象，拟订观察计划，创设观察环境条件等。

(2)组织学前儿童观察活动前，教师或成人要激发儿童的观察兴趣，提出明确具体的观察要求，引导儿童运用各种感官进行认知，获取经验。

(3)在儿童观察过程中，教师应多提启发性、开放性的问题，以适当的手势引导孩子观察事物的主要特征、变化和细节。

(4)在观察结束时，教师应组织进行总结性谈话，使孩子的经验和印象得到整理和巩固，并形成概念。

(5)运用观察法，重点在于教会儿童观察事物的方法。在观察活动中，教师要让儿童学会认识事物的方法：不仅要学会有顺序地观察个别物体或现象，处理好局部与整体、由外到里、由近及远、由动到静的关系，也要学会对两种及两种以上的物体的对比观察。

（四）操作法

操作法是指儿童按照一定的要求和程序通过自身的实践活动进行学习的方法。操作法符合儿童好动好玩的天性，动手操作是儿童认识世界的重要实践活动，也是儿童巩固新的知识、形成技能技巧的方法。在儿童教学活动中，要充分体现活动性原则，给孩子动手动脑的机会。运用操作法应注意以下几个方面：

(1)要根据活动目标和儿童年龄特点，提供适合每一个儿童认知水平和技能的操作材料。

(2)要使儿童明确操作的目的，启发儿童操作的积极性。

(3)要教给儿童操作的基本方法和步骤，鼓励他们敢于动手，大胆操作。

(4)操作的方式要多种多样，避免让儿童机械、简单的重复。

（五）发现法

发现法是由美国心理学家布鲁纳所倡导的，是指教师提供给儿童进行发现活动的材料，让他们通过自己的探索、尝试过程、发现问题解决之道的方法。发现法容易激发儿童的兴趣和内部学习动机，有利于儿童的主动性、积极性的发挥，促进学前儿童智力、创造力和独立意识的发展，还能丰富、扩大儿童的知识经验。运用发现法应注意以下几个方面：

(1)要为儿童创设良好的学习环境和物质条件，提供充分的活动时间，教给学前儿童感知、探索、观察等发现学习的方法。

(2)要在学前儿童已有的知识经验的基础上运用发现法，要依据儿童认知水平引导儿童去发现周围生活中能理解的、容易捕捉到的事物和现象。

(3)要引导儿童将发现的结果通过自己的思考加工整理成明确的概念或经验，并用语言的形式描述自己的发现成果。

(4)要对儿童的发现过程多鼓励、多赏识，鼓励儿童积极提问，大胆探索。

#### (六)口授法

口授法是指教师通过口头语言系统地向儿童传授知识经验的一种教学方法。口语是教师与学前儿童相互交流的主要媒介，教师经常用口语指导儿童的各类活动，为儿童提供信息，解释事物，向儿童提问、交流、评价等。学前教学活动中的口授法，主要包括讲解、讲述、提问、谈话、讨论等。运用口授法应注意以下几个方面：

(1)讲解时语言要生动形象、清晰准确、浅显易懂、简明扼要、富有感情，孩子愿意听，听得懂。

(2)讲解时尽量与演示、示范结合，或辅以适当的肢体语言，做到形神兼备，利于儿童理解。

(3)提问时要考虑提问的艺术，提问应围绕主题，由浅入深，具体明确，富有启发性和逻辑性。

(4)谈论的主题应在儿童的认知经验范围内，属于儿童感兴趣的内容，有利于儿童丰富认知经验、发展语言表达能力。

## 第二节　学前儿童教学活动的设计

### 一、学前儿童教学活动目标的确定

目标是教育教学活动的灵魂，是教学活动的出发点和归宿。

#### (一)教育活动的目标分解

根据《幼儿园工作规程》的保教总目标、《幼儿园教育指导纲要(试行)》的领域目标和学前儿童发展的规律与特点，逐层分解落实。学前教育目标体系包括学前儿童教育总目标—领域目标—年龄阶段目标—单元(时间单元或内容单元)目标—教育活动目标。

具体活动目标是总目标、领域目标、年龄目标、单元目标的进一步具体化，是指导、实施和评价教育活动的基本依据。具体活动目标是通过本次教育活动所期望获得的某些具体的发展，要根据儿童年龄特点、原有水平和能力、活动的内容和性质等来设计。

#### (二)教学活动目标设计应注意的问题

(1)设计要全面，避免单一、片面。教师拟订具体教学活动目标应尽可能全面，包括认知经验、情感态度、技能三个方面的内容。

(2)表述语言要明确具体，操作性要强，便于评价。

(3)目标表述最好统一角度，避免角度混杂，教师与儿童混同表述，或以教师为中心，不利于操作和评价。

(4)总体设计应充分考虑本班实际和幼儿个体水平。教师设计教学目标时应对本班幼儿发展状况有一个全面细致的了解，所制订的目标要切合班级大多数幼儿的发展水平，同时针对各幼儿的最近发展区分层次设计个别性目标。

## 二、学前儿童教学活动内容及其重难点的分析

### (一)教学活动内容选择依据

在选择教学活动内容时,要综合考虑学前儿童的兴趣、经验,儿童的教育目标和知识的内在联系等。

### (二)教学活动内容组织的基本形式

1.分领域教学

《幼儿园教育指导纲要(试行)》将幼儿学习的范畴按学习领域相对划分为健康、语言、社会、科学和艺术五大领域,教育内容的组织要结合领域特点、逻辑,系统地组织与安排,循序渐进地开展教育教学活动。

2.主题活动或方案教学

主题活动是教师按照某一种逻辑(思路、线索),将相关的内容整合进去,在一段时间内围绕着某一中心内容(即主题)来组织开展教育教学活动。方案教学是教师支持、帮助、引导儿童围绕某个大家感兴趣的生活中的"课题""主题"或"问题"进行深入的研究,在这个过程中组织有关的内容。教师一旦把内容选择出来后,除了考虑领域特点,还要按照某一种逻辑(思路、线索)将有机联系的各领域的活动整合进去。

### (三)学前儿童教学活动内容选择的基本要求

1.既适合儿童的现有水平,又有一定的挑战性

从选择内容的难易度来看,教师应选择难易适中的内容,既对儿童有一定的挑战性,又符合儿童现有的认知经验范畴,使儿童在现有的经验基础上通过努力能够达到。

2.既符合儿童的现实需要,又有利于其长远发展

在儿童的成长过程中,需要方方面面的知识、技能、态度、能力等,凡是在儿童生活中切实需要的,都可选择作为教育的内容。选择教学活动内容时,应从儿童发展的宏观微观、纵向横向角度综合考虑,既立足于儿童的现实发展,又充分关注儿童未来的长远发展。

3.生成课程与预设课程有机结合

生成课程与预设课程有机结合,就是既贴近学前儿童的生活来选择其感兴趣的事物和问题,又充分考虑领域内容的内在联系。现实中教师一般是根据教育目标预设的教育教学内容,随着课程改革的深入,教师根据《幼儿园教育指导纲要(试行)》中"善于发现幼儿感兴趣的事物和偶发事件中所隐含的教育价值,把握教育的时机,提供适当的引导"的要求,在教学活动内容的选择上,逐步能关注并考虑孩子自身的兴趣爱好所在和生活知识经验,引导儿童的自发生成课程,做到引导孩子生成课程和教师的预设课程有机结合。

### (四)教学重点、难点的分析

教学活动中的重难点是指教学内容中比较重要的或比较难以掌握的知识经验。

1.教学重点分析

学前儿童教学活动的重点是通过教学活动特别需要儿童掌握的知识经验,它是相对所学的教学内容主次而言的,也是教师教学活动反思首先考虑的因素之一。如中班故事教学《找珍珠》,其教学重点是丰富幼儿关于"水的三态变化"的相应粗浅知识经验。

2.教学难点分析

教学活动的难点是儿童认知经验范围内较难理解或掌握的知识或经验，它是针对儿童现有的经验和水平背景下的理解和能力而言的。教师或指导师在教学活动中要突破难点，就要结合学前儿童的认知发展水平，在教学活动中通过各种方法和途径，由浅入深，化难为简，变枯燥为生动，从而达到突破难点的目的。

## 三、教学方法与手段的选择

教学方法是指为了完成一定的教学任务，教师与儿童在共同活动中采用的手段。它包括教的方法，也包括学的方法。

教学方法运用中应注意的问题如下：

(1)应根据教学目标、内容的性质和特征选用适宜的教学方法。教学方法是实现教学目标的手段，教学方法的选用要依据目标，为实现目标服务，与内容相匹配、相适应。

(2)选用教学方法要尊重儿童年龄特点和发展差异。学前儿童不同的个性、兴趣、能力、习惯等要求教师采用不同的教学方法。年龄越小的儿童，教学方法越要采用游戏法、直观法。

(3)教学活动要满足儿童丰富多样的学习需要。综合运用多种方法，做到有主有辅，辩证统一，有机结合，各方面起作用，以提高整体教学效果。通常在教育活动中使用的方法都不是单一的一种方法，而是多种方法按一定的顺序和关系配置结合在一起的，构成一个最佳组合方案。

## 四、教学活动环境与材料

### (一)学习环境创设是学前儿童教学必不可少的

1.儿童学习环境创设的重要性

学习环境主要是指专门为儿童营造和创设的宽松的心理环境和丰富的物质环境。《幼儿园工作规程》指出："创设与教育相适应的良好环境，为学前儿童提供活动和表现能力的机会和条件。"随着儿童发展与教育研究的不断深入，人们越来越意识到良好的有准备的环境对孩子健康成长的重要性。有人还形象地把环境比作儿童成长中的"第三位老师"，一方面强调环境教育的灵活性，由儿童和教师根据他们的需要不断地调整、更新；另一方面还特别强调环境的教育功能，是每班两位教师外的第三位教师，有准备的环境间接地、潜在地影响儿童，可以激发儿童社会、情感和认知方面的种种学习。

2.儿童学习环境创设的目的

如何利用学习环境激发儿童的活动动机和在与环境相互作用中获得发展，是现代学前教育面临的重要课题。通过环境设计引导儿童的自主探究，丰富认知经验，促进身心和谐发展。

### (二)教学活动环境与材料创设要点

1.学习环境创设和材料的提供要充分考虑适宜性、教育性

教师要具备对各种信息的获取、鉴别、分析、筛选、综合的能力。教师要从环境的教育因素出发，明确环境和材料所蕴含和可能实现的教育价值，从而选择设计出与教学目标、内容、儿童发展实际相适宜的、富有教育价值的环境，体现学习环境的适宜性、教育性原则。

2.学习环境创设和材料的提供要充分考虑针对性、全面性、发展性

教师应根据教育目标、儿童的身心发展水平，为儿童提供良好的学习环境，做到不同年龄班有不同的特点，同年龄班不同班级要有不同特点。同一环境的布设，要投放不同层次的材料，以满足

不同发展水平的儿童的需要，体现学习环境创设的针对性、全面性、发展性。

3.学习环境创设和材料的提供要充分考虑学前儿童的参与性、安全性

环境创设和材料收集的过程也是儿童学习的过程，所以成人不能包办代替，而应积极引导学前儿童主动参与，让儿童一起设计、参与环境的布置，儿童参与创设的过程本身就是环境创设学习的过程。安全性是儿童学习环境创设的最基本的要求。可以从两个层次考虑：一是心理上的安全；二是身体上的安全。

4.学习环境创设内容和提供的材料要考虑综合性和可变性

学习环境的创设应有明确的目标、主题，各环境要素相互呼应，自成一个完整的系统。同时，学习环境的创设要有可变性，即环境的创设应根据教育目标、儿童的兴趣爱好、能力发展水平和需要及时调整、更换、补充等。

5.要支持、启发和引导学前儿童主动与环境相互作用

教师所创设的环境和提供的材料要从儿童的兴趣爱好出发，要有一定的想象创造空间，并能保证儿童有自主选择和使用的权利和条件。教师不仅提供儿童可以自由支配时间和自主选择的机会，还应该以探究伙伴的身份引导儿童在与环境的相互作用中学习。

## 五、教学活动方案设计

### (一)教学活动方案的基本内容

教学活动方案设计体现教师教学工作方案，基本内容包括教学活动内容、目标、环境创设与材料提供、教学活动过程的组织与指导等。

### (二)具体教学活动方案的一般结构

1.教学活动课题名称、设计意图

教学活动课题名称应包括年龄班、活动内容与名称。课题设计和组织的关键是观察了解幼儿的最近发展区，然后根据对儿童发展和内容重难点的分析来设计活动方案。设计意图主要说明为什么选择这个课题教学，它是针对学前儿童的什么问题或兴趣爱好提出来的，试图通过教学达到怎样的教学目的等。除此之外，必要时还需说明教学活动来源，即教学活动主题选择的依据或来源。

2.教学活动目标

拟订教学活动目标时要以阶段教育目标为导向，挖掘教学内容的教育价值，充分考虑儿童年龄特点、现有的发展水平和已有经验，以确保活动的设计以引导儿童发展为目的。

3.教学活动重点、难点

教学重点是一次教学活动的重要目标的体现，难点是对儿童学习过程可能出现的困难的估计。教师要分析儿童的发展，找准重点、难点，以期达到突破重点、难点的目的。

4.教学活动准备

教学活动准备包括儿童在教学活动中必需的知识经验、技能准备，教学活动中必要的情感、心理准备，以及教学具等物质准备，教学场所准备等。

5.教学活动形式与方法

应根据需要合理安排，因地制宜，灵活地运用各种教学形式和方法。教学活动形式包括教学活动中具体采用集体、小组、个人三种组织形式，以什么形式为主，先后顺序如何，采用哪些

教学方法。

6.教学活动过程

教学活动过程设计包括活动导入设计、活动小结、活动延伸等。其中,基本部分内容包括基本活动安排、提问设计、线索设计等,教师要考虑活动设计的角度、方法、体系等相关的问题。

7.教学活动延伸

教学活动延伸既是对前面教学活动的巩固,也是继续开展下一个活动的连接,起着承上启下的作用。活动设计要交代清楚延伸的具体活动是什么,其指导要点是什么。

8.教学评价

教学活动评价即教师的教学小结,也称教学活动反思,包括教师对本次教学活动内容的总结、重难点的解决,也包括对活动中儿童的行为表现的小结。教学活动评价是教师教学活动必不可少的一个重要环节,教师可以进行教学反思、自我诊断,通过对儿童活动情况的分析,找到自己设计或组织过程中的优点或不足,以便及时调整和改进工作,促进每一个儿童的发展,提高教学质量。

### (三)具体教学活动方案设计应注意的问题

(1)设计一定要层次分明,条理清晰。

(2)要有目标意识,围绕活动目标的实现设计相关活动。

(3)应充分考虑如何突出重点,如何突破难点。

(4)设计好启发性提问,包括为了引起幼儿兴趣的提问和教学过程中各种角度的提问,目的是通过提问激发幼儿学习兴趣,开启心智,充分调动儿童学习的主体性。

# 第三节　学前儿童教学活动的组织与指导

## 一、学前儿童教学活动过程

### (一)教师教育观念的转变和角色定位

1.教学活动中的儿童

(1)儿童是教学活动的主人,要通过自身的实践活动获得发展。教学活动过程是一个教育者有效地组织、指导儿童活动的过程,教师要正确处理教师的主导作用和儿童的主体地位的关系,积极引导儿童主动参与活动,使教学活动转化为儿童主动的发展过程。

(2)教学活动要促进每一个儿童的发展。《幼儿园工作规程》指出:“要注重个体差异,因人施教,引导幼儿个性健康发展”,《幼儿园教育指导纲要(试行)》也指出:“关注个别差异,促进每一个幼儿富有个性的发展”。儿童的生理、心理发展处于最迅速的时期,而且表现出共同的年龄特征,但个体差异总是存在的,每个儿童都是独立的、不断发展的个体,都有各自的发展特点和潜能。

2.教学活动中的教师

(1)教师要充分尊重儿童。教师和家长应树立正确的儿童观,把儿童看作是一个独立的个体,而不是成人的一部分或“小大人”,应“把儿童看作儿童”,尊重其自由成长速度,为儿童的发展提供条件,让学前儿童自己开发自己的潜能,自己塑造自己。

(2)正确引导,顺利进行角色转换。在教学活动中,教师引导的艺术主要决定于教师是否自然顺应了不同状态下的角色转换。在教学活动中，教师扮演了多重角色：一是在儿童教学活动实施前，教师首先应该是分析儿童发展状况的"研究者"和教学活动设计的"设计者"、儿童实践活动的学习环境和操作材料的"创设者""提供者"。二是在儿童教学活动实施中，《幼儿园教育指导纲要（试行）》指出"执行教育计划的过程是教师的再创造过程。教师在教育过程中应成为幼儿学习活动的观察者、支持者、合作者、引导者、记录者"。三是在儿童教学活动实施后，教师的角色是教学活动的"评价者""反思者"。

### （二）教学活动过程的组织和指导要点

#### 1.正确处理教学活动过程中教师与儿童的互动

互动，也称相互作用，是指人与人之间的心理交互作用或行为影响，是一个人的行为引导另一个人的行为或价值观改变的任何过程。教学活动是通过教师积极引导的"教"和儿童主动的"学"来完成的，它是通过教师、教育信息、儿童、环境材料之间的相互作用实现的。

教师要时刻保持这样一种教育理念：尊重儿童、理解儿童、关注儿童，把视线保持在和学前儿童一致的水平上。教师要站在儿童的角度，以"假如我是孩子"的心态，去体验幼儿可能的兴趣与需要，而不是只思考"我想怎样教"来设计活动。在师幼互动中，教师要在尊重儿童主体性的基础上多用间接指导，用非言语交际手段指导儿童主动学习，解决实际问题。教师要充分利用自己的表情、眼神、手势、动作、身体运动的方向等非言语手段，来支持和帮助儿童学习。

#### 2.科学、合理地组织教学活动各个环节

（1）时间安排应有相对的稳定性与灵活性，既有利于形成秩序感，又能满足活动的需要。

（2）尽量减少不必要的集体行动和过渡环节，做到自然简洁过渡，减少和消除消极等待等浪费时间的现象，提高活动效率。

（3）教师直接指导的集体活动要能满足绝大多数儿童的需要。

（4）建立良好的常规，减少不必要的管理行为，逐步培养儿童的自律。

（5）要注重动静交替，协调统一。

#### 3.教育活动内容要体现综合性、趣味性

教育活动内容的组织应充分考虑儿童的学习方式和特点，要注重综合性、趣味性，寓教育于生活、游戏之中。

#### 4.教学活动的组织形式应根据需要合理安排

（1）因时、因地、因内容和儿童的学习特点，灵活运用集体、小组、个别等活动形式。

（2）运用好教师直接指导的活动和非直接指导的活动，要保证儿童有充足的时间自主地进行活动。

#### 5.教师的指导要有针对性和弹性，要留有余地

教学活动的组织与实施过程是教师创造性地开展工作的过程。教师要根据《幼儿园教育指导纲要（试行）》和本班幼儿的实际情况，拟订切实可行、富有弹性的工作计划，并灵活地执行，充分发挥儿童的主体性。

## 二、学前儿童教学活动反思

### （一）教学活动反思的内涵及意义

教学活动反思是指教师在先进的教育理论的指导下，借助于行动研究，不断地对自己的教育实践进行反思，积极探索与解决教育实践中的问题，努力提升教学活动的科学性、合理性，并使自己逐

渐成长为研究型教师的过程。教师的教学活动反思就是教育教学研究，其根本目的在于改进教学，提高教育质量，促进儿童的学习和发展。通过教学活动反思，教师发现教学中存在的问题，从而研究问题、解决问题。这从根本上促进教师思考，自觉地把理论与实践结合，更理性地认识自己的教育实践。因此，教学活动反思不仅以改进教育实践、提高教育质量、促进儿童的学习和发展为目的，也利于幼儿教师的自我学习、自我提高。

### （二）教学活动反思要点

1.对教学活动中儿童发展的评价与反思

反思与评价主要有单项法和综合法。单项法是指对儿童的某一方面做出评估，如评估儿童的智力水平，就包含着思考力、记忆力、观察力、想象力等的评估。综合法则是全面性的评价。如果对于某一方面的评估可以看成是单项评价的话，那么，把各方面综合起来的评价就是综合评价。对教学活动中儿童发展的评价、反思，要尽量做到客观、全面，要求教师应具备扎实的学前儿童身心发展知识，以及对各种类型、层次的教育目标的深入理解和把握能力。

对教学活动中儿童发展的反思要注意的问题如下：

(1)应思考活动目标是否顺利实现，教师是否提供了更加适宜的帮助和指导，活动是否促进了每一个孩子的发展。

(2)应反思是否促进了儿童的全面发展，教学中是否避免了只重视知识、技能，忽略了情感、社会性和实际能力的倾向发生。

(3)应注意考虑个体差异，应从儿童个体纵向来看是否通过教学活动得以进步。要慎用横向比较评价儿童个体发展。

(4)应以发展的眼光看待儿童，要尊重儿童发展的速度、特点和倾向。

2.对教学内容和教学活动目标实现程度的反思

(1)思考教学活动目标设计是否建立在本班儿童的发展现状的基础之上，是否适宜本班儿童现有的认知经验、情感态度，满足本班儿童的兴趣爱好，是否为本班儿童提供了有益的学习经验，并符合其发展需要。

(2)反思目标是否全面具体、难易适当，在教学活动中是否具有可操作性和指导性。

(3)反思目标是否实现，有哪些需要完善和调整的，为下一次教学又带来什么启示。

3.对教学方法及手段的反思

在教学活动中，教师应思考自己所运用的教学方法和手段是否与孩子的兴趣爱好吻合，是否与教学内容和儿童的年龄吻合；是否新颖有趣，能充分调动孩子的积极性，有利于儿童充分动手、动脑、动口，发展创造力等。

4.对学习环境创设及材料提供的反思

通过教学实践，教师应反思本次教学活动的学习环境创设内容的选择和材料的提供是否适宜适当；是否充分考虑针对性、全面性、发展性原则；是否充分调动儿童积极性，让其主动参与，积极探究，并考虑了安全因素等。

5.探索并提出改进措施

反思的最终目的是要提出改进策略或总结特色，持续推进教学改革，不断提高教学质量，促进儿童全面和谐而富有个性的发展。

# 第四节　领域教学活动的设计与指导

## 一、领域教学活动及其特点

### (一)领域教学活动的内涵

1.领域教学活动的界定

领域教学活动是按儿童学习领域划分学前教育内容的一种课程类型,它是把学科体系改造为儿童的经验体系,使之既贴近儿童生活实际,又不失系统性。幼儿园教育的各领域不只是一个知识系列,更是不同年龄阶段儿童发展特点和学习特点的经验系列。

按领域划分学前教育内容的优点包括以下几个方面:其一,领域是将抽象的学科知识体系进行改造。虽说学前教育的领域不同于学校教育的学科,但基本是在这样的主干中进行更宽泛的整合,具有综合性和渗透性。其二,以领域建构学前教育的课程,有利于教师承接自己的学校学习经验,更好地选择适合儿童发展的内容服务于儿童的身心发展需要。其三,各领域知识的性质不同,儿童的经验体系不同,其学习方式、规律和教育规律不同,因而决定着不同领域教育的教学方法也不尽相同,所以在教育过程中重视领域活动组织的特殊性显得尤为必要。其四,领域活动课程扬弃了学科课程重知识传授、轻儿童经验的弊病,以儿童的学习领域取代过去的学科划分,使之更贴近儿童的生活实际,又不失系统性,有利于儿童前后学习经验的联系。

2.领域课程的划分

幼儿园教育的内容是全面的、启蒙性的,可以将教学内容相对划分为健康、语言、社会、科学、艺术五个领域。学前儿童健康教育以增强儿童体质,培养健康的生活态度和行为习惯为主要目的;学前儿童语言教育以提高儿童语言交往的积极性、发展语言能力为主要目的;学前儿童社会教育以增强儿童的自尊、自信,培养幼儿关心、友好的态度和行为,促进幼儿个性健康发展为主要目的;学前儿童科学教育以激发儿童的好奇心和探究欲望,发展认识能力为主要目的;学前儿童艺术教育以丰富儿童的情感,培养初步的感受美、表现美的情趣和能力。五大领域的教育各有侧重,从不同的系列、不同的角度相互渗透、相互联系,构成整体促进儿童情感、态度、能力、知识、技能等方面的全面发展。

### (二)领域教学活动的特点

1.各领域活动中的知识经验有较强的系统性

领域活动中的知识主要是以表象或初级概念为基础和核心组织起来的经验层次的"前学科"体系。各领域活动中的知识不只是一个知识系列,它还是充分反映不同年龄阶段幼儿发展特点和学习特点的经验系列。在这样一个系列中,它提供了与儿童生活密切相关的有用的知识和经验,且按照领域进行了相对的划分。《幼儿园教育指导纲要(试行)》对各领域知识的目标、内容和要求以及组织和实施、评价都作了系统的归纳和阐述。

2.领域活动有较强的渗透性

学前教育的领域活动虽然也是以学科为中心组织起来的,但是经过改造之后,其知识的分类并不严格、精细,而是把相关的知识包括在一个相对较大、比较宽泛的"领域"之内。与中小学教育的学科相比,学前教育的每个领域都比学科宽广得多。近几年,领域活动课程的研究和实践,在领域内和领域间的相互渗透都取得较大的进展。这种渗透既存在于整体课程设计的层面上,也存在于活动的层面上。

3.领域活动强调与儿童生活的联系

在学前教育的领域活动中，儿童学习的主要是以表象或初级概念为基础和核心组织起来的经验层次的知识，它必然是与儿童的生活相联系。领域活动在密切联系儿童的生活基础上，以“归纳”为基本方法，通过大量的实例，在儿童获得直接经验的基础上，帮助他们整理和提升经验，形成一些简单的、初浅的、系统化的知识经验。因此，领域活动更要重视知识经验之间的整合，以贴近儿童的生活实际。

4.领域活动强调促进儿童素质的提高

《幼儿园教育指导纲要（试行）》中各领域的目标、内容和要求以及组织和实施、评价等所有部分，均一致地将培养幼儿终身学习的基础和动力放在了核心位置，强调领域活动要为“幼儿一生的发展打好基础”，“既符合幼儿的现实需要，又有利于其长远发展”。各领域都强调良好习惯的形成，强调合作、参与、探索，强调“幼儿每天有适当的自主选择和自由活动时间”；强调通过“引发、支持幼儿与周围环境之间积极的相互作用”来学习。《幼儿园教育指导纲要（试行）》把情感和态度作为幼儿最重要的发展，各领域的目标表述较多地使用了“体验”“感受”“喜欢”“乐意”等词汇，且在五大领域的具体阐述中也处处渗透了“尊重意愿、满足需要、培养兴趣”一类的表达，突出了领域活动中情感和态度的培养。

### （三）领域教学活动的主要功能

1.领域教学活动有利于促进儿童体、智、德、美全面发展

把儿童的学习与发展范畴划分为具有内在逻辑联系的健康、语言、社会、科学和艺术五大学习领域，这是比较成熟的学习内容分类方法，符合我国学前教育实际，是广大教师所熟悉、所认可的，实施起来相对容易。学前教育机构全面组织实施领域教育，有利于保证儿童体、智、德、美全面发展的教育地贯彻落实。

2.领域教学活动便于教师根据各领域不同的知识性质引导儿童学习

领域活动有利于教师理解和把握儿童的学习，教师根据知识内容的性质选择相应的教育教学方法来组织教育教学活动，增强学习效果。

3.领域教学活动有利于促进儿童知识经验的整理和系统化

只有以一定的方式和结构原则组织起来的完整的知识体系，才能扩大儿童认识活动的范围，从本质上改造儿童的认知方式，使他们能更自由地运用知识，更深刻地理解新知识，并逐渐掌握认识新事物、获得新知识的智力活动方式。实践证明，掌握系统化的知识对尚不具备抽象逻辑思维的学前儿童来说不仅是必要的，也是可能的。以表象或初级概念为基础和核心组织起来的经验层次的“前学科”体系，学前儿童能够掌握。领域活动以各领域本身的相对系统性为教师指导儿童学习的抓手，使教师在儿童自身与外部世界、与物体、与同伴和成人相互作用获得直接经验基础上，引导和帮助儿童整理已有的生活经验和认知经验，使之系统化构建起自己经验层次的认知体系。

## 二、领域教学活动大纲

### （一）领域教学活动大纲的编制

领域教学活动大纲主要说明该学习领域对儿童发展的意义或价值，指明该领域的教育目标、内容范围、教育原则与方法、指导要点及特别注意事项等。大纲的编制工作一般由教育行政部门聘请专家或委托有关研究机构完成，一些独立进行课程研究和开发的机构和幼儿园也可以遵照国家的

幼儿园课程政策独立完成。《幼儿园教育指导纲要(试行)》明确阐述了各大领域活动的大纲,分别阐述了健康、语言、社会、科学和艺术五大领域各自对儿童身心发展的价值和意义,指明了各领域的目标、内容与要求,并提出了指导要点,以及组织实施和评价的理念和要求,是幼儿园课程设计的基本依据和标准。

### (二)领域教学活动内容的把握

#### 1.新知识观与领域内容的把握

新知识观认为,知识是主体通过与其环境相互作用而领悟到各种事实材料之间的联系,并以自己独特的方式逐步内化建构起自己的知识结构,它具有主观性、个体性和相对性。知识和知识获得的方式密不可分,是动态发展的。教育内容作为儿童学习的范畴,应该满足儿童基本的学习需要,与儿童的发展水平相适应。根据新的知识观和儿童发展水平和特点,学前教育各领域内容应从儿童的周围世界和实际生活中去发掘赖以展开的资源。

(1)关于周围世界以及自己的浅显而基本的知识经验。

(2)关于包括认识活动在内的基本活动方式的行动知识经验。

(3)关于发展智力、提高各种基本能力的知识经验。

(4)关于对待自己以及世界和活动的情感态度、意志等方面的经验。

#### 2.组织好领域活动内容

在组织领域活动内容时,要注意各领域内知识的纵向联系以及各领域间内容的横向联系。必须明确的是领域的划分必然会割断不同领域间的某些固有的联系,教师在组织领域活动内容时,要注意恢复不同领域内容间的一些固有联系,并尽可能发掘领域间新的、更多的联系线索,使领域活动发挥更大的整体性教育功效。

## 三、领域教学活动方案的设计

### (一)初步确定适合本班儿童实际的领域教育目标

#### 1.学习领会《幼儿园教育指导纲要(试行)》的精神

《幼儿园教育指导纲要(试行)》中制定的各大领域的培养目标是领域活动的出发点和归宿。教师在设计领域活动时,要体现《幼儿园教育指导纲要(试行)》中各大领域的培养目标,并围绕该培养目标制定出每种领域活动适度、明确、具体的目标。在领域活动中,教师和幼儿活动的指向、活动的内容、活动的方式方法、活动结果的评价,都受到该目标的制约。因此,教师要认真钻研和领会《幼儿园教育指导纲要(试行)》全文的理念和精神,对幼儿园教育有一个整体认识和宏观把握,掌握各领域目标所重点追求的价值。

#### 2.本班儿童发展情况的分析

领域教育目标的确立还应建立在对本班儿童的发展情况进行分析的基础上,结合本班儿童的发展水平、兴趣、经验和需要来确定。教师在确定领域教育目标时,要考虑到儿童的主观能动性,要结合他们的兴趣和需要来确定教育目标。

#### 3.可利用教育资源综合分析的结果

教育资源是教育过程中不可缺少的要素,它直接影响着我们的教育活动和教育效果。因此,教师在确定本班儿童领域活动目标时,必须要对教师自身、当地、本园、家庭、社区可利用的教育资源进行综合分析,尽可能充分地利用周围的教育资源。

#### 4.初步确定适合本班儿童实际的领域教育目标

在学习领会了《幼儿园教育指导纲要(试行)》的精神,并对本班儿童发展情况和可利用的教育资源进行了综合分析后，就可以此为依据初步确定适合本班儿童实际的领域教育目标了。在确立领域教学活动目标时要注意教育目标的“一般发展”性，即要使学前教育的领域活动服从并服务于儿童的一般发展，即基本素质的提高，而不以掌握学科知识和专门技能为主要目的，防止教育的小学化、成人化。此外，还应考虑到领域目标的整合性和教师与儿童的“双主体性”，使儿童获得愉快的、真实的、全面的、可持续的发展，而不是情感缺失的、表面的、片面的、暂时的发展。此外，在目标的难易程度上，不宜太难，也不宜太简单，应尽可能使之保持在维果茨基“最近发展区”内，这样可充分调动儿童的学习潜能，达到理想的学习效果。

教师在确定领域教育目标时要避免犯以下几种错误倾向：(1)重知识、技能，轻情感、能力；(2)重传授讲解、训练，轻感知、体验；(3)重已有知识，轻生成性经验；(4)重学科体系，轻领域整合；(5)重教师主导，轻儿童主体。

### （二）拟订本班学年或学期领域活动计划

#### 1.划分领域教学内容的项目

教师在明确领域教育目标后，可以从如何便于教师设计和实施教育方案，更有利于促进儿童发展的角度，对该领域的知识经验进行分析，提炼活动类型、活动项目或活动主题。

#### 2.拟订活动课题

教师在整理好领域活动内容的类别后，就要密切联系儿童生活实际和已有经验初步拟出与之相应的活动课题。在领域活动的设计过程中，教师应尽可能将教育目标和内容转化为孩子内在的需求，让幼儿感觉是“我要学”而不是“要我学”。将教育目标和内容转变为幼儿的需求有两条途径：一是从儿童的兴趣与需要中发现有价值的教育内容；二是将教育目标与内容转化为幼儿的需求。

#### 3.初步编排课题序列

所有的课题不可能一次完成，需要对课题序列进行科学的编排，确定先开展什么、后开展什么，这样才有助于儿童逐步建构经验，使之系统化。在编排课题序列时应注意以下两点：

(1)需充分考虑领域内各课题间和各领域间的联系和渗透，并根据儿童认知发展规律，如由近及远、由易到难进行初步编排。

(2)注意各领域学习内容以及类别项目适当的比例与均衡，以确保促进儿童的全面发展。学年、学期课题序列编排首先按领域内在的逻辑进行初步编排，再根据儿童发展和班级的实际情况考虑领域间的联系、渗透和整合，形成各阶段的预设性计划。

### （三）阶段领域教学活动计划

领域活动设计逐步具体化到阶段教育目标的确定和具体内容的安排，体现为周教学活动计划表。周活动计划是在学期活动计划的指导下，根据初步编排的课题序列，将教学活动安排到周内的每天当中。在周计划中同样要考虑各种领域活动所占比例的平衡性，促进幼儿的全面发展。

## 四、领域教学活动的组织与指导要领

### （一）活动计划的弹性化和活动过程的灵活性

我们的活动计划不是固定不变的，而是有弹性的、灵活的。在活动过程中，教师首先要根据儿童活动的具体情况和需求及时进行调整，要关注“生成课程”，将预设课程与生成课程相结合，最大限度地促进儿童的发展。其次，在具体活动过程中，教师应站在儿童的立场思考问题，灵活调控活动进程。

### (二)充分发挥领域活动的教育功能

儿童在日常生活中积累的知识和经验都是零乱的,不成体系的,教师就应通过教育活动引导儿童梳理日常经验,使之系统化,以表象、初级概念为基础组织其经验层次的“前科学”体系。

### (三)注重教学内容的衔接、渗透与整合

加强领域与领域间的相互渗透,一要注重前后内容之间的联系,加强现有的学习内容与儿童已有经验的联系,即内容的纵向联系;二要重视不同的、相关内容之间的联系,即内容的横向联系、整合。

### (四)充分发挥一日活动的整体教育功能

儿童一日生活中的各项活动都对他们的发展有重要的价值,应有机地整合各项活动,努力提高各项活动的整体成效。教师可通过资源的充分发掘和利用、环境的创设、多样化的活动以及一日生活各环节教育作用的发挥,使各领域综合地统整地呈现在儿童的生活和各种活动中。

### (五)综合运用各种教学资源

学前教育实践过程有很多因素,教师、儿童、教育环境、方法和手段以及家长和社区等,教师在实施课程、组织教育活动时,应深入分析这些因素与儿童发展间的关系,充分发挥其有利的方面,互补与优化利用并使之有效地作用于儿童,使儿童在与之有效相互作用中获得充分发展。

### (六)保教结合,促进全体儿童全面发展

一方面,保育和教育是在同一过程中实现的,领域活动必须要做到保教结合;另一方面,在领域活动中要促进全体儿童全面发展。首先,教育必须面向每个儿童,要保证每个儿童有同等的发展机会;其次,教师要面向全体儿童、关注每一个儿童,重视儿童的个别差异,因人施教,有针对性地采取最有效、最合理的方式促进每个儿童的发展。

# 第五节　主题教学活动的设计与指导

## 一、主题教学活动及其特点

### (一)主题教学活动的内涵

主题教学活动是指围绕着贴近儿童生活的某一中心内容即主题作为组织课程内容的主线来组织教育教学的范式。它打破学科领域的界限,根据主题的核心内容,确定主题展开的基本线索。主题活动强调,儿童生活中的世界是以具体的事物为主,儿童所接触的事物通常自然地包含着多个学科领域,他们需要的是对事物较为全面的、整体的、生活化的认识。所以,主题活动所涉及的范围和学科领域很宽泛,教师要充分调动儿童群体、教师群体、幼儿园、家庭及社区等多方面资源创设儿童的学习环境,为主题教学活动服务。

### （二）主题教学活动的特点

1.完整的知识经验

主题活动打破了学科领域之间的界限，将各个方面的学习有机地联系起来，这样儿童所获得的经验是完整的。主题活动的中心是儿童生活中的一个具体的问题和事件，如水果、超市、蝴蝶、食物等，这些事物通常很自然地包含着多个学科领域。现实中，儿童也需要对问题有一个较整体的、生活化的认识，而不是虽然精深但却相互割裂的认识。

2.整合各种教育资源

主题活动往往整合了幼儿园内外各种与教育内容紧密相关的资源。幼儿园、家庭及社区中有许多丰富的教育资源，都需要充分运用到主题活动中。

3.生活化、游戏化的学习

主题活动涉及面广，多与儿童的生活相联系。主题活动中的许多活动都具有探索性，儿童感兴趣，往往边游戏边探索。

4.富有弹性的计划

主题活动是建立在对儿童已有经验和活动过程的学习状况有充分了解的基础上展开的，教师要细致考虑到与主题相关的各种可能性，在活动中及时捕捉儿童活动的信息，并及时做出反应，调整计划。

5.需要遵循儿童"前学科"知识经验的建构规律

为了克服学前教育传统学科课程中学习内容割裂及重复的现象，主题活动以贴近儿童生活的某一中心内容作为组织课程内容的主线来组织教育教学的活动。这样较充分体现了儿童学习的整体性，但却打乱各学科领域知识体系，难以有序地组织儿童不同经验体系。尽管学前儿童尚只在表象、初级概念的经验层次上建构知识经验体系，但他们的学习确实存在不同的领域，而这些不同领域的学习规律、教育规律也是不同的。因此，主题活动也无法回避特定领域教育的规律性这一问题，要使主题活动发挥对儿童发展的更大价值，就应该遵循儿童"前学科"知识经验的建构规律，既保证儿童前后学习经验间的联系，又增强儿童学习经验的横向联系与整合。

### （三）主题教学活动的教育功能

1.帮助儿童获得完整的知识经验

由于主题活动强调知识的横向联系，所以儿童所获得的知识经验是比较完整的，而非割裂的。主题活动在一段时间内围绕一个问题展开许多活动，引导儿童学习了解有关这个问题的方方面面。

2.促使儿童在生活中主动学习

事实证明，儿童的许多活动都是在他们的生活中完成的，主题活动会促使儿童在生活中主动学习，主动学习的儿童将会发展得更全面、更和谐。

3.有利于提高教师的专业化水平

教师要有意识地整合幼儿园、家庭和社区的资源，能为儿童创设宽松、平等、鼓励的开放式教育环境，就要注意观察儿童，并在一日生活中利用各种契机开展教育。从长远把握儿童的发展，为儿童设计有持久价值、生动而又能使他们难以忘记的活动。在此过程中，可以极大地锻炼教师的能力，促进其专业成长。

## 二、教学活动主题的选择与开发

"主题"是主题活动的核心。主题不同于研究性的课题，它是在儿童生活中存在的一个事物或幼儿感兴趣、疑惑的问题。

### (一)选择开发主题的依据

生活是教育的源泉,社会是生动的课堂。教师所选择的主题要贴近儿童的现实生活,才能有效地引发儿童的兴趣,实现教师与儿童的互动。

#### 1.依据儿童的兴趣、需要及其教育价值开发主题

儿童感兴趣的事物中可能包含着丰富的教育价值,可以作为主题。如刚入园的小班幼儿出现哭闹现象,他对同伴不感兴趣,只是哭着要妈妈,这时教师可以判断幼儿的需要为得到"同伴和老师的关心",于是教师随即开展主题活动"我们的新家",从而消除儿童对同伴和班级的陌生感,更快地融入幼儿园的班级生活。

#### 2.依据可整合的教育内容和资源开发主题

有些学习内容和学习材料会有规律地呈现,如四季的变化、节假日等,而有一些内容会不期而至,成为难得的好题材,如刚刚旅游回来的幼儿旅游期间拍的照片、刚刚刮的台风、刚刚在植物角发现的小蜗牛、班上刚刚添置一架电视机剩下的纸箱等。同时,教师自身的资源优势也不可忽略,如教师的业余爱好、家庭背景和社会活动圈都可以成为主题开发的资源库。

#### 3.依据学前教育目标开发主题

强调儿童的兴趣并不否认主题活动的目的性。既包含教育的社会价值(培养社会所需要的人),也包含教育的个人价值(发展每一个人的潜在能力)。因此,我们既要考虑儿童的兴趣和需要,也必须考虑社会的要求;既要满足儿童即时的兴趣和需要,也要促进儿童的长远发展。

### (二)常见教学活动主题的开发与选择

一般来说,适合儿童的主题往往从儿童自身(生理、心理发展)和儿童的生活环境中发掘的。常见的主题选择和开发有以下几类。

#### 1.围绕儿童自身开展的主题

生理方面:身体的特征与功能;身体的发展与变化;身体健康、安全和保护。相应的主题,如"我的眼睛用处大""会动的小手""小小营养师""我长大了"等。心理方面:自己的爱好、兴趣、能力、情绪等,也可以和其他小朋友作比较。相应的主题,如"我喜欢……""能干的双手""我—你—他""快乐的我"等。一般来说,这些主题直接指向情感性的目标,可以在其他的主题中渗透,以免产生空洞、流于形式的主题活动。

#### 2.围绕自然环境开展的主题

儿童生活中的自然环境资源十分丰富,可以从中挖掘,产生相应的主题。动植物:"海底世界""有趣的螃蟹""秋天的树"等。自然现象:"小雨点""台风来了""小小气象员"等。季节变化:"不一样的冬天""快乐的夏天""我喜欢的季节"等。自然事物:"神奇的风""好玩的水""漂亮的沙城堡"等。

#### 3.围绕社会环境与生活开展的主题

随着儿童生活圈的扩大,儿童的社会接触面以及各种人际关系会不但扩大,延展到社区、各种不同的人物角色、不同的文化、不同民族等。相应的主题有:"我的家""快乐的幼儿园""从家到幼儿园""超级市场""我的家乡""中国字""中国功夫""民族大家庭"等。

#### 4.围绕人类与科学技术开展的主题

科学的发展丰富了人类的生活,探索简单的科学原理,了解人和科学之间的关系是很好的主题,如主题"妈妈的助手——家用电器""汽车总动员""神奇的磁铁""手机世界""神奇的电

脑”等。

5.围绕重大事件开展的主题

教师要有敏锐的眼光，结合当前国内外发生的重大事件，根据儿童的年龄特点开展活动，培养儿童的社会意识与责任感，开发主题，如“台风‘亚马孙’来了”“大战‘埃博拉’病毒”等。

## 三、主题教学活动方案的设计

### （一）制作主题网

1.制作主题网的过程

（1）“头脑风暴”。教师尽可能围绕主题“放纵”自己的思想，让其不受任何限制地自由驰骋，并在小纸片上写下自己所能想到的任何与主题有关的字词。而且，这些字词要尽可能特别和具体。如果是和同事合作，就应该各自独立进行，而不需要相互交流；如果有儿童参与，则需要及时把儿童的不同想法用简明的文字记录下来。

（2）归类。将记录着不同字词的纸条按类别分组，尽量把性质相同的字词归到同一类别中。这样做的目的是了解每一组的特殊性质。

（3）命名。选择合适的字词或短语概括已经归类的每一组，即为每一组设计一个标题。

（4）交流。如果是和同事一起制作主题网，就可以讨论、分享。

（5）连网。最后将这些字词按组使用网状图连接起来，让我们直观地看到主题的各个活动和所涉及的领域。

主题网制作的过程，能够使教师更加全面地理解主题，避免停留在问题的局部或表层。教师在制作主题网时，可以把所有相关的概念尽量完整地包括进去，然后再根据本班儿童的实际水平和需要来选择适宜的内容和方法。主题网也可以由教师与儿童共同建构。儿童通过建构主题网的过程，可以从同伴和老师那里获得有关的经验和想法，充实和扩展自身的认识，同时发展分类思维的能力。而且，教师也可以通过这一过程了解儿童关于主题的原有经验和认识，并在此基础上寻求和发现值得延伸、扩展和深入讨论的内容。

2.主题网的展开

（1）按活动内容展开。主题网可以按活动内容展开，这样教师就可以清晰地了解活动之间的关系，有利于活动内容的拓展和生成。

（2）分领域按目标展开。按照领域和目标的脉络将主题活动的网络变成目标系统图，便于清晰地把握活动目标。

（3）其他展开方式。主题网也可以是其他形式的图，如树形、圆形等。

3.主题活动的安排思路

为了更好地开展主题活动，教师可以用表格来梳理主题活动安排的思路，使之对主题的主要活动及资源的挖掘和利用做到心中有数。

### （二）主题教学活动的目标体系与各活动安排

1.主题教学活动的目标体系

教师要在学期总目标和阶段目标的基础上，依据儿童发展水平需要和主题网，制定出主题活动目标体系。目标要明确、形成系列，这样活动才会系统地组织，避免随意性。一个活动可能针对某一个目标，也可能针对几个目标；而某个目标则可能通过几个活动共同实现。如果总目标中的某些条目没有对应的活动，那么就需要考虑增加相应的内容。

(1)应该按“课程总目标—阶段目标—主题活动目标—具体活动目标”的方向层层落实目标。

(2)目标要全面,包含认知、情感态度和动作技能三大目标领域。

(3)目标要符合儿童的发展水平。

2.具体活动安排

(1)明确活动流程。主题活动的流程一定要清晰。主题确定后,教师要对网络内部的各个活动和活动之间的关系进行梳理。主题网络中各活动之间的关系存在着两种表现形式,即平行式和渐进式。

(2)合理安排活动目标的前后衔接。在安排活动顺序时,要考虑目标在各个具体活动中自然衔接、层层递进。后面活动的目标建立在前面目标实现的基础上,儿童在先前获得经验的基础上不断提高。

(3)选择活动开展的形式。教师在选择活动内容的同时也在选择活动开展的形式。选择活动开展形式时应考虑采取何种形式能够更好实现活动目标,使儿童的兴趣得以更好地延伸,同时要避免活动形式和活动目标的单一。

3.制作周计划表,明确周活动安排

周计划是由班级教师依据主题活动方案共同制订的,目的是将所确定的活动有系统的安排在一周的每日活动中。实际操作时可以逐日预设、动态形成,不必提前一周全部写在表格中,这样有利于教师及时将生成的内容体现在周计划中,让计划更具有弹性。

4.周计划主题活动安排要领

(1)对一日活动时间的划分不宜过于琐碎,尽量减少不必要的集体行动和过渡环节,减少和消除等待现象。如中大班的点心时间可以完全融在自选活动中,不必全班儿童一起行动。

(2)活动的安排尽量动静交替。

(3)一日活动环节应该符合儿童生活特点和规律,做到相对稳定,以便培养儿童的秩序感和计划性,使儿童生活有规律。

## 四、主题活动环境的创设

学前儿童的认知、情感和社会化的发展始终来自和环境的相互作用中,儿童与环境的相处方式直接影响到教育质量,而各类主题活动的目标都要以儿童为本,环境是实现目标的具体措施和手段。因此,从活动主题的设计到具体实施,我们都要考虑到环境这一要素。

### (一)增强环境材料的目的性

主题活动发生在某种特定的环境中,需要某种特定环境的支持,而且环境创设是否合理将会影响主题活动的进行。所以一旦确定了主题后,教师就要着手创设合适的环境,要围绕主题提供相应的材料进行分区安排和环境创设。

### (二)增强环境创设的动态性

环境的动态性包含两层意思:一是指环境的创设要根据主题和儿童发展需要不断发展变化;二是指在不断更新环境的过程中,为儿童提供更多参与活动和表现的机会与条件。凡是一切能让儿童主动活动的机会和条件,都可以成为促进儿童和谐发展的环境。

主题环境并不是一开始就全部完成的,而是随着主题的深入而逐渐丰富起来的,我们可以从环境的变化中感受到主题的逐渐深入,环境的变化就像一条线索把主题的进程串联起来,显示主题内容不断地丰富与发展。

### (三)利用环境生成主题

儿童通过对环境的观察和探索,不仅能发现许多有趣的现象,更能产生许多有价值的探索点,教师要善于发现、捕捉这些有价值的探索点生成新的主题。所以说,环境不仅是帮助主题活动实施的要素,也是主题活动产生的要素。

### (四)建立师生互动式环境

互动是主题活动精神环境的基本要素。首先,教师要热爱儿童,了解并尊重儿童。教师要深入了解每个儿童,不带任何偏见地对待每个儿童。教师要善于设身处地地体验儿童的所作所为,耐心细致地观察、了解孩子的内心世界,以真诚、热爱和关怀的态度去对待每一个儿童,做到一视同仁。其次,教师要创造良好的学习气氛,调动儿童的学习积极性。主题活动的过程是教师和儿童的双边活动,教师要调动儿童参与学习,就要真正建立起良好的学习气氛,即在教师主导作用下,充分发挥儿童的主体作用,使儿童真正成为活动的主人。

### (五)增强环境创设的适宜性

不同的年龄阶段,儿童身心发展存在着年龄的差异,主题活动环境的创设要从不同年龄儿童身心发展需要出发,通过创设不同层次的环境和提供不同的材料来达到目的。即使是同一年龄段的儿童,也存在着个体差异,这种差异使儿童对环境有着不同的要求。教师必须注意观察和发现本班儿童的不同发展水平和不同的活动需要,进行环境创设时做到有的放矢。

## 五、主题教学活动的展开与指导

主题教学活动要以儿童自主的探究学习为主要方式,通过儿童对周围世界的深入观察、主动探索、尝试、体验、大胆创造等实践活动,促进儿童全面发展。

### (一)主题教学活动的展开环节

#### 1.活动的发起及准备阶段

活动的发起,也就是主题的产生。在这一阶段,教师一方面的任务是对主题做些经验上的准备,如制作“主题网”;另一方面的任务也是核心任务,即充分了解、调动儿童与主题相关的原有经验。

#### 2.活动的进行与发展阶段

在充分地表达经验、做出假设和完成初步的计划之后,实际的活动就可以正式开始了。这一阶段的主要任务在于通过组织丰富多彩的活动让儿童获得新的直接经验,在活动中不断推进主题变化或情节发展,让儿童在其中验证自己的假设,探讨问题和事实的真相。

#### 3.活动的高潮阶段

主题活动的反思和总结过程,往往也是主题活动的高潮。教师可以让个别儿童讲述自己整个活动的历程,也可以由儿童在教师及同伴的帮助下整理自己在这项活动过程中的材料、绘画、照片和建构的作品,将其中所获得的发现介绍给家长、客人、同伴,还可以由全班儿童集体办一个面向全园的作品展示会、表演等。

#### 4.活动的总结阶段

反思和总结的过程实质上是给儿童以各种方式表现、展现他所获得的新经验和能力的机会。这种展现为儿童的交流、相互学习提供了可能。

从总体上讲,这四个阶段只是反映了主题教学活动的一般过程,它们并不是固定不变的,教师要依据主题的性质、儿童的反应灵活地加以运用。

### (二)主题教学活动组织与指导的注意事项

1.教师与儿童合作探究

主题活动是一种很好的教师与儿童互动、共建的活动。由于主题活动的切入点是儿童的兴趣，教师应该在活动中多采用师生合作探究、儿童小组合作的活动方式，建立良好的师幼互动关系，采用形式多样的探索活动。

2.多采用游戏的方式，多提供户外活动的机会

主题活动要更多采用游戏化的学习方式。教师既要注意集体组织的游戏，也要注意儿童自选的游戏。《幼儿园教育指导纲要(试行)》明确提出要保证儿童户外活动的时间，而且，户外活动可以让儿童更好地探索自然和社会，完成许多在室内无法完成的目标。

3.计划性和灵活性的统一

《幼儿园教育指导纲要(试行)》明确指出："教育活动的组织形式应根据需要合理安排，因时、因地、因内容、因材料灵活地运用"。在主题活动的实施过程中，教师既要参照预先拟订的活动方案，也要根据儿童的兴趣、活动的进展等因素随机调整活动方案。

4.合理整合主题资源

教师在主题活动中要善于利用幼儿园、家庭、社区和互联网的资源为主题活动服务。教师要把一日生活看作是一个教育整体，在各种活动中将儿童的发现、探究和体验结合起来，将计划的学习情境与变化的学习情境结合起来，把室内的学习活动同室外的、园外的学习活动结合起来，把先前的活动与当今的活动和将要进行的活动结合起来，使各种学习活动产生多维度的联系。应避免学习活动目标单一、内容单一、形式单一的现象，避免各种活动之间封闭、割裂甚至抵触的现象。

## 六、主题教学活动反思与调整

### (一)做好活动中的观察记录

观察记录是反思、调整的基础。教师应该根据主题活动的目标有计划地观察儿童的活动。在观察过程中，我们应该重点关注儿童的活动兴趣、活动水平、团体合作情况、材料使用情况、儿童创造水平等。可以用文字、表格等方式记录。

### (二)适当调整主题教学活动方案

主题活动最有生命力的地方在于"生成与发展"，要在儿童和教师共同感兴趣的随机拓展中自然生成新的学习经验和内容。新活动的生成和调整，推动了主题活动的深入发展，保证了主题活动的有效实施，显现了主题活动的生命动力。

## 七、开展单元主题教学活动的注意事项

### (一)"预设"和"生成"问题

1.正确认识"预设"和"生成"

首先，要承认预设活动的局限性。在主题活动中，我们不要"罐头式"的活动方案。"罐头式"的活动方案就是教师预先设计好的主题活动，教师在设计时已经考虑到了足够的细节，老师只要打开罐头盖，取出其中的部分内容，就能依照详尽的设计说明按部就班地实施。这种课程并不见得符合儿童的具体兴趣、需要、经验和发展水平。

其次，生成课程要特别关注儿童的兴趣和需要，但生成并不是偶然的、随意的、被动的。教学活动毕竟是实现教育目的的手段，主题活动在考虑儿童的兴趣和需要的同时，必须考虑社会的要求和儿童的长远发展。

作为新教师，在主题活动方案设计中，即使是预设生成的因素多一些也不为过。主题活动方案的设计开始时要严密一些，教学过程是什么样的，分为哪些步骤或环节，方案中都应该有比较详细的描述。随着教育经验的提升，教师在活动过程中灵活性和随机性的能力会不断增强，于是，教师就能在丰富的活动情景中根据儿童的需要，按照课程目标及时调整主题活动方案。

2.增强生成的意识

(1)在考虑教育活动方案时，多几种假设，多几种课程发展的可能性，以便在实施过程中能够对儿童的不同反应有所应对。

(2)当发现儿童真正感兴趣而且有价值的事物时，大胆打破原来的计划，调整教育活动内容。

(3)当发现原定的活动时间、进度不符合实际情况时，不要拘泥于原定计划，应顺应事情的自然发展，因势利导。

(4)经常对实际执行的教育活动的目标、内容结构进行反思，如果发现明显的缺陷，应该及时调整补充。

3.把握好生成的时机

(1)在区域活动和游戏中生成新内容。在区域活动和游戏中，儿童与材料和同伴、教师是自主互动的。要抓住儿童在活动中表现出的需要生成新内容，开展活动。

(2)在日常生活中生成新内容。儿童缺乏生活经验，在他们丰富多彩的活动中，可以发现他们对生活、对周围世界认识的某些“误区”，而这些“误区”恰恰是他们必须要具备的情感、知识和技能。

(3)在集中教育活动中诱发儿童的经验，生成新的活动内容。教师可结合预定目标创设环境、设计问题，诱发儿童呈现生活经验，使活动既符合预定的教育目的，又符合儿童的认知发展水平。

(4)鼓励儿童大胆提出自己的兴趣，生成新内容。教师要鼓励儿童提出自己的活动主张，并提供相关的材料给予积极的支持和帮助，使生成的活动更加生动有趣，符合幼儿发展需要。

### (二)“拼盘”和“渗透”问题

主题教学活动的整体性是“整合”而不是简单的拼凑。设计主题活动时，应考虑对五大领域的涵盖，尽量把各种有机联系的学习内容包括进来。但这并不是一个不少地、不顾逻辑地硬拉进来，形成“拼盘”。

1.注意领域内的整合

相对于领域活动而言，《幼儿园教育指导纲要(试行)》所强调的“领域”已经对教育内容进行了一定的整合。领域的内容比学科的内容整合程度大，但这并不意味着领域的内容不需要或不能再整合。

2.注意领域间的整合

领域的划分，必然会割断不同领域间某些固有的联系，在主题活动设计和实施过程中，要恢复这些固有联系，将某些内容还原成整体的、联系的状态，并尽可能发现和挖掘领域间新的、更多的联系。

### (三)“有关”和“无关”问题

教师在制作主题网时，尽情放飞自己的想象，呈现尽可能多的选项，这样有利于教师对主题活动的开展有更多的心理准备。但是这种“放飞”是有条件的，必须在主题的范围之内。

1.考虑主题活动的时间安排

那些无边无际的联想，太过于丰富的“生成”，会导致“内容”太多而没有足够的活动时间匆匆收场。

2.服从主题活动的总目标

任何生成的内容都要在主题活动的目标体系之内。教师要冷静分析并做出取舍，应果断放弃那些离主题中心遥远、对实现主题目标又没有太大价值的内容。

## 【结论及应用】

1.学前儿童教学活动：广义的学前儿童教学活动指学前教育机构全部教学活动的总和，包括托儿所、亲子园教学等。狭义的学前儿童教学活动是指教师根据国家的学前教育目标和任务，结合社会的需求和学前儿童身心发展规律而专门设计的、多种形式的、有目的、有计划地引导学前儿童生动活泼、主动活动的学习活动。

2.学前儿童教学活动的特点：主体性、活动性、启蒙性、直观性、整合性和灵活多样性。

3.学前儿童教学活动的功能：教学活动是对儿童实施全面发展教育的重要途径；教学活动是促进教师专业成长的重要途径；教学活动是学前教育改革的重要阵地。

4.学前教育常用的教学方法：游戏法、直观法、观察法、操作法、发现法、口授法等。

5.学前儿童教学活动方案的基本内容：活动主题、活动来源、活动目标、活动准备，以及教学活动过程的组织与指导、教学总结与反思等。

6.领域教学活动：按儿童学习领域划分学前教育内容的一种课程类型，它是把学科体系改造为儿童的经验体系，使之既贴近儿童生活实际，又不失系统性。

7.主题教学活动：指围绕着贴近儿童生活的某一中心内容即主题作为组织课程内容的主线来组织教育教学的活动。

## 【复习与思考】

1.简述学前儿童教学活动的概念、特点、功能。

2.简述学前教育常用的教学方法。

3.简述学前儿童教学活动方案的设计要点。

4.设计一份学前儿童领域教学活动方案。

5.设计一份学前儿童主题教学活动方案。

## 【拓展阅读】

### 学前教育的原则

学前教育原则包括两部分：一部分是教育的一般原则，即学前教育机构、小学、中学教师均应遵循的，它反映了对所有教育者的一般要求；另一部分是学前教育的特殊原则，即根据学前教育的规律提出来的，适应学前儿童身心发展和教学特点的特殊要求。

**一、教育的一般原则**

(一)尊重儿童的人格尊严和合法权益的原则

1.尊重儿童人格尊严

教师要将儿童作为具有独立人格的人来对待，尊重他的思想感情、兴趣、爱好、要求、愿望等。

2.保障儿童的合法权益

儿童毕竟是稚嫩、弱小的个体，他们对自己权利的行使还必须通过成人的教育和保护才能实现。教师不仅是儿童的“教育者”，也应当是儿童权益的实际维护者。

(二)发展适宜性原则

学前教育的出发点和最后归宿都是促进儿童身心和谐发展,促进每一个儿童在现有的水平基础上获得充分的最大限度的发展。要找准每个孩子的最近发展区,使每个孩子通过教学获得都能在原有基础上有所提高。

(1)教育设计、组织、实施既符合儿童的现实需要,又利于其长远发展;

(2)既适合儿童的现有水平,又有一点的挑战性;

(3)必须促进儿童体、智、德、美诸方面全面发展;

(4)为每个儿童着想,关注个体差异。

(三)目标性原则

(1)把握目标的方向性和指导性;

(2)注重教育目标实施过程的动态管理。

(四)主体性原则

(1)准确把握儿童发展的特点和现状;

(2)在活动之前还要善于激发学前儿童的学习兴趣和动机。

(五)科学性、思想性原则

(1)教育内容应是健康、科学的;

(2)教育要从实际出发,对儿童健康发展有利;

(3)教育设计和实施要科学、正确。

(六)充分发掘教育资源,坚持开放办学的原则

(1)与家长合作共育;

(2)开门办学,与社区合作;

(3)学前教育机构、家庭、社区一致的教育。

(七)整合性原则

(1)活动目标的整合;

(2)活动内容的整合;

(3)教育资源的整合;

(4)活动形式和活动过程的整合。

## 二、学前教育的特殊原则

(一)保教合一的原则

(1)保育和教育是学前教育机构两大方面的工作;

(2)保育和教育工作互相联系、互相渗透。

(二)以游戏为基本活动的原则

(1)游戏是儿童最好的一种学习方式;

(2)游戏是内容和形式的结合。

(三)教育的活动性和直观性原则

1.教育的活动性

贯彻这一原则要注意以下两点:

(1)以活动为中介,通过各种活动促进儿童的发展;

(2)教育活动的多样性。

2.教育的直观性

由于学前儿童思维的具体形象性和第一信号系统占优势的特点,使得他们只有在获得丰富的感性经验的基础上,才能理解事物。学前儿童主要是通过各种感官来认识周围世界的,对学前儿童的教育应考虑体现直观形象性。

(四)生活化和一日活动整体性的原则

1.教育生活化

加强教育同生活的联系,将富有教育意义的生活内容纳入到课程领域。

2.生活教育化

将学前儿童日常生活中已获得的原有经验,加以系统化、条理化,在生活中适时引导,促进学前儿童发展。

3.一日活动的整体性原则

(1)发挥一日活动整体功能。学前教育机构应充分认识和利用一日生活中各种活动的教育价值,通过合理组织、科学安排,让一日活动发挥一致的、连贯的、整体的教育功能,寓教育于一日活动之中。

(2)一日活动中的各种活动不可偏废。无论是儿童吃喝拉撒睡一类的生活活动,还是教学活动、参观访问等活动;无论是有组织的活动,还是儿童自主自由的活动,都各具重要的教育作用,对儿童的发展都是不可缺少的。因此,不能顾此失彼、随意削弱或取消任何一种活动。

(3)各种活动必须有机统一为一个整体。每种活动不是分离地、孤立地对儿童发挥影响力的。一日活动必须统一在共同的教育目标下,形成合力才能发挥整体教育功能。因此,如何把教育目标渗透到各种活动中,每个活动怎样围绕目标来展开,就成为实践中应当特别关注的问题。

# 第七章　幼儿园日常活动

**【内容提要】**

本章主要阐述幼儿园日常生活活动、自由活动、节日活动、外出活动、亲子活动、区域活动等日常保教活动的概念、特点、功能，并探讨这些日常保教活动的组织与指导策略。

**【学习目标】**

1.理解幼儿园日常活动对幼儿身体健康及其发展的重要意义；

2.掌握幼儿园日常生活活动、自由活动、节日活动、外出活动、亲子活动、区域活动的概念及特点；

3.了解幼儿园日常生活活动等的组织与指导要点。

**【关键词】**

日常生活活动；自由活动；节日活动；外出活动；亲子活动；区域活动

## 第一节　日常生活活动

### 一、日常生活活动及其特点

日常生活活动是指学前教育机构中满足儿童基本生活需要的活动。

日常生活活动主要包括餐饮活动、睡眠活动、盥洗活动、如厕活动、自由活动等。日常生活活动有以下几个方面的特点：

(1)自在性。日常生活活动是一种具有自在性特征的活动，如果我们去观察学前儿童在家里的一日生活，可以发现，有很多儿童的日常生活一般都没有固定的活动内容。他们可以随意地去做自己喜欢的事情，种种活动既没有时间的限制，也没有确定的地点，玩腻了自然休息，饿了找东西吃，困了就睡觉，生活活动往往是听其自然、十分宽松的。

(2)习惯性。学前教育机构的日常生活是平常而琐碎的，但却日复一日地重复着。在日常生活活动中，学前儿童的能力和习惯养成是日积月累的。学前儿童良好行为习惯的养成贯穿于日常生活的方方面面，与他们各方面的发展有着紧密的联系。正如教育家陶行知先生所说，“教育就是培养生活习惯”。良好生活习惯的培养，重点是从日常生活中的琐事、小事做起。

(3)情感性。学前儿童在日常生活活动中要接触许多事物，了解许多物品的名称、性能和用途，这对于增长他们知识、发展智力有一定的促进作用。在日常生活活动中，他们不断克服困难，去获得成功的体验，使他们感到自己有能力。而成人及时的鼓励与肯定，就是强化这种体验，使他们获得成功后的满足感、充实感和自信心。另一方面，在日常生活活动中学前儿童逐步建立良好的生活卫生习惯、生活自理能力、自我保护意识，学会关注和理解自己及他人的情绪情感，学习用恰当的方式表达情感和需要，也提高了他的自信心及人际交往能力。

学前儿童的年龄特点决定了学前儿童日常生活的重要性，这种日常生活的每一种形式、每一个环节、每一个方面都是不可分割的。

## 二、日常生活活动的功能

(1)使学前儿童尽快适应托幼机构里的生活,为今后的发展打下基础。

(2)使学前儿童愉快地度过每一天。

(3)日常生活是学习的重要途径。

## 三、日常生活活动的组织

学前儿童身体机能发育尚不成熟,神经系统发育尚不完善,在自我调节方面还不能收放自如。这就要求教师合理安排他们的生活活动,帮助他们保持良好的精神状态来参与学习和游戏。

学前教育机构在生活活动方面,应重点培养儿童良好的睡眠习惯、排泄习惯、盥洗习惯、整理习惯等;帮助他们逐步了解初步的卫生常识和遵守有规律的生活秩序的重要意义;帮助儿童学会多种讲究卫生的技能,逐步提高儿童生活自理能力;帮助幼儿学会用餐方法,培养儿童良好的饮食习惯。

### (一)餐饮活动

全托的或日托含有早晚餐的学前教育机构,其餐饮活动包括早餐、午餐、晚餐和午睡后的点心以及日常生活的饮水。根据学前儿童身体发育的特点,教育机构要制定正确的饮食制度,儿童进餐必须定时定量,开饭要准时,进餐间隔时间应为 3～4 小时。

1.创设安全、整洁、温馨、有趣的餐饮环境

教师及保育员应严格执行餐饮用具的消毒制度,水桶、杯子的放置要适宜儿童取放,提供的食物和水的温度要适当。餐具应便于消毒,还应轻巧、美观,适合并吸引儿童动手练习自己吃饭。进餐的环境应明亮宽敞、安静、愉快、轻松,而不能令儿童紧张、压抑,教师切勿大声呵斥儿童。在儿童进餐时可播放一些轻松愉快的背景音乐,使他们愉快地进餐。给儿童提供的食物应粗细搭配,品种多样,保证营养均衡,烹调方式也要利于儿童咀嚼。

2.培养儿童良好的餐饮习惯

(1)按时吃饭,坐定进食。

(2)逐步培养儿童独立吃完自己的饭菜。

(3)注意不让饭菜撒落在桌上和地上。

(4)进餐时不大声说笑。

(5)学会收拾餐具。

3.鼓励和支持儿童的自我服务

教师要多用赞赏的眼光、动作、语言鼓励幼儿的自理行为,并在集体面前赞扬他们。在进餐活动中,尽可能让儿童自己动手,使他们尝试自我服务,体验独立。自主是儿童乐于自我服务的内动力,教师应提供机会,如有条件的学前教育机构可提供不同的点心品种、自助餐等,让儿童自选,增强他们自我服务的兴趣。

4.教师要根据儿童的不同情况给予不同的帮助与指导

对胃口小、食欲差的儿童,可以少盛多添;对吃饭特别慢的儿童,可以让其提前一点时间进餐,使他感觉自己也能同别人一样按时吃完;对吃得过快的儿童,要提醒他们细嚼慢咽;对挑食的儿童,除了要引导其不挑食,还可根据儿童的口味来烹调,吸引他们去尝试吃不爱吃的东西,并以同伴和教师的良好情绪去影响、感染他们;对生病的儿童,应允许他们少吃一些;对肥胖的儿童,注意适当控制他们的进食量。

### (二)睡眠活动

学前儿童期是生长发育的重要时期,保证儿童充足的睡眠,对他们身体、大脑的发育有着重要作用。

1.为儿童创设一个舒适、安静的睡眠环境

儿童寝室要保证空气流通,温度适宜,在夏天,入睡时若打开窗户或电扇,要注意风量适度,不让风直接对着儿童的头部吹,室内的光线不能太明亮。儿童的床位要宽松,被褥的厚薄要根据季节及气温的变化适当调节。睡眠前可播放轻柔优美的背景音乐,以便让儿童安静入睡。

2.重视睡眠的护理工作

在儿童睡眠前,教师应检查床铺上有无影响儿童睡眠的杂物,同时还要观察儿童,以避免儿童将一些小玩意,如头饰、纽扣等物品带入被中。提醒儿童根据季节、气温穿合适的衣服入睡,如夏季可穿短裤背心;春季穿一条棉毛裤和一件棉毛衫;冬季可穿一件薄毛衣和一条薄毛裤。教师要向儿童指明衣物、鞋袜摆放的位置,教他们一些折叠衣服的方法。在儿童整个睡眠过程中,教师应多巡视,时刻关注他们的睡眠情况,如睡姿是否正确、是否盖好被子等。儿童睡眠结束后,整理被褥的工作应在儿童离开寝室后进行,避免儿童吸入扬起的飞尘。

3.细心照顾个别儿童

对有特殊需要的儿童,教师可给予特殊关照,允许他们一开始保持自己的入睡习惯,并陪伴他们入睡,慢慢帮助他们适应集体生活。对于生病的儿童尤其要细心照顾。

### (三)盥洗活动

1.为儿童创设干净明亮、整洁卫生的环境

学前教育机构的教室、寝室和盥洗室应干净、通风,地板保持清洁,让儿童感受到整洁带来的舒适感。在运动、餐饮后,要为儿童提供干净、数量充足、取放方便的小毛巾,提醒儿童擦汗、擦嘴,并注意及时更换破损的毛巾。儿童喝水的杯子和放置杯子处应干净、整齐、卫生。

2.提供适合学前儿童使用的卫生洁具

学前教育机构盥洗室的安排要合理,要有宽敞的场所,儿童的洗手池、毛巾架等要符合儿童的身高、体型,水龙头的数量要足够儿童使用,盥洗室的地面要防滑,挂物品的挂钩、钉子等应钉在儿童碰不到的地方。盥洗室里可提供色彩鲜艳的洗手皂,以吸引儿童洗手,为了方便儿童使用肥皂,教师可将大肥皂切割成小块,也可将小块的肥皂悬挂在水龙头上。活动室内、盥洗室内、寝室、走廊等处多放置一些与儿童身高相适宜的镜子,让儿童能时常照镜子。

3.培养儿童良好的个人卫生习惯

爱干净是良好的卫生习惯,对于学前儿童来说,更重要的是个人卫生习惯的培养。教师应教儿童学会保持洁净的方法,如勤洗手,知道饭前便后、手脏了要洗;早晚刷牙,饭后漱口;掉在地上的东西不放进嘴里;能使用手帕、纸巾和毛巾,保持脸、五官的清洁;保持仪表的洁净,爱洗澡,喜欢身体洁净带来的舒适感。

### (四)如厕活动

早期对儿童进行如厕能力的培养,有益于增进儿童的生活自理能力,对儿童的智力、情感、独立性和克服困难的能力等都有重要作用。从小培养儿童的如厕能力,不仅是社会发展的需要,也是孩子自身发展的需要。教师或家长应从对 2 岁左右的孩子进行如厕能力的培养入手,使他们能较快地适应托儿所、幼儿园的集体生活。

1.为儿童创设一个方便、卫生、舒适的如厕环境

学前教育机构的厕所设计应充分考虑儿童的生理特点，蹲式便池旁应设有扶手柄，使儿童有安全感。便池间应有隔离栏，避免儿童挤在一起。有条件的学前教育机构还应为儿童备有坐便器，以适合低龄儿童使用。厕所间应保持明亮，门容易打开，不会把儿童锁在里面。

2.帮助儿童养成良好的如厕习惯

教师要与家长配合，分别教会男孩、女孩如厕的方法，特别要注意日常生活中的个别指导。教师要经常提醒儿童有了便意就上厕所，特别是在集体、户外或外出活动前要提醒儿童上厕所，培养儿童有了便意就上厕所的习惯。同时，让儿童认识、熟悉学前教育机构内的所有厕所，教儿童就近上厕所。户外活动时，应带领儿童认识、熟悉离活动场地最近的厕所，培养儿童不随地大小便的习惯。

3.提醒照顾个别儿童

午睡前，教师要提醒常尿床和尿频的儿童先小便再睡觉，并让他睡在离厕所较近的床铺。低龄儿童常会发生尿湿裤子的现象，教师应安慰儿童，并帮他及时清洗、更换衣裤。冬天，有的儿童衣着增多，穿脱上的困难会影响他们及时如厕，教师要细心观察，帮助儿童解决困难。

### (五)收拾整理活动

在学前教育机构，儿童个人的生活、学习用品及游戏时使用的玩具、材料等部分物品，需要自己收拾、整理。教师应根据儿童的实际情况，设计和指导他们进行整理活动。

(1)利用环境发展儿童的秩序感。

(2)教会儿童整理玩具、物品的方法。

(3)及时指导个别儿童。

## 四、日常生活活动的保教结合

(1)悉心照料与积极培养相结合。

(2)充分挖掘生活活动中的教育契机。

(3)利用游戏指导生活活动。

(4)家园共育，保持教育的一致性。

# 第二节　自由活动

## 一、自由活动及其特点

自由活动是学前教育机构一日活动中的重要组成部分。自由活动又可称自主活动或自选活动。在自由活动中，儿童自己选择活动内容，自己选择玩具材料，自己选择交谈、娱乐和游戏等。自由活动的特点虽然是“自由”，但仍离不开教师的组织与指导，要充分认识开展自由活动对促进儿童发展的积极作用，让儿童在愉快、有益的自由活动中得到童年的欢乐。

## 二、自由活动的教育功能

(1)自由活动有利于充分发展儿童的交往能力。

(2)自由活动有利于培养儿童良好的性格。

(3)自由活动有利于培养儿童的探索能力和合作能力。

## 三、自由活动的注意事项

### (一)要为儿童的自由活动创设条件,提供自由活动的时间、场所和充足的玩具材料

1.合理划分场地,注重暗示性

场地的合理划分会使活动井井有条,能避免因拥挤而影响活动效果,也减少了许多不安全因素。因此,场地划分时要充分考虑每种材料的特点、玩法,使用空间,可不可以互相伸缩、交叉利用,是否安全等因素。而最重要的是在场地划分好后,设置一些具有暗示性的标志。《幼儿园教育指导纲要(试行)》指出:“环境是可以说话的”,良好的环境应起到暗示作用,并可诱发幼儿的积极行为。

2.投放适宜的活动材料

材料是诱发儿童主动学习的载体,恰当地投放材料是幼儿自由活动顺利进行的保证。

(1)注重安全性。教师不仅要在选择材料时注重安全性、环保性,还要重视材料做好后的安全检查和充分的预操作,发现每一点隐患,排除一切不安全因素,保证儿童在与材料的互动中得到发展、获得快乐。

(2)注重结构性。教师提供的自由活动材料不仅应暗含着儿童通过操作和使用能够达到的适宜教育目标和内容,还应能引起儿童的兴趣。让儿童在游戏中、在与适宜材料的相互作用中有针对性地发展基本动作。

(3)注重层次性。《幼儿园教育指导纲要(试行)》指出:“要尊重幼儿在发展水平、能力、经验、学习方式等方面的个体差异性,因人施教。努力使每一个幼儿都获得满足和成功。”因此,教师要在对每位儿童的水平充分了解的基础上提供不同层次的材料,让每个儿童都能选到适合自己水平的材料,并在与材料的互动中获得原有经验的提高。

(4)注重开放性。《幼儿园教育指导纲要(试行)》强调要让幼儿有创造性地发展,教师在提供材料时要为幼儿留有可创造的余地。要多提供一物多玩和半成品材料,引导儿童在运用原有经验的基础上大胆尝试多种玩法、尝试材料间的组合,并鼓励儿童互相交流、借鉴,促进创造性思维的发展。

(5)注重动静交替性。自由活动要求儿童能自主地在需要时通过变换材料来调节活动量。因此要同时提供运动性的材料和安静性的材料,以方便儿童自由转换。这种安排使儿童的活动性质能够由运动转为安静,活动量得以调节,而儿童却自始至终处于一种游戏情节中,这种游戏间的自然过渡满足了儿童心理和身体上的需求,他们很乐于接受。

### (二)创设精神环境,引导儿童成为活动的主人

要让儿童真正成为自由活动的主人,教师不仅要创设一种能体现开放、自由的环境,激发儿童的好奇心和对活动的兴趣,而且要让儿童无拘无束地参与活动,使儿童产生愉快的情绪,增强儿童的自主性、自信心。

首先,要以角色身份投入,激发儿童选择的自主性;其次,要鼓励儿童成为活动的组织者;再次,要支持接纳儿童,引导他们自己解决问题;最后,要让儿童参与环境材料的准备、摆放、整理。

### (三)充分发掘和利用自由活动中的教育契机

自由活动限制少,儿童在活动中往往表现得积极、投入、尽兴,其好动、好奇、天真淘气的天性会淋漓尽致地表现出来。教师要抓住时机观察儿童的行为和表现,发现和支持儿童自发的个别探索活动,进行随机教育,满足儿童兴趣需要,特别注意把性格内向的儿童带到集体活动中去。

# 第三节　节日活动

## 一、节日活动及其功能

### (一)常见的节日活动

对于学前儿童来说,常见的节日活动主要有“六一”儿童节、元旦、中秋节等。如果将节日活动加以简单分类,可以分为两类:一类是法定节日活动,一类是非法定节日活动。法定节日活动包括“五一”国际劳动节、国庆节、清明节、中秋节、端午节、元旦、春节等。非法定节日活动又可以分为国际或国内通行的节假日庆祝与娱乐活动,如“六一”国际儿童节、“三八”国际妇女节、教师节、圣诞节、重阳节,以及园庆、开学典礼、毕业典礼等庆典活动及当地特色的节庆。

### (二)节日活动的功能

不同的节日活动,其功能有所不同,即使同一教育功能,其侧重点也有所不同。如节日的德育功能方面,国庆节德育功能主要是爱国主义教育,“三八”节活动可以重点开展以儿童感恩长辈、体贴长辈、关爱长辈为内容的活动。总体来说,节日活动的功能包括娱乐功能、教育功能、文化功能等。

## 二、“六一”儿童节活动

对儿童来说,童年的节日,要数两个节日最受儿童的欢迎。一个是儿童自己的节日“六一”节,另一个是春节,意味着压岁钱、红包、礼物、新衣服等。

### (一)“六一”儿童节活动的主要形式

“六一”儿童节作为儿童的特殊节日,备受学前儿童喜欢。引导儿童庆祝自己的节日,通过形式多样的娱乐活动,可以发挥多方面的教育功能,是学前教育机构学期或学年工作安排的重要内容。“六一”儿童节的活动形式,从实施范围来看,可分为全园性的,如全园统一安排的游园活动、集体联欢等,也可以是以年龄段、班级为单位进行的集体活动。以班级为单位的“六一”儿童节庆祝活动,从组织形式上可分为集体活动、小组活动、个别活动。从活动的内容来看,可以分为集中教育活动、游戏活动、生活活动。“六一”儿童节往往安排有丰富多彩、各种各样的活动,从其活动的内容、主题来看,可以分为表演类、歌唱类、朗诵类、制作类、运动类、智力竞赛类、绘画类等。

### (二)“六一”儿童节活动的功能

“六一”儿童节活动因其活动内容丰富、形式多样,其功能也表现为多样性。就其基本功能而言,涵盖了娱乐功能、教育功能、文化功能等多种功能。

### (三)“六一”儿童节活动的内容选择

“六一”儿童节活动的内容应广泛多样,在内容的选择上要考虑以儿童为本,以儿童的快乐为出发点,让儿童觉得过儿童节很幸福、很快乐。教师在内容的选择上要注重娱乐性、教育性、安全性和参与性。

### (四)“六一”儿童节活动的策划、组织与指导

1.活动策划与准备

对于“六一”儿童节活动,教师应做好两方面的计划:一是利用常规的集中教育活动让儿童认识与了解“六一”儿童节;二是利用节日庆祝的形式让儿童感受与体验“六一”儿童节。对于集中的教育活动,教师将活动的设计定位于“六一”,与平常其他活动的设计与组织类似,为了增强“六一”儿童节的教育效果,可以开展系列活动。

不同范围内的活动需要做不同的计划与准备。作为管理者,要对“六一”儿童节做全园性的安排;作为教师,要对本班的“六一”儿童节做好策划。“六一”儿童节活动的策划应该是全面的,教师要考虑到活动的目标、主题、时间、地点、器材与材料、人数、活动内容、活动进程、奖品设置、安全预案等。除了常规的“六一”儿童节活动,教师还可以组织幼儿过一些特别的“六一”儿童节活动,如到福利院(孤儿院)、老人院等与孤儿或老人过“六一”儿童节,或者与城乡贫困家庭小朋友、残疾小朋友、港澳台小朋友乃至海外小朋友等结对子,过一个特殊的“六一”儿童节。

2.过程的组织与指导

“六一”儿童节一般可以分为全园性的、年龄段的和班级的活动。对于全园性的活动,教师首先应熟悉“六一”儿童节活动的整体安排和主要活动,然后根据活动计划,组织好本班幼儿参加活动。对于班级性的活动,教师依计划进行,并视情况适当调整。对于大型的“六一”儿童节活动,人员分工、程序安排就显得特别重要,事先应做好详细的活动安排。如果人手不够,儿童与家长是很好的人选,既体现了儿童与家长的参与,又充分利用了人力资源。

### (五)谨防“六一”儿童节活动功能的异化

从当前“六一”儿童节现状来看,总体情况是良性的,但其中也存在一些问题。这些问题最常见的表现如下:让一部分技能好或某方面有特长的孩子参加活动,大部分孩子只是看客;提早排练,甚至放弃正常的教学活动专门排练“六一”节目;节目的安排由大人一手操办,忽视儿童的主体性、自主性。这些做法或现象偏离了“六一”儿童节的活动宗旨,使得“六一”儿童节的功能产生异化,导致负面影响的产生。

## 三、节日活动的设计与指导要求

节日活动的设计、组织与指导,除了上面所提及的要点外,教师还应注意以下几个方面:

(1)节日活动要紧扣活动的性质、主题。不同的节日活动,其性质和主题有所不同。如“五一”国际劳动节,设计与组织的活动应紧扣“劳动”这个主题,“十一”国庆节活动应紧扣“国庆”这个主题,而清明节应体现“缅怀先辈或革命烈士”的主题。

(2)节日活动形式丰富多样。无论是哪一种节日活动,要注意内容的广泛性和形式的多样化,如集中教育活动、游戏活动、生活活动等。

(3)注重儿童的全过程参与。由于节日活动涉及面广,影响范围较大,在节日活动的参与性上要体现儿童全过程的参与,即从活动的设想、筹备、开展、活动的反馈与评价等,都要体现儿童的参与,即要注重儿童的全过程参与。

(4)将节日活动的精神渗透、延伸到平常的教育活动与一日生活当中。一年当中的节日活动数量并不多,教师应设法将这些活动所体现出的精神、象征意义渗透到平常的教育活动与一日生活当中,扩大节日活动的教育功能,延长节日活动的寿命,而不是让节日活动仅仅停留在短暂的、有限的“节日”时间里。

(5)让儿童初步了解节日的来源、象征意义、纪念意义等有关常识。对儿童来说,初步了解各类节日的来源、象征意义、纪念意义及有关该节日活动的基本常识,是开展各类节日活动的基本内容。

不同的节日，其节日活动的来源、象征或纪念意义各不相同，通过多种形式的娱乐活动、教育活动，使儿童得以初步了解。

### 四、节日活动的延伸

节日活动的延伸从范围上来看，可以将活动空间从学前教育机构扩大到家庭、社区。教师要善于捕捉社区活动契机，扩大节日活动的空间。重大节日，很多社区往往开展丰富多彩的活动，这些都是学前教育机构开展节日活动取之不尽的资源。

## 第四节　外出活动

### 一、外出活动及其功能

外出活动是指幼教机构有计划、有目的地组织幼儿在教育机构以外开展的活动。

#### （一）外出活动的种类

从不同角度有不同的划分类型，从活动的目的来看，可分为休闲娱乐、增进情感联系为主要目的的游玩活动（如春秋游、野外亲子活动），以丰富知识、扩大视野为目的的参观活动，以增长见识、提高社会实践能力为主要目的的社会实践活动，以及专门作为幼儿园教育活动延伸与扩展活动的外出活动等。

按活动规模来分，外出活动可分为只带一个小组或几个儿童的小型外出活动和全班性的甚至全年龄段的大型外出活动。小型外出活动有利于儿童学会轮流和分享，有利于教师的指导，比较适合于需要教师或家长较多指导的活动。大型外出活动往往需要家长和其他人员参与，以保障活动的安全和顺利进行。

#### （二）外出活动的功能

外出活动的主要功能包括教育功能和娱乐休闲功能。外出活动的教育功能包括多个方面，如增长见识，培养热爱大自然、热爱社会的情感，增强探索欲望，增进师幼之间、家园之间的情感交流、锻炼身体等。娱乐休闲功能是一般外出活动都具有的功能，放松心情，享受快乐。

### 二、外出活动的策划、组织与指导

#### （一）外出活动的策划

1.外出活动的目标定位

教师首先要考虑的问题是“外出活动的目标是什么？”可以定位于休闲放松娱乐、增进情感联系为主要目的的游玩活动，如春秋游、野外亲子活动等，或定位于以丰富知识、扩大视野为目的的参观活动，还可以是定位于以增长见识、提高社会实践能力为主要目的的社会实践活动，抑或是专门作为幼儿园教育活动的延伸与扩展活动等。

2.外出活动地点的选择和计划的拟订

在选择活动地点上，教师可以发挥家长和儿童的智慧，综合考察外出活动地点。不管是何种目的的外出活动，其活动地点应该满足两个方面的条件：一是安全、卫生、不拥挤、不杂乱；二是能丰富儿童的真情实感。如春秋游的地点可以有多个选择，动物园、公园、植物园、蔬菜基地、农庄等。教师和儿童、家长一起拟订外出活动计划，如出行时间、集合地点、人数、行走路线、准备的物品、活动项目内容、安全预案等。

### （二）外出活动的准备

在活动方案初步拟订后，还需要开展具体的准备工作，并根据准备工作情况对原先拟订的活动方案进行调整，以便有利于活动的顺利开展。

1.提前勘查活动地点

教师在带领幼儿外出活动前最好亲自前往活动目标地进行实地勘查，包括行进路线、活动目的地都要进行全面考察，对于幼儿去过多次的同一地方，也应再次勘查，勘查的重点主要放在安全、与以往外出活动的变化之处。外出活动特别是参观活动，不仅要向工作人员说明参观活动的目的，了解外出活动地点的规章制度，以取得他们的配合，而且还要知道餐饮处和盥洗室，选择适当的时间、地点让幼儿休息调整，以满足幼儿独特的生理需要。

2.活动准备

确定好外出活动地点后，教师就要把外出活动的事项以通知的形式告知家长，让家长共同参与和准备外出活动。教师和儿童、家长可以一起设计幼儿园的外出活动标志、班级标志，向儿童、家长说明外出活动注意事项，准备好外出活动用品、饮料、水、医疗器械和药品等，如果还需要演出节目，幼儿园或家长还要提前进行排练和准备节目，出发前注意活动当天天气情况的预报等。

### （三）外出活动的进行

在外出活动进行过程中，教师可引导儿童欣赏沿途美景、风土人情等，向儿童提出开放性、启发性的问题。在活动地举行的联谊活动、亲子活动等，按事先准备好的节目有序进行。参观类活动，教师要提醒儿童注意听解说员的讲解，认真观看。无论是在出发途中，还是在活动目标地以及返回途中，教师或相关人员都要经常清点人数。

### （四）外出活动的延伸

教师利用各种机会带领儿童外出参观和考察，可以极大地丰富儿童的直接经验。每次外出活动归来，幼儿一般都有很多感受，教师可组织儿童开展讨论，提醒或有意安排各种各样的表达、表现方法，如口头讲述、绘画、手工制作、表演游戏、建构游戏等，儿童可以绘制外出活动路线图，画出外出活动中感兴趣的事物，表演外出活动中看到的事物和场景。

### （五）外出活动的评价

在外出活动进行当中，教师要及时进行反思和对活动进行调整。外出活动结束后教师要对外出活动加以反思，制订评价表，既要评价外出活动所蕴藏的教育目标的达成程度，又要评价儿童在外出活动中多通道认识世界的参与程度，为设计新的外出活动做好准备。

### （六）外出活动的安全工作

外出活动的安全工作显得特别重要，一是因为儿童对外出活动显得很兴奋，这增加了活动的不安全因素；二是由于外出活动涉及众多方面的安全因素，如车辆安全、交通安全、饮食安全、场地安全、活动安全等。

（1）活动开始之前，相关人员要对乘用车辆、活动场地、活动器材、设备、设施等进行安全检查，及时消除不安全因素。使用的车辆应是有服务资质的，并要签订安全协议，还可以买保险。

(2)活动前,教师要对幼儿强调安全事项,提高幼儿的安全和自我保护意识。

(3)活动中,教师及相关人员随时巡查和提醒幼儿,并适时给予幼儿安全保护,以免出现不安全因素。

(4)制订详细的安全预案,遇到紧急情况,立即启动安全预案。

## 三、春秋游活动的策划与组织

春秋游是幼儿园传统的外出活动,也是幼儿很喜欢的一类活动。为了让春秋游活动开展得有声有色,取得良好效果,教师应重视活动的策划与准备工作。教师在设计和组织春秋游活动时,应重点考虑到以下几个方面。

### (一)活动的主题、目的

春秋游活动的主题可将其定位于单纯的休闲娱乐,或以增进情感联系为主要目的的游玩活动、参观活动,以及专门作为幼儿园教育活动的延伸与扩展的外出活动。

### (二)确定活动的地点

春秋游活动的地点,可以选择以自然资源为主的地点,也可以选择以社会资源为主的地方,如大型超市、老人活动中心、体育馆(场)、科技馆等。

### (三)活动内容的策划

不同主题的外出活动,其活动内容与形式有所不同。对于以联欢为主的春秋游,应事先安排活动的项目和参加表演的人选。为不增加儿童的负担,活动项目以幼儿园学过的、开展过的内容为主,只要将儿童平常学过或表演过的歌、舞、游戏等加以重新组合即可。

### (四)出发前的准备工作

(1)生活用品的准备,如食品、水、垃圾袋、望远镜、照相机等。

(2)活动表演必需的物品器材准备,如演出用的服装、奖品、录音机等。

(3)医疗用品,如体温计、创可贴、酒精、包扎带等。

(4)车辆安排、人员分工及职责落实。

(5)与活动目标地的联系、安全勘查工作。

(6)做好活动的安全预案。

(7)出发前注意活动当天天气情况的预报,以免因忽略天气情况而影响活动质量。

### (五)充分利用自然条件

春秋游活动,特别是野外郊游、登山、踏青等,为儿童提供了大量利用自然条件开阔眼界的机会,教师要鼓励儿童到大自然中去尝试新奇的、富有挑战性和野趣的体育活动,如泼水、玩沙、滑冰、远足、简易定向运动等。

## 四、参观等外出实践活动的组织与指导

### (一)确定活动的目的

参观与外出实践活动主要是作为扩展儿童视野或作为幼儿园教育活动的延伸,因此,这类活动的教育功能非常明显。如果准备过程不充分,将大大影响参观与外出实践活动的效果。教师在确定开展何种类型的参观与外出实践活动以及确定参观与外出实践活动的目的时,要多方面考虑其

教育效果。

（二）活动前的联系工作

参观与外出实践活动的准备要细致，活动前一定要与活动目标地所在单位进行联系，如参观农庄、社会实践基地等，与对方就参观时间、行走线路、讲解陪同人员、安全事项等进行落实。

（三）活动过程中的指导

教师在指导儿童参观等社会实践活动时，要注意有全局的观念，一要在整个参观、社会实践过程中把握主要内容，不局限于个别细节部分；二要注意照顾到全体孩子，不过多关注个别儿童。此外，教师或其他人员不要讲解过多，要引导儿童自己观察、自己发现。

（四）活动后的延伸

一般来说，参观与外出实践活动的延伸活动必不可少。一方面，教师可以通过延伸活动了解参观与外出实践活动的效果，另一方面，通过延伸活动可以巩固和强化参观与外出实践活动的成果。因此，教师在参观与外出实践活动结束后，可以设计一些适宜的延伸活动。

## 第五节　亲子活动

亲子活动作为学前教育重要的教育活动，近年来日益受到人们的广泛重视。越来越多的家长有了科学、先进、富有时代感的教育观念，科学的早期教育观念与知识得到更大范围的普及。

### 一、亲子活动及其功能

（一）亲子活动的内涵

广义地说，亲子活动是指孩子和大人（主要指家长）一起参加的活动。从教育发生的空间（场所）来说，亲子活动既包括学前教育机构的亲子活动，也包括家长在家庭、社区等学前教育机构外和孩子一起参加的活动。狭义的亲子活动是指学前教育机构的亲子活动，指教师组织家长和孩子共同参与的活动。它是一种有助于增进教师与家长、家长与儿童情感交流，加强教师与家长对儿童的共同了解以进一步提高教育质量的活动形式。所以，亲子活动是与教育机构教育教学计划或任务有直接联系的活动，可以是集体形式（多个家长或家庭参与）的活动，也可以是单个家长（家庭）参与的活动。

幼儿园亲子活动的教育对象主要是孩子，家长与教师同为教育主体，当然也有指导家长育儿的作用。幼儿园亲子教育主要是通过引导父母参与幼儿园活动，实现幼儿园与父母的沟通交流及对父母的培训，达到对亲子关系的调适、教育资源的最佳整合与利用，从而更好地促进幼儿身心健康和谐发展。

（二）幼儿园亲子活动的功能

(1)亲子活动可以促进儿童情绪情感的发展。它既可以促进幼儿智力的发展，又可以使儿童产生良好的情绪。幼儿园亲子活动恰恰是儿童游戏的一种重要形式，也是家庭内成员与儿童交往的一种重要途径。

(2)亲子活动让儿童体验了初步的交往关系，为儿童和儿童之间、儿童和家长之间搭建了交往平台，有助于亲社会行为的发展。

(3)亲子活动联结了亲子之间的情感联系，为建立良性亲子关系打下基础，有助于儿童个性的完善和发展。

幼儿园亲子活动是家园共育的重要途径和组织形式，教师与家长两方面教育资源都得到了充分的开发利用：教师用其学前教育专业知识影响家长，家长也以所获得的有针对性的育儿经验影响教师，双方积极互动、合作，最大限度地达成一致，形成教育合力，从而为儿童创造最佳的教育环境，促进儿童更主动、可持续的发展。

## 二、亲子活动的种类和内容选择

### (一)亲子活动的种类

亲子活动，按组织形式可分为集体活动、小组活动、个别活动；按内容或领域可以分为运动类、语言类、操作认知类、社会性类、艺术性类等，以及多领域的亲子综合活动；按表现形式可以分为游戏类(如亲子游戏等)、探索类(如亲子制作等)、亲近自然类(如亲子郊游等)、歌舞表演类(如亲子同台演出)等。

### (二)亲子活动的内容选择

亲子活动的内容比较广泛，幼儿园可以根据本园、本班孩子以及家长的情况来开展。比较适合幼儿园开展的亲子活动有亲子制作、亲子运动会、亲子表演、亲子郊游、亲子游戏等。

## 三、亲子活动的组织与指导

### (一)活动开始

活动开始的环节相当重要，教师要用简洁的语言向家长说明活动的主要目的、要求和主要内容，对他们提出必要的要求。教师要引导家长与孩子对亲子活动产生兴趣，由于亲子活动现场往往有较多的家长，家长在旁边陪同儿童，儿童显得比较兴奋，教师必须迅速将幼儿的注意集中到教师身上。教师可以利用事先准备好的材料、玩教具或身边的环境吸引孩子和他们的家长。

### (二)活动进行

在亲子活动进行时，因家长不熟悉规则或儿童的兴奋等原因容易导致活动的开展出现问题。虽然教师在活动开展前向家长交代过活动的要求，但在活动开展当中，教师仍可能需要再次提醒。教师在指导亲子活动时重点是引导家长观察孩子的活动过程，避免包办代替，防止产生急躁情绪。教师要引导或提醒家长应尊重孩子的差异，使家长通过参加亲子活动以及教师的指导体验领会自己指导孩子学习的过程和方法。

### (三)活动结束

亲子活动结束后，教师要对活动进行评价与小结，活动的评价与小结力求简洁，抓住重点，对儿童和家长的表现予以赞赏。教师不仅要评价亲子活动的情况，同时也要对家长提出回家后的要求。

## 四、设计、开展亲子活动的注意事项

### (一)提供适宜的活动环境

开展亲子活动需要一定的活动空间、场地，必要的设施、玩具和材料。在策划和组织亲子活动时，教师应根据活动场地的大小决定活动的人数，可以采取分组、分区活动，大型亲子活动还可以采取类似体育竞赛采用的预赛、复赛、决赛等方式；根据活动的需要提供必要的设施，如活动中要进行爬行、钻洞、平衡项目活动，就必须有相应的设施或设备、材料；活动中用到的玩具及材料要符合孩子的年龄特点；同时要做好后勤保障，如提供饮用水、医疗服务、如厕等条件。

### （二）亲子活动的指导要多样化

幼儿园组织的亲子活动，要根据家长和社区需求来开展。亲子活动的方式应多种多样，除了常规开展的亲子活动课程外，还可以根据家长的不同需求、幼儿的需要与兴趣特点，开展丰富多彩的亲子活动，如“亲子野外郊游”“亲子俱乐部”“亲子运动会”“亲子才艺大赛”等。教师要善于通过多样化的指导，增进幼儿园与家长的广泛联系，使亲子活动更富有成效和更有价值。

### （三）充分利用各种资源

亲子活动资源可以理解为两个方面的资源：一是人力资源；二是物质资源。人力资源主要是指家长，在开展设计、组织亲子活动时，教师应充分利用家长自身的资源，发挥家长群体专业性强、社会经验丰富等优势，使亲子活动开展得比较有创意。物质资源主要是指利用生活中可以利用的各种自然物、废旧材料以及其他开展亲子活动需要的材料或物品。

### （四）教师要处理好自己与家长的关系

在设计、开展亲子活动时，教师应主动邀请家长参与，教师和家长是合作者，都是教育者，不是教育者与被教育者的关系。教师不能忘记自己的角色，不能把家长置于服从、配合的地位，更不能以居高临下的姿态随意指挥家长。为了将亲子活动开展得更有成效，幼儿园可以将亲子活动与定期的家庭讲座和咨询活动相结合，使家长对幼儿园的教育、对自己孩子的发展了解得更系统、更深入，让家长在参与亲子活动时更有把握和针对性，从而提高亲子活动的质量。

# 第六节　区域活动

## 一、区域活动及其特点

### （一）区域活动的内涵

区域活动是指教师以教育目标、儿童感兴趣的活动材料和活动类型为依据，将活动室的空间相对划分为不同区域，吸引儿童自主选择并在活动区中通过与材料、环境、同伴的充分互动而获得学习与发展的活动。如把活动室划分为若干个区域，把幼儿的活动材料按类别分别投入这些区域，并设有屏障构成若干个相对固定的半封闭区域，引导儿童按自己的兴趣和意愿选择活动内容和方式。

区域活动有时也被称为“区域游戏”。学前儿童的知识构建必须由他们通过自己的操作活动去完成。因此，区域活动最重要的就是创造能鼓励儿童自由选择、大胆操作、大胆探索的环境，更好地促进儿童身心和谐发展。区域活动对学前儿童来说，是一种自主的游戏活动，活动的类型是儿童感兴趣的，他们可以自己决定玩什么、怎么玩。它可以容纳多种类型的学习活动，如以听说为主的阅读区、故事区；以做为主的美工区、建构区；以探索为主的科学区、益智区等。

### (二)区域活动的特点

1.儿童自选活动内容

活动区的活动多为儿童的自选活动,教师的直接干预较少。这样就为儿童提供了更多的按照自己的兴趣和能力进行活动的机会,满足了儿童的个别化发展需要。

2.儿童的自主性活动

自主性是个性的一个方面,主要指一个人的独立性和主动性,即不依赖他人,自己主动负责的个性特征。区域活动具有自由、自选、独立而协作的优势。儿童自主学习的能力不是由教师直接教会的,而只能通过儿童自由自主的探索学习活动,通过积极快乐的情感体验逐步培养发展起来。

3.小组和个体相互作用的活动

区域活动时儿童可以个体活动,但一个区域的环境自然构成一个小组,所以区域活动更多是小组活动,这就为儿童提供更多的自由交往和自我表现的机会,增进同伴之间的相互了解和认同,尤其是对同伴在集体活动中所不可能表现出来的才能和优点的了解。

## 二、区域活动的功能

在不同的区域中,儿童通过操作不同的材料会获得不同的“关键经验”。例如,投放剪刀、画笔、颜料等绘画工具和材料的美工区会让儿童更多地获得表现美的体验和能力;投放“锅”“摇篮”和“洗衣机”的角色扮演区会让幼儿获得很多的社会角色体验。除了独特的“关键经验”之外,区域活动还有综合的教育功能。

## 三、幼儿园区域活动的设计

所谓区域活动的设计,实际上涉及的是如何根据学前教育课程目标来创设活动区环境、选择和投放活动材料以及如何适当地指导儿童的活动等问题。设计区域活动不是设计一次次具体的活动,也不是设计综合的主题活动方案,而是设计活动的材料和环境。教师将教育意图或目标转化为活动材料和环境,通过创设环境影响儿童的活动,进而通过儿童与材料的相互作用实现预期的儿童发展目标,这是区域活动设计的基本思路。

### (一)区域活动与其他教育途径的关系

1.区域活动与游戏的融合

教师应该积极投放材料到区域中帮助儿童拓展和深入游戏。区域活动游戏化和游戏活动区域化是当前课改的大趋势。教师不必太执著于区分两者的界限,相反,应该尽量将区域活动与游戏进行融合,以便发挥最大的教育功能。

2.区域活动与集中教育活动的互补

教师在开展集中教育活动的时候,要努力创设与活动相适宜的区域和游戏环境,力求让儿童在游戏的情境和丰富的活动材料中获得与教学活动有关的知识经验和情感体验,这是一种积极的辅助。反过来,在区域活动开展的同时,也要针对一些儿童在活动区中出现的问题,开展集中教育活动,提升和巩固儿童的知识经验。总之,区域活动和集中教育活动是互为补充的关系。区域活动丰富了儿童的经验,是顺利开展集中教育活动的“催化剂”;集中教育活动又能提升和巩固儿童的知识经验。

3.区域活动与主题活动的整合

在主题活动中,教师可充分地利用区域活动,将主题活动中儿童自主探索和操作的内容与区域活动融为一体。这样的融合将极大地拓展儿童的视野和知识经验，增强儿童活动的积极性。同时，由于区域活动的开放性，主题活动的很多目标才得以实现，从这个意义上说，区域活动是主题活动的延伸与补充。由于材料是区域活动的根本，所以积极围绕主题活动投放区域材料显得尤为关键。

4.要注意建立活动区小档案

教师要积极借鉴瑞吉欧教育体系的“档案支持”思想，建立活动情况小档案。对教师设置的活动区及儿童自建区进行跟踪观察和记录，记录包括照片及文字资料。这样有助于教师及时准确掌握幼儿的最近发展水平，同时有助于及时发现问题、解决问题，从中总结出一些有关促进幼儿相互交往与合作的有效途径及方法。

5.区域活动应源于儿童

“源于儿童”不仅指材料的选择与投放由儿童自由选择，而且随着年龄的增长，要尽可能引导儿童构思、策划。这样使他们更有兴趣从事活动。

### （二）活动区域的设置

1.活动区设置的基本要求

（1）适宜于儿童年龄特点

3 岁之前儿童区域活动往往以单一的操作性活动为主，提供各种操作材料，引导和指导儿童进行摆弄、敲敲打打、配对等感官练习。还可以提供较为逼真的娃娃家玩具，激发和引导他们玩装扮游戏。

小班幼儿处于从家庭转向社会的特殊时期，明显需要情感呵护，对成人十分依恋、喜欢模仿、拟人化心理特征明显，所以小班要以生活活动、感官训练、建构、装扮与美工等为主设置区域活动。教师要特别注意“娃娃家”“医院”等游戏区的创设，并在区域中多与幼儿一起游戏，并以拟人化的方式参与幼儿的活动，同时要投放大量相同的材料满足幼儿爱模仿的特点。

中班幼儿活泼好动、对规则感兴趣、主动性和积极性增强，所以中班应该加强区域活动的目标化，区域的设置应该以装扮、建构、美工、音乐等为主。同时，教师应和幼儿一起制订区域活动的规则，并结合阶段教育目标，引导幼儿在区域活动中实现这些目标。

大班幼儿由于身体活动能力和语言的发展，活动范围扩大了，喜欢尝试探索，有较强的求知欲，自控力增强，合作能力也发展到了一个较高的水平，抽象逻辑思维也开始发展，与他人一起共同学习是他们需要并能够做到的。所以，大班应该注重区域活动的探究性学习功能。

（2）根据教育目标来设置

活动区的创设不仅仅是新设置或多增设一个区，而更重要的是创设能鼓励儿童自由选择、便于操作、大胆探索的环境，更好地促进儿童身心全面和谐的发展。因此，在观察了解儿童的基础上力求使区域活动的内容、材料紧紧围绕这一目标，并根据这一目标决定活动区域的种类。首先，活动区域的活动材料要紧扣目标；其次，同一目标可以通过创设不同的区域活动来实现；再次，区域活动的目标应尽可能与其他活动目标相联系。

（3）着眼于激发儿童的主动性和兴趣

教师可以将时间和空间的自主权交给儿童，让他们自己决定一周内完成新活动的时间，教师不做硬性规定。教师每天可以安排一些集体区域活动，其余的时间，如来园、游戏、饭后、离园前等，儿童都可以自由进出各区域，开展新活动或继续未完成的探索。

（4）活动区的设置应遵循相容性原则

相容性原则要求把相似的内容整合在一个区域中。如积塑区、积木区都是拼搭构建，只需设在同一区即可。

（5）注意安全

减少和消除环境中不安全因素是教师不容忽视的问题。环境设置、投放材料要符合安全卫生要求，要排除潜在的不安全因素，要全力保障幼儿的健康和安全。

2.活动区的种类及其设置

(1)命名和归类各个活动区

教师应该根据儿童的兴趣和发展需要来决定活动区的种类，尽量满足儿童认知、情感、社会性、语言、动作技能等多方面的发展需要。

以下材料提供了一些可以借鉴的模式：

①生活劳动区：包括动作技能训练，如抓、抱、转、倒、挤、夹、敲、剪等；生活自理能力训练，如脱衣服、整理衣物、梳头、系鞋带、洗手帕；照顾环境能力训练，如折叠餐巾、分碗筷、切水果、刨瓜皮、浇花等。

②语言区：包括耳听录音手操作、合作猜谜、故事表演、剪贴废旧图书自编故事、跟“磁带教师”讲故事、下语言棋、卡片找朋友(字画配对)等。

③科学区：包括与数学有关的区域，如按数取物、几何形状、按规律排序、实物与数配对、找单数双数游戏，试题套圈、测量工具等，以及与科学探索有关的区域，如电池为什么发光、沉与浮、玩磁铁、放大镜、斜坡实验、沙漏、会变的颜色等。

④美工区：包括泥工、纸工(折、剪、撕、贴、玩等)、绘画、涂鸦、废旧物品制作、涂色添画等。

⑤文化区：包括各地民俗风情、服饰与语言、交通工具、人种与肤色、四大洲五大洋、不同的国旗、环保与卫生等。

⑥建构区：包括拼图、大型积木、插塑、堆高游戏、智力拼板、七巧板等。

⑦装扮区：有娃娃家、表演区、音乐区、其他角色区如超市、美容院等。

⑧大运动区：包括玩球、投篮、高跷、平衡、钻爬、跳绳等。

在以上的大框架制订以后，各班教师就可根据本班幼儿的基本发展水平、阶段性教育目标以及个别差异，拟订本班区域设置的具体内容。

(2)对活动区进行合理布局

①干湿分区原则：美工区、科学区要用水，而图书角不需要水，应该分开。

②动静分区原则：建构区、表演区、音乐区等属于热闹的“动”区，而图书区、数学区等需要安静，这两类区最好离得远些，以免相互干扰。

③相对封闭性原则：由于界限不明晰，会导致儿童无目的地“乱窜”，所以教师要利用各种玩具柜、书架、地毯等现有设施作为活动区之间的分界线。不同的活动区、不同年龄的幼儿有不同的要求。图书区的封闭程度要高一些，而美术区、娃娃家则可以开放一些，以便于取水换水和出入方便。

④就近原则：美工区由于经常需要用水，最好离水源近一些；科学区、运动区需要自然的光线，而且经常需要将活动延伸到户外场地，最好选择向阳和接近户外的一面。

⑤方便通畅原则：教师要合理利用活动室的每个角落，充分发挥活动室内设施的作用，保证活动室内的“交通”畅通无阻。

(3)区域活动环境的创设

要想让区域活动成为儿童生活中最有趣的部分，就要让环境说话，让儿童与环境互动起来。教师应该充分利用墙壁和特定的空间展示照片、儿童的作品及其他相关资料。

### (三)活动区材料的投放

活动区确定下来之后，教师就要去选择、投放适宜的活动材料。从某种意义上说，材料是区域活动的根本，材料的品质决定着区域活动的成败。

另外，材料投放的不同方式也会影响儿童活动的动机、态度、坚持性、交往与创造的水平，从而影响活动的结果。为了更好地实现教育目标，可以预设不同类型的区域，根据不同区域的不同教育功能投放不同的材料，使材料与教育目标、儿童的实际发展水平相匹配，切实促进儿童的全面发展。在投放区域活动材料时，应遵循以下要求：

(1)目的性和适宜性。目的性即与教育目标的一致性。在区域活动中，材料的投放应该与预设的教育目标紧紧相连。将教育目标隐性地体现于材料之中，是区域活动的一大特点。适宜性是指要根据儿童的年龄特点投放材料。活动的材料与儿童的年龄特点相符，才能引起儿童游戏的兴趣。

(2)丰富性和层次性。丰富性是指要提供数量充足和形式、功能多样的材料。层次性是指要提供能满足不同水平儿童发展需要的材料。

(3)启发性、操作性、探索性。活动区投放材料要具有启发性，要有利于儿童创造能力的发展。操作性是指材料要能让儿童直接操作、直接获得体验，同时材料要有趣、可变，这样才能激发儿童主动参与操作。探索性是指必须投放能激发儿童探索欲望的材料，如在科学区投放石臼、石磨、多棱镜、各种锁和钥匙、颜料、磁铁等。

(4)自主性。儿童提供材料与作品，是他们参与活动室环境创设的一个重要途径。要让儿童利用材料自主地进行设计制作。在这个过程中，要充分调动儿童的积极性和想象力。教师要善于将收集材料和创设环境的过程作为儿童的学习过程，这也是一个十分重要的发展儿童自主性的教育过程。

(5)兴趣性。学前儿童生理、心理发展的特点决定材料既要有趣又要能让他们做做玩玩，这样才能增强儿童学习探索的兴趣。

(6)整合性和开放性。首先，教师要根据主题活动的目标有计划、有目的、有选择地投放开放性材料。其次，教师要结合近期的教育目标和本地资源来投放材料。本土性的材料充分体现地方特色，能激发儿童活动的动机和构思，引发儿童联想和行动。第三，教师充分利用废旧物品制作活动材料，提高活动的娱乐性和趣味性，也充分体现了材料投放的整合和开放。不要追求区域活动材料的高档化、逼真化、成品化。因为过于逼真形象的材料功能必然单一，不利于幼儿想象力和创造力的发展。相反，那些原始的、半成品的材料却是多功能的，更有利于幼儿的发展。第四，教师应充分发挥家庭、社区和互联网在活动区材料投放中的作用。

### (四)制订区域活动计划

#### 1.制订区域活动目标

教师应该根据儿童的发展需要和水平，围绕课程总目标、阶段(月、周)目标和本班实际事先制订区域活动的目标。区域活动并不是独立的教育活动，它是班级整体教育的有机的组成部分。有些相对稳定和独立的区域活动，可以随领域活动的进程拥有相对稳定的目标，不必参照主题活动的目标。

#### 2.确定区域活动的内容

首先，教师要依据近期领域活动内容或开展的主题活动，确定区域活动的内容。其次，教师要关注儿童的兴趣点，生成区域活动的内容。第三，要依据领域活动开展的情况或主题活动的发展，尊重儿童的需要，及时调整区域活动内容。如果儿童在交流中产生的一些好的想法常常因为没有合适的区域可以尝试，那只好放弃。因此，教师可以专门开辟一个自由创造区，以满足他们创造的欲望。

#### 3.制订区域活动方案

区域活动的方案不同于集中教育活动的方案，制订思路相对比较自由。教师可以采用其他活动方案的模式，如按标题—目标—活动准备—过程来制订，也可以采用表格的方式来制订，还可以结合到周、日活动计划来制订。不管采用什么样的方式，只要能体现适宜的区域活动目标和内容就可以了。一般来说，在区域活动方案中要突出体现两点：一是材料的投放；二是指导要点。

## 四、幼儿园区域活动的组织与指导

### (一)区域活动组织与指导

从创设活动区到全面开放活动区,最终使儿童达到自主选择、自主活动、自我教育的水平,是一个较长的过程,不是一蹴而就的。这个过程大体分为两个阶段:过渡阶段和自主阶段,教师在这两个阶段的任务和指导方式有所不同。一般来说,过渡阶段以介绍材料玩法、建立规则为主;自主阶段以观察儿童、调整活动为主。当然,区域活动的指导不是绝对的,也可以根据儿童的兴趣和能力先让儿童自主活动,再在活动中不断介绍新玩法,调整规则和材料。

1.过渡阶段

对于没有活动区经验的儿童而言,这个阶段尤为重要。此时儿童感到活动区是一个新鲜刺激的场所,他们很乐意进入活动区,但往往不清楚该怎样做,于是经常出现到处乱窜的现象。因此,教师一开始就要介绍各个活动区的内容、材料和使用方法,帮助儿童建立活动规则,并促使他们自觉遵守这些规则,从而使儿童认识并适应活动区的环境,顺利过渡到自主活动阶段。

2.自主阶段

这一阶段,教师的工作重点有两个方面:一是要注意观察儿童的活动;二是要注意根据儿童的活动情况及时调整活动,并对活动做评价。

(1)观察了解与分析

儿童的发展特点及需要是教育的一个基本依据,因此,教师必须首先了解儿童。区域活动的指导要以观察为基础。教师要在活动中凭借观察来准确把握儿童的活动发展水平,在此基础上有目的、灵活地投放、调整材料,并提供适时、适当的指导,提高儿童区域活动的水平。

(2)适时介入

教师的指导在儿童与区域材料的互动中起着关键的作用,它直接影响区域活动的质量。在区域活动过程中,教师是引导者、促进者,教师不断在各个区来回观察,根据情景增加或减去材料,鼓励儿童积极参与活动及使用材料等。教师介入指导区域活动的常用方法有直接介入、记者采访和共同探究。

①直接介入。教师直接参与到区域活动中去,提出具体明确的要求,这个方法适用于那些做事没有耐心、需要个别教育和指导的儿童。

②记者采访。教师通过扮演记者的角色,以采访的形式指导区域活动,记录儿童的活动过程,再以新闻发布的方式进行评价。

③共同探究。教师以朋友的身份与儿童一起探讨,激发儿童探索的愿望。儿童在个别探索时会发现许多问题,在交流讨论后会引起其他儿童的进一步思考,由此产生新的问题和疑惑,于是儿童就想继续去探索,这样就能激发儿童进一步主动探索的愿望。

(3)评价与调整

总结评价是开展区域活动的第三个环节,也是区域活动的结束环节。这一环节的目的在于引导儿童自发自愿地进行交流、讨论,积极表达情感、共享快乐、共解难题、提升经验,同时激发儿童再次活动的欲望。评价的结果往往会影响到儿童以后的活动,教师的评价要注意重视儿童创造性的发展。评价的方式有很多,可以全班进行,可以分组讨论,也可让儿童自己评价,由教师“指点迷津”。

评价可从多角度进行:一是从儿童的活动方面进行评价,如“你搭建的楼房可真高,可以向大家介绍一下你的搭建经验吗?”二是从区域活动规则上进行评价,如“今天哪一组小朋友收拾玩具最快?”

### （二）区域活动组织与指导要领

1.尽量让儿童自己去探索、发现、思考

儿童的自主性与教师的主导作用不是矛盾的，为了完成一定的教育目标，需要教师的指导参与。在区域活动中，教师是观察者、引导者，要及时支持、鼓励儿童自发地探索和操作材料，根据儿童在区域中的表现，随时给予一定的帮助、指导。

2.应加强区域间的配合、渗透

不同区域虽然是相对独立的，但它们之间可以相互联系起来，这可以增强活动的趣味性，使儿童始终保持活动的兴趣。

3.保证区域活动的时间

区域活动的时间、空间保障是实施活动达到预期效果的必要条件。要保证一日活动中稳定的区域活动时间，每班每天安排活动 40 分钟左右，自由活动时间还可以玩。

## 【结论及应用】

1.日常生活活动是指学前教育机构中满足儿童基本生活需要的活动，主要包括餐饮活动、睡眠活动、盥洗活动、如厕活动、自由活动等。

2.自由活动又可称自主和自选活动，让儿童自己决定干什么、怎么干。

3.节日活动可以分为两类，一类是法定节日活动，一类是非法定节日活动。法定节日活动包括“五一”国际劳动节、国庆节、清明节、中秋节、端午节、元旦、春节等。非法定节日活动又可以分为国际或国内通行的节假日庆祝与娱乐活动。

4.外出活动是指幼教机构有计划、有目的地在教育机构以外开展的活动。

5.广义地说，亲子活动是指孩子和大人（主要指家长）一起参加的活动。狭义的亲子活动是指学前教育机构组织家长和孩子共同参与的活动。

6.区域活动是指教师以教育目标、儿童感兴趣的活动材料和活动类型为依据，将活动室的空间相对划分为不同区域，吸引儿童自主选择并在活动区中通过与材料、环境、同伴的充分互动而获得学习与发展的活动。

## 【复习与思考】

1.简述幼儿园日常生活活动、自由活动、节日活动、外出活动、亲子活动、区域活动等日常保教活动的概念、特点、功能。

2.掌握日常生活活动、自由活动、节日活动、外出活动、亲子活动、区域活动等组织与指导要点。

3.设计一份“六一”儿童节活动方案。

## 【拓展阅读】

### 生活活动指导案例及评析

教师在组织幼儿洗手，其中有个孩子洗手时用手指堵塞水龙头，水从手缝中喷出来，弄湿了衣服。教师并没有批评他，而是叫其他小朋友过来。

教师：“小朋友，你们看，为什么水从手缝里喷射出来而不是流出来？”

幼儿（眼睛睁得大大的，有的说）：“不知道。”“手指堵塞水龙头，水只好从手缝里喷射出来……”

教师：“原来，当小朋友用手指堵塞水龙头时，水流动的空间变小了，水受到挤压，就产生了一种压力，有压力的水是喷射出来而不是流出来的。消防队的叔叔在救火时，手里抓着大水管，水管里的水可以从地面喷射到几层楼高，这是因为在大水管出水的地方加了压力器，就和小朋友用手指堵塞水龙头的道理一样。不过，小朋友洗手时还是不要用手指堵塞水龙头，因为射出来的水很容易弄湿衣服，也浪费水。”

小朋友们听完老师的话，瞪着好奇、求知的目光点点头，似乎懂了其中的道理。

教师(接着说)：“其实在我们的生活中，隐藏着许多知识，如蚂蚁为什么要搬家？为什么雷阵雨的雨点很大？只要我们平时多注意观察各种现象，多动脑筋思考，就可以发现其中的奥妙。”

**评析**

上例中幼儿洗手时玩水，是幼儿园里常见的生活小事。但教师善于发现并利用教育契机，能抓住这件生活小事及时进行恰如其分的随机指导，为幼儿进行了一次生动的科学启蒙教育。孩子们在自然轻松、无拘无束的气氛中认识了水加压之后会变化，而且通过自己实践活动感知的知识和经验会记得更牢固。反之，如果看见小朋友玩水，教师不假思索地给予简单的批评制止，孩子将会失去许多学习机会。

日常生活中充满了教育契机，而且幼儿在日常生活中主动学习发生的频率最高，因为生活是幼儿需求产生和发展的源泉，幼儿的兴趣和需求会成为其主动学习的动力。保教人员要有挖掘一日生活中丰富的教育资源的意识和教育机智，才能充分发挥日常生活活动中的教育价值。

(资料来源：引自何丽珠的《教师要善于发现和利用教育契机》，载《学前教育研究》2000年第6期)

# 第八章 学前儿童游戏活动的支持与引导

【内容提要】

本章首先对学前儿童游戏的概念、本质、特征、分类、功能做了阐述，并对学前儿童游戏的发展阶段做了探讨；其次，阐述了游戏在学前儿童教育活动中的价值；再次，探讨了学前儿童游戏的主要影响因素及其实施条件，并介绍了学前儿童游戏的组织支持策略与指导要点；最后，阐述了学前儿童游戏评价的意义及内容。

【学习目标】

1.理解学前儿童游戏的概念、本质、特征、功能；

2.理解游戏是学前儿童的基本活动和权利；

3.了解学前儿童游戏的发展阶段；

4.了解学前儿童游戏的主要影响因素及实施条件；

5.掌握学前儿童游戏预设及组织策略；

6.理解学前儿童游戏的评价内容。

【关键词】

学前儿童游戏；游戏预设；游戏支持；游戏评价

## 第一节 游戏活动及其功能

### 一、游戏及其特征

#### (一)游戏的界定

关于游戏的界定，由于看问题的角度各异，对它的理解也就各不相同，迄今为止，还没有一个统一的确切定义。

席勒·斯宾塞认为，游戏是一种本能的遗传行为，是个体发泄其过剩精力的过程；拉查鲁斯·艾加克认为，游戏是松弛心理疲劳和压力的休闲活动；霍尔认为，游戏是复制或重演人类的进化史；格鲁斯认为，游戏是对未来成年所需生活技能的练习；弗洛伊德、艾里克森等人则从精神分析的角度解释游戏，认为游戏不是做，而是关于人的情感和思想的一种健康发泄方式；皮亚杰认为，游戏是个体把信息纳入原有的认知图式，是同化的一种形式；桑代克认为，游戏是一种学习行为，受社会文化和教育要求的影响；维果茨基、鲁宾斯坦、艾里康宁等人则认为，游戏是儿童的社会性实践活动，而且是学前儿童的主导活动，游戏是解决儿童日益增长的新的需要和儿童本身的有限能力之间的矛盾的一种活动。

近年来，我国学前教育工作者就如何界定游戏概念在理论和实践上做了大量探索，并得到了一些共识："游戏是学前儿童最基本的活动"，"游戏是为了寻求快乐而自愿参加的一种活动"，"游戏活动实质上是学前儿童的主体性活动"。近几十年来，随着对游戏理论和实践研究的不断深入，许多学者认为，无论人们怎样界定游戏，重要的是应抓住游戏的最基本的因素和特征进行研究和探讨。学前儿童游戏是儿童借助对现实的认知、理解，在假想的情境中模仿与再造成人的一种实践方式，是儿童内部动机驱使的感知与操作活动。

### (二)幼儿游戏的本质

游戏的概念直接反映了人们对游戏本质理解的广度和深度,纵观游戏理论发展的整个历程,逐一观察人们对游戏概念的理解和解释,就可以看出儿童游戏本质观的变化:由态度上不自觉到自觉,内涵上从生物性到社会性的变化。对于游戏本质的界定,有代表性的观点有以下几种。

#### 1.游戏概念的非自觉化

人类的游戏行为由来已久。“游戏”一词,早在战国时期的文献资料中就已出现。但是,在游戏未被纳入理论研究之前,人们对游戏概念的理解只停留在感性层面,没有达到自觉把握游戏本质的层次,因为没有人有意识地、理性地思考过游戏概念的问题,人们仅仅是单纯地、不自觉地接受游戏一词所蕴含的社会文化的内涵,而没有认识到它是把握游戏本质的思想背景。但是,游戏的社会语言文化的最初影响也奠定了自觉对游戏本质概念理解的基础,也建立了人们对游戏特征、价值等问题的初步认识。

#### 2.游戏的生物性本质观

由于社会文明的进步,尤其是科学文化的发展,人们开始关注游戏。到 19 世纪中期以后,游戏被纳入科学研究的领域中,成为理论研究的对象,人们对游戏的理解上升到自觉的本质化阶段,开始对游戏本质进行自觉的、理性的探索。

游戏的生物性本质观第一次以抽象的思维方式充分肯定了儿童的生物性机制及功能在游戏中的作用,认识到游戏对于个体的生物学意义、价值和游戏活动的生理性特点,但是并没有把动物的游戏和人的游戏的本质区别开来,也没有改变人们对于儿童游戏的不屑一顾的态度。

#### 3.游戏的社会性本质观

游戏是儿童的社会性活动,这是由苏联心理学家和教育家首先提出来的。当游戏的社会性本质观建立时,游戏的概念也开始了由抽象到具体、由思辨到实用的逐步演变。在对游戏概念的解释中,以儿童典型的象征性游戏或角色游戏为重点研究对象,强调了游戏是对现实社会关系的反映,概括出了游戏的特征及价值等。

游戏的社会性本质观以人的社会性特征为着眼点,把人的游戏与动物的游戏彻底地区分开来,批判了游戏本能论,对游戏概念的理解提供了新的视角。这不仅使人们对游戏概念的理解有了更客观化和科学化的思想基础,也推动了儿童游戏在教育中的实践和运用。但它仅仅将游戏的本质局限在社会性活动上,掩盖了游戏活动自由自主的基本属性,否定了游戏作为一种自发自由的活动的意义和价值。

#### 4.游戏的主体性本质观

游戏是儿童的主体性活动,这是人们对游戏本质看法和认识的进一步深化和提升,是科学探索与研究游戏本质的新尝试。游戏是游戏者能动地驾驭活动对象的主体性活动,它直观地体现了儿童的主动性、独立性和创造性。

把游戏看作是儿童的主体性活动,强调了儿童在游戏活动中的主体性地位,有助于深化对游戏活动结构的整体和全面认识;充分肯定了儿童在游戏活动中能动地驾驭和控制作为活动对象的客体的自主性、独立性、创造性的主体性属性,揭示了游戏本身所固有的、区别于其他活动的本质特征;充分肯定了在游戏活动中儿童自身作为游戏主体的兴趣、需要、能力等的地位和作用;揭示了游戏中儿童主体性发挥和发展的功能特性,展现出游戏能满足儿童身心发展的需要;促进了儿童主动性、独立性与创造性的发展,有益于儿童主体性的培养,从而实现游戏活动的独特功能和价值。

### （三）游戏是学前儿童的基本活动和权利

国家颁布的《幼儿园工作规程》指出，幼儿园应当"以游戏为基本活动"。这种提法反映了学前儿童身心发展的客观要求，是对学前儿童游戏权和发展权的保障。

1.游戏是学前儿童的基本活动

学前儿童无时无刻不在游戏。游戏是处于身体和心理上各种机能仍未成熟阶段的学前儿童的主要活动，是他们"最根本的生活现象"。学前儿童在一日生活中，除了饮食、睡眠、盥洗等日常生活活动之外，几乎始终都在游戏着，甚至有的学前儿童即使在吃饭、洗手时也在游戏。游戏占据着学前儿童生活的大部分时间，几乎成为其生活的全部。可以说，学前儿童的生活是以游戏为中心的。从学前儿童身心发展方面来讲，游戏能够满足学前儿童身心发展的基本需要，能给他们以快乐。

2.游戏是学前儿童的基本权利

随着人类社会的进步与发展，人们对学前儿童游戏的意义和作用的认识也在不断深化和提高。承认游戏是学前儿童身心发展的需要并保障这种需要的满足，使之成为学前儿童的基本社会权利，已经成为人类文明进步的标志和现代社会发展的趋势。一些著名的关于儿童福利的国际立法如《儿童权利宣言》《儿童权利公约》都把游戏与娱乐规定为儿童的基本社会权利之一。

游戏作为学前儿童的基本社会权利，不能仅仅从娱乐的角度来理解它的意义，更应当从学习与发展的角度来理解它的意义。应当把游戏权看作是学前儿童发展权的重要内容。发展权是基本人权之一。发展权的内容很丰富，在学前教育阶段，我们应当把发展权理解为学前儿童在身心各方面获得健康而协调发展的权利。

### （四）学前儿童游戏的特征

1.游戏是儿童自主自愿的活动

游戏是孩子的天性。儿童每天都在自发地进行着游戏，只要他们感兴趣，无需成年人在旁边指点或引导，他们都会主动地进行游戏。游戏是适应儿童内部需要而产生的。随着生理、心理的发展，儿童活动的愿望和需求进一步发展，而游戏恰恰可以满足儿童的这种愿望和需求。儿童的游戏往往满足于活动过程而不注重结果，他们会根据自己的个人爱好和能力，自主地选择游戏内容和方法；在没有任何外在压力的情况下，自由自在地做自己喜欢的事情，因此，游戏是儿童自主自愿的活动。

2.游戏是儿童感到快乐的活动

儿童热爱游戏、热衷游戏的真正原因就是游戏既符合儿童身心发展水平，又能满足儿童的身心发展需要。对儿童来说，游戏是一种享受。儿童在游戏中没有任何心理负担，能够全身心放松，使自己保持身体的最佳舒适状态，无拘无束地自由活动，充分表现自我，实现自己的个人愿望。在游戏中，儿童通过操纵材料、物品，控制所处的环境，体会到自己的力量和自信，从成功和创造中获得愉快的体验。

3.游戏是充满想象和创造的活动

在游戏活动中，想象起着至关重要的作用，如果没有想象的参与，游戏便无法开展。在游戏中，儿童使用布娃娃、玩具手枪、玩具汽车等游戏材料时，需要把这些玩具想象成真的娃娃、手枪、汽车，并模仿成人对它们施加相应的行为。儿童可以在想象中把狭小的游戏场变成无比广阔的天地，在那里，他们可以盖高楼、铺铁路、开轮船、开汽车等。

4.游戏是虚构与现实统一的活动

游戏是在假想的情境中反映真实的活动，是虚构与现实的统一。儿童游戏的成分、角色、情节、行动以及玩具或游戏材料，往往只是象征性的，具有明显的虚构性。但儿童游戏并不是主观臆断或空想。游戏的主题内容、角色情节、游戏规则及行为方式都具有社会性，是对现实世界的反映，是儿童渴望和参与成人社会生活的反映。

5.游戏是具体的活动

游戏是非常具体、形象的活动。每个游戏都有具体的内容、情节、角色、动作、实际的玩具和游戏材料，游戏角色之间还有对话，所有这一切，会不断引起儿童的表象活动。在这些表象的引导之下，儿童的游戏变得引人入胜、欢乐无穷。

### （五）学前儿童游戏分类

由于研究者采用的研究角度不同，对游戏概念和本质的理解也不同，所以存在多种游戏的分类方法。

1.学前儿童游戏的认知分类

学前儿童游戏的认知分类是立足于儿童认知发展的角度，以儿童认知的不同发展阶段及其各阶段认知特征在游戏中的不同表现对学前游戏进行的分类。依据这种方法，幼儿游戏可分为以下四种：

(1)感觉运动游戏。感觉运动游戏是最早出现的游戏形式，它是在感知运动阶段出现的，主要对应2岁前儿童。这类游戏主要是简单的重复动作或运动，也称练习性游戏。儿童在游戏中反复练习感知觉和动作，是游戏的最初形式。其基本功能是对新习得的、还来不及巩固的动作进行练习。儿童从身体活动和动作中获得快乐。

(2)象征性游戏。象征性游戏是幼儿典型的游戏形式，它带有“好像”和“假装”的特点。儿童可以脱离当前对事物的知觉，对事物的某些方面作“想象的改造”，以表象代替实物作思维的支柱，进行想象，并学会用语言符号进行思维。

(3)结构性游戏。结构性游戏是儿童利用各种不同的结构材料来建构物体的游戏。

(4)有规则游戏。有规则游戏是两个以上的孩子在一起，按照一定的规则进行的活动，摆脱了具体情节，具有竞赛性质。有规则游戏是儿童游戏的高级发展形式。

2.学前儿童游戏的社会性分类

学前游戏的社会性分类以儿童社会性发展为依据进行分类，这种分类方法以美国学者帕登的研究为代表。帕登通过对儿童游戏社会性发展的研究，将儿童游戏按儿童在游戏中社会行为的不同表现和参与游戏的儿童的相互关系，将游戏划分为以下六种。

一是无所用心的行为或偶然的行为，这种行为不属于游戏。儿童把时间花费在自发的行为、随机的活动上，而不参加游戏，如偶然看到感兴趣的事。二是袖手旁观的行为。观看同伴的游戏，偶尔同他们交谈，有时向他们提出问题，但行为上并不介入他人的游戏。三是单独游戏。使用与旁边伙伴不同的游戏材料，专注地玩自己的游戏，不注意伙伴做什么。四是平行游戏。儿童玩着和附近伙伴相同或相近的玩具，但并不和其他儿童共同活动，仍是单独做游戏。五是联合游戏。和其他儿童一起做游戏，但是没有共同的目标，主要以自己的兴趣和目的为中心。六是合作游戏。在游戏中有明确的组织者，有共同的目标，在活动时有分工，各负其责。

3.根据儿童在游戏中的体验形式分类

这种以游戏活动中占优势的心理成分为依据的分类，以奥地利心理学家比勒的观点为代表。具体有如下几点：

(1)机能游戏。在婴儿时期或者幼儿前期，可以刺激幼儿感觉器官，实施锻炼身体机能的游戏。

(2)想象游戏。儿童根据自己对于成人生活的观察，加上自己的想象，反映成人生活工作的游戏。这种游戏占优势的心理成分是模仿与想象。

(3)制作游戏。儿童以泥土、纸、沙等常见物品为原材料而进行的具有创造力的游戏。

(4)接受游戏。儿童处于"观众"地位,愉快地欣赏所见所闻,如听故事、看画册、参观动物园等。

4.根据儿童在游戏中的主要行为表现分类

根据儿童在游戏中的主要行为表现分类具体有如下几点:

(1)动作性游戏。主要依靠身体的动作或感官的活动而完成的游戏,这种游戏往往具有重复性。

(2)探索性游戏。由儿童的好奇心驱使儿童去发现什么或找寻解决问题方法的游戏。

(3)表现性游戏。儿童为了展示或演示什么而进行的游戏。

(4)建构性游戏。该游戏也叫作结构游戏,这种游戏要求儿童充分发挥创造力。

(5)角色扮演游戏。儿童扮演某种角色的社会性游戏。

5.根据游戏的教育目的分类

这种分类是按游戏的教育目的及作用来分类,是我国较多采用的一种分类方法。按照这种分类方法,幼儿园游戏可以分为以下几类:

(1)角色游戏。学前儿童以模仿和想象,通过扮演角色,创造性地反映周围现实生活的一种游戏,又称想象性游戏。

(2)结构游戏。儿童利用积木、积塑、泥、沙等结构材料进行建造的游戏。

(3)表演游戏。儿童根据故事、童话的内容运用动作、表情、语言、扮演角色,进行创造性表演的游戏。

(4)体育游戏。以身体练习为主要内容,以锻炼儿童走、跑、跳等基本动作为目的的游戏活动。

(5)智力游戏。以生动、新颖、有趣的游戏形式,使儿童在轻松愉快的活动中,增进知识,发展智力的游戏。

(6)音乐游戏。在歌曲或乐曲伴奏下进行的游戏。

(7)娱乐游戏。以纯粹娱乐为主的游戏。

6.根据游戏与教育教学的关系分类

根据游戏与教育教学的关系分类将游戏分为两大类:(1)本体性游戏。这类游戏强调游戏本身的价值,真实反映儿童的兴趣、爱好和发展水平。游戏的本身即是目的。(2)工具性游戏。游戏的目的不是游戏本身,而是通过有益于儿童发展的游戏促进教学活动和任务的顺利达成。

7.学前教育机构常见游戏的分类

心理学把儿童心理发展作为着眼点,研究儿童"自然"的游戏。教育学把游戏作为教育手段,既注重儿童自然的游戏,又注重为儿童编制有规则的游戏。为了便于教师在学前教育机构运用和指导,根据学前教育机构游戏的特点,可按游戏的关键性将游戏分为两大类:(1)创造性游戏,包括角色游戏、结构游戏和表演游戏。这类游戏强调儿童的主动性和创造性,大都由儿童自由地玩。(2)有规则游戏。这类游戏是成人在儿童自发游戏的基础上,为一定的教育目的而编制的,大都由教师组织儿童进行,有时也可以由儿童自己组织进行。

## 二、游戏的功能

游戏是儿童最喜爱的活动,儿童在游戏中学习和成长,游戏对儿童的身体、智力、创造力、情感、社会性的发展都具有非常重要的作用。

### (一)游戏能够促进儿童身体的发展

学前儿童骨骼肌肉和神经系统发展的特点,在生理上要求不断地变换活动。游戏可以满足他们身体活动的需要。学前儿童的许多游戏都含有生理活动,这能够锻炼学前儿童的身体,增强其体质，促进其正常的生长发育。游戏对学前儿童的体能发展和各方面的协调有着很大的影响。在游戏中，学前儿童与外界环境进行多方面的接触，接受更多的刺激，因而能迅速地做出反应，从而变得更加敏捷。游戏还可以使中枢神经系统的机能状态调整到最佳水平，使肌体感到舒适和愉快。

#### （二）游戏能够促进儿童认知和语言的发展

游戏从不同方面为学前儿童提供了认识外部世界的途径。在游戏中，学前儿童通过对各种游戏材料的使用、对各种游戏角色的扮演、对已有知识的更新、对生活经验的重组、对游戏动作和情节的实践，去接触、感受、探索新事物，了解物体（游戏材料）的性能，了解事物之间的关系。在此过程中，学前儿童的感知能力、注意力、记忆力、想象力、思维能力、解决问题的能力都会得到发展。同时，由于在游戏中学前儿童需要与同伴沟通、交往，这就为儿童提供了极好的语言交流机会，其语言能力在此过程中也得到了发展。

#### （三）游戏能够促进儿童创造力的发展

游戏为学前儿童提供了充分的想象空间，有助于学前儿童个性和创造性思维品质的形成，游戏对于学前儿童创造力的发展具有重要作用。学前儿童对游戏充满了兴趣，在游戏中，学前儿童能够无拘无束地玩耍，产生许多新颖的想法和独特的行为，激发了创造性的萌生和发展。儿童在愉悦的游戏环境中按照自己的兴趣和经验与周围环境发生相互作用，引发多种联想，产生许多新颖的想法和独特的行为，从而促进了学前儿童创造性思维的发展。发散性思维是学前儿童创造性思维的重要表现，学前儿童能变换各种方式来对待物体，通过对同一游戏材料做出不同的设想和行为，或对不同的物体做出同一种思考和动作，就能扩大学前儿童与游戏材料相互作用的范围，增加相互作用的频率，使求异思维得到充分的训练。

#### （四）游戏能够促进儿童情感的发展

学前期是儿童情绪情感发生发展的重要时期。游戏在学前儿童的情感发展中有重要作用，它不仅能满足幼儿表达自己情感的需要，而且还能使学前儿童的良好情感得到发扬光大，不良情感得到控制和矫正。游戏可以平衡学前儿童的情绪。他们在游戏中可以发泄剩余的精力，无拘无束地玩，尽情地表达个人的感受和情绪，从而忘掉烦恼，心情舒畅。游戏是一种积极的情感交往方式，有助于学前儿童建立健康的性格。儿童获得游戏的机会，甚至就是一种心理保健的机会。游戏能使儿童进行情感宣泄。“游戏治疗”的理论和实践已经表明，游戏是学前儿童发泄自己不良情绪的一种重要形式，通过游戏，使学前儿童的情绪变得平静、缓和，有利于抑制、降低消极情绪的负面作用。

#### （五）游戏能够促进儿童社会性的发展

游戏大多需要他人的配合，这就为学前儿童提供了大量交往的机会，使学前儿童逐步学会认识自己和同伴，并能正确地处理自己和同伴之间的关系，培养遵守规则的能力和合群行为，提高社会交往能力，加快学前儿童的社会化进程。可以说，游戏是学前儿童进行社会交往的起点。在游戏中，学前儿童作为集体成员，需相互适应，服从共同的行为规则，掌握和学习轮流、协商、合作等社交技能。游戏有助于克服学前儿童的自我中心。

### 三、学前儿童游戏的发展阶段

#### （一）以认知为主线的学前儿童游戏的发展

以人的认知发展阶段为依据划分游戏的种类，即展示出以认知为主线的学前儿童游戏发展的不同水平和演化进程。

1.幼儿游戏的最初发展:感觉运动性水平

感觉运动性是2岁前婴儿阶段游戏的基本特征。婴儿在出生后的前半年,首先是一些感觉器官机能如听觉、视觉、嗅觉等的发展。半年以后,随着眼、手协调动作的形成、发展,孩子逐渐能较准确地抓握物体,出现了初步的有意识的动作。此时的游戏也由从前的被动的、欣赏的感觉性游戏变为主动的感觉运动性游戏。

2.幼儿游戏的典型发展:象征性水平

2岁以后的儿童,游戏性质开始发生变化,由感知运动游戏向模仿真实生活转变。

(1)象征性游戏的发展。情景转变、以物代物、以人代人是象征性游戏的基本构成因素。在幼儿三四岁时象征性游戏发展已很完善,此时,游戏呈现出不同以往的三个特点:一是连贯性增强;二是逼真模拟现实的要求增强;三是出现集体合作的特征。

(2)结构性游戏的发展。结构性游戏可用于儿童的知识技能的训练。一般情况下,结构性游戏和象征性游戏会融合在统一的实际游戏活动中。

3.幼儿末期游戏发展的新水平:规则性水平

大量规则性游戏在幼儿末期及以后出现。由于儿童的认知范围增大、思维能力及社会化程度提高,象征性游戏慢慢地向规则性游戏转变。规则性游戏中的规则主要是关于动作或语言的顺序,以及在游戏中被禁止的动作或语言的规定。在规则性游戏中,儿童比以往更关注行为的结果。

### (二)以社会行为为主线的学前儿童游戏的发展

以社会性行为的发展为依据进行的儿童游戏阶段划分依次是独立游戏、平行游戏、联合游戏和合作游戏。

(1)独立游戏阶段:儿童主要是自己单独玩,不关注其他人的存在。

(2)平行游戏阶段:几个儿童坐在一起玩各自的玩具或游戏,但是彼此没有交流。儿童之间互相模仿,并形成了初步的伙伴关系。

(3)联合游戏阶段:儿童会互相借玩具,或者加入到对方的游戏中,但是并没有共同的目标,也没有真正的领导者。

(4)合作游戏阶段:在游戏中,有明确的共同目标和领导者,儿童也互相商讨制订规则,这是社会性最高的游戏阶段。

### (三)学前儿童游戏发展的总体趋势

1.游戏内容的发展

儿童游戏的内容随着儿童生活经验的积累和生活范围的扩大而发展。年龄越大,游戏的内容越丰富、复杂。

2.游戏形式的发展

游戏形式的发展主要有以下几个方面的发展:游戏动作的渐次连贯、游戏语言的发展、持续时间的延长、规则的明朗化、游戏活动的社会化、活动空间的延伸。

## 四、游戏理论

### (一)经典的游戏理论

在20世纪初的时候,经典的游戏理论已经形成,经典游戏理论的各个流派主要是阐释儿童游戏的原因。

1.剩余精力说

德国思想家席勒在《人的审美教育的书信》中提出："游戏就是动物所剩余精力的活动。"英国心理学家斯宾塞也提出，动物都有维护自己生存的能力，身体健康的儿童在维护正常生活外，还有剩余精力，而当剩余精力需要发泄时，就产生了游戏。

2.松弛说

与剩余精力学说相反，德国学者拉察鲁斯和帕特里克认为，游戏不是发泄精力，而是在紧张学习后，为恢复精力，进行娱乐时产生的。

3.生活预备说

德国心理学家格罗斯以自然选择理论为基础，提出游戏是对未来生活的一种无意识的准备，是为过渡到社会生活所必需的更成熟的活动做准备。

4.生长说

美国的阿普利登和奇尔摩认为，游戏是儿童能力发展的一种模式，生长的结果就是游戏，通过游戏可促进儿童的生长。

5.复演说

美国心理学家霍尔认为，游戏是祖先活动的重演，儿童通过游戏重现祖先进化过程中的动作和活动，从而为未来生活做准备。

6.成熟说

荷兰心理学家、生物学家拜敦代克认为，儿童是为了实践和完善生存的本能而进行游戏的。通过游戏，可促进儿童本能的发展。

### (二)精神分析学派的游戏理论

1.弗洛伊德关于游戏的思想

弗洛伊德从精神分析的角度来解释游戏，他认为游戏是儿童生长的生物需要和成长愿望的结合。按照弗洛伊德的观点，游戏可以补偿儿童现实生活中不能满足的欲望，再现那些难以忍受的体验，抒发情感，缓和心理的紧张，使儿童能够减少忧虑，发展自我能量，来应付现实的环境。弗洛伊德认为，儿童在游戏中的角色扮演有高度的选择性，这是依据情感驱动或者模仿做出的。

2.蒙尼格的宣泄理论

精神分析学派的游戏理论又叫作发泄论，指的是儿童在游戏中可以通过发泄来解决内在的心理矛盾和冲突。蒙尼格的宣泄理论就是最为典型的代表。

3.埃里克森的发泄理论

埃里克森认为，游戏是一种健康的发泄情感和思想的方式。在游戏中，儿童可以"复活"他们的快乐经验，也能渡过自己的精神创伤，解决本我和超我之间的矛盾冲突，把苦恼在想象中发泄出来。

### (三)认知发展学派的游戏理论

1.认知发展学派游戏理论的基本观点

认知发展学派的代表人物是瑞士著名的心理学家皮亚杰，他关于儿童游戏的观点是儿童智力发展理论的反映。皮亚杰认为，游戏是儿童学习新的复杂的客体和事件的一种方法，是形成和扩大知识与技能的方式，是把思维和行动结合起来的方式。按照皮亚杰的解释，游戏可以使个体把信息纳入原来的认知图式，是同化的一种形式。在同化和顺应过程中，游戏是第一位的，因为游戏是儿童实践和巩固他所知道和理解的环境知识的重要方式。皮亚杰还认为，儿童游戏的发展与其智力发展的阶段相适应，儿童智力的发展决定着儿童游戏的方式。

2.认知发展学派对游戏理论的发展和教育实践的影响

皮亚杰的游戏理论，开拓了以儿童认知发展的角度考察儿童游戏的新途径。尤其是他把游戏看作是儿童自主的活动以及提出的游戏发展的阶段等观点，繁荣了儿童游戏的理论，对当前儿童游戏理论的发展和教育实践产生了重要的影响。

### （四）其他游戏理论

桑代克认为，游戏是一种学习行为，受社会文化和教育要求的影响。这是儿童游戏的学习论。维果茨基、鲁宾斯坦、艾里康宁等人则认为，游戏既是儿童的社会性实践活动，而且是学前儿童的主导活动，游戏是解决儿童日益增长的新的需要和儿童本身的有限能力之间的矛盾的一种活动，游戏是社会性活动。这是儿童游戏的活动论。

# 第二节　学前儿童游戏的影响因素

## 一、物理环境因素对幼儿游戏的影响

物理环境因素是幼儿游戏组成部分中的物质成分，幼儿游戏的物理环境主要包括玩具、游戏场地、游戏时间等因素。

### （一）玩具

1.玩具在儿童发展中的作用

玩具是幼儿参与游戏活动的媒介，是游戏的物质条件。幼儿的思维具有直观性、具体性、形象性等特点，儿童可以通过对形象、具体玩具的感知，在游戏中产生一定的动作活动及其相适应的心理体验。玩具的提供与选择影响着幼儿游戏的发生与发展，是游戏的价值得以实现的基本环节。

2.玩具的种类

常见的玩具可以分为以下几种类型：形象玩具、智力玩具、结构造型玩具、体育玩具、音乐玩具、娱乐玩具、日常物品玩具、天然材料及自制玩具。

3.玩具在不同年龄阶段幼儿游戏中的作用

0～2 岁儿童：游戏中的儿童的注意力中心不在于玩具的形象，而在于动作的迁移及玩具位置的变化。

3～4 岁儿童：游戏中的儿童既对动作感兴趣，又注意物体的外形特征。他们的想象主要是由实物引起的，还需要依靠形象相似的玩具作为支柱。

5～6 岁儿童：已能分辨事物中的某些主要特征，他们已不在乎玩具的形象是否完全逼真，而是要根据事物的意义去行动，只有符合实际生活规则的事物才能被儿童接受。

4.指导幼儿使用玩具的方法

成人指导幼儿在游戏过程中使用玩具的方法主要有演示法、参与法和言语诱导法三种。

### （二）游戏场地

场地是儿童游戏的空间。场地的空间密度、地点、组成特征以及场地中各类设备的位置对幼儿游戏产生着一定的影响。

1.游戏场地对幼儿游戏的影响

(1)游戏场地的空间密度对游戏的影响。游戏场地的空间密度包括游戏人口密度和游戏材料密度两个方面,即单位面积内参与游戏的儿童数量及游戏场所中每一名参与游戏的儿童能占有的平均面积。它们影响着儿童能够获得的游戏材料的数量、儿童参与游戏的程度以及儿童具体的游戏行为和儿童之间的相互关系。

(2)游戏场地的地点对游戏的影响。游戏场地包括室内和室外,不同类型的游戏活动以及处于不同年龄发展阶段的幼儿具有不同的游戏场地的需要。

(3)户外游戏场地的组成对游戏的影响。游戏场地的组成表现为各种游戏设备、玩具及其构成的各个区域之间的相互关系。从结构特征上看,户外游戏场地可分为传统游戏场地和创造性游戏场地。不同类型的户外游戏场地可以发展儿童的不同方面的能力。

(4)游戏设备对游戏的影响。游戏设备在场地中摆放的方位影响到儿童游戏行为的发生以及儿童对设备的使用频率与效率。

2.建设儿童游戏场地的要求

为了保证儿童游戏的顺利进行,建设儿童游戏场地的要求主要有空间合理、要素多样、尺度适宜等。

### (三)游戏时间

要充分发挥游戏对儿童身心发展的作用,必须保证幼儿有充裕的时间来参与游戏。有了充分的时间,儿童才有可能进行水平较高的游戏,获得更高层次的发展。

## 二、社会环境对幼儿游戏的影响

物理环境对游戏的影响是物的直接影响,而社会环境则是人对游戏的间接影响。影响儿童游戏的社会环境因素主要包括家庭、同伴、大众媒介与课程。

### (一)家庭对幼儿游戏的影响

1.亲子关系对游戏的影响

儿童与其看护人(大部分是母亲)早期的相互作用活动,决定了儿童成长过程中的社会性游戏的方式;儿童与其看护人之间的关系影响着儿童与物体之间的非社会性关系的建立;看护人对儿童游戏的影响还在于其为儿童在游戏中的安全感提供了保障。

2.家庭结构和家庭气氛对游戏的影响

完整的家庭结构和家庭成员间的和谐关系所构成的良好气氛,是儿童游戏得以健康顺利进行的根本保障。

### (二)同伴对幼儿游戏的影响

1.同伴关系对幼儿发展的重要性

同伴关系是指年龄相同或相近的儿童之间,在平等交流中建立和发展起来的一种社会关系,是儿童发展社会能力、提高适应性、形成友爱态度的基础。同伴交往对于幼儿发展的影响表现为:有利于儿童形成良好的社会适应性,提高他们的社交能力;有助于儿童获得关于社会的更广阔的认知视野,促进儿童认知能力的发展;有助于儿童形成积极的情感;有利于儿童自我概念和健康人格的发展。

2.游戏中同伴影响的表现

幼儿同伴之间交往最主要的形式是游戏。在游戏过程中，幼儿同伴之间的交往存在一种异龄伙伴之间的交往。异龄儿童之间的交往及相互作用对儿童的社会性和人格发展非常重要，它有助于培养年长儿童的同情心和关心他人的社会倾向，有助于培养年幼儿童尊重权威的意识以及其他恰当的行为方式。

幼儿的同伴交往还表现出性别的偏向，即男孩喜欢和男孩玩，女孩喜欢和女孩玩，而且这种偏向会随着年龄的增长更加明显。

### (三)大众媒介(电视)对幼儿游戏的影响

由于幼儿身心发展及认知发展的限制，大众媒介对儿童游戏产生重要影响的主要是电视这一媒介。

1.使用大众媒介(电视)的时间

看电视时间过长对儿童会产生不好的影响，诸如上课时精力不集中、早晨起来感到困倦、没有食欲等问题。当然，如果成人能合理控制儿童看电视的时间，看电视也能促进儿童的认知发展。

2.通过大众媒介(电视)获得的内容

处于童年早期的儿童容易被电视显著的感知觉特征所吸引，越来越多的儿童通过电视而非其他途径来获取信息，而过度地接受电视媒体提供的信息则会影响到儿童的阅读能力及语言能力。没有暴力内容、活泼生动、健康有益的电视节目会促进儿童的语言学习能力、数字计算能力等方面的发展，儿童能获得更多的自身发展过程中所需要的信息。另外，好的电视节目也可以促进儿童形成合作、共享、助人和节制等亲社会行为。

## 三、个体因素对幼儿游戏的影响

### (一)性别差异

幼儿游戏因性别不同而表现出不同的特点和发展倾向。幼儿游戏的性别差异主要表现为不同性别的儿童在游戏的活动类型、游戏的主题、玩具的选择及扮演角色等方面表现出的不同的倾向。

1.游戏的活动类型

男孩一般喜欢运动量较大、颇具冒险性的游戏；而女孩一般喜欢运动量小的、坐着进行的游戏。

2.游戏的主题

从象征性游戏的主题来看，不同性别的幼儿倾向于符合各自性别特点的游戏。

3.玩具的选择

男孩偏爱交通工具类玩具、战斗类玩具和结构性材料；女孩更喜欢布娃娃、柔软性的玩具动物和家事活动方面的玩具。

4.角色扮演

与男孩相比较，女孩在角色扮演的游戏中具有更强的耐心和角色扮演意识。

### (二)年龄差异

处于不同年龄阶段的儿童在体能、认知、语言、社会性等身心发展的不同方面表现出不同的特征，从而在游戏中也表现出不同的方式和发展水平。

### (三)个性差异

1.游戏兴趣

由于幼儿个性不同,其游戏兴趣也不同。个性外向型的幼儿具有较高的游戏兴趣;个性内向型的幼儿的游戏兴趣则一般低于外向型的幼儿。

2.游戏风格

幼儿的游戏风格的差异主要体现在游戏过程中幼儿想象能力的强弱不同。游戏中经常想象的幼儿对社会性活动、社会交往更感兴趣、更敏感,缺乏想象的幼儿则对于实物世界表现出浓厚的兴趣,倾向于对游戏材料的性质、组成结构、关系的探索。

### (四)健康和情绪等因素对游戏的影响

幼儿身体是否健康、参与游戏时情绪的好坏等直接影响其在游戏中的表现。身体健康状况不佳的幼儿参与游戏的可能性及参与程度会受到一定的影响,而幼儿在游戏前及在游戏过程中情绪的高低则会影响到他们参与游戏的态度及行为方式等。

# 第三节　学前儿童游戏的条件

为了更好地发挥游戏在儿童发展中的作用,教师应为儿童创设良好的条件,包括充足的时间、良好的游戏环境与材料等。

## 一、游戏的时间

### (一)充足的时间是儿童游戏的前提

充足的游戏时间是儿童开展游戏活动的首要前提。游戏时间的多少直接影响游戏的数量和质量。如果游戏时间过短,儿童往往刚开始进入角色就不得不停止,长此以往,他们就会放弃较复杂的游戏而只玩一些简单的游戏。所以,教育者一定要保证儿童每天有足够的时间自由自在地开展各种游戏活动,不能随意侵占儿童的游戏时间。《幼儿园工作规程》规定,在幼儿园,幼儿每日户外活动时间不得少于 2 小时,寄宿制幼儿园不得少于 3 小时,高寒地区在冬季可以酌情减少。

### (二)减少过渡环节,提高单位时间内儿童游戏的有效时间

有些幼儿园虽然能够严格执行作息制度,不挤占儿童的游戏时间,但活动室布置不够合理,没有游戏角或专门的游戏空间。所以,一到游戏时间,教师就手忙脚乱地指挥儿童搬桌子、挪椅子、铺地毯,临时准备游戏环境和材料,把本该属于儿童游戏的时间浪费在准备环节上。

## 二、游戏的环境与材料

### (一)游戏的环境

游戏环境是指为儿童游戏提供的条件,包括游戏的空间环境和心理环境。

1.游戏的空间环境

游戏的空间环境包括户外游戏场地和室内游戏场地。

(1)户外游戏场地。户外游戏场地是儿童在户外游戏的空间。户外游戏活动对于儿童的身心健康有着重要意义。户外游戏场地的大小和结构特征等对儿童的游戏有一定的影响。儿童在户外活动,能够与大自然亲密接触,经常接受阳光的照射,呼吸新鲜空气,增强对外界环境的适应能力,加强机体的新陈代谢,促进生长发育。因此,每一个有条件的学前教育机构都应当设置户外活动场地。

(2)室内游戏场地。室内游戏场地主要指活动室。活动室是儿童在室内进行游戏活动的主要场所。足够的空间是开展游戏的必要条件。研究发现,游戏环境的空间密度直接影响儿童的行为。研究显示,儿童处于人均2.32～7.0平方米之间为较适合游戏的空间密度。低于前者,儿童在游戏中的攻击性行为、破坏玩具的行为和错误使用玩具的行为明显增加;处于中间值,则表现出较多良好的游戏行为和交往行为;大于后者,儿童粗大动作的游戏也相应增加,而人际互动开始减少。教师要在有效空间密度内,经常调整游戏的空间结构,要有开放的空间和区隔的空间,注意活动区的不同区隔形式。活动空间的大小应当能符合儿童的多种需要。既要有适用于全班集体性活动的大空间,又要有能让几个儿童一起活动的中等空间。如果有条件,还需要能让个别儿童单独活动的小空间。

2.游戏的心理环境

要开展内容充实、丰富多彩的游戏,除了为儿童创设科学合理的物质环境外,还要为孩子们创设宽松、自由、和谐,符合儿童年龄特征的心理环境。由于儿童情感的易感染性,游戏心理环境的创设关键取决于教师。

(1)教师应建立与儿童民主、亲切、平等、和谐的关系。民主、亲切、平等、和谐的师幼关系是儿童游戏的重要支柱之一。在儿童的游戏中,教师既是指导者又是参与者。教师参与儿童的游戏,使儿童感到教师是他们的亲密伙伴,与教师在一起时,自然、温馨、没有压抑感。在游戏时,应当让儿童自己去思考,过多的干预会限制儿童的想象,太高的期望会给儿童造成压力,使得儿童的创造力不能正常发挥。只有在民主、平等、轻松、愉快的环境中,儿童才能自然、真实地表现自己,更加积极、主动、愉快地投入到游戏之中。

(2)建立互助、友爱的伙伴关系。儿童之间的伙伴关系是影响其心理发展的一个重要社会性因素。儿童间互相关心、互相帮助、文明礼貌、友好谦让,在游戏中互相协商角色或交换玩具,这些都为游戏的继续深入增加了可能性,提高了儿童游戏的主动性、积极性。教师应加强儿童的情感教育和集体教育,建立互助、友爱、和谐的伙伴关系。

(3)教师之间的真诚相待、友好合作,是儿童最好的榜样。教师的行为直接影响着儿童活动的情绪和积极性。教师之间真诚合作、互相尊重的关系,是儿童建立友好同伴关系的榜样。教师要做到举止大方、语言文明、态度和蔼、行为规范。教师间的交往涉及班级、学前教育机构是否具有良好的心理气氛。教师间如果相互关心、相互帮助,这会给班、园带来一种温情的气氛,容易激发出积极的、正向的社会性行为。学前儿童也会从中耳濡目染,不仅学会体察别人的情绪情感,也能学会正确、适宜的行为方式。

(二)游戏的材料

游戏材料是儿童游戏所用玩具和物品的总称。游戏材料可以激发儿童的游戏动机、游戏构思,引起儿童的联想和行动。

1.要为儿童提供足够的游戏材料

儿童是通过使用玩具材料在游戏中学习的。材料的种类对儿童游戏的具体选择有着某种定向的暗示作用。如果教师提供的材料单一,儿童游戏情节的发展就会受到限制。因此,在游戏中为儿童提供多种材料,有利于儿童通过探索接受丰富的感官刺激,利用不同的材料去替代和想象,在与材料的互动中促进发散性思维的发展。实践表明,在活动面积较大和活动材料丰富的情况下,儿童表现出来的竞争性、侵犯性和破坏性行为都低于活动空间小、活动材料贫乏的情况下产生的类似行为。但这并不是说给予学前儿童的材料越多越好。重要的是要让这些材料真正地发挥作用，提高其利用率。

2.根据儿童的年龄特点提供游戏材料

教师应根据各个年龄班儿童游戏活动发展的特点，分别提供适宜种类和数量的材料。较小儿童在游戏时需要同类的游戏材料要多一些，年龄较大的儿童在游戏时需要不同种类的游戏材料要多一些，到了中、大班以后，则应更多地为他们准备、提供适宜于发展合作性游戏的活动材料。

3.提供与阶段教育目标、内容相匹配的游戏材料

教师要根据学前儿童不同年龄特点，制订适合本班儿童整体发展水平的阶段教育目标和教育内容，根据阶段教育目标和教育内容的要求，在不同的活动区，有计划、有目的地投放与之相适应、相匹配的游戏材料，以最大限度和最大效益地促进学前儿童的发展。

4.尽量提供无固定功能的游戏材料

游戏材料具有象征性、可替代生活中的人与事物。材料特征的不同将引发不同水平的游戏经验，游戏材料功能固定单一，只能引发儿童比较单一的行为，而无固定功能的游戏材料，往往可以使儿童按着自己的想象创造出游戏的多种玩法，有利于学前儿童通过探索接受丰富的感官刺激，利用不同的材料去替代和想象，在与材料的互动中促进发散性思维的发展。

5.多提供中等熟悉和中等复杂程度的游戏材料

游戏材料的复杂程度以及儿童对材料的熟悉程度对儿童的游戏有一定的影响。当游戏材料对儿童来说完全陌生和比较复杂时可引发他们的探究性行为；当游戏材料对儿童来说是中等熟悉和中等复杂程度时，可引起儿童的象征性游戏和练习性游戏。

6.将游戏材料放在可见位置

游戏材料的可见性也会对儿童使用游戏材料发生影响。如果儿童由于视线被柜子或其他物品阻隔，看不到游戏材料，儿童就不知道有哪些材料可以使用。实践表明，放在中央位置的游戏材料使用率较高，并容易引起儿童彼此相互作用的游戏。

## 三、儿童自主性在游戏中的发挥

“自主游戏”理论认为，游戏是学前儿童有机体的内在需要，是内发而非外力强加。因此，游戏必须是儿童自由选择的，是以游戏活动本身为目的的愉快活动。经过学前儿童自由选择的游戏才能真正成为自主自发的、对学前儿童产生巨大教育影响的游戏。反之，教师自上而加的、外力支配控制的就不是学前儿童的游戏，只能是其形式上的“游戏”而已。

### （一）自主是儿童游戏的重要条件

自主是儿童游戏的重要条件。自主游戏宽松自由的氛围消除了儿童的胆怯和距离，使他们能够主动交往，友好合作。正因为游戏是儿童自主的活动，儿童在游戏中的态度是积极主动的，反之，如果游戏失去了自主性的这一特征，而是由教师来精心安排和“导演”的，儿童只是在不得已的情况下被动地参加游戏，担任某一角色，从表面上看，儿童是在参加游戏，实际上儿童并没有真正地玩游戏，他们认为是在完成教师布置的任务，也就失去游戏的积极性。所以，只有充分尊重游戏者的心愿，发挥游戏者的主动性，才是真正的游戏。

### （二）儿童在自主游戏中得到主动发展

儿童喜欢游戏，是出于自己的兴趣和愿望。儿童自己想出来的，能充分发挥其自主性的游戏，

可以真实反映儿童的发展水平和兴趣爱好。在这类游戏中，儿童根据自己的生活经验，独立构思游戏主题，安排游戏内容，共同制订游戏规则，协商担任游戏角色。自主游戏为儿童提供了表现与创造的机会，使学前儿童摆脱了对教师的依赖，有了充分的想象、发现和创造，探索和解决问题的能力得到很大提高。

## 第四节　游戏活动的组织与指导

### 一、儿童游戏的水平分析与预设

不同年龄的儿童在游戏中的表现和所使用的方式会有所不同，对应于不同的发展水平。

#### （一）3岁前儿童游戏的发展水平及游戏预设

3岁前儿童处于感知运动阶段。在生命的最初3年，儿童从每天只能躺着到会抬头、翻身、坐、爬、站、走，儿童动作的发展是游戏发生发展的条件之一。此阶段儿童主要以感觉运动性游戏为主，如大运动类游戏、用手的游戏、感觉游戏等，伴有象征性游戏的萌芽，此阶段儿童喜欢独自游戏和平行游戏。亲子游戏是2岁前儿童游戏的主要形式，在儿童游戏的发生、发展过程中占有重要地位。随着儿童对同龄伙伴意识的发生，儿童的伙伴游戏也逐渐发生发展。

3岁前是孩子接触社会的最初阶段，父母与孩子的关系至关重要，应经常对孩子说话、讲故事、唱歌，给他们听柔和的音乐、玩色彩鲜艳的玩具，为他们创设一个安全、温馨、幸福、和谐的物质环境和心理环境，在保证安全的情况下，鼓励儿童大胆的探索行为，引导他们参与到游戏当中来，使之在轻松愉快的气氛中变得自信、主动、大胆，为今后的全面发展奠定良好基础。

#### （二）幼儿初期儿童游戏的发展水平及游戏预设

幼儿初期的儿童处于象征性游戏初期，此阶段儿童的象征性游戏内容和情节都比较简单，常常重复同一动作，而且游戏主题不稳定，常随外部条件和自己情绪的变化而改变。受思维水平的限制，他们对游戏规则的理解较差，自我控制的水平较低。此阶段儿童所进行的角色游戏比较简单，大都是独自充当角色或平行充当同一角色。这个时期幼儿游戏的一个明显特点是由独自游戏向联合游戏过渡。他们不再喜欢独自玩耍，而是喜欢和同伴们一起玩。

幼儿初期是儿童在幼儿园生活的初始阶段，教师应重点为儿童创设温馨的心理环境和物质环境。在室内功能区的设置上，要以角色区为主。室外设置运动区、玩沙玩水区等。值得一提的是，由于幼儿初期的儿童处在象征性游戏初期，在游戏中经常独自充当角色或平行充当角色，所以，在游戏区投放玩具时应做到同种玩具提供多份，以满足儿童的游戏需求。

#### （三）幼儿中期儿童游戏的发展水平及游戏预设

幼儿中期是儿童象征游戏的高峰期，儿童游戏内容逐渐扩展，游戏水平不断提高。游戏情节丰富、内容多样化，幼儿的游戏兴趣明显增加。他们能够自己选择主题、设计和组织游戏，自行分工、扮演角色等，由于表征水平的明显提高，还出现了用替代物进行游戏的行为，如他们会用小木棍代替体温计、用纸片代替钞票等。他们的建构游戏的水平也逐渐提高，他们能进行主题构造活动，还喜欢看图构造，同时逐渐对规则游戏产生兴趣。

幼儿中期的儿童玩得最多的就是象征性游戏，成人要鼓励孩子积极思考、大胆想象、不断创新。在环境的创设中，以象征性游戏和结构游戏环境为主，适当增加低结构材料的种类和数量，以满足儿童想象和创造的愿望。

### (四)幼儿晚期儿童游戏的发展水平及游戏预设

幼儿晚期的儿童处于象征游戏的高水平阶段,儿童已摆脱了实物直观相似性的束缚,语言描述和动作表象在游戏中起主导作用,幼儿可以用语言、动作替代实物进行游戏。此阶段的儿童会自行策划游戏,讨论游戏主题、构思情节、分配角色、创设环境,积极主动地进行游戏,合作游戏的特征突出,喜欢有一定难度的棋牌类和富有挑战性的体育竞赛类的规则游戏。

在游戏环境的规划方面,为幼儿晚期的儿童创设功能游戏区,应按游戏类别进行整体划分,玩具及材料应分类摆放。室外要有平坦、开阔的运动区,场地上的玩具材料摆放要安全、科学、合理,以促进儿童的全面和谐发展。

## 二、学前儿童游戏的观察

### (一)游戏观察的作用

观察是指导和评价游戏的客观依据。儿童在游戏中有最真实、自然的表现,游戏是教师了解儿童最重要的途径之一。通过游戏,教师可以了解儿童的兴趣需要、认知水平、个性特点、能力差异等,从而及时满足和拓展儿童的生活经验,为教师准确地预设游戏奠定基础。

### (二)游戏观察的内容

在游戏观察的过程中,教师首先应将观察的重点放在儿童的身上,要观察游戏中儿童的各种行为表现和儿童在不同类型游戏中的发展水平。其次,教师应观察空间、时间以及游戏材料等游戏环境对游戏的影响,如游戏场地创设、游戏时间的长短、游戏材料的投放等对游戏的影响,以便准确掌握儿童当前的需要和游戏状况。再次,游戏中的教师也是影响游戏的一个不容忽视的重要因素,教师的观念、态度、能力等因素直接决定着其对游戏的指导是否恰当。

游戏观察一般可从以下几方面入手。(1)观察儿童游戏主题:是否积极与健康?(2)观察儿童游戏环境:是否安全、卫生、舒适、便于交往活动?(3)观察儿童游戏内容:是一般经验还是新近的社会热点?(4)观察儿童游戏需求:想些什么?需要什么?做些什么?兴趣点与困难是什么?(5)观察儿童游戏材料:玩具及游戏的材料是否体现教育功能?游戏中如何反映人与物的交互作用?(6)观察儿童游戏行为:儿童游戏的能力与表现如何?

### (三)游戏观察的方法

#### 1.扫描观察法

这种方法是指观察者在相等的时间段里对观察对象依次轮流进行观察。此法比较适合于粗线条地了解全班儿童的游戏情况,如可以掌握游戏开展了哪些主题,学前儿童选择了哪些主题,扮演了什么角色等一般行为特点。扫描观察法一般在游戏开始和结束的时候运用得较多。

#### 2.定点观察法

观察者固定在游戏中的某一区域定点进行观察,适合于了解某主题或区域幼儿的游戏情况,了解学前儿童的现有经验以及他们的兴趣点、学前儿童之间交往、游戏情节的发展等动态信息。定点观察法一般多在游戏过程中使用。

#### 3.追踪观察法

观察者根据需要确定1～2个学前儿童作为观察对象,观察他们在游戏活动中的各种情况,固定人而不固定地点。适合于观察了解个别学前儿童的游戏发展水平。教师可以自始至终地观察,也可以就某一时段或某一情节进行观察。

4.观察的记录

教师在对学前儿童游戏活动进行观察的同时，还要注意利用多种手段加以记录，并作为珍贵的资料加以保存，为指导游戏或开展研究服务。在游戏的观察记录中，有表格记录、实况记录、图示记录、影像记录等方法方式。

## 三、儿童游戏的支持与指导

### （一）儿童游戏的激发与引导

幼儿园的游戏活动开展的效果如何，在很大程度上取决于教师为游戏活动所创造的条件和对游戏的组织与指导。儿童的游戏需要教师的激发、引导、支持和推进。教师可采用不同的方法来激发和引导儿童的游戏。

1.丰富儿童的生活经验

儿童的知识经验是游戏的源泉。丰富儿童的生活经验，可以使儿童游戏的主题和内容变得多姿多彩。教师带领儿童外出参观、给儿童讲故事、让儿童观看电影、阅读图书画册等，都有可能激发儿童开展某种游戏的灵感，并使儿童知道如何使用材料、如何开展游戏。

2.创设适宜的游戏环境

教师可以经常有意识地创设丰富、变化、新颖的环境，在游戏场地置放一些新材料、新设备，引发儿童动手操作、想象创造的欲望，以此驱使儿童主动投入到游戏之中。

3.提出启发性的问题

在儿童游戏活动的过程中，教师要善于把握时机，提出启发性的问题，激发儿童的想象和思考，使游戏不断深入。

4.提出合理化建议

当儿童的游戏未能向前发展的时候，教师应适当地给予提示、建议，帮助儿童更好地开展游戏。

5.平行介入游戏，巧妙扮演角色

当儿童在游戏中经常转移主题或半途而废时，教师可以以同伴的身份，平行介入儿童的游戏，激发、鼓励儿童将游戏坚持到底。教师还可以通过巧妙扮演游戏中的角色，自然而然地加入到游戏中来，针对具体情况，进行引导。

### （二）儿童游戏的支持与推进

教师应以儿童的眼光来看待游戏，尽量满足儿童游戏的各种需要，从物质上和精神上给儿童的游戏予以支持，推动游戏不断向更高水平迈进。

1.满足儿童的物质需求

教师要满足儿童对游戏材料的需求，在投放游戏材料时应做到丰富、充足且富于变化，从物质上保证游戏的顺利进行，支撑儿童游戏的延伸，避免出现因游戏材料的不足而阻碍游戏发展的情况。

2.共同探索游戏奥秘

当儿童碰到困难求助于教师时，教师不要急于马上给予答案，可以介入儿童之中与幼儿共同探索，用同伴的口吻与学前儿童讨论，引导儿童自然地获得直接体验，掌握技能，发展想象力，推动游戏不断向前发展。

3.满足儿童充分游戏的心理需求

教师要满足儿童充分游戏的心理需要，让儿童充分地表现，尽情地体验，心满意足地离开游戏区。

4.关心儿童的游戏意愿

教师应善于察言观色，从儿童的语言、表情、动作上来揣摩儿童的游戏心态，帮助他们为顺利开展游戏铺平道路。

5.关注游戏的发展进程

教师应时刻关注儿童游戏的发展进程，不断地给予支持。

## 四、基于幼儿年龄段分类的幼儿游戏类型及特点

### （一）象征性游戏

1.象征性游戏的特点

象征性游戏是2～6岁幼儿典型的游戏形式。在这一时期，象征性游戏进入了发展的高峰期和成熟期。在这一时期的象征性游戏中，出现了婴儿的象征性游戏中所没有的角色扮演这一新的因素，使得象征性游戏发生了从“物”到“人”的中心位移，象征性游戏开始真正成为具有社会意义的活动。

2.角色扮演的发生和发展

幼儿角色扮演能力的形成需要经历一个发展过程。2～3岁的幼儿常常模仿成人的动作，但是却没有角色扮演的意识。真正的角色扮演行为出现在3岁末4岁初，角色扮演开始成为幼儿游戏的目的，角色引导着幼儿的游戏行为。

3.“以物代物”的发展

3～4岁的幼儿象征性动作还主要是由物所引起的，他们的象征性动作还需要依靠形象相似的物体作为支柱，要求代替物与被代替物在外形方面有一定的相似性，这是幼儿思维具体形象特点的表现。

5～6岁幼儿已不在乎代替物的形象是否完全逼真，他们对于物的逼真性的依赖降低，他们可以用也可以不用玩具就做出象征性动作，也可以对玩具或材料加以改造来构成一个新的代替物。幼儿“以物代物”的发展标志着幼儿思维和想象由笼统到分化、由直觉行动到具体形象、由理解物体的外形特征到理解物体所代表的意义的发展和变化。

### （二）语言游戏

到了3岁以后，同伴游戏的机会增多，同伴之间的交谈也随之增加。在3岁半左右，学前儿童的社会性游戏中逐渐出现各种结构和形态复杂的语言，同时也出现了以对语言的嬉戏性运用为特征的自发性的韵律游戏和单字游戏、幻想和无意义的玩弄词语的游戏以及交谈。猜谜语、说笑话、念儿歌等，都是幼儿喜爱的语言游戏。

以对语言的嬉戏性运用为特征的自发语言游戏的出现标志着幼儿语言意识的发展。这种语言游戏有助于幼儿学习语言，帮助他们理解词义、掌握语法结构、提高语言幽默感。

### （三）伙伴游戏

2岁以后，伙伴逐渐代替成人成为幼儿游戏中主要的交往对象，游戏是幼儿伙伴交往的主要形式。

1.游戏与幼儿的伙伴交往

苏联心理学家利西娜研究了2～7岁幼儿交往活动的发展。他把幼儿的交往活动发展分为三个阶段：

(1)情绪—实际交往(2～4岁)。这种交往是在儿童摆弄各种物体和玩具的过程中，即在实物操作活动和模仿性游戏的背景下进行的。

(2)情境—活动性交往(4～6岁)。这种交往主要是在幼儿角色游戏中进行的，是幼儿典型的同伴交往形式。其中，幼儿同时进行两种交往：一是角色交往，即以角色身份出现的角色之间的交往；二是真实的同伴交往。

(3)非情境—活动性交往(6～7岁)。这种交往是在规则游戏过程中进行的，在这种交往活动中，同伴之间开始出现依恋、友谊的萌芽。

2.伙伴游戏的特点

3岁以前的幼儿倾向于自己单独玩。他们的游戏情节简单，往往长时间重复一两个动作。同时，幼儿在游戏中的模仿、想象和语言往往都是以自我为中心的。

从3岁开始，幼儿游戏的社会性水平逐渐提高。4岁左右的幼儿与同伴交往的愿望变得强烈，他们对多角色的集体游戏表现出特殊的兴趣，并努力地去理解和表现自己所扮演的角色。

## 五、基于教育目的分类的幼儿游戏特点及指导

### (一)角色游戏

角色游戏是幼儿按照自己的意愿，以模仿和想象，借助真实或替代的材料，通过扮演角色，用语言、动作、表情等创造性地再现周围社会生活的游戏。角色游戏又称象征性游戏。

角色游戏的组成要素包括：角色的扮演、对物品的假想、对游戏动作和情景的假想、内部规则。

角色游戏的指导包括以下方面：教师要做好开展角色游戏的环境与条件的准备，并在角色游戏活动过程中现场指导。

教师对幼儿游戏的指导主要包括以下几个方面：鼓励幼儿根据自己的兴趣提出游戏的主题；教会幼儿分配和扮演所需要的角色；教师在游戏中要善于观察幼儿的表现，适时进行个别教育；教师可在游戏需要的条件下直接参与游戏，扮演一定的角色，引导游戏的发展；使幼儿愉快地结束游戏，并维持幼儿再次做游戏的愿望与动机。

### (二)结构游戏

结构游戏是儿童利用积木、积塑、泥、沙等结构材料进行建造的游戏。在这种游戏中，儿童可以根据自己的想象、意愿对各种材料进行构思、构造，表现一定事物的形态。

结构游戏的组成要素包括：对结构材料的选择、对游戏主题的假想、对建构物的建构、对建构物功能的假想与实现。

结构游戏材料的分类：木质结构材料、金属结构材料、塑胶材料、其他类型结构材料。

结构游戏的指导包括以下方面：

(1)丰富并加深儿童对物体的印象。

(2)为儿童提供结构游戏的材料、时间和场地。在结构游戏中，教师要保证游戏时间，让儿童在充裕的时间里自由地嬉戏。结构游戏的场地要尽量固定、宽敞、洁净。

(3)针对各年龄阶段儿童的水平，帮助儿童掌握结构的基本知识和技能。

①小班儿童。游戏目的：认识结构材料，能够叫出材料的名称，识别物体变化的方向，认识与表现结构材料的特征。指导方式：游戏为主，边示范边讲解。

②中班儿童。游戏目的：通过游戏认识各种空间方位，会有选择地利用材料，能够较为准确地

构建材料，并在游戏中形成良好的同伴关系。指导方式：示范、讲解相结合或者以建议和启发的方法鼓励儿童创造性地建构材料。

③大班儿童。游戏目的：通过游戏，让儿童学会辨别左右，掌握建构材料的基本知识与能力。指导方式：多采用语言提示的方法。

(4)培养儿童对待结构材料和建构成果的正确态度。

(5)在结构游戏中，针对幼儿的发展水平培养建构活动的目的性和坚持性。

### (三)表演游戏

表演游戏是儿童根据故事、童话、寓言的内容进行表演的游戏，即儿童扮演作品中的角色，用对话、动作、表情等富有创造性的表演，再现文学作品。

表演游戏的特点包括：表演游戏是儿童根据各类作品的内容来表演的游戏；表演游戏是以作品为依据的创造性活动。

表演游戏的指导包括以下方面：

第一，要选择适合于儿童表演的作品。第二，要帮助儿童开展游戏。在游戏进行前及游戏进行过程中，教师要适时帮助儿童理解作品的内容、情节与特点，教师要帮助儿童准备表演游戏中需要的道具、服装、场景等。第三，要关心和支持儿童的游戏。

### (四)有规则游戏

有规则游戏是由成人创造编排、以规则为中心、带有实物或有情节的游戏。有规则游戏的组成主要有智力游戏、体育游戏、音乐游戏等。智力游戏是指以生动有趣的形式，增进幼儿的知识和发展他们的智力的游戏。体育游戏是指以发展动作为主的游戏，能培养幼儿勇敢、坚强、遵守规则等优良品质。音乐游戏是指幼儿在音乐伴奏或歌曲伴唱下进行的游戏，主要作用是发展幼儿的音乐感知能力和动作。

有规则游戏的指导包括以下方面：

首先，要选择和编制适合的有规则游戏。教师应根据教育要求及幼儿的实际水平选编游戏。一方面要根据教育的任务、要求，选择和编制不同类型的有规则游戏；另一方面应顺应幼儿的实际发展水平，选择和编制能激发幼儿思考和探索，能给予幼儿成功的体验，激发幼儿学习兴趣的游戏。其次，要教会幼儿游戏玩法，教育幼儿遵守游戏规则。

### (五)家庭教育中的亲子游戏

亲子游戏是家庭内成人与儿童之间发生的游戏。

#### 1.亲子游戏的发生与发展时期

(1)亲子游戏的发生。亲子游戏的发生既早于家庭内部的伙伴游戏，也早于集体教养场所中的伙伴游戏与师幼游戏。婴儿时期是亲子游戏的早期和启蒙阶段。

(2)亲子游戏的发展。亲子游戏的发展延续于学龄前的整个童年期，甚至到小学阶段或更长。

#### 2.亲子游戏的特点

(1)情感性。亲子游戏中带有明显的“亲情”性质。在游戏中，儿童与成人之间有较多的身体接触、视线交流以及无拘无束的表情，成人与儿童在游戏中结成了横向的、对等的玩伴关系。此外，儿童在生理需要得到满足的前提下，也时刻感受到成人的爱与关注，与成人有更多的交往与交流的需要，逐渐形成了安全的亲子依恋关系。

(2)发展性。首先，儿童在亲子游戏中所获得的知识、技能和经验往往多于在独立游戏、同伴游戏中的知识、技能和经验，更有利于儿童的认知发展。其次，与同伴游戏相比，儿童在亲子游戏中能够更多地承担游戏合作者的角色，社会性交往水平也明显高于同伴游戏中的交往水平。再次，亲子游戏中的大量言语交往，有助于儿童语言的发展。亲子游戏中儿童对于父母的安全依恋感的形成，有助于儿童社会交往兴趣的形成与发展，有助于儿童形成良好的性格。最后，在亲子游戏中，成人可以根据游戏进程中儿童的情绪与体力来构建和调整游戏的节奏，使游戏有利于儿童的安全、健康与发展。

3.亲子游戏的意义和实施

(1)倡导亲子游戏的意义

我国家庭教育中存在的问题很多，主要表现在重视知识、技能和学习的训练，忽略儿童的游戏与交往(与成人、同伴的交往)；强调家长权威，教育方式成人化；家庭关系不和谐。在目前这种情况下倡导亲子游戏有重要意义。

(2)倡导和开展亲子游戏的策略

亲子游戏中存在的问题表现为：不假思索地干涉儿童游戏；用成人思维衡量儿童；忽略良好游戏习惯的养成；打断与帮助儿童游戏的时机不佳，违背儿童的年龄阶段特点开展游戏。

第一，向家长宣传和说明亲子游戏的重要性，更新传统的"游戏不同于学习"的观念。只有当家长了解了游戏对儿童身心发展的重要作用时，他们才会真正地参与到儿童的游戏活动中。

第二，家长应平等、民主地对待子女。家长在游戏中的溺爱、体罚、不管不问等表现，都不利于儿童游戏的进行及游戏对儿童的正面作用的发挥。只有家长在平等、民主地对待孩子时，才能在游戏中形成良性的社会交往方式。

第三，家长在游戏中应培养和鼓励儿童的创造性与独立性。在学前儿童游戏的过程中，家长在参与游戏的同时可以给予儿童适时的帮助，但是切忌去代替孩子完成游戏，应该通过适当的提示等帮助孩子学会自己创造性地解决问题。

第四，在开展亲子游戏的过程中，父母要鼓励儿童与同伴之间的游戏，培养儿童独立游戏及与同伴游戏的兴趣和能力。

## 第五节　学前儿童游戏的实施

### 一、游戏是学前教育的手段

#### (一)游戏是学前儿童接受教育过程中的一项权利

接受教育是每个个体社会化的必需，是个体生存和发展的最基本的权利。游戏是儿童的基本权利，学前儿童在接受教育的过程中有权利去通过游戏获得一个快乐的童年。

#### (二)游戏是学前儿童接受教育的重要活动

由于游戏是儿童的天性，加之学前儿童所具有的天真烂漫的心理发展阶段，使游戏对儿童的身心发展具有重要的促进作用，也是学前儿童获得发展的必要条件，对儿童的全面发展具有重要的价值。游戏不仅是学前儿童的生活方式，也是学前儿童教育的一种重要手段。

#### (三)游戏与学前教学活动是促进儿童身心发展的两种重要手段

游戏与教学是学前教育实践的两种重要手段，学前教育实施的过程必须建立在对游戏与教学之间关系的正确把握的基础之上。

教学主要是指课堂教学，是教师根据特定的教学目标，将幼儿园课程中规定的教学内容通过一定的教学手段有效地传授给儿童的过程，是一个由“不知”到“知”的过程。游戏是儿童主体将内在已有的知识、技能及情绪通过有趣的活动表现出来，是一个将已知外化的过程。

## 二、学前儿童游戏实施的原则

游戏虽然是学前儿童自由的活动。但是，在学前教育过程中的游戏是具有较强的目的性的，它应该遵循一定的原则，从而保证发挥其对学前儿童身心发展的正面作用，成为学前教育实践的一个重要而有效的组成部分。

### （一）教育性原则

教育者对学前儿童游戏的展开和进行发挥着支持和引导的作用，尤其是幼儿园等托幼机构中实施的儿童游戏，要符合教育性原则。

1.游戏目的应与教育目标相一致

教师要考虑游戏的实施能否保证儿童所需要的知识、技能等方面的获得，如何实施游戏才能够使儿童更加容易、更加快乐地获得教育目标中所规定的发展。

2.要选用健康、积极向上的游戏内容

游戏内容是儿童知识经验、生活方式的反映，儿童往往在游戏中显示出自己已经获得的知识、技能、社会性发展特点，因此教师必须在游戏中注意观察儿童的言行举止，明确正向的道德行为规范，批评、禁止不恰当的行为。

3.游戏选择的灵活性

灵活性是指教师在教学中要注意适时、适度地开展游戏活动，在游戏中要注意课堂气氛和课堂节奏的调整和把握，要灵活处理教材内容与游戏之间的关系。

4.游戏过程中教师要注意观察儿童，适时参与游戏

在游戏过程中，教师为了保证教育目标的实现，必须做好游戏前的准备工作，布置好场景、玩具、角色分配。与教学过程相比，游戏过程中儿童处于放松状态，表现出较为自然的行为，教师应在游戏过程中注意观察每个儿童的表现。教师可以根据游戏进展的情况，适时参与到游戏中，支持游戏的顺利进行。

5.游戏评价要遵循教育性原则

教师要对儿童在游戏中的表现给予适时、恰当的评价，评价方式应以正面鼓励、表扬、肯定为主，批评、否定为辅。

### （二）主体性原则

在实施学前儿童游戏的过程中，要坚持贯彻游戏的儿童主体性原则。

第一，游戏内容与难度应与学前儿童身心发展水平、年龄特点相适应。组织实施游戏时要根据不同年龄段的儿童的身心、认知、社会性等发展状况，选择合适的游戏内容，难度要适中。

第二，在游戏活动中要保证儿童的安全。学前儿童的身体和心理发展还未达到成熟的状态，因此在游戏的过程中教师必须把儿童的安全放在第一位。

第三，保证游戏的趣味性。趣味性是儿童参与游戏的一个主要动力，游戏中要避免过度说教，利用儿童对游戏的持久注意力，锻炼其意志。

第四，保证儿童游戏的活动性。儿童的直观性思维决定了游戏过程中儿童不可能处于一种静止不动的、被动的状态，在活动中探究周围世界是学前儿童身心发展的客观需要。

第五，保证儿童游戏的创造性。儿童游戏过程中的创造性主要表现在主体与周围环境相互作

用的方式方法与结果的独特性上。游戏活动中，儿童常用的方法是模仿，但是儿童在模仿的过程中已经加入了他们对周围世界的理解与感受，已初步体现出儿童的创造性。

第六，保证儿童游戏的发展性。一方面，儿童在游戏中获得发展；另一方面，游戏也随着不同的学前儿童的参与而获得不同的发展。

第七，用发展的眼光评价游戏中的儿童。教师应该用发展的态度来看待儿童的游戏活动，从学前儿童个体纵向发展的角度进行评价。

第八，保证游戏的全面性。首先，在学前教育实践过程中，教师要保证游戏内容的全面性，要根据教育目标选择适合的各种类型的游戏，保证儿童的各个方面都能获得发展；其次，在具体的游戏活动中，教师应该考虑到儿童的全面发展；再次，游戏的全面性还表现在全体学前儿童都能参与游戏，教师应公平地对待每一个儿童。

第九，充分尊重儿童的积极主动性。游戏中，儿童的参与是第一位的，教师要注重儿童主动探索意识与学习兴趣的养成，发展儿童主动学习的态度和能力。

## 三、学前儿童游戏的组织

### （一）学前儿童游戏的组织形式

#### 1.自选游戏的组织形式

自选游戏是指人为创设的自然情景中的幼儿游戏。对儿童来说，自选游戏是自由的，形式和内容是丰富多变的；对教师来说，教师可以在创设自选游戏的过程中，将教育目标渗透到游戏中，保证游戏的教育性。

自选游戏的特点包括：自选游戏注重在学前儿童生活的自然进程中给幼儿以潜在影响；自选游戏注重活动过程，注重主体的直接操作经验；自选游戏中人际交往的多向性有利于发挥幼儿伙伴与群体的教育影响力。

#### 2.教学游戏的组织形式

以教学（正规的、以集体形式为主实施的系统学科教学）方式来组织儿童的游戏，是教学游戏的组织形式，其实质是教学的游戏化。

教学游戏的特点包括：教学游戏是组织教学的手段，具有特定的教学主题；教学游戏中教师的控制程度较大，儿童在游戏中的自主性较弱；教学游戏是以集体形式为主的、具有一定规则的、成人编制的游戏。

### （二）学前儿童游戏的组织策略

#### 1.提供充足的游戏时间

游戏时间是否充足是儿童游戏能否顺利开展、游戏目的能否实现的一个决定性条件。游戏时间不足或者儿童自由游戏的时间没有得到保证，则游戏无法顺利开展，儿童也无法快乐地参与游戏。

儿童在幼儿园里学习、游戏、生活的时间要从整体出发，合理安排各个环节所需要的时间。教师要注意游戏在学习、生活当中的穿插安排，寓三者于一体，以促进游戏目的的实现。

#### 2.建立合理的游戏规范，培养儿童良好的游戏行为习惯

游戏过程中，学前儿童需要养成的良好行为习惯主要包括：爱护玩具、玩具共享、整理玩具、与同伴友好合作等。

#### 3.制订学前游戏的教育实施计划

制订游戏实施计划需要注意如何确定教育目标并使之具体化；依游戏目标设置游戏环境，合理

配置玩具，选择适宜的指导方式；注意自选游戏的教育性；加强与家庭教育的配合。

学前儿童游戏实施计划包括游戏目标的确立、游戏材料的配置、游戏场地的安排、指导方式的选择、游戏的注意事项、游戏效果的记录等。

## 四、学前儿童游戏教育实施的策略

### （一）游戏环境

环境不仅具有满足即时的人类物质需要的物质功能，而且还能促进个体身心和谐发展、振奋精神、激发人性。儿童的游戏环境是指围绕着儿童的游戏活动而存在的条件，主要包括游戏场地、游戏玩具、游戏材料、游戏中的社会交往等几个方面。

### （二）创设学前儿童游戏环境的策略

1.建设安全有效的游戏场地

游戏场地是为儿童设计的学习、发展和接受教育的游戏场所，它承载着为开展游戏而需要的物质条件以及丰富的社会文化信息。

(1)建设游戏场地的基本要求

游戏场地要有利于促进儿童的发展；要有助于培养儿童的自信心；必须保证游戏场地的儿童安全。

(2)室内和室外游戏场地的创设

①室内游戏场地的创设。为了鼓励儿童开展游戏，可在室内设置较为稳定的游戏区、游戏角或兴趣中心。例如，可以在室内设置积木区、美工区、科学区、图书区等各种类型的游戏区。

②室外游戏场地的创设。室外游戏场地是儿童运动量较大、活动范围较广的游戏场所，是儿童参与游戏的主要场所。因此，室外游戏场地的创设要遵循面积开阔、地面平坦、玩具设施配置合理、不妨碍儿童奔跑活动等的要求。

2.选择和提供适宜的玩具和材料

选择和使用游戏玩具时，要注意配置的玩具需具有一定的教育性；玩具要符合儿童的身心发展水平；玩具要符合特定的艺术水平；玩具必须符合卫生和安全要求；提供的玩具要经济实用；要提供多样化和新颖的玩具。

3.建立健康的社会交往关系

健康、愉悦的游戏活动的开展，既依赖于良好物质条件的配备，又取决于良好的游戏心理氛围的构建。创建较佳的游戏心理氛围，必须建立和谐的师幼关系和良好的同伴关系。

教师在儿童游戏中的角色是动态变化的。在学前儿童参与游戏活动的过程中，教师要合理地对儿童施加一定的指导，以保证游戏发展价值和教育作用的实现。

### （三）教师参与学前儿童游戏活动的价值

第一，支持儿童游戏，提高儿童的游戏兴趣。教师对游戏的积极态度直接影响到学前儿童对自己参与的游戏活动的看法、对游戏的兴趣、对游戏的持续性以及游戏本身的水平与质量。

第二，密切师幼关系，增进师幼感情。教师参与到游戏过程中，能够削弱教师的权威性以及成人角色对儿童所造成的压力，儿童易于把游戏中的教师当作是一个亲近的同伴。

第三，促进儿童发展，实现全面发展的教育目标。教师参与游戏，是教师潜移默化地对儿童施加教育影响的过程，教师所拥有的知识经验和教育意图能够在教师参与游戏的过程中传递给儿童，促使教育目标的实现。

# 第六节　学前儿童游戏的评价

## 一、学前儿童游戏评价的意义

对学前儿童游戏活动的评价为检验、评价教师指导与组织游戏的能力、效果及全部教育活动的质量提供了科学依据，能够有效推动学前教育活动中游戏的科学实施，使教师对学前儿童的教育及游戏的实施与指导更加具有针对性和科学性。

## 二、学前儿童游戏评价的内容

### （一）对学前儿童游戏的教育作用进行评价

评价学前儿童游戏是否具有教育性，主要需考察以下内容：

(1)儿童是否按自己的意愿参与游戏，在游戏中是否感到轻松、愉快，是否发挥了自主性与创造性；

(2)儿童能否在做游戏时态度认真，克服困难、遵守游戏规则，具有较强的组织性与独立性；

(3)儿童在游戏中能否正确地、创造性地使用玩具并爱护玩具；

(4)在游戏中儿童能否做到不妨碍他人游戏、与同伴形成良好和谐的关系；

(5)游戏内容是否丰富、积极向上，是否利于儿童身心健康发展。

### （二）对学前儿童的游戏发展水平进行评价

评价学前儿童的游戏发展水平，需考察儿童身心发展的一般状况、儿童个性和社会性的发展特点以及儿童认知能力的发展。对于托幼机构教师来说，他们还应该全面了解本班儿童能力水平和特点的整体情况，以及每一个儿童的身心发展的具体特点。

### （三）对学前儿童游戏环境创设的评价

评价学前儿童游戏创设水平，重点考察游戏场地或活动区的创设、游戏材料和玩具投放、游戏时间的安排以及游戏环境整体效果。

### （四）对教师在游戏过程中现场指导的评价

对教师在儿童游戏活动的支持和引导质量的评价内容，主要包括对教师引导游戏的进程的评价，对教师自身与幼儿的相互作用的评价，对教师指导游戏的对象与范围的评价，对教师指导游戏的方式方法的评价，对激励式或否定式指导类型的效果的评价等。

## 【结论及应用】

1.学前儿童游戏：儿童借助对现实的认知、理解，在假想的情境中模仿与再造成人的实践活动，是儿童内部动机驱使的感知与操作活动。游戏是学前儿童的基本活动和权利。

2.游戏活动的基本特征：游戏是儿童自主自愿的活动，游戏是儿童感到快乐的活动，游戏是充满想象和创造的活动，游戏是虚构与现实统一的活动，游戏是具体的活动。

3.学前儿童游戏分类：学前儿童游戏的认知分类包括感觉运动游戏、象征性游戏、有规则游戏、结构性游戏；学前儿童游戏的社会性分类包括无所用心的行为或偶然的行为、袖手旁观的行为、单独游戏、平行的游戏、联合游戏、合作游戏；根据儿童在游戏中的体验形式分为机能游戏、想象游戏、制作游戏、接受游戏；根据儿童在游戏中的主要行为表现及特征分为动作性游戏、探索性游戏、表现性游戏、角色扮演性游戏、建构性游戏；根据游戏的教育目的分为角色游戏、结构游戏、表演游戏、体育游戏、智力游戏、音乐游戏、娱乐游戏；根据游戏与教育教学的关系分为本体性游戏、工具性游戏。

4.游戏的功能：游戏能够促进儿童身体的发展；游戏能够促进儿童认知和语言的发展；游戏能够促进儿童创造力的发展；游戏能够促进儿童情感的发展；游戏能够促进儿童社会性的发展。

5.学前儿童游戏的发展阶段：以认知为主线的学前儿童游戏的发展经历了感觉运动性水平、象征性水平、规则性水平三个阶段；以社会行为为主线的学前儿童游戏的发展经历了独立游戏阶段、平行游戏阶段、联合游戏阶段、合作游戏阶段。

6.游戏与学前教学是促进儿童身心发展的两种重要手段。游戏是学前儿童接受教育过程中的权利，是学前儿童接受教育的重要活动。

## 【复习与思考】

1.简述学前儿童游戏的含义及其特征、分类。
2.简述学前儿童游戏的功能。
3.结合实例阐述学前儿童游戏的发展阶段。
4.简述不同年龄段学前儿童的游戏预设。
5.阐述游戏对学前儿童身心发展的意义。
6.结合实例论述游戏是学前儿童的基本活动和权利。

## 【拓展阅读】

### 游戏量表

**一、帕顿/皮亚杰量表**

20世纪30年代，美国心理学家帕顿根据儿童游戏活动中社会性的发展设计了一个游戏的社会性观察量表。帕顿的社会性观察量表通常采用以时间取样的方法来观察儿童的游戏。可以在一定的时间内轮流观察多个儿童，一般每个儿童每次观察1分钟，每一轮的观察顺序都相同。在对每个儿童观察60分钟之后，就可以看出他(她)的游戏行为的特点。但是，这种单维度的观察量表对儿童游戏的分类往往是人为的、相对的，而儿童实际的游戏总是综合的、整体的。20世纪70年代中期，鲁宾等把帕顿的社会性分类和皮亚杰的认知分类整合起来，形成了帕顿/皮亚杰量表。量表如下：

姓名： 观察日期：

| 认知<br>社会 | 功能性(练习性)游戏 | 结构性游戏 | 象征性游戏 | 规则性游戏 |
|---|---|---|---|---|
| 独自游戏 | | | | |
| 平行游戏 | | | | |
| 群体游戏 | | | | |

| 非游戏 | 行为 | | | 活动 |
|---|---|---|---|---|
| | 无所事事 | 旁观 | 频繁换场 | |
| | | | | |

| 社会＼认知 | 功能性(练习性)游戏 | 结构性游戏 | 象征性游戏 | 规则性游戏 |
|---|---|---|---|---|
| 独自游戏 | 独自—功能性 | 独自—结构性 | 独自—象征性 | 独自—规则性 |
| 平行游戏 | 平行—功能性 | 平行—结构性 | 平行—象征性 | 平行—规则性 |
| 群体游戏 | 群体—功能性 | 群体—结构性 | 群体—象征性 | 群体—规则性 |
| 两项非游戏性行为:无所事事、旁观 | | | | |

以上量表的特点是把帕顿的协同游戏和合作游戏合并为群体游戏。认知和社会性相结合,可以形成12种游戏行为类型。此外,还有无所事事、旁观等非游戏行为。

帕顿/皮亚杰量表可使研究者同时注意到游戏的认知和社会性两个方面,获得因只考虑单一维度因素(社会性或认知)所收集不到的资料。帕顿认为,独自游戏随年龄增长而减少,独自游戏可以看作是游戏的社会性发展水平不成熟的标志。但是,运用帕顿/皮亚杰量表对儿童的游戏进行研究的结果表明,随着儿童年龄的增长,儿童的游戏发展轨迹表现为从"独自—功能性游戏"经"独自—结构性游戏"演变为"独自—象征性游戏",只有"独自—功能性游戏"才具有"不成熟"的特征。

## 二、豪斯同伴游戏观察量表

豪斯(Howes)根据儿童之间接触的密切程度把儿童的社会性游戏分为:(1)互不注意的平行游戏;(2)互相注意的平行游戏;(3)简单的社会性游戏;(4)互补的社会性游戏;(5)互补互惠的社会性游戏。在豪斯的分类中,各种游戏行为之间的区分度比较明显,在实际运用时不致发生不好把握的问题。另外,豪斯的同伴游戏量表还吸收了帕顿的"独自游戏"和非游戏行为条目,并增加了"教师参与"和"游戏地点与材料"两项,可以比较清楚地说明儿童游戏的状况。量表如下:

| 种类＼次数 | 独自游戏 | 互不注意的平行游戏(1) | 互相注意的平行游戏(2) | 简单的社会性游戏(3) | 互补的社会性游戏(4) | 互补互惠的社会性游戏(5) | 非游戏活动 | 旁观无所事事活动转换 | 教师参与 | 所使用的玩具或游戏材料 |
|---|---|---|---|---|---|---|---|---|---|---|
| 1 | | | | | | | | | | |
| 2 | | | | | | | | | | |
| 3 | | | | | | | | | | |
| 4 | | | | | | | | | | |
| 5 | | | | | | | | | | |
| 6 | | | | | | | | | | |
| 7 | | | | | | | | | | |
| 8 | | | | | | | | | | |
| 9 | | | | | | | | | | |
| 10 | | | | | | | | | | |
| 11 | | | | | | | | | | |
| 12 | | | | | | | | | | |
| 13 | | | | | | | | | | |
| 14 | | | | | | | | | | |
| 15 | | | | | | | | | | |
| 总 计 | | | | | | | | | | |

上表每一列的总计表明被试游戏行为的社会性发展水平。一旦用上表完成对儿童游戏的观察以后,对记录表中所记录到的情况作简单的分析统计即可看出儿童游戏的社会性特点。

### 三、斯米兰斯基社会性主题角色游戏量表

社会性主题角色游戏是指两个或两个以上的儿童，分配角色并将自己所扮演的角色与别人所扮演的角色联合起来，形成有主题有情节的角色游戏。斯米兰斯基的社会性主题角色游戏观察量表可用于观察儿童社会性主题角色游戏能力的发展状况，便于人们清楚地辨识出儿童进行社会性主题角色游戏的技能。量表如下：

| 姓　名 | 角色扮演 | 想象的转换 | | | 社会互动 | 语言沟通 | | 持续性 |
|---|---|---|---|---|---|---|---|---|
| | | 材料 | 动作 | 情境 | | 元交际 | 假装 | |
| | | | | | | | | |
| | | | | | | | | |
| | | | | | | | | |
| | | | | | | | | |
| | | | | | | | | |
| | | | | | | | | |
| | | | | | | | | |
| | | | | | | | | |

斯米兰斯基社会性主题角色游戏量表中涉及的项目定义如下：

(1)角色游戏：指儿童假装"他人"，或以他人自居。

(2)想象的转换：指用一些东西、言语或动作等来假装代表某种物品、动作或情境。

(3)社会互动：两个或两个以上的儿童就游戏的情节、角色、动作等有直接的互动或交流。

(4)语言沟通：指儿童运用语言对有关游戏的主题、情节、角色扮演等进行交流。

(5)持续性：指儿童游戏持续时间的长短。

（资料来源：引自刘焱主编的《儿童游戏通论》，北京师范大学出版社 2004 年版）

# 第九章　幼儿园环境创设与利用

**【内容提要】**

本章介绍幼儿园环境的概念、分类、特点，并阐述幼儿园环境创设的原则，同时探讨教师在幼儿园环境创设中的作用及学前儿童对环境的认识与介入。最后介绍幼儿园主题墙饰设计、区角设计、教室环境布设的策略及应用。

**【学习目标】**

1.掌握幼儿园环境的概念、分类、特点；

2.理解幼儿园环境创设的原则；

3.理解教师在幼儿园环境创设中的作用；

4.了解学前儿童对环境的认识与介入途径；

5.了解主题墙饰、区角设计、教室环境布设的基本策略。

**【关键词】**

幼儿园环境；创设原则；主题墙饰设计；区角设计；教室环境布设

## 第一节　幼儿园环境概述

### 一、幼儿园环境的界定

#### （一）幼儿园环境

环境，泛指生物有机体生存空间内的各种条件的总和。对于幼儿园教育而言，广义的幼儿园环境是指幼儿园教育赖以进行的一切条件的总和。它包括幼儿园内部小环境，又包括园外的家庭、社会、自然、文化等大环境；狭义的幼儿园环境是指在幼儿园中，对幼儿身心发展产生影响的物质与精神要素的总和。

#### （二）幼儿园环境的分类

幼儿园环境按其性质可分为物质环境和精神环境两大类。

1.物质环境

广义的物质环境是指对幼儿园教育产生影响的一切天然环境与人工环境中物的要素的总和，包括自然风光、城市建筑、社区绿化，家庭物质条件、居室空间安排、室内装潢设计等。狭义的物质环境是指幼儿园内对幼儿发展有影响作用的各种物质要素的总和，包括园舍建筑、园内装饰、场所布置、设备条件、物理空间的设计与利用及各种材料的选择与搭配等。

幼儿园教育需要一定的物质环境，它是幼儿园教育赖以进行的物质基础。物质条件的好坏与教育质量的关系密切。正因为此，《幼儿园工作规程》对幼儿园的物质条件提出了最低限度的要求。如果一个幼儿园缺乏起码的物质条件，让四五十名幼儿挤在一个小活动室里，又没有多少可操作的玩具材料，不用说教育，就连幼儿的安全、健康也得不到保证。一个良好的物质环境能陶冶幼儿的性情,激发幼儿的好奇心、鼓励幼儿的探索行为,使幼儿在操作和摆弄各种材料的过程中,学习知识,获得各种社会行为,实现个人的发展。

虽然物质环境对幼儿的影响很大,但如果教师不具有高尚的师德,正确的教育观、发展观、儿童观及必要的教育教学技能的话,再好的物质条件,其效益也不能得到充分的发挥。如果盲目地追求幼儿园物质条件的高标准、超豪华,而不注意提高教师的水平的话,是难以发挥物质环境的教育效益的。

2.精神环境

广义的精神环境,泛指对幼儿园教育产生影响的整个社会的精神因素的总和。其主要包括社会的政治、经济、文化、艺术、道德、风俗习惯、生活方式、人际关系等。狭义的精神环境,是指幼儿园内对幼儿发展产生影响的一切精神因素的总和。其主要包括教师的教育观念与行为,幼儿园人际关系、幼儿园文化氛围等。在具备了基本的物质条件后,对幼儿园教育起决定作用的是精神环境。幼儿教育工作者要善于创设与利用各种有利的精神环境,控制各种不利因素,保证幼儿全面、健康地发展。

## 二、幼儿园环境的特点

### (一)环境的教育性

幼儿园作为专门的幼儿教育机构,其环境创设与其他非教育机构有显著区别。它是根据幼儿园教育的目标及幼儿的发展特点有目的、有计划、有组织地精心创设的。在幼儿园教育中,环境创设不仅是美化的需要,更是教育者实现教育意图的重要中介,教育者把教育意图隐含在环境中。让环境去说话,让环境去引发幼儿应有的行为。因此,幼儿园的环境具有教育功能,是为实现教育目标服务的。

### (二)环境的可控性

幼儿园内环境与外界环境相比具有可控性,即幼儿园内环境的构成处于教育者的控制之下。具体表现在两个方面:一方面包括社会上的精神、文化产品等及各种儿童用品在进入幼儿园时,必须经过精心地筛选甄别,取其精华,去其糟粕,以有利于幼儿发展为选择标准。另一方面,教师根据教育的要求及幼儿的特点,有效地调控环境中的各种要素,维护环境的动态平衡,使之始终保持在最适合幼儿发展的状态。比如教师精心观察活动角中幼儿的活动,发现幼儿对某项活动不感兴趣,如果是因为这个活动角的操作材料过于简单,教师就应该把材料调换。教师通过对环境的调控,给幼儿的发展创造了条件。

幼儿园环境的教育性与可控性之间是相互联系的,环境的教育性决定了环境的可控性,使可控性有了明确的标准和方向。而可控性又保证了教育性的实现,二者具有相互依存、相互制约的关系。

## 三、影响幼儿园环境质量的主要因素

### (一)物质因素

如前所述,物质环境是幼儿园环境的重要组成部分,与幼儿园教育的关系十分密切,会对幼儿园环境质量产生重要影响。教师应结合幼儿园的各级教育目标,科学合理地选择材料与安排空间,满足幼儿活动的需要。

### (二)精神因素

精神环境是幼儿园环境的重要组成部分,与幼儿园教育的关系十分密切。在影响幼儿园环境质量的各种精神因素中,人的要素、幼儿园文化的作用是十分巨大的。

1.人的要素

在人的要素中,幼儿教师是幼儿园中对幼儿发展影响最大的因素。在一定的物质条件具备后,教师的观念和行为是影响幼儿园环境质量的决定因素。

2.幼儿园文化

幼儿园文化对于幼儿园整体环境具有十分重要的影响作用。它影响着幼儿园的精神风貌,对全园的成人和幼儿都有潜移默化的作用。幼儿园文化还在一定程度上决定了教育的价值取向、教育的内容和方法等。相对于人与物等可见的因素而言,幼儿园文化比较抽象,但对幼儿园环境质量的影响却是巨大的。

# 第二节　幼儿园环境创设的原则

幼儿园环境创设的原则是教师在创设幼儿园环境时应遵循的基本要求。这些原则贯穿于环境创设的各项工作之中,对环境创设的每一步都具有指导作用。在环境创设的过程中,只有认真贯彻这些原则,才能更好地发挥环境的教育价值。

## 一、目标导向性原则

目标导向性原则又称环境与教育目标的一致性原则,是指环境的创设要体现环境的教育性,即环境设计的目标要符合幼儿全面发展的需要,与幼儿园教育目标相一致。

幼儿园环境必须强调目标意识,要有利于幼儿体、智、德、美诸方面的全面发展,而决不能允许与教育目标相悖的因素存在。因此,创设环境时,目标是依据,应把教育目标落实到月计划、周计划、日计划及其每一个具体的活动中。在创设环境之始,首先应考虑的是创设的环境是否有利于教育目标的全面实现。此外,对于一切干扰环境教育性的外来因素如商业化倾向、不良文化产品等要予以坚决地抵制,以保证环境的教育性。

## 二、发展适宜性原则

发展适宜性原则是指幼儿园环境创设要符合幼儿的年龄特征及身心健康发展的需要,促进每个幼儿全面、和谐地发展。

从一般年龄特征来看,小班、中班、大班幼儿在身心发展特点上的差异是非常明显的,其身心发展所需要的环境也不尽相同。因此,教师要根据幼儿不同的年龄特征为其提供适宜的发展环境。例如,同是玩娃娃家游戏,给小班幼儿提供的玩具就应该是数量较多的主题玩具,如娃娃、小锅、小铲等,而且玩具要一式多份。这是因为小班幼儿的角色游戏多是一些模仿动作,而且幼儿之间的相互模仿性也很强,平行游戏较多。而大班幼儿玩娃娃家所需要的多是一些富有创造性的或能一物多用的材料。因为大班幼儿接触面广了,知识经验丰富了,在游戏中对社会生活的反映范围扩大了,内容也丰富了。如果玩具、材料的功能太单一,会限制幼儿的想象和创造。教师要对幼儿的年龄特征有充分的认识和了解,才能为幼儿提供有利于其发展的环境。

每个幼儿都是一个独立的个体,在兴趣、能力、学习方式等方面都存在很大差异,因此,环境中应准备不同难度的操作材料。随着年龄的增长幼儿在学习方式上也开始表现出差异,有的喜欢自己琢磨，寻找解决问题的方法；有的喜欢与大家一起争论，共同探索；有的听觉记忆效果好，有的视觉记忆效率高。因此，教师在设计环境时，要把这些特点考虑进去。既要考虑幼儿年龄特征，也不能忽视幼儿间的个体差异。这样才能为每个幼儿创设与其发展相适宜的“最近发展区”。此外，发展适宜性原则还要求幼儿园的精神环境是宽松、自由、和谐的，物质环境是安全、多样的。只有这样，幼儿才能在环境中充分表现自己，根据自己的爱好与水平轻松愉快地选择与进行各种活动，在与环境的交互作用中实现自身的发展。

### 三、幼儿参与性原则

幼儿参与性原则是指环境的创设过程是幼儿与教师共同合作、共同参与的过程。环境的创设过程应该是一个积极的教育过程。环境创设过程本身的教育意义主要体现在：培养幼儿的主体精神，发展幼儿的主体意识；培养幼儿的责任感；培养幼儿的合作精神。

环境的创设要依靠大家的力量，幼儿参与环境的创设，能切实地体验到自己做的事对集体的影响，如布置活动室的墙面，大家分工，有的剪、有的画、有的贴，要让墙面布置得漂亮，需要幼儿齐心合力，不光顾自己做，还必须商量、听别的小朋友的意见，相互帮助。这样，幼儿能够真实体验到集体的力量，发展合作的意识，并提高相互合作的技能和能力。

### 四、开放性原则

开放性原则是指创设幼儿园环境时，不仅要考虑幼儿园内环境要素，也要重视园外环境要素。随着社会科技与文化的日益发展，社会环境对教育的影响也越来越大。不管教师们、家长们是否愿意，社会环境都以它特有的潜移默化的方式强有力地作用于幼儿。尽管幼儿园小环境的教育功能很强，但如果仅仅局限于幼儿园封闭的小环境中，是不能搞好教育的。面对社会环境的复杂影响，与其消极被动地任其影响幼儿，不如主动地与外界合作。虽然外部因素不能左右，但是可以选择、组织、利用其中富有教育价值的积极因素，努力控制与削弱消极因素，取其精华，去其糟粕，通过大小环境的配合，主要是与家庭、社区的合作，互相取长补短，同心协力。让家庭、社区成员更进一步了解幼儿和幼儿园，使幼儿园教育获得家庭、社区的支持和配合，从而有针对性地对幼儿进行教育。同时，也促使家长和社区成员从教师那里学习到教育知识和技能，改善自身的教育观念和行为。

### 五、经济性原则

经济性原则是指创设幼儿园环境应考虑不同地区、不同条件园所的实际情况，做到因地制宜、因陋就简。我国将长期处于社会主义初级阶段，经济还很不发达，如果在创设幼儿园环境中一味追求高档化、贵族化，把良好的教育环境理解为良好的物质环境的话，势必会使幼儿教育误入歧途。早在 20 世纪 30 年代，我国著名的教育家陶行知、陈鹤琴都曾对当时幼儿教育存在的“富贵病”和“花钱病”提出过尖锐的批评。他们指出，幼儿园环境好坏的关键在于它能否促进幼儿的发展而不在于花钱多少、外国货有多少。这些观点对今天理解环境创设的经济性原则有很大的现实意义。

当然，由于各地经济发展的不平衡，幼儿园的经济条件肯定是有差异的，但这并不等于说，贯彻经济性原则只是贫困地区的事。我国所有的幼儿园都应当发扬艰苦奋斗的革命精神，勤俭办教育，都应当结合本地区、本园所、本班级的特点和实际需要，就地取材、因陋就简，废物利用、一物多用，充分发挥自然材料的功效及地区、家庭的优势，教师、幼儿、家长一起动手，共创美好环境。因为这不仅仅是个经济问题，更是一个如何建立有中国特色的幼儿教育的大问题；不仅仅是一个幼儿园管理上的问题，也是幼儿园教育的一个基本指导思想问题。创设幼儿园环境的过程，应当成为幼儿真实感受国情教育、民族优良传统教育、环境保护教育的过程。

贯彻经济性原则具体要做到少花钱多办事，在这方面我国幼教工作者已经创造了许多很好的经验。有的经济条件很好的城市幼儿园仍坚持利用废旧材料制作玩教具，利用自然材料布置教室。

农村很多幼儿园努力克服困难，因陋就简地为幼儿创设丰富的环境。例如，充分利用当地的自然优势，为幼儿修沙坑，让幼儿在沙坑里做造型、结构游戏，用树枝在沙上画画、写字；让幼儿把剥了玉米粒的玉米棒子当“手榴弹”练习投掷，练数数、练排序；用竹筒做水枪，或在筒里装上沙、小石子或豆子让幼儿去摇，去掂，区分不同的声音或不同的重量；让幼儿用黏土学习造型、表现；农村美丽的自然风光，丰富的植物、蔬菜，各种家禽动物更成为幼儿发展情感、增长知识的活教材。这些经验大大丰富了我国幼儿教育的实践。

除了少花钱多办事之外，还应当注意把钱花在刀刃上，花在有利于幼儿的发展上，而不能不顾本地区、本园的实际情况，盲目攀比，追求形式。比如，美化环境是必要的，但一股风地都去建假山、雕塑就大可不必。特别是有的城市幼儿园，本来就不算宽敞，结果占去了本该供幼儿享用的户外活动场地，当然是得不偿失；再如，山区幼儿园花钱添置一些玩具是完全必要的，但如果不从幼儿实际出发，买一些城市幼儿园常用的滚筒之类的锻炼腿部肌肉的玩具的话，就纯属浪费了，因为山区环境中幼儿不缺乏锻炼腿部肌肉的机会和条件。

## 第三节　教师在幼儿园环境创设中的作用

教师是幼儿园环境中重要的人的要素，教师在幼儿园环境创设中的作用是不可替代的。

### 一、准备环境

准备一个与教育相适宜的环境是教师的职责。教师在准备环境时的作用主要表现在：

(1)让环境蕴含教育目标。教师必须带着明确的目标来准备环境，将周围的人的因素和物质条件精心地加以组织利用，让环境中的一切承载教育的信息，让环境去告诉幼儿该做什么。

(2)让幼儿感兴趣，更使其增加兴趣。环境要体现教育目标，也必须符合幼儿的需要和兴趣，但幼儿现存的兴趣无论广度和深度都有限，他们对自己的需要也往往不能意识到。因此，只要是幼儿发展所必需的东西，都应当将其纳入环境中，并引导和发展幼儿的兴趣。教师要考虑提供的材料、玩具幼儿是否喜欢，他们是否玩过，玩到了什么水平等问题。

(3)尽可能让幼儿感到环境是由自己而不是教师决定的。环境毕竟是用来供幼儿活动的，因此贯彻前述的幼儿参与原则是教师准备环境时最重要的内容之一，也是教师发挥作用的最重要的一个方面。很多幼儿园的实践证明，幼儿积极参与准备的环境，最受幼儿喜欢，最容易引起幼儿关注和投入，而那些完全由教师包办的环境，却并不大吸引幼儿。

### 二、控制环境

准备了一个好的环境并不等于就一切完成了，这个环境能否按预期的计划运转，幼儿能否充分地利用环境的条件，能否在活动中真正得到发展，还要看教师能否营造环境的气氛，有效地控制环境。

教师控制环境的作用是指教师利用环境来激发和保持幼儿活动的积极性，帮助幼儿利用环境的条件来发展自己。教师控制环境的策略，大致有几个环节：诱导幼儿进入活动；帮助幼儿展开活动；指导幼儿解决纷争、困难或情绪问题；帮助幼儿结束活动。在每个环节中，教师都使用“直接”和“间接”的教育方式，通过灵活地变换角色，促进幼儿与环境中的人际因素和物质材料有效地相互作用。

### 三、调整环境

环境不是凝固的、僵化的、一成不变的，它必须随着幼儿的兴趣、需要、能力的变化，以及教育目标、客观条件的变化而不断变化。经常调整环境,使它保持适合幼儿发展的最佳状态,是教师的重要作用。

准备环境、控制环境、调整环境,这就是教师在幼儿园环境创设中的重要作用。教师是环境的主要调控者,环境中的物质材料、人际因素,以及它们与幼儿的关系和相互作用都是由教师来调控的,幼儿在环境中的活动也是由教师直接或间接引导的,没有教师的主导作用,幼儿在环境中的发展是不可能实现的。

## 第四节　学前儿童对环境的认识与介入

### 一、正确认识儿童的环境

儿童对环境的认识与介入有着与成人所不同的特点。而认识这些特点,对创设儿童自己的环境有着十分重要的意义。

#### (一)幼儿园环境不等于幼儿的环境

幼儿园环境本应当是根据幼儿的需要创设的,但是,在实际操作过程中,却是根据成人的思维方式,根据成人对幼儿特性的了解而创设的。这肯定会带来事实上的差距和矛盾,在探讨幼儿园环境创设的问题时,必须解决如何使所创设的环境为幼儿所接受,使幼儿园环境真正成为幼儿自己的环境等一系列问题。应当首先考虑:什么样的环境才容易为幼儿所接受,从而更接近于幼儿的环境?

第一,它必须符合幼儿的个性特点。第二,它必须是幼儿能够介入的环境。第三,它必须是幼儿能够产生共鸣和信息交流的环境。第四,它必须有利于幼儿对环境的实践,使其获得成就感,产生成功的喜悦。

可见,幼儿园环境创设如果能较多地考虑幼儿的身心特点,能够吸引幼儿加入环境,满足幼儿的交往需要和成功需要,幼儿就会喜欢这个环境,并把它看成是自己的环境。

#### (二)幼儿喜爱的环境

幼儿由于其自身的特点,他们对环境的选择有着自己的标准。幼儿教育的实践也表明,幼儿并不是对周围所有的环境都表现出其热情,而是对环境的选择带有明显的倾向性。他们所喜爱的环境包括:熟悉的环境,新奇的环境,动态的环境,富有想象力的环境,具有自然色彩的环境,具有情感色彩的环境,能受到鼓励的环境。

幼儿园创设的环境,应把握幼儿所喜欢的环境的基本特点,以求最大限度接近幼儿的环境,从而产生积极的教育效应。

### 二、幼儿对环境的认识途径

在幼儿与环境的关系中,人们注意的往往是环境对幼儿的作用,而忽略了幼儿在环境中的积极的能动作用,即忽略了幼儿对环境的认知和作用特点。那么,幼儿究竟通过什么途径来认识环境?幼儿认识环境的具体过程又是怎样的?只有了解了这两个问题,才能知道幼儿在环境中的作用绝不是被动的、无能的,而是按照他们自己的“逻辑”在探索环境,并表现出对环境独特的认识特点和实践特点,从而构建自己的环境。

幼儿对环境的认识，一般是通过提出问题、依靠经验、动手操作、凭借联想、借助权威等途径实现的。

### （一）提出问题

幼儿几乎对一切都要问个为什么，而且是一个问题连着一个问题，只要成人有兴趣，他可以一直问下去。可以说，幼儿对环境的认识，往往是通过对成人的提问而开始的。据皮亚杰对学前儿童的语言分析，其中至少有15%是属于提问性质的。儿童在新奇而不适应的情况下，为了弥补知识上的不足，只能采用大量提问的方法。这种认识事物的强烈兴趣，不仅使幼儿能获得更多的知识，而且进一步推动了幼儿对环境探究能力的发展。因此，有人把幼儿期称为“提问期”。

### （二）依靠经验

幼儿对环境的认识，离不开自身所积累的经验。例如，餐桌旁，一个小孩看着一盆汤想喝。按照他的经验，凡是烫的东西是一定要冒热气的，可是这盆汤竟一点热气都不冒。他用一只大汤匙盛了满满一匙往嘴里送，突然，他被烫得跳了起来。原来汤上面有一层油，把热气盖住了，可是这个小孩没有这个经验，上了当，但得到一次经验。这个小男孩懂得了不冒热气的汤，也可能是烫的，而且他模模糊糊地了解到，由于油比水轻，所以要浮在水面上。事实是最好的老师，通过类似的经验积累，幼儿逐步了解了周围的世界。

### （三）动手操作

幼儿认识环境与成人不一样，他们不是从抽象的概念着手，而是从具体感知经验着手，因此，动手操作成为幼儿认知环境的又一个重要途径。例如，从概念入手给幼儿讲水的性质，讲船为什么能在海上走而不沉下去，他是听不进去的。但是，如果你给他一盆水，再给他几块木块、铁块和塑料块，并往水中一放，他马上就知道了木头最轻，塑料块其次，铁最重。再把一只空铁盒子放在水面上，只要它体积所排出的水的重量大于它自身重量，铁盒子就不下沉，虽然不懂原理，可是他马上会联想到船在水中为什么不下沉。

### （四）凭借联想

联想帮助幼儿从已知领域进入未知领域。比如他从自己穿的衣服联想到成人穿的衣服，自己住的房子联想到动物住的房子等。游戏是幼儿通过联想，模仿进入成人领域的最佳途径，“玩家家”游戏，他在其中扮演爸爸或妈妈，从而体验到了大人是怎样照料他的等等。联想，是帮助幼儿进入未知世界，了解环境的有效途径。

### （五）借助权威

幼儿由于缺乏基本的知识和经验，对周围的环境总是有着一种陌生感，有时还会处于一种不知所措的状态。在这种情况下，他们总是从成人处寻求一种支持和保护，并依靠成人的力量参与到环境中去，诸如幼儿在相互交谈时，常常会说“我爸爸说的，我妈妈说的”，或者说是“老师说的”。这就是幼儿凭借成人、凭借权威的经验来了解世界。他们特别喜欢找一些有经验的人，也即找他们心目中的权威。比如遇见解放军，就一定要他讲战斗故事；遇见猎人，就一定要他讲森林中的故事等。这类权威，往往成为幼儿直接认知环境的依据和鉴别事物的标准。

幼儿从他自身的经验出发，凭借这些具体的途径，来了解周围的世界，了解周围的环境，并对周围的信息加工处理。

## 三、幼儿对环境的介入

幼儿对环境的介入,是幼儿认识环境的重要条件,幼儿对环境介入的程度,决定幼儿对环境认识的效果。所以,在幼儿与环境的关系中,必须研究幼儿如何介入环境以及其介入环境的特点,只有这样,才能根据幼儿的特点创设良好的教育环境。

### (一)幼儿介入环境的要素

幼儿介入环境的要素主要有两个,即活动和伙伴。幼儿活动,主要是指幼儿为了获取某一种知识经验而采取的一种全身心投入的动作行为,是幼儿介入环境的实践性因素。而伙伴因素,则是幼儿介入环境的社会性因素,是促使幼儿个性的社会性发展的又一个重要的因素。即便年龄再小,伙伴因素也帮助他学会与人交往,学会"摆脱"自我,而从"他我"关系中获取最初的人生经验。这种经验对幼儿最初的身心发展是极为重要的。活动和伙伴构成了幼儿介入环境的两个最主要因素。

1.活动

幼儿的活动,在幼儿园内主要分为三种形式,即游戏活动、学习活动和劳动活动,这三者对幼儿介入环境都有决定性的意义。

幼儿的游戏活动实际上把他们的劳动和学习都带动起来了。游戏,是幼儿学习知识的最好手段。当幼儿园在推行寓教于"戏"的方法时,幼儿同样难以区分游戏活动和学习活动。因此,为幼儿提供各种活动环境,帮助幼儿通过活动介入环境,是促进幼儿认识环境的有效方法。

2.伙伴

伙伴是儿童介入环境的又一个重要因素。伙伴因素对于儿童的社会性发展,具有极其重要的作用。寻找伙伴,是幼儿的一种天性,人类最终能以均衡原则取代动物的优胜原则,显然同这种天性的发展有密切的关系。否则,人类就永远不能完成自身的进化。

对于幼儿来说,伙伴本身就是个环境因素,要求伙伴本身就是渴望介入社会环境。他从伙伴那里可以学到许多原先不会的本领,可以从伙伴口中知道许多新鲜的事情,这无疑是一种最好的学习。一些好的行为如果受到伙伴肯定,就会得到强化;相反,不好的行为在与伙伴交往中,由于受到抵制而能纠正。由于幼儿还没有评价自己行为的能力,因而只能用同伴的行为作为衡量自己的尺码,这种比较过程是幼儿建立自我形象与自我尊重的基础。另外,在与小朋友的交往过程中,幼儿发展了自己的交往能力、合作能力,学会了怎样共同来完成一项游戏。在与伙伴的交往中,幼儿学会了相互间的协调,学会了遵守某种约定,学会了合作行动等等,从而使自己的行为与周围环境相一致。因此,伙伴因素对幼儿介入环境和适应环境,都是至关重要的。由此可见,正是在这一系列伙伴交往中,幼儿了解了自己,了解了环境,并为他们以后的社会性发展打下了一个良好的基础。

活动因素和伙伴因素,构成了幼儿介入环境的两个基本要素。在这两方面,幼儿园如果提供了较好的外部条件,对于幼儿有效地适应环境和健康成长,是非常有利的。

### (二)幼儿介入环境的特征

幼儿对环境的探索,总是首先表现为对环境的介入,而幼儿对环境的介入,则是按照自己的"逻辑程序"进行的。这种逻辑程序表现为四个特征:以过程体验为主;负行为先于正行为;以模仿为手段;赋予环境以灵性。

1.以过程体验为主

成人的行动一般都受动机支配,带有明确的目的性,所以,受目的性支配是成人行动的特点。但是,对幼儿来说,他们的行动却没有固定的目的,只要参与、尝试、体验就完全够了。因此,他们的行为方式往往与成人格格不入。

这种过程的体验更多地表现为幼儿对某一事件的重复。正因为如此，幼儿的行动在大多数情况下不表现为一种逻辑联系。成人的行动之所以有逻辑程序是由目的规定的，为了达到某一目的，必须经过相关的几个阶段，从而表现出一种内在的联系性。儿童的行动，根本目的在于体验。当他们注意到某一事物时，大脑相应的部位就会兴奋，能够集中精力于该事物。但是，儿童兴奋延续的时间非常有限，他们不可能长时期对某一种行动一直保持兴奋，随着兴奋点的转移，他们又会开始另外一种游戏。如果周围的环境特别丰富的话，这种兴奋中心一直转移的行为特征就会表现得特别充分，从而使儿童的行为方式表现为一种不断变化的特点。但是，正是这种运动方式，从一个侧面证实了儿童行为没有固定的目标指向，没有明确的意图，他们不像成人，用大脑的思维来指挥行动，他们只是为行动而行动，为参与而行动，为体验而行动。

2.负行为先于正行为

人的行为，根据其性质与方向的差异性，可分为正行为与负行为。幼儿的负行为，主要表现为不成熟、不规范、不理智，或者是破坏行为与反向行为。幼儿在介入环境时，常有负行为先于正行为的现象。我们经常可以看到，给孩子新买的玩具没多久就让孩子给拆了。在幼儿园里，老师关照小朋友，回家以后要帮妈妈做些家务，比如整理房间、扫地。他回去后，先把房间搞乱，再一件件地整理起来。有一天，一位妈妈回家，发现地板上全是水，便问小孩子是怎么回事。她的儿子就说，今天我帮你拖地板。问他怎么拖，他说，先把地弄湿然后用拖把拖。儿童的这些行为，都有一个明显的特点，即负行为先于正行为。在生活方面也表现出这种特点，看到小动物，先用棍子去打它，触它，然后再跟它亲近。心理学家的大量研究资料表明，那些最容易帮助小朋友的幼儿，往往是攻击行为特别明显的小朋友。如果是看电影的话，反面角色对幼儿的影响比正面角色要大得多。因此，对幼儿正行为和负行为的研究很有意义。

为什么会有这样的特点？首先，是为了满足好奇心，探索事物内在的奥秘。其次，是幼儿为自己创造劳动机会的一种尝试。成人对儿童的负行为的出现表现出过多的不理解，结果就会限制幼儿行为的建立。因此，必须慎重地对待幼儿的负行为，并引导他们从负行为的体验中去构建正行为。

3.以模仿为手段

幼儿的模仿在成人的眼睛里似乎是再简单不过的事情了，什么都不会，只会模仿，而且模仿得也不像。但是，人们不能不注意到这样一个事实，一个一无所知的婴幼儿，仅仅几年时间，在进小学之前，已经学会了许许多多的东西，这些东西足以奠定他们成为现代人的基础。实际上，幼儿也常常通过模仿，获得一种愉快的体验，因为模仿的成功，使幼儿看到了自己的力量，并从中认可自身的“价值”。

由此可见，模仿不仅仅是儿童体验活动的一种方法，而且也是他们向成人世界迈进的最有效手段。

4.赋予环境以灵性

泛灵性是指幼儿将周围的一切都看成是有生命的、有灵性的现象。比如，他们看到一个布娃娃，就会一直跟它讲话；看到一只塑料玩具老虎，一个小男孩就天天抱着它睡觉，而且跟它讲道理，叫它以后不要去吃小动物，专门吃大灰狼。甚至对于具体物体，孩子也赋予灵性，他被椅子的一条腿绊了一跤，大哭起来，一定要妈妈用棍子打一下这把椅子。赋予环境以灵性，是幼儿心理活动的一个基本特点。一般的解释是，幼儿以自我为中心，他们只能用自己的体验来感知周围世界，自己有生命，周围也有生命；自己有疼痛感，任何东西也有疼痛感。这时候，他们只能被动地把自己身上的感觉移到其他物体上去，从而对周围的世界都赋予了灵性。这显然是一个重要原因，即认知水平的有限性，使幼儿只能用自身感知推移的方法来了解周围世界。但是，这种解释未能充分注意到幼儿对环境能动参与的特性，仅仅从被动的角度来看待幼儿。实际上，这也是幼儿与环境交流能动性的表现，是幼儿力图介入环境的一种努力。

对于幼儿来说，他迫切地要求介入环境，要同周围的一切进行交流，而由于活动范围的有限性，他的周围就变成了他的世界。如果在他的感知中，周围桌子、椅子都是死的、都无灵性，就完全无法交流了，相反，如果是活的、有灵性的，就像自己一样，那么就自然而然地可以交流了。由此可见，幼儿赋予周围以灵性的根本目的，在于交流的需要，在于满足自己心理发展的需要。这种现象甚至可以延续至整个小学阶段。由此可见，幼儿介入环境的又一个特征就是泛灵性，就是赋予周围环境以灵性，从而借助这种灵性介入到环境中去。

## 第五节　幼儿园环境创设实践

幼儿园的教育活动中，环境作为一种"隐性课程"，在开发幼儿智力、促进幼儿个性发展方面，越来越引起社会和幼教界的重视。环境是重要的教育资源，应通过环境的创设和利用，有效促进幼儿的发展。幼儿园环境对日常教育活动起着重要作用。环境是为主题而创设的，而主题必须依靠环境才能更深入、更具体地开展。幼儿园的环境创设是一项复杂的系统工程。要搞好幼儿园环境创设，就必须对幼儿的身心发展特点有全面透彻的了解，充分认识环境材料可能蕴含的教育价值，并用科学的方法引导幼儿和环境的相互作用。"让幼儿真正成为环境的主人"这一理念已被幼教界同仁所接受。让幼儿参与环境创设，每个活动区摆放什么？怎么摆？墙角如何布置？这些都与幼儿共同商量、共同制作、共同摆放，这样能使幼儿对环境中的事物更加认同，也更加爱护。

### 一、主题墙饰的设计

主题墙饰的创设中要努力调动幼儿的积极性、主动性和创造性。如何有效地调动幼儿的积极性、主动性和创造性，关键在于让幼儿真正成为墙饰的创作者和设计者。在创设主题墙饰中要注重幼儿自己动手创作和亲身体验，这有利于拓展和激发幼儿的学习兴趣，激发幼儿自我学习的好奇心和主动探究的求知欲，从而取得事半功倍的教育效果。

3～6 岁的孩子一般喜欢亮丽和谐的颜色，这既是他们的心理特点，也是他们心理的需要。从色彩学的角度看，高透明度、高饱和度的颜色，以及暖色的搭配和创意，可以使孩子产生欢快、兴奋及喜悦的心情。特别是米黄、湖蓝及紫色，这几种颜色颇具感情和自然气息，互相搭配和创意可以形成活泼、欢快的良好育儿氛围。幼儿园环境首先在色彩上，应该给幼儿以美的视觉享受。图画色泽宜单纯、接近自然，这样的色彩能令心灵纯洁的孩子们产生丰富的想象：如广袤无边的绿色草原、密密的森林、辽阔的蓝天、飘浮的白云、蔚蓝的海洋和可爱的小动物们。这些单纯、源于自然的色彩，易使阅历短浅的幼儿产生共鸣、易于理解，便于他们欣赏、借鉴、表现。幼儿喜爱明快的色彩对比，活泼好动的幼儿从中可以感受到色彩变化的节奏和共振。在为幼儿创造色彩对比的同时，应考虑画面的整体美，采用较大面积的浅色块支撑，可使画面既有局部美的变化又有整体协调感，使环境更艺术化。

### 二、区角设计

自然角：让孩子在种植园地、自然角中种植小植物、管理小植物，用图片的形式来记录植物的发芽、生长的过程，从而让他们掌握种植的方法、管理的方法；了解一些浅显的科学知识，同时也培养他们对种植活动的兴趣。

区角：幼儿喜欢摆弄和操作物体，幼儿已有认知能力和经验正是在摆弄和操作过程中与环境相互作用而获得发展的。幼儿的年龄特征决定了他们对世界的认识还是感性的、具体的、形象的，常常需要实物的启示和动作的帮助。可以说，物质环境是幼儿学习的中介和桥梁。所以，我们要努力将教育目标和内容具体化，将期望幼儿获得的知识经验蕴含在物质环境之中，使幼儿在操作活动中获得经验的积累。比如在区角里投放农田里收获的稻谷、玉米、红薯等,可以让幼儿自己去剥一剥稻谷,看一看里面的米粒是不是真的"头"上有一个缺口;让幼儿用红薯来做一做红薯娃娃;让幼儿收集各种各样的豆子进行装饰及粘贴活动等。

## 三、教室环境设计

### (一)教室环境设计的指导思想

教室的布置能为儿童提供良好的学习环境,为儿童的发展提供有利条件。教室环境设计要有利于幼儿运用各种感官,通过与环境的直接作用进行学习;有利于幼儿教师鼓励幼儿积极地与环境中的物体、材料和人进行相互作用;有利于幼儿教师为幼儿提供适合年龄特点和个体发展的课程。

### (二)幼儿园教室活动区域创设

#### 1.教室活动区域布置

幼儿园的教室一般可以分成以下几个不同的学习领域:积木角、家庭角、桌面玩具角、艺术角、科学角(沙和水)、图书角等。这些区域也可用来进行集体活动,如音乐和运动活动、讲故事和班级会议等。近年来,有的幼儿园还增加了计算机和烹调角等。

据了解,目前大部分幼儿园的教育活动组织形式,仍主要以上课或集体活动为主,相对来说,孩子们缺乏自由活动的时间,即使在自由、分散活动时,也因缺乏一定的材料、场所及有效的指导,而存在着"放羊"现象,这样既增加了教师的精神负担,又不利于幼儿的发展。要改变这种状况,设置活动区势在必行。所谓活动区,就是利用活动室、睡眠室、走廊、门厅及室外场地,提供、投放相应的设施和材料,为幼儿创设的分区活动场所。幼儿园可设置的活动区有:社会活动区(娃娃家、医院、市场、马路等),自然科学活动区(天文、地理、生物、化学、物理等自然现象的观察、实验等),数学活动区,艺术活动区(音乐、美术),语言活动区(阅读、故事表演等),建构操作区(拼、插、搭、小制作等),室外可有玩沙区、玩水区、种植区、饲养区等。这种划分并不固定,幼儿园在具体操作时可视情况化整为零、灵活搭配。场地大一些的,可设置大的活动区,场地比较小的,可设置一些活动角,如图书角、数学角、自然角、娃娃家等。活动区大多以班为单位独立设置。有条件的幼儿园应设置共用的大型活动区,如图书馆(室)、科学宫等,甚至装备更好的设施、投放更丰富的材料,为各个年龄层次的幼儿提供有效的活动场所。不管是哪种类型的活动区,材料的投放都要注意丰富、分出层次(适合不同年龄段的幼儿),并适时增添和更换。

很显然,没有一定的场所和材料,孩子便没有足够活动的机会与条件,而他们必须通过具体的操作、体验去获得经验,发展认知能力,因而可以说活动区是一种必备的"硬件"。

#### 2.教室布置的策略

(1)各个领域用不同的家具分隔开来。这样便于儿童清楚地选择活动区,同时方便教师有效控制全局。

(2)热闹的地方和安静的地方分隔开。

(3)交通要道被标示出来,用来减少注意力的分散。

(4)材料摆在较矮的架子上,方便幼儿拿取。架子上有标签,干净、不杂乱,这样材料就很容易被看见、被选择、被取放。

(5)同样的材料放在一起,这样可以教孩子分类,并把东西按序摆放。

(6)每一个领域的材料应体现多样性,以满足不同幼儿的不同需要。

(7)运用不同的材料发展不同的感官,提供不同的经验。

### (三)幼儿园教室活动区域创设的作用

一是促使幼儿学习特定的知识、发展特定的技能,促进幼儿社会性和个性的发展。在活动区内,幼儿可以根据自己的兴趣、爱好、特长及能力水平自选活动,不受局限、轻松自主,没有心理压力,任思维和想象自由驰骋,并体验成功及活动过程的愉快,同时增进交往,发展社会性和健康人格。

二是培养幼儿的信任感,发展幼儿的独立性。

三是可以作为正式学习的延伸并丰富教育活动。在上完课或集中教育活动之后,幼儿在活动区内可以通过相应材料的操作来复习巩固与应用学过的知识和技能。更重要的是,幼儿身心和谐发展的目标内容丰富,有些能通过上课等正式学习来实现,而有些则要通过游戏、自由活动等非正式学习来实现,如幼儿的交往能力、独立自主性等。从教育者的角度来看,活动区是实现教育目标的重要途径。

四是有利于教师因材施教。教师既可以在孩子自选活动中给予具体的个别指导,又可以利用活动区进行有目的、有计划的小组教育或个别教育。

五是有利于提高幼儿自由活动的效率,规范幼儿的行为。丰富多彩的活动区活动能有效地避免幼儿以往自由活动时出现的无所事事、无聊乏味地浪费时间,甚至追逐打闹或出现破坏性行为等种种不良现象。

### (四)盥洗室设计

幼儿盥洗的生活环境创设以富有童趣的动物形象或画面为主。这样的图案既能激发起幼儿对盥洗产生兴趣又能使幼儿对盥洗的方法有形象的认识,还能帮助其模仿盥洗的顺序。如在墙上贴上小动物洗手顺序的图片来引导幼儿掌握洗手的方法;针对幼儿浪费水的现象,在墙面上贴上水龙头哭的图片,以提醒幼儿及时关水龙头,节约用水。

## 【结论及应用】

1.幼儿园环境:广义的幼儿园环境是指幼儿园教育赖以进行的一切条件的总和。它包括幼儿园内部小环境,又包括园外的家庭、社会、自然、文化等大环境。狭义的幼儿园环境是指在幼儿园中,对幼儿身心发展产生影响的物质与精神要素的总和。幼儿园环境按其性质可分为物质环境和精神环境两大类。

2.幼儿园环境具有教育性和可控性两个特点。

3.幼儿园环境创设的原则包括目标导向性原则、发展适宜性原则、幼儿参与性原则、开放性原则、经济性原则。

4.教师是幼儿园环境中重要的人的要素,教师在幼儿园环境创设中的作用集中体现在准备环境、控制环境、调整环境等方面。

5.幼儿对环境的认识途径:提出问题、依靠经验、动手操作、凭借联想、借助权威。

6.幼儿介入环境的特征:以过程体验为主、负行为先于正行为、以模仿为手段、赋予环境以灵性等。

7.教室的布置能为儿童提供良好的学习环境,为儿童的发展提供有利条件。教室环境设计要有利于幼儿运用各种感官,通过与环境的直接作用进行学习;有利于幼儿教师鼓励幼儿积极地与环境中的物体、材料和人进行相互作用;有利于幼儿教师为幼儿提供适合年龄特点和个体发展的课程。

## 【复习与思考】

1.简述幼儿园环境的概念、分类及特点。

2.简述幼儿园环境创设的原则。

3.简述教师在幼儿园环境创设中的作用。

4.结合实例阐述学前儿童认识和介入环境的途径。

5.简述幼儿园主题墙饰设计、区角设计、教室环境设计的基本策略。

## 【拓展阅读】

### 托幼机构环境评价量表(ECERC)

托幼机构环境评价量表由美国北卡诺利拉大学的哈姆斯(Thelma Harms)和克里福德(Richard M. Clifford)两位学者提出,经过3年的应用和修订,于1980年正式公开发表。1998年再次经过一次修订,目前该量表包括七大类43个项目,采用7分登记量表的形式,每个项目的得分都有1～7七个分值,其中1分为"不适宜",3分为"一般",5分为"良好",7分为"优秀",介于每两者之间的分别是2、4、6。每个项目都表明了这4个等级的详细的评价标准。现将这43个项目的主要内容及评价标准介绍如下。

**一、空间和家具设备**

1.室内空间:是否有足够的供幼儿和成人使用的空间和摆放家具设备的地方;室内环境是否干净;照明和通风情况如何。

2.用于日常护理、游戏和学习的家具:家具和设备是否充足完备、安全牢固,是否得到定期使用;教师是否鼓励幼儿独立地使用材料。

3.可供放松休息的环境:教师是否认识到幼儿需要"柔软"的环境;是否为幼儿提供了柔软的家具、设备或专门创设了柔软舒适的区域。

4.空间安排:是否设置了多个活动区;活动区的空间安排、材料摆放是否合理;是否及时添加材料或变换活动区;教师能否观察到活动区的活动。

5.私人空间:是否为幼儿留出了私人空间供幼儿独处;在私人空间是否安排了供一个或两个幼儿活动的必需品(如电脑等)。

6.环境布置:是否以儿童的作品陈设为主;作品是否内容丰富、材料多样;环境布置与当前活动的关系是否密切。

7.创设大肌肉活动设施:幼儿是否有充足的时间锻炼;设施是否安全、充足,并适合幼儿的不同水平和不同类型的活动。

8.大肌肉活动设施:幼儿是否有充足的时间锻炼;设施是否安全、充足,并适合幼儿的不同水平和不同类型的活动。

**二、日常生活护理**

9.来园/离园:教师是否做专门的幼儿来园/离园活动计划,把来园/离园时间作为与家长交流信息的时间。

10.进餐/点心:饮食是否有规律,营养是否平衡;教师是否将进餐/点心时间作为令人愉快的社会性交往的时间以及用于培养幼儿自理能力的时间;是否把进餐与点心活动用作非正式的学习经验。

11.午睡/休息:午睡/休息的时间、场所是否适宜;是否有成人的照看;是否对提前起床的孩子和不睡觉的孩子另有安排。

12.换尿布/如厕:便具是否适合于儿童,是否清洁;教师是否注意培养幼儿的自理能力;盥洗时,教师与幼儿之间是否有令人愉快的社会性交往。

13.健康措施:是否随时注意幼儿和环境中的清洁卫生;是否鼓励幼儿独立进行保健活动。

14.安全措施:环境中是否有安全隐患;幼儿是否遵守安全规则;是否有处理突发事件的必要措施。

**三、语言/推理经验**

15.图书阅读:幼儿是否有充足的时间可以阅读大量的图书;工作人员是否经常读书给幼儿听。

16.鼓励幼儿交流:幼儿是否在各种活动中发生交往;是否有促进交往的活动和材料;教师是否根据幼儿的能力和年龄差异进行适宜的倾听和交流。

17.运用语言发展推理能力:教师是否经常、有计划地为幼儿提供内容丰富的游戏材料;是否通过谈话和提问来帮助幼儿发展概念、激发思维。

18.非正式的运用语言:教师是否经常和幼儿交谈;是否调动幼儿说话的积极性;是否丰富幼儿说话的内容。

**四、活动**

19.精细运动:小肌肉活动材料是否多种多样,可供幼儿日常使用,与其发展水平相适宜并有助于幼儿形成自理能力;教师是否能循环使用这些材料。

20.艺术:是否有充足的艺术材料;是否鼓励幼儿创作有个性的作品,而不是简单模仿。

21.音乐活动:是否有充足的音乐材料;是否让幼儿接触各种音乐,并扩展对音乐的理解。

22.积木:是否让多个幼儿共同进行积木游戏;积木区的布置是否合理有序并取放自由。

23.沙/水:室内和户外是否有沙/水游戏的材料、设备和玩具。

24.角色游戏:是否为幼儿开展角色游戏提供各种材料;室内和户外是否有角色游戏场地;教师是否鼓励幼儿积极主动地游戏并丰富其游戏内容。

25.自然/科学:是否有充分的适宜发展的自然/科学的游戏、材料和活动;教师是否进行指导。

26.数学:是否有各种适宜发展的数学材料,并摆放有序;是否通过日常活动促进幼儿数学学习。

27.多媒体设备:材料的使用是否有益于幼儿,是否具有教育性;多媒体设备是否用于辅助和扩展幼儿的活动。

28.多样性:是否在环境和活动中体现不同的种族、文化、年龄、能力和性别特征;是否以积极的方式对待多样性。

**五、互动**

29.对大型活动的管理:教师对幼儿健康和安全方面的监督是否充分,及时防止危险;教师与幼儿的交往是不是愉快而有益的。

30.对幼儿的一般管理:是否能保护幼儿的安全并注意卫生;是否更多地给予鼓励,而少惩罚。

31.纪律:教师是否能运用非惩罚性的约束方法;是否平等地对待全体幼儿;是否帮助幼儿自己积极地解决冲突并发展社会技能。

32.师幼互动:师幼互动是否是愉快的;教师是否尊重幼儿。

33.同伴交往:教师是否鼓励同伴互动,并帮助幼儿发展适当的社会行为。

**六、作息制度**

34.日程表:一日生活安排是否既有规定性,又有灵活性;是否把游戏作为基本活动;过渡环节是否合理;活动时间是否满足个别需要。

35.自由游戏:幼儿是否有充足的时间进行自由游戏;游戏的材料是否充分、安全;教师是否对游戏进行有教育意义的指导。

36.集体活动时间:活动是否多以小组或个人的形式进行;集体活动是否适合幼儿的特点;幼儿是否有机会自主选择小组活动。

37.为残疾幼儿提供的帮助:工作人员是否对环境、教育活动和时间安排进行调整以适应特殊儿童的需要;父母和专业人员是否参与对儿童的教育和帮助。

**七、家长和教师**

38.为家长提供的服务:是否定期举行家长与教师之间交流信息的活动;是否能在育儿与卫生保健方面为家长提供一些帮助;家长是否能参与教育活动设计与评估并能参与幼儿园重大问题的决策。

39.为教师个体需要提供的服务:成人是否有单独的卫生间及休息处,并且配有舒适的成人家具;班级中是否有教师存放个人物品的地方并有安全措施;是否有供教师休息的时间。

40.为教师的专业需要提供的服务:是否能方便地使用电话;是否有教师存放档案、制订计划和开会的空间。

41.教师之间的互动和合作:教师之间是否经常交流幼儿的情况;是否定期一起制订教育计划;教师之间的互动是否积极而富有感情。

42.对教师的管理和评价:是否对教师进行定期和非定期相结合的观察和评价,并提出建议;教师是否参与自我评价。

43.专业发展:是否对新教师进行培训;是否提供在职培训;是否举行定期的教师会议;是否有充足的专业发展书籍。

在“托幼机构环境评价表”中,环境被赋予了广泛的含义,描述了高质量的托幼机构教育质量的特征,至少应该具有三个方面:“保护儿童的健康和安全,建立积极的人际关系,为儿童提供从经验中接受各种刺激和学习的机会”,这一评价量表对于我国托幼机构教育质量评价提供了重要的启示和借鉴。

(资料来源:引自虞永平主编的《幼儿教育观新论》,人民教育出版社 2006 年版)

# 第十章 学前儿童教育的拓展与合作

**【内容提要】**

《幼儿园教育指导纲要(试行)》明确指出幼儿园应与家庭、社会密切配合,共同为幼儿创造一个良好的成长环境。本章分析了幼儿园与家庭、社区、小学合作的意义、原则、内容、方法等,帮助学前教师树立教育合作的理念,形成大教育观。

**【学习目标】**

1.识记家园合作、幼小衔接、社区教育的含义;

2.了解家园合作、幼小衔接、社区教育的意义、内容;

3.理解并掌握家园合作、幼小衔接的原则与方法。

**【关键词】**

家庭教育;家园合作;幼小衔接;社区教育

## 第一节 学前儿童家庭教育

《幼儿园教育指导纲要(试行)》在总则中明确指出:“幼儿园应与家庭、社区密切合作,与小学相互衔接,综合利用各种教育资源,共同为幼儿的发展创造良好的条件。”学前教育不等于幼儿园教育,幼教工作者必须树立大教育观,让教育跨越幼儿园的围墙,拓展学前教育的空间和资源,主动与家庭、社区、小学进行合作与衔接,共同为幼儿的发展创造良好的条件。

### 一、学前儿童家庭教育的含义

学前儿童家庭教育是指父母或其他年长者在家庭中自觉地、有意识地对学前儿童进行的教育。学前儿童家庭教育是儿童家庭生活的重要内容,也是父母的一种重要的社会义务和责任。

### 二、学前儿童家庭教育的特点

一是首施性。家庭教育是学前儿童接受最早的教育形式,从生命出生甚至生命孕育过程中,就已开始接受家庭教育。

二是情感性。家长在对子女教育时是饱含深情的,为了子女的健康成长,家长甘愿付出一切。家长对子女的爱和关切是其他任何人无法比拟的。

三是个别性。家庭教育往往采用的是一对一或多对一的方式进行,是典型的个别教育。

四是连续性。父母和子女朝夕相处,他们的教育影响是长期的,持久的,而且是反复不断地进行的。教师是会更换的,但父母是很少变换的。因此,父母的持续不断的教育,其牢固程度要超过其他的教育。

五是随机性。家庭教育没有固定的时间、地点、内容与方法,主要由家长来“遇物而诲”“相机而教”。在家庭环境中,家长主要是在日常生活中,通过言传身教,潜移默化地影响子女。

六是局限性。家长所掌握的知识、经验、技能的深度和广度总是有限的;家庭成员之间的道德面貌、文化素养和教育能力又是不一致的、不平衡的；社会和儿童是不断发展的，不同年龄少年儿童的要求是复杂多样的，家长特别是独生子女的父母又缺乏教育经验。凡此种种，使家长难以胜任全面教育子女的职责。他们有的是重养轻教；有的是情感胜于理智，溺爱娇惯、迁就、放纵，失去了教育的权威，在子女错误的言行面前束手无策；有的是缺乏教育子女的方法和能力，任意运用简单粗暴的惩罚手段，激化了与子女的矛盾；也有的是家长本身作风不正，教唆引诱子女走向犯罪道路。

## 三、学前儿童家庭教育的意义

由于家庭对儿童有着早期的和长期持续的影响特点，有着生活与教育交织在一起的特点，还有着广泛而深刻的影响特点，因此家庭在培养和影响子女对社会生活的适应能力、性格的形成以及发育成长等方面都有着重要的意义。

### （一）教导基本的生活技能

家庭生活是平凡而琐碎的。家长在与儿童共同的家庭生活过程中，儿童逐渐学会了一些基本的生活技能。这些技能包括基本的生活自理能力、为他人和家庭服务的能力直至最终独立生活能力的形成。

### （二）引领社会行为规范

家庭环境对于儿童品德的成长影响很大，它无时无处不在影响着一个人的品格。通过家庭环境的熏陶和家长有意识地引导，学前儿童了解和掌握了一系列最初、最基本的社会行为规范，产生了一定的规则意识。

### （三）指导生活目标

家庭在指导子女的生活目标，形成个人理想、志趣方面起着重要作用。个人的理想最初往往是由兴趣爱好所引发的，而其兴趣爱好正是在家庭生活中萌发的。家长用自己的全部生活经验去影响和教育子女，并倾注着莫大的期望。

### （四）培养社会角色

家庭在培养孩子社会角色过程中也具有独特的作用。家庭是由多种角色组成的群体，有男女性别角色，有子女和长辈的角色等。儿童在这种角色环境中获得了在日后社会上充当这些角色的启蒙经验，如怎样当父亲，怎样做母亲，怎样培养下一代等。这些经验往往会在儿童成人后仍然发挥着影响力。

### （五）形成个人性格

家庭是儿童性格形成的摇篮。一个人的性格特征是在先天遗传因素的基础上，在后天环境的长期影响下形成的。性格反映了人的生活经历，同时也表现为人的生活方式。在家庭的良好影响下，能够培养出性格开朗、善良、诚信、坚强的孩子，反之，在教养不当的家庭中孩子的性格会偏离正轨，甚至导致孩子走上犯罪的道路。

### （六）促进身体健康发育

家庭首先保障了儿童的健康出生；在儿童后天的成长过程中，家长除了提供儿童机体发育必需的各种营养物质外，还让儿童学会了保护自我的最初技能；养成了最基本的卫生习惯；有些家长还有意识地从小培养儿童锻炼身体的兴趣和习惯。这一切都促进了儿童身体的健康发育成长。

## 四、学前儿童家庭教育的内容和方法

在家庭环境中家长应以非正规教育为主，充分利用日常生活环节和情景，抓住时机进行教育。通过日积月累、潜移默化的影响，对儿童实施体、智、德、美诸方面的教育。

### （一）健康教育

健康教育是学前儿童教育的基本内容，是其他教育的基础。家庭教育首先应为儿童考虑健康教育的方案，促进身体健康，增强体质。家庭中的健康教育主要包括以下几个方面。

1.合理安排生活，建立良好的生活秩序

具体包括建立一日生活制度，让孩子养成按时起床、就餐和睡觉，保证充足的睡眠与休息；重视营养和饮食卫生，保证有丰富的、均衡的营养补充，安排好食谱，重视儿童良好进餐习惯的培养，克服挑食、偏食和乱吃零食的习惯，不乱吃补品。

2.养成儿童体育活动的兴趣和锻炼身体的习惯

家长应尽可能为儿童创设参加户外体育活动的机会与条件，以锻炼儿童动作的协调性、敏捷性，提高身体对环境的适应能力。

3.利用日常生活环节培养儿童的独立生活能力，克服依赖性，发展自主性

例如，逐步要求儿童自己穿脱衣服、收拾玩具、准备餐具等；还要养成良好的卫生习惯，做到经常换衣、剪指甲、洗澡、理发、刷牙、饭前便后主动洗手；能保持周围环境的整洁，会打扫自己的房间和整理衣物。

4.注重心理健康教育

家长应为儿童创设一个和睦、接纳、平等的环境，要讲究教育的态度与方法，不要给儿童过重的心理负担。要关注儿童的情绪、行为等方面的反应，及时加以调整。如发现有问题，应尽早给予治疗。

健康教育的具体内容概括起来，主要有三个方面：一是身心养护，二是生活指导，三是身体锻炼。家长应从上述几个方面着手，对儿童实施健康教育。

### （二）认知教育

学前儿童正处于认知发展的重要时期，而家庭的认知教育与幼儿园和托儿所有很大的不同。家庭中对学前儿童的认知教育主要有以下几个方面。

1.接触周围事物，积累生活经验

家长应引导儿童关注周围事物的变化，并用自己的多种感觉器官积极地参与周围环境的各种活动，在活动中积累经验，如让儿童捉昆虫、拾落叶、养蝌蚪等，以进一步认识世界，探究生活。

2.启发智慧，激发求知欲

家长应利用生活中所碰到的种种现象，让儿童观察、思考，引导儿童对各种现象的探究，并尽量让儿童在观察中自己发现问题，自己寻求答案，从而进一步激发儿童的学习动机与学习兴趣。家庭教育并不要求专门知识的灌输，而是通过参与各种非正规学习活动以开发儿童智慧的潜能。这是儿童以后有效学习的基础。

3.培养良好的学习态度与学习习惯

在家庭教育中，对儿童认知教育的效果，不在于已经获得了多少知识，更重要的是在于良好学习态度与学习习惯的养成。例如好学好问，对周围的事物有一种主动的探究精神，对学习活动的专注态度，在参与学习活动中能不怕困难，能运用多种方法反复尝试，不怕失败，有自我约束能力等等，

这些都是家庭教育中应该引起重视的，而且也是容易培养的。这种态度与习惯的养成对日后的发展可终身受益。

4.充分提供认知发展所必需的教育材料

儿童认知发展不仅需要多种活动形式，而且还需要多种教育材料。其中包括自然界提供的沙、石、水、泥、动植物等各种物质材料；包括经过人工加工的玩具、教学工具等；还包括书面的文字材料、音响、影像资料等，都是促进儿童认知发展所必不可少的。所以，家长应根据家庭条件的实际水平，尽量为儿童提供丰富的、高质量的玩具、操作材料、文字材料、影像资料，尤其是图文并茂的图书、画册，并与孩子一起阅读，指导孩子学会独立阅读、学会按顺序看书和讲述故事，学会听录音，从中得到欢乐。这些活动不但能丰富知识，而且还有利于智力的发展。

5.让儿童在活动中发展智力

学前儿童的特点与家庭教育的特点，都决定了学前儿童的智力发展主要不是靠成人的讲解或成人的替代来完成的，而是通过儿童亲自参与的实践活动、操作活动，通过亲身的体验，才能积累经验，体会事物之间的联系与特征，才能提高认知水平。因此，家庭教育不能简单地套用学校教育的模式，也不能简单地模仿幼托机构的教育方法；而是应该多为儿童创设各种有利于认知发展的、丰富多彩的、灵活多样的生活活动与教育活动，让儿童自己去探索、自己去体验、自己去思考。家长也可适当参与活动，指导儿童正确认识事物之间的关系与规律。

### （三）品德教育

对学前儿童的品德教育，家长也承担着十分重要的责任。家长应针对孩子品德行为的问题有的放矢地进行教育。在家庭中对学前儿童的品德教育，主要包括以下几个方面。

1.培养良好的行为习惯

行为习惯涉及生活的各方面，它体现一个人对事、对人的态度，也反映出个人思想道德素养。家庭中良好行为习惯的教育，一是要教育孩子讲文明、懂礼貌，帮助孩子学会正确使用礼貌用语，举止文明，热情待人，关心同伴，尊敬长辈，不打扰别人的工作和休息，要有同情心等。二是要教育孩子养成爱劳动的态度与习惯，树立爱劳动的观念。这些都应从最简单的自我服务开始，还可逐步要求孩子分担力所能及的家务事，鼓励儿童积极主动地帮助成人做事。通过劳动培养儿童的动手操作能力和生活自理能力，树立吃苦耐劳、不怕困难的精神和为他人服务的自豪感、胜任感。三是要教育孩子养成讲卫生的习惯，学会讲卫生，保持衣着整洁，注意个人卫生和环境卫生。

2.培养良好的个性品质

家庭是培养儿童良好个性品质的主要场所。家长是培养儿童良好个性品质的第一任老师。家庭中的个性品质教育具体包括以下几个方面：一是培养孩子愉快的情绪和活泼开朗的性格。家长应关心孩子，和孩子建立正常的交往关系，鼓励孩子大胆地与人交往。二是培养孩子的自尊心和自信心。家长应正确对待儿童的过失，不要简单粗暴地训斥或打骂，对儿童的过失要耐心分析，逐步引导其克服。同时家长还应尊重儿童的人格，以平等的态度培养儿童的自主精神，帮助孩子尽可能地获得成功的体验，并积极评价和支持他们的点滴进步。这样才有利于培养儿童的自信心与自尊心。三是培养坚强的意志。坚强的意志是在应付困难与矛盾的斗争中磨炼出来的。所以家长应根据孩子的特点，从帮助他们控制自己不合理的情感与行为开始训练。尤其是对孩子的坏脾气与无理行为应采用适当方法，教给他们控制自己的方法，这是培养意志力的表现。此外，还可让孩子承担一定的任务，这也是锻炼意志力的有效途径。四是培养诚信的品质。教育子女诚实、正直、不说谎。诚实的品质必须在早期培养，从小事抓紧。一旦孩子发生错误，家长必须谨慎对待。既要及时纠正，加以引导，又要认真分析，区别对待，更要有耐心地教育。

3.培养辨别是非的能力

家长可以通过儿歌、故事、电视、电影中的情节与人物，结合社会事实，启发孩子评论。表扬好的行为，批评和分析不良行为的危害，让孩子能讲清道理，分辨是非，懂得应当仿效什么和抵制什么。逐步培养孩子初步的是非观念，并从判断别人的行为进一步学会分析自己的行为。在这个过程中，家长的解释、评价、分析要符合孩子的认识与理解水平，要让他们充分发表自己的见解，注意启发从不同角度思考问题，不要轻易否定儿童天真的想法或把自己的主张随意强加给儿童，以免养成儿童单纯依赖成人指导，不会在矛盾的情景中自己决策与选择行为的倾向。

### （四）审美教育

家长应借助于大自然和社会生活中美的事物来对孩子进行审美教育，使他们逐步学会理解生活美、自然美、社会美、艺术美，从而发展他们感受美、体验美、欣赏美、评价美、表现美和创造美的能力。通过培养孩子们正确的、健康的审美情趣，教会他们正确地区别美与丑，把孩子们从小引入美的精神境界。家庭美育的基本内容有以下几个方面。

1.创设美的生活环境

通过创设整齐的、清洁的房屋，略有装饰的窗台、墙壁，色彩和谐的家具，绿化的庭院等给孩子带来一种舒适、协调的美，养成他们爱整洁、欣赏美的情感和习惯。家长应尽量吸收孩子共同参与美化家庭环境的活动，提出美化家庭的建议，结合季节更换墙饰，单辟一角，用孩子自己绘制的图画、手工作品加以装饰。

2.在丰富有趣的艺术活动中享受美

家长应根据自己的经济条件、艺术特长以及孩子的年龄、兴趣、能力，选择与开展有益于审美教育的各项活动。比如一起看电视、看图书、听音乐、唱歌、跳舞、讲故事、念诗歌、学美术及书法、外出游览、散步、摄影等，启发孩子在周围环境中寻找美的事物，并提供相应的条件及材料，鼓励儿童在家庭中创造美的作品，如演奏乐器、绘画、折纸、编织、利用废旧材料制作玩偶与模型等，使儿童在家庭美育中进一步提高其感受美、欣赏美、创造美的能力。

3.发挥儿童的艺术特长

对儿童的艺术兴趣与艺术特长，家长应尽量尊重，并创设一定的条件，陶冶其艺术修养，提高其艺术技能，以增进儿童热爱生活的品质和运用艺术手段来表现美、创造美的能力。尤其对于有特殊艺术才华的孩子更应聘请专人加强指导，循序渐进地培养其艺术才能。家长也应学点美育知识、技能，努力提高自己的美学情趣，给孩子以正确的引导。

## 第二节　幼儿园与家庭的衔接与合作

幼儿园与家庭是幼儿生活中两个重要的环境。幼儿园与家庭之间的衔接与合作，可以为幼儿身心健康发展创造良好的条件。

### 一、幼儿园与家庭的衔接

“衔接”的原意是指事物之间的“连接”。教育学上所讲的“衔接”是指相邻教育阶段、不同教育机构之间的“连接”，为幼儿从一个环境顺利过渡到另一个环境创造良好的条件。

### (一)幼儿园与家庭衔接的意义

1.幼儿园与家庭衔接可以帮助幼儿适应环境的变化

从家庭到幼儿园,要求幼儿从过去对亲人在生活和情感上的极度依赖与依恋,转变为不依恋,学会独立行动与做事,这对于幼儿来说,是一次“心理上的断乳”。这种变化与要求,远比幼儿从幼儿园到小学的环境变化大,要求高。这种变化,并不是幼儿的“自主选择”,他们并不理解成人送他们上幼儿园的意义。他们对成人的情感依赖与依恋强,成人的关怀与照顾,是他们心理上的“安全岛”。同时。他们还缺乏对自己情绪的自我调控能力。因此,对于这种变化的“适应”,比从幼儿园到小学的适应,更为困难,更不容易。

长期以来,我们比较重视的是幼儿园与小学之间的衔接,而忽视幼儿园与家庭之间的衔接问题。事实上,从家庭到幼儿园,是幼儿从家庭迈向社会的第一步。这一步走得如何,关系到幼儿个性的健康发展,关系到他们今后的社会适应。“入园适应”的经验作为人生发展重要的“早期经验”,对于幼儿今后的发展具有重要的影响。这种影响,虽然不如入学以后的学习成绩那样直观,但是对人的一生发展的影响是深刻的、长远的。幼儿园与家庭都应当重视这个问题,帮助幼儿适应环境的变化。

2.幼儿入园适应中的常见问题

入园适应是指幼儿对幼儿园环境与生活的逐渐习惯化过程 。幼儿在入园适应过程中,有以下一些常见的问题:

(1)分离焦虑

焦虑是一种紧张不安的情绪。分离焦虑是指婴幼儿与母亲或照顾他(她)的熟悉的人分离时,面对陌生的环境而产生的紧张情绪和不安的行为。在入园适应过程中,幼儿的分离焦虑通常经历三个发展阶段:①主动抗议;②失望;③希冀、寻找新的满足。分离焦虑状态持续的时间长短,幼儿之间有个体差异。幼儿如过去有过入托或寄养经验,则分离焦虑状态持续时间短;如过去一直主要由父母或家人带的,则分离焦虑状态持续时间长。年龄越小,生活能力越差,对成人的依赖、依恋越强,越难适应幼儿园的生活,分离焦虑状态持续时间越长。

幼儿分离焦虑状态持续的时间长短,与成人也有关系。教师对幼儿的态度好,个别照顾与情感性交往多,幼儿较容易适应新的环境;教师对幼儿态度不好,个别照顾与情感性交往少,幼儿越不容易适应新的环境。家长过分依恋孩子,也容易使幼儿哭闹。

(2)不适应集体生活

幼儿从家庭到幼儿园,不适应集体生活,表现为生活能力差,不会自己吃饭,午睡要人陪。不懂大小便要上厕所,不会和小朋友一起友好相处,争抢玩具,不让他人玩等等。这是过去家庭生活经验的反映。幼儿需要学习在集体中如何生活。

分离焦虑和对集体生活的不适应,是幼儿面对陌生环境的自然反应,教师应当理解和接纳幼儿的这些表现,不能把这些表现当作幼儿在行为习惯上的“问题”,或者视若无睹,让幼儿“自然适应”。研究表明,家庭与幼儿园共同努力,可以帮助幼儿减轻分离焦虑带来的痛苦,缩短不适应的时间,使幼儿更好更快地适应新的生活与要求,对幼儿园生活产生良好的感受。

### (二)幼儿园与家庭衔接的方法

1.家庭方面为幼儿做好入园准备工作

(1)生活自理能力方面的准备。由于幼儿园中每个班级的人数都比较多,老师不可能对每个孩子都照顾得面面俱到。这时如果幼儿的自理能力很强的话,他们便有足够的信心面对一些生活上的小困难;相反,自理能力较差的幼儿就缺少自信,常会感到无助,从而焦虑情绪更加严重。因此,家长在平时的生活中应注重对幼儿的自理能力的培养，如拿筷子、如厕、脱衣服、穿衣服等。

(2)同伴交往需要与兴趣的培养。调查表明，同伴交往能力强的幼儿对幼儿园新环境的适应能力就强，分离焦虑就轻。因此在幼儿入园以前，甚至在幼儿更小的时候家长就应该多带幼儿接触外界环境，扩大幼儿的活动范围及交往空间，培养幼儿与人交往的能力，使幼儿能够更快地融入到陌生环境之中。

(3)做好入园的心理准备。由于幼儿园对幼儿来说是一个新的环境，个体对新环境存在恐惧心理是很正常的，而这种恐惧主要是由于幼儿对幼儿园的陌生感所引起，那么这个时候只要家长能够正确地引导，做好幼儿的心理准备工作，多向幼儿讲述幼儿园的事情，介绍幼儿园里的老师，让幼儿园在幼儿心目中形成一个初步的印象，消除幼儿的恐惧心理，这样幼儿在入园时就不会感到特别的陌生，能够相对较容易的适应幼儿园的生活。

(4)做好与教师的沟通工作。家长应多和幼儿园的教师沟通，了解幼儿园的相关要求和孩子入园初的有关情况，有针对性地对孩子进行教育。

2.幼儿园方面为幼儿做好入园引导与适应工作

(1)帮助幼儿熟悉幼儿园，熟悉教师。应让刚入园幼儿尽快熟悉教师、同伴和幼儿园及班级环境，可组织参观，进行自我介绍等活动。

(2)帮助家长了解入园准备工作的内容。包括物质准备(学习和生活用品)；能力准备(生活自理能力、社会交往能力、身体运动能力、语言表达能力)；幼儿园常规教育准备(主要是指为适应幼儿园日常生活而需要幼儿具备的基本行为，如午睡、有规律地摆放物品等)；心理准备(包括两方面，一方面是家长在面对孩子将要入园时做出的心理调试，另一方面是幼儿为自己将要面对新的生活环境所做出的心理调试)。

(3)合理安排幼儿入园之初的活动。由于幼儿的集体意识还没有形成，且注意力容易分散，此时，教师应安排丰富多彩的活动，切勿让幼儿过多等待，如开展情节简单的游戏活动、利用难度较低的户外大型玩具、根据幼儿情况创编有针对性和教育意义的童话剧、请幼儿戴上面具参加轻松的音乐舞会……使幼儿在愉悦的环境中对新集体不知不觉产生喜爱、接纳及归属的感觉。使孩子在欢乐的气氛中忘了“离家愁”，其分离焦虑将会大大减轻。

(4)建立良好的师生关系。教师要热情接待幼儿，理解和关爱每一个孩子，建立良好的师生关系，让幼儿感到老师就像妈妈一样亲切，从而对老师产生信任感和依赖感。

## 二、幼儿园与家庭的合作

### (一)幼儿园与家庭合作的意义

幼儿园与家庭合作，既有利于幼儿的成长与发展，也有利于幼儿园的教育工作。同时，对于幼儿的家庭与家庭教育也有积极的意义。

1.有利于提高幼儿园的教育质量

家园合作有利于幼儿教师获得更多有关幼儿的信息。教育是一种通过共同探索而进行的社群活动和文化分享。幼儿教师可以从家长那里获取更多有关幼儿的有效信息，了解家长对教育的理解和期望，从而加快了解幼儿的进度，增强了解幼儿的深度，更好地对幼儿进行针对性的教育。

家园合作有利于幼儿园充分利用家长资源。幼儿家长来自各行各业，人才济济，是幼儿园得天独厚的教育资源，家长的不同职业特点、不同文化背景可以为幼儿园提供丰富的教育内容，也可以为幼儿园的教育需要提供多种支持和帮助。

2.有利于提高幼儿家长的教育水平

家长可以通过幼儿教师获得更多有关幼儿的信息。幼儿在园时间相对较长，在幼儿园中参与各种生活活动、游戏活动、教育活动。幼儿每天都会有新的表现、新的进步。通过家园合作,家长可以获得更多有关自己孩子的生长变化,为教育及时提供更多的教育信息依据。

幼儿园可以为家长提供各种有关教育的资讯,并指导家长充分认识家庭、社区环境的教育价值,学会积极利用各种资源教育孩子。幼儿教师经过专门系统的专业训练,具备一定的专业知识和专业技能,家园合作则为教师和家长之间提供了一个交流经验的机会,家长可以分享教师先进的教育理念、教育技能和教育经验,不断提高自身的教育素养。比如幼儿教师可以通过多种形式向家长介绍幼儿膳食中应注意的问题:粗细搭配、三餐合理等,让家长在家庭生活中注意多样化饮食,营养均衡、合理搭配。

3.有利于幼儿身心的全面和谐发展

教育生态学指出:幼儿的发展是幼儿与周围环境相互作用的结果,应保持幼儿周围生活环境的生态平衡。家庭、幼儿园是幼儿重要的生活环境,通过家园合作,教师与家长之间互通有无,互相促进,建立密切合作的伙伴关系,相互调整、相互支持,就能为幼儿身心的全面和谐发展提供良性发展、动态前进的社会环境。

### (二)幼儿园与家庭合作的原则

《幼儿园教育指导纲要(试行)》指出:"家庭是幼儿园重要的合作伙伴。应本着尊重、平等、合作的原则,争取家长的理解、支持和主动参与,并积极支持、帮助家长提高教育能力。"

1.积极、主动

家园合作共育是一种双向互动活动,幼儿园和家庭都要把自己当作促进儿童发展的主体,双方积极主动地相互了解、相互配合、相互支持。相对而言,幼儿园及其教师更应积极主动。幼儿园教师有责任唤起家长的主人翁意识,激发他们积极合作的态度。教师是与家长进行沟通的主导者,要积极主动地与家长联系。

2.尊重

尊重就是要尊重家长作为教育者的主体地位和人格尊严,不能把自己看作"专业工作者",不能居高临下地仅仅把家长当作教育对象和教师工作的助手。

尊重家长,还要注意保护家庭的隐私,不仅要对家长不同的文化价值观(如宗教信仰)、居住条件、经济条件、就业状况保密,而且还要能对家长的兴趣爱好、婚姻状态、家庭关系、生活方式等方面的信息严加保密,不在大庭广众之下揭家长的短处,对家访中看到的不良现象不要传布。

3.平等相处

教师要与家长建立平等合作的伙伴关系,互相学习,优势互补,共同提高,形成家园合作共育的良好局面。教师不能只当"演说家""讲解员",家园共育需要教师学会倾听、善于倾听,成为家长的亲密伙伴,要能静下心来,当耐心的"听众",为家长创造发表见解的机会。认真分析家长的意见,迅速给家长提供反馈信息,认可家长的正当发泄,接纳家长的合理化建议,并付诸实践,强化家长议教参教的主动性、积极性和创造性。

4.区别对待、要求适度

家长的文化教养、职业状况、经济收入、社会地位、精神面貌、生活方式等方面都存在差异。幼儿园家长工作需要增强针对性,具体情况具体分析。根据家长的不同水平提出不同的要求,予以不同的指导。

### (三)幼儿园与家庭合作的任务

《幼儿园教育指导纲要(试行)》指出家园合作的任务有:向家长介绍幼儿园的保育教育工作,争取家长的理解、支持和参与;了解幼儿的特点和家庭的需要,有针对性地开展教育工作;家园配合,使幼儿在幼儿园获得的学习经验能够在家庭中得到延续、巩固和发展。同时，使幼儿在家庭获得的经验能够在幼儿园的学习活动中得到应用。

### （四）幼儿园与家庭合作的内容

1.幼儿园管理方面的合作

发挥家长的积极性，主动邀请家长参与幼儿园和班级管理，听取家长的合理化建议，不断改进工作质量，密切家园联系。

2.幼儿园课程方面的合作

幼儿园课程计划的制订可以听取家长的意见，在课程的实施过程中，也可以鼓励家长参与，如组织特定主题的亲子活动。

3.幼儿的个别化教育方面的合作

幼儿的个别教育需要和家长合作，及时向家长反映有关情况，和家长共同协商教育对策，了解儿童不良个性和习惯形成的家庭背景，有针对性进行教育。

4.幼儿园教育质量的评价方面的合作

现代教育质量评价提倡多主体参与评价，幼儿园教育质量如何，家长有重要的发言权。给予家长评价权，认真听取家长的评价意见，有助于工作质量的改进。

### （五）幼儿园与家庭合作的方式

家园合作的形式多种多样，随着社会的发展和科技的进步，家园合作的形式会日趋多样化。根据幼儿家长参与人数的多寡，可以相对划分为两种方式：家长个别参与方式与家长集体参与方式。

1.家长个别参与方式

随着社会的发展，幼儿教育的水平逐步提高，社会和家庭都希望幼儿在获得共性发展的基础上，也应获得个性化发展。因此，幼儿园在与家庭联系的过程中，不仅要与家长集体进行交流，还要和家长个体进行沟通，个性化家庭教育指导工作日益成为幼儿园研究的重点之一。家长个别参与方式主要有家访、家园联系册、接送孩子时的交流、电话交流、约谈、网上交流等等，每一种方式各有其特殊的存在价值，彼此相互补充、相互配合，发挥其不可替代的作用。

(1)家访。家访是教师和家长沟通思想、联络感情、切磋教育技艺的重要途径。通过家访，幼儿教师既可以了解每个家庭的生活环境、教育环境、父母的教育观念和教育方法、孩子的个性特征，又能更深入地了解幼儿在家园不同生活环境中的表现。教师可以通过家园合作，与家长共同探讨科学合理的教育方法，改变不正确的教养态度和教育行为，调动家长参与幼儿园教育的主动性和积极性，促进每个孩子健康成长。

依据家访的时间和家访时家园双方的情形，家访可以相对地划分为新生家访、学期家访和特殊家访。

(2)家园联系册。家园联系册，是目前家园合作中的一种简便有效的形式。有些家长工作繁忙，难以抽出时间与教师经常交谈，在这种情况下使用家园联系册显得尤为重要。家园联系册灵活方便，传递信息及时。家长可以随时从联系册中了解孩子近期的发展情况、存在的问题以及幼儿园对家庭在配合教育方面的具体要求；教师则可从联系册中获得幼儿园教育效果的反馈信息，了解幼儿在家中的表现，得到家长的意见和要求。

家园联系册的内容一般主要包括幼儿的个人基本信息（姓名、所在班级、家庭基本情况等）、幼儿教师的个人信息、幼儿在园表现、幼儿在家表现、教育箴言等。家园联系册是每个幼儿人手一册，根据幼儿园的不同要求，每周或每月定期反馈一次。一般星期五下午由幼儿带回家，下周一上午由幼儿带回幼儿园。

(3)接送孩子时的个别谈话。家园合作贵在经常、持久,接送孩子时的交流是最简单、最及时、最方便的谈话形式。每天幼儿入园、离园时间都是幼儿园与家庭进行交流的有利时机,幼儿教师和家长都应该抓住时机,适时利用。

(4)电话交流。电话已经是家庭极为普遍的通讯工具,幼儿园可以充分发挥电话的作用。教师和家长都预留手机号码,有事及时联系。

(5)约谈。约谈是一种目的性、计划性较强的谈话方式,约谈的发起者可以是教师,也可以是家长。双方及早确定约谈的时间、地点与内容。

(6)网上交流。网上交流已逐渐成为许多幼儿园常用的家园联系方式。目前,许多幼儿园都建有自己的网站,网站不仅是幼儿园宣传本园办园理念和办园风格的良好窗口,也是家园联系的重要平台。有的幼儿园网站分为三个平台:对外宣传平台、对内无纸化办公平台、家园交流平台。其中,家园交流平台只对本园教师和家长开放,保证了一定的公开性和隐私性。随着现代教育技术的日益普及和不断更新,网上交流会逐渐成为家园交流中必不可少的形式。

2.家长集体参与方式

集体方式是增进家长了解、熟悉、学习学前教育的主要方式,也是大面积征求家长意见的主要方式。家长集体参与方式主要有家长会、家长开放日、家园联系栏、家长委员会、家长学校、园报园刊等。

(1)家长会。家长会是面向全体家长召开的会议。家长会可以方便、及时、快捷地传递信息,实施家园的双向交流和协作,依据开会的时间和形式,家长会又可以分为多种类型。形式上有全园的、年级的和班级的家长会;时间上有学期初、学期中和学期末的家长会。

(2)家长开放日。家长开放日是教师与家长沟通的一种重要方式,通过家长直接观看和参与幼儿园教育活动,让家长了解幼儿园的教育教学情况,了解孩子的在园生活情况,更全面地了解自己孩子的发展水平。根据幼儿园的具体情况,家长开放日可以是家长在幼儿入园以前对幼儿园整体环境设备及师资力量的参观访问,也可以是幼儿入园后的一日或半日活动的参观、听课。

(3)家园联系栏。家园联系栏是反映幼儿园教育教学工作情况的一扇窗户,更是进行教育交流的一块场所。家园联系栏既有面向全园家长的,也有面向各个班级家长的,其内容主要包括公布幼儿园的作息时间表、食谱以及幼儿园工作人员构成,展示集体活动的内容和图片,幼儿教育的理念和育儿小常识等等。

(4)家长委员会。《幼儿园工作规程》中规定:“幼儿园应成立家长委员会。家长委员会的主要任务是:帮助家长了解幼儿园的工作计划和要求,协助幼儿园的工作;及时反映家长对幼儿园工作的意见和建议;协助幼儿园组织交流家庭教育的经验。”家长委员会是幼儿园与家庭之间联系的桥梁和纽带,应充分发挥家长委员会的职能作用,促进幼儿园与家庭的密切联系,使幼儿园的保教工作取得良好的整体效应。

(5)家长学校。家长学校是向家长系统宣传介绍科学的育儿观念和育儿方式的学校。幼儿园可以聘请具有一定理论知识和实践经验的儿童保健专家、儿童心理专家、儿童教育专家,深入浅出地为家长讲解有关幼儿教育的知识和理念;幼儿园还可以充分挖掘幼儿园的人力资源以及身边的家长资源、社区资源,幼儿园的教育者和管理者、具有一定教育水平的幼儿家长、社区内在某一领域具有较高水平的工作者等等,都可以成为家长学校的教师,向家长讲解现代的幼教观念和幼教方法,提高家长的育儿水平,促进幼儿的健康发展。

幼儿园与家庭的联系方式除了上述基本方式之外,还有园长信箱、园报园刊(由幼儿园教师与家长共同合作创作的报纸或刊物)、家长志愿者(家长定期或不定期地义务参加幼儿园的教育活动)、家长图书馆、亲子活动(亲子秋游、亲子运动会)等等。随着社会的进步和发展,幼儿园与家庭合作的方式会愈来愈多样化,合作的深度会愈来愈深入,合作的广度也会愈来愈扩展,幼儿园和家庭将密不可分,共同为孩子全面健康顺利地成长和发展提供最佳的生活和教育环境。

## 第三节　幼儿园与小学的衔接

幼小衔接是指幼儿园与小学两个阶段教育的平稳连接与过渡，幼小衔接工作搞得好，可以使即将升入一年级的适龄幼儿自然顺利地过渡到紧张的小学学习生活，使他们在小学里健康快乐地成长。

《幼儿园工作规程》明确指出："幼儿园教育应和小学密切联系，互相配合，注意两个阶段教育的相互衔接。""幼儿园与家庭、社区密切合作，与小学相互衔接，综合利用各种教育资源，共同为幼儿的发展创造良好的条件。"

### 一、幼儿园与小学衔接的必要性

#### （一）幼儿发展的外部条件的突变

幼儿园与小学衔接工作的必要性，首先是因为幼儿从幼儿园进入小学，幼儿生活和发展的外部条件发生了突变。这种外部条件的突变表现在两个方面：一是小学作为新的更高一级的教育阶段，对儿童提出了一整套与幼儿园相比更高、更严格的教育要求；二是小学作为"更为正规"的教育场所，对幼儿来说，是与幼儿园存在较大差异的新的教育环境。

1.教育要求提高

（1）学业学习成为儿童的责任和压力。学前教育是非义务教育，幼儿园的学习对幼儿来说不是一种强制的义务，学习没有压力。小学教育属义务教育，根据国家统一规定的教学计划、课程标准和教科书进行系统教育。小学生的主要任务是学习，学习带有强制性和责任感。学生要学习大量的书本知识，要写作业，还要进行考试，学习明显有了压力。

（2）以上课为主。幼儿园各项活动注重动静交替，教学活动每次 30 分钟左右，全天上课时间不超过一个半小时，其他时间以游戏或区域性自选活动为主，午睡 2 小时。而小学完全以上课学习为主，早上要连续上 4 节课，对儿童的身体和心理活动的有意性都提出了较高的要求。

（3）学习在量和质上的要求骤然加大、提高。

幼儿园教学活动的内容往往取材于周围环境中有教育价值的具体事物。学前教育的内容是与儿童生活紧密相关的浅显知识。小学生不仅要学习自己感兴趣的内容，还要学习不关心、不感兴趣的内容。小学以学习书面知识为主，强调抽象逻辑思维和系统的文化知识教育，重视读、写、算的基本训练。小学教育的内容是成体系的学科知识，是以符号为媒介的学科知识，其抽象水平相对较高，与学生的生活有一段距离，这种学习内容只有当学习者的思维具有一定的抽象、概括能力时才能理解和接受。学习内容从口头语言过渡到书面语言，要求具备心理活动的有意性和抽象概括性。

（4）教育教学方式方法的变化。幼儿园教育以游戏为主导活动，各种学习活动丰富多彩，相对自由和富有趣味性；教学方法多渗透于儿童感兴趣的生动、直观的活动之中，孩子不会感到厌倦、紧张、苦恼；教师常用教具、学具和游戏化的方法。另外，幼儿园活动一般时间短，形式活泼多样，幼儿能自由、轻松地通过游戏等活动获取知识。

小学教育以课堂教学作为主要活动形式，一年级小学生必须要面对多种课程和不同的教师。小学教学多采用讲授法，要求学生要认真听讲，积极思考，主动读书，重视课前预习和课后复习。

（5）重分数的评价方式。在幼儿园中，多样化的学习过程没有严格的评分标准，无须考试、考察，没有压力，因而儿童学习时自主性较强。在小学里，为了督促学习任务的完成，学校实行考试制度，学习成绩以分数或等级衡量，成绩的优劣会受到周围人们的评价和奖惩。

2.学习和生活环境有较大差异

一般来说，我国小学在环境创设上与幼儿园有如下较大差异。

(1)教室单调、拥挤。幼儿园的活动室一般布置得比较美观、生动，有自然角、图书架、结构游戏区、玩具柜和优秀作品展示台等，供儿童观察、游戏、劳动、娱乐之用。小学一年级的教室多数只有黑板和桌椅、开水桶和打扫工具，座位固定，没有玩具、图书和其他设备，对儿童缺乏吸引力。

(2)行动的诸多限制性。幼儿在幼儿园的行为大多随意性较强，几乎不受约束、强制。但进入小学后，有严格的行为规范，上课与课间休息有着明显的差异，上课该做什么、不能做什么，必须服从。而通常在幼儿园里被认为是理所当然的要求，在小学往往不再被重视甚至被拒绝，这就要求孩子必须正确地认识自己，遵守集体规则，改变旧习惯，适应新规则。

(3)成人的关怀明显减少。幼儿园保教人员多为女性，一般而言，每班有两位专职教师，还有保育员，她们温存、耐心，富有爱心，和蔼可亲，能歌善舞，会讲故事，会画画，她们是幼儿在幼儿园的“亲人”。师生之间往往形成亲密融洽的心理氛围。儿童在成人的照料下生活，总是充满安全感、亲切感和依恋感，即使在游戏或学习活动中遇到了困难和挫折，都可以随时向保教人员求助或提问。小学教师的主要精力放在教学上，重视完成各科教学大纲，注意教材进度、作业批改及课堂纪律，较少关注学生生活和情绪变化。课间活动、课后值日、评价同学或收发作业本等常由教师指导学生干部组织安排。进入小学后，在新的环境中，幼儿对刚刚接触到的教师自然难以亲近，甚至有着明显的距离感。加之小学教师大多要求比较严格，期望值很高，因而使孩子感到了压力。

(4)班级人数成倍增加。幼儿园班额小，《幼儿园工作规程》规定幼儿园每班幼儿人数一般为小班(3至4周岁)25人，中班(4至5岁)30人，大班(5至6或7岁)35人，混合班30人。学前幼儿班不超过40人。寄宿制幼儿园每班幼儿人数酌减。小学班级人数明显增加，城市小学班级人数普遍达到50人左右，教室显得非常拥挤。

(5)新同学和新的同学关系。幼儿入小学就意味着要与自己三年相伴相依、游憩欢乐的小伙伴分离，而结识陌生的新同学、建立新的伙伴关系还有待时日。陌生的氛围产生一定的不适感，适应新环境，结交新朋友，对他们来说具有极其重要的作用。

### (二)幼儿对外部条件突变的不适应

在没有足够准备的情况下，初入小学的幼儿对小学骤然而至的新的教育要求和环境，普遍表现出明显的不适应。这种不适应的表现可以概括为以下三个方面。

1.社会适应困难

其表现为对完成学习任务的要求不适应；对严格而又繁多的纪律约束不适应；对缺乏关怀和照顾不适应；对新的人际关系不适应。

2.学习适应困难

其主要表现在缺乏必要的学习习惯和学习品质这些非智力因素方面，包括学习的主动性与自觉性、注意力、坚持性、良好的阅读和书写习惯等，而不是在智力与知识上。

3.身体适应困难

其主要表现在儿童不适应小学连续上课的方式，原有的生活规律被打乱了，感到比较疲劳，每天喝水很少，户外活动减少，出现食欲缺乏、睡眠不足、体重下降等。

## 二、幼儿园与小学衔接的工作

### (一)入学准备的含义

幼儿园与小学的衔接工作对于幼儿园来说，就是幼儿园为幼儿入小学做好准备的工作。狭义的入学准备，是指对大班幼儿进行适应小学一年级学习和生活的、有关的、针对性的工作。广义的入学准备，是指幼儿园几年的全部教育过程都有为入小学做准备的意义和作用。幼儿教育是小学教育的基础，儿童在小学阶段的发展是建立在幼儿园阶段发展的基础之上的，因此，在整个幼儿园教育阶段，幼儿经过学前教育在体、智、德、美各方面都得到充分发展，对于儿童适应小学的学习和生活有重要作用。

### （二）幼小衔接工作存在的问题

(1)片面性。许多幼儿园只重知识衔接，特别是数学、语文知识的衔接，轻能力培养，忽视学习兴趣、学习能力、学习习惯的衔接和生活经验的积累；只关注儿童的生理健康，忽视了儿童的心理健康；只关注智力衔接，忽视德、智、体、美衔接。

(2)单向性。在不少地区，幼儿园积极地开展幼儿的入学准备工作，主动向小学靠拢，在教育要求、教育内容、教学方法等方面尽量接近小学，但小学很少考虑初入学儿童的特点，不能主动与幼儿园对接，形成衔接上的一边倒。

(3)盲目超前化。许多幼儿园和小学学前班甚至提前使用小学的教材，照小学的样子排出课程表，形成幼儿教育的“小学化”。

(4)追求形式。忽视衔接的内容、过程，衔接浅层次、表面化，如注意大班幼儿课桌的摆放形式，课节时间延长，游戏时间缩短，组织幼儿到小学参观一下小学生活等。

### （三）幼小衔接工作的措施

#### 1.做好幼儿全面的入学准备工作，提升幼儿综合素质

只有全面发展、综合素质好的儿童才能更好地适应新环境。要从儿童终身发展和可持续发展的理念做好幼小衔接工作，在整个幼儿园教育过程中促使幼儿在体、智、德、美各方面得到全面发展。具体包括如下：

(1)发展身体适应。促进幼儿身体和动作的发展，能承担小学紧张的脑力劳动和繁重的学习任务，要有健壮的体质、较好的耐力和抵抗力，以及协调的动作能力。在幼儿园阶段要保证幼儿充足的营养和休息，防治疾病，注意安全，使幼儿身心健康，要重视体育活动，积极锻炼体格，增强体质。

(2)发展学习适应。要激发幼儿的学习兴趣，培养幼儿养成良好的学习态度；培养幼儿养成良好的学习习惯，如认真细心的读书习惯，正确的握笔书写习惯，保持文具和书本整齐清洁的习惯，做事有条不紊的习惯以及良好的倾听习惯等；运用各种活动提高幼儿听、说、读、写、算的能力；教幼儿认识书包与文具的使用，并学习简单的拼音和汉字；进一步加强幼儿的早期阅读活动，养成良好的阅读习惯；培养学习的任务意识和规则意识。

(3)发展社会性适应。培养幼儿的生活自理能力，如遵守合理的作息制度，能独立地完成穿脱衣服、鞋袜，养成良好的进餐生活习惯，学会做一些简单的班级服务工作；发展幼儿人际交往能力，喜欢结交朋友，掌握良好的交际方式；培养幼儿积极的个性品质，如责任感、集体意识、正义感、诚实、乐观、坚强、自信、自主、自尊、自律、乐群、合作等健康的人格特征；引导幼儿社会行为规范的遵守能力，从小教育儿童自觉遵守学校和社会的基本行为规则。

#### 2.对大班进行专门的入学准备工作

(1)缩小与小学差异程度的工作。调整一日活动作息制度：为了使儿童入学后能较快地适应小学的作息制度，以不影响儿童身心健康为前提，大班下学期可适当缩短午睡时间，减少游戏时间，延长集中教育活动时间，每次可达 35～40 分钟，也可以适当增加课时，如上午安排2～3 节、下午也增加 1 节集中教育活动。

改变活动室环境的布置：大班后期活动室环境要减少活动区角，扩大图书角，增加图书角的书籍；将 6 人围坐的小桌椅改为类似小学低年级的双人桌椅，按小学方式排列；绒布板与磁性板改为直

接使用黑板。儿童可以使用小学生用的书包和文具盒,上课礼仪也可模仿小学,值日生管理也按小学模式安排,但上课内容不能小学化。

(2)开展适应小学的教育活动。开展培养儿童小学适应性方面的教育:大班下学期可安排培养儿童小学适应性方面的教育内容,认识小学及其学习生活,培养儿童的各方面适应力。例如,可在活动区里增设整理书包的操作活动、书写活动等。激发儿童入小学学习的愿望,形成生理、心理和能力上的准备。培养儿童理解课堂语言,培养儿童良好倾听的习惯和说普通话的积极性。加强前阅读活动的组织和引导,培养幼儿的阅读兴趣和良好的阅读习惯。加强儿童的小肌肉协调性的训练。还可通过游戏、画图案画等方法帮助儿童熟悉"田字格",让儿童通过仔细观察对上下左右的方位有清楚的认识,为上小学后"田字格"书写打好基础。数学方面的准备,重点突出解答和自编简单的口述应用题,学习列式,加强对应用题及解题方法的理解,从而提高幼儿抽象思维能力,学习10以内的列式运算,等等。

(3)激发入学愿望,熟悉小学环境的教育。带领儿童参观小学、开展联谊活动。大班下学期,教师可以一次或多次有目的地带领幼儿参观小学校园、熟悉小学环境,有条件的可以深入到课堂,观察了解小学生上课的情况,包括课前准备,上下课礼仪,倾听教师讲课,举手发言,小组讨论,上黑板书写,回答教师提问等学习行为。参观后回园要引导儿童讨论,说说自己看到了什么,发现了什么,进一步激发儿童向往小学之情,帮助儿童了解小学,鼓励儿童模仿小学生的学习行为。把所感知的小学学习生活反映到游戏、区域活动和有关的教育活动中去进一步培养。

有条件的幼儿园还可与一年级学生开展联欢会或主题班会或一起春游,让儿童进一步了解小学生的各种活动,也可请本园上一届毕业的儿童回园向大班儿童讲述自己小学的生活或展示自己读、写、算的学习成果,让儿童进一步了解小学的学习生活。

(4)隆重举行毕业典礼。毕业离园主题教育活动是大班儿童参加的最后一次教育活动,毕业典礼意味着儿童在园几年生活的结束和向小学学习生活迈出的第一步。幼儿园应隆重地组织毕业典礼活动,给儿童留下深刻的印象,让儿童带着欢乐、自信和向往之情告别幼儿园,去迎接新的生活。

3.发动家长参与幼小衔接工作

幼儿园各项教育工作的开展,都离不开家长的密切配合。如果幼儿园教育没有家庭的配合,教育就难以达成共识。因此,要做好幼小衔接不光是幼儿园的工作,它更需要家长的支持,这样幼小衔接的工作会更具实效性。

(1)针对幼小衔接的工作与本班的实际,召开家长会,以取得家长的配合。

(2)班级开设"家长专栏",加强与家长的信息交流。

(3)开展家长开放日活动,让家长了解幼儿园的幼小衔接教育,了解幼儿在园的表现。

(4)指导家长在家庭中做好幼儿入学前的生活、心理、学习物质准备,给幼儿购置简洁实用、小巧安全的学习用品。

(5)要求家长积极参加毕业典礼的准备和开展工作。让幼儿通过仪式体会自己长大了并以愉快的心情迎接毕业。

## 第四节　幼儿园与社区的合作

### 一、社区教育的概念与意义

#### (一)社区和社区教育

社区是由居住在一定区域范围内的人们所组成的文化生活共同体。在我国城市,社区的构成以“街道”或“委员会”为基础，在农村，一般以乡或村为依托。社区活动是由政府组织的区域性的社会生活，吸收区域内各方面社会力量的参与。社区教育是社区活动的重要内容，包括社区内为儿童提供的文化教育设施和开展的教育活动等。社区教育的目的是促进社区内全体成员素质和生活质量的提高以及社区发展，重点在于沟通教育与社区的联系，协调教育发展与社区发展，走向学习化社会。

社区学前教育是社区教育的一个重要组成部分，社区学前教育以地域性为基本特征，其对象不仅仅局限于幼儿教育机构中的幼儿，而是扩大到社区内从出生至学前阶段的全体婴幼儿，甚至包括胎儿在内。除此之外，社区学前教育的对象还包括孩子的家长以及社区内的其他全体成员，主要目的在于提高社区全体成员的文化修养和教育素质，美化社区环境，让幼儿在潜移默化中不断得到正面引导，减少或消除负面影响，为幼儿的发展提供良好的社会环境。

### （二）社区教育的资源

社区教育是依照社区建设发展及社区居民的需求，充分地、有效地利用社区教育资源来组织、实施的教育体系与活动。社区教育资源主要包括：(1)自然景物和地理环境中的花草树木、江河湖海、日月星辰、山川田野、地况地貌、季节气候、名胜古迹等。(2)公共教育、宣传、文化、娱乐、休闲等场所和设施设备，如社区文化中心、儿童活动中心等。(3)社区内党政机关、企事业单位、社会团体等机构以及它们的组织管理优势。(4)社区传统文化，民风习俗，道德风尚，价值观念，生产、生活方式和经验，审美情趣，网络文化等。(5)社区管理者，企事业人士，社区、学校的教育工作者、管理者，专家学者，离退休干部，儿童、儿童家长，以及社会各界的先进人物、知名人士、各类专业特长的居民等。

## 二、幼儿园与社区的合作

《幼儿园工作规程》提出：“幼儿园应密切同社区的联系与合作。宣传幼儿教育的知识，支持社区开展有益的文化教育活动，争取社区支持和参与幼儿园建设。”

### （一）幼儿园与社区合作的意义

1.利用社区资源，提高幼儿园教育质量

1981年联合国教科文组织指出，幼儿教育必须从学校这个封闭的范围中解放出来，扩展到家庭与社区，这一精神现已成为世界幼儿教育共同发展的方向。密切幼儿园与社区的合作，可以使幼儿园的教育工作得到社区的理解和配合，充分利用当地社区的各种物质和人力资源，改善办园条件，提高幼儿园教育质量。

2.接触社区环境，促进幼儿健康成长

人是一切社会关系的总和。著名教育家伊里奇认为：“一个人要成长，首先需要利用事物、场所和过程，利用实践和环境。他需要去看、去接触、去修理、去掌握有意义的环境中的任何事物。”人的成长不可能脱离他所生活的社会环境而独立存在。利用社区教育资源支持幼儿的各种活动，让幼儿园作用于社区，也是引导幼儿参与社会活动的一种方式。支持、鼓励幼儿在社区中开展探究活动，不仅能够提高幼儿的能力，培养幼儿参与公共事物的意识，增强幼儿的社会责任感，对社区资源的开发还可以更好地帮助幼儿从熟知身边的环境开始，对周围的人、事、物进行初步的探索，丰富幼儿的生活经验。

3.参与社区精神文明建设，优化社区生活环境

幼儿园在社区学前教育中有许多优势，如完善的硬件设施和环境，专业的师资力量、有计划有组织的教育内容和活动等。因此，幼儿园要以自身的优势服务于社区，支持社区的各项教育活动开展。

社区的一些工作，尤其是社区文化的发展，也需要幼儿园的支持。作为社区环境的一个组成部分，社区精神文明建设的一个单位，学前儿童的良好环境创设、教师与幼儿的文明礼仪习惯的养成，

可以成为社区的典范，推动社区其他单位、群众的精神文明建设。组织教师、幼儿参加社区的各种宣传活动，为社区家长开办家庭教育讲座，可以活跃社区的文化氛围。幼儿园办学质量的提高为培养社区高素质公民奠定良好基础。幼儿园走进社区、融入社区、支持社区和为社区服务，都是在为社区建设、构建和谐社会贡献力量。

可见，幼儿园加强与社区的联系与合作，无论对幼儿园还是对社区的构建，都具有重要的意义。

### （二）幼儿园与社区合作的方式

#### 1.整合社区资源，促进儿童发展

幼儿园所在社区环境、自然环境和社区生活氛围、社会设施，都是幼儿园可利用的宝贵教育资源，因此，幼儿园要主动与社区合作，通过走出去和请进来，积极发掘和利用社区的各种教育资源，与幼儿园的教育相整合。

(1)带儿童到社区去开展教育活动

每一所幼儿园都坐落于一定的社区之中，不同的幼儿园所处的社区、周边环境不可能完全相同，教师应从实际出发，借助和运用社区的教育资源，发挥社区的有利因素，避开不利因素，拓展教育途径，丰富教育形式，让儿童作为社区的一分子，与社区的自然环境和社会环境亲密接触，享受取之不尽的资源。带儿童到社区去开展的教育活动包括：

散步与玩耍：利用社区里的自然景观，如小区花园、公园、街心广场等，可经常带儿童到那里散步、观察与认识、玩耍、游戏，感受不同于幼儿园的环境，亲近自然、亲近社会，以陶冶身心。在此过程中，引导和教育儿童爱护环境，不随地大小便、不乱扔垃圾，做个文明的小公民、环保小卫士。

感受社区文化：教师带领儿童到社区内的各种文化机构，如图书馆、美术馆、展览馆、科技馆、博物馆、体育馆等场地去参观，使之初步感知民族文化和社区地域文化，扩大视野。

认识和关心周围的人：可以让儿童去访问社区中的工作人员，如交警、保安、清洁工、邮递员、消防员等。让儿童了解到正是有了社区中的人们在不同的工作岗位上奉献、相互关心，才有这么整洁、美丽、安全、温馨的社区，才有这么幸福的生活。培养儿童学会尊重、相互关爱等的意识和行为。

参加社会实践：可以引导儿童为社区的环境保护做些力所能及的事。从中体验关心小区、为他人服务的快乐。教师可把儿童带到当地博物馆、儿童中心等机构，让儿童亲手操作，尝试、探索自己感兴趣的事物，以加深儿童对周围世界的认识。有条件的可以参加一些安全卫生的劳动实践，培养儿童的劳动意识、社会服务意识。

(2)把社区的人力资源请进幼儿园

幼儿园还可采用“请进来”的形式，把社区里不同职业人士适当适时地请到幼儿园来参与教育，与儿童一起活动。比如在爱家乡的教育中，可以请亲历了几代变化的老人来给小朋友讲新旧城市的故事。在爱自己的生命教育中请社区中的老司机给孩子们讲解交通规则。请警察叔叔为儿童表演指挥交通的手势并讲解其含义，增强儿童的交通规则意识。请消防队员向幼儿展示扑火的技艺，讲解当我们遇到火灾时的自救方法。在季节交替时，请医务工作者为儿童讲解如何预防疾病等知识，请画家为幼儿传授画画技艺等等。社区成员参与儿童教育，将拓展儿童的生活和学习范围，使他们的学习更加具有真实性，而在真实的环境中，一个人的情感也最容易得到感染，有效地增强了活动的时效性。

#### 2.发挥幼儿园的教育优势，为社区建设出力

幼儿园有重要的教育资源优势，教师可发挥自己的专业特长，为社区群众举办教育讲座，出版学前教育、家庭教育等各种宣传专栏；节假日可以帮助社区排练节目，协助开展文娱活动，如协助社区组织幼儿慰问社区内烈军属、劳动模范等。还可以利用幼儿园的资源在双休日向社区开放，让社区的儿童来活动，充分发挥其服务社区教育的功能，为建设社区、构建和谐社会出力。

## 【结论及应用】

1.学前儿童家庭教育是指父母或其他年长者在家庭中自觉地、有意识地对学前儿童进行的教育。学前儿童家庭教育有首施性、情感性、个别性、连续性、随机性、局限性的特点。

2.学前儿童家庭教育的意义:教导基本的生活技能;引领社会行为规范;指导生活目标;培养社会角色;形成个人性格;促进身体健康发育。学前儿童家庭教育的内容和方法:健康教育(合理安排生活,建立良好的生活秩序;养成儿童体育活动的兴趣和锻炼身体的习惯;利用日常生活环节培养儿童的独立生活能力,克服依赖性,发展自主性;注重心理健康教育)、认知教育(接触周围事物,积累生活经验;启发智慧,激发求知欲;培养良好的学习态度与学习习惯;充分提供认知发展所必需的教育材料;让儿童在活动中发展智力)、品德教育(培养良好的行为习惯;培养良好的个性品质;培养辨别是非的能力)、审美教育(创设美的生活环境;在丰富有趣的艺术活动中享受美;发挥儿童的艺术特长)。

3.幼儿入园适应中的常见问题有分离焦虑与不适应集体生活。幼儿园与家庭衔接的方法包括家庭方面为幼儿入园的准备工作(生活自理能力方面的准备;同伴交往需要与兴趣的培养;做好入园的心理准备;做好与教师的沟通工作)和幼儿园方面为幼儿做好入园引导与适应工作(帮助幼儿熟悉幼儿园,熟悉教师;帮助家长了解入园准备工作的内容;合理安排幼儿入园之初的活动;建立良好的师生关系)。

4.幼儿园与家庭合作的意义:有利于提高幼儿园的教育质量;有利于提高幼儿家长的教育水平;有利于幼儿身心的全面和谐发展。幼儿园与家庭合作的原则:积极、主动;尊重;平等相处;区别对待、要求适度。幼儿园与家庭合作的方式:家长个别参与方式(家访、家园联系册、接送孩子时的个别谈话、电话交流、约谈、网上交流);家长集体参与方式(家长会、家长开放日、家园联系栏、家长委员会、家长学校、园报园刊等)。

5.幼小衔接是指幼儿园与小学两个阶段教育的平稳连接与过渡,幼小衔接工作搞得好,可以使即将升入一年级的适龄幼儿自然顺利地过渡到紧张的小学学习生活,使他们在小学里健康快乐地成长。幼儿园与小学衔接的必要性:幼儿发展的外部条件的突变,表现为教育要求提高(学业学习成为儿童的责任和压力;以上课为主;学习在量和质上的要求骤然加大、提高;教育教学方式方法的变化;重分数的评价方式)和环境的巨大变化(教室单调、拥挤;行动的诸多限制性;成人的关怀明显减少;班级人数成倍增加;新同学和新的同学关系),以及幼儿对外部条件突变的不适应(社会适应困难;学习适应困难;身体适应困难)。

6.狭义的入学准备,是指对大班幼儿进行适应小学一年级学习和生活的、有关的针对性的工作。广义的入学准备,是指幼儿园几年的全部教育过程都有为入小学做准备的意义和作用。

7.幼小衔接工作存在的问题:片面性、单向性、盲目超前化、追求形式。幼小衔接工作的措施有:做好幼儿全面的入学准备工作,提升幼儿综合素质(发展身体适应、学习适应、社会性适应);对大班进行专门的入学准备工作(缩小与小学差异程度的工作;开展适应小学的教育活动;激发入学愿望,熟悉小学环境的教育;隆重举行毕业典礼);发动家长参与幼小衔接工作。

8.社区是由居住在一定区域范围内的人们所组成的文化生活共同体。“社区”一词最早是由德国社会学家滕尼斯提出。社区教育是社区活动的重要内容,包括社区内为儿童提供的文化教育设施和开展的教育活动等。社区学前教育是对社区内学龄前儿童提供的文化教育设施和开展的教育活动等。

9.幼儿园与社区合作的意义:利用社区资源,提高幼儿园教育质量;接触社区环境,促进幼儿健康成长;参与社区精神文明建设,优化社区生活环境。

10.幼儿园与社区合作的方式:整合社区资源,促进儿童发展(带儿童到社区去开展教育活动,包括散步与玩耍、感受社区文化、认识和关心周围的人、参加社会实践;把社区的人力资源请进幼儿园);发挥幼儿园的教育优势,为社区建设出力。

## 【复习与思考】

1.解释概念:学前儿童家庭教育、幼小衔接、入学准备、社区学前教育。

2.简述幼儿园与家庭合作的意义、原则、方式。

3.简述家庭教育的特点,学前儿童家庭教育的内容和方法。

4.家长应怎样做好儿童入园准备工作?

5.幼小衔接的必要性,应采取的措施有哪些?

6.分析幼儿园如何充分利用社区资源?幼儿园又可以为社区做好哪些服务?

7.调查你所在社区,社区学前教育都有哪些形式?你认为还有哪些方面需要进一步提高?

## 【拓展阅读】

### 国外的社区学前教育

社区学前教育的产生和发展源于国外，国外的社区学前教育无论在发展规模、发展水平还是发展速度上都具有其独特的优势，有许多方面可以为我国所借鉴和使用。

1.美国

美国政府强调教育的民主化，追求平等教育。为了实现幼儿教育机会均等的目标，美国政府1965年提出了“提前开端计划（Head Start）”：以联邦政府和州政府为主投入资金，由各州社区服务部负责社区学前教育，通过选派在健康、教育和家长工作方面有知识经验的教师，对家庭环境不佳的儿童提供学前补偿教育，并吸收这些儿童的家长也加入到这一计划中来。美国还推广父母教育计划，即HAPPY计划，旨在指导学龄前儿童的家庭教育。HAPPY计划直接通过社区把培训带入家庭，计划中的母亲们每周受到一次访问，每隔一周参加一次与其他父母们的集会。美国社区学前教育的形式多种多样，各具特色，如玩具图书馆、儿童博物馆、儿童展览会、儿童游戏场、儿童电视节目等。

2.英国

为了让所有孩子都拥有尽可能好的开端教育，1999年春，英国政府制定颁布了“确保开端教育项目（Sure Start）”。它采取以社区为依托的跨领域部门协作的方式，主要由地方政府、教育者、社区组织、家长及志愿者为脆弱家庭提供广泛的帮助，强调在尊重家庭文化背景的基础上，帮助家庭营造良好的教育环境。政府官员也参与到社区早期教育机构中，发挥优势支持工作；教育学院除为政府决策提供科学依据外，还负责培养师资；社区玩具图书馆免费提供场所、玩具。

3.德国

1995年，政府开始推行婴儿读书计划，免费向9个月大的婴儿赠送一个礼包（内有故事书、童话诗和图书证），鼓励父母到国家婴儿图书馆去借阅图书，培养儿童对图书的喜爱，提高儿童未来的读写能力和遵纪守法的自觉性。社区把家庭联合起来，结成对子，互相帮助，共同提高教育孩子的水平。社区青年服务部、慈善机构还把经过培训的社会工作者组织起来，分派到一些特殊家庭里去工作，每周义务为家庭服务5～10个小时，帮助父母掌握教养孩子的基本知识和技能。

4.澳大利亚

社区教育由社区行政部门主持，由社区行政投入经费，重点为边远地区的家庭和儿童提供服务。服务方式适应性强，灵活多变，以增加家长的育儿知识和育儿经验，帮助家长照顾儿童，为儿童发展提供多种便利条件。澳大利亚社区学前教育的形式主要有：玩具图书馆、游戏小组、儿童活动中心、组织家长学习等。

5.日本

1990年《幼稚园教育要领》指出：“幼儿的生活以家庭为主逐渐扩大到社区社会。因此，要注意幼稚园同家庭的联系。幼稚园的生活要同家庭、社区生活保持密切联系，以利于幼儿的成长。”1994年12月，日本政府颁布了《儿童养育协助基本方向》（简称“天使计划”），致力于“建立社会共同支持援助、面向社会开放的儿童教育新局面”。政府为此拨专款60亿日元用于托儿所等妇幼保健项目的建设，并在社区教育、幼儿园教育等方面提出了一系列改革措施：如振兴社区无偿服务活动；充分利用社区的资源促进幼儿与大自然的接触；确保社区的儿童活动设施（图书馆、儿童乐园、游泳池等）以补充家庭和幼儿园的不足；社区与幼儿园、学校联合举办学习班，提高社区、家庭的教育功能和成人的教育意识；开放幼儿园让其资源为家庭、社区共享等。

# 第十一章　幼儿园组织与管理

**【内容提要】**

幼儿园管理工作对调动教职员工的积极性,协调各种关系,建立良好秩序,保障保教质量都有重要作用。本章分析了幼儿园管理的含义、原则与方法,幼儿园的组织机构和制定规章制度的基本要求,幼儿园保教工作管理、总务工作管理、人事管理、公共关系管理等的内容和基本要求。帮助学习者对幼儿园各项管理工作有个全面了解。

**【学习目标】**

1.识记幼儿园管理的含义、原则与方法;

2.了解幼儿园的组织机构和制定规章制度的基本要求;

3.理解掌握幼儿园保教工作管理的内容和方法;

4.了解幼儿园总务工作管理、人事管理、公共关系管理的内容和基本要求。

**【关键词】**

幼儿园管理;原则与方法;组织与制度;总务工作管理;保教工作管理;人事管理;公共关系管理

## 第一节　幼儿园管理概述

### 一、管理概述

#### (一)管理的定义

关于管理的定义,至今仍未得到公认和统一。长期以来,许多中外学者从不同的研究角度出发,对管理做出了不同的解释,其中较有代表性的有:管理学家赫伯特·西蒙认为,管理就是决策;法约尔认为,管理是一种分配于领导人与整个组织成员之间的职能;赫西·布莱查尔特认为,管理是个人与群体共事,以达到组织的目标。

综合各种观点,对管理比较系统的理解是:管理就是由一个或更多的人为达到预定的目标来组织、指挥协调他人的活动,以收到个人单独活动所不能收到的效果而进行的活动。这一定义有四层含义:第一,管理是一个过程;第二,管理的核心是达到目标;第三,管理达到目标的手段是运用组织拥有的各种资源;第四,管理的本质是协调。

#### (二)管理的职能

管理职能是指管理的职责和功能,是管理者在管理活动中应当承担的职责和任务,是管理活动内容的理论概括。

一是决策职能。决策职能是指从许多个为达到同一目标而可以更换替代的行动方案中选择最优方案,包括确定决策目标、准备决策方案、选定决策方案和追踪决策。

二是计划职能。计划职能是指为了实现组织目标而对未来的行动进行计划和安排。其中心任务是确定组织目标和确定实现目标的具体方案。

三是组织职能。组织职能是指通过建立组织机构，确定各成员的职责，并协调相互关系，将组织内部的各个要素联结成一个有机整体，使组织成员协调统一行动去实现组织的共同目标。

四是协调职能。协调职能就是管理者要善于发现矛盾与分歧，做好协调工作，既要保持每一个部门和教职员工的主动性和创造性的发挥，又要把他们的行动统一到组织的管理目标上来。

五是指挥职能。指挥职能就是对组织内成员的个人行为及集体行为进行引导，运用各种手段和方法施加影响力的过程。通过对组织成员进行指挥，从而保证组织目标的顺利实现。

六是控制职能。控制是管理过程的关键职能，是通过信息反馈和绩效评估，对组织的活动进行监督、检查、纠正偏差的过程，是连续不断、反复进行的过程，贯穿于整个活动的始终。

#### （三）管理的作用

管理的作用在于将“人、财、事、物、时、空”六因素加以结合，在确定目标的前提下，把人力、物力、财力组织起来，在规定的时间和空间内进行各种事件的协调，以取得效果，达到目标。

#### （四）现代管理理论的形成与发展

1.现代管理理论的形成

现代管理理论的产生需要一定的生产条件、经济条件、社会条件和科学条件。现代管理理论形成的标志是 1911 年泰勒出版的《科学管理原理》一书。

2.现代管理理论的发展

现代管理理论的产生和发展大致经历了三个阶段：

(1)科学管理阶段。该阶段以泰勒、法约尔、韦伯为代表，注重生产过程和行政控制的管理，它把人当作必须严格实施规范管理的对象，因而强调严格的管理条例和规章制度，并且严格执行。

这一阶段的管理理论，开创了现代管理的新纪元，大大提高了企业效率，但它忽视了人的能动性，将人看作经济人，又存在着明显的缺点。

(2)行为科学管理阶段。该阶段以梅奥、罗特里斯伯格、马斯洛、赫茨伯格为代表，对工人在生产中的行为以及这些行为产生的原因进行分析研究，以调节企业中的人际关系，提高生产效率。

(3)管理科学阶段。该阶段以巴纳德为代表，广泛运用自然科学、社会科学及管理科学的新成就研究管理问题，并将数理逻辑运筹学等运用于管理现象的研究。

### 二、幼儿园管理概述

#### （一）幼儿园管理的定义

幼儿园管理是指幼儿园管理人员以及有关教育行政人员遵循一定的教育方针和保教工作的客观规律，采用科学的工作方式和管理手段，将人、财、物等各因素合理地组织起来，调动各方面的积极性，优质高效地实现国家所规定的培养目标和幼儿园工作任务所进行的实践活动。

#### （二）幼儿园管理的要素与内容

幼儿园的设置及其管理活动与教育活动的开展，必须要有一定的条件和资源，这是优化幼儿园管理的基本前提。

1.幼儿园管理的要素

幼儿园的人、财、物是幼儿园的物质资源，这是管理的基本要素，是有形的管理对象。其中，人力资源是最重要的，管理特别要注意做好人的工作。

2.幼儿园管理的内容

幼儿园管理工作是以育人为中心和目的的。幼儿园管理主要包括四个方面的内容：

第一，幼儿园管理基本状态，即幼儿园的组织制度、工作目标和管理运行过程等管理职能活动。

第二，幼儿园人员管理和领导，涉及作为幼儿园管理者、领导者的园长及其领导工作，园所领导者与管理者同兼为工作主体与管理对象的教职工的关系，保教队伍建设。

第三，实务管理或工作管理，即保教前勤工作与总务后勤工作。

第四，幼儿园公共关系，主要包括幼儿园与教育行政和上级领导部门的关系、幼儿园的家长工作及幼儿园与社会社区环境的协调，双向互动与服务。

## 第二节　幼儿园管理原则与方法

### 一、幼儿园管理原则的含义

管理原则是指管理工作的行动准则。幼儿园管理原则是指为实现幼儿园的工作目标，正确处理管理过程中的一系列矛盾、关系或问题的指导原则，是对幼儿园管理系统提出的基本要求，是幼儿园管理活动必须遵循的原则。

### 二、确立幼儿园管理原则的依据

制订科学的管理原则主要应考虑以下两个方面的问题：

(1)依据教育与管理的基本规律。幼儿园管理既要遵循教育的基本规律，又要遵循管理的基本规律，从而正确组织教育活动和行使管理职能，以有效地实现幼儿园的预定目标。

(2)以基本矛盾、关系的分析与调整为前提。幼儿园管理活动主要涉及以下四大类关系或矛盾：一是幼儿园与社会的关系。幼儿园不是孤立的社会组织，幼儿园教育和管理的各项活动都要与社会发生联系。举办幼教机构、发展幼儿教育必须考虑社会的要求，了解和明确国家、社会对幼儿教育在人才培养目标、发展方向方面的要求，对幼儿园工作任务的要求；要考虑当地经济与人口状况、自然地理条件、民俗与社会风气及家长需要等因素，协调好幼儿教育与社会的关系。二是园内工作之间的关系。幼儿园管理活动需要协调和处理好两类工作关系：一类为横向的工作关系，即部门与部门之间的工作关系；另一类为纵向的工作关系，即前后阶段的工作关系，它们之间应为相互联结、运转有序和不断递进的关系。三是同事之间的关系。组织中最突出的是领导者、管理者与兼为管理对象同时又作为工作主体的广大教职工之间的关系。四是资源的投入与工作效果的关系。

### 三、幼儿园管理的基本原则

幼儿园管理的基本原则将管理原理具体化为幼儿园各项工作可以遵循的基本要求，是对幼儿园管理客观规律的反映，对实现幼儿园管理目标有积极的作用。

#### (一)方向性原则

方向性原则指的是幼儿园管理工作必须坚持正确的方向，即坚持党的领导和社会主义办教育的方向(幼教机构办教育的方向是完成双重任务，即教育好幼儿和服务好家长)。举办幼儿园要以社会效益为根本，以满足社会需要为根本出发点。贯彻这一原则应做到明确培养目标和树立正确的办园方向；坚持和改善党的领导；注意正确思想引导和优良园风建设。

(二)整体性原则

教养为主的整体性原则指的是幼教机构是一个系统,一个整体,是由相互作用、相互依赖的各个部分结合而成的具有特定功能的有机整体。贯彻这一原则应做到树立全局观念,树立整体意识,坚持教养为主,全面安排。

(三)有效性原则

幼儿园管理的有效性原则是指幼儿园管理要在正确的目标指导下,通过科学管理,合理组织幼儿园的人力、物力、财力等资源,充分挖掘潜力,讲究经营,以最小的投入创造出更多更好的教育价值、经济价值和社会价值,高质量、高效益地实现培养目标,完成幼儿园双重任务。贯彻这一原则应做到树立正确的教育质量观、效益观;建立合理的组织与制度,使幼儿园工作规范化、程序化;有效地组织和利用园内外资源,实现经济效益优化。

(四)民主管理原则

幼儿园管理的民主管理原则是指在幼儿园管理中,要处理好完成工作任务和关心人的关系,处理好管理者与管理对象之间的关系,调动全体教职员工的工作积极性,发挥管理的激励机制,全员参与管理,以较好地实现幼儿园的任务目标。贯彻这一原则应做到树立群众观点,坚持群众路线,在组织上为群众参与管理创造条件。

(五)社会协调性原则

幼儿园管理的社会协调性原则是指幼儿园是社会的一个组成部分,其生存与发展受到社会外界各方面因素的制约。幼儿园管理要注重与社会的联系,通过内外协调,充分利用有利条件,尽力排除不利因素,在幼儿园内外相互作用与影响下,不断提高保教工作质量和管理水平。贯彻这一原则应做到正确认识组织与环境的关系,树立面向社会办园思想,增强联系,搞好协调,实现双向互动。

(六)安全性原则

幼儿园管理的安全性原则是指管理者应明确安全工作在幼儿园管理中的重要意义,对全园教职工及幼儿进行经常性的安全教育,在管理工作中尽量消除不安全因素,避免事故的发生。贯彻这一原则应做到进行经常性的、全园性的安全教育,注意寻找并分析导致不安全的事故因素,对不安全的因素要及时采取专门的防范措施,建立安全可行的操作及安全检查制度。

## 四、幼儿园管理的方法

幼儿园管理方法是实现幼儿园管理目标,开展管理活动所采用的各种手段、措施和途径等的总和。幼儿园管理方法受一定的管理思想和管理原则的指导,并与幼儿园各项管理工作的内容相适应。

(一)行政方法

行政方法是指幼儿园管理者依靠各级组织机构及其赋予的权力,通过发布行政指令的方式,直接对教职员工产生影响的管理手段。

行政方法的核心是各级组织及其管理者一定要有职、有责、有权、有能力。按照行政方法,幼儿园中的各级各类组织及其人员的职责和权力范围是有严格规定的,各级之间的关系是明确的。如果职责与权力脱节,职务与能力脱节,就会影响行政方法的有效性。可见行政的方法就意味着上级对下级有指挥和控制的权力,下级对上级有服从的责任和义务。

### (二)经济方法

幼儿园管理的经济方法是指幼儿园管理者运用各种经济手段(工资、福利、奖金、罚款等),调动教职工的积极性,对教职工的行动进行管理的方法。

### (三)思想政治教育方法

幼儿园管理的思想政治教育方法是指用马列主义、毛泽东思想和邓小平理论、“三个代表”重要思想以及科学发展观,用共产主义理想道德,正确的人生观、价值观,教育、动员教职工,以提高他们的思想政治觉悟和贯彻党的教育方针和政策的自觉性,培养他们良好的职业道德和高尚的情操,从而保证幼儿园各项工作任务顺利完成的方法。

### (四)法律方法

幼儿园管理的法律方法是指幼儿园管理人员通过国家制定的各种教育的法律、法令、法规、条例和教育方针政策,对幼儿园工作进行管理的方法。法律方法也就是人们常说的“法制”。

# 第三节　幼儿园组织与制度

## 一、幼儿园的组织机构

### (一)幼儿园组织机构设置的依据

幼儿园组织机构的设置要遵循组织设计的基本原则,同时还要依据上级有关规定并结合本园实际。

1.组织设计的原则

一是任务目标原则。设计组织时,首先必须满足实现组织的任务目标的要求,按照组织整体的任务目标确定组织的职能岗位和职责,因“事”设岗,因“岗”择人,切忌因“人”设岗或有岗无人。

二是分工协作原则。设计组织时,要在考虑总体目标任务的基础上,按分工协作的要求设置部门,安排工作,使各部门协调配合,共同实现组织的总目标。

三是责任权力一致原则。设计组织时,要明确划分各部门的职责权力范围,同时分给相应的利益,做到职责与权力、利益相一致。

四是合理结构原则。组织设计需要通过建立适宜的结构体系,达到宽度适当、层次合理,提高管理效率。

五是统一指挥、统一意志原则。做到既分工负责,分层管理,又集中统一指挥,统一意志,协调步调,优质高效地实现组织预定的目标。

2.组织与内外环境的相互协调

幼儿园是社会组织的有机组成部分,其组织设计还要考虑幼儿园的内外环境和条件。

第一,国家与教育部门的有关规定。幼儿园组织机构的设置要以国家和地方及其教育职能部门有关的文件内容与精神为依据,接受国家和教育行政部门通过法律和行政法规等对教育机构的管理和控制。第二,幼儿园自身实际。幼儿园组织机构的设置还要考虑幼儿园内部环境和工作需要,根据幼儿园的规模大小、服务的时间和内容以及机构性质和任务情况设置合适的组织结构。

### (二)幼儿园的领导体制

幼儿园的领导体制是幼儿园管理体制的核心，对幼儿园管理具有决定意义。它影响着幼儿园由谁来决策、指挥，领导者如何产生及其在幼儿园中的地位、权力和作用等一系列的问题。《幼儿园工作规程》指出，“幼儿园实行园长负责制。园长在举办者和教育行政部门领导下，依据本规程负责领导全园工作。”“幼儿园可建立园务委员会。园务委员会由保教、医务、财会等人员的代表以及家长的代表组成。园长任园务委员会主任。园长定期召开园务会议(遇重大问题可临时召集)对全园工作计划，工作总结，人员奖惩，财务预算和决算方案，规章制度的建立、修改、废除，以及其他涉及全园工作的重要问题进行审议。不设园务委员会的幼儿园，上述重大事项由园长召集全体教职工会议商议。”

## 二、幼儿园规章制度

### (一)幼儿园规章制度的含义及作用

#### 1.幼儿园规章制度的含义

幼儿园规章制度是为了实现幼儿园目标，对幼儿园各项工作和各类人员的要求加以系统化、条理化，规定出必须遵守的行为准则和工作规程。

#### 2.幼儿园规章制度的作用

规章制度作为一种有效的管理手段，主要具有以下作用:(1)保障作用。保证幼儿园正常的工作程序。(2)制约作用。规范人们的行为，协调相互关系。(3)导向作用。引导教职工的行为，增强其责任意识。

### (二)幼儿园规章制度的制定与执行

#### 1.制定幼儿园规章制度的基本要求

一是政策性。政策性是指幼儿园制定的规章制度必须符合党和国家的政策法规、符合党的教育方针精神和教育行政部门颁布的有关法规条例的规定，而不能与之相违背。

二是科学性。科学性是指幼儿园的规章制度必须是科学的、规范的，要充分体现幼教工作的本质属性，符合教育与管理的客观规律。科学的规章制度才会有效调节控制组织成员的行为，发挥规章制度的制约作用，保证公平合理。

三是教育性。幼儿园一切教育和管理工作，都具有教育性，幼儿园建立的规章制度的根本目的是有利于实现教育目标，为培养社会主义建设者奠定基础的。同时，教育性还体现在规章制度对于教职工的自我教育与管理上。

四是稳定性。规章制度必须保持相对的稳定，使之在一定时间、一定条件下发挥管理功能，规范各类人员的行为，保证园所工作有稳定的秩序。

#### 2.幼儿园规章制度的执行与完善

第一，注重宣传教育。通过广泛宣传，可以使教职工充分理解规章制度，增强其遵守规章制度的责任感和自觉性。让教职工参与制定规章制度的全过程是最好的宣传办法。

第二，领导者以身作则。领导者应率先垂范，带头严格执行规章制度，而不应将自己置身于“法”外。

第三，严格检查督促。制度一旦制定，就要严格执行，认真督促检查，加强指导，以保证制度的严肃性和规范性。

# 第四节　幼儿园总务工作管理

## 一、幼儿园总务工作管理的特点与基本要求

### （一）幼儿园总务工作管理的特点

幼儿园总务管理不同于中小学，其本质特点就是以高质量的服务为幼儿园的发展提供强有力的保障。幼儿园总务管理主要特点如下：

（1）服务性。总务工作侧重于服务，这是其本质特性。这种服务性主要体现在为保教服务，为幼儿服务，为教职工服务，为家长服务。

（2）先行性。总务工作是幼儿园其他工作的物质保证，所以必须走在幼儿园各项工作的前面。这种先行是确保幼儿园各项工作顺利开展的必要条件，是提高幼儿园保教质量的物质前提，也是提高幼儿园管理效益的基本保证。

（3）全局性。总务工作是涉及面最广的一项全局性工作。它事无巨细，涉及幼儿园的方方面面。这就要求总务工作人员具有较强的全局观念，多深入实际，了解教学、卫生健康等各方面工作的需要，提前做好准备，以免影响全园的工作。

（4）政策性。总务工作与人、财、物等方面联系密切，工作接触面广，需要同许多部门打交道，这就需要了解各个相关方面的政策，依法办园。

### （二）幼儿园总务工作的基本要求

一是树立服务意识。总务工作最大的特点就是有极强的服务性。

二是加强计划性，减少盲目性。总务工作涉及的范围广泛，是一项具有全局性的工作。它会影响幼儿园其他工作的运行，因而规划总务工作至关重要。

三是强化队伍与制度建设，提高人员的素质。建立一支高效多能的总务后勤队伍，不断提高其业务能力和素质，是做好总务工作的根本保证。幼儿园可以通过合理配置管理人员，建立健全各项制度，对各类人员进行相关的培训等，提高各类人员的素质。

四是提高工作效率。提高工作效率是幼儿园管理工作的最终目的。

五是协调各种关系。协调是一项重要的管理职能，它在总务工作中尤为重要。对内要处理好管理工作和教育工作的关系，做好配合和服务；对外要注意与园所上下级部门、与兄弟单位、与家庭及所在社区等方面的联系与协调。

## 二、幼儿园总务工作管理的内容

### （一）办园条件的创设与改善

#### 1.办园条件设备的一般要求

房屋、场地、设备是办园最基本的物质条件，也是保证幼儿健康发展的必要条件，没有这些基本条件是不能举办幼儿园的。总务管理就是要为幼儿园创设良好的物质条件，使各种物质条件发挥更大的教育、教养作用。一般而言，对幼儿园物质条件创设的基本原则或要求主要有以下几点：合乎安全、卫生与教育要求；注重发挥现有条件的实际效用；因地制宜，不断改善；开动脑筋，自己动手。

2.对环境设置与管理的具体要求

幼儿园是幼儿生活、学习和游戏的场所,幼儿年龄小,外部环境将直接影响其身心健康。

第一,幼儿园的选址:幼儿园一般应设在居民区,远离铁路、工厂区等,幼儿园应建在清洁、安全、安静、无污染的地区。园舍基地应选择地势平坦、场地干燥坚实易排水的地段。

第二,建筑形式与格局:幼儿园建筑可以是平房,也可以是楼房(一般不超过三层)。房舍的方向以向南或向东为宜,可以保证活动室有充足的阳光。幼儿园要有活动场地,如果地方小,也可建在顶层平台上,但平台一定要有护栏,要保证幼儿的安全。

房屋建筑宜采用较集中的形式,以便尽可能提供充足的户外活动场地。生活区、办公区、学习区、活动区既要相互连接又要相对独立。

第三,场地条件:幼儿园应有足够的场地,人均面积应达到3平方米。

户外活动场地应注意美化和绿化。可以种树养花,栽种一些冠大宜活的树木或攀缘植物,能提供较大树荫。有条件的幼儿园可开辟儿童种植园地,种植一些土豆、黄瓜,也可饲养一些小动物,为幼儿提供护理、观察的机会和条件。

第四,房舍的安排和使用:有条件的幼儿园应为每班配备活动室、卧室、盥洗室,活动室可兼做卧室,以便节省空间。儿童专用厕所要明亮、通风、清洁、无臭味,蹲位款式要适合幼儿,位置要方便幼儿进出和便于教师照料。教职工用房应与儿童用房分开,如办公室、厕所、厨房等,以保证安全和避免传染病。

第五,活动室与室内设施及其安排:活动室以向南或向东、自然采光好的房间为宜。室内空气要流通:保持室内空气新鲜。家具设备的摆放要合理,使幼儿有充足的活动空间,同时有利于空气流通和便于清扫。桌椅的数量与样式要便于幼儿的生活与活动,玩具、图书架等设施的高度一般以便于幼儿选择、取放材料为宜,二者均为开放式,不必做门及抽屉。活动室的卫生生活设施如饮水设备、水桶、水杯架、毛巾架等的高度应适合于幼儿自己取放、使用,并摆放在活动室的固定位置。

第六,活动室玩具图书的配备:幼儿园可以根据不同年龄班级幼儿的特点,以班级为单位为各班活动室配备数量较充足、种类较齐全多样的图书和玩具材料。

3.场地、房舍的维护

房舍设备与大型的器械等是幼儿园的不动产,通过维修、保养既可以延长其使用寿命,又能确保使用安全。其主要包括:房舍、设备的保养维修;场地的管理;场地清洁与环境卫生。

### (二)财务管理

幼儿园财务管理是指科学、合理地使用各种经费,使有限的经费发挥更大的作用,促进幼儿园各项工作的开展。

### (三)物品管理

对物品的管理是指幼儿园对各种物质条件的管理,包括固定资产管理和易耗物品管理。

### (四)事务管理

幼儿园对事务的管理包括两大部分,即对一般事务的管理和对膳食的管理。一般事务管理的内容主要有招生编班工作、生活制度与作息时间的制定与编排、资料档案管理等。膳食管理是幼儿园总务管理工作中的重要组成部分,总务部门必须与卫生保健部门协作配合,做好这项关系到幼儿健康的工作。

# 第五节　幼儿园保教工作管理

## 一、幼儿园保教工作管理

### (一)幼儿园保教工作及保教结合原则

1.幼儿园保教工作的地位

幼儿园工作一般可以分为两大部分,保教工作和总务后勤工作。保教工作是提高幼儿园办园质量的核心问题。

(1)保教工作是双重任务的核心。幼儿园承担着双重任务——教育幼儿和为家长服务。幼儿园保教工作是落实幼儿园任务的重要载体,始终围绕着双重任务而展开。教育幼儿,促进其身心健康发展是幼儿园的主要任务,是幼儿园的根本目的。幼儿的年龄特点决定了幼儿园教育的独特性,主要体现在保育与教育的结合上,即保中有教、教中有保。幼儿园正是通过培养、教育好幼儿实现为家长服务的目的的,孩子接受教育的程度,决定了家长对幼儿园保教工作的满意程度。为家长服务是幼儿园的社会功能,特别是在当前社会主义市场经济的条件下,能够更好地为家长服务,成为幼儿园生存的重要条件。幼儿园的双重任务是相辅相成的,幼儿园的保教工作是双重任务的核心。

(2)保教工作是幼儿园全部工作的中心。幼儿园的性质和任务决定了保教工作是幼儿园全部工作的中心,它直接关系着幼儿的发展和幼儿园的教育质量,保教工作管理是幼儿园管理工作的中心,在管理工作中占有十分重要的位置,幼儿园的其他工作都围绕着保教工作而开展。从教育目标来看,保证保教质量是培养人的关键,也是保证幼儿全面发展的前提;从时间角度看,保教工作贯穿幼儿园一日工作的始终,每个环节都渗透着保教工作;从内容角度看,幼儿园全部工作都以保教结合为出发点,以幼儿全面发展为目的;从管理角度看,幼儿园强调在一日生活各个环节对幼儿实施保育和教育,教研活动重视保教工作,班级管理也离不开保教工作;从各类人员的岗位职责来看,在每个岗位肩负的任务中,保教工作所占的比例最大。

2.保教结合原则

保教结合是我国幼儿教育的一大特色,也是幼儿园一贯坚持的原则。

(1)保教结合原则的含义

第一,保教结合是整体的概念,体现教育对个体发展的整体性影响。“保”是指保护幼儿的健康,为增强其体质,促进生长发育而进行的各种活动。“教”是指幼儿园的教育教学,这是按照体、智、德、美的要求,有目的、有计划地对幼儿进行全面发展的教育。

第二,保教相互结合、包含、渗透,构成充分的有机联系,教中有保,保中有教。教育中有保育的内容,教育因素渗透到健康领域。同时,保育中也包含着教育的内容,在保护和增进幼儿健康的同时注重激发幼儿的积极主动性,培养活动兴趣,增强幼儿的生活能力与自我保护和安全意识,发挥保育的教育作用。

第三,教与保要在同一过程中实现。保育与教育在幼儿全面发展中互不可替,切忌顾此失彼。

(2)保教结合原则的实施

第一,树立保教结合的管理观念。在思想上充分认识保教结合的含义,坚持以正确的教育观念指导教育实践。

第二,合理调配保教管理人员。幼儿园必须设专门的、懂业务的、有能力的园级领导统管幼儿园的保教工作,在中大规模的幼儿园设保教主任作为中层管理人员,直接领导和管理各班级的保教管理工作。班级是保教工作的基层组织，一般由3名保教人员组成，由班长负责班级保教管理工作。

第三，发挥管理的导向作用，确保保教结合原则的实施。将保教结合工作纳入全园工作计划中，在具体工作安排上体现保教结合原则，注重对一切保教活动的整体效益进行检查评定，发挥正确的管理导向作用。

### (二)班级保教工作管理

1.幼儿园班级概述

班级是幼儿在幼儿园生活和学习的主要场所，幼儿园教育最终要通过班级教育落实到具体的教育对象——幼儿——身上。

(1)班级的含义

班级是由幼儿和保教人员共同组成的集体，是幼儿园的基层组织，是实施幼儿园保教任务的基本单位。

(2)班级的基本结构

班级的基本结构主要包括：人员结构(保教人员、幼儿)，组织结构(班集体、小组和个体)，物质结构(空间条件、设施)，任务结构(保育和教育)。

(3)班级的特征

幼儿园班级不同于一般的学校班级组织，它是担负着保育和教育双重任务的组织。班级的产生和运行有自己独特的特点：第一，组织的特征：权威性、单层性；第二，运作特征：幼儿生理的节律性、心理的节律性、生活的节律性、群体互动性。

(4)班级的功能

幼儿园班级是一个有机整体，是一个多功能的系统，它的主要功能是促进幼儿的健康成长。第一，生活功能(一日生活引导功能、卫生保健实施功能、身体锻炼功能)；第二，教育功能(认知发展功能、情感发展功能、社会性发展功能)；第三，社会功能(基础教育功能、解放父母功能)。

2.幼儿园保教工作的特点及内容

(1)班级保教工作的特点分析

幼儿园班级保教工作和其管理工作是同步进行的，理解其特点有利于更好地进行班级保教工作的管理。

第一，直接的目的性与教育性。班级是最直接的教育单位，其保教工作具有更加直接的针对性，班级的一切工作、一切教育与管理手段对幼儿均具有直接的教育影响作用，教育目标通过班级保教工作真正落实到本班幼儿身上。

第二，全面整体性。全面整体性表现在班级保教过程中，就是教师要面向全体，对全班幼儿全面负责。

第三，可控性。班级保教人员在保教过程中起主导作用，引导幼儿的师幼互动，组织和控制整个教育过程，积极创设并利用有利条件，使保教过程在教师的控制之下。

第四，集体性。班级保教工作的集体性，一方面表现在幼儿所处的班集体，对幼儿的身心发展产生重大影响；另一方面体现在保教人员的工作集体，他们之间的统一协调对幼儿的发展起到整体教育作用。

第五，创造性。幼儿教育虽然存在着一定的规律性，但班级保教工作可根据每个班级的不同特点创造性地开展工作。

第六，开放性。班级是面向社会、家长、同行开放的重要窗口，班级保教工作通过教师与家长、社区的联系、沟通，使班级保教工作取得更广泛的支持与帮助。

(2)班级保教工作的内容

班级保教工作涉及保教幼儿的一切教育活动及对这些活动的组织管理，主要有以下内容：

第一,保教结合,全面安排幼儿的生活和活动;第二,在观察了解幼儿的基础上,制订教育目标和计划,开展多种形式的活动;第三,创造良好的、适合并促进幼儿发展的环境;第四,班级卫生安全工作;第五,家园联系配合,共同一致促进幼儿发展。

3.班级管理的方法

科学的班级管理方法是每个保教人员基本的工作技能。尽管班级管理方法在不断丰富,但基本的管理方法还是存在的。

(1)规则引导法

含义:规则引导法是指用规则引导幼儿的行为,使其与集体活动的方向和要求保持一致,或确保幼儿自身安全并不危及他人的一种管理方法。

操作要领:规则的内容要明确且简单易行;提供给幼儿实践的机会,使幼儿在活动中掌握规则;教师要保持规则的一致性。

(2)情感沟通法

含义:情感沟通法是指通过激发和利用师生间或幼儿之间以及幼儿对环境的感情,以引发或影响幼儿行为的方法。

操作要领:教师在一日生活和教育活动中要观察幼儿的情感表现;教师要经常对幼儿进行移情训练;教师要保持和蔼可亲的个人形象。

(3)互动指导法

含义:互动指导法指幼儿园教师、同伴、环境等相互作用的方法。

操作要领:教师对幼儿互动的指导应适当、适时和适度。

(4)榜样激励法

含义:榜样激励法是指通过树立榜样引导幼儿学习榜样并规范幼儿行为,从而达成管理目的的方法。

操作要领:榜样的选择要健康、形象、具体;班级集体中榜样树立要公正,有权威性;及时对幼儿表现的榜样行为做出反应。

(5)目标指引法

含义:目标指引法是指教师以行为结果作为目标,引导幼儿的行为方向、规范幼儿的行为方式的一种管理方法。

操作要领:目标要具体明确、切实可行并具有吸引力;目标与行为的联系要清晰可见;关注个人目标和团体目标的结合。

4.对幼儿园各年龄班的管理

在幼儿园短短3年的时间周期里,不同年龄班幼儿的差异却非常明显,因此,对不同年龄班应采取不同的管理方式。

(1)小班

小班一般是指3～4岁的孩子,其语言和行为的发展还很不完善,加上由于刚刚入园,环境和要求都发生了很大的变化,孩子需要一定的时间适应幼儿园的生活。因此,小班班级管理的重点应放在适应幼儿园生活和常规训练上,为中、大班管理奠定好的基础。

第一,让幼儿尽快适应环境。可以通过引导幼儿熟悉幼儿园环境、开展丰富多彩的活动,教师要以温和的态度和热心的帮助等多种形式培养幼儿喜欢幼儿园的积极情感,也应多与家长沟通,随时了解幼儿的状态,指导家长并争取家长的配合,共同帮助幼儿尽快适应幼儿园的生活。

第二,注重常规管理。常规包括生活常规和教育常规。生活常规包括盥洗活动常规、饮食生活常规、睡眠生活常规、卫生习惯常规、入园离园常规、散步常规。教育常规包括教学活动常规、游戏活动常规、班级环境管理常规、家园活动管理常规等。可采用示范、模仿的方法,也可借助文学作品或游戏活动,帮助幼儿逐渐养成良好的习惯。

(2)中班

中班在幼儿园教育中起承上启下的作用，是幼儿身心发展的重要阶段。

第一，中班班级集体的特征。中班幼儿自我服务能力明显提高，生活处理能力明显增强。游戏活动丰富了，与同伴交往能力更强，并有一定的创造力。但由于中班幼儿身心发展的局限性，仍存在一些不利的管理因素，如幼儿爱告状、攻击性行为较多等。

第二，中班班级管理的内容，也包括两个方面的常规管理，但内容上与小班有所不同。生活常规包括清洁卫生习惯，如洗手、大小便、正确使用手帕等；良好的饮食习惯，如进餐的情绪、坐姿等；良好的睡眠习惯，如睡眠姿势、睡眠时间等；来园离园要求，如穿着、语言等。教育常规包括集体活动常规，如上课、参观、劳动、体育活动等；游戏活动常规，如培养游戏活动的兴趣、掌握游戏的规则、积极开动脑筋等。

(3)大班

大班是幼儿园中年龄最大的班级，随着身心的不断发育完善，他们精力旺盛，学习能力提高了，比小、中班的孩子懂事，而且有了较强的自我意识，表现出一定的个体差异。

第一，大班班级集体的特征。大班幼儿的知识面扩大了，语言表达能力增强，他们对许多事情都表现出强烈的兴趣，不仅满足于“是什么”问题的回答，更满足于“为什么”问题的回答。

第二，对大班班级管理的内容。进一步加强常规教育，逐渐养成幼儿良好的习惯；培养幼儿自我管理的能力，让幼儿学习管理自己，包括管理自己的行为、自己的生活等；让幼儿学会正确处理自己和集体之间的关系，意识到自己是集体中的一员，遵守集体规则与纪律，增加责任感；为幼儿入小学做准备。

5.班级保教过程的正常运行

按照戴明的管理过程理论，班级保教工作的运行也需要经过计划、执行、检查、总结四个环节。

(1)保教计划的制订。

第一，制订保教计划的依据：幼儿园工作总计划；正确的教育思想及有关教育的政策法规；班级幼儿的情况。

第二，保教计划的内容和层次体系：保教计划的内容主要包括班级情况分析、班级工作、目标确定、实施措施、重要工作安排等。依据时间、范围、内容的不同，教育计划按不同的层次，逐级细化，形成统一的系列，并逐层加以落实。常用的班级计划主要有：学期计划、月计划和周计划。

第三，保教计划制订的步骤：认真研究上学期工作总结；认真学习研究园务工作计划；共同讨论，确定主要内容；撰写保教工作计划；对班级教育计划的审查。

(2)保教计划的执行。保教计划的执行，应通过传达布置、落实责任和加强协调等过程来完成。保教工作的执行要以计划为依据，对不合理的计划可以随时进行调整。管理者要统筹做好各项工作，随时掌握和分析情况，及时分析，及时解决。

(3)保教工作的检查。保教工作的检查应实事求是，可通过领导检查和保教人员自查等不同方式检查计划的落实情况，分析计划的可行性，找出存在的问题并分析原因，为改进工作提供依据。

(4)保教工作的总结。保教人员每学期应在平时小结的基础上对自己的工作进行一次较全面的总结。总结要实事求是，分清主次，注意积累经验，探索保教规律。

### (三)幼儿园教研活动的组织与管理

1.开展教研活动的意义和方式

幼儿园教研活动是直接针对幼儿园教育实践中的问题或疑难来确定课题，通过研究改进工作效果，按规律施教，从而提高保教质量，推动幼教改革的活动过程。

(1)幼儿园教研活动的意义

教研活动是幼儿园保教业务管理中必不可少的一部分，它对于探索和解决教育实践中的实际问题,使其依科学规律进行,减少盲目性与主观随意性有积极的影响。

第一,教研活动有利于提高教育质量。

第二,教研活动有利于促进教师业务水平的提高。

第三,教研活动可以激发教师的敬业精神。

(2)幼儿园教研活动的方式

幼儿园教研活动的方式是多种多样的,在幼儿园实践中常见的教研活动方式主要有以下几种:组织教师业务学习;组织交流活动;集体备课;研究教育实践中遇到的热点、难点问题;编写教材,设计教学活动。

#### 2.教研制度的建立

为了保证教研活动不流于形式,不断提高幼儿园的教研工作水平,幼儿园必须建立操作性强的制度加以保障。

(1)幼儿园教研制度确立的依据

教研制度必须建立在科学基础上,其建立要有一定的依据:

第一,提高效率,追求实效(既要实用,又要有实效和可行性)。

第二,符合幼儿园教育教学规律(既要遵循教育教学规律,又要为教育教学服务)。

第三,注意教研活动的广泛性和群众性(与保教活动紧密相连,使教研活动成为大众化的行为)。

第四,与幼儿园其他管理制度相一致(教研活动是幼儿园整体工作的有机组成部分,必须与整体管理制度相一致)。

(2)幼儿园教研制度的内容

第一,学习制度(对教育理论、教育政策的学习要求)。

第二,教研计划的制订与执行制度(应有目的、有计划地开展教研活动)。

第三,教研成果的交流、汇报制度(定期汇报和交流教研成果,资源共享)。

第四,教育、教学科研成果评奖制度(对优秀成果给予肯定和鼓励,使之再接再厉,不断做出新成绩)。

#### 3.教研活动的组织形式与自我管理

(1)幼儿园教研活动的组织形式。教研活动的组织有三个层次:园长层、教研组层、教师层。园长层是决策层;教研组层是教研活动的实施与展开;教师层是教研活动的执行层。

(2)教师教研活动的自我管理。在幼儿园中,教师的教研活动更多地会采取自我管理的方式,这种方式有利于增强教师的教研意识与能力,更好地促进教师的自我发展。教师教研活动的自我管理主要包括:第一,充分认识教研活动的意义;第二,制订教研计划;第三,撰写参加教研活动的体会和感受;第四,自觉遵守教研制度。

## 二、幼儿园卫生保健工作管理

### (一)幼儿园卫生保健工作管理的意义和任务

#### 1.幼儿园卫生保健工作管理的意义

幼儿园十分强调卫生保健工作,这是它区别于其他教育阶段的重要特色,是由幼儿身心发展特点决定的。卫生保健工作是幼儿园管理工作不可缺少的重要部分。卫生保健工作在幼儿园工作中具有特别重要的意义。

(1)卫生保健工作有利于促进幼儿的身心和谐发展。幼儿的年龄特点决定了他们正处于生长发育的关键时期,生长发育还未定型,可塑性大,易受伤害,且其行为习惯与个性也正在逐步形成。

幼儿园卫生保健工作可以通过科学安排幼儿的一日生活，提供合理的营养膳食，定期体检，进行疾病的防治和生活卫生常规的培养，加强体格锻炼，以及建立安全措施等工作，实施良好的保育和教育，促进其健康成长。幼儿身体的发展和心理的发展是密切联系的，儿童年龄愈小，身体发展和心理发展的互相影响愈大。可以说，身体是全面发展的重要方面，也是其他方面发展的基础。幼儿身心发展是互相制约的，因此重视幼儿园卫生保健工作，是保证幼儿健康发展的前提。

(2)卫生保健工作可给幼儿提供有利于健康发展的环境，解除家长的后顾之忧。幼儿园是集体保育和教育机构，在集体中幼儿接触面广，交叉感染的机会多，传染病极易蔓延。卫生保健工作有利于为幼儿创设干净、清洁的环境，及时采取保健的安全措施，为幼儿创设良好的生活和学习的环境，解除家长的后顾之忧。

2.幼儿园卫生保健工作管理的任务

卫生保健管理是为保护幼儿的生命与健康，促进其生长发育，增强其体质，培养幼儿保持和增进健康的初步能力，养成健康生活和安全生活必要的习惯和态度的管理活动。

(1)保护幼儿身心健康。这是幼儿园卫生保健工作的首要任务。幼儿园必须实行科学育儿理念，使幼儿生活有规律，有节奏，动静结合，科学进行，并使整个幼儿园的生活、学习保持正常、稳定的节奏。这对于提高活动效率，增进幼儿身心健康有重要的意义。

(2)培养良好的生活习惯和健康的生活态度。幼儿园卫生保健工作应与教育活动相结合，注重培养幼儿的良好生活习惯和有组织的行为；合理组织幼儿参加锻炼，培养幼儿关注生命与健康、活泼自信等积极乐观的生活态度。

(3)配合、指导家长，共同培育健康儿童。幼儿园卫生保健工作应主动与家长沟通和配合，向家长宣传普及育儿的知识，介绍幼儿园卫生保健工作的特点和要求，取得家长的理解、配合与支持，家园共育，促进幼儿的健康成长。

## (二)幼儿园卫生保健工作的内容与管理措施

1.幼儿园卫生保健工作的内容

幼儿园卫生保健管理涉及的内容很多，既包括卫生保健本身的内容，也包括卫生保健教育指导。

(1)建立合理的生活制度，培育幼儿良好的生活卫生习惯。合理的生活制度是保证幼儿身心健康的重要因素。幼儿园应根据幼儿身心发展的特点及幼儿园的性质和季节等因素，制定科学合理的生活作息制度。按时作息有利于培养幼儿良好的生活习惯，也有利于培养幼儿积极自学、迅速及时地完成每日应该完成的各种事情的习惯，促进幼儿的心理健康。

(2)建立定期健康检查制度，做好疾病的防治。幼儿园应坚持“预防为主”，通过建立个体健康信息卡，定期进行健康检查，提前做好常见病的预防工作。如发现疾病应及时通知家长，及早治疗并做好资料积累及分析工作。

(3)合理膳食，满足幼儿生长发育的需要。合理营养是幼儿生长发育的物质基础，幼儿园应通过制定合理的膳食制度，计划膳食，将食物按营养需要原则和要求有计划地加以调配，从而保证合理营养的实现。定期计算幼儿进食量和营养摄取量，进行烹调指导和监督。

(4)开展体育锻炼，增进幼儿身心健康和抗病能力。幼儿园应有计划地开展经常性的体育活动，注意利用自然因素进行幼儿体格锻炼，保证足够的户外活动时间，增强幼儿体质，减少发病率。在活动中促进幼儿的动作协调、灵敏，培养幼儿活泼愉快的情绪和勇敢坚强的性格。

(5)制订各种安全措施，对幼儿进行安全指导。幼儿园的安全工作特别是幼儿的安全，涉及全园各部门各环节，如门卫、幼儿接送、设备场所及活动安全等。幼儿园的保教人员必须时刻把幼儿的安全放在第一位，做好安全制度的建立和措施的落实工作，同时还要对幼儿加强安全教育和指导，以确保幼儿的安全。

(6)创设安全、整洁、优美的环境。幼儿园是幼儿生活和活动的场所,应根据当地实际和幼儿园自身条件及幼儿的年龄特点,因地制宜地为幼儿创设美化、绿化和儿童化的幼儿园环境。

(7)对幼儿进行健康教育。幼儿园是对幼儿进行教育的场所,健康教育应成为幼儿教育的重要内容。教师可利用多种方式,教给幼儿自我身体保健、自我安全防护以及心理健康的常识和方法,使幼儿获得相应的保健和防护技能。

2.幼儿园卫生保健工作管理措施

幼儿园卫生保健工作的落实离不开正确的管理措施。

(1)抓好预防工作。"预防为主"是我国卫生工作一贯坚持的根本方针。幼儿年龄小,生长发育快,但各器官系统发育不成熟,易受到各种疾病的侵蚀,因此更要坚持"预防为主"的方针,对疾病与事故做到防患于未然。同时还要贯彻保教结合、保教并重的原则,注重体格的锻炼,进行健康教育,保证儿童身体健康,促进生长发育。

(2)要有组织和制度的保证。建立健全的组织和制度是做好卫生保健工作的保障。卫生保健工作涉及全园各类人员,必须建立相应的制度才能使工作有章可循。幼儿园卫生保健制度大致包括:幼儿生活制度、儿童饮食制度、体格锻炼制度、防病工作制度、健康检查制度和安全制度等。幼儿园管理包括一系列规章制度,卫生保健制度只是其中的一种,它的制定与执行应该与其他相关的制度配合进行,如要与岗位责任制的建立结合起来,使有关人员明确在做好卫生保健工作中本岗位应承担的任务与职责。

(3)加强计划性和定期检查指导。计划是管理工作的起点。卫生保健工作的落实和执行,也应该从计划开始。管理者在制订计划时,应将卫生保健工作的要求列入幼儿园各级工作的计划中。卫生保健计划既要围绕其工作目标展开,又要具有针对性,注意解决工作中的薄弱环节,突出重点,明确规定各项工作的内容及质量要求,规定出具体的步骤、方法、完成时间、执行人,使计划切实可行。除制订计划外,还应定期检查。在这方面要注意发挥专职保健人员作为园长管理卫生保健工作助手的作用和群众性卫生组织的监督作用,及时发现问题,有针对性地予以指导。

(4)注重班级日常性卫生保健工作。卫生保健工作是幼儿园的一项日常性的工作,贵在坚持。幼儿园应重视班级日常性卫生保健工作,使幼儿在日常生活活动中,在每日的饮食起居等环节中,得到细微的养护照顾,受到科学的健康教育,身心得到良好的发展。

### (三)幼儿园伤害事故的处理及其法律问题

《幼儿园教育指导纲要(试行)》中指出:"幼儿园必须把保护幼儿的生命和促进幼儿的健康放在工作的首位。"这指明了安全保护在幼儿园工作中的位置。

幼儿园伤害事故是指入园儿童在幼儿园期间和幼儿园组织幼儿离园集体活动而处于幼儿园管理范围内所发生的人身伤害事故。

1.幼儿园意外伤害事故发生的原因分析

导致幼儿园意外伤害事故的原因有很多,归纳起来有以下几种。

(1)幼儿自身的原因

第一,幼儿生长发育的特点:3～7岁儿童身心处于明显的未成熟阶段,幼儿身体各部分的器官比较娇嫩,神经系统比较脆弱,运动水平比较低,动作的协调性差,而且幼儿的大脑对身体动作的变化不能灵活做出相应的反应。此外,幼儿好奇心强,对周围事物感兴趣,他们东跑西窜,样样都想触摸、试探一下,但由于幼儿动作不稳,又缺少生活经验,对自己的行为将会产生的后果常常无法预见,他们不知道什么是安全,什么是危险,因而很容易发生意外事故。

第二,幼儿体质特殊或者疾病突发:有些事故是由于幼儿的体质特殊或者疾病突发引起的。比如幼儿先天性心脏病和癫痫复发就属于此类。这样的伤害是意外事件,是幼儿园不可预见的。另外,就是幼儿园、教师所实施的教育教学方式并无不妥,而是由于幼儿心理承受能力极差造成的。

(2)幼儿园教养性质

幼儿园是集体教养机构,教师少,孩子多,一个教师要面临许多幼儿。加上幼儿在幼儿园的活动空间较大,幼儿与幼儿之间的交往多,这些都使幼儿面临着更加复杂、多样的环境,很容易发生意外事故。

(3)制度问题

幼儿园制度不严、管理不善是造成幼儿园伤害事故发生的主要原因。比如,没有严格的门卫制度、饮食卫生制度、教师值勤制度、安全防护制度等,使管理出现漏洞,造成严重后果。有些幼儿园虽然有比较完备的制度,但未能严格执行,也容易造成不良的后果。

(4)设施、设备问题

幼儿园的设施存在着不安全的隐患。设备的材料、结构,放置位置的不合理,以及陈旧、老化又没有安全防护措施等都可能导致伤害事故的发生。

(5)教学管理问题

教学管理问题主要是由教职员工在保育、教育过程中引起的,包括以下方面:第一,幼儿园工作人员玩忽职守或者工作责任心不强造成的幼儿伤害;第二,教师侮辱、体罚或变相体罚幼儿造成的幼儿伤害;第三,安全措施保障不力造成的幼儿伤害;第四,在教育教学中违反国家有关的幼儿管理法规造成的幼儿伤害。

2.幼儿园常见伤害事故类型

幼儿园伤害事故发生的范围、种类是极其复杂的。有与幼儿园设施、设备有关的;有与教职工的保育教育有关的;有幼儿自身原因造成的……下面介绍的是几种幼儿园最常见的伤害事故类型。

第一,设施伤害,即由幼儿园设施引起的伤害,包括幼儿园设施、设备不安全,建筑物倒塌、火灾等原因造成的幼儿人身伤害。

第二,保育教育伤害,即由教职工在保教过程中引起的伤害,包括教职工工作责任心差,擅离岗位期间发生的伤害,或是在幼儿户外活动时教师安全措施保障不利,以及教职工在保教过程中语言、行为不当,造成幼儿身心伤害等等。

第三,幼儿自身伤害,即由儿童自身原因引起的伤害。

第四,园外活动伤害,即由幼儿园组织园外活动引起的伤害,包括在外出参观、游览、参加庆祝活动中管理组织不当造成的幼儿身心伤害等。

3.幼儿园伤害事故的赔偿责任问题

(1)处理幼儿伤害事故时责任划分的法律依据

由于教育工作的专业性,幼儿园在教育活动中有防止幼儿的身体或生命因教育活动而遭受侵害的义务。依据法律,幼儿园对幼儿负有三项责任,即教育责任、管理责任和保护责任。教育虽然是幼儿园的主要职能,但就责任的性质来说,教育责任说到底不是一种法律责任而是幼儿园的职责和功能,管理失误和保护不周才是承担法律责任的依据。由此可见,幼儿园发生的幼儿人身伤害事件,其赔偿责任是根据幼儿目的过错来确定的。幼儿园如果按照国家的法律规定以及幼儿园的规章制度尽了职责,可以减轻或避免承担责任。

(2)幼儿园伤害事故的赔偿责任分析

在对幼儿园伤害事故的类型和原因分析的基础上,遵循谁有过错、谁承担赔偿责任的法律原则,在幼儿园伤害事故中涉及赔偿的主体主要有三个。

第一,幼儿园赔偿责任。幼儿园赔偿责任既包括因幼儿园过错引起的伤害赔偿,也包括因教职员工的过错引起的伤害赔偿。后者的赔偿是先由幼儿园代替教职工赔偿,然后幼儿园再对教职工进行行政处分或追偿。根据幼儿园伤害事故发生的原因、情节及过错情况,幼儿园赔偿可分为完全责任(过错全在幼儿园)、部分责任(其过错一部分是由幼儿园或教职工引起,一部分是由幼儿或其他原因引起的)和免除责任(纯由幼儿自身原因引起,或属意外,幼儿园不可预料)。

第二,监护人赔偿责任。监护人赔偿责任是指幼儿给他人造成损害时,应由其监护人代为承担赔偿责任。所谓监护,法律上是指对无民事行为能力人和限制民事行为能力人的人身、财产权益依法实行的监督和保护,其中所设定的监督保护人是监护人,我国目前采用法定监护、指定监护和委托监护三种设定监护人的方式。幼儿园既不是法定监护人,也并非是指定监护人,同时幼儿园与家长之间也未签订委托合同,因此,监护人对其子女给他人造成的伤害,应依据事故的原因、情节承担相应的赔偿责任,而不能一味地归结为幼儿园负责。至于纯属幼儿自身原因造成的伤害,监护人应承担完全责任。

第三,保险公司赔偿责任。幼儿在幼儿园内发生人身伤亡,保险公司应依据投保人与保险公司所签合同的险种、险别条款,承担相应的赔偿责任。

应该指出的是,在赔偿责任的分担中,并不是三个赔偿主体在任何一个幼儿园伤害事故中都负有赔偿义务,也并非是平均分配,而是要根据幼儿园事故的原因、情节、过错等因素具体问题具体分析。而对于任何一方都无过错而造成的伤害事故,根据《中华人民共和国民法通则》第132条规定:“当事人对造成损害都没有过错的,可以根据实际情况,由当事人分担民事责任。”

4.幼儿园的义务

根据过错责任的原则,幼儿园要避免在伤害事故发生时承担责任,就必须尽自己的义务。这些义务主要体现为以下几个方面:

(1)按照教学常规进行教学。幼儿园要严格按照《幼儿园工作规程》和幼儿园的规章制度对幼儿进行教育,不能以超出幼儿接受能力的方式进行教学。在正常的教学活动时间里,不能出现擅自调课、不请假而离岗、请人代岗的现象。如果教师应在岗期间而不在岗,未能了解事故发生的情况,出现事故没有采取有力措施进行抢救,不及时汇报,不按照教学常规来教学,那么都可能产生不利的法律后果。

(2)外出活动时保证幼儿安全。《中华人民共和国未成年人保护法》(简称《未成年人保护法》)第12条规定,幼儿园组织幼儿集会、文化娱乐、社会实践等集体活动,要防止发生人身安全事故。幼儿园组织外出活动时,一定要在保证安全的前提下进行。组织者要配备足够的教师,出发、集合、分散活动都要事先计划好,确定好详细的活动方案,确定具体的责任人。

(3)了解幼儿健康状况。幼儿园要检查幼儿的身体状况,建立幼儿健康检查制度和幼儿健康档案,以防事故的发生。幼儿园要根据幼儿的身体状况安排具体的教育教学活动,对体质特殊或有疾病的幼儿给予适当的照顾。

(4)定期检查教育活动场所、安全设施,提供安全、卫生的学习环境。《中华人民共和国教育法》第26条、第73条,《未成年人保护法》第16条、第52条明确规定,学校建筑物和其他设施要符合标准,保证幼儿在校内的人身安全。如果明知校舍或其他设施有危险而不采取措施,造成人员重大伤亡的,将依法追究直接责任人员的刑事责任;《教育法》第44条、《未成年人保护法》第32条都要求学校给幼儿提供安全的体育活动设施和卫生的校园环境。幼儿园要保证幼儿的饮水、饮食卫生,防止食物中毒,预防各种疾病在园内传播、流行。发现幼儿园的教学设施存在安全隐患时,要及时汇报,让幼儿远离危险设施,避免幼儿在危险的环境中活动。

(5)不体罚和变相体罚幼儿。教师因故意行为造成幼儿伤害的,法律也有相应的责任规定。《未成年人保护法》明确规定:“学校、幼儿园、托儿所的教职员对未成年幼儿和儿童实施体罚或者变相体罚,情节严重的,由其所在单位或者上级行政机关给予行政处分。”《〈中华人民共和国义务教育法〉实施细则》第42条进一步指出:“对体罚幼儿情节严重,违反《中华人民共和国治安管理处罚条例》的,由公安机关给予行政处罚,构成犯罪的,依法追究刑事责任。”

(6)事故发生后及时采取补救措施。为了防止幼儿在事故发生后,因不能及时得到照料而使所受到的损害扩大,幼儿园应该在事故发生后,对幼儿进行必要的照顾、保护,并即刻通知幼儿家长或监护人。幼儿园要主动与家长联系，认真听取意见和建议，取得家长的支持和配合。如因疏于通知所引发的事故，幼儿园要承担相应的责任。

## 第六节　幼儿园人事管理

### 一、幼儿园保教队伍建设

#### （一）合理选聘与任用人员

1.了解教职工队伍的基本状况

评定幼儿园工作质量依据的是幼儿园的教职工队伍，所以，理解教职工队伍的基本状况是保教队伍建设的前提。对幼儿园教职工队伍基本情况的了解，可从以下几方面进行：

一是教师中达到国家规定的学历或资格标准的人数或受过专业训练的人数及其比例。

二是合格教师或实际胜任幼儿园教育工作的人数在教师总人数中的比例。

三是教职工中是否有公认的骨干，骨干力量占全园教职工的比例。

四是教师队伍的年龄结构，即老、中、青教师的比例是否适当。

五是教职工能否安心工作，人员流动情况如何，教职工队伍的稳定性如何。

根据上述几方面的情况，管理者应结合本园的发展目标、规划，对近期及较长远时期的人员需求情况做出预测，进一步制订教职工队伍的远景规划和近期计划，采取有效措施，有重点、分阶段地付诸实施。

2.合理选聘与任用人员

人员的选聘是保证教职工队伍质量的第一关，它影响着幼儿园内部风气与人际关系的形成，关系着幼儿园保教质量的提高。管理者应创造条件合理用人，充分发挥教职工的作用。

第一，知人善任，各得其所，即在全面掌握每个教职工的基本情况的基础上，妥善安排每位教职工的工作，做到用人之长，避人之短。

第二，优势互补，合理结构，即根据教职工的实际情况与特点，搭配组建班级，做到既发挥个人专长，又能优势互补，提高工作绩效。

第三，充分表现，委以责任，即管理者要为教职工提供表现才能的机会，这种机会是以委以责任的形式来体现的。

#### （二）教职员工的培训与提高

幼儿园管理应将人员的使用与培养相结合，尤其要注重在工作中的培养与提高。如果只用不培养，随着社会的进步、事业的发展，就会逐渐出现观念老化、知识老化等现象，从而影响到幼儿园保教队伍的质量。

1.加强业务培训，强化职业能力

(1)制订队伍培训发展规划。队伍建设是一项长期的工作，管理者要根据幼儿园的实际情况及目前教职工队伍状况，将队伍发展的长远规划与近期计划以及当前的工作安排相结合，统筹安排人力、物力和财力，利用现有条件，有计划地开展培训。

(2)采用适当的培训方式，注重岗位培训。培训一般可分为在职培训和离职培训两种，但不论哪一种方式都不同于职前教育培训，它们都具有在职性和专业性的特点。其中，岗位培训是保教人员业务培训的一种重要而有效的方式,它符合我国目前师资状况及幼儿园实际,有利于将学习与实践紧密结合。岗位培训的方式一般有:教研活动和观摩活动;专题讲座和研讨;以老带新;个人自觉进修与脱产、半脱产学习相结合;开展竞赛评比活动等。

2.注重思想政治工作,激发敬业奉献精神

(1)思想政治工作的意义

思想政治工作的好坏是决定人的潜力能否得到最大限度的发挥和能否取得成功的重要动力。人的行动是受思想支配的,所以保教队伍建设不能仅仅局限于业务能力的培训,还应加强思想政治教育,激发教师的敬业精神。人的思想状态和精神面貌不同,工作干劲也就不同,所产生的效果必然各异。

(2)思想政治工作的途径

第一,将系统的理论学习与日常思想教育相结合。

第二,将思想政治工作与职业道德教育相结合。

第三,注重组织文化建设,创设良好园风。

## 二、园长与幼儿园领导工作

### (一)幼儿园领导概述

园长明确自己的角色与职责,有利于其把握管理的职能,更好地进行管理工作。

1.园长的角色

在当今现实社会中,园长扮演着多种角色,在幼儿园内,园长是教职工的"上级",是领导者,是幼儿园资源的分配者。

第一,园长是幼儿园行政负责人,是幼儿园的法人代表。

第二,园长具有与其责任相一致的权力。

第三,园长在幼儿园管理中处于主导地位,是管理的主体。

第四,园长是上级领导者与教职工之间的协调者。

2.园长的职责

《幼儿园工作规程》对园长的主要职责做出如下规定:一是贯彻执行国家的有关法律、法规、方针、政策和上级主管部门的规定。二是领导教育、卫生保健、安全保卫工作。三是负责建立并执行各种规章制度。四是负责聘任、调配工作人员。指导、检查和评估教师以及其他工作人员的工作,并给予奖惩。五是负责工作人员的思想工作,组织文化、业务学习,并为他们的政治和文化、业务进修创造必要的条件;关心和逐步改善工作人员的生活、工作条件,维护他们的合法权益。六是组织管理园舍、设备和经费。七是组织和指导家长工作。

3.园长的任用

(1)园长的任命。《幼儿园工作规程》第 36 条明确规定:"幼儿园园长由举办者任命或聘任。非地方人民政府设置的幼儿园园长应报当地教育行政部门备案。"因此,幼儿园园长的任命与聘用权属于幼儿园的创办单位。由地方人民政府设置的幼儿园,园长由教育局直接任命,或经教育局同意,由幼儿园教职工代表大会选举推荐,再报教育局批准任命。

(2)园长的任期。幼儿园园长实行任期制,每届任期 3 年,也可连任。任职期满后,主管部门可对园长进行综合考核,做出连任或离任的决定。园长在任职期间要求辞职,需向主管部门提出书面申请,经批准后方可离职。园长在任职期内不胜任或严重失职,主管部门有权免除其职务,必要时要追究其责任。

### (二)园长素质与领导者的影响力

1.领导者影响力及其构成

影响力是指一个人在与他人的交往中,影响和改变他人心理与行为的能力。这种能力人皆有之,只不过大小及强度各不相同。任何领导者都是通过影响力在人群中发挥作用的。

(1)领导者影响力的含义

领导者影响力是指领导者的言语指令和非言语指令引起被领导者做出预期反应的感召力量,它在本质上是权力作用的人格表现,是领导者将个人意志以各种方式施加到他人身上的能力。

(2)领导者影响力的构成

现代管理学、领导学的研究表明领导者的影响力由以下两部分构成。

第一,权力影响力。权力影响力是由领导者掌握合法职权并能合情合理地加以运用而产生的影响力。它由三个因素构成,即传统因素、职位因素、资历因素。权力影响力不是领导者的现实行为,而是外界所赋予的权力,它的核心是法定权力。因此,它对别人的影响表现出单向性和强制性的特点,使人产生服从感、敬畏感。如果单凭这种强制性权力行使领导职能,往往会使被领导者消极被动地适应与应付,不能充分调动其积极性;对于领导者个人往往也有一定的负面影响,会使他们只注重支配和控制他人,只注重个人的职位权力而不注重提高自身素质,有的甚至超越组织法规和团体规范滥用职权,使组织受到损失。

第二,非权力影响力。非权力影响力是由领导者自身所表现出来的良好的品格、卓越的才能、丰富的知识和经验、真挚而友善的感情因素构成的。它来源于领导者个人特质,由领导者本人素质和行为造成,与领导者的权力没有必然的联系。它使被影响者的行为表现为自愿、主动,是非强制性的。因此,它对人的心理和行为的影响、激励作用很大。

2.园长的素质与能力

一个领导者是否具有必要的领导素质,直接关系到领导效果的好坏。园长的素质是指园领导自身所具有的基本条件和内在的特征。它包括政治思想品德素质、知识素质、能力素质、身体素质等。

### (三)园长的领导艺术

所谓园长的领导艺术,是指园长在一定学识、智慧、能力、经验和气质等因素的基础上,为实现幼儿园目标,面对各种领导条件、方式和方法,灵活、恰当、创造性地运用的领导策略、技巧和风格。园长要不断地提高自己的影响力,不能只关注权力影响力的作用,更要关注非权力影响力的作用,努力提高自身素质,提高自己的领导艺术。

1.努力提高自己的人格魅力

园长既要关注自身的形象和良好气质,关注自己的言谈举止,使自己外表潇洒、气度不凡、优雅、得体,增加个人魅力,又要内修涵养,完善自己的人格品质,让教职工产生踏实、信赖感。

2.关心体谅员工,以情动人

情感具有能动性,以情感人、以情动人是“柔性管理”的思想精髓,它可以使园长的管理事半功倍。

3.加强学习,成为教育行家

园长应善于了解和把握幼儿园的各项工作和活动,把握幼儿教育发展与运行规律,真正实现内行管理。我们不要求园长成为教育专家,但应成为教育行家。

# 第七节　幼儿园公共关系管理

## 一、幼儿园公共关系的内涵、对象和内容

幼儿园公共关系是幼儿园为实现教育目标，有组织、有计划地运用各种传播手段与外部沟通联系，在幼儿园与公众之间建立和发展相互理解与支持的关系，以塑造幼儿园这一社会组织的良好形象和创造最佳教育环境的社会实践活动。

幼儿园公共关系的对象被称为公众。公众是指与组织发生直接或间接关系，对该组织的生存和发展具有现实或潜在影响力的个人、群体和社会团体。其内容包括两个方面：一是幼儿园内部的公共关系，主要包括对教职工的公共关系、对幼儿的公共关系和对主办单位的公共关系；二是幼儿园外部的公共关系，主要包括幼儿园对家长的公共关系、幼儿园对社区的公共关系和幼儿园对上级教育行政部门的公共关系。

## 二、幼儿园公共关系的作用

成功的幼儿园管理离不开良好的内外环境，幼儿园良好的公共关系是其得以生存和发展的主要条件。具体包括四个方面：一是开放办园，满足社会教育需求；二是优化育人环境，提高办园质量；三是树立幼儿园的良好形象，提高竞争力；四是争取社会的广泛支持，开发教育资源。

## 三、开展幼儿园公共关系的途径

幼儿园公共关系的开展应根据其对象的不同，选择不同的途径，只有这样，才能有的放矢，取得更好的效果。

### （一）从内部公关做起

有人说，幼儿园良好的公共关系是从教师开始的。幼儿园内部的公共关系状况直接关系到公众对幼儿园的信赖和支持。首先，努力做好本职工作，提高办园质量，是幼儿园公共关系的根本。其次，贯彻全员公关的原则。家长在接送孩子时，有可能接触到每一位幼儿园教职工，也有可能看到幼儿园工作的方方面面，在社区公众眼里，幼儿园教职工就是幼儿园的形象代言人。

### （二）努力做好家长工作，取得家长的支持、理解和信任

家长兼为幼儿园的服务对象和教育合作者，是幼儿园的首要公众，幼儿园应通过做好家长工作，争取家长的合作与支持，形成家、园教育的合力，共同促进幼儿的健康成长。

### （三）服务社区，在社区公众中树立幼儿园的良好形象

社区是幼儿园生存和发展的基本环境，社区及其公众是幼儿园公共关系的重要客体。社区为幼儿园发展提供条件和资源，幼儿园的发展又满足了社区发展的需要。幼儿园与社区是一种双向服务的关系。

## 【结论及应用】

1.管理就是由一个或更多的人为达到预定的目标来组织、指挥协调他人的活动，以收到个人单独活动所不能收到的效果而进行的活动。管理的职能有决策职能、计划职能、组织职能、协调职能、指挥职能、控制职能。

2.幼儿园管理是指幼儿园管理人员以及有关教育行政人员遵循一定的教育方针和保教工作的客观规律，采用科学的工作方式和管理手段，将人、财、物等各因素合理地组织起来，调动各方面的积极性，优质高效地实现国家所规定的培养目标和幼儿园工作任务所进行的实践活动。

3.幼儿园管理的基本原则：方向性原则、整体性原则、有效性原则、民主管理原则、社会协调性原则、安全性原则。

4.幼儿园管理的一般方法主要有以下几种：行政方法、经济方法、思想政治教育方法、法律方法。

5.制定幼儿园规章制度的基本要求：一是政策性、二是科学性、三是教育性、四是稳定性。

6.幼儿园的选址要求：幼儿园一般应设在居民区，远离铁路、工厂区等；幼儿园应建在清洁、安全、安静、无污染的地区；园舍基地应选择地势平坦、场地干燥坚实易排水的地段。

7.班级的基本结构主要包括：人员结构（保教人员、幼儿），组织结构（班集体、小组和个体），物质结构（空间条件、设施），任务结构（保育和教育）。

8.幼儿园班级管理方法：规则引导法、情感沟通法、互动指导法、榜样激励法、目标指引法。

9.幼儿园教研活动的方式主要有以下几种：组织教师业务学习；组织交流活动；集体备课；研究教育实践中遇到的热点、难点问题；编写教材，设计教学活动。

10.幼儿园卫生保健工作管理的任务：保护幼儿身心健康，培养良好的生活习惯和健康的生活态度，配合、指导家长，共同培育健康儿童。

11.幼儿园卫生保健工作的内容：建立合理的生活制度，培育幼儿良好的生活卫生习惯；建立定期健康检查制度，做好疾病的防治；合理膳食，满足幼儿生长发育的需要；开展体育锻炼，增进幼儿身心健康和抗病能力；制订各种安全措施，对幼儿进行安全指导；创设安全、整洁、优美的环境；对幼儿进行健康教育。

12.幼儿园卫生保健工作管理措施：抓好预防工作；要有组织和制度的保证；加强计划性和定期检查指导；注重班级日常性卫生保健工作。

13.幼儿园意外伤害事故发生的原因：幼儿自身原因；幼儿园教养性质；制度问题；设施、设备问题；教学管理问题。

14.应对措施：按照教学常规进行教学；外出活动时保证幼儿安全；了解幼儿健康状况；定期检查教育活动场所、安全设施，提供安全、卫生的学习环境。

15.幼儿园公共关系的作用：一是开放办园，满足社会教育需求；二是优化育人环境，提高办园质量；三是树立幼儿园的良好形象，提高竞争力；四是争取社会的广泛支持，开发教育资源。开展幼儿园公共关系的途径：从内部公关做起；努力做好家长工作，取得家长的支持、理解和信任；服务社区，在社区公众中树立幼儿园的良好形象。

## 【复习与思考】

1.简述幼儿园管理的含义、原则与方法。
2.制定幼儿园规章制度的基本要求有哪些？
3.如何做好班级日常生活管理？
4.幼儿园总务工作管理的内容有哪些 ？
5.试论幼儿园班级保教工作管理的内容和方法。
6.简述幼儿园卫生保健工作的任务和内容。
7.分析幼儿园意外伤害事故发生的原因及应采取的措施。

## 【拓展阅读】

### 早期儿童教育之争议

自出生起，社会化过程就成为我们生活中的一部分，它通过家庭、学校、宗教机构和工作场所对我们实施影响。规划好的正规部分与非正规方面都会使我们学会如何成为社会中的一员。

早期儿童教育有其特殊的重要性，因为这段时期，儿童正逐步形成他们的自我概念和社会意识。智力与生理发展的研究告诉我们，他们最迟也在两岁半就具有了学习的能力。事实上，50%的智力是在出生至4岁之间发育的。有关早期儿童教育的问题，包括在何地实施认知发展（在家还是在学校）、儿童该何时开始接受学校教育、学前教育对父母上班的孩子或生活于贫困中的儿童有何益处以及幼儿园教育在儿童社会化过程中的作用。

家庭是儿童接受初始社会化的主要场所。早期儿童社会化过程的差异巨大，因为他们所处的社会、社会阶级和家庭背景各异。在成长过程中，他们逐步接触家庭之外的社会化媒介：亲戚、邻居、教堂、托儿所、玩伴等，但却没有为过渡到正规的学校机构做什么准备。

全球超过半数的国家为3～5岁的儿童提供了正规的早期教育。有些国家，如中国和以色列，孩子出生后不久就得到看护，有时这是强制性的；在瑞典和英国等其他国家，法律规定了日托与托儿所的必要与所需资金；在美国，有43%的3岁儿童、64%的4岁儿童和92%的5岁儿童注册进入幼儿园。

多年来，由于妇女团体对政府和工作机构的压力，美国国会已提出议案要求通过立法来支持早期儿童教育。联邦政府的《2000年目标》中就有为学前儿童采取"准备学习(Ready to Learn)"的计划。尽管政府确实为一些诸如"幼儿早年教育计划(Head Start)"等"示范"项目提供了资助，并使得5岁以下需要日托的孩子的母亲的从业人数不断增长，但是，到目前为止，大多数早期儿童教育的立法议案都是失败的。

反对日托的运动主要出于两种考虑：日托威胁到家庭和母亲的角色。此外，一些人对早期儿童教育持怀疑态度，因为许多项目只面向特定的阶级和少数族群群体，如美国黑人。尽管声称其目的是为这些儿童带来益处，但是，一些理论家认为，这种"特别的关注"是一种使阶级结构永久化和培养顺从社会成员的手段。然而，根据一份早期儿童教育的评估，投资早期儿童教育最大的回报来自为低收入家庭3～4岁的儿童提供的学前教育，这些儿童处在失败的高危状态中。引证的危险原因包括家庭低收入、少数族群身份、非英语语言家庭、单亲家庭、大家族、丧失劳动能力、十几岁怀孕而没有读完高中的母亲。大量贫困家庭中的3岁儿童刚开始上幼儿园时，他们的语言和智力的发展都相对滞后9个月甚至更长的时间。为了遏止这种局面，一些人提出面向初为父母者的培训项目，以便让这些父母为子女的生活准备一个更好的起点，同时增强他们的责任感和亲子关系。

早期儿童教育赞同者提出了以下几个观点：

一是早期儿童教育为儿童提供了在家无法得到的有价值的学习经验。

二是除父母外，儿童还需要跟其他的儿童和成年人交往。

三是父母和兄弟姐妹不一定总是最好或最有能力带好儿童。

四是对许多家庭来说，由于父母双方都要工作，所以日托是必要的，而在单亲家庭里，唯一的选择就是托儿所。

五是一个好的日托中心比将儿童交给亲戚或邻居更可取。

早期儿童教育不能替代家庭看护，但它能够使孩子获取的经验超越于家庭内所能接受到的。

关于问题儿童在学前幼儿园的入托率及其质量的研究表明，"幼儿早年教育计划"的质量与那些面向高收入家庭的幼儿园相当，但是入托率在减少。另一研究指出，对于为大部分是贫困的美国黑人的3000名儿童所提供的学前教育，其持续影响力主要体现在以下五个方面：

第一，接受教育的儿童以后很少被分到特殊班或补习班。

第二，在辍学和留级方面，有着同样的持续影响(更少的学生因成绩差而留级)。

第三，学前教育显著提高了学生在10岁即四年级的数学成绩，该证据同时显示，与同年龄段的学生相比，接受教育的学生在阅读测试中倾向于取得更好的成绩。

第四，接受过学前教育的贫困家庭的孩子在随后3年中的标准比奈智力测试(Standard Binet IQ)中，分数比控制组儿童高。

第五，接受学前教育的儿童保持着更强的"成就取向"，也倾向于培养比自身还要高的职业志向。

尽管关于早期儿童教育的争论可能还要持续下去，但是，看护儿童的需要是不会削减的，因为更多的父母在外工作。

(资料来源：引自珍妮.H.巴兰坦的《教育社会学：一种系统分析法》，朱志勇等译，江苏教育出版社2005年版)

# 第十二章　学前教育评价

【内容提要】

学前教育评价是对学前教育的社会价值做出判断的过程。评价的终极目标是提高学前教育的质量,促进每个儿童的发展。本章主要论述和探讨学前教育评价的内涵、特点、作用、原则、内容、方法及理论模式,对于学前教育专业学生理解和掌握学前教育评价的相关内容和精神提供理论和实践指导。

【学习目标】

1.理解评价及教育评价的概念,掌握学前教育评价的概念、特点、评价标准及评价作用;

2.掌握学前教育评价的原则、内容、过程与方法及评价的类型;

3.掌握学前教育评价的各种理论模式。

【关键词】

教育评价;学前教育评价;效能标准;素质标准;评价模式

## 第一节　学前教育评价概述

《幼儿园教育指导纲要(试行)》明确指出:"教育评价是幼儿园教育工作的重要组成部分。"评价即依据一定的价值标准对事物价值进行评判。随着幼儿园教育改革的深入,幼儿园教育评价工作的重要性和意义日益凸现。

### 一、学前教育评价的含义

#### (一)评价

评价是价值判断。就评价的内涵来说,它与价值这一概念密切相关。在英语中,评价(evaluate)一词由词干"valu"加上词头"e"和动词性词尾"ate"组成,其中"valu"意为价值,词头"e"的意义等同于"out",即引出。可见,评价就是引出和阐发价值或进行价值判断。

#### (二)教育评价

1929 年美国教育家泰勒(R.W.Tyler)首次提出教育评价的概念。注意教育效果的价值判断是其主要理论和基本思想,它强调必须分析教育应达到的目标,并根据这个教育目标来评价教育效果,认为教育评价可以为实现理想的教育目标起到促进和保证作用。但是由于人们看问题的角度、方法不同,更由于教育评价在理论和实践上都处于探索和研究阶段,对教育评价至今还没有形成一个确切的、严谨的、被一致接受的科学定义。下面是界定教育评价的几个有代表性的提法。

(1)教育评价是以教育为对象,对其效用给予价值上的判断。

(2)教育评价是利用所有可行的评价技术评价教育所预期的一切效果。

(3)教育评价是对照教育目标,对由于教育行为而产生的变化所进行的价值判断。

(4)教育评价是人们按照一定社会的教育性质、教育方针和教育政策所确立的教育目标,对所实施的各种教育活动的效果以及儿童发展水平进行的科学的判定。

(5)教育评价是系统地、有步骤地从数量上测量或从性质上描述儿童的学习过程与结果，据此判定教育是否达到所期望的教育目标的一种手段。

尽管现在对如何界定教育评价还有上述这么多有代表性的观点，人们在如何界定教育评价的问题上还没有达成一致，但是，人们对教育评价的特点还是有着一致认识的。

一般来讲，人们公认教育评价具有以下三个方面的特点：

第一，教育评价是一个活动过程。它是一种特殊的、连续性的活动，其中包含着一系列的步骤和方法，而不是单一性的活动。

第二，教育评价是有目的、有计划的活动过程。它与我们日常生活中的价值判断不同，是由确定目标、搜集资料、分析资料、形成判断、指导行动等项工作组成的活动。

第三，教育评价活动中的评价者与被评价者是统一的。在教育评价活动中，不能把评价者与被评价者看作孤立的两个部分，使之相互对立，而是应该使之在评价活动中相互合作、协同动作。

通过以上对一些有代表性的教育评价观点和教育评价特点的介绍，我们可以认为，教育评价是对教育的社会价值做出判断的过程。教育作为一种客观的社会活动，它的结果应该满足一定社会的政治、经济和文化等发展的需要。也就是说，它具有政治价值、经济价值和文化价值，这些价值的总和又构成了教育的社会价值。教育评价就是对教育的这一社会价值做出判断，并以此促进教育的发展。譬如说，教育评价在现代教育发展中能起到一种特殊的信息反馈作用，它通过对现状与目标之间距离的判断，有效地促进被评对象不断逼近预定的目标，从而提高教育工作质量，促进教育事业的发展。

### (三)学前教育评价

学前教育评价是对学前教育的社会价值做出判断的过程。它以学前教育为对象，对其效用给予价值上的判断。在学前教育工作中，人们经常会接触到这样一些问题：幼儿在身体健康、语言、认知、社会性等方面的发展水平是否达到了教育目标的要求？幼儿园教师的素质和教学效果如何？一所幼儿园办得好还是不好？……所有这些问题，正是学前教育评价这门学科所要研究和解决的问题。了解了学前教育评价的概念，还必须明确学前教育评价的基本特点。只有明确了学前教育评价的基本特点，才能对学前教育评价的概念有更为科学和深刻的领会。

## 二、学前教育评价的特点

学前教育评价的特点可以从如下几个方面来分析：

(1)学前教育评价是一个变化着的概念，是一个不断充实、完善和丰富着的概念。虽然学前教育评价是对学前教育给予价值上的判断，这是始终不变的；但在学前教育评价中非常重要的价值、价值标准以及要判断的问题则是不断变化的。或者说，价值标准如何确定、如何进行价值判断、判断什么等，都是在发展变化的。

(2)学前教育评价是一个系统地搜集资料的过程。进行学前教育评价，需要对大量观察和系统的测试等得来的资料做出判断。系统地搜集资料是学前教育评价的一个重要特点，只有将测量、评定、观察、访谈、问卷等多种渠道得来的资料加以综合，进行整理，才能成为评价的基础。

(3)学前教育评价注重对资料的解释，仅仅将资料搜集起来不是学前教育评价，只有对资料做出解释、分析，才是评价。

(4)学前教育评价是对学前教育价值的判断，不是对学前教育情境或现象的描述。说明学前教育情境或现象本身还远远不够，评价还必须判断其意义或效用。

(5)学前教育评价是一种反馈—矫正系统；它通过不断地判断、分析和比较，用于在学前教育工作的每一步骤上，判断该过程是否有效，如果无效，必须采取什么手段才能确保过程的有效性，从而为学前教育决策和采取更佳的学前教育政策提供科学、及时的服务。

## 三、学前教育评价的标准

在进行学前教育评价时首先要确定学前教育评价的标准。学前教育评价标准是用来衡量学前教育工作水平的具体规定。评价标准确定得恰当，对于评价工作能否顺利进行有着极大的影响。因此，评价标准问题必须引起人们的充分重视。

一般来说，学前教育评价的标准由三个部分组成。

### （一）效能标准

效能标准包括效果标准和效率标准两个部分。(1)效果标准就是从工作效果的角度确定的评价标准。效果标准可以使人们关心、重视教育工作的效果，但单纯用效果进行评价，就可能出现只看结果不看过程的现象，也可能会造成为了追求效果而不择手段的后果。(2)效率标准就是根据产出与投入的比例来衡量工作成果，主要包括在一定时间内完成了多少工作任务以及用一定的人力物力对社会做出了多大贡献。由于学前教育的效果有长期性，所以我们在学前教育评价中虽然不把效率作为最根本的标准，但还是把它作为重要的参考标准。

### （二）职责标准

职责标准主要是从评价对象所应承担的责任和完成任务的情况的角度进行评价。例如，评价幼儿教师的工作时，先看备课质量，再看教学质量，还要看辅导孩子们的情况。这几方面的评价标准都是职责标准。

### （三）素质标准

素质标准是指从承担或完成各项任务应具备的条件的角度提出的标准。例如，作为一个幼儿教师，应该有一颗爱孩子的心，有比较渊博的知识，有对教育规律的充分理解等，这些都属于素质方面的标准。

学前教育评价的标准这三个组成部分只是基本的、主要的，在每一次具体的评价中，也不完全需要这三个方面的标准；同在某一个具体的评价标准中，三个组成部分也并非同样重要，有时会偏重于效能标准，有时则会偏重于职责标准或素质标准。

## 四、学前教育评价的作用

对于学前教育评价的作用，可以简单地概括为以下几点。

### （一）学前教育评价有助于保证学前教育目标的实现

学前教育是一种有目的、有计划的活动。保教结合，面向全体，促进幼儿的全面发展是我国学前教育目标的基本精神。要实现这个目标，进行学前教育评价是最基本的途径之一。学前教育评价指标体系就是学前教育目标的分解和具体化。通过对学前教育评价指标体系中各指标的完成情况的判断，我们就可以发现学前教育评价对象与目标的差距在什么地方以及差距的大小，从而更有效地促进被评价对象靠近教育目标。换句话说，学前教育评价可以使学前教育活动始终朝着既定的目标前进，而不是走上歧途。对于幼儿园的工作来说，学前教育评价更是保证教育目标实现的重要工具。如果说幼儿园全部工作都是为了实现教育目标，那么学前教育评价就可以使教育目标转化成管理质量标准、教养质量标准以及幼儿园各方面工作的具体要求，从而有利于实施和逐步落实，促进幼儿园管理工作、教养工作以及其他各项工作质量的不断提高，并最终保证教育目标的实现。

### (二)学前教育评价有助于保证学前教育改革的顺利进行

20 世纪 80 年代以来,我国学前教育在管理体制、教育教养工作等领域都开始了改革或改革的实验。如何使改革工作走向深入,使改革工作顺利地进行？这就需要有学前教育评价来保证。在学前教育改革的进程中,我们必须借鉴国外的先进经验并吸取他们失败的教训。要学习国外学前教育的长处,摒弃国外学前教育的短处,就不能不加强学前教育评价。我国是一个具有 5000 多年历史的文明古国,我们的学前教育改革还要继承历史的优秀遗产,同时根据新形势进行大胆创新,这也需要我们加强学前教育评价。另外,我们还必须清醒地意识到,我们的学前教育改革是在十分广阔的领域内进行的,它包括学前教育管理体制,教育教学内容、方法、手段等,所有这些改革,都需要评价提供信息和支持。为了使改革少走弯路,在改革方案确定以前,必须进行可行性评价,在改革进行的过程中,必须不断进行形成性评价,从而保证学前教育改革朝着正确的方向前进。如果我们从控制论的观点来看学前教育评价和学前教育改革,学前教育评价是对学前教育改革信息的反馈。通过学前教育评价可以使我们洞察学前教育改革情况的变化,掌握在一定时期内学前教育改革的发展趋势和倾向,以便对改革做出合乎逻辑的调整,使改革保持最好状态。从这个意义上说,学前教育评价是关系到学前教育改革成败的关键因素。

### (三)学前教育评价有助于使学前教育中诸组成部分处于令人满意的协同活动状态

为了使学前教育活动能够达到预期的目标,学前教育工作者必须对其组成部分进行不断地调整控制,使其处于最佳状态。学前教育是由体育、智育、德育、美育等诸多方面有机组成的,只有这几个方面处于和谐的协同活动状态,学前教育才能达到全面促进幼儿发展的目的。一般来说,学前教育的多个组成部分在不同时期、不同地区甚至在不同孩子身上是各有侧重的,如何正确地确定侧重点,如何正确地把握侧重点和其他方面的关系,如何调整下一步的侧重点,等等,都需要我们搜集大量的有关资料,并对这些资料做出分析和评价。借助于这种分析与评价,我们便可以恰当地调整和协调各方面的关系了。

### (四)学前教育评价有助于选择适宜的学前教育模式或方案

学前教育评价的一个重要任务是评价教育模式或方案的优劣。通过比较分析,我们就可以找出适合某一地区的适宜模式或适合某一教学内容的适宜模式,从而提高学前教育的质量。在学前教育中,历来存在着各种各样的课程学说或课程模式。以西方为例,有人认为西方的学前教育课程主要存在着两种类型四个模式。一类是直接教学模式,包括传统的贝雷特—英格曼模式(B—E Model)和改进了的苏珊·格里模式(Susan Gray Model);另一类是非直接教学模式,包括传统的儿童中心模式和改进了的蒙台梭利模式(Montessori Model)。哪种模式是适宜于某一地区学前教育的模式,或者说几种模式中哪些观点和运营形式的组合可以成为适宜于某一地区或某一幼儿园的模式？这样的问题都需要学前教育评价来回答。从这个意义上说,学前教育评价对于选择适宜的学前教育模式有着特殊的意义。

## 第二节　学前教育评价的原则与内容

### 一、学前教育评价的原则

学前教育评价的原则是进行学前教育评价的行动准则和根本要求。它是人们对学前教育评价客观规律的主观反映。在学前教育评价工作中,既要遵循学前教育评价的原则,也要发展这些原则。

(一)一致性原则

一致性原则有两个方面的含义,它一方面是指学前教育的目标是一致的,另一方面是指在同一范围内,对相同的评价对象必须用相同的标准。在学前教育评价中,坚持一致性原则是由我国社会主义学前教育的目的决定的,是国家教委颁布的《幼儿园工作规程》所要求的。《幼儿园工作规程》规定的通过体、智、德、美几个方面的学前教育"促进每个幼儿的发展",是我们进行学前教育评价工作的依据和出发点。任何具体的学前教育评价工作必须在这个意义上达成一致,任何偏离《幼儿园工作规程》要求的学前教育评价都是没有意义的,甚至是错误的。

在学前教育评价中坚持一致性原则还要求我们对相同的评价对象采用统一的标准。一致性原则是有层次的,对大、中、小班的幼儿应有不同的标准,对不同地区的幼儿教育工作的评价也应有不同的标准。但是,在进行一项具体的评价工作时,又必须遵循一致性的原则。无论是对幼儿园的评价,还是对幼儿教师的评价,或者对幼儿发展水平的评价,都必须有统一的标准,不能对甲采用一个标准,而对乙则采用另一个标准。只有遵循一致性原则进行学前教育评价,才能区分评价对象的优劣和好坏,确定评价者在被评价群体中的位置,从而发扬长处,弥补不足。

(二)尊重性原则

尊重性原则是指在教育活动评价的实施中应充分体现对被评价者的尊重,无论是对幼儿还是对活动中教师的评价都应当坚持客观、公正的态度,同时体现激励、发展与正面肯定为主,以帮助教师或幼儿发现、发扬长处,弥补不足。尤其是行政管理者对教育活动中教师行为的评估和鉴定,更要体现尊重和鼓励的原则,因为评价的目的不是甄别和选拔,评价者应善于发现、充分肯定教师在教育活动中的成功和创新之处,也可以让被评价者一起参与评价,从而激发教师主动进行教育活动后的自我反思,加强对教育活动的调整和再探究。

(三)全面性原则

全面性原则是指评价的项目要全面,收集的信息要全面,不能片面强调评价标准的某一项目,不能偏听偏信。只有遵循了全面性原则,才能保证评价标准的全面性和在评价过程中收集信息的全面性,从而使评价工作更科学、准确。全面性原则是由《幼儿园工作规程》中关于在体、智、德、美几个方面促进幼儿的发展这一保育教育的总目标决定的。根据促进幼儿全面发展的要求,我们的学前教育工作要使幼儿在身体方面、认知方面和社会性方面都得到良好的发展,也就是说,我们对幼儿教育工作的要求是促进幼儿全面的发展,而不是片面的、某一方面的发展。相应地,我们对学前教育工作的评价也应是全面的,必须遵循全面性的原则。

在学前教育评价中运用全面性原则,一定要抓住评价标准的全面性,全面、充分地反映教育目标,反对过分强调某一些因素而忽视其他的因素,以免因为学前教育评价的导向性而引起整个学前教育系统的失衡。贯彻全面性原则,还要求我们在学前教育评价中要全面、充分地收集有关信息,不要偏听偏信,而要听取上下左右各方面的意见,搜集各方面的有关信息,然后再进行分析、归纳,做出恰当的评价。

(四)目的性原则

目的性原则是指在进行学前教育评价时必须要有明确的目的。任何一次评价都要有具体目的,不能为评价而评价。学前教育评价的根本目的在于提高学前教育的水平,促进每一个幼儿的发展。目的性原则是由学前教育评价本身的性质所决定的。可以把学前教育评价理解成一种管理手段，每一次具体的评价都是对教育系统进行的一次调控。所以，学前教育评价一定要有目的、有计划地进行。学前教育评价工作进行得好，可以起到推动学前教育事业发展的作用，而如果学前教育评价工作进行得不好，则会妨碍学前教育事业的发展。以对幼儿教师的评价为例，如果评价的目的在于增强教师的责任感，那么，在评价时，无论是评价标准的选择，还是评价过程的掌握，都应突出幼儿教师的职责标准；如果评价的目的在于促进幼儿教师素质的提高，评价标准和评价过程则应突出素质标准。

### （五）客观性和主观能动性相结合的原则

客观性原则是一切科学研究都必须遵循的基本原则，遵循客观性原则就是要求评价者在学前教育评价中，采取客观的实事求是的态度，科学地确定和使用评价标准，尽量减少主观臆断和个人因素的影响。遵循客观性原则，要求我们的学前教育评价根据由教育目标而确定的评价标准来进行。因为在具体的学前教育评价工作中，标准是客观的，是符合目标要求的。标准一旦确定，任何人都不能随意改动。在评价过程中随意增加标准、减少标准、提高标准和降低标准的做法都是错误的和不符合客观性原则的。对幼儿园的评价、对幼儿教师的评价应遵循客观性原则，对幼儿发展的评价更应重视客观性原则，因为幼儿发展的各个方面，如智力、兴趣、个性等并不像一般物体那样可以看得见、摸得着，而是一种比较抽象的客观存在，这就要求评价者尽可能地排除主观因素对评价结果的影响，按照事实的本来面目给予客观、准确的描述。在学前教育评价中，一方面要遵循客观性原则，另一方面还要注意发挥评价者的主观能动性。客观性原则与评价者的主观能动性并不矛盾，而且只有二者的结合才能使评价结果更客观和科学。这是因为学前教育评价实际上是一个透过现象看本质，由表及里，由此及彼，去粗取精，去伪存真的过程。对现象的描述要客观，这是客观性原则决定的。而要透过现象看本质，则必须由评价者经过一系列的分析、综合、概括、抽象等工作来完成。所以，只有充分发挥评价者的主观能动性才能获得比较客观的结果。

### （六）定量评价与定性评价相结合的原则

学前教育评价既需要定量评价，又需要定性评价，更需要把二者结合起来的评价。所谓定量评价，就是对学前教育过程和结果从量的方面进行分析评价，这种分析评价侧重于量的方面，通过数量化的说明对所评价的现象做出解释。学前教育评价需要定量评价，如对幼儿智力发展情况的评价就常常用数量化的方式表示，如智力商数。所谓定性评价，就是对学前教育过程和结果性质的方面进行分析评价，这种分析评价侧重于质的方面，通过对评价现象进行质的、深层次的分析做出评价。学前教育评价也需要定性的评价，如对幼儿园领导班子的评价就常常要涉及班子的凝聚力、管理的科学性等问题，而这些方面一般要从质的角度去考察和评价。学前教育评价既要考虑量的评价，也要考虑质的评价，因为量的评价可以反映事物的一个侧面，而质的评价则可以反映事物的另一个方面。要想反映事物的全面情况，就应该把数量和质量结合起来评价。数量和质量是一个事物的两个方面，既没有离开数量的质量，也没有离开质量的数量，所以，在学前教育评价中定量分析与定性分析必须结合起来，互相补充，相辅相成。

### （七）静态评价与动态评价相结合的原则

静态评价是指对被评价对象已经达到的水平或已经具备的条件进行评价。这种评价在评价时不考虑评价对象的情况和今后的发展趋势，只是考察评价对象在特定的时间和空间中的现实状态。静态评价有助于进行横向比较，便于看清评价对象是否达到了某种标准。动态评价是指对评价对象发展状态的评价。动态评价在评价时注意评价对象的发展潜力和发展趋势，重在纵向比较，便于看清评价对象的变化过程，从而发现其发展的规律。静态评价与动态评价各有所长，又各有所短，如果仅用静态评价或动态评价都不能很好地完成评价任务。仅用静态评价，无法进行纵向比较，可能使得某些评价对象产生自满情绪而不去追求进步,而使得另一些评价对象产生泄气情绪,认为自己怎样努力也是无济于事。仅用动态评价,无法进行横向比较,可能会使得评价对象因自己的点滴进步而沾沾自喜,不知道自己距离先进人物有多大的差距。因此,在进行学前教育评价时,必须把静态评价和动态评价结合起来。根据静态评价和动态评价相结合的原则,我们在学前教育评价中,既要考虑评价对象的现实情况以便于横向比较,又要考虑评价对象的发展情况以便于纵向比较,在横向比较和纵向比较的结合上下功夫,从而使学前评价得出正确的结论。

#### (八)单项评价与综合评价相结合的原则

单项评价是指对评价对象从某个角度或侧面进行评价。综合评价是指对评价对象进行完整的系统的评价。单项评价必须考虑各个项目与整体的协调性,综合评价则必须以单项评价的各项目评价为基础。学前教育工作是一个复杂的系统工程,而这个工程是由许多子系统构成的,它涉及许多相对独立的方面或组成部分。在进行学前教育评价时,必须对各个方面进行评价,即进行单项评价以便改进各个方面的工作。同时,学前教育活动又是一个极复杂的活动,虽然它所涉及的各个方面都具有相对独立性,但这些方面又是紧密联系在一起的一个整体,任何一个方面都不是孤立存在的,只有把这些方面协调起来,使其密切配合,才成其为完整意义上的学前教育。因此,我们在进行学前教育评价时,必须对学前教育的总体发展情况进行全面考察,也正是在这个意义上,我们的学前教育评价工作需要有在单项评价基础上的综合评价。在学前教育评价中,我们主张把单项评价和综合评价结合起来,使单项评价成为综合评价的基础,使综合评价成为单项评价的发展。在这里,应该注意的是,综合评价并不是单项评价简单相加之和,它是各单项评价的有机关联。

#### (九)评价与指导相结合的原则

评价是按照一定的标准对被评价对象已完成的行为做出的判断,评价的结果可以使被评价对象受到启发和教育,从而吸取教训、引以为戒。指导是评价的继续和发展,它把评价的结果上升到一定的理论高度加以认识,并根据评价对象所具有的主、客观条件,从实际出发,帮助评价对象掌握自身在今后一个时期内发展的方向,扬长避短,争取更大的进步。应该说,在学前教育评价中,有对什么问题的评价,就有对什么问题的指导,从评价到指导,从指导再到评价,循环往复,是提高学前教育质量的一个必需过程。那种只评价不指导或不评价乱指导的做法都是不可取的。

### 二、学前教育评价的内容

学前教育评价主要包括两个方面,即从教师角度出发的对教育活动设计与指导有效性的评价和从儿童角度出发的对活动参与有效性的评价。主要的评价内容有教育活动目标、过程、方法、环境创设以及幼儿活动的参与态度、认知发展、动手操作能力、社会性交往等方面。

#### (一)对幼儿学习的评价

对于幼儿园教育活动的评价,在相当长的一段时间里是以对教师的评价为主切入的,评价内容包括教师的教学设计、教学内容、教学过程、教学方法、教学特色、基本素养等方面,体现出一种“以教为主”“以教评学”的评价态势。事实上,教育活动的最终目的是促进幼儿的发展和提高,而幼儿作为教育活动中的每一个活生生的、带有自主意识和愿望的个体才是最需要关注的,“从幼儿出发”“以幼儿为中心”“以幼儿发展为本”正是教育实践者需要在教育活动的设计、实施及评价等方面用真真切切的理念和行动去付诸实践的。随着教育理论和教育改革的推进,教师们也逐渐地认识到教育活动的真正价值在于促进幼儿的整体素养,在于激发幼儿的主体意识和创新意识,在于鼓励幼儿富有个性化的表达表现。教师与幼儿的双主体角色是教育活动评价要素中的一个重要方面,教师是教育活动过程中的施教主体,从教师出发的评价只是一个方面,幼儿是教育活动过程中的学习主体,因此,评价必须从过多地关注教师如何“教”转变到同时关注幼儿如何“学”,并关注幼儿在学习活动中多方面潜能的发展过程,体现“以学评教”。

从幼儿学习出发的评价,对幼儿参与活动状态的专注主要涉及六大方面:情绪状态、注意状态、参与状态、交往状态、思维状态、生成状态。因此,对教育活动过程中幼儿的“学”进行的评价可以包括以下几个方面的内容。

1.幼儿对教育活动的参与度

其主要评价在教育活动的进行过程中幼儿的注意力集中程度;在学习、探索以及表达表现活动中的积极性、自主性、能动性程度等。

2.幼儿的情感态度

其主要评价幼儿在教育活动过程中的情绪状态,包括在活动中表现出来的学习态度、情感语言、动作等。

3.幼儿的学习方式

其主要评价幼儿在教育活动中所表现出来的学习风格以及采用的倾向性学习方式和策略,包括其学习方式的多样性、个别性、独特性程度和表现。

4.幼儿在教育活动中的互动程度

其主要涉及对幼儿在教育活动过程中与他人互动交流状况的评价,包括活动中与他人的合作交流与互动的次数、形式以及有效性等方面。

5.幼儿在教育活动中的能力

其主要评价教育活动中幼儿在能力发展水平上的表现和反映,包括活动中的语言表达能力;敢于提问、经验迁移、分析判断等思维发展能力;动手操作能力及创造性表达能力等。

6.幼儿的学习习惯

其主要评价教育活动中幼儿对学习、探索活动的坚持性;克服困难的勇气和毅力;善于倾听他人、接纳他人意见以及与他人友好合作、交流协商等方面。

### (二)对幼儿发展的评价

在对幼儿“学”的评价中,幼儿学习能力和发展水平也是重要的一项评价内容和指标。幼儿园教育活动的根本目的在于促进幼儿的学习和发展,而教育活动的设计又是在一定的目的导向基础上的。因此,对活动效果的评价自然成为评价中不可缺少的一部分。而当前的幼儿园课程是以整合式、主题式的脉络和结构而展开的,在一个幼儿园教育活动中所能反映和呈现的幼儿能力和发展水平方面的信息也是交叉多元的,它可能涉及不同的智能领域。因此,在幼儿园教育评价的实际操作中,可以将幼儿的发展性指标加以整理,从不同的智能发展领域出发,与《幼儿园教育指导纲要(试行)》中的幼儿能力发展评估项目和内容相结合,构成一份较完整且可以操作的“幼儿能力发展水平评估表”(见表 12-1)。这样的评估表是给每个幼儿准备的,也是可以通过对若干次教育活动和一日生活的其他活动来加以记录和做出总结性评价的。

**表 12-1　幼儿能力发展水平评估表**

| 智能项目 | 评估项目 | 内　容 | 达成情况 | 记录时间 | 备　注 |
|---|---|---|---|---|---|
| 肢体运动智能 | 运动能力 | 走、爬动作协调 | | | |
| | | 能重复自己和模仿他人的一些动作 | | | |
| | | 有运动意识、能充分活动自己的身体 | | | |
| | | 能根据节奏的变化进行各项运动 | | | |
| | | 动作灵敏,有一定的平衡能力及耐力 | | | |
| 语言智能 | 倾听阅读 | 能听懂普通话,安静地听简短的故事 | | | |
| | | 能倾听别人讲话,喜欢阅读 | | | |
| | | 有良好的阅读习惯 | | | |
| | | 能听懂教师说话的意思,乐意接触幼儿艺术作品 | | | |
| | | 关心常见的符号、标志和文字 | | | |
| | 语言表达 | 乐意开口说话,表达自己的需要 | | | |
| | | 能用普通话表达自己的意思 | | | |
| | | 能清楚表达自己的意思并回答问题 | | | |
| | | 能围绕一个话题与人交流,进行讨论和对话 | | | |
| | | 能在集体或公众场合大胆地表达意见 | | | |
| 空间智能 | 技能展示 | 喜欢拼图、迷宫、棋艺等游戏 | | | |
| | | 理解生活中的距离、时间、空间等概念 | | | |
| | | 喜欢画画,对色彩敏感 | | | |
| | | 能对玩具、材料、声音等产生联想 | | | |
| | | 会大胆地画图、制作与构造 | | | |
| | | 乐意模仿声音、音乐动作 | | | |
| | | 能够大胆地和同伴一起表演唱歌、舞蹈等 | | | |
| | | 能在音乐活动中自然地表达自己的情感 | | | |
| | | 初步具有音乐表现能力 | | | |
| 人际智能 | 适应集体 | 愿意上幼儿园 | | | |
| | | 情绪愉快地参加幼儿园的各类活动 | | | |
| | | 遵守幼儿园集体生活的规则,能控制自己的行为 | | | |
| | | 在集体生活中会商量提出规则,共同遵守 | | | |
| | | 在各类不同场合,表现大方,不怕陌生人 | | | |
| | 交往合作 | 在集体生活中愿意与同伴一起玩 | | | |
| | | 愿意与同伴共同使用材料与玩具 | | | |
| | | 理解他人的行为,学会协商 | | | |
| | | 能与同伴分工,合作完成任务 | | | |
| | | 会吸取、充实和运用别人的想法和主意 | | | |
| | 关爱情感 | 喜欢教师,亲近同伴 | | | |
| | | 初步理解别人的想法与情感 | | | |
| | | 当别人不愉快时能学着安慰别人 | | | |
| | | 能用适当的方式表达自己对他人关心的情感 | | | |
| | | 有同情心,当别人需要时能提供帮助 | | | |

续　表

| 智能项目 | 评估项目 | 内　容 | 达成情况 | 记录时间 | 备　注 |
|---|---|---|---|---|---|
| 内省智能 | 认识自己 | 知道并会应答自己的名字,能辨别出自己的东西 | | | |
| | | 会自我保护,遇到意外能寻求帮助 | | | |
| | | 能表达自己的情感、经验和成功 | | | |
| | | 对自己的行为、言语有初步的评价能力 | | | |
| | 自理能力 | 在成人的帮助和指导下会进餐、洗浴、入睡等 | | | |
| | | 能根据自己的需要如厕、喝水 | | | |
| | | 会穿、脱衣服,会使用筷子 | | | |
| | | 会整理自己的物品并放在规定的地方 | | | |
| | | 独立完成日常生活中力所能及的事情 | | | |
| 数理逻辑智能 | 数形时空 | 观察生活中物品的大小、多少及形状、颜色的不同 | | | |
| | | 尝试对物品进行比较、对应、分类、排序等 | | | |
| | | 初步理解数量、重量、空间距离等概念 | | | |
| | | 认识数字,会用简单的方法进行估算、测量等 | | | |
| | | 在生活游戏中,感受数量关系,会进行比较推理 | | | |
| 自然观察智能 | 基本常识 | 能认识与识别与自己的生活紧密相关的人和物 | | | |
| | | 知道周围环境中常见的人和物的显著特征 | | | |
| | | 了解人与动物、自然现象、社会环境之间的关系 | | | |
| | | 有收集和了解周围文化和信仰的兴趣与能力 | | | |
| | | 对不同地域、民族的民俗文化有初步的了解 | | | |
| | 观察能力 | 对周围事物好奇,喜欢摆弄物品 | | | |
| | | 能观察、照顾自然角,对其变化敏感 | | | |
| | | 在游戏中会创造性地运用材料 | | | |
| | | 运用各种工具和材料进行制作与小实验 | | | |
| | | 能尝试接触和运用多种媒体 | | | |

### (三)对教师“教”的评价

幼儿园教育活动是由教师、幼儿、教育活动目标、内容、手段与组织形式、环境等诸多要素构成的,而其中幼儿与教师是两个紧密联系、互为主体且不断作用的要素。因此,从教育活动评价的辩证角度而言,评价幼儿的学习方式也就是评价教师的教学方式,评价教师的教育活动设计是否有利于幼儿学习方式的开放和多样;教师设计的教育教学内容、采用的组织指导策略、创设的环境条件是否能调动幼儿学习的积极性,更有利于促进幼儿主动、有效地学习等。因此,在一定程度上,一个富有实效的教育活动也同样是通过教师“有效的教”来得以体现的。

从教师的角度来评价教育活动,主要内容包括教育活动的目标、内容、方法手段、组织形式、资源利用、环境创设等。

#### 1.对教育活动目标的评价

目标是教育活动的起始环节,是展开教育活动的出发点与归属,它规定了教育活动预期所要获得的某种效果,它是教育活动内容选择、方法运用、效果评价的依据和标准。因此,明确教育活动目标的过程,也就是精选教育活动内容、优化教育活动方式的过程。对一个教育活动目标的评价主要包括目标的表述方式、表述内容、表达指向等方面。

2.对教育活动内容的评价

对于幼儿园教育活动内容的选择,《幼儿园教育指导纲要(试行)》明确指出:应该"既考虑幼儿的现有水平,又有一定的挑战性;既符合幼儿的现实需要,又有利于其长远发展;既贴近幼儿的生活来选择幼儿感兴趣的事物和问题,又有助于幼儿经验的积累和视野的拓展"。以《幼儿园教育指导纲要(试行)》为依据,对教育活动内容的评价可从以下几个方面着手:

(1)适宜性、有效性。评价教育内容是否具有适宜性和有效性是指活动内容是否依据教育目标,是否符合幼儿的年龄特点,是否尊重幼儿的学习兴趣和需要,并能从幼儿的角度来选择孩子喜欢的、感兴趣的内容。此外,适宜性、有效性还体现在教育活动内容选择的难易程度以及重点确立等方面是否符合小、中、大班不同幼儿的认知水平,能够有利于幼儿更好地获得新的知识经验以及获得适宜性的发展。

(2)针对性、挑战性。教育内容具有针对性和挑战性,是指能够从不同的教育活动内容特点出发,既突出内容的专门化、个别化,也体现内容的综合化。即评价教师能否把握住各领域中幼儿关键经验以及应该获得的基本经验,同时在关注幼儿的现实生活经验的基础上,对幼儿已有的经验进行整合,使教育活动内容更体现出挑战性、针对性,能促进幼儿在"最近发展区"的水平上实现经验的提升。

(3)多元性、整合性。教育内容的多元性、整合性,是指教师对教育内容的设计安排能够体现将各领域的关键经验进行有机的、自然的整合,同时也能体现将某些发展领域中的内容围绕某个主线,结合其他领域方面统整到某一主题中。这种整合在内容上各领域彼此间是有内在关联并由逻辑主线贯穿的,它是一种自然而有效的整合。

(4)自然性、开放性。在幼儿园教育"回归自然""回归生活"的大背景下,活动内容也不再仅仅强调学科体系知识的严密性、逻辑性、完整性,不再只是强调知识的量和深度,而是更强调学习内容的广度和连接点,强调将学习内容与幼儿的多方面经验结合在一起,使新知识、新概念的形成建立在幼儿现实生活的基础上,强调将幼儿现实生活中的内容演绎为教育活动内容,从而引发幼儿愉快地、主动地、创造性地、有效地学习。

3.对教育活动方法的评价

对于一个教育活动来说,活动的目标设定、内容安排、手段方法等都是评价的重要内容。而对教育活动方法的评价主要看教师在教育活动方法、手段及情景创设的设计上是否体现了幼儿的年龄特点,活动的方式是否能够满足幼儿学习方式上的差异性,是否能够促进幼儿在已有水平上的有效学习,教师的教学形式是否适宜于教学内容,活动中教师的提问是否有效,等等,即主要表现在教育活动方法的适宜性、有效性方面。

(1)适宜性

适宜、有效的教学活动是通过教师的教学方式来体现的。巴班斯基在《论教学过程最优化》一书中指出:"教学方法是由学习方式和教学方式运用的协调一致的效果决定的。"因此,在教学方法的选择上应该遵循以下原则:①根据教学目标选择教学方法。每种教学方法都可能有效地达到完成教学目标的某一内容,问题的关键是如何选择最佳的方法。哪一种方法最容易达到预期目标,符合幼儿的年龄特点,便是最好的办法。②依据幼儿心理特征与认知特点。瑞士心理学家皮亚杰认为:儿童认知的发展是一个积极主动的建构过程,在这个过程中,儿童通过自己的活动(外显的物体操作活动和内隐的智力活动)逐渐建立分化和理解的认知结构。为此,教师应依据幼儿思维发展的行为式—图像式—符号式三个阶梯,选择相应的方法,激发、维持幼儿的内部学习动机,使幼儿以积极的情感态度投入教学活动,产生师生互动、生生互动。③考虑学科性质和教学情境。任何教法的功能都具有相对性,均各有其特点和适用范围。教师要善于分析各学科的性质特点,在此基础上选择与之相对应的教学方法;根据不同的教学情境,采取适宜的渲染、烘托等手段,充分发挥教学方法为完成教学内容服务、教学内容为达到教学目标服务的作用。

教学方法的选用是为了更好地完成教学目标，教师应该根据不同的学习内容适宜地选择和创造性地运用。幼儿园教育活动中常用的教学方法有游戏法、情景法、模仿法、谈话法、操作法、故事法、发现法、探究实验法、展示交流法等。值得注意的是，某一教学方法往往有相适用的某种特定教学内容和教学条件，因此，评价教育活动中方法的适宜性，首先是看教师在教学方法的选择与运用上能否充分了解每种教学方法的特点、功能、局限性以及与教育内容、幼儿年龄特点的适宜程度，在此基础上进行合理、灵活的使用。其次，还要评价教师是否能够在采用适宜的教学方法的同时，将教学过程转化为幼儿感受、体验、探究的学习过程，促使幼儿的已有经验与新经验的认知碰撞，进而推动幼儿自主构建知识的过程。

(2)有效性

评价教师的教育活动方法是否体现有效性，可以从以下几个方面着手：

①对幼儿经验的提升。经验即经历、体验，泛指由实践得来的知识或技能，它是人在实践中通过自己的感觉器官直接接触客观外界而获得的对各种事物表象的初步认识。对于学前儿童来说，经验作为一种从其个体发出的感性认识活动，它不仅仅指认知经验，也包括在情感、技能、合作交往、学习方式等方面的经验。因此，在集体教育活动中，教师在选择和运用谈话、情景体验、发现、讨论等教学方法中就应当结合恰当的教育时机，帮助幼儿梳理、整合、提升与拓展经验。

第一，找准经验点。教师准确找到新的经验点是关键所在，“经验点”的把握一般可以依据幼儿的“最近发展区”。幼儿共同的经验或幼儿发展中必须具有的经验即基本经验，它可以根据幼儿年龄特点、发展关键期及发展目标而确定。经验点是教师把握集体教育活动内容对幼儿的适度挑战性，使教育活动方法有效发挥作用的前提。

第二，运用多种方法与形式。评价教师如何提升幼儿经验不仅表现在教师对教育活动关键经验点的把握上，还表现在教师是否能够根据相关经验点选择和运用相适宜的不同方法与形式来提升幼儿的经验，从而更体现出活动方法的有效性。

②对提问策略的把握。评价教师“教”的有效性的另一个重要维度和方面是评价教师的“提问”。提问，虽然是教师在集体教育活动中通常采用的策略之一，但它却是影响教师对教育活动指导有效性的重要指标。评价教师提问的有效性表现在：

第一，提问形式的多样性和灵活性。教师在教育活动中对提问策略的把握，既需要尊重幼儿的年龄特点和认知发展规律，选择恰当有效的时机实施提问，同时，在运用提问策略中也应当视时机情况采用不同形式的提问，有时可以是展示式提问(有明确的答案，是对知识核心的提问，但缺少启发性、思考性)或开放式提问(没有明确的答案，属于更高认识水平的提问，可以引发幼儿讨论、激起幼儿想象)，有时也可以是启发式提问(在问题情境中引起幼儿进行比较、假设、分析、推理)或换位式提问(引起幼儿假设，学着用换位方式去体验角色的行为、心理等)。

第二，提问使用的目的性、艺术性。在教育活动中，教师的提问应当有明确的目的性、启发性和艺术性。教师的提问，一方面要能激起被提问者回答问题的兴趣和热情；另一方面，活动中教师的提问还要与特定的教学情景相结合，能引发幼儿进一步的思考。通过丰富多样、适宜有效的提问，促使教育活动在更加充满情趣、贴近幼儿生活、推动幼儿思维迁移的状态下，在加强和推动幼儿多边活动的过程中，进一步促使教育活动内容的层层深入和不断生成。

评价教师的提问还包括评价教师是否将“疑问”引入教学过程中，教师是否通过引疑、设疑、质疑、求疑、解疑、留疑的一系列过程，启发幼儿积极思维，并在教育活动过程中允许幼儿以适合自己的方式去学习；教师是否能支持幼儿特有的想象，及时发现和挖掘蕴藏在幼儿身上的潜能，通过双向、多向提问形成学习过程中师生互动、生生互动的良性循环。

4.对教育活动环境材料的评价

教育活动是在教师一定的目的和内容预设前提下进行的活动，其中，对环境和材料的创设是很重要的一个方面。

(1)相宜性、启发性

在幼儿园教育活动设计与指导中，环境材料的创设和利用既是满足幼儿探索、操作和合作交往等活动的基本条件，也是保证教学方法能够充分发挥有效价值的重要前提。教师对活动环境和材料的创设与提供，首先，必须与活动的目标定位、内容主题相适宜，即环境和材料的设定是能够为目标的达成和内容的学习与体验所服务的，而不只是为了追求形式上的环境和材料；其次，相宜性还表现在环境与材料的呈现方式是与幼儿的年龄特点和主题内容相吻合一致的，而不只是为了追求新奇与丰富。

对于环境材料的设计与选定，在体现相宜性的同时，启发性也是随之而生的。只有适宜的环境和材料才能充分发挥在幼儿认知、情感、个性、社会性等方面发展上的启发作用和价值，而在教育活动中，这种环境和材料的启发性尤其以对促进幼儿概念建构、探索发现、认知冲突、积极思维等更显其价值。

(2)多样性、开放性

评价教师对环境和材料的创设，除了相宜性和启发性，多样性和开放性也是不可忽视的，尤其是随着现代化教育手段和多媒体课件的广泛运用，教师可以尽可能地调动和布置多种资源和环境，更多样而开放地设计和使用环境与材料。当然，在体现环境和材料的多样性、开放性的过程中，教师必须从环境、材料在实际教学运用中的功能和价值出发，把握好“度”。一般说来，当学习内容较远离幼儿生活经验和背景时，教师可以利用录像、课件展示实际生活的真实情景，以丰富幼儿的生活经验，进而拓展能够共同交流的话题，进一步引发幼儿表达、表现。而当学习内容贴近幼儿生活或预知大部分幼儿有相关经验背景时，教师则可以利用照片、图画等平面环境布置来引发幼儿对已有经验的回忆，进而推动幼儿进行大胆自主的分享交流以及更进一步的问题探究。

## 第三节　学前教育评价的基本过程、类型与方法

按照科学、合理的程序，采用适宜的方法组织和实施评价，是其有效性与可靠性的根本保证。在学前教育各种类型的评价中，所采用的组织形式、内容和方法都不尽相同。就评价过程来说，都要经历计划、实施、结果三个阶段；就评价方法而言，也有许多种类，每种方法都是从不同的角度入手收集资料和做出相应的价值判断，并各有其优点和不足。

### 一、学前教育评价的基本过程与步骤

每一项评价都是一个回答问题、解决问题的过程。整个评价过程涉及许多的具体工作和步骤。以下论述一般学前教育评价中均可能包括的确定目的、设计方案、实施评价和结果处理等步骤，以及与之相关联的特定的工作内容。

#### (一)确定评价目的

评价目的是评价活动的出发点和最终归宿。在每一次评价活动组织之前，首先必须要明确评价的目的与性质，主要有三个方面的问题。

(1)为何评价，当前评价的直接目的是什么。评价目的不同，评价的内容、组织方式、资料收集的方法都有很大的不同。

(2)由谁评价，评价的主要组织者和评审者是谁。如果评价的目的是鉴定机构质量，则评价将主要由上级行政管理部门执行，评价者可能是幼儿园以外的专门人员(或有时与机构的自身评价相结合)。如果评价是为了改进本单位的工作，则本园内部领导和教师的自我评价或相互评价将发挥主要作用。

(3)评价什么,评价的具体内容与对象是什么。例如,在一项教师工作评价中,是对教师工作全面评估,还是针对某一方面(如备课情况或组织游戏情况)的评价?

在决定评价目的时,应当做出慎重的考虑,尽量在主客观条件许可下,在可行的范围内选择有实际意义的主要方面进行评价。

### (二)设计评价方案

评价方案,即依据一定的评价目的和目标,对评价的内容、对象、范围、过程、方法和程序等加以计划和规范的书面文件,是整个评价工作的总体结构与工作计划,是评价工作的关键性指南,是评价者对有关问题在充分酝酿和构思计划的基础上所做出周密细致的考虑安排。具体而言,评价方案的设计主要包括以下各项工作:(1)明确评价所依据的目标;(2)设计评价指标体系;(3)确定收集评价资料的方法和步骤;(4)准备评价记录表格与文件;(5)根据资料性质与特点选择处理和分析评价资料的方法。

评价方案还应包括评价项目的人员配备、费用预算、完成各阶段任务的时间表等。

### (三)收集评价的资料

现代教育评价是以教育目标为依据,运用有效的评价技术和手段,对教育活动的过程和结果进行系统地测定、分析、比较,并给予价值判断的过程。教育评价的科学性和准确性与评价信息的收集和处理密切相关。评价信息收集得越充分,处理信息的手段越科学,评价的结果就越准确。所以,评价信息的质量是影响教育评价的信度和效度的关键因素。因此,教育评价中的信息的收集和处理是影响教育评价科学化的一个很重要的方面。对教育活动做出科学、准确的价值判断必须建立在充分的、准确的信息的基础上。在制订方案时就要考虑好选择评价方法和收集评价资料的工具。在收集评价资料之前,应做相应的组织准备,如确定资料采集人员,聘请有关专家作指导,或成立专门的评价委员会机构。评价者应向有关人员(如机构工作人员或家长等)进行宣传动员,解释评价的意义和目的,并指导人们正确地看待评价工作和结果。收集评价资料的工作应按已制订好的方案进行,并注意对足以影响准确地形成判断的各因素加以尽可能有效的控制。例如,规定评审人员的各项纪律,避免主观偏向,杜绝弄虚作假、提供不确切信息等不正之风。评价工作需对各项指标进行科学而简便的打分,一般应严格按照方案中规定的打分方式和要求,按照评分标准进行评分。

### (四)处理评价的结果

在大量科学准确的信息资料收集的基础上,评价人员应采用科学的评价方法精确全面地分析资料,形成对评价对象的综合性判断意见,做出评价结论。例如,利用数学的量化方法,对办园水平有关的逐级指标得分进行综合性评价之后,对某幼儿园所属的质量类型或等级做出鉴定等。评价结果处理和结论的形成应以评价目的为根据,并应慎重而合理地检查与限定本次评价的效度与信度,以便修正结论或改善未来相似的评价方案。根据评价结论,还可分析与诊断当前学前教育工作中的问题与不足,把有关的重要信息纳入评价报告,反馈性地指导学前教育的改革决策,或有的放矢地调整教育计划进行个别教育等等。

### (五)提供评价报告

做出评价结论之后,评价者要向评价听取人提供某种形式的书面报告或鉴定。评价对象中可能会有不同的需求,较早地与之接触交流有助于在评价中适当地纳入对这些需求的资料和结果。但有时这种交流会导致产生过多的问题,不可能全部在一次评价中解决。这时,需考虑以下标准加以筛选:(1)针对主要对象;(2)针对直接使用评价结果者;(3)目前能否获得有关资料;(4)对象是否会持续地感兴趣;(5)是否可操作;(6)人力、费用、时间等的允许范围。

## 二、学前教育评价的基本类型

随着教育评价理论的不断丰富和发展,人们从不同的角度出发对评价的类型展开讨论,既有标准化的测验或自我性的评估,也有局部性的诊断或终结性的评定等,每一种评价类型都有其适用的条件和前提。不同的评价类型之间不是完全独立的分类,只是为了更好地选择和使用评价及其技术提供一定的理论依据。幼儿园教育活动的评价,相对来说是一个涉及对更具体、更微观层面的现象、个体或群体所作的评价。在一般情况下,比较显见和常用的有以下几种评价模式及一般方法。

### (一)正式评价和非正式评价

1.正式评价

正式评价是指评价者富有计划性、目的性和针对性实施的评价,一般往往是采用量化的方式来进行的。体现在教育活动中,多表现为上级行政部门、幼儿园管理层根据一定的目的和计划而开展与实施的评价,一般采用量化和等级或分数式的评价表。

2.非正式评价

非正式评价通常是指发生在教育活动过程和特定活动情景中的,不自觉地进行着的对学习者的行为语言以及教学活动现象或事件等的观察和评定,它是教师在与幼儿日常接触及互动过程中通过不断地了解幼儿,进而形成对幼儿的某种判断与反馈的一种评价方式。这种非正式评价一般很难量化,具有较大的主观性和隐蔽性,但教师非正式评价的目的也是为了更好地了解学习者的需要、学习风格、认知特点等,以帮助和促进幼儿的学习。

### (二)诊断性评价、形成性评价和终结性评价

根据评价的功能和运行时间分为诊断性评价、形成性评价和终结性评价。

1.诊断性评价

诊断性评价是在教育活动之前进行的预测性评价或"事实评价",目的在于了解幼儿的基础情况,包括对幼儿的智力、技能、行为、能力、个性、情感、态度等进行诊断,做出判断,为有效制订教育活动计划或解决某些实际问题提供依据。一般在教育活动开展前或在学期初进行这类评价。

2.形成性评价

形成性评价是"对学生的学习过程进行的评价,旨在确认学生的潜力,改进和发展学生的学习"。形成性评价的任务是"对学生日常学习过程中的表现、所取得的成绩以及所反映出的情感、态度、策略等方面的发展做出评价。其目的是激励学生学习,帮助学生有效调控自己的学习过程,使学生获得成就感,增强自信心,培养合作精神。"形成性评价不单纯从评价者的需要出发,而更注重从被评价者的需要出发,重视学习的过程,重视学生在学习中的体验;强调人与人之间的相互作用,强调评价中多种因素的交互作用,重视师生交流。在形成性评价中,教师的职责是确定任务、收集资料、与学生共同讨论、在讨论中渗透教师的指导作用,与学生共同评价。

3.终结性评价

终结性评价就是对课堂教学的达成结果进行恰当的评价,指的是在教学活动结束后为判断其效果而进行的评价。一个单元,一个模块,或一个学期的教学结束后对最终结果所进行的评价,都可以说是终结性评价。终结性评价是对一个学段、一个学科教学的教育质量的评价,其目的是对学生阶段性学习的质量做出结论性评价,评价的目的是给学生下结论或者分等。

### （三）内部评价和外部评价

根据评价的主体分为内部评价和外部评价。

1.内部评价

内部评价也称自我评价，是被评者通过自我认识和分析，对照某种标准，对自己组织的活动做出判断。由于被评者又是评价的主动参与者，可使评价进行成为自我认识与提高的途径，有利于改进工作，并接受评价结论。

2.外部评价

外部评价也称他人评价，是由有关方面人士组成评价小组，或由专门人员实施评价，对被评者某方面的实态进行评价。

### （四）档案袋评价

档案袋评价（Portfolio Assessment）又称为“学习档案评价”或“学生成长记录袋评价”，是以档案袋为依据而对评价对象进行的客观的综合的评价，它是20世纪90年代伴随着西方“教育评价改革运动”而出现的一种新型质性教育教学评价工具。档案袋是指由学生在教师的指导下搜集起来的、可以反映学生的努力情况、进步情况、学习成就等，它展示了学生某一段时间内、某一领域内的技能的发展。档案袋评价包括教学型（课堂型）、评价型、展示型、文件型、理想型等类型。

## 三、学前教育评价的基本方法

无论是对教育活动目标的评价，还是对各个教育活动领域或某个具体的教育活动过程的评价，以及对教育环境和材料的评价，都离不开信息的搜集。搜集信息是做好教育评价的重要一环。评价的方法实际上就是搜集信息的方法。它可分为两大类，即针对教育者的评价方法和针对幼儿的评价方法。

### （一）针对教育者的评价方法

1.打分法

例如：

幼儿教师教育教学能力评价（20分）

评价时间＿＿＿＿＿　评价人＿＿＿＿＿　被评价教师＿＿＿＿＿

①了解每一个幼儿的特质及能力。

②设计符合幼儿身心发展特点的方案。

③以丰富的情景布置激起幼儿的学习动机。

④能事先做好活动所需的各种准备。

⑤以丰富的身体动作、表情、语态来组织教育活动。

⑥妥善安排集体活动与个别学习的时间。

⑦幼儿经常通过亲自探索、操作或实验的方法获得知识，而非由教师直接告知。

⑧规划不同的学习角，提供丰富的学习经验。

⑨教师能引导幼儿在提供的学习区内找到自己想从事的活动，很少有游荡、呆坐的现象。

⑩幼儿能随时更换学习区。

注：未做到：0分，尚可：1分，经常做到：2分。

2.等级法

等级法是由幼儿园园长或同行按照一定的标准对教师的有关方面情况划分等级，如一级、二级、三级，借此对他们的工作情况做出评价。

### （二）针对幼儿的评价方法

这是对幼儿评价的信息搜集方法，也是评价工作的重点和难点。大致有以下几种。

1.观察法

观察法是指在自然条件下有目的有计划地对观察对象或行为进行考察、记录、分析的一种方法。它包括描述观察和抽样观察。

(1)描述观察——轶事记录

轶事记录是观察者对可以表现幼儿个性或某个方面发展的有价值、有意义的行为情况所做的记录。轶事记录不受观察时间、地点的限制，凭借文字描述就可记录到幼儿的特定动作和行为或某件事。此法运用起来简单方便，可以为评价提供有意义的资料和客观依据。做好轶事记录应注意以下几点：

①轶事记录力求真实，不可将记录者的意见、解释和事实混淆，避免使用带有主观性的词。

②记录要及时、准确、具体，要将被观察者的行为、言语、周围情景详细记录，并注意记录的完整性。

③记录材料要妥善保存，并尽可能根据被记录者的背景信息做出。

例如：轶事记录

观察对象：帆帆（男）　3岁6个月；静静（女）　3岁8个月

观察者：本班教师

观察时间：2013年10月16日

观察地点：小班活动室

帆帆和静静午睡后起床，已穿好衣裤，拖着鞋子来到活动室坐下（紧邻）。帆帆说："夏天，我爸爸带我去海边玩玩，风可大了。"静静低头在弄鞋袢，没作声。一会儿，突然说："爸爸带我到上海去玩的。上海的玩具店门口有滑梯，我玩了好长时间。"帆帆看看她，没作答。

(2)抽样观察

抽样观察是观察者根据一定的标准，抽取一定的幼儿来进行观察、记录和研究，从而获得对幼儿行为了解的方法。这种观察要求观察者事先做好周密的计划与准备，观察结果也有较强的可靠性和代表性。常用的抽样观察包括时间抽样和事件抽样。

①时间抽样观察。它是在规定的时间间隔内观察记录预选行为是否实现的方法。它适用于以下条件：一是孩子经常出现的行为；二是容易被观察到的外露行为。

研究者必须首先对有关概念做出明确的含义解释，使其他人对这些概念有共同一致的理解。同时必须有明确的目的。在运用时间抽样法进行观察之前要做好以下方面的工作：

首先，根据观察目的确定要记录的信息，即幼儿会发生的一些特定行为。

其次，确定每一观察单元的时间区间。时间区间的长短、间隔及数量多少，因研究目的而定，但主要准则是保证时间样本的代表性。

最后，事先详细制订好记录表格，并对表格中有关行为类型做出具体的规定和详细的描述。

例如：

观察内容：在幼儿自由游戏的40分钟内，对全班幼儿每隔10分钟观察30秒钟，记录幼儿的行为表现，分口头攻击和身体（动作）攻击。应事先准备好观察记录的表格（见表12-2）。

表 12-2　幼儿攻击性行为观察表

| 幼儿姓名 | 10:00 | | 10:10 | | 10:20 | | 10:30 | | 10:40 | | 总　计 | |
|---|---|---|---|---|---|---|---|---|---|---|---|---|
| | K | S | K | S | K | S | K | S | K | S | K | S |
| | | | | | | | | | | | | |
| | | | | | | | | | | | | |
| | | | | | | | | | | | | |

观察说明：

· 在 10:00 到 10:40 的游戏活动时间内，每 10 分钟观察幼儿 30 秒钟。

· 记录幼儿在这 30 秒钟内出现的攻击行为(K 为口头攻击，S 为身体攻击)。

②事件抽样观察。这是抽样观察并记录某种特定的事件的方法。评价者事先应明确观察的目的，选择所要观察的行为，确立观察的时间、地点，确立记录的项目并设计出方便应用的记录表格。

例如：

观察内容：幼儿在游戏过程中，从问题言语发生开始，记录时间，在记录表 12-3 上填写相应的情况。

观察目的：幼儿“问题言语”的发生。

表 12-3　幼儿“问题言语”发生记录表

| 幼儿姓名 | 年　龄 | 性　别 | 问题言语持续时间 | 开始原因 | 过　程 | 结　果 | 背景情况 |
|---|---|---|---|---|---|---|---|
| | | | | | | | |
| | | | | | | | |
| | | | | | | | |

以上几种观察幼儿活动的方法，可使评价者从不同的角度、不同的观察内容、提供的多种信息，去系统评价幼儿园的各种教育活动和教育活动的全部，以及教育活动的目标、内容、手段和方法；评价幼儿身体、认知、社会、情感和态度等多方面的发展，个别幼儿发展的水平等，以改进教育教学。在观察中，应做到记录客观，避免主观性，以求实效，为评价提供科学的依据。

2.谈话法

谈话法是调查者通过与被调查者当面交谈来获取信息，进而进行评价的方法。按照谈话方式，谈话法有以下四种。

(1)直接回答问题的谈话。即一问一答式的谈话。谈话者把准备好的问题一一提出来，提完一个，让幼儿回答一个。例如：

让 3～4 岁(小班)幼儿回答下列问题：

你叫什么名字？

你今年几岁了？

你的生日是哪一天？

你是男孩还是女孩？

你家住在什么地方？

你爸爸、妈妈叫什么名字？

你知道自己的幼儿园在什么地方吗？

你知道自己上的是哪个班？

评价标准：

优秀　正确回答 8 个问题以上。

良好　正确回答 6～7 个问题。

尚可　正确回答 3～5 个问题。

较差　正确回答 2 个以下问题。

评价目的：评价幼儿的自我意识。

(2)选择答案的谈话。它指谈话者把询问的内容预先拟订成具体的选择题，以便供被调查者选择，从而进行评价。例如：让幼儿说出最喜欢幼儿园的什么地方？（游戏室、科学发现室、电脑房等）

进行这类评价时，应尽量考虑供幼儿选择的答案的简单性，不易让幼儿遗忘。有时为了防止幼儿遗忘，还可以适当辅之以实物、照片和图片。

(3)自由回答的谈话。即围绕着一个或几个问题进行回答，直到了解问题为止。对于教师对孩子的态度、责任心等方面的评价，可用这种方法。例如：

“你最喜欢班上哪位老师？”

“你为什么喜欢这个老师？”

运用这种评价方法时，需要给孩子营造一个自然、轻松的氛围，消除孩子的紧张性，甚至可请家长代问孩子并记录幼儿的回答。

(4)自然谈话。自然谈话是一种没有具体顺序和回答形式的谈话方法。常在解决幼儿之间的矛盾时使用。

3.测验法

(1)标准测验

这是由教育专家确定的测验法。测验结果可以和一定的标准对照，以测定被评价者的程度。如韦克斯勒量表中对学龄前儿童的测查，包括常识、词汇、图画补缺、算术题、迷津、木块图案、理解等，并有评分标准。标准测验的优点就在于具有客观性和高效度、高信度，有常模可对照，使不同测试对象都可以同一尺度相比较。但是针对性不够。

(2)教师自制测验

即教师为了了解本班幼儿在某些方面的发展情况，自己制作一些测验题，对评价对象进行测查。例如：

教师为了了解幼儿观察力的发展水平，以便于更好地对幼儿进行观察力的培养，可以自制一个测验——带孩子参观理发店，然后引导孩子描述观察到的事物，根据幼儿的回答对幼儿的观察力做出评价。

①出示理发店图片，问孩子“这是什么地方？”“为什么？”以此考察幼儿观察的概括性。

②提问“人们去理发店干什么？”根据幼儿说出人们活动项目的多少，评价幼儿观察的精确性、细致性和顺序性。

③提问“理发店内的阿姨、叔叔穿什么颜色的衣服？”

4.笔试法

这类方法在幼儿阶段尽量少用，偶尔用之也一般以短小的问题、简单的符号或数字作回答，以了解幼儿是否达到具体的目标。评价者在测试时可伴有口头语言。有以下几种测试方法。

(1)问题测试。例如：

5＋3＝？　　45＋2＝？　　4＋？＝8

目的是了解幼儿的运算能力。

(2)是非测试题。要求幼儿在括号中画“√”或“×”。例如：

鸭子和鸡都在水里游。（　）

目的是了解幼儿的正确知识。

(3)选择测试题。要求幼儿在供选择的答案后的□中,画"○"。例如:

青蛙是由(　　)。

①青虫变的　□

②小蝌蚪变的　□

③小蚕宝宝变的　□

目的是了解幼儿的正确知识。

选择测试法能评价幼儿对概念的理解和分析、判断、推理能力,较受幼儿喜欢。

(4)匹配测试题。这是一种简单的测试,趋向于测试幼儿的最初记忆。它较适用于了解幼儿认识事物和事物间关系的能力。例如:

要求幼儿在下列两组图画间画一条线进行匹配。

荷花(图)　西瓜地(图)

花生果实(图)　水(图)

苹果(图)　泥土地下(图)

西瓜(图)　苹果树(图)

以上几种测试方法,在设计问题时应注意以下几个方面:

(1)尽可能注意评价目标。

(2)应能导致幼儿的最佳思考和努力。

(3)应有可能实现的目标。

(4)应有一个合适的样本。

(5)应有高效性和可靠性。

(6)题目应谨慎地用语言表达清楚,不含糊、混淆,不给任何暗示。

(7)题目应有不同的难度。

(8)给予简单、清楚和完全的指导语。

(9)容易迅速评分。

5.个案研究法

个案研究法是选择一个或多个幼儿作为研究的对象,对他们进行追踪,搜集有关资料,分析研究对象的问题、特点及形成原因,以便采取相应的有效措施。运用此种方法时,需要综合运用观察、调查、问卷、谈话及作品分析等多种方法。多以观察为主要方法。

使用个案研究,可以帮助我们了解幼儿产生某些问题的原因,为我们进行评价、测量幼儿生长、发展、变化提供有关信息,为我们给幼儿制订适当的教育措施提供帮助。例如:

幼儿的自然情况(性别、年龄及所在幼儿园):____________

家庭背景(父母情况、经济状况等):____________

幼儿园情况:____________

幼儿活动模式:____________

幼儿各方面的发展情况:____________

幼儿的社会交往情况:____________

幼儿的生活习惯:____________

幼儿使用的各种材料:____________

另外,还可参考过去为孩子治病的医生的报告,听取家长、教师和幼儿同伴的意见。

在记录上述信息时,我们要注意尽可能地客观、准确和详尽。当我们积累了一定数量的资料后,就可进行分析,从中发现幼儿的行为模式或问题形成的原因。

教育评价是一项系统的复杂的工作。为了有效地进行幼儿教育活动评价,可多种方法结合运用,从各个角度搜集有关信息,为评价提供客观依据,以做出可靠的价值判断。

# 第四节　学前教育评价的理论模式

评价模式是与某种特定的评价过程相联系的一整套的程序和方法。具有如下特征：第一，反映一个完整的教育评价过程；第二，只对某种教育评价类型的基本理论与方法做框架性的描述，不是具体的评价方案；第三，是教育评价理论与实践的桥梁或中间环节，对教育评价实践活动具有导向和控制等功能。

下面介绍学前教育评价的七种主要模式，即鉴定性评价模式、目标获得性评价模式、CIPP评价模式、无框架评价模式、目标游离评价模式、差距评价模式、应答评价模式，并归纳出各种评价模式的理论基础、实施特点和优缺点，以及讨论如何根据评价的目的和内容有针对性地选择适宜的模式。

## 一、鉴定性评价模式

### （一）鉴定性评价的含义

鉴定性评价是由国家各级主管部门按已定标准，对各级各类学校或机构进行达标鉴定式评价的过程，是对学校或机构进行系统的、较大规模的评价活动。

鉴定性评价以通过对照已定的评价标准，对课程或机构做出评判，找出不足之处为主要目的。通常情况下，组织一批专家来进行，评价着重强调对与教育过程有关的各个环节，以及教学内容与资源提供等进行全面的评价。鉴定性评价一般需要周期性进行，如每4～7年进行一次。

### （二）鉴定性评价的过程与步骤

(1)被评机构或课程进行自我评价。被评机构或课程在内部开展自评，学习与对照评价部门颁布的标准与细则，对达到标准的情况做出自我鉴定。这些标准往往涉及教育观念和教育目标、课程特点、儿童的活动安排、教职员工情况、行政管理、督导机制、设备设置、宣传工具、服务项目等。

(2)由专家组成现场考察组，根据标准考察被评价对象自身评价的结果，观察机构运行实况，访谈领导班子、教职员工、儿童家长或其他有关人员，实地参观设备与资料等。现场访察后写出书面报告，如果认为被评单位有重要缺陷，则不予合格鉴定，督促其在一定的时限内对不足方面进行调整或改进。在一定时限内，该单位经再次自身评价，认为已有资格重新受评，则重复本步骤，直至获得合格鉴定。该模式在学前教育评价的运用中，有时还借助社会其他部门对学前教育机构进行评价。

### （三）鉴定性评价模式的优点

(1)要求被评价单位先行自我评价，可以激励机构的自身完善。

(2)评价标准一般能够顺利地得到贯彻和操作。

(3)现场考察与书面评价报告的间隔时间相对较短。

(4)可对多方面情况加以考察和评价。

### （四）鉴定性评价模式的局限

(1)用于专家评判的标准与机构实际工作效果之间缺乏必然的联系，即评价强调对教育过程的鉴定，而相对忽视了对教育效果（如儿童发展情况）做出评价。

(2)评价过程与结果难以重复验证。如果由另一个现场考察组再独立进行一次评价，结论是否能与前一次相同？考察组成员之间的能力、资格、观点是否一致？如果这些问题不能得到满意的答复，可能影响评价结论的有效性。

(3)评价标准只是针对最低水平而言，因此有可能使机构忽视对自身的高标准严格要求。

## 二、目标获得性评价模式

### (一)目标获得性评价模式的含义

目标获得性评价模式是由近代教育评价的主要创始人泰勒(Tyler，R.W.)倡导的。泰勒认为，评价课程效益和教师工作的最直接、最有效的手段就是考察儿童的学习和发展。他主张针对课程的目标，采用标准参照测量来测查儿童的学习和发展结果，并强调针对不同儿童个体的发展，注重比较其起点水平和教育后水平之间的差距，而不是注重将之与所有其他儿童相比较。根据泰勒的课程理论和评价思想，在课程设计中最重要的工作是建立教育目标，课程成功与否取决于这些目标是否达成。因而，评价也就需要以目标为出发点收集资料，判断实际教育活动达到目标的程度，以确定课程之有效(Tyler，1949)。目标获得性评价模式强调明确地阐述行为目标，并对这些目标加以系统测量，可见它强调对教育效果的考察，与鉴定性模式形成鲜明对照。用该模式进行的比较是在预定的目标(或标准)与结果之间的比较，而不是与其他课程作比较。该模式的创始人泰勒较为强调对课程各单元或总体学习结果的测量评价，但其后的其他倡导者则强调教育改革中更广泛的目的获得，主张对课程的结构的各个层面(教学、机构、行为等)加以评价和分析，而且在确定目标获得程度以后，还应有一个反馈过程，即根据评价结果考察和改善目标的适宜程度，产生新的目标。或通过信息反馈，促进实际工作尽可能地逼近目标，促进教育改革。

### (二)目标获得性评价的过程与步骤

用目标获得性评价模式进行课程评价时，必须把课程(或课程体系中各个单元或各主题)的目标具体化、明确化，用“行为术语”来界定之。也就是说，要规定具体的行为指标来反映课程(或单元、主题)目标。然后，寻找能显示这些目标达成程度的情境，或选择足以说明目标达到程度的具体行为标志项目，进行测量，收集资料，继而将收集到的资料与行为目标加以比较，以决定目标达成的程度如何。以下举一简例说明目标获得性评价的具体步骤。小班《我爱我的家》主题教育评价第一步：阐述主题目标并将目标分类。此例目标分为：(1)使幼儿了解家庭的大致结构，认识自己所生活的家。(2)引导幼儿体验长辈对自己的关爱，增进对长辈的感情，学习感受和表达爱的情感。(3)认识自己在家庭中的平等、独立地位，学习自我管理和自我控制。(4)接触基本社交技巧，学做小主人和小客人。第二步：将目标按行为定义，即将目标转变为可观察或测量的行为指标。例如，以上主题的目标(2)的行为指标是：主动向家人问好与告别；知道别人在关心自己并能举例说明；知道父母下班回家后干些什么；帮助、参与、模仿家人做家务；家里有人休息、工作或学习时不吵闹；吃东西不能专挑大的好的。第三步：选取评估这些目标的合适手段与情境。例如，根据上例主题的特色，采取家长问卷法，通过测查幼儿上述行为发展情况与水平评估该主题的价值。第四步：制订或选择测量工具。第五步：收集资料。本例的做法是：在主题活动开始之前召开家长会，说明教育目的和目标，并请家长根据孩子的当时情况填写行为问卷一份。主题活动结束后，再请家长填写与前相同的问卷。此外，每个幼儿的家长，都以书信形式详细汇报幼儿的有关行为变化。第六步：将收集到的资料与行为目标比较。第七步：获取改革或调整启示。

### (三)目标获得性评价模式的优点

(1)将评价视角集中于清晰的行为目标，并用前测决定儿童发展水平基线，用后测考察教育的效益，所获资料可供课程决策人员制订计划时参考，有助于促进教育教学的效果。

(2)能系统地考察既定目标与儿童实际发展之间的一致性,与系统分析法较为接近,且结构紧凑,故长期以来在教育评价中占有重要地位。

(3)具有详细、具体的测量标准,因而相对易于对目标达成程度做出评价。

(4)教育者在评价过程中起关键作用。例如,在使目标具体化与实施测量时,均以教师为主要成员。

#### (四)目标获得性评价模式的局限

(1)强调行为目标(教育结果),而相对忽视了教育过程或前提条件,不能直接评价教育过程,以及任何并非与行为目标直接关联的现象或方面。

(2)鉴于教育活动本身固有的迟效性,许多教育结果需在教育后相当长的一段时间之后方可显现。因此,评价中有时难以及时地获取关于教育效果的信息。

(3)有些行为目标所标志的行为是难以直接地、轻易地或符合道德地、合法地观测到的,故不得不涉及对某些"替代"行为的考察,其测量的有效程度尚有待证实。

(4)往往缺乏对目标的价值判断方面的注意。有时为了便于测量,仅对一些易于测量的行为目标进行评估,而对诸如创造性等不易测量的东西,则常较少地列入被测行为目标。

### 三、CIPP 评价模式

#### (一)CIPP 评价模式的含义

CIPP 评价模式是由斯塔弗尔比姆(D.Stufflebeam)创始的,他把评价定义为"为判断决策所做出的描述、获取、提供有用信息的过程",简言之就是"为决策提供信息的科学"。他还强调评价的目的在于通过测评和报告指出被评对象的优点和成就、不足和需要改进之处,以便为有不同努力方向的决策提供科学的服务。

CIPP 评价模式是指导各种教育评价项目的整合型理论框架。该模式以对背景(Context)、输入(Input)、过程(Process)、结果(Product)四个部分的评价为核心部分。CIPP 即由这四个部分评价的英文名称的第一个字母组合而成。通过评价主要"需要做什么""应该如何做""是否完成""成功与否"等问题进行回答,并为计划决策、构建决策、执行决策、循环决策四类决策进行服务。CIPP 模式的主导理念是,评价之最重要的目的并非证实,而在于改进和提高。

#### (二)CIPP 评价的过程与步骤

CIPP 评价模式可以被视为一种循环系统,一种不断收集和利用新信息的持续过程。这个过程开始有四个评价即四个步骤,后经斯塔弗尔比姆补充和完善,形成了以下的七个步骤。

1.背景评价

背景评价是对所在环境的需求、资源和问题的评价。在该阶段,评价者的活动包括:对方案所在的背景信息,尤其是方案受益人(Beneficiaries)需求和资源的信息,进行收集和评估;访问方案的领导者,了解和讨论他们对于受益人需求的各种看法观点,识别本方案需要解决的问题;访问其他利益相关者(Stakeholders),进一步了解受益人的需求和资源,识别本方案待解决的问题;以受益人的需求和潜在资源为依据,评价方案的目标;指派一位评价者,监督和记录各种方案所处环境的数据资料,包括其他的相关方案、地区资源、地区需求和问题、政治动态等;方案的有关职员,应当定期向评价小组呈交收集到的有关方案受益人和环境的资料;每年或者在某个合适的时间,评价小组应该向委托人或者大家公认的利益相关者,递交背景评价草案报告,就方案有关的需求、资源和问题,连同对方案目标和优先事项的评价,提供最新的评价信息;大约每年进行反馈讨论会,就背景评价的结果,向委托人和利益相关者做出汇报、进行讨论;完成背景评价报告,提出具体的改善措施,呈交给委托人和公认的利益相关者。

2.输入评价

对其他可供选择的方案、本方案的设计和工作计划、本方案的财政预算等进行评价。评价者的任务包括:鉴别和调查已有的方案,以便作为新方案的对照;评价方案建议的策略,考查它与背景需求的吻合程度,以及其可行性程度;评价方案建议的策略,考查它与已有的研究和文献之结论的吻合程度;评价方案建议的策略,考查它与其他方案相比之下的优点;评价方案的财政预算,考查其能否保证完成预定的工作;评价方案的工作计划和日程安排,考查它已有的安排是否充足、技术上是否可行和政治上是否可行;撰写输入评价草案报告,呈交给委托人和公认的利益相关者;举行反馈讨论会,就输入评价的结果,进行讨论;完成输入评价报告,提出具体的改善措施,呈交给委托人和公认的利益相关者。

3.过程评价

监督、记录和评价方案进展中的活动。评价者的任务包括:对方案的实施状况,评价小组进行监督、观察、以图像或者录音的方式记录,以及定期撰写进展报告;与方案的参与人员紧密合作,记录方案实施中的事件、问题、费用,以及资源分配;定期访问受益人、方案领导、员工,以获取有关方案实施的资料;在方案档案库(Profile)中,及时更新有关方案实施状况的资料和报告;定期撰写过程评价草案报告,发放给委托人和公认的利益相关者;在反馈性讨论会上,呈现和讨论过程评价的结果;完成各阶段的过程评价报告,提出具体的改善措施,呈交给委托人和公认的利益相关者。

4.影响评价

对方案到达、影响目标受众(Target Audience)的程度做出评价。评价者的任务包括:方案职员、顾问/评价小组成员,建立服务人员和团体的通讯录,记录他们的需要及其收到的服务;就该方案所实际服务的个人和团体与它意图的受益人之间的一致性程度,做出评价和判断;定期访问地区的利益相关者,如社区领导、雇员、学校和社会方案的人员、职员、警察、法官和私房屋主,了解他们对于方案如何影响社区的看法;把所获得的有关信息和评价者的判断,及时放置于定期更新的方案档案库中;判断方案在何等程度上恰当地服务了相应的受益人团体;判断方案在何等程度上不恰当地服务了非意图的人员和团体;撰写影响评价草案报告,反馈给委托人和公认的利益相关者;在反馈讨论会上,讨论影响评价的各种发现;撰写影响评价报告,提出具体的改善措施,呈交给委托人和公认的利益相关者。

5.成效评价

成效评价是对结果的品质和重要性进行评价。评价者的主要任务包括:访问主要的利益相关者,如社区领导、受益人、方案领导和职员、其他有关团体,了解他们对于该方案正向和负向结果的评价;选择合适的受益人,进行深度的个案研究;评价小组成员和方案职员提供证据,鉴别和证明方案对受益人所产生的成效的范围、深度、品质和重要性;评价小组成员汇总和评价方案对于社区的成效;运用目标游离评价法,评价方案实际上所做的工作,全方位地鉴别其正向与负向的、意图与非意图的成效;获取别处同类方案的本质、费用、成功之处的信息,与同类方案的对比中,判断本方案的成效;以草稿的方式,汇总成效评价发现,呈交给委托人和公认的利益相关者;在反馈会议中,讨论成效评价发现;撰写成效评价报告,并呈交给委托人和公认的利益相关者;把成效评价报告整合到不断更新的方案档案库中,以及整合到最终的评价总报告中。

6.可持续性评价

即在何种程度上方案成功地制度化了,将长久地得以实施下去。评价者的任务包括:访问方案领导和职员,就方案的哪些成功之处将会可持续地实施下去的问题,鉴别出他们的观点和看法;访问方案的受益人,就方案的哪些成功之处将会可持续地实施下去的问题,鉴别出他们的观点和看法;回顾评价者有关方案成效、方案花费、受益人需要等的资料,判断方案的哪些成功之处应该和将会可持续地实施下去;访问受益人,就方案的哪些措施和条件,有助于方案的可持续性实施这个问题,鉴别出他们的理解和评价;获取和检讨方案的计划、财政、人事安排和其他信息,评价方案将会可持续实施的概率;定期地回访方案,评价其成功之处正在可持续实施的程度;在评价的过程和最终报告中,汇总和汇报可持续性评价的发现;在反馈讨论会中,讨论可持续性评价的发现,以及是否有必要进行追踪研究以评价长期的效果;撰写可持续性评价定稿,发送给委托人和公认的相关利益者。

7.可推广性评价

即在何种程度上,方案已经和将会成功地被调适和应用于别处。评价者的任务包括:方案职员记录方案的咨询者、访问者,从中鉴别出方案的实际和潜在的采用者;调查有代表性的潜在采用者,要求他们仔细阅读方案的描述性资料和汇总的评价发现;判断该方案与他们意图推广之地的情景的相关度;判断方案的品质、重要性及可复制性;报告他们是否正在或者计划采用该方案的全部或若干部分;访问和评价方案的调适部分;以草稿的方式,汇总和报告可推广性评价的发现;在反馈讨论会上,讨论可推广性评价的发现;撰写可推广性评价定稿,提出具体的改善措施,并提供给委托人和公认的利益相关者。

评价的目的是为决策服务的,评价者便应当首先了解做出决策的各种情境。斯塔弗尔比姆等人认为,教育上的决策一般有四种情境:第一种是平衡稳定的决策,即维持教育系统的决定,旨在提供质量管理的标准与方法,维护原教育方案的存在;第二种是连续增进的决策,即继续改革的决定,旨在小范围内改革现有的教育系统;第三种是更新的决策,即加强改革的决定,旨在大规模地实行改革,解决当前迫切需要改进的教育问题;第四种是近似变形的决策,即促进全面改革的决定,旨在完全地重建更为理想的教育系统,实行教育上的较为彻底的革命。在以上各种决策情境中,均应纳入评价的机能,在评价所提供的信息基础上,做出关于教育改革的决定。评价者应针对不同类型的决策情境,提供相应的、必需的、充分的信息资料。

### (三)CIPP 模式的优点

(1)使用范围广,综合性强,可在课程发展的任何阶段进行。

(2)对其四类评价过程均做了描述,形成评价的系统方法,可对决策提供持续往复的信息,并对先前决策的明显效应提供反馈。

(3)对行政决策人员具有广泛的服务性功能。

### (四)CIPP 模式的局限

(1)回避评价者的价值判断,显然只是提供信息,要求决策者根据所获资料做出判断,其最终的效能依赖于决策者的观念与水平。

(2)某些内容只能是描述性的,而非真正严格意义上的评价。

(3)如全面展开,则实施困难,费用较高。

## 四、无框架评价模式

### (一)无框架评价模式的主要评价观点

无框架模式的代表人物是哲学家斯克里文(Scriven,M.),尽管其著作是以一系列观点的形式出现的,并未阐明正式的评价框架(故称无框架模式),但却强烈地影响着教育评价实践。斯克里文将评价的目标与作用做了重要的区分。评价的目标,简而言之,即决定被评价对象的价值或优点,涉及为回答特定问题的判断。例如,判断某一课程与另一课程相比,是否能引导幼儿身心更好地发展;判断在学前教育机构中利用直观教具是否产生明显的良效;其中涉及课程或教具的价值。评价的作用在教育意义上则是多样化的。例如,为继续发展或改进某种课程而提供依据;为了改善教师的工作效益;为了计划添置适宜的设备;为决定如何对待某些行将发生的问题等等(Scriven,1973)。斯克里文将评价分为形成性与终结性两类,这是对教育评价的重要贡献。形成性评价注重课程或机构的运行过程,决定其某些特征(如持久性、引起注意的能力、效率等)的价值,再将所获信息反馈到教育过程中去。它在课程的运行、发展过程中进行判断,并以判断的结果影响课程最终的性质。终结性评价则通常是在某一终结点或关键决策点上作关于课程的总结性判定。对于一个已发展成型的课程,有必要进行终结性评价,以决定该课程是否具有持续发展下去的价值。

斯克里文认为,教育评价应对目标适宜程度做出判断。如果课程目标本身不适宜,并不存在教育价值,则该目标的达成程度的好坏便毫无意义可言。因此,评价中应当包括对目标的评价,且最好在课程开始实施之前进行。斯克里文的模式鼓励"比较性评价"。评价决策通常是在直接对两种类似机构或课程做出比较之后得出的。斯克里文认为,评价者的任务是发现被评价课程与所观察的现象之间所发生的关系序列(即评价者所感兴趣的课程影响或效果)。如能发现完全的关系序列,则课程可以被视为引起所观察的现象可能的原因。评价者还应继续考察其他的关系序列,因为对于观察到的现象,可能会有多种可能的原因。这种方法是从人类学、历史学、探测学等其他学科中借鉴而来的,所获结果只是可能性的而非决定性的。在教育评价中,当不可能或不适宜采用实验方法时,这种模式不失为一种有用的补充。斯克里文的无框架模式中还包含了教育评价中的其他重要程序,如"目标游离评价""无费用评价""评价系统清单"等,在教育评价领域具有较大的影响。

### (二)无框架评价模式的应用

在学前教育评价中,可运用斯克里文的观点对课程的目标、内容、方法、教师的工作、家园联系以及幼儿园长期效益等展开评价,并可采用形成性评价方式,将评价所获取的信息及时地反馈到幼儿教育工作人员的日常工作中,提供与直接有关的问题的及时解答,以便把教育工作引向更为理想的方向。以下简述此类形成性评价中某些内容与过程,供参考。

其一,在对课程目标的评价方面:(1)估测课程目标的合理性,以及预定的课程活动激励目标之达成的可能性程度。(2)明确地把目标简述出来,并予以具体化和操作化,使之有可能被测量。(3)从事预定的测量,并评估测量结果的适宜性,以决定目标是否达到。

其二,在对课程内容与教学方法的评价方面:(1)系统地改变教学内容,观察幼儿兴趣、选择、注意力持续情况与学习效果。(2)系统地改变教学方法,估测各方法在幼儿注意力、学习效果等方面所产生的作用。(3)记录一日生活部分片断中幼儿语言与发起活动的不同特点。(4)观察在不同活动中,以及在用不同教学方法时,幼儿的注意力持续情况,决定这些活动和方法各自的吸引力程度,然后把具较高吸引力的内容与较高吸引力的方法配合起来,检测其成效。(5)定期测查有关目标方面幼儿的进步,并以此为据,修正目标或改变目标的阐述方式或程度。

其三,在对教职员工的评价方面:(1)帮助教师、职工建立自己的个人目标,并经常自我对照,定期讨论,以某种方式记录个人的进步,建立工作评估档案。(2)要求每人坚持记工作日记,规定工作日记的记录内容,以便作为根据之一,决定个人工作的量与质,考察工作风格。(3)以某种(些)方式让教职工对本单位或本课程的政策、方案计划、方法等申述己见,并作记录,定期进行。记录教职员工参与本单位教育改革的程度和所提意见的趋势。

其四,在对幼儿园与家长联系的评价方面:(1)随机选择并通知家长参加幼儿园会议,报告本园工作情况,检查家长参加会议的人数与认真听会程度。(2)以某些形式定期听取家长或家长委员会对幼儿园的意见,记录家长的意见并分析其趋势。(3)以系统改变的程序,随机选择家长参加影响其家庭教育的活动,评估此类活动对家长的激励程度及对幼儿的影响。

其五,在对幼儿园长期效益的评估方面:在对幼儿园长期效益的评估中,可跟踪研究本园毕业的幼儿入学以后的情况,在可能时采用"盲者"评定法,即在教师不了解幼儿入学前经验的情况下,做出关于其在学校表现的评定。

### (三)无框架评价模式的优点

(1)坚持认为评价的目标与主要特征是决定价值或发现优点。
(2)强调对目标的评价,并认为是重要的一环。
(3)提出了一些有关评价的重要的概念及其区别,如形成性评价与终结性评价等。
(4)适用范围广泛,可用于各类教育和各类评价。

### (四)无框架评价模式的局限

(1)虽包括诸多的重要评价观点,但并未形成整体综合体系,只对单一的概念做了阐明。如果能形成整体并赋予一定的逻辑联系,将更有价值。
(2)缺乏一定的方法技术以执行某些概念,对有些概念只进行了论述,未提供实施方法。

## 五、目标游离评价模式

### (一)目标游离评价模式的含义

目标游离评价模式是斯克里文提出的另一个评价程序,又称“无目标评价”(Scriven,1973)。他考察了教育活动的实际效果后发现,实际进行的教育活动除了收到预期的效果外,还会产生许多意想不到的“副效应”。而基于目标的评价,往往可能只注意目标的预期效果,而忽视了实际教育过程可能产生的各种非预期效果或“副效应”。

在对以往以目标为中心和依据的评价模式批评后,斯克里文提出了目标游离评价模式,该模式认为教育评价必须考察教育计划或方案的实际效果而不是预期效果 ,评价者应该搜集大量有关实际效果的资料,评价这些效果在满足教育要求方面的重要性。评价中不再听取有关目标及达成情况的报告,而去搜集关于课程效果的有关信息,包括期望之中和预料之外的效果信息,并对之加以评价。

目标游离评价模式最大的特点就是评价的重点已不是计划或方案制订者的预定目标,而是实际教育活动的全部效应。这说明评价活动已从主要反映管理者决策者的意愿转向反映“群众 ”的意愿,从而具有更大的“民主性”。

### (二)目标游离评价模式的实施

目标游离评价模式理念认为,评价仅仅以目标为中心是不够的,任何一个学前教育方案都有产生预期效果以外的可能,评价者如果在进行学前教育评价时,仅仅注意到对预期目标的评价是不行的,是不全面的,还必须注意到预期效果之外的效果,注意到学前教育方案所产生的全部效果。只有这样,评价者对学前教育方案的评价才是全面的和客观的。

在学前教育评价工作中运用目标游离评价模式,要求学前教育评价工作者在进行学前教育评价时,把学前教育目标的确定和学前教育评价工作分成两个部分,制订目标的不参与具体的学前教育评价工作,评价人员不能预先了解学前教育方案的预期目标,只对实际的学前教育方案的结果进行评价,如此操作,学前教育评价工作才能真正不受预期目标的影响,才能是真正地对学前教育方案效果的真实的和全面的评价。

下面举例简单说明目标游离模式在学前教育评价中的运用。某幼儿园领导与教职员工认为本园的目标已基本达到,但未经外部人士评价,故拟进行一项目标游离式评价。他们邀请幼教界某权威人士、一位其他园的园主任、一位教师、一位家长以及一位教育心理专家组成评价小组。在对该园目标并不了解的情况下(未听取有关目标的汇报),评价人员用三天时间连续观察机构的运行情况,与儿童、家长、教职员工等谈话,审阅书面记录与材料,最后根据所掌握的全部资料,写出评价报告，向该幼儿园提供相当可观的有关该园工作情况的信息，不仅肯定某些预定目标的成效与影响，而且指出了一些其他的明显而未预料的积极或消极影响。

### （三）目标游离评价模式的优点

(1)目标游离评价模式与其他模式一起使用时，有助于克服其他基于目标的评价模式的缺点。例如，既定目标建立在错误的或不完全正确的假定之上，或在一段时间内目标已经有所变化，从而导致评价工作的指向不明确或不稳定，使评价结果难以说明课程或项目在当时的真正的目标之下运行的情况。

(2)目标游离评价模式有助于发现课程或教育项目在实际运行中的真实的目标指向，而不受其所宣称的试图达到的目标的制约。

(3)评价者是在不知晓课程或项目的目标的情况下观察和收集评价信息，如果课程或项目确实在按照其预订的目标运行的话，那么在外部评价人员的观察和调查等过程中，其指向目标的行为信息必将自然显现，更可以作为达成目标的客观证据。

(4)由于评价者并未被告知课程或项目的既定目标，便有可能更加仔细透彻地观察实际情况，从而掌握更为客观完整的信息，借此揭示课程或项目的实际目标。

### （四）目标游离评价模式的局限

(1)相对于其他模式而言，对评价者的要求更高，使用时更加依赖于评价者的专业能力和技能水平。

(2)由于评价者不知晓既定目标，使用不当时可能使评价工作陷入盲目性和主观性。

## 六、差距评价模式

### （一）差距评价模式简介

差距评价模式是由普罗佛斯(Provus)为评价学校课程而设计的。设计者认为，评价的主要目的是决定是否对某种课程加以改进，或继续实施，或要求终止(Provus，1971)。评价就是将课程标准与其实际运行状况相比较，分析两者间的差距，以便利用差距信息辨明课程之不足，并反馈到发展课程和做出决策之中，使课程得以改善的过程。差距评价模式所指的标准，即课程方案制订者所明了方案的性质标志，包含三种主要成分：预期结果、先在因素、过程。预期结果即方案规定所应达到的目标，先在因素是指实现方案目标所需要的人员、设备、材料等条件，过程即为达到教育目标而开展的教育活动。

### （二）采取差距评价模式评价的过程

在差距评价模式中，结合课程发展的评价工作分以下五个阶段进行。

第一阶段，课程定义与设计。该阶段应为课程设计标准，如教育的综合性，课程内部的一致性和系统性，现实可行性，与其他课程的可比性等。在界定课程定义、设计课程标准时，应发挥各类人员的团体功能，经设计者、评价者、研究者、专家、机构人员的共同讨论商定。此乃关键的一步，决定以下诸步骤的内容。

第二阶段，课程安置。执行课程计划，收集正在执行的方案的运行资料(包括所采纳的目标、先在因素与过程，并与设计好的标准对照，了解所执行课程方案与原计划的符合程度)。此阶段应特别注重过程因素的考察，尤其要判断教师是否按既定标准行事，其工作能否为达成预期目标而努力。一旦发现重要的不符，便需重新训练教师，或修改方案指导书，或修正标准，或终止执行。

第三阶段，中间目标评价。了解达到课程最终目标的某些中间(或过渡性)目标是否达成。例如，各学期、各年龄段，或各单元、主题，乃至某些教育活动、作业的目标是否达到预期的要求；儿童的行为是否按照预定的方式发生变化。通过此阶段的评价，进一步了解先在因素、过程因素与儿童学习与发展结果之间的关系，并利用评价信息，反馈性调整这些因素，使之更为合理化，并可能产生更好的效果。

第四阶段，最终目标评价。考察课程方案所产生的实际结果，判断方案的最终目标是否达到。此阶段的评价应详细对照预定的方案标准，如儿童发展的标准、幼儿园管理工作的标准、教师工作的标准，进行全面的终结性考核。

第五阶段，成本效益分析。将目前完成的课程方案与其他相当的方案相比较，了解哪个方案最经济有效（费用较低而效果相仿）。普罗佛斯认为，在以上第四阶段，当课程发展到最后阶段时，可考虑采用实验设计来进行评价。但在此阶段之前，对于尚在发展之中的课程，采用实验的方法，却不适宜。或者说，条件尚不成熟。如果在课程发展早期、中期便能合理地运用评价，则能在它尚未成熟和稳定时，就宣告其无效，而不用等到最后，或能在发展过程中逐渐地估计到最终的成功程度。

#### （三）差距评价模式的优点

（1）差距评价模式有利于课程改革与发展，具有较高的运用价值。该类评价中要求各类人员的配合，适宜开展有效的形成性评价。许多幼教专业人员更愿意作为密切配合者，而不是完全独立的外部评价者。现实中也极少有专职的全日制评价人员，而多为兼职评价者。这种合作有利于课程有关人员及时发现问题，以便及时纠正。

（2）允许一定的自由度。操作目标与标准均为自定，可相对容易地做出改变。

（3）评价队伍的多元化。各类评价者相对独立，但与课程人员密切交往与配合，力求取得一致的意见，共同向决策者提供信息。

（4）提倡在各阶段作适宜性评估，且包括对费用效益的经济性做出评估（这是其他模式中没有的）。

#### （四）差距评价模式的局限

（1）参与人员较多，有时难以形成共同见解，且费用开支较大。

（2）评价花费时间较多。

（3）自由度大，易产生标准的易变性和不适宜性，影响说服力。

（4）评价者与课程执行者的关系过于密切，可能失去评价的客观性。

### 七、应答评价模式

#### （一）应答评价模式的含义

评价的应答模式是由斯塔克（R.E.Stake）于 1973 年提出，古巴（E.G.Guba）、林肯（Y.S.Lincoln）等进一步发展而成的。这一模式主要是以问题特别是直接从事教育活动的决策者和实施者所提出的问题作为评价的先导。评价者通过和与评价有关的各方面人员之间的持续不断的“对话”，了解他们的愿望，对教育的方案做出修改，对大多数人的愿望做出应答，以满足各种人的需要。斯塔克认为解决教育问题只有依靠那些直接接触问题的人，教育评价应有助于改进工作，应运用非正式的观察、交往等描述性的定性分析的方法，以弥补传统的、实验的和标准化测验的不足。应答模式具有三个方面特征：（1）更直接地指向课程或方案的活动而非其内容。（2）尽量满足评价听取人对信息的需求和兴趣。（3）评价报告更能反映各类人员不同的价值观念。

#### （二）应答模式的评价过程与步骤

应答模式的评价工作程序一般如下：

(1)确定评价范围。由评价人员和当事人确定评价方案的范围。

(2)了解评价活动。评价人员要综观整个评价活动及其主要特点。

(3)确定评价目的和重点。评价人员要发现评价的目的和不同层面的参与者所关心的问题,由此确定评价的重点。

(4)形成议题和问题。评价人员要分析种种观点,分析种种疑虑和要求,综合并列表说明所要研究的问题。

(5)确定所需的资料。根据需要研究的问题选择资料。

(6)选择观察者、判断者和评价工具。

(7)观察指定的前提条件、过程因素和结果因素,同时评价人员还要搜集各种资料,从事判断。

(8)理论总结,对方案进行描述性材料的准备或个案研究。

(9)检查其有效性。通过不同的测验,确认或否定某些证据,让不同的人检查和判断。

(10)筛选组合。对各种资料进行整理,以供评价听取人使用,并分别搜集不同人的反应以照顾不同团体的需要。

(11)准备正式报告。根据当事人的需要搜集信息,准备报告。

(12)与方案当事人、评估听取人和方案执行人员交谈。通过交谈、沟通,了解和激发各类人员的兴趣和利益,以形成最好的评价。

在整个评价过程中,斯塔克强调,评价者不应仅仅依赖自己的观察、判断和反应能力,而且应当依靠一定数量的其他人的观察、判断和反应,选择有关教师、学生、领导、课程专家等,充分听取这些人的意见和见解,使获取的信息能最大限度地被评价听取人所理解。斯塔克还认为,应答评价模式虽然主要依赖观察活动来收集资料,但如能使观测次数增加到一定的程度,而且配合多种人员和多种形式的观察,便可提高所获信息的重要性和可信性。应答模式评价报告应揭示教育经验的"多元现实性"。他坚持认为,解决教育问题,应依靠那些直接接触教育问题的人。从某种意义上可以说,评价正是为了能对这些问题做出有效的反应,而不仅仅是辨明或表述目标的完成情况。

#### (三)应答评价模式的优点

(1)可用性强,重视评价听取人的意见和方案有关人员的作用,并可向不同人员提供报告和信息,对改革有促进作用。

应答评价模式重视评价人员与当事人之间的相互交流、沟通和反映各类人员的需求和愿望,能够充分发挥各类人员在评价中的作用。不论各类人员的标准是否明确,评价人员都应搜集并分析他们的判断。

(2)可对某些难以精确测量,难以采用预定方式评价的方面进行评价。如适用于评价音乐、美术方面的教育教学活动,或评价结构性特点不明显的课程或活动。

(3)不受预定目标的限制,评价者经过对大量现状的观察,可能发现方案的真实效果,包括预期效果和非预期效应。

(4)借鉴社会科学的其他领域的研究方法,如人类学的搜集资料方法与报告方法。

#### (四)应答评价模式的局限

(1)缺乏详细的方法与程序以指导观察过程,故可能导致操作中的模糊性。

(2)评价中具有相当的灵活性,难以控制评价者的主观意向和评价结果的客观性和可靠性。

(3)其应答特征有时可能使评价者过分被动地为评价听取人的需求服务,而削弱评价者自己的立场。

### 八、评价模式的选择

各种评价模式都有其不同的强调方面和操作性特征,在学前教育评价中具有各自不同的参考价值。在实际的评价活动中，选择和利用何种模式作为评价的模式时，应着重考虑以下方面的问题。

第一，根据被评价单位的特征、评价的目的、评价者的条件，选择较为匹配的框架模式。

第二，进一步了解和分析所选定的模式，参考更多的资料，尽可能在充分理解和剖析的基础上，参考与借鉴。

第三，各模式均有优点与不足，评价中应根据需要，善于借鉴多种模式的优点，克服某一模式的局限。

第四，模式仅提供思路框架，应在此基础上针对当前评价的特点与要求，进行具体的、详细的评价方案设计，并以此作为实际评价工作的指南。

第五，在评价实践中，执行某模式时，其优点不会自动呈现。评价者应对评价的意图、步骤、手段等进行审慎的逻辑分析，必要时采用预评过程。

第六，参考模式框架时，应充分发挥评价者自身的创造力，在可能的情况下，对原有模式作必要的、合理的修改，使之趋于更加有用与可行。

鉴于各国的国情不同，我国的教育体制和教育发展的水平与其他国家具有很大的差异，因此我们不能照搬国外的模式，必须在引进、消化西方这些评价模式的同时，结合我国学前教育的实际情况，创立适合国情和地区情况的评价模式。

## 【结论及应用】

1.评价是依据一定的价值标准对事物价值进行评判。学前教育评价是对学前教育的社会价值做出判断的过程。它以学前教育为对象，对其效用给予价值上的判断。学前教育评价的特点：(1)学前教育评价是一个变化着的概念，是一个不断充实、完善和丰富着的概念。(2)学前教育评价是一个系统地搜集资料的过程。(3)学前教育评价注重对资料的解释。(4)学前教育评价是对学前教育价值的判断。(5)学前教育评价是一种反馈—矫正系统。

2.学前教育评价标准是用来衡量学前教育工作水平的具体规定。学前教育评价的标准由三个部分组成，即效能标准、职责标准和素质标准。

3.学前教育评价的作用，可以简单地概括为以下几点：有助于保证学前教育目标的实现，有助于保证学前教育改革的顺利进行，有助于使学前教育中诸组成部分处于令人满意的协同活动状态，有助于选择适宜的学前教育模式或方案。

4.学前教育评价的原则是进行学前教育评价的行动准则和根本要求。它是人们对学前教育评价客观规律的主观反映。在学前教育评价工作中，要遵循以下原则：一致性原则、尊重性原则、全面性原则、目的性原则、客观性和主观能动性相结合的原则、定量评价与定性评价相结合的原则、静态评价与动态评价相结合的原则、单项评价与综合评价相结合的原则、评价与指导相结合的原则。

5.学前教育评价主要包括两大方面，即从教师角度出发的对教育活动设计与指导有效性的评价和从儿童角度出发的对活动参与有效性的评价。其主要设计的评价内容有教育活动目标、过程、方法、环境创设以及幼儿活动的参与态度、认知发展、动手操作能力、社会性交往等方面。

6.每一项评价都是一个回答问题、解决问题的过程。整个评价过程涉及许多的具体工作和步骤。学前教育评价中均可能包括确定评价目的、设计评价方案、搜集评价的资料、处理评价的结果、提供评价报告等步骤，以及与之相关联的特定的工作内容。

7.学前教育评价的基本类型：正式评价和非正式评价，诊断性评价、形成性评价和总结性评价，内部评价和外部评价，档案袋评价。评价的方法实际上就是搜集信息的方法，可分为两大类，即针对教育者的评价方法和针对幼儿的评价方法。

8.评价模式是与某种特定的评价过程相联系的一整套的程序和方法。具有如下特征：第一，反映一个完整的教育评价过程；第二，只对某种教育评价类型的基本理论与方法做框架性的描述，不是具体的评价方案；第三，是教育评价理论与实践的桥梁或中间环节，对教育评价实践活动具有导向和控制等功能。学前教育评价的七种主要模式，即鉴定性评价模式、目标获得性评价模式、CIPP评价模式、无框架评价模式、目标游离评价模式、差距评价模式和应答评价模式。

## 【复习与思考】

1.根据你的理解阐述学前教育评价的含义及特点。
2.简述学前教育评价的作用。
3.学前教育评价应坚持的原则有哪些?
4.学前教育评价的内容是什么?
5.学前教育评价的类型和方法有哪些?
6.简述学前教育评价的过程和步骤。
7.学前教育评价的理论模式有哪些,分别阐述其含义、步骤及优缺点。

## 【拓展阅读】

### 学前教育评价的演进及未来发展趋势

**一、学前教育评价的发展历程**

学前教育评价是教育评价的重要组成部分,其历史发展轨迹正是教育评价发展的规律在学前教育领域的集中体现。总体来看,20 世纪以来西方教育评价大致经历了测量时代、描述时代、判断时代与建构时代这四个发展阶段,学前教育评价的发展也呈现出类似的特点。我国的教育评价理念与思想发端较早,但现代教育评价理论及评价制度是在大量引入西方现代教育评价理论的基础上,结合我国实际逐步发展起来的,新时期我国的学前教育评价正处于引入与本土化并存的重要发展时期。

(一)西方学前教育评价的历史发展轨迹

1.测量阶段

1905 年,法国心理学家比奈研制的智力量表中包含有学前儿童的评价项目,因此被视为学前教育测验的开端;1908 和 1911 年比奈对智力量表进行了修订,引入了“智力年龄”的概念。1916 年,美国心理学家推孟(Terman)修订了比奈量表,同时引入“智商”概念,从而使学前儿童测验进入到更科学的阶段。而真正将学前儿童作为独立的测验对象并且产生较大影响的是美国耶鲁大学格赛尔(Gesen)教授研制的发展量表。格赛尔发展量表包括儿童从出生到 5 岁四个方面行为的发展常模,在解释测验结果时还首次引入了发展商数的概念,即儿童在每个测验方面所得的发展商数代表的含义并不一致,不能用简单加总的方式解释儿童的发展水平。这一思想对人们认识儿童智力发展本质产生了重要影响。在其影响下,一些早期儿童测验也纷纷问世,有代表性的如卡特尔(Cattell)的用以测验 2 个月到 30 个月婴儿的智力测验、格里非思(Griffiths)的智力发展量表、佛兰肯伯格(Frankenburg)和道兹(Dodds)的丹佛发展筛选测验等。可见,与教育评价的测量阶段一样,这一时期对婴幼儿的评价主要是通过智力测验完成的。虽然测量方法在理念及应用方面存在一定局限,但其确立的通过标准化测验获取儿童评价信息的思路及方法,为之后学前教育评价的科学发展奠定了重要的基础。

2.评价阶段

从 20 世纪 50 年代末 60 年代初至今,学前教育评价逐渐告别了单纯的测量阶段,拉开了现代学前教育评价的序幕,呈现出以量的研究为基础、以质量标准为核心和以质的研究为基础、以共同建构为核心的两种评价取向。近年来,这两种评价取向正逐步走向融合。

以量的研究为基础、以质量标准为核心的评价阶段始于 20 世纪 50 年代末 60 年代初。这一时期的学前教育评价以设立早期教育通用标准为主要内容,以量的研究为主要方法,通过收集、统计、分析、评价信息为决策者提供判断依据。为衡量改革成效,许多国家相继开展了以儿童学习标准或托幼机构办园标准为依据来测评学前教育质量的评价运动。这一阶段主要形成了以下三类评价:一是对学前教育投资效益的评价;二是对不同课程模式的评价。三是系统开展托幼机构教育质量评价。

以质的研究为基础、以共同建构为核心的学前教育评价兴起于 20 世纪 80 年代中后期并延续至今。20 世纪 80 年代中后期以来,学前教育评价开始反思单纯目标取向及标准化评价等产生的弊端,开始更加关注评价结构中的过程要素,即强调在儿童的一日生活,以及教师与儿童的日常互动与交流中开展真实性评价,从而建构起评价参与者的理解性共识。其显著特征是更注重采用质性方法来描述发生在特定情景中的行为,从而获得多方位、全角度的评价信息,而不只是对行为本身进行量化评定。例如,在档案袋评价中,教师通过有目的、系统地收集儿童在日常活动中解决问题、搭建积木、绘画、试验或与同伴互动时展现的信息,以了解儿童的兴趣、态度以及努力、进步与成就等,从而促进儿童弱项的更好发展。这种动态情景式评价有效地克服了传统评价方式标准化、单一化的弊端，较好地发挥了评价的发展功能，因此自20世纪80年代以来，一直受到广泛的关注和认可。

近年来，两种评价取向正呈现出逐步融合的发展趋势。一方面，人们认识到标准化评价虽然对确保学前教育基本质量具有规范性与保障性作用，但同时也存在一刀切、绝对化等弊端；另一方面，质性评价虽然有助于更全面地反映真实信息，但在收集与解释评价信息的过程中又不可避免地存在主观偏见。基于对以上问题的认识，近年来学前教育评价呈现出两种评价取向融合的趋势，由此，质量被视为一个全面、系统的体系，而评价也被视为一个动态、开放的系统。

(二)我国学前教育评价的历史发展轨迹

我国的教育评价思想具有非常悠久的发展历史，但现代意义上的教育评价制度尤其是学前教育评价制度的建立却起步较晚，其发展历程也明显体现出从测量到描述性评价，再到判断性评价以及当前建构性评价的发展轨迹。

我国的教育评价思想萌芽可以追溯到春秋时期。孔子的“不愤不启，不悱不发”“见贤思齐焉，见不贤而内自省也”等均体现了一定的评价理念。《学记》则已发端了先秦时期学校教育的评价制度和评价规程。教育评价的独特作用主要体现为封建社会中的科举考试制度，其繁多的考试科目、严格的考试管理以及严谨的评价方法堪称世界上最早的标准化考试。但真正对教育评价进行科学探索发生在近代中国学习西方科学技术时期，这一时期的探索不再是对以往的教育评价方法、技术进行点滴改良，而是以新的教育思想为指导、在深刻揭示教育评价本质方面寻求重大突破。新一轮基础教育课程改革背景下形成的发展性评价理念与方法的应用则是学习与借鉴西方先进文化的结果，也成了当前学前教育评价的基本立足点与发展方向。

20世纪20年代，我国学者翻译、引进了西方大量以智力测验为代表的测量理论与测验工具，同时结合我国的具体情况，修订了其中的部分量表。1921年廖世承和陈鹤琴正式出版了《智力测验法》，陈鹤琴编制的图形智力测验、黄觉民编制的幼童智力测验等量表也纷纷问世，这些尝试对我国开展学前教育评价工作具有开拓性意义。

新中国成立后，学前教育评价工作未能系统持续地展开，期间受苏联教育模式的影响，一度处于停滞状态。20世纪80年代后期，我国学前教育评价又进入到一个新的发展时期。当时我国学者除了引介国外教育评价研究成果之外，还着力开展学术交流与国际合作研究。1983年教育部邀请时任国际教育成就评价协会(IEA)主席的胡森等前来讲学，从而全面了解了国际教育评价研究与实践的发展动态；1986年国家教委组织北京、上海、辽宁等十个地区的学者参加了IEA的国际学前教育项目调查，以期通过调查了解各地学前教育发展状况，从而为决策与改进学前教育工作提供相关信息。这是我国参与的第一个学前教育评价领域的国际合作项目，并为以后自行开展学前教育评价研究与实践奠定了良好基础。

进入新时期以来，尤其是到了当前我国学前教育事业大发展时期，学前教育评价进入了一个新的多元化发展阶段，量的评价研究与质的评价研究相结合，并开始逐步将学前教育评价与政策制定相联系，从而促使我国学前教育评价进入一个新的发展阶段。

## 二、学前教育评价的未来发展趋势

(1)在评价目的上，更加注重发展而非鉴定。早期的学前教育评价主要是通过测验来筛选与鉴别儿童，为儿童贴上不同的“标签”，而现代学前教育评价的主要目的是强调诊断基础上的改进，旨在推动学前教育机构与儿童的适宜发展。学前教育评价的目的越来越将评价对象的可持续发展作为核心目标定位。

(2)在评价内容上，更加注重多角度的全面评价。与评价范围和功能的不断拓展相适应，学前教育评价的内容也更加全面与系统。一是在微观的儿童发展层面，评价内容将不再仅局限于智力评价，而是将儿童发展的各个方面如健康、社会性、情绪情感等均包含在内；二是在中观的托幼机构发展层面，评价内容从以往对单一的硬件条件进行达标评价，到共同重视硬件与软件的达标评价，涉及的领域也包含了对园长、教师、课程、园所文化以及对社区服务质量的评价等多方面；三是在宏观的事业发展层面，评价内容将更加关注学前教育事业改革中政府责任的履行情况、管理机构和人员设置的合理性、项目推进的成效、学前教育理论与实践水平等宏观性问题。可见，学前教育评价的内容在水平与层次上均有较大拓展。

(3)在评价功能上，更加重视评价为决策服务的功能。学前教育评价的最终目的是通过评价的反馈机制对决策产生影响，进而借助决策导向，提高学前教育质量，可见，评价—决策—实践三者之间呈现出一种密切配合的关系和动态循环的状态。当前学前教育决策者与评价者均已越来越清晰地认识到这一点，并已展开了密切合作。

(4)在评价方法上，更加注重定量和定性方法的结合。当前学前教育发展进入了一个量的拓展与质的提升并重的发展新阶段，人们既认识到定量方法在使评价客观化、科学化、公正化方面所具有的积极意义，也看到单一或绝对的评价可能导致评价结果失之片面的弊端；既认识到定性方法在获取丰富、真实评价信息方面的优势，也注意到其可能存在的主观片面性。由此，当前的学前教育评价实践正在努力将这两种研究方法加以综合使用，取其所长，最大限度地发挥二者对评价所具有的积极作用。

(5)在评价程序上,评价工作的制度化将得到进一步发展。将评价活动和评价过程制度化,无论对优化保教过程,还是对提高教育管理工作的科学化、民主化水平都具有积极意义。制度化不仅意味着评价的规范化和常态化,还意味着评价的持续性和进行性,并能促进托幼机构评价文化的形成。发达国家的经验表明,科学合理的学前教育评价制度需要建立托幼机构内部的自评、行政部门的他评和第三方评估部门的他评三者相结合的评价模式,并需要建立一支高素质的专业评价队伍,以克服评价制度可能存在的缺陷及相关各方的利益冲突等问题,进而充分发挥学前教育评价对托幼机构的发展与推动作用。

(6)在评价研究方面,将会更加注重评研结合以及对元评价的研究。当前学前教育评价已逐渐发展成为一门独立的学科,具有自己独特的方法论和操作工具,并成为学前教育科学研究的重要领域之一。学前教育评价研究不仅能推动评价学科自身的发展,同时更对提升评价工作的效率与质量、创立适宜的评价模式、切实提升学前教育质量具有重要而不可替代的作用。此外,加强对学前教育评价的元评价研究也成为当前学前教育评价理论与实践发展中的一个越来越明显的趋势。所谓元评价即通过对学前教育评价工作的目的、方法、策略及技术的再评价,不断提高评价工作的科学性、有效性和真实性。

(资料来源:引自李琳的《学前教育评价的历史发展轨迹及其未来发展趋势》,载《幼儿教育》2010年第5期)

# 第十三章　学前教师职业

【内容提要】

师资素质是提高学前教育工作质量的前提和基础。本章简述了教师职业的历史、作用、地位、权利和义务；分析了学前教师职业的特点、职业角色和履行的职责，学前教师应具备的专业素养和专业化发展问题，帮助学习者对学前教师职业有全面的认识，从而重视自身素养的提升。

【学习目标】

1.认识教师职业的历史、作用、地位、权利和义务；

2.了解学前教师职业的特点、角色和职责；

3.理解并掌握学前教师应具备的专业素养；

4.明确学前教师专业发展的阶段和途径，重视自身专业素养的全面提升。

【关键词】

学前教师；职业特点；职责；素养；专业成长

## 第一节　教师职业概述

### 一、教师职业的产生与发展

“教师”的概念是与教育的发展、教师职业的发展联系在一起的。在原始社会，教育没有从社会生活、生产中独立分化出来，经验的传递没有专门的形式，当时主要由原始部落的首领以及生产、生活中经验丰富的长者在生产、生活中有意识地向新生一代传授各种经验和技艺，传授集体生活的准则和习俗，从而使新生一代能够较为迅捷地适应生存之需，发展壮大部落自身的规模以应对恶劣的自然环境。这些经验丰富的长者及部落首领即是最早的教育者。可以说，有了人类社会，便有了教育现象，同时也有了最早的教育者，虽然他们并非专职人员。

专职教育者，也即教师，是在学校产生以后出现的。人类发展到奴隶社会，随着生产力的发展，剩余产品和脑力劳动者的出现，具备了学校产生的条件，有了学校的雏形。夏有“庠”“序”“校”三种教育机构，商有“学”“瞽宗”。有了学校，就有了专职的教师。这一时期，奴隶社会官学的教师都是由统治阶级的官吏兼任的，官师合一。在漫长的封建社会中，官学及私学的共同发展，使教师职业发展呈多元化，尤以唐代、明代最为明显。官学教师仍然是官师合一的状况，而私学，尤其是私塾等，它的教师大多为落第秀才，基本上属于以教授知识、招收学生的求生之人；而官学也随其规模的扩大，出现了大批从事学校教育的官师，充实发展了教师队伍，使各个层次教师形成阶梯状的配套结构，把教师职业又向前推进了一步，这一阶段是教育者职业化发展的阶段。

到了近代，培养教师的专门机构师范学校开始建立。1794 年，法国第一个建立了培养教师的巴黎师范学校，开创了人类师范教育的先河。19 世纪初，德国师范教育也发展起来，西方国家专门师资培训机构不断出现。1902 年京师大学堂师范馆的创办，标志着中国高等师范教育的开始。1904 年，清王朝批准颁行“奏定学堂章程”，标志着我国师范教育制度的正式建立。师范教育的兴起，使教师职业的发展进入了一个新的阶段。随着人类社会的飞速发展，特别是到了现代，社会对其成员的知识和素质有了更高的要求，教师的职业化、专门化从而成为普遍的趋势。这一时期，正是教师职业专门化的时期。

## 二、教师职业的性质

### （一）教师职业是一种专门职业，教师是专业人员

职业是依据人们参加社会劳动的性质、内容、形式等标准划分的社会劳动群体。社会学者根据职业的本质、特征将职业划分为专门职业和普通职业。作为专门职业，教师职业具有三个特征：一是需要专门技术和特殊智力，在职前必须接受过专门的教育；二是提供专门的社会服务，具有较高的职业道德和社会责任感；三是拥有专业性自主权或控制权，如对从业人员聘用、解聘的专业权利不受专业内外因素控制，表现为专业工作者应获得本专业资格证书，专业内部用不同职称来标志专业水平差异等。根据上述标准，教师职业是一种专门职业，它需要经过专门的职业培训。

教师职业的专业性一直到20世纪中叶以后才被认可。1966年，联合国教科文组织在《关于教师地位的建议》中提出，应该把教师工作视为专门职业，认为它是一种要求教师经过严格训练和持续不断的研究才能获得并维持专业知识及专门技能的公共业务。教师职业的专门化，即承认教师为专业人员。在国际劳动组织制定的《国际标准职业分类》中，教师被列为"专家、技术人员和有关工作者"的类别中。1994年我国开始实施的《教师法》规定："教师是履行教育教学职责的专业人员"，第一次从法律角度确认了教师的专业地位。1995年12月颁布的《教师资格条例》和2000年9月颁布的《教师资格条例实施办法》规定，通过资格认定来体现教师专业职业的要求。这些规定总体来说对教师提出了四个要求：一是达到规定的学历；二是具有相关的专业知识；三是与教师职业相关的专业能力，如语言表达能力、组织管理能力、研究能力等；四是具备教师职业道德。

### （二）教师职业是以教书育人为职责的职业

有目的地培养人是教师劳动区别于其他社会劳动的根本特征。所谓教书育人，是指教师通过各学科教学活动，向学生传授系统的科学知识，发展学生智力和能力，引导学生树立正确的人生观、世界观，指导学生主动地学习，营造良好环境以促使学生健康地快速地成长。教书育人反映教师职业的本质，教书和育人是同一过程的两个方面，在实践中却往往容易使两者分裂，重"教书"而轻"育人"，反映出教师职业活动的难度，体现教师职业的专门化特性。

## 三、教师职业的社会地位和作用

教师职业的社会地位与教育的地位紧密相关，它不仅与人们对教育地位的认识有关，而且与社会对教育的需求与期望有关，还与它拥有的社会地位资源及对社会的实际贡献有关。古代社会，教育依附于政治、经济，地位不高，教师地位偏低；现代社会，教育独立性提高，在社会生活中所起的作用日益突出，教师的地位随之而逐渐提高。

### （一）教师职业的社会作用

教师职业的社会作用是指教师职业对社会发展所产生的实质性影响，它是教师社会地位的客观基础，通常职业的社会地位与其在社会发展中的作用呈正相关。教师职业对社会发展有着巨大的作用。首先，教师是人类文化的传播者，在人类发展中起承上启下的作用；其次，教师是社会精神财富的创造者，通过理论建构、知识创新、品德示范、宣传咨询等直接参与社会精神文明建设；再次，教师是人才生产的主要承担者，担负着培养新生一代的重任，在社会个体的发展中起引导作用。因此，教师的社会作用是不可取代的，理应受到全社会的尊重。

### (二)教师职业的政治地位

教师职业的政治地位是指教师职业在国家和民族的政治生活中所处的地位和所起的作用。教师职业的政治地位与教师的政治身份、教师的自治组织、教师的政治参与度、教师的政治影响力有关。在中国古代,在官师合一的官学体系中,教师同时是国家机关的官吏,因而政治地位是较高的;但广大的启蒙之师则一直因其政治上、经济上依附于统治阶级,其地位则低下,处于一种被利用受歧视的地位。新中国建立以后,虽然一段时间教师和科技工作者不受重视,甚至被贬为“臭老九”,但教师的社会政治地位总体上是较高的,尤其是改革开放以来,党和人民政府明确了知识分子是工人阶级的一部分,成立了中国教育工会(2002 年扩大为教科文卫体工会),有了自己的自治组织。随着政治民主化程度的提高,教师的政治参与度与政治影响力越来越大,教师的政治地位逐步提高。教师政治地位的提高标志着其社会地位的提高。

### (三)教师职业的经济待遇

教师职业的经济待遇是指教师所获得的物质报酬,包括工资、奖金及医疗、保险、退休金等福利待遇,它是教师劳动价值的表现形式之一。教师劳动属于复杂劳动、创造性劳动,因此,教师的经济待遇应相当于社会复杂劳动所享有的经济待遇水平。自古以来,中国普遍存在教师待遇偏低的现象,“家有五斗粮,不做孩子王”即是其真实反映。现代社会,教师的价值与教育的价值、知识的价值紧密联系在一起,教师的经济待遇不断提高,教师的经济待遇不仅影响教师个体的生存和发展,也影响教师队伍的稳定和教师职业的专业化程度,它是教师社会地位的最直观体现。我国教师职业的经济地位可概括为:不断得到提高,区域发展不平衡。

## 四、教师职业的权利与义务

### (一)教师职业的权利

教师职业的权利是指法律赋予教师在履行职责时所享有的权利。教师享有除宪法所规定的一般公民权如政治权利、经济权利、人身权利等外,还享有职业本身所赋予的专业方面的权利。《教师法》规定教师享有的权利有:(1)进行教育教学活动,开展教育教学改革和实验。(2)从事科学研究、学术交流,参加专业的学术团体,在学术活动中充分发表意见。(3)指导学生的学习和发展,评定学生的品德和学业成绩。(4)按时获取工资报酬,享受国家规定的福利待遇以及寒暑假期的带薪休假。(5)对学校教育、管理工作和教育行政部门的工作提出意见和建议,通过教职工代表大会或者其他形式,参与学校的民主管理。(6)参加进修或者其他方式的培训。

### (二)教师职业的义务

权利和义务是对等的,教师在享受权利的同时必须履行相应的义务。《教师法》规定教师应履行的义务是:(1)遵守宪法、法律和职业道德,为人师表。(2)贯彻国家的教育方针,遵守规章制度,执行学校的教学计划,履行教师聘约,完成教育教学工作计划。(3)对学生进行宪法所确定的基本原则的教育和爱国主义、民族团结的教育,法制教育以及思想品德、文化、科学技术教育,组织、带领学生开展有益的社会活动。(4)关心、爱护全体学生,尊重学生人格,促进学生在品德、智力、体质等方面的全面发展;(5)制止有害于学生的行为或者其他侵犯学生合法权益的行为,批评和抵制有害于学生健康成长的现象;(6)不断提高思想政治觉悟和教育教学业务水平。

# 第二节 学前教师职业概述

## 一、学前教师的职业特点

师资素质是提高学前教育工作质量的前提和基础。教育要遵循儿童的年龄特征进行，必然要求教师充分认识和掌握学前儿童的身心发展规律。这与学前教师的职业特点密不可分。学前教师的职业特点，既反映了一般教师的基本特征，又体现了自身的独特之处。

一是劳动对象的幼稚性。学前教师劳动的对象具有幼稚性的特点。保育员或教师的工作对象是从出生至6岁的儿童。此时期，儿童身体的各种组织和器官的发育还不成熟，思维还处于具体形象的阶段，感知的周围事物有限，知识和经验的积累还很少，对世界上的一切事物都充满好奇。劳动对象的幼稚性，要求教师要依据儿童的身心发展水平，进行初步的启蒙教育，为儿童今后的健康成长奠定良好的基础。

二是工作目标的全面性。学前教育的目标是：通过对儿童的全面发展教育，促进儿童身心的和谐发展。因此，学前教师要面向全体儿童，对儿童进行体、智、德、美等方面的全面教育，促进儿童身体的健康发展、认知能力的提高，养成儿童良好的道德习惯以及培养儿童初步的审美能力。此外，在托儿所和幼儿园中，学前教师还要全面负责儿童的生活起居、饮食、劳动、游戏、安全、卫生等各项工作，促使儿童得到最大限度的发展。

三是工作任务的细致性。学前教师的工作任务具有细致性的特点。因为学前儿童缺乏独立生活的能力和自我服务的经验，所以教师不仅要细致地照料儿童的生活，而且要从小事入手，对儿童进行启发和诱导，细心地引导儿童学会生活。一般而言，相对于男性来说，女性更细心、更具有耐心；相对于未婚的年轻女性而言，已婚已育女性具有切身的育儿经验，懂得更多的养育孩子的基本常识。

四是工作手段的示范性。教师的楷模是良好教育的前提条件。教师的言行对儿童起着潜移默化的熏陶作用，影响和决定着他们未来发展的方向和可能性。幼年时期，孩子对世界一无所知，当他们睁大眼睛探索世界的奥妙时，不同程度上受到成人意识与行为的左右。心理学的研究成果也表明，爱模仿和可塑性是孩子的天性。托儿所和幼儿园的孩子是看着教师的脊背长大的，孩子学做人的首要榜样就是教师。譬如教师不经意间在孩子面前说了谎，可能会影响孩子今后的言行，助长、养成他们说谎和对行为不负责的坏习惯。由此可见，在孩子“成人”的过程中，教师的示范、教育和引导作用是何等的独特与重要。重视言传身教，教师应为儿童树立楷模，这是学前教师工作手段示范性的最典型、最重要的特征。

五是工作周期的长期性。教育人的工作周期具有长期性的特点，决定了学前教师工作周期的长期性。学前教师养护、教育儿童的功效，要经过长期的过程才能显现出来。学前教师工作周期的长期性主要表现为两个方面：一方面，从劳动的社会效果看，学前教师工作具有长期性。学前儿童成长为社会的栋梁之才，需要十几年甚至几十年的时间。另一方面，从劳动的个体效益看，学前教师劳动的周期也具有长期性。儿童身体、智力、情感、社会性等方面的发展，也是一个长期的、反复的、曲折的过程，需要学前教师长期的劳动和努力，才有望取得良好效果。

## 二、学前教师的职责

《幼儿园工作规程》规定：幼儿园教师对本班工作全面负责。其主要职责如下：

第一，观察了解幼儿，制订和执行教育工作计划，完成保教任务。幼儿教师要依据国家规定的幼儿园课程标准，结合本班幼儿的具体情况，对幼儿的行为表现、爱好、兴趣和需要进行长期、细致的观察和分析，掌握本班每一个幼儿的基本情况，在此基础上，采取原则性和灵活性相结合的原则，制订和执行教育方案和计划，促进儿童全面发展。

第二，严格执行幼儿园安全、卫生保健制度，做好卫生保健工作。幼儿教师要配合和指导保育员的工作。一方面，要配合保育员管理本班幼儿生活，指导保育员做好本班房舍、设备、环境的清洁卫生工作；另一方面，要配合医务人员，采用正确的方式和手段，与保育员相协调，严格执行幼儿园安全、卫生保健制度。

第三，与家长保持经常联系，共同做好儿童的教育工作。幼儿教师通过定期召开家长会、家教讲座、家园同乐、开放日、定期走访等形式，密切幼儿园与家庭、家长的联系，了解幼儿家庭的教育环境，共同探讨符合幼儿特点、促进幼儿身心发展的教育措施，形成幼儿园、家庭相结合的教育网络，共同做好儿童的教育工作。

第四，参加业务学习和幼儿教育研究活动。要有效地促进幼儿的健康成长，必须重视幼儿教师的培训和素质的提高。尤其是随着早期教育的发展，一些新的育儿理念和先进的方法也不断出现并被运用。因此，即使是长期从事幼教事业的老教育工作者，也要与时俱进，不断充电，以满足时代形势发展对早期教育提出的更高要求。

第五，定期向园长汇报，接受其检查和指导。幼儿教师要定期向园长汇报本班贯彻落实教育计划的基本情况、安全制度和卫生保健制度的执行情况、家园互动的成绩与不足、教师互相配合和支持的程度等内容，并接受园长对其工作业绩的评估、检查、监督和指导。

## 三、学前教师的职业角色

### (一)教师是儿童一日生活的支持者、引导者和组织者

首先，在学前教育活动中，教师是一个支持者。教师更多的应以游戏伙伴的身份进入儿童的活动，成为活动的支持者，这样才保证孩子在一日生活中顺利地按照自己的意愿去发展。其次，教师是一个引导者，他既要顺应儿童的探索需求，又要在不断整合、提升儿童经验的过程中，有效地引导儿童的发展，积极发挥教师的主导作用。再次，教师是组织者，当儿童在一日生活中遇到困难需要帮助时，教师组织儿童共同探讨，使更多的儿童共同参与和思考，让孩子在教师组织的各种活动中自主发展。

### (二)教师是儿童社会沟通的中介者

儿童进入学前教育机构，就是进入到了第一个除家庭之外的社会环境。在这个环境中，幼儿教师应该做到以下几点：第一，要理解孩子的内心世界。我们要尊重孩子，孩子虽小但他们也有自尊心，只有尊重他们，才能让孩子接受教师所讲的话。教师任何时候都不应该伤害孩子的自尊心，要讲道理，让孩子感受到教师是喜欢他的。第二，运用谈话的技巧。运用一些儿童化的语言。不可责骂犯错误的孩子，要用简单的词语让他们认识到自己行为的错误性，严禁打骂。第三，要与孩子建立平等关系，不要居高临下。跟孩子平等谈话，站在同样的高度，用孩子的眼光看待问题。第四，注重孩子的兴趣。要有极大的热情和耐心，注意倾听并予以鼓励。第五，教师用语通俗易懂。应符合儿童的年龄特点和认知水平，说话要态度温和。第六，重视运用非语言沟通策略。微笑、点头、抚摸、搂抱、蹲下来与儿童交谈。

### (三)教师是社区资源的整合者

学前教育机构是一个开放的体系，它的良好运行需要社区、家长的大力支持，作为一名学前教育教师，必须学会和家长、社区沟通，整合各种有用的资源为儿童发展做好服务。

## 四、学前教师的职业素养

《幼儿园工作规程》规定:"幼儿园工作人员应拥护党的基本路线,热爱幼儿教育事业,爱护幼儿,努力学习专业知识和技能,提高文化和专业水平,品德良好,为人师表,忠于职责,身体健康。"《幼儿园教师专业标准(试行)》指出,幼儿园教师是履行幼儿园教育工作职责的专业人员,需要经过严格的培养与培训,具有良好的职业道德,掌握系统的专业知识和专业技能。

### (一)学前教师的基本职业理念

1.幼儿为本

尊重幼儿权益,以幼儿为主体,充分调动和发挥幼儿的主动性;遵循幼儿身心发展特点和保教活动规律,提供适合的教育,保障幼儿快乐健康成长。

2.师德为先

热爱学前教育事业,具有职业理想,践行社会主义核心价值体系,履行教师职业道德规范。关爱幼儿,尊重幼儿人格,富有爱心、责任心、耐心和细心;为人师表,教书育人,自尊自律,做幼儿健康成长的启蒙者和引路人。

3.能力为重

把学前教育理论与保教实践相结合,突出保教实践能力;研究幼儿,遵循幼儿成长规律,提升保教工作专业化水平;坚持实践、反思、再实践、再反思,不断提高专业能力。

4.终身学习

学习先进学前教育理论,了解国内外学前教育改革与发展的经验和做法;优化知识结构,提高文化素养;具有终身学习与持续发展的意识和能力,做终身学习的典范。

### (二)学前教师的专业素养

1.专业理念与师德修养

(1)职业理解与认识。贯彻党和国家教育方针政策,遵守教育法律法规;理解幼儿保教工作的意义,热爱学前教育事业,具有职业理想和敬业精神;认同幼儿园教师的专业性和独特性,注重自身专业发展;具有良好职业道德修养,为人师表;具有团队合作精神,积极开展协作与交流。

(2)对幼儿的态度与行为。关爱幼儿,重视幼儿身心健康,将保护幼儿生命安全放在首位;尊重幼儿人格,维护幼儿合法权益,平等对待每一个幼儿。不讽刺、挖苦、歧视幼儿,不体罚或变相体罚幼儿;信任幼儿,尊重个体差异,主动了解和满足有益于幼儿身心发展的不同需求;重视生活对幼儿健康成长的重要价值,积极创造条件,让幼儿拥有快乐的幼儿园生活。

(3)幼儿保育和教育的态度与行为。注重保教结合,培育幼儿良好的意志品质,帮助幼儿形成良好的行为习惯;注重保护幼儿的好奇心,培养幼儿的想象力,发掘幼儿的兴趣爱好;重视环境和游戏对幼儿发展的独特作用,创设富有教育意义的环境氛围,将游戏作为幼儿的主要活动;重视丰富幼儿多方面的直接经验,将探索、交往等实践活动作为幼儿最重要的学习方式;重视自身日常态度言行对幼儿发展的重要影响与作用;重视幼儿园、家庭和社区的合作,综合利用各种资源。

(4)个人修养与行为。富有爱心、责任心、耐心和细心;乐观向上、热情开朗,有亲和力;善于自我调节情绪,保持平和心态;勤于学习,不断进取;衣着整洁得体,语言规范健康,举止文明礼貌。

2.专业知识

(1)幼儿发展知识。了解关于幼儿生存、发展和保护的有关法律法规及政策规定;掌握不同年龄幼儿身心发展特点、规律和促进幼儿全面发展的策略与方法;了解幼儿在发展水平、速度与优势领域等方面的个体差异，掌握对应的策略与方法；了解幼儿发展中容易出现的问题与适宜的对策；了解有特殊需要幼儿的身心发展特点及教育策略与方法。

(2)幼儿保育和教育知识。熟悉幼儿园教育的目标、任务、内容、要求和基本原则；掌握幼儿园环境创设、一日生活安排、游戏与教育活动、保育和班级管理的知识与方法；熟知幼儿园的安全应急预案，掌握意外事故和危险情况下幼儿安全防护与救助的基本方法；掌握观察、谈话、记录等了解幼儿的基本方法；了解 0～3 岁婴幼儿保教和幼小衔接的有关知识与基本方法。

(3)通识性知识。具有一定的自然科学和人文社会科学知识；了解中国教育基本情况；掌握幼儿园各领域教育的特点与基本知识；具有相应的艺术欣赏与表现知识；具有一定的现代信息技术知识。

3.专业能力

(1)环境的创设与利用。建立良好的师幼关系，帮助幼儿建立良好的同伴关系，让幼儿感到温暖和愉悦；建立班级秩序与规则，营造良好的班级氛围，让幼儿感受到安全、舒适；创设有助于促进幼儿成长、学习、游戏的教育环境；合理利用资源，为幼儿提供和制作适合的玩教具和学习材料，引发和支持幼儿的主动活动。

(2)一日生活的组织与保育。合理安排和组织一日生活的各个环节，将教育灵活地渗透到一日生活中；科学照料幼儿日常生活，指导和协助保育员做好班级常规保育和卫生工作；充分利用各种教育契机，对幼儿进行随机教育；有效保护幼儿，及时处理幼儿的常见事故，危险情况优先救护幼儿。

(3)游戏活动的支持与引导。提供符合幼儿兴趣需要、年龄特点和发展目标的游戏条件；充分利用与合理设计游戏活动空间，提供丰富、适宜的游戏材料，支持、引发和促进幼儿的游戏；鼓励幼儿自主选择游戏内容、伙伴和材料，支持幼儿主动地、创造性地开展游戏，充分体验游戏的快乐和满足；引导幼儿在游戏活动中获得身体、认知、语言和社会性等多方面的发展。

(4)教育活动的计划与实施。制订阶段性的教育活动计划和具体活动方案；在教育活动中观察幼儿，根据幼儿的表现和需要，调整活动，给予适宜的指导；在教育活动的设计和实施中体现趣味性、综合性和生活化，灵活运用各种组织形式和适宜的教育方式；提供更多的操作探索、交流合作、表达表现的机会，支持和促进幼儿主动学习。

(5)激励与评价。关注幼儿日常表现，及时发现和赏识每个幼儿的点滴进步，注重激发和保护幼儿的积极性、自信心；有效运用观察、谈话、家园联系、作品分析等多种方法，客观地、全面地了解和评价幼儿；有效运用评价结果，指导下一步教育活动的开展。

(6)沟通与合作。使用符合幼儿年龄特点的语言进行保教工作；善于倾听，和蔼可亲，与幼儿进行有效沟通；与同事合作交流，分享经验和资源，共同发展；与家长进行有效沟通与合作，共同促进幼儿发展；协助幼儿园与社区建立合作互助的良好关系。

(7)反思与发展。主动收集、分析相关信息，不断进行反思，改进保教工作；针对保教工作中的现实需要与问题，进行探索和研究；制订专业发展规划，不断提高自身专业素质。

4.学前教师的心理健康素养

学前教师的心理健康素养由健康的身体和良好的心理品质两部分组成。

(1)健康的身体。幼儿的养育工作全面而细致，复杂而艰巨。倘若幼儿教师没有一个健康的身体，则极易在繁重的教育工作中感染各种病毒而患病，既引起幼儿教师身体的不适和痛苦，又影响了教育教学的顺利开展。据有关研究表明，我国一些落后地区和西北地区幼儿教师的健康状况欠佳，直接影响了我国学前教育的整体水平。因此，关注这些地区幼儿教师的身体健康刻不容缓。

(2)良好的心理品质。健康的身体蕴含良好的心理品质。作为一名幼儿教师，应当具有敏锐的感知力、宽阔的胸怀、高度的责任心、稳定的情绪、开朗的性格、良好的适应能力以及健全的性格特征等方面的心理品质，从而影响幼儿，教育幼儿，培养幼儿健康的心理素质。

# 第三节　学前教师专业成长

为培养高素质教师，世界各国对教师教育非常重视，1963 年和 1980 年世界教育年鉴的主题分别是“教育与教师培养”和“教师专业发展”，可见教师专业发展问题是国际组织一贯强调和重视的问题，20 世纪 80 年代以来，教师专业发展日益成为大众关注的焦点。从历史发展的总趋势看，教师专业发展及其研究经历了由被忽视到被关注；由关注教师群体的专业化到关注教师个体的专业发展；由关注专业发展的“外部”环境（即社会对教师专业的认可）到关注“内部”专业素质提高的过程。教师专业发展最终体现于个体的专业性发展，依赖于教师个体对专业性发展的追求，是教师在专业生涯中其内在专业结构不断丰富和完善的过程。

## 一、学前教师专业成长的内涵

教师专业成长是教师作为专业人员，从专业思想到专业知识、能力、专业心理品质等方面由不成熟到比较成熟的发展过程，即由一个专业新手发展成为骨干教师、权威教师，甚至专家型教师或教育家的过程。作为教师，取得教师资格证书不一定就意味着是一个成熟的教育工作专业人员，教了一辈子书也不一定其专业性都得到了发展。教师的专业性发展虽与时间有关，但不仅仅是时间的自然延续的结果，更是教师自身素质提高和专业自我形成的过程。

学前教师的专业成长实际上是学前教师在其专业生涯中，习得学前教育教学的专门知识与技能、内化幼教专业规范、形成幼教专业精神、表现专业自主性并实现专业责任的历程。

这个过程实际上也就是一个人由“普通人”转化为“幼教工作者”并最终融入教师专业团体的专业成长过程，是一个必须终身进行的过程。

### （一）专业理想的建立

教师的专业理想是教师在对教育工作感受和理解的基础上形成的关于教育本质、目的、价值和生活等的理想和信念，如“把学生培养成合格社会成员”的理想、“科教兴国”的理想等。它是教师在教育教学工作中的世界观和方法论，是教师专业行为的理想支点和专业自我的精神内核。

### （二）专业知识的拓展

教师专业知识是教师职业区别于其他职业的理论体系与经验系统。教师要有合理的知识结构。教师要以广泛的文化知识为背景，以精深专业知识为主干，以相关学科知识为必要补充，以丰富的心理科学知识、教育科学知识为基本知识边界的复合型的主体知识结构，是专业性教师追求的目标。应该说，知识结构的优化还包括教师个人的独到感悟、体验和经验总结。教师专业知识的拓展包括量和质上的扩展。首先是量的拓展，即教师要不断地更新知识，补充知识，扩大知识范围；其次是质的深化，即从知识的理解、掌握到知识的批判，再到知识的创新，教师知识的质的深化体现了教师职业的学术性，教师有自己的独到见解，在教育教学领域有发言权，这是衡量其专业化程度的标志之一。

### （三）专业能力的发展

教师专业能力是指教师的教育教学能力，是教师在教育教学活动中所形成的顺利完成教育教学任务、处理教育教学问题的方法策略或能力和本领。教师专业能力是教师综合素质的最突出的外在表现，也是评价教师专业性的核心因素。

### (四)专业自我形成

教师专业自我是指教师在职业生涯中创造并体现符合自己志趣、能力与个性的独特的教育教学活动方式及个体在职业生涯中形成的知识、观念、价值体系与教学风格的总和。具体包括：自我形象的正确认知；积极的自我体验；正确的职业动机；对职业状况的满意度；对理想的职业生涯的清晰认识；对未来工作情境有较高的期望，具有个性的教育哲学和教学模式等。教师专业自我的形成是教师主体与外界环境相互作用的过程，是教师职业个性化的过程，也是良好教师形象的形成过程。一旦形成专业自我，不但影响教师的工作态度和教育教学行为方式，也直接影响教师职业效果。

## 二、学前教师专业成长的阶段

国外学者富勒和鲍恩对教师专业化发展过程进行研究，将教师专业化发展分为四个阶段：

第一，从教前关注阶段，这一阶段的学生只是想象中的教师，只关注自己。

第二，早期求生阶段，这一阶段教师主要关注的是自我胜任能力以及作为一个教师如何生存下来，关注对课堂控制，是否被学生喜欢和他人对自己教学的评价。

第三，关注教学情境阶段，这一阶段教师主要关注在目前教学情境对教学方法和材料限制下，如何正常地完成教学任务，以及如何掌握相应的教学技能。

第四，关注学生阶段，这一阶段教师开始把学生作为关心的核心，关注他们的学习、社会和情感需要，以及如何通过教学更好地影响他们的成绩和表现。

国内学者叶澜从“自我更新”取向的角度对教师的专业发展阶段进行深入研究，把其分为五个阶段：

第一，“非关注”阶段。在成为正式教师之前，入职前教师在无意中以非教师职业定向的形式形成了较稳固的教育信念，具备了一些“直觉式”的“前科学”知识和与教师专业能力密切相关的一般能力。

第二，“虚拟关注”阶段。在师范学习阶段，教师类专业学生对合格教师的要求开始思考、在虚拟的教学环境中获得某些经验，对教育理论及教师技能进行学习和训练，有了对自我专业发展反思的萌芽。

第三，“生存关注”阶段。在新任教师阶段，教师在“现实冲击”下，产生了强烈的自我专业发展的优惠意识，特别关注专业活动中的“生存”技能，专业发展集中在专业态度和动机方面。

第四，“任务关注”阶段。教学一线教师，专业发展特点是随着教学基本“生存”知识、技能的掌握，自信心日益增强，由关注自我的生存到更多关注教学，由关注“我能行吗?”到关注“我怎样才能行。”

第五，“自我更新关注”阶段。此阶段教师不再受外部评价或职业升迁的牵制，自觉依照教师发展的一般线路和自己目前的发展条件，有意识地自我规划，以谋求最大限度的自我发展，关注学生整体发展，积累了比较科学的个人实践知识。

20 世纪 70 年代，美国学者凯兹将学前教师的专业成长分为四个时期：生存阶段、巩固阶段、更新阶段、成熟阶段。

第一，生存阶段。这是教师对本人所从事专业的生存性适应阶段，这一阶段的适应时间通常为 1～2 年。新教师最关心的问题是自己能否在陌生环境中生存下来？他们要为适应新环境做出艰苦的努力，同时需要得到周围人的支持、理解、鼓励以及教育教学技术方面的指导。

第二，巩固阶段。经过第一阶段的磨炼，多数教师已经能适应专业工作，并获得了一定的工作经验与技巧，教师由最初的关注自己转向关注儿童的问题行为，开始考虑如何帮助儿童。此时，幼儿教师最需要得到如何处理儿童行为问题的信息。

第三，更新阶段。这一阶段通常会持续到工作后的第 4 年。该阶段的教师对平凡、复杂而又规律、刻板的教学工作产生倦怠感，他们不愿意与儿童一起做事情。外界应当为教师参加各种学术会议及各种研究活动提供方便，使教师能互相交流心得与经验，学到新的教学方法与技巧。

第四，成熟阶段。这是幼儿教师专业成长相对成熟的时期。经过前几年的锻炼，教师已经积累了足够的教育、教学经验，能够对一些比较抽象、深入的问题进行思考。

教师个体专业性发展达到成熟的时间因人而异，有短有长，少则 3～5 年，多则 10～20 年。从教师的整个职业生涯来看，专业发展有成熟期也有保守期和衰退期。

## 三、学前教师专业成长的途径

学前教师专业成长涉及许多方面，诸如学前教师职业地位的改善、待遇的提高、教育权力的重新分配、教育资源的配置、教师社会关系的调整等，因此必然受到社会多层次组织机构的制约，也必须得到社会各界的认可。从教师专业成长的途径看，主要包括下列几种。

### (一)师范教育

师范教育是学前教师个体专业成长的起点和基础，它是建立在学前教师的专业特色基础之上，为培养学前教师专业人才服务的。因此，师范教育必须加强其培养学前教育专业人才的职能，把学术性、师范性、服务性有机结合起来，注重师范专业信念体系的形成和敬业精神的培养，建构反映学前教师专业所需的知识和技能的课程体系；加强教育理论和实践的联系，建立有效的教育实习制度。

### (二)新教师的入职辅导

新教师的入职辅导是 20 世纪 70 年代发展起来并被广泛接受的一种促进教师专业发展的指导措施。主要是由有经验的教师进行现场指导，师带徒的方式。在我国，各级师范院校还承担了短期的岗前培训工作，其目的是向新教师提供系统而持续的帮助，使之转变角色，适应环境。

### (三)在职培训

教师的在职培训主要是为了适应教育改革和发展的需要，为在职教师提供的适应于教师专业发展不同阶段需要的继续教育，主要采取“理论学习、尝试实践、反省探究”三结合方式，引导教师掌握不断涌现的新教育理论，培养提高教师的专业能力。教师在职培训方式很多，可以是个人业余进修，也可以由学校组织培训(如专家讲座、集体观摩评课研讨等)。近年来，园本培训受到高度重视并得到推广。所谓园本培训，是基于教师个体成长和幼儿园整体发展的需要，由教师主动参与，以问题为导向，以反思为中介，把培训、教育教学实践与研究活动紧密结合，以幼儿园和教师实际问题的解决来直接推动教师专业发展。这是一种高效率的、可操作性强的在职培训模式。

### (四)自我教育

教师的自我教育即是专业化的自我建构，它是教师个体专业化发展的最普遍途径。教师自我教育的方式主要有经常性的自我反思、主动收集教改信息、研究教育教学中的各种关键条件、自学现代教育理论，积极感受教学的成功与失败等等。教师自我教育是专业理想的确立、专业情感积淀、专业技能提高、专业风格形成的关键。

### (五)合作交流

教师工作的一大特点是“专业个人主义”，即在日常教育教学活动中，多数情况下都是由教师独自面对出现的问题，教师的教育教学活动往往是相互隔离的。通过与同行的合作与交流，可以扩展知识和视野，学习借鉴教学过程和方法，促进教学反思，推动教师专业发展。

## 四、我国学前教师专业成长政策

对于幼儿教师专业成长，我国没有专门的政策规定。根据幼儿教师职前、入职、职后的专业发展三阶段，我国现行的《教师法》《教育法》《教师资格条例》《教师资格过渡的认定办法》《中小学教师继续教育规定》《小学教师职务试行条例》等教师管理政策中，均有幼儿教师作为教师群体在此三阶段的明确规定。

### （一）幼儿教师资格制度

作为幼儿教师入职的起点，以教师资格制度作为幼儿教师专业发展政策的开始。(1)学历要求。取得幼儿园教师资格，应当具备幼儿师范学校毕业及其以上学历。(2)教师资格过渡。幼儿教师资格过渡针对两类教师，一类是具备学历但是未取得教师资格证的教师，一类是不具备学历也没有取得教师资格证的教师。这两类教师可申请认定教师资格，但只能申请与其所在学校的层次、类别相对应的教师资格，即幼儿教师资格。(3)教师资格考试。获得教师资格可通过参加教师资格考试取得教师资格证书。(4)教师资格认定。根据《教师资格条例》，幼儿园教师资格，由申请人户籍所在地或者申请人任教学校所在地的县级人民政府教育行政部门认定。

### （二）教师继续教育制度

国家政策规定参加继续教育是中小学教师（包括幼儿园教师）的权利和义务，原则上每 5 年为一个培训周期。政策对培训的内容与类别、组织管理、条件保障、考核与奖惩等方面都作了明确规定。

### （三）职称制度

职称制度是幼儿园教师在职后根据教育教学工作的需要设置的工作岗位。它与幼儿教师专业发展是紧密联系的。2014 年我国将全面实施中小学教师职称制度改革，改革的重点是将原来独立的中学教师职务系列与小学教师职务系列统一并入新设置的中小学教师职称（职务）系列。在职称等级上，设置从正高级职称到员级 5 个等级，依次为正高级教师、高级教师、一级教师、二级教师、三级教师，与职称的正高、副高、中级、助理、员级相对应，并完善与之相配套的评价标准和办法。

## 【结论及应用】

1.学前教师的职业特点：劳动对象的幼稚性、工作目标的全面性、工作任务的细致性、工作手段的示范性、工作周期的长期性。

2.学前教师的职责：观察了解幼儿，制订和执行教育工作计划，完成教育任务；严格执行幼儿园安全、卫生保健制度，做好卫生保健工作；与家长保持经常联系，共同做好儿童的教育工作；参加业务学习和幼儿教育研究活动；定期向园长汇报，接受其检查和指导。

3.学前教师的职业角色：教师是儿童一日生活的支持者、引导者和组织者；教师是儿童社会沟通的中介者；教师是社区资源的整合者。

4.学前教师的基本职业理念：幼儿为本、师德为先、能力为重、终身学习。

5.学前教师的专业素养：专业理念与师德修养；专业知识；专业能力；幼儿教师的心理健康素养。

6.学前教师专业成长的内涵：专业理想的建立、专业知识的拓展、专业能力的发展、专业自我形成。

7.20 世纪 70 年代，美国学者凯兹将学前教师专业成长分为四个阶段：生存阶段、巩固阶段、更新阶段、成熟阶段。

8.学前教师专业成长的途径：师范教育、新教师的入职辅导、在职培训、自我教育、合作交流。

9.我国学前教师专业成长政策：幼儿教师资格制度、教师继续教育制度、职称制度。

## 【复习与思考】

1.解释概念：学前教师专业成长、幼儿为本。
2.简述学前教师职业的特点、应扮演的角色。
3.学前教师应履行哪些职责？
4.试论学前教师应具备的专业素养。
5.简述学前教师专业成长的阶段和途径。
6. 根据自己的实际情况，做一份促进自身专业发展的三年行动计划。

## 【拓展阅读】

### 中小学教师职业道德规范(2008年修订)

一、爱国守法。热爱祖国，热爱人民，拥护中国共产党领导，拥护社会主义。全面贯彻国家教育方针，自觉遵守教育法律法规，依法履行教师职责权利。不得有违背党和国家方针政策的言行。

二、爱岗敬业。忠诚于人民教育事业，志存高远，勤恳敬业，甘为人梯，乐于奉献。对工作高度负责，认真备课上课，认真批改作业，认真辅导学生。不得敷衍塞责。

三、关爱学生。关心爱护全体学生，尊重学生人格，平等公正对待学生。对学生严慈相济，做学生的良师益友。保护学生安全，关心学生健康，维护学生权益。不讽刺、挖苦、歧视学生，不体罚或变相体罚学生。

四、教书育人。遵循教育规律，实施素质教育。循循善诱，诲人不倦，因材施教。培养学生良好品行，激发学生创新精神，促进学生全面发展。不以分数作为评价学生的唯一标准。

五、为人师表。坚守高尚情操，知荣明耻，严于律己，以身作则。衣着得体，语言规范，举止文明。关心集体，团结协作，尊重同事，尊重家长。作风正派，廉洁奉公。自觉抵制有偿家教，不利用职务之便谋取私利。

六、终身学习。崇尚科学精神，树立终身学习理念，拓宽知识视野，更新知识结构。潜心钻研业务，勇于探索创新，不断提高专业素养和教育教学水平。

# *第十四章　幼儿园教育实习指导

【内容提要】

幼儿园实习是学前教育专业学生实习的主要形式，是综合性的实践课程，既是学生理论与实践结合的过程，也是其从学生向“准”教师成长发展的必要途径。本章主要对幼儿园实习活动的概念、目的与意义、内容与方法、实习准备及在各幼教领域的实习进行了研究和探讨，旨在为学前教育专业学生进行实习活动提供理论和实践指导。

【学习目标】

1.理解幼儿园实习、实习准备、远期准备、近期准备等概念；

2.了解幼儿园实习的目的、意义、内容、实习准备等；

3.了解和掌握在幼儿教育各领域实习的具体目标和过程；

4.实习准备、幼儿园实习活动。

【关键词】

幼儿园实习；实习准备；教育实习；保育实习

## 第一节　幼儿园实习概述

幼儿园实习主要指学前教育专业学生在专业学习结束之后，毕业之前在幼儿园内对幼儿园的保育、教育和管理等方面进行全面的实践活动，也是在学生在走上教师职业岗位之前的一次工作预演。它是学前教育专业教学课程中的一个重要组成部分，是学生在校学习中重要的终结性环节，对本专业学生能否成为一名合格的幼儿教师至关重要。

研究和探讨幼儿园教育实习的内涵和特点、目的和意义、方法和规律等，对于全面提升学前教育专业学生的理论知识学习和实践能力锻炼具有特别重要的意义。学前教育专业学生应该高度重视这门课程的学习。

### 一、幼儿园实习的概念

学前教育专业所培养的学生主要是到托幼机构从事幼儿教育工作的幼师。幼儿园实习是学前教育专业学生实习的主要形式。幼儿园工作包括保育、教育等内容，因此人们将学前教育专业学生在幼儿园的所有实习活动统称为幼儿园实习。

#### (一)幼儿园实习是一门实践性课程

课程体系是高校人才培养方案的核心部分。学前教育专业的课程体系由通识课程、专业基础课程、专业核心课程及实践性课程这四大模块构成。幼儿园教育实习是实践性课程的主要形式，也是整个课程体系的有机组成部分。

幼儿园教育实习的实践性，首先体现在活动性质和形式上，它是一种在幼儿园实地情境中进行的实际活动。学生根据幼儿园的实地情境尝试组织幼儿园的一日活动，从接待幼儿入园到离园，都需要学生亲自参与和积极实践。其次，体现在学习的内容和方法上，实习活动中不再要求学生学习系统的文化理论知识，而是要通过自身的“工作”过程获得大量的直接经验和解决问题的各种方法策略，达到提高实际工作能力的目的。再次，体现在幼儿园实习具有明显的阶段性特征和空间特征。幼儿园教育实习要达到理想的效果，必须具有时间上贯穿于整个学程、空间上拓展到未来的职场且在其他课程中全方位渗透的特征。

### （二）幼儿园实习是一门综合性课程

幼儿园实习是一门综合性课程，这是由幼儿教育的综合性特点决定的。即使有的实习只在某门课程或某个领域进行，但教育实习的综合性特征始终是存在的，只是有所侧重而已。幼儿园教育实习的综合性首先体现在实习的目标取向上，幼儿园教育实习的目标涵盖了要了解幼儿、热爱幼儿，熟悉幼儿教育的内容与环节、过程与方法，发展幼儿教育的技巧和能力等综合性的目标体系。其次，体现在实习的内容和过程上，幼儿教育实习的内容由教育实习和保育实习两大块组成，不论是从教育还是保育的角度来看，都需要幼儿园教师做到近乎百科全书式的人物，要扮演“保姆、儿科医生、营养师、妈妈”等多重角色和进行多种工作。这些工作和角色的综合性特点决定了实习内容和过程的综合性特点。再次，体现在幼儿生活的综合性上，幼儿的一日生活，既包括专门的学习活动，也包括生活和游戏等其他活动，这些活动相互渗透，是综合成一日的活动整体。幼儿生活的综合性决定了幼教实习的综合性特点。因此，一进入幼儿教育现场，实习生就应该有“综合”的意识和行为。

## 二、幼儿园实习的意义

幼儿园实习是实现学前教育专业的培养目标的重要途径，对于促进幼儿教师职业生涯的发展具有非常重要的意义。

### （一）通过实习，将理论与实践有机的结合

通过深入实际教育工作的实习活动，学生可以把所学的基本理论、专业知识和技能、技巧综合运用于教育和教学实践中，并且在实践中学会组织幼儿园的教育活动、游戏活动及幼儿的一日生活活动；学会创设适宜的幼儿园环境；学会独立带班；学会能有效地与家长进行沟通等，最终发展和培养其从事幼教工作的基本能力。因此，实习的过程就是为了使学生将理论与实践有机结合，并在实践中逐步将知识技能转化为专业能力的过程。

### （二）通过实习，可以检验所学的专业技能

“实践是检验真理的唯一标准”。在实习之前，学前教育专业的学生学习了相应的专业知识和技能，这些习得的知识和技能是否完善，是否满足社会的要求，需要经过实践的检验。实习活动一方面可以使学生检验自己对专业知识和技能的学习程度，以便及时查漏补缺，完善自身；另一方面，学校也可考察课程设置与现实状况、学前教育专业人才培养与社会所需之间是否存在差距，以便及时调整教学内容和培养方案，提高专业人才培养质量和教育效果，保证毕业生质量。

### （三）通过实习，能够向社会学习

实习是学生第一次走出校园真正地从事教育活动的演习，也是其走向社会的第一步。幼儿园实习对于学前教育专业的学生更好地了解和认识社会具有极大的促进作用。通过实习使学生全面了解幼儿园的保教工作，对幼儿教育有一个全面、客观的认识，增强学生热爱幼儿、理解幼儿、尊重幼儿、关心幼儿的教育观念，丰富和加深学生热爱幼儿教育事业的情感，巩固和强化专业思想，为将来模范履行职责奠定基础。

## 三、幼儿园实习的任务

幼儿园实习的任务是学前教育专业学生在幼儿园实习过程中，为达到实习目标必须完成的活动，主要体现在以下三个方面。

### (一)全面了解幼儿园的基本情况

幼儿园的基本情况不但包括其自身的办学理念、办学条件、办学特点和办学要求等宏观情况，也包括了每个班级、每个学生、每个活动区域的中观、微观的具体情况。全面深入地了解幼儿园的具体情况，熟悉幼儿园的环境，是有针对性地开展实习活动的前提和保证。进入现实状况的幼儿园教育环境，实习生要了解和熟悉幼儿园的情况和环境，可以通过听取幼儿园负责人、原班教师或相关人员介绍情况的途径来实现，也可以通过见习或参与幼儿园和实习班的各种活动的途径来实现。

### (二)学习全面独立带班

学习全面独立带班是幼儿园实习活动的主要任务和主体构成。它包括进行幼儿的一日生活护理及教育；组织和指导幼儿的各项教育活动；对幼儿进行有针对性的个别教育；创设适宜幼儿成长和发展的教育环境；与家长进行有关幼儿教育的交流和沟通等任务。

### (三)编写带班教育工作计划、教案、教育记录

制订带班教育计划、认真备课并编写教案、仔细观察儿童并做好教育记录等，是幼儿教育的主要工作，也是幼儿园实习的重要任务。

## 四、幼儿园实习的内容

幼儿园实习包括保育实习和教育实习。具体而言，由见习进入到真正的实习环节，其主要内容包括制订幼儿园班级周教育教学计划、设计和组织幼儿园一日活动、设计和布置幼儿园室内环境三大方面。

### (一)制订幼儿园班级周教育教学活动计划

幼儿园教育是通过教育活动来实现的，教学活动是实现教育目标，保证教育效果的主要形式和重要途径。幼儿园班级周教育教学活动计划是对一周班级教育教学活动的具体规划，也是教师组织教育教学活动的蓝图。实习生在制订实习班周教育教学活动计划时要注意以下几点：

(1)活动计划要体现国家教育方针和正确的教育思想，坚持保、教结合的原则，不断改革创新，提高教育教学质量。教育活动的开展必须遵循国家教育方针政策，体现现代教育思想的趋势和内容。幼儿园教育因其特殊性，还应坚持保、教结合的原则，通过“对幼儿实施体、智、德、美诸方面全面发展的教育，促进其身心和谐发展”。在此基础上，改革创新内容、方式、方法，提高幼儿园教育教学质量。

(2)活动计划要体现幼儿园教育教学工作的连续性和渐进性。幼儿教育应遵循循序渐进的原则，同时要考虑教育教学活动的连续性。因此，班级周教育教学活动计划的制订既要考虑前一时期幼儿发展的状况，同时又要为幼儿的下一阶段的发展打好基础。

(3)根据幼儿的年龄特点、天气季节的变化、幼儿园的物质条件及教育内容的特点安排具体活动。

(4)体现活动安排的科学性和合理性。周计划中的各类活动，尤其是一日活动中，要注意动静交替、教学活动与游戏活动的穿插，要充分促进幼儿知识、能力、情感的全面发展。

(5)计划应包含一日活动中的教学活动、区域活动和生活活动等方面，对每项活动的内容、形

式、时间等安排要具体明确，增强计划的可操作性。

(6)有目的地安排与家长谈话的内容和时间，实现家、园共育。班级周教育教学活动计划中还应包含家长访谈活动。安排合适的时间，与幼儿的家长就幼儿的教育问题、在园表现、园所要求以及家长期望等进行交流。通过谈话，一方面可及时了解幼儿的近况，有针对性地调整教育教学活动内容；另一方面，通过家长与幼儿园的相互配合，形成良好的教育合力，促进幼儿的成长和发展。

(7)将生活自理能力的培养和良好个性品德的培养贯穿在各项教育教学活动中。幼儿教育着眼于幼儿基本素质的培养，其中生活自理能力的培养和良好个性品德的培养在幼儿的未来成长和发展中起着基础性的作用，是幼儿教育培养目标中非常重要的内容，应贯穿于幼儿的各项教育教学活动和日常生活中。而作为有目的、有计划的幼儿教育活动，周教育教学计划的制订应充分考虑这两方面的内容。

### (二)设计和组织实施幼儿园一日活动

#### 1.科学安排、精心设计幼儿园一日活动

好的幼儿园一日活动的设计和安排，不仅是教师创造性的劳动成果，也是教师综合能力的表现，更是实现幼儿园一日教育教学目标的保证。在设计幼儿园一日活动时，实习生可以通过以下的途径和方式来进行：

(1)观察实习班一日活动的全过程。观察并且认真记录实习班一日活动的全过程，了解其一日活动的时间、活动、场所、物品和相关内容等，做到心中有数。

(2)积极参与，拉近与幼儿的距离。以参与者的身份，与实习班的幼儿一起参与各项活动。在活动中了解不同幼儿的个性特点，并在活动中拉近与幼儿的距离。

(3)全面了解实习班教育内容与年龄特点。在基本活动一致的前提下，不同班一日活动的具体内容可以有所差异。这就需要实习生全面了解实习班教育内容和该班幼儿的年龄特点，设计符合其年龄特征和要求的一日活动方案。

(4)在幼儿教师指导下，设计一日活动方案。最后，实习生在设计一日活动方案时要主动向实习班的原班教师请教，确定方案的合理性和可行性，并在其认可下敲定最终一日活动方案。

#### 2.设计幼儿园一日活动应注意的事项

(1)一日活动安排要与实习班级周教育教学计划保持一致。

(2)要保持一日活动的整体性。

(3)根据实习幼儿园及实习班的设施、场地、教具、材料等基本条件设计一日的活动方案。一日活动是在一定的条件下展开的，因而其活动方案必须考虑到所在实习幼儿园及实习班的设施、场地、物品等方面的条件。只有符合实际的一日活动方案，才具有实施的可行性。

(4)设计中要同时做好实施计划的准备工作。活动的设计涉及教具、道具和玩具等的使用，有的活动还对活动环境有所要求。因此，在进行一日活动设计时要根据活动的需要，做好实施一日活动方案的相关准备工具，尤其是场所的选择、环境的布置、教具和道具等活动物品的准备。

(5)用心思考、勤于动手，创新一日活动的方式、方法和内容。“活动”是幼儿心理发展的基础和源泉。幼儿是通过积极主动地与人交往、动手操作物体、实际接触环境中的各种事物和现象等，去体验、观察、发现、思考、积累和整理自己的经验。离开活动就没有幼儿的发展。而且不同的活动在幼儿发展中具有不同的价值，因此幼儿园的活动形式必须多样化，实习生要利用网络等教育资源，充分发挥个人才能，并虚心求教，不断调整和完善一日活动设计，并进行内容、方法上的创新。

#### 3.组织实施幼儿园一日活动的注意事项

(1)安全第一，在组织一日活动的过程中要时刻留意幼儿的安全。幼儿活泼好动但活动容易受伤的特点，要求实习生在开展任何活动时都要将幼儿的安全问题放至第一。在组织实施一日活动

方案中的各项活动时，除了要提供相对安全的活动物品和材料，实习生还应留意活动过程中可能存在的安全隐患，从而保证一日活动的顺利进行。

(2)为幼儿营造一个轻松、自由、快乐的活动环境。《幼儿园教育指导纲要(试行)》中指出："幼儿的发展依赖于生存的环境，幼儿每时每刻都在与环境发生交流，环境是幼儿发展的资源，幼儿只有与环境的交互作用，才能获得发展。"除了一定的物质环境，幼儿园的精神环境也非常重要。实习生在组织和实施一日活动时应注意为幼儿营造一个轻松、自由、快乐的活动环境，不可为活动而活动，忽略了各项活动真正的意义和价值。

(3)要善于创造良好的活动气氛，调动幼儿的积极性。教育过程是师幼的双边活动，实习生要调动幼儿参与活动，就要真正建立起良好的活动气氛，即在实习生主导作用下，充分调动幼儿活动的积极性，发挥幼儿的主体作用，使幼儿真正成为活动的主人，让他们亲自动手、动脑、动口，多种感官参加活动。良好的活动气氛能唤起幼儿的注意力和学习兴趣，使幼儿得到一种愉快、成功的体验，并保持一种积极的活动心态；反之，则使幼儿产生倦怠、烦闷和冷漠之感，久而久之，将使幼儿产生厌学情绪。而要真正调动幼儿活动的积极性，必须有一个宽松自如的环境、民主和谐的气氛。这就要求实习生不要呵斥、指责幼儿。

(4)做好各项活动和个别幼儿的观察和记录工作。在组织实施一日活动的各项活动时，实习生要及时认真地做好活动的观察、记录工作。同时对个别情况较为特殊的幼儿也要给予关注。

(5)按照活动方案开展一日活动，同时兼顾一定的灵活性。一日活动的开展要按照一日活动的方案进行，不可随意安排。但另一方面，一日活动的开展不可避免地也会受到一些外在因素的影响，出现一些突发情况，如户外活动课时天气有变，风雨袭来，这个时候就需要实习生有一定的应变能力，重新做出调整和安排。

(6)抓住一切机会，促进幼儿体、智、德、美全面发展。幼儿园教育的目标在于促进幼儿身心全面和谐的发展，每一项活动包含着较多的教育意义。这就要求实习生在组织实施各项活动时，抓住教育契机，促进幼儿在体、智、德、美等方面的发展。

### (三)设计和布置幼儿园室内环境

环境是重要的教育资源，《幼儿园工作规程》就明确提出要"创设与教育相适应的良好环境，为幼儿提供活动和表现能力的机会和条件"。环境对幼儿的成长和发展具有重要意义，不仅为幼儿发展提供保障，而且还直接影响着幼儿的身心健康。对实习生而言，其环境创设的实习内容更侧重于所在实习班级室内环境的设计和布置，可以通过以下途径来进行。

#### 1.观察了解实习班室内环境布置的情况

在设计和布置实习班室内环境之前，有必要在了解实习幼儿园基本情况和环境布置的基础上，细心观察了解实习班室内原有的环境布置。其中观察的内容包括：

(1)所在实习班的活动区、寝室、盥洗室布置情况及周边环境的基本状况。

(2)所在实习班各活动区域的划分和布置情况、使用状况以及基本的教育功能。

(3)各活动区域中的材料和物品，了解其构成成分及其安全性，明确不同材料和物品的教育功能。

(4)自然环境与人文环境、生活空间与活动空间、教师布置与幼儿布置之间的比重。

#### 2.结合实习班现阶段的教育实际，精心设计室内环境布置方案

在精心设计室内环境的布置方案时，实习生首先要考虑实习班幼儿现阶段的身心发展水平、该年龄或年级阶段的教育目标、教育内容和方式，如活动区布置的材料应符合幼儿的兴趣。其次，要充分考虑设计方案的合理性与可行性，如怎样获取材料，费用支出是否在可行的范围内等；再次，室内环境的设计既应体现空间和物质的和谐，如环境布置与教育目标的一致、室内环境与幼儿园整体环境协调、色彩和区域环境的协调、活动空间与生活空间的协调等，还应体现人与人、人与物之间关

系的和谐，即设计应在一定程度上考虑环境的享有者幼儿的喜好和需要。这就需要实习生多询问指导教师的意见，及时请教幼儿园原班教师，多了解本班幼儿的想法和兴趣爱好。

3.发挥实习班幼儿的主动性和能动性，共同完成室内环境布置任务

幼儿园环境的创设应体现教师是主导、幼儿是主体的先进理念。实习生要善于调动和发挥实习班幼儿的主动性与积极性，与幼儿进行分工合作，使幼儿在参与室内环境布置的过程中形成对环境的认同感、归属感和责任感，以更积极主动的姿态参与一日活动，实现完整的幼儿教育价值。

幼儿园教育是一项完整的教育活动，所有实习内容也并非孤立存在，而是有着千丝万缕的联系。幼儿教育目标的实现依赖于各种活动和环境的共同作用，从各个方面对幼儿身心产生积极的影响，促进幼儿全面发展。

## 第二节　幼儿园实习的准备

幼儿园实习的准备，是教师教育类学生在进入实习学校前，在思想、业务知识、教育技能以及物质等方面的准备。它分广义的教育实习准备和狭义的教育实习准备。从广义上来说，一个人进入教育实践场所的表现与他的全部素养和生活经历有关，从这个角度来看，个人所经历的一切都是在为教育实习做准备，而且是一个持续不断的过程，这就是我们平时说的远期准备。从狭义上来说，教育实习准备是指根据学前教育实习大纲的目标、任务和要求、实习时间、地点和内容的安排所做的针对性准备工作，也就是我们平时说的近期准备。

### 一、远期准备

远期准备探讨的是广义的实习准备。所谓远期准备，就是从幼儿园教师应该具有的基本素养的角度探讨学前教育专业的学生在高校学习的整个学程中应为未来的幼教实践所做的准备。

#### （一）师德修养

教师的素质包括职业道德素质、科学文化知识素质、教育教学能力素质、身体素质、心理素质等，其中职业道德素质是关键，是灵魂，对其他各种素质起到统领作用，而且只有品德高尚的教师才能培养出心灵健康的孩子。教师品德就是“一种能使教师个人担负起教师角色的品质”，“它既是教师人格特质化的品德，也是教师教育实践性凝聚而成的品质”，其核心构成是教师的善、公正、责任感、职业信念等。

学前教育专业的学生是从事幼教工作的预备队员，为承担起未来的使命，他们需要按专业要求多方面提升自己的素养，其中品德修养是首要一环。其主要有依法执教、热爱幼教事业、热爱幼儿、勤于学习、团结协作、尊重家长、廉洁从教、为人师表等八个方面的内容。

#### （二）专业知识

有的学者把教师知识分为四个方面，即教师的一般文化知识、本体性知识、实践性知识和条件性知识。

幼儿园教师的一般文化知识要具有基础性和广博性的特点，作为幼儿教育实践的远期准备，学生应该逐步使自己具备：音乐、艺术和文学方面的知识，健康、安全和营养方面的知识，对世界和宇宙的物理和生物方面的理解，数学概念的知识，对全球范围内多样的文化和社会经济背景下人际交流多样性和复杂性的知识，对国内外社会和文化异同的理解，影响本国和世界的社会、历史和政治推动力量的知识等。

幼儿园教师的条件性知识包括幼儿身心发展规律的知识、幼儿教育的知识和幼儿发展评价的知识。其中，关于幼儿教育的知识是条件性知识的核心部分，它包括三个层次：一是普通教育学心理学基本理论知识；二是学前儿童教育心理学基本理论知识；三是学前儿童教育应用性知识（各领域教育活动设计知识、幼儿园课程知识等等）。

幼儿教育的情景化特征决定了幼儿园教师的实践性知识比任何其他层次的教师更为重要。幼儿园的教育内容所具有的“情景化”“过程化”“活动化”“经验化”特征，以及从重静态的知识到重动态的活动、从重表征性知识到重行动性知识、从重“掌握”知识到重“建构”知识的变化等显著特点，都要求幼儿园教师具备更多的实践性知识。实习生也要不断积累更多的实践性知识。

### （三）专业能力

专业能力是幼儿园教师个性心理特征的核心，是教师内隐的德性和知识（观念）得以在教育教学中发挥作用的外在行为表现，是教师综合素质发挥教育效率的途径和手段。专业能力也是专业化不可或缺的组成部分，从幼儿园教育实践的远期准备上看，每个学前教育专业学生都必须十分重视能力的提升。

专业能力依据不同的划分标准会有不同的分类。例如，在江苏省教育行政部门出台的《幼儿园教师职业素质基本要求》中，除对幼儿园教师的职业道德、文化素养、专业知识提出要求外，重点对幼儿园教师的专业能力提出了较为具体的要求，这些要求大体上是由会说、会写、会画、会唱、会弹、会舞、会做、会用等八会技巧和观察、记录、分析幼儿活动的能力，制订教育、教学计划的能力，组织教育活动的能力，做好家长工作的能力及进行教育科学研究的能力等五大能力共同组成。

## 二、近期准备

近期准备指的是实习前夕的具体准备，主要包括了解自己、了解实习园和实习班、制订实习计划、按职业要求修饰仪表、必要的物质准备、克服紧张心理和试教等几方面。这些准备为顺利完成实习的具体任务奠定基础。

### （一）了解自己

每个学生在进入幼儿园参加实习活动之前，必须了解自己，包括了解自己对品德的修养、知识的学习、技能的掌握、才能的锻炼等，还包括自己具有什么样的性格习惯和价值观念、情感体验和气质特点等。这些人格内涵会严重地左右个人的行为。一个不了解自己的人，就好像在黑暗中走路一样，虽然不停地向前走，却看不见也控制不了自己的方向。实习生可以通过反思自己的生活经历，还可以捕捉并利用实习中的一些“典型事件”或“关键事件”等方式进行自我认识，达到全面了解自己的目的，也可以实现对自己原有知识经验的改善和提升。

### （二）了解实习园和实习班

实习生到幼儿园实习，不但是为了获得实践的经验和提升自己以后从教的能力，也还渴望能将在课堂上所学的理论知识在幼儿园找到生长的土壤，让理论之花结出实践之果。为达成这一目标，就需要在实习之前对幼儿园有一个相对全面的了解，做到知己知彼，百战不殆。了解实习园和实习班应从以下几方面进行：

首先，了解实习园的办园特色。办园特色是一个幼儿园在办园历史中形成的具有标志性意义的教育个性，是幼儿园文化的重要构件。了解实习园的办园特色可以帮助实习生融入幼儿园的文化体系，以确保实习任务的顺利完成。

其次，实习生作为实习园的一员，有必要了解幼儿园的各项规章制度，从而更好地规范和约束自己的行为。幼儿园的规章制度一般包括《幼儿园管理条例》《幼儿园工作规程》《教师职业道德规范》《幼儿园教师岗位职责》《幼儿园安全制度》《幼儿园卫生保健制度》和《家园联系制度》等。

再次,实习生应该全面了解实习班级的基本情况,包括班级原任教师的情况、幼儿的情况以及该班的保教特点。通过对实习班级基本情况的了解,能更好地完成活动设计,为实习的顺利开展奠定良好基础。

最后,实习生在实习之前,应该到实习园进行实地参观,了解实习园有哪些教学空间和可用材料,如户外活动场地、自然角、科学发现室、艺体室、电脑操作室等。对这些教学环境的了解,有利于自己组织教学活动时合理有效地使用场地,真正做到因地制宜。实习前还应对幼儿园的生活环境有一定了解,知道在哪里用餐,是否自带餐具,用餐时间的安排,以及住宿的基本情况等。

### (三)制订实习计划

在幼儿园实习中,实习生在遵照执行学校总实习计划和遵守实习园工作要求的同时,还要制订出适合自己能力水平、知识特长的、富有个性特点的、具有针对性、可操作性的个人实习计划。个人实习计划是对自己在实习园中组织和开展实习活动的总体规划和安排,也是对实习班幼儿教育活动的精心设计。在制订个人实习计划时,除了注重计划的针对性和可操作性外,还要注意自己在各种教育活动和组织机构中的角色定位及承担的不同工作。

实习生的个人计划是学院或幼儿园对实习生进行考核的一部分。计划形式可以不拘一格,但认真地考虑并筹划好自己的实习生活以保证实习的有序有效,是每个实习生在实习准备阶段的重要环节。

### (四)按职业要求修饰仪表

幼儿园教师的仪表形象必须遵循幼儿教育的特点与规律,必须考虑幼儿的年龄特点与教育需要,必须考虑与教育理念保持一致,否则就会有损于幼儿园教师的职业形象,也会给幼儿带来消极影响。

实习生具有既是学生,又是准教师的双重角色。在仪表形象上既要有活力,又要符合幼儿园教师的职业特点。总的要求是素雅、大方、整洁、得体。

具体来说,实习生在着装方面应做到大方、得体,不穿奇装异服(如超短裙、吊带衫、露脐装等),不穿高跟鞋,不配带有突出物的首饰,不留长指甲等,还应尽量避免选择过于成熟、灰暗、刻板的职业装;在发型方面要经常理发,发型自然大方,不做流行夸张的发型;在化妆方面,淡淡的妆容也是实习生不应拒绝的一种美;在外表方面应尽量做到“大方、整洁、亲切、有活力”;在对待幼儿的态度上,应该做到:语气轻柔、态度和蔼、积极鼓励、微笑抚爱,不骂人、不吓唬、不体罚。学会经常说:好样的!你能行!学会经常做:抱一抱、蹲下平视、用抚爱的眼神与孩子交流。

### (五)必要的物质准备

所谓物质准备,包括教育实习过程中必需的生活资料和教学资料的准备。从准备的主体来说,主要是指实习生也包括实习园和学院。从实习生的角度看,实习园为实习生做了哪些物质准备和自己该做哪些物质准备是最需要知道的。

#### 1.实习园的物质准备

实习园为实习生准备的生活资料包括:

(1)实习生住的场所。最好有独立的空间和卫生设施并确保安全。

(2)实习生讨论交流写字的场所。这个场所要考虑与指导老师沟通的方便。

(3)实习生就餐的安排。包括搭伙的相应准备和经费预算,就餐的空间时间等。

(4)实习期间实习生周边活动(出行、家访、购物、游玩等)的信息资料。

实习园为实习生准备的教学资料包括:

(1)相关的教学材料。教材、工具书、挂图、教具、学具、玩具等。

(2)图书资料室、电子阅览室对实习生的开放安排。

(3)交流听课的相应安排。

(4)幼儿园办园特色、园本教学相关资料。

(5)教育计划进度的相关资料。

(6)实习班幼儿及家庭的相关资料。

2.实习生的物质准备

(1)教学方面。事先整理好实习期间所需要的专业用书、工具书、参考资料、文具用品以及已经做好的教具、学具等。学校下发的有关实习资料,包括实习生守则、实习计划和任务、相关任课教师布置的实习作业、科研任务等。

(2)生活方面。收拾整理好要用的日常生活用品。包括衣服、鞋袜、卫生用品、常用药等。做一个实习期间的经费预算,并提前做好准备。日常生活用品要根据实习期间季节的情况、地点的情况和实习内容的安排做一些相应的调整。如果去一个较偏僻的乡村幼儿园实习,就要考虑到生活用品购买的困难而适当多备一点。

### (六)克服紧张心理

实习工作初期,由于是在新的环境中的陌生体验、缺乏自信、压力及个性弱点等原因,实习时可能会产生紧张的心理。适度紧张是正常的心理反应,而且也会在一定的程度上激发活动的动机,但是,持续的紧张状态,不但影响实习的进行和活动的效果,而且也能严重扰乱机体内部的平衡并导致疾病,所以实习生应该学会消除紧张状态。紧张心理可以通过熟悉环境、降低要求、做好充分准备、增强自信等途径来自我消除。

### (七)试教

试教,是一种模拟教育活动,大量的事实证明,实习中的试教是极其必要的。试教不外乎三种形式:一是一人试教,多人听讲,即执教的实习生为师,把实习同伴当作幼儿;二是一人试教,一人听讲,即把实习指导教师当作幼儿;三是利用微格教学设备试教,回放录像自己反思,或与同伴、指导教师一起分析。这三种形式相互渗透,紧密联系。实习指导教师在试教时对实习生的指导也可采用两种方法:一是边听边导,发现问题随时指出,随时纠正,关键处、主要问题反复强调;二是听完再导,对出现的问题边听边记录,结束后一并指正。听完后再指导,易于把握全局,肯定优点,指出问题,找出更多的方法。

在试教前,实习生必须精心准备设计方案,把方案提早几天交给指导教师审阅,根据指导教师意见对方案进行必要的修改,再与指导教师约定试教时间。正式试教前,实习生还要准备好活动时所需要的材料。试教后,应及时向指导教师及实习同伴征求意见,然后根据反馈的信息(主要是指导教师的意见)再次修改方案。如有必要,还可再进行试教。最后确定的活动方案须经指导教师同意后方可正式施教。

## 第三节　各领域课程教育实习

依据《幼儿园教育指导纲要(试行)》,幼儿园教育的内容相对划分为五个领域。作为专业实践,实习生去尝试这五个领域教育的实施是实习的主要内容。这里从实践的角度对各领域教育的内容特点及实施作分析。

## 一、健康教育活动的实习

### （一）学前儿童健康教育的内容

《幼儿园教育指导纲要（试行）》提出了健康教育的四条目标：身体健康，在集体生活中情绪安定、愉快；生活、卫生习惯良好，有基本的生活自理能力；知道必要的安全保健常识，学习保护自己；喜欢参加体育活动，动作协调、灵活。根据以上目标，学前儿童健康教育的基本内容可以概括以下几点：

(1)生活卫生习惯。生活卫生习惯是指幼儿良好生活卫生习惯的养成和幼儿独立生活能力的培养。其主要内容有：养成保持身体及服装的卫生习惯，如饭前便后会洗手，学会漱口、刷牙、洗脸、梳头等；养成保持环境整洁的习惯，如不随地乱扔纸屑及其他废物，玩具或其他物品用完后会及时放回原处；养成良好的饮食习惯。

(2)饮食与营养。饮食与营养是指幼儿饮食习惯的培养和向幼儿进行初步的营养教育。其主要内容有：知道食物与人体健康的关系；学会正确使用餐具，保持地面、桌面的清洁；进餐时不挑食，不偏食，吃完属于自己的一份饭菜，饮食要定时定量。

(3)人体认识与保护。教育幼儿对人的身体和人的生命活动有初步的认识，知道要关心自己的身体，并学习保护自己的身体。其主要内容有：认识人的身体（内部、外部）一些主要器官及其功能，感受和体验到人体的奇妙，学习保护身体的一些方法，逐步建立关心、保护身体健康的意识；知道防疾和治病是保护身体健康的一个重要方面，能愉快地接受身体健康检查和预防接种；懂得快乐有益于健康，学习积极愉快地参加各项活动。

(4)保健与安全。保健不仅是卫生和营养的问题，也是体育锻炼的问题。同时，在幼儿生活的环境中存在着一些不安全的因素，因此要教育幼儿遵守有关规则，注意安全，学习保护自己的方法。其主要内容有：喜欢参加体育活动，动作协调、灵活；知道要遵守规则，如交通规则、集体活动的规则……注意自身安全；认识有关安全标志，知道它们的意思，学习自我保护；知道日用电的施用（电线、开关、按钮等），以防意外事故发生；不轻信陌生人，不跟陌生人走；遇到突发事故时，知道采取何种措施，学习保护自己。

### （二）学前儿童健康教育活动的设计和实施

幼儿园健康教育的重要组成部分是身体锻炼。这里重点对身体锻炼教育活动设计进行分析。

幼儿身体锻炼活动的设计是指依据幼儿身体锻炼的目标（一般指年龄目标或单元目标）和身体锻炼的内容及形式，选择或创编相应的活动方案，并拟订出一定时间内向幼儿施加教育影响的方案的过程。幼儿园身体锻炼活动的设计分成幼儿体育课、幼儿早操活动和幼儿户外体育活动。下面以幼儿体育课的设计为例来看健康教育活动的设计思路：

第一步，清楚幼儿体育课的类型。幼儿体育课一般有三种：新授课、复习课、综合课。其中综合课是幼儿园最基本、最普遍采用的体育课类型。综合课一方面指新、旧内容的综合，另一方面指活动中多种类型的活动内容的综合，既包括基本体操，又包括模仿性活动、游戏、运动技能练习等。

第二步，明确幼儿体育课的设计依据。人体机能能力的变化规律是体育课的主要依据。人体在运动过程中，生理机能能力的变化经历了上升、平稳、下降三个阶段。上升阶段表现为人体血液中血糖含量的增加，心跳和呼吸加快，大脑的兴奋性提高，精神愉悦而振奋等。平稳阶段指身体各器官活动能力已达较高水平，且能保持一段时间。下降阶段指身体锻炼活动进行一段时间后，由于体内能量、物质的消耗和恢复不足，身体出现疲劳，活动能力下降，这时应停止较激烈的活动，进行一些放松活动。

第三步，根据三个阶段理论，幼儿体育活动过程各部分的任务、内容和时间一般有如下安排。

(1)开始部分

任务:组织幼儿,集中幼儿的注意力;使幼儿明确活动的内容和要求,激发他们参与身体锻炼活动的兴趣;通过身体活动,克服各器官、组织的惰性,提高其活动能力,发展主要肌群;根据基本部分的内容,做一些有针对性的准备活动,为下面的活动做好适应性准备。

内容:排队和队列队形练习;向幼儿说明活动的要求和主要内容;做一些基本体操或模仿活动;开展一些运动负荷不大、有利于发展幼儿体能的游戏;也可进行一些简单的舞蹈和律动等。

时间:一般占总时间的10%~20%。

(2)基本部分

任务:学习新的或较难的活动内容;巩固和提高已学过的各类练习和游戏等,并从中通过幼儿自身的身体练习,提高幼儿的身体素质,发展幼儿的能力,培养幼儿良好的品质等。

内容:发展体能的游戏、基本体操等其他各类游戏。一般以《幼儿园教育指导纲要(试行)》中规定的内容为主。一次活动一般安排1~2项活动内容。

时间:一般占总时间的70%~80%。

(3)结束部分

任务:降低幼儿大脑的兴奋性,使幼儿的身体由运动的紧张状态逐渐恢复到相对安静状态,放松肢体;合理地小结评价,有组织地结束活动;收拾和整理器材。

内容:轻松自然地走步,徒手放松练习,简单、轻松的操节和舞蹈,较安静的游戏等。

时间:一般占总时间的10%~20%。

第四步:编写出活动方案。活动方案是设计思路化为直接现实,即写出"教案"。活动方案一般由活动名称、活动目标、活动准备、活动过程、延伸活动、活动评价构成。

### (三)实施幼儿体育活动时的注意事项

(1)做好活动前的准备工作。包括幼儿的知识准备,活动前的场地、器材和玩具的置备与布置,熟悉活动方案及做好活动前幼儿及场地的安全、卫生工作。

(2)教师要注意身体力行,以积极的态度和饱满的情绪投入到活动的组织和指导中。

(3)灵活运用多种指导方式,既面向全体又注意个体差异,做好个别教育。

(4)控制好活动时间。一般小班为15~20分钟,中班为20~25分钟,大班为30分钟左右。

(5)重视在活动中促进全面发展,通过建立活动常规,利用活动相关内容,培养幼儿良好品质和个性,促进幼儿身心全面健康发展。

(6)注意做好活动后的复习辅导和检查评价工作,总结经验教训,不断提高自身的组织指导能力和教育质量。

### (四)学前儿童健康教育活动应避免的误区

第一,重身体健康,轻心理健康。幼儿的健康既包括身体的健康也包括心理的健康。实习生往往只会关注幼儿的生理方面的健康,而忽略心理方面的健康。产生这种误区的主要原因是片面健康观的影响,另外,也有因为心理健康教育开展的难度相对较大,对实习生的知识、能力要求更高,很多实习生缺乏相应的知识和能力,或有的实习生产生畏难情绪等原因。不管哪种原因,实习生不够重视幼儿心理健康教育是存在的较普遍现象。在实习过程中,实习生应加强学习,树立正确的健康观,以积极的态度面对健康活动的实习,关注幼儿身心健康全面和谐发展。

第二,健康活动设计中,对健康教育内容的认识存在片面性。健康内容包括体育锻炼、生活卫生习惯和生活自我服务能力。实习生一般都重视设计和组织体育活动,容易把体育活动与健康教育等同起来,习惯于把体育活动看作是健康活动的全部内容和唯一形式,都认为健康教育就是体育活动,或者就是上体育课,而往往忽视生活卫生习惯和生活自我服务能力培养等方面的问题。

第三,健康教育活动缺乏整合的大教育观。幼儿的课程教育是整合的教育过程。在实习过程中,实习生常只关注当天或当下的实习内容和实习任务,对课程理念的整合还不能灵活运用,不能将健康教育融合到其他领域,或将其他领域的教育渗透到健康教育中。这样不仅浪费了健康教育的时机,而且对实习能力的提高也有阻碍。

第四,忽视幼儿的主动性。幼儿是活动的主体,幼儿只有积极主动地参与活动,才能从中获得发展。幼儿已经有了自己独立的人格,有自己的需要和兴趣。实习生在活动中随机应变的能力相对较差,往往强调主导,而忽视发挥幼儿的主动性。这样容易导致幼儿不想、不敢与教师自由、愉快地交流,健康教育活动也就无法有效开展。在幼儿健康教育中必须尊重幼儿的主体地位,鼓励发挥幼儿的主动性。实习生要避免一厢情愿的主导,要与幼儿建立一种平等的伙伴关系,提高他们适应环境和解决问题的能力。实习生应成为幼儿的朋友和伙伴,这样才能使幼儿在心理上感到安全、放松,在自由、平等、合作的氛围中,充分地发挥自己的学习主动性。

## 二、语言教育活动的实习

### (一)学前儿童语言教育的目标和内容

《幼儿园教育指导纲要(试行)》提出了学前儿童语言教育的五个目标:乐意与人交谈,讲话礼貌;注意倾听对方讲话,能理解日常用语;能清楚地说出自己想说的事;喜欢听故事、看图书;能听懂和会说普通话。学前儿童语言教育的内容应该是幼儿园为幼儿提供的语言形式、语言内容和语言运用的基本知识、基本态度和基本行为方式的总和,是幼儿学习语言、获得语言经验的载体。

幼儿园语言教育的内容包括:专门的语言教育内容和渗透的语言教育内容。专门性语言教育是指遵循语言教育规律来组织的学习活动,是实现语言教育目标的有效途径,是组织和传递语言教育内容的实施环节,是落实语言教育任务的具体手段,是教幼儿学习语言知识,教幼儿学习语言形式,教幼儿学习语言运用技能的过程,主要包括讲述活动(看图讲述、动画片讲述)、听说活动(语言游戏、谈话活动)、文学活动(故事、诗歌、散文)和早期阅读几种形式。渗透性语言教育包括:在日常交往中指导儿童学习语言,通过常规主题活动发展幼儿的语言,通过区角活动发展幼儿的交往语言。

### (二)学前儿童语言教育活动的设计

要组织好语言教育活动,重要的是要设计语言教育活动方案。语言教育活动方案的设计由以下部分构成:活动名称、活动目标、活动准备、活动过程、活动延伸、活动评价。在设计方案时,实习生要制订语言教育活动的目标,要选择能实现目标的具体内容,要选择与内容相适应的活动方式等。设计学前儿童语言教育活动时应遵循以下五个原则。

1.注重幼儿获得经验的原则

设计任何一组或一个语言教育活动,实习生都必须注重幼儿的语言经验。只有以儿童语言经验为出发点,才能保证设计出来的活动符合幼儿语言发展的需要,才能使设计的活动对儿童语言发展真正起到促进作用。

注重幼儿获得经验的原则。首先,要考虑教育对象现有的发展水平,即他们已经获得的经验;其次,要考虑根据幼儿原有经验再为幼儿提供一些新的经验,这些新的语言学习经验内容应当建立在幼儿已经获得经验的基础上。

2.实习生与幼儿互相作用的原则

在设计语言教育活动时,实习生要考虑幼儿主动活动与教师参与活动的比例关系。实际上,这也是幼儿在活动中的主体地位和实习生在活动中主导作用的具体化问题。当然,幼儿和实习生在活动中的主体和主导关系是相互作用的,会根据具体活动内容、活动要求而发生变化。当需要的时候，实习生在活动中参与主导作用发挥得多一些；不需要时，实习生参与主导作用就发挥得少一些。主要应注意以下几点：一是要了解每一个幼儿（包括个别幼儿的特点在内）的发展水平；二是要找出语言教育活动中出现的新的技能、新的语言要求。

3.活动内容与方式相适应的原则

在语言教育活动中，各种活动内容和方式之间存在一定的关系。不同的活动内容可以选择相同的活动方式；同一个活动内容也可以选择不同的活动方式。因此，实习生在设计语言教育活动时，应注意活动内容和方式相适应的问题。在选择活动方式时，一是根据具体的内容采取适当的活动方式；二是根据教育对象选择活动方式。

4.不同领域相互渗透的原则

在语言教育活动中，幼儿学习吸收的主要是语言信息材料，但也包括那些与语言有关的其他信息材料。如活动中除了有语言，还可能有音乐、美术、动作等不同发展领域活动因素并存。

作为语言活动的设计，应坚持从语言角度来设计活动。在设计活动时，应注意以下几点：第一，教育活动的要求、内容和形式应从语言角度进行思考，为幼儿提供适宜其语言发展需要的学习机会。第二，在语言教育活动中，其他领域活动因素的参与（如什么时候要辅之以音乐或美术的活动手段），要根据活动内容的要求而定，要从如何帮助幼儿更好地理解学习内容、主动积极地学习、完成学习任务来定。第三，实习生在设计活动时，从语言角度出发，经过其他方式、符号的共同参与，最后仍应回到语言上。既不要简单盲目地把活动搞成语言、音乐、美术等的大拼盘，也不要忘记落实到语言教育的根本点上，不能喧宾夺主。

5.面向全体，重视个别差异的原则

在设计语言活动时，实习生应具有正确的儿童观和教育观，要使设计的活动既面向全体儿童，又重视个别差异。

首先，面向全体幼儿，是指实习生要了解参加活动的全体儿童的需求。实习生要站在教育对象的角度去思考这个问题，把握活动设计的尺度，使活动设计能照顾到位。

其次，在面向全体的同时，实习生要注意个别幼儿的差异。实习生对那些有可能超越一般活动要求或有可能在活动中出现困难的幼儿都要予以帮助，既要为能力强的幼儿准备发挥他的能力的机会，又要为能力较弱的幼儿或不具备这方面经验的幼儿提供补偿的机会。

### （三）学前儿童语言教育活动的实施

设计好语言教育活动方案后，将活动方案付诸实践时需要注意以下几点：

第一，幼儿是活动主体。实习生在组织语言教育活动中，要了解语言教育领域的目标，要充分创造语言操作的条件，使幼儿在操作中习得和巩固语言；要以幼儿为活动主体，以幼儿语言发展为本。

第二，自由与规范相统一。幼儿语言教育活动本身是一种通过规范去学习语言规范的过程，要求幼儿在规范的情景中接受规范的语言，练习规范的语言，用规范的语言进行语言交际。将规范与幼儿个性自由发展相结合，注重为幼儿提供自由说话的机会，并引导幼儿养成运用规范语言的习惯。

第三，示范与练习相结合。示范是一种很重要的教育手段，对幼儿语言教育来说，实习生的示范是幼儿进行语言模仿的基础，而使示范的语言为幼儿所习得又离不开幼儿的练习。因此，实习生的示范不能限制幼儿的思维，示范时注意运用隐性示范，并为幼儿提供充分练习的机会，充分利用多种途径发展幼儿语言。

## 三、科学教育活动的实习

### (一)学前儿童科学教育的目标和定位

《幼儿园教育指导纲要(试行)》中在科学教育领域提出了这样的目标:对周围的事物、现象感兴趣,有好奇心和求知欲;能运用各种感官,动手动脑,探究问题;能用适当的方式表达、交流探索的过程和结果;能从生活和游戏中感受事物的数量关系并体验到数学的重要和有趣;爱护动植物,关心周围环境,亲近大自然,珍惜自然资源,有初步的环保意识。

这些目标定位可以使我们强烈地感受到,科学教育的价值取向已经从过去的“以知识为中心”转向“以探究为中心”,幼儿科学教育强调的不再是知识的积累,而是突出培养幼儿的兴趣情感和态度,发现问题、解决问题、表达意见等科学素养,以及与人合作、与自然和谐相处的基本意识。

### (二)学前儿童科学教育活动的设计

学前儿童科学教育活动的设计就是对科学教育活动的各个要素进行处理,从而形成特定的相互关系的过程,即对科学教育活动的基本要素,包括目标、内容、教材、学习活动、媒介、时间、空间和环境、教学方法等,按一定的方式进行编制和处理。

学前儿童科学教育活动分成预定性科学教育活动和选择性科学教育活动两种。

预定性科学教育活动是指教师根据学前儿童科学教育的目标和任务,有计划、有目的地选择课题,决定学习的内容、学习的方法和技能,并提供相应的材料以达到教育目标的形式,一般以集体(全班或小组)的组织形式开展。预定性科学教育活动设计一般包括:活动目标的设计、活动内容的设计、活动材料与环境的设计和活动过程的设计等方面。

选择性科学教育活动是指幼儿在科学发现室或自然角、科学桌等场地内进行的科学教育活动。除了在活动室内的区角、自然角内活动以外,还包括了为幼儿特别创设的科学探索室的活动、在室外散步和采集等活动。在选择性科学教育活动中,教师主要进行间接指导,为幼儿创设环境、提供材料,并在活动过程中给予必要的指导。因此,选择性科学教育活动的设计,因其特点的关系,往往是从一个时间段去考虑活动设计,即不能如预定性科学教育活动设计那样,以一次活动为时间单元。一个时间阶段的长短,根据班级所在幼儿园的情况而定。

### (三)学前儿童科学教育活动的实施

幼儿园各类科学教育活动的实施中,指导十分重要。实习生要根据科学教育活动的类型、本班幼儿的特点、实际水平等对科学教育活动进行有的放矢的指导。

第一,预定性科学教育活动的指导,可从以下几方面入手:

(1)做好充分的活动准备,明确任务,引起兴趣。准备工作是实施活动的前提,活动准备是否充分直接影响着活动的成效。另外,指导幼儿进行预定性科学教育活动,从一开始就应明确活动的任务,激发幼儿的兴趣,使幼儿在好奇心的驱使下积极地投入到科学探索活动中去。

(2)引导学前儿童运用多种感官、多种方法进行感知、操作。在预定性教学活动中,实习生应让幼儿在活动中运用各种感官、多种方法接触或发现客观事实,从事感官探索、观察、实验、测量等活动。伴随着这样的活动,幼儿内心就会产生好奇、猜测、感动及欣赏。实习生还应允许和支持幼儿用他们自己的方法进行操作感知,比较发现,引导幼儿从多种角度去思考问题,从而获取答案。

(3)使幼儿真正成为学习的主体。在预定性教育活动过程中,应发挥幼儿的主动性、积极性和创造性,使幼儿真正成为学习的主体。实习生可用启发性的提问、少量的指令来代替强制地灌输知识,引导幼儿充分进行各种感知操作、讨论等活动。

(4)引导幼儿学习用各种方式进行表达。在幼儿充分探索的基础上,引导幼儿用各种形式表达、交流自己的发现,描述操作的过程、方法和结果,是集体性教育活动的重要部分。通过活动,使幼儿所产生的触动及想法获得抒发,形成深刻的经验,也是幼儿继续探索科学的兴趣源泉。例如,在“认识水果”的活动中,幼儿说:“我吃了香蕉,可没吃到种子,没有种子,香蕉是怎么种的呢?”这是幼儿在表达自己的发现和疑惑。又如蜗牛爬在手臂上的感觉是“痒痒的”“黏黏的”,这是幼儿在交流他们的经验和感受。

第二,选择性科学教育活动的指导。选择性的科学教育活动是幼儿学科学的重要途径,在区域性科学教育活动中,实习生的指导可从以下几方面入手:

(1)创设良好的心理环境、问题情景,激发幼儿参与。良好的心理环境是指幼儿学科学的良好气氛,是选择性科学教育活动的前提。实习生应提供大量的实践机会和各种教育活动,支持幼儿按自己的兴趣去参与探索活动;鼓励幼儿大胆探索,大胆表达自己的想法和做法;实习生经常以同伴的身份和幼儿一起进行科学探索活动,让幼儿感受到对他们的关心和爱护,使师生间的关系变得积极融洽。在这平等、和谐的气氛中,幼儿的学习就会无拘无束,使其主动性、创造性得以发挥。

(2)应让幼儿自由选择活动内容和材料。在活动过程中,应让幼儿真正地按自己的兴趣和意愿、自己的水平和需要来选择活动内容和材料。实习生可采取各种方法进行调整,如新投放的材料幼儿选得多,可采取暂时轮换的方法,无人选择的材料可及时撤换或由实习生进行一些指导。但不管怎样进行调整,都应尽量满足幼儿的需要,符合幼儿的意愿。

(3)观察了解幼儿的活动,及时提供指导和帮助。在活动过程中,实习生应善于观察幼儿的活动情况,耐心观察、了解他们的需求和水平。还要给予幼儿适当的启发、引导和鼓励,让幼儿积极主动地活动,让他们有更多的机会自己去发现科学、探索科学。幼儿会遇到各种困难,一些幼儿会提出问题。实习生不应直接将问题的答案或解决的方法告诉幼儿,更不能代替幼儿完成;也不能对幼儿的问题不作反应或不提供帮助。应先肯定幼儿的成绩,再鼓励他继续尝试或用提问去引导他,使幼儿通过自己的进一步探索去解决问题。

(4)建立必要的活动规则。为了保证幼儿科学地进行操作探索,有必要在选择性科学教育活动中,制订相应的活动规则。这些规则不是用来限制和约束幼儿的主动活动,而是为了规范幼儿的行为,培养幼儿自律行为和责任感,保证操作探索活动的顺利开展,提高科学活动的效率。应让每个幼儿都了解活动规则,并在每次活动中提醒幼儿去遵守。

## 四、社会教育活动的实习

### (一)社会教育的目标和内容

《幼儿园教育指导纲要(试行)》对学前儿童社会教育的目标作了明确的规定:能主动地参与各项活动,有自信心;乐意与人交往,学习互助、合作和分享,有同情心;理解并遵守日常生活中基本的社会行为规则;能努力做好力所能及的事,不怕困难,有初步的责任感;爱父母长辈、老师和同伴,爱集体、爱家乡、爱祖国。

幼儿园社会教育的内容,是指幼儿园社会领域所包含的特定现象、事实、规则及问题等基本的组成部分。它们依照一定的原则,是一个有机的整体。它是实现社会教育目标的重要保证。幼儿社会教育的内容分为四个相互联系的方面,即人际关系、社会环境、社会行为规范和社会文化。

### (二)社会教育活动的设计

学前儿童的社会教育具有其独特内容和教育规律,因此,社会教育活动的设计要遵循这样一些原则。

其一,目标性原则。选择社会教育内容时,一定要全面理解目标和内容的关系:一个内容可以实现多方面的目标,一个目标也可以通过多方面的内容来实现。比如“今天我值日”这一内容,可以帮助幼儿初步理解并遵守日常生活纪律；并培养幼儿爱集体的情感，提高幼儿的自信心等。

其二，实践性原则。在教育中，把提高儿童的社会认知和培养儿童良好社会行动结合起来，使儿童的社会性得到发展，体现在教育活动中就是要帮助并教给儿童具体的行为方式。比如，当儿童间发生冲突时，可以尝试引导他们自己寻找解决冲突的办法，而不是马上介入平息矛盾。

其三，正面性原则。即在尊重的前提下对幼儿提出要求，在肯定的前提下对幼儿的行为做出补充和修正，在维护幼儿的自主性和完整性的前提下渗透课程的要求。举例来看，当一位教师看到一个幼儿将剪纸的废纸丢在地上，她可能会制止他，对他说："某某不要乱丢，把废纸捡起来。"她也可能采取另外一种方式，对他说："某某，这里有一个纸篓，我们把剪下来的纸丢在里面。"如果幼儿年龄比较小的话，她还可以和他一起收拾。后一种处理方式就体现了正面教育的原则。在具体的教育过程中，实习生可以采取这样一些教育策略：以积极的方式对儿童提出要求、创设积极的环境、对儿童多横向比较少纵向比较等。

其四，生活性原则。要求实习生在选择社会教育内容时，要从儿童的社会生活出发，不应脱离儿童的生活经验去选择一些儿童无法体验、无从想象的内容，应该选择那些贴近儿童生活、容易让儿童感知和体验的内容。要从现实生活出发因地制宜，从本地、本园、本班的实际情况出发，选择适宜的内容，对儿童进行实际、有效的社会教育。选取最能代表本地特点的、儿童熟悉的内容进行教育，这样立足于儿童本身，更能达到教育目标，提高儿童适应现实社会的能力。

其五，时代性原则。对幼儿的教育也要有时代感。要求实习生要关注社会的发展和需要，关注社会现状和未来，反映时代的要求，使幼儿能够了解社会、提高社会适应能力。比如北京奥运会、国庆 60 周年这样的社会大事，应该让儿童及时了解。

### （三）社会教育活动的实施

社会教育活动可以通过参观、社会实践、游戏、谈话及综合活动等多种形式、多种活动来实施。

#### 1.教导幼儿遵守规则，培养良好的社会行为

对幼儿进行社会性教育，首先让幼儿掌握和遵守最基本的社会行为准则，培养良好的行为习惯。实习生要通过言语教导和动作指导等方法向幼儿具体说明应遵守的准则是什么，并讲解一些简单的道理，使其知道什么是对的，什么是不对的，应怎样做和为什么要这样做的道理。

#### 2.实习生要以身作则，为幼儿树立榜样

在日常生活中，实习生的行为是幼儿行为的榜样，幼儿会主动地观察、学习教师的行为。因此，实习生要非常重视自身对幼儿的榜样作用。实习生的观念、价值观的选择、言行举止、心理行为特征、外表着装特征等都无时无刻地、潜移默化地、有力地影响着幼儿。

#### 3.通过游戏活动培养幼儿交往的兴趣，发展交往能力

培养幼儿从以自我为中心过渡到做一个社会的人，重要的变化发生在游戏之中。游戏活动是幼儿们非常喜欢的一种寓教于乐的活动，对幼儿的社会性发展起着积极的作用。众所周知，几乎所有的幼儿都喜欢游戏。游戏活动是幼儿最乐于参与的活动，在游戏中小朋友能找到无穷的乐趣，且乐此不疲。游戏活动又是一条培养幼儿交往的兴趣与能力的重要途径。游戏中，幼儿以愉快的心情兴趣盎然地再现现实生活，对实习生的启发、诱导很容易接受。结构游戏、角色游戏等创造性游戏具有群体性，是幼儿对社会生活的一种再现，在游戏中，幼儿通过自己的或与同伴的共同活动，把最感兴趣的事情反映出来，从中学会共处，学会合作。

#### 4.抓住日常生活中的小事，进行随机教育

实习生可以通过语言、表情动作、物品等，向幼儿传递对其特定行为的肯定或否定信息，以达到鼓励或控制幼儿行为的目的。由于幼儿的心理发展和认识水平都处于较低的发展阶段，因此，幼儿往往通过他人的评价来指导自己的行为。他人的评价直接影响了幼儿的行为。外部强化对幼儿行

为影响较大，所以要针对幼儿不同性质的行为采取明确适宜的强化方式。对幼儿良好的行为，实习生要明确表现出自己的赞许、肯定和高兴；对那些不适宜和不良的行为，要明确表现出自己的不满、遗憾，从而使幼儿明辨美丑，强化塑造幼儿的行为。

由于幼儿的可塑性大，除了教师的耐心教育和培养，还要借助家长及社会的力量共同参与，使幼儿学会有意识地控制和调节自己的行为。

## 五、艺术教育活动的实习

### （一）艺术教育的目标定位和内容要求

《幼儿园教育指导纲要（试行）》关于学前儿童艺术教育的目标是这样定位的：能初步感受并喜爱环境、生活和艺术中的美；喜欢参加艺术活动，并能大胆地表现自己的情感和体验；能用自己喜欢的方式进行艺术表现活动。根据以上目标，幼儿艺术教育的内容与要求包括丰富幼儿的感性经验、挖掘幼儿的艺术潜能、提供艺术表现的机会、提升艺术表现的能力等方面。

### （二）艺术教育活动的设计

艺术教育活动的设计应遵循以下原则：

(1)主体性原则。幼儿是艺术体验的主体。在艺术活动设计中，既要引发幼儿主体积极地感受、体验艺术，又要在促进儿童与艺术的互动中适时、有效地发挥教师的主体作用。并且善于把握、调节好幼儿与实习生之间关系的尺度，注意“参与”和“指导”的适度性，根据活动的形式、要求以及幼儿的需要灵活地、随机地增加或减少。

(2)审美性原则。《幼儿园教育指导纲要（试行）》指出：“艺术是实施美育的主要途径，应充分发挥艺术的情感教育功能，促进幼儿健全人格的形成，要避免仅仅重视表现技能或艺术活动的结果，而忽视幼儿在活动中的情感体验和态度的倾向。”在艺术活动设计中把握好幼儿的审美特点，以审美感知的培养、审美情感的激发为出发点，遵循将审美的特殊性质贯穿于艺术的各种活动形式中。

(3)整合性原则。《幼儿园教育指导纲要（试行）》明确指出幼儿的学习是综合的、整体的。在各大领域教育中，幼儿园艺术教育最需要以整体和综合的形式开展教育活动。幼儿园艺术活动可以在主题目标上寻找整合切入点，重视音乐与美术之间的联系；在活动开展中确定整合手段，形成整合模式，并在环境创设中发现整合的创新点，如可以在音乐活动中融合绘画，在美术活动中融合表演等。

### （三）艺术教育活动的实施

学前儿童艺术教育活动实施过程中需要借助一定的方法。这些方法既包括实习生为发展幼儿艺术素质和能力创设丰富多彩的艺术活动和环境以完成一定的教学任务的指导方法，也包括幼儿在实习生启发引导下、在与艺术环境和材料的交互作用过程中为实现艺术教育的目标而采用的学习方法。

学前儿童艺术教育活动中实习生的指导方法有直观演示法、运用语言法、变换角色法等方法。在实施过程中注意以下指导要点：

(1)关注孩子的兴趣爱好。“兴趣是最好的老师”。在幼儿的艺术活动中，要发现幼儿的兴趣爱好与天赋潜能，选择幼儿感兴趣的艺术领域开展艺术活动。艺术是实施美育的主要途径，应充分发挥艺术的情感教育功能，促进幼儿健全人格的形成。要避免仅仅重视表现技能或艺术活动的结果，而忽视幼儿在活动过程中的情感体验和态度的倾向。

(2)尊重幼儿的个性创造。幼儿的创作过程和作品是表达自己的认识和情感的重要方式，应支持幼儿富有个性和创造性的表达，肯定幼儿丰富的想象力与独特创意，克服过分强调技能技巧和标准化要求的偏向。

(3)提升幼儿的艺术技能。幼儿艺术活动的能力是在大胆表现的过程中逐渐发展起来的,要激发孩子感受美、表现美的情趣,丰富幼儿的审美经验,使之体验自由表达和创造的快乐,并根据幼儿的发展状况和需要对表现方式和技能技巧给予适时、适当的指导。

## 第四节　保育实习

### 一、幼儿园教育的保教结合

《幼儿园工作规程》明确强调:保育员、园长、教师、医务人员等每个人都有保育幼儿的责任。保育和教育是幼儿园教育的两大方面,都有自己的主要职能,但是保育和教育又必须是相互结合、相互统一的。这是幼儿身心发展的特点决定的。

幼儿时期是儿童身心发展十分迅速的时期,幼儿不但身体的各个组织、各个器官都处于迅速的生长发育中,而且也是智慧发展、人格形成的最佳阶段性。但幼儿的身心发育还很柔弱,发展受到外界环境种种不良因素的影响。因此,幼儿的教育必须与保育相结合,保育应贯穿于幼儿的全部教育活动中,保中有教,教中有保,保、教并重,忽视其中任何一方面都将影响到幼儿的健康发展。尤其是当幼儿园的保育从单纯的保育幼儿身体健康转向全面保育幼儿生理及心理等多方面健康发展后,保教并重显得更为必要。保教结合的原则是我国幼儿园教育的基本原则,也是作为一名实习生在设计与组织教育活动时必须要有的意识。

#### (一)在悉心照料幼儿生活的同时注意幼儿自理能力及独立性的培养

为保证幼儿健康、安全地成长,细致入微的照料、关怀是十分必要的,如经常提醒幼儿上厕所、喝水、不挑食、不偏食,玩大型器械时要注意保护,根据天气情况提醒幼儿增减衣服等,这些都是教师应尽的职责。幼儿园里无小事,绝不能认为是鸡毛蒜皮的小事而予以忽视或干脆视而不见。但在这个过程中,培养幼儿自我保护、自我服务的独立意识、良好习惯也同样重要。比如进餐、睡眠、盥洗习惯及安全规则,从幼儿入园起就应该循序渐进地进行训练,在每学期、每月、每周、每日的教育计划中应落实其进度目标,并在实施过程中检查、督促幼儿完成。

#### (二)要充分利用一切教育时机使保中有教、教中有保

幼儿园的保教应该像经线和纬线般交织在一起。进餐时,除保证幼儿吃饱的同时,还要培养幼儿的健康意识。在音乐活动中要注意保护幼儿的嗓子,户外活动中注意运动量的大小、时间长短及安全因素,室内活动注意坐姿、光线、空气是否流通等。

#### (三)要注意在教育活动中为幼儿创造一个民主、平等、和谐的心理环境

现代保育观认为,生理、心理、社会适应能力的保健和提高都属于保育的范畴。实习生要细心观察幼儿,能够谅解、宽容幼儿的缺点、过失,让幼儿在园有一种归属感。动辄批评、处罚等否定性评价过多不仅使幼儿精神压抑、缩手缩脚,而且会影响到其性格、智力、个性的正常发展,甚至身体发育也会受到影响。因此,在幼儿教育过程中心理健康千万不能忽视,这也是保教结合的重要组成部分。

### 二、幼儿园保育工作的内容

实习生在实践过程中,需要全面了解幼儿园的保育工作。幼儿园的保育工作大体包括了幼儿

安全护理、幼儿健康护理两个大的方面。

### (一)幼儿安全护理

幼儿安全护理包括三个方面。

(1)幼儿户外活动安全护理。选择安全的活动地点,检查运动器具的安全性。活动前提醒幼儿喝水、解小便。活动时提醒幼儿及时脱去衣服。活动量要根据幼儿的年龄特点而定。活动后做好放松动作,并提醒幼儿喝水。

(2)幼儿室内活动安全护理。活动室布局安全合理,检查投放的玩具的安全性。提醒幼儿活动时注意安全。提醒幼儿多喝水、讲卫生,便后检查幼儿的衣裤是否系好。注意教室内空气的流通。

(3)幼儿应急事件安全护理。幼儿在活动中出现紧急情况,如出鼻血、擦破皮肤、烫伤、呕吐、扭伤等现象,应马上横抱起幼儿,送医务室,协助医生一起处理。

### (二)幼儿健康护理

幼儿健康护理包括:饮食护理、睡眠护理、卫生护理及病儿护理。

(1)饮食护理。饮食护理包括就餐前准备、就餐中护理以及就餐后整理等。

就餐前准备:用肥皂洗手,准备好餐具、食物,把餐车推到就餐室;用消毒水、抹布清洁桌面,协助部分幼儿解小便、洗手;组织幼儿在座位上等待。

就餐中护理:有安静进餐氛围,告诉幼儿食物的内容,为幼儿添饭菜,纠正用餐过程中的一些不良习惯;处理突发情况,对个别幼儿喂饭。

就餐后护理:提醒幼儿把餐具送回指定地点;饮用水漱口,用小毛巾擦嘴;组织安静活动,不影响其余幼儿进餐;大部分幼儿进餐完毕后开始擦桌、扫地、擦地;把餐具送回食堂。

(2)睡眠护理。睡眠护理包括入睡前护理、入睡护理、起床护理。

入睡前护理:铺好被褥,拉上窗帘;提醒幼儿睡前解小便、洗手擦干;协助幼儿脱掉衣裤;提醒幼儿盖好被子;提醒幼儿睡姿端正。

入睡护理:幼儿入睡后,教师四周巡视,检查被子是否盖好;帮助个别难以入睡的幼儿尽快入睡;纠正不良睡姿,照顾好中途解小便的幼儿。

起床护理:拉开窗帘,提醒幼儿起床;协助幼儿穿衣裤;提醒幼儿解小便、洗手、整理衣裤;等幼儿出午睡室后开窗户通风。

(3)卫生护理。幼儿卫生护理包括大小便护理、盥洗护理、穿脱衣护理以及室内外环境护理等。

大小便护理:根据年龄大小选择适宜的便盆或蹲厕,根据季节协助脱裤子;鼓励安慰个别有紧张情绪的幼儿,便后提供卫生纸;给部分幼儿拉上裤子;动作轻柔,不暴露肚脐,衣裤平整,协助幼儿洗手并擦干,冲洗便盆或蹲厕,教师自己用肥皂洗手。

盥洗护理:提前准备盥洗室物品和场地,盥洗室地面干燥,通风好;分批组织进入;帮助部分幼儿卷起袖子;洗手时手心、手背都要洗到,用流动水淋湿手,擦上洗手液,按照 6 步洗手法清洗,冲净洗手液,用自己专用毛巾擦干双手;帮助部分幼儿拉下袖子。

穿脱衣护理:提醒幼儿穿脱衣服,对部分幼儿给予帮助;脱衣后折叠整理,穿衣后帮助部分幼儿整理衣服,使衣裤基本平整。

室内外环境护理:能够主动协助做好幼儿园室内外的环境整理工作,保持幼儿园室内外环境的清洁、整齐。

(4)病儿护理。家长带来的药要及时给幼儿服用。对身体不适的幼儿应给予关注。对生病孩子的活动量给予控制。留心病儿的情绪和饮食。

## 三、保育实习要注意的问题

保育实习主要是了解幼儿园保育的基本内容,在熟知幼儿生长发展规律的基础上,采取有效的措施促进幼儿的健康发展。在保育实习带班过程中，实习生要注意以下几个方面的问题。

### （一）制定合理的生活制度，科学护理幼儿生活

制定生活制度是指把幼儿一日生活中的主要环节，在时间和顺序上加以安排，形成制度，使幼儿生活有规律、有节奏、有劳有逸，以增进幼儿的生长发育和身体健康。

科学护理幼儿生活要特别注意这样几点：

(1)确保睡眠充足。幼儿脑发育还不成熟，容易疲劳，需要较长的睡眠时间。睡眠不足，幼儿会精神不振，食欲减退，时间长了会造成幼儿生长发育水平的下降。所以全日制幼儿园，中午要安排一次午睡，大约 2～2.5 小时，寄宿制幼儿园，一昼夜要保证幼儿 12 小时左右的睡眠时间，以保证幼儿充足的精力与活动能力。

(2)注意营养充分。特别注意根据不同年龄幼儿的消化能力和营养需要，安排进餐的次数、时间，使进餐与消化过程协调一致，各种营养素得以充分利用与吸收。

(3)重视幼儿衣着。幼儿合适的衣着也很重要，可以防止身体过多地散发热量，能调节身体和外界冷热温度。幼儿服装质料应松软环保，使身体表层和服装间空气流通，不仅保持温暖，也有利于蒸发汗液。

(4)保证户外活动。幼儿在户外活动，可以经常接受空气的温度、湿度及阳光的照射，呼吸新鲜空气，增强对外界的适应能力，促进生长发育。保证幼儿每日户外活动，时间要 2～3 小时。

### （二）培养幼儿良好的生活卫生习惯和独立生活能力

在保育的过程中，教给孩子一些简单的安全卫生常识，使他们养成爱清洁、讲卫生的好习惯，这对增进幼儿的健康有直接的影响，同时还要培养他们独立生活的能力。主要包括：

(1)培养良好的饮食习惯。会正确使用餐具，不挑食、不剩饭，吃饭时不大声说话，要细嚼慢咽，保持桌面与地面的清洁，不喝生水，不随便拣地上的东西放入口中。

(2)培养个人身体和服装的清洁卫生习惯。比如饭前、便后和手脏了及时洗手；早晨起床后和晚睡前洗脸、洗脚，经常洗澡；学会漱口，保持鼻子清洁，经常剪指甲；会独立穿脱衣服，保持衣服的整洁等。

(3)培养保持环境整洁的习惯。不随地吐痰和大小便，不随地乱扔纸屑和其他废物，不在墙上和桌椅上乱涂乱画，玩具和其他物品用毕后及时放回原处，保持室内外的整齐整洁，会做简单的清扫工作。

实习生应注意，不同年龄班幼儿生活卫生习惯和独立生活能力的培养，内容基本相同，但在要求和掌握程度上随年龄增长逐步提高，逐渐养成自觉性。

### （三）重视幼儿心理卫生

保育不仅仅是保证和促进身体的健康，也包括心理的健康，二者是相互影响的。实习教师也应重视幼儿的心理卫生，使他们的心理健康，情绪愉快，性格开朗活泼。要注意努力为幼儿创设一个温暖的环境，关心、爱护和尊重每一个幼儿，尤其是关心那些情绪不安的幼儿，使他们感到在幼儿园既安全又愉快。

### （四）注意幼儿安全

保教工作，安全第一。幼儿年龄小，缺乏生活经验，独立生活能力差，稍不留意就会出现安全隐患，所以要加强生活护理和安全教育。比如教育孩子不要把大头针、图钉、曲别针、花生米、小塑料粒等东西放进口中、耳朵、鼻子等地方，教育孩子不要玩火玩电，让孩子了解玩火玩电是很危险的，体育活动中遵守规则，按照指定地点和要求活动，不要在马路边玩或追逐等。

## 【结论及应用】

1.学前教育专业学生在幼儿园的所有实习活动统称为幼儿园实习。它是学前教育专业学生的一门最重要的综合性实践课程,具有实践性和综合性课程特点。

2.幼儿园实习的目的主要是通过实习,将理论与实践有机的结合,可以检验所学的专业技能,能够向社会学习等。

3.幼儿园实习的任务是:一是全面了解幼儿园的基本情况;二是学习全面独立带班;三是编写带班教育工作计划、教案、教育记录。

4.幼儿园实习中教育实习内容具体包括制订幼儿园班级周教育教学计划、设计和组织幼儿园一日活动、设计和布置幼儿园室内环境三大方面。

5.幼儿园实习的准备,是指教师教育类学生进入实习学校前,在思想、业务知识技能以及物质等方面的准备。它分广义的教育实习准备和狭义的教育实习准备。远期准备探讨的是广义的实习准备,包括师德修养、专业知识、专业能力等方面的准备。近期准备指的是实习前夕的具体准备,主要包括了解自己、了解实习园和实习班、制订实习计划、按职业要求修饰仪表、必要的物质准备、克服紧张心理和试教等几个方面。这些准备是为顺利完成实习的具体任务奠定基础。

6.依据《幼儿园教育指导纲要(试行)》,幼儿园教育的内容相对划分为健康教育活动的实习、语言教育活动的实习、科学教育活动的实习、社会教育活动的实习、艺术教育活动的实习。作为专业实践,实习生去尝试这五个领域教育的实施是实习的主要内容。

7.保育和教育是幼儿园教育的两大方面,保教结合的原则是我国幼儿园教育的基本原则,也是作为一名实习生在设计与组织教育活动时必须要有的意识。幼儿园的保育工作包括幼儿安全护理和幼儿健康护理两个方面。在保育实习带班过程中,要注意以下问题:一是制定合理的生活制度,科学护理幼儿生活;二是培养幼儿良好的生活卫生习惯和独立生活能力;三是重视幼儿心理卫生;四是注意幼儿安全。

## 【复习与思考】

1.什么是幼儿园实习? 幼儿园教育实习有哪些内容和形式?
2.学前教育专业的学生为什么要特别重视教育实习?
3.对于完成幼教实习任务来说,哪一种准备更重要?
4.如何制订好个人实习计划?
5.如何设计幼儿园各教育领域的实习活动方案?
6.在保育实习中,实习生应注意哪些事项?

## 【拓展阅读】

### 我心目中的好老师

——上海市宝山区小鸽子幼儿园家长座谈会纪实

会议时间:2003年10月9日下午3:00～4:30。

会议地点:幼儿园舞蹈房。

会议主持人:吴晓兰(园长,从事幼教20年,上海市优秀园丁,中学高级教师)。

出席会议人员:园长、园长助理,大、中、小及托班12位家长,华东师范大学学前教育系教授李生兰,硕士研究生张帆、孔小琴(没请教师参加,为的是使家长能放下包袱)。

会前准备:会前3周,园长把要讨论的话题以书面形式通知各班教师,教师在"家长园地"上加以公布,请有时间参加座谈会的家长做好发言准备;园长及助理把会议桌围成圆形,并给每位家长倒好一杯水,以营造宽松的心理氛围。

座谈过程:

吴×:各位家长,你们好! 非常感谢你们能配合幼儿园的工作,抽出时间来参加我们的座谈会;同时也非常感谢李老师和她的研究生来参加我们的座谈会。

李×：感谢幼儿园召开家长座谈会，了解家长的心声；感谢家长能配合幼儿园的工作，挤出时间参加座谈会，让我们分享你们的想法。

吴×：今天我们要谈论的话题是："我心目中的好老师"，请各位家长能消除后顾之忧，怎么想就怎么说，把自己的心里话全部说出来。

1.姚×(托1班姚×爸爸，大专毕业，销售员)：我认为好老师应该有爱心和责任心，有好的教学方法，每个月能让孩子完成一件作品，注意培养孩子的动手能力和兴趣；帮助孩子克服胆怯心理，消除孩子的自卑感，多表扬孩子，培养孩子外向的性格；培养孩子的各种技能；为孩子建立个人档案，记录孩子的平时表现，让家长了解孩子在园的全部情况。

吴×：培养孩子活泼开朗的性格是幼儿教育法规对我们教师的基本要求。

李×：对孩子进行观察记录在国外幼儿园很普遍，由于我们国家的幼儿园每个班级都有许多孩子，教师的工作量很大，为每个孩子建立详细的成长档案可能会有一定的难度，但这却是我们国家幼儿园改革的方向。你提出的这个建议非常好。

吴×：我们幼儿园有家园联系本，你可以看看；遇到特殊情况时，也有家长便条。

2.朱×(大3班毛×妈妈，中专毕业，会计)：好老师看到家长就要微笑，对自私自利家长的无理要求要坚决拒绝(如午睡时都不想让孩子睡上铺，那老师怎么办)；好老师对孩子要一视同仁，不要因为哪个家长提出了什么特殊要求，就满足他，那么，这对不向老师提要求的家长来讲就很不公平；好老师要重视培养孩子良好的情感，多开展游戏活动，让孩子在玩中学习。

吴×：感谢你对我们幼儿园工作的理解，对我们老师工作的支持。

李×：听了你的话，我很感动，你是一位能够站在老师角度考虑问题，又懂得幼儿教育特点的好家长。

3.杨×(小4班陈×妈妈，大专毕业，公司职员)：好老师要重视传统教育(如《三字经》里面有许多好的东西就可以教给孩子)，培养孩子的爱心和责任心，克服独生子女情感发展上的许多问题；多为家长举办公开活动，让家长学习一下教师的教学方法，使家长知道老师是怎么样教孩子的，以提高自己的教育能力；了解孩子的心理，重视培养孩子的观察能力和语言表达能力。

李×：《三字经》里的一些内容，我们国家的幼儿园是选用来教给孩子的，如"融4岁，能让梨"，在幼儿园就是通过教师讲故事的形式，告诉孩子的，以帮助孩子学会与人分享。

中、大班几位家长：这个幼儿园开展的活动还是很多的，你来幼儿园时间不长，还不知道，以后时间长了，你就会知道的。

吴×：我们幼儿园这几年都在搞"促进孩子多元智能发展"的课题研究，其中有两种智能就是培养孩子的观察能力和语言表达能力，我们都是通过幼儿园和家庭合作的形式来开展活动的，以后我们开展这方面活动的时候，还邀请你参加。

4.陈×(中3班朱×妈妈，大专毕业，小学教师)：好老师就是能关注孩子，发现孩子的优点，多对孩子进行正面教育；重视节日教育，通过节日丰富孩子的各种知识。例如，这次过"中秋节"时，老师让孩子从家里带月饼和月饼盒子来，这种做法就很好，因为不同的家庭有不同的月饼和月饼盒子，孩子们可以相互交换，知道月饼的不同颜色、不同形状、不同味道、不同包装、不同产地。

吴×：谢谢你对我们老师的赞美。我们幼儿园在中班、大班会加大对孩子进行节日教育的比例的，不局限于中国的节日，我们还选择了一些外国的节日、世界性节日，对孩子进行多元文化的启蒙教育。

李×：家庭教育的一个特点就是"遇物则诲，随机而教"，当过什么节时，家长就在家里对孩子进行这方面的点滴教育，以后再加上幼儿园的强化，就能使孩子得到更好的发展。

5.蔡×(大2班黄×妈妈，大专毕业，小学教师)：好老师要注重培养孩子良好的同伴关系，鼓励孩子相互之间经常夸奖，多看到同伴的优点，而不是同伴的缺点。

吴×：下个月我们园各个班都会开展一个活动，就是利用感恩节，让孩子夸夸自己身边的人，如爷爷奶奶、外公外婆、爸爸妈妈、老师和小伙伴，欢迎你来参加我们的活动。

李×：感恩节虽然是国外的节日，但我们也可借用来，培养孩子知恩图报的美德。

吴×：在孩子多元智能的培养中，有一项是社会交往智能，我们以后在深入研究这一课题时，会格外重视帮助孩子学会赞美同伴。

李×：这有利于克服孩子的嫉妒心，促进孩子人格的健康发展。

6.潘×(中2班徐×妈妈，大专毕业，护士)：好老师要建立家长联系信箱，多与家长沟通，多反映孩子的情况。

吴×：我们幼儿园大厅里有一个园长信箱，欢迎家长们经常给我写信，反映情况。

李×：家长也可以把自己的建议贴在家长园地上，这样，带班教师就能及时与你沟通。

朱×：其实你并不一定要通过家长信箱来了解孩子的情况。我有一个经验，可以告诉你：我喜欢利用接孩子的时间和老师交流，但接孩子不能接得太早，因为这时候家长太多，大家七嘴八舌，老师听也听不清楚，没办法与我个别交流，我就选择稍微迟一点的时间去接孩子，这样，老师就有时间和我交流了。

李×：你是一位非常聪明的妈妈，你很会选择时机与教师沟通；同时你也是一位乐于与人分享，把自己的经验无私地传递给别人的好家长；以后幼儿园开家长会时，还请你能多向家长介绍你的宝贵经验。

7.黄×(中1班李×妈妈，高中毕业，待业)：好老师就是多关注孩子，帮助孩子形成良好的习惯，多组织一些孩子喜欢的活动，多与家长沟通。

8.金×(小1班廉×奶奶，中专毕业，退休小学教师)：好老师应该是有爱心的，真诚地爱孩子，慈母般地爱孩子，从身边一点一滴小事做起，帮助孩子尽快适应幼儿园生活，不哭闹；多开展户外活动，帮助孩子增长知识；注重培养孩子动手能力；表扬孩子时，多与孩子进行身体上的接触，搂抱一下孩子，亲一亲孩子，这比我们家长亲孩子的效果要好得多。

9.赵×(中2班盛×奶奶，中专毕业，退休小学教师)：好老师就是要关注孩子，理解孩子，培养孩子的自信心，发现孩子的特长，帮助孩子改掉挑食等坏毛病。

10.宋×(托2班宋×爸爸，大专毕业，保险公司部门主任)：好老师就是有爱心有耐心的老师，能够帮助孩子不断取得进步，使孩子的胆子越来越大(如我的孩子胆子比较小，总是看着别人游戏，自己不参加游戏，这怎么行呢)。

李×：你不要着急，也不必担忧，因为旁观也是孩子学习的一种方式，孩子通过观察，就知道了别人在玩什么，是怎么玩的，然后他也就慢慢地学会了和别人一起玩。

11.赵×(小2班樊×妈妈，高中毕业，待业)：好老师应该有爱心，能关注孩子，经常与家长沟通。

12.顾×(大1班龚×妈妈，高中毕业，待业)：好老师就是关心孩子的老师(如孩子生病时，能和小朋友一起给孩子打电话)，使孩子喜欢上幼儿园。

吴×：刚才各位家长都谈了自己对好老师的看法，下面请大家用一句话来概括你的观点，说出你对好老师最主要的一条要求。

11位家长(1位家长杨×因单位有事离开了)争先恐后地说出了下面的话：

1.关注孩子的心理健康。

2.对孩子面带微笑。

3.是孩子的父母、老师和伙伴。

4.像回到自己的童年一样，和孩子一起玩。

5.与家长及时沟通，发现孩子的优缺点。

6.发现每个孩子的闪光点。

7.真诚地、慈母般地爱孩子。

8.多鼓励孩子，树立孩子的自尊心和自信心。

9.是家长的朋友，是孩子的姐姐。

10.给孩子一个快乐的童年。

11.有爱心、责任心和创造性。

吴×：我们会在《小鸽子报》、《家长园地》上把家长对"好老师"的要求反映出来，同时，我们也会把教师的观点反映出来，因为在家长会前面，我们也开了一个教师座谈会，让教师说说"我心目中的好家长"是什么样子的；这样，通过阅读，家长和教师就能了解对方的心态和期待，增进双方的理解和合作，把教育力量凝聚起来，保证孩子得到最好的发展。谢谢大家的参与。

(资料来源：引自李生兰的《学前教育学》，华东师范大学出版社2006年版)

# 第十五章　学前教育研究方法

**【内容提要】**

本章首先对学前教育研究的含义进行了界定，并探讨了学前教育研究的历史演进与发展趋势，阐述了学前教育研究的特征、分类、方法与原则；其次介绍了学前教育研究的意义、任务与基本步骤，并简要介绍了观察法、调查法、教育实验法、个案研究法和学前教育行动研究等学前教育常用研究方法的含义、类型等。

**【学习目标】**

1.理解学前教育研究的含义、特征、分类；

2.掌握学前教育研究的原则；

3.掌握学前教育研究的意义、任务、基本步骤；

4.了解观察法、调查法、教育实验法、个案研究法和学前教育行动研究等学前教育常用的研究方法。

**【关键词】**

学前教育研究；观察法；调查法；教育实验法；个案研究法；学前教育行动研究

## 第一节　学前教育研究方法概述

### 一、学前教育研究的界定

学前教育研究，是指采用科学的理论和方法，有计划、有目的地对学前阶段的教育对象和问题进行分析和解释，进而发现和揭示学前教育本质和客观规律的认识过程。学前教育研究的内涵主要体现在以下三个方面：一是研究者必须掌握科学的理论和方法。学前教育研究应遵循科学的态度，运用科学的理论和方法，这样才能获得正确的认识。二是研究必须有计划、有目的、严谨有序。学前教育研究不是漫无目的的随意实验，是对学前阶段的教育现象和问题进行深入的了解和分析。三是研究的目的在于发现和认识学前教育的本质和客观规律，旨在改善和提高学前教育质量，促进学前教育健康、和谐地发展。

### 二、学前教育研究的历史演进与发展趋势

学前教育研究者必须掌握所要研究问题的历史和它的发展轨迹，且对研究现状有较准确的把握，即了解所要研究问题的发展现状。只有在这两方面的基础上，研究者才能使自己的研究有较高的起点，避免研究低水平的重复，研究才有可能有新意，才能得以顺利进行。

#### （一）学前教育研究的历史演进

1.学前教育研究的发展

学前教育研究是随着社会和学前教育实践的发展不断地由简单向复杂、由浅层向深层、由思辨向实证、由传统向现代的方向逐步发展的。

自 1840 年德国儿童教育家福禄培尔创立第一所幼儿园开始，人们对幼儿教育的理论和实践进

行了不断地探索。意大利幼儿教育家蒙台梭利在 1901 开始了系统的幼儿教育实验，设计出一套教材和教具，提出一系列的方法，创立了闻名世界的蒙台梭利教育体系。

中国幼教实验的先驱首推陈鹤琴。他创办的南京鼓楼幼稚园，是中国第一所开展幼儿教育科学研究的幼儿园。1920 年陈鹤琴就开始对自己的孩子进行跟踪观察与实验研究，用文字和摄影的方式记录了儿子的身心变化和对各种刺激的反应，著有《儿童心理之研究》一书，用科学的观察和敏锐的教育视角，提出了家庭教育的原理和方法，为探索中国儿童心理的发展提供了详细的资料。我国教育家陶行知强调"实验研究"的重要性，认为实验研究不仅关系到教育革新的成败，而且关系到国家的生死存亡。陶行知特别强调行动的作用，认为实验方法最重要一点就是培养学生独立的思考能力和实践能力。

我国的教育研究起初是以引进西方发达国家的教育思想为主，虽然取得了一些成绩，但新中国成立之初，全部套用苏联经验，教条主义也带来了一定的消极因素。

总之，学前教育研究经历了一个不断发展、引进、创新和完善的演进过程。在新方法引进和出现的同时，原有的方法也同时得到了改进、充实和完善。教育理论家在研究教育问题时，并不是孤立地运用某一种方法，而是以某一种方法为主，同时兼容并蓄、综合交叉地运用了多种研究方法。

2.学前教育研究方法的发展

学前教育研究方法的发展历程大致可划分为如下五个阶段。

第一个阶段：注重思辨阶段。这个阶段教育研究的方法甚为笼统，甚至还没有从哲学的母腹中分离出来，没有鲜明方法的思辨在教育研究中占据着重要的地位。

第二个阶段：强化实证阶段。这个阶段教育研究中的方法意识有所增强，突出表现是强调实证在教育研究中的重要地位和作用，并酝酿成一股实证化思潮。这种实证化思潮主要有两个方向。一种实证化思潮是儿童研究运动，大约始于 19 世纪 80 年代，一直延续到第一次世界大战期间，兴盛了 30 年左右。另一种实证化思潮是实验教育学，随着儿童研究运动的深入，人们逐渐发现问卷法并不精确。20 世纪初，一种主张用新的方法来进行教育研究的思潮在欧美崛起，即"实验教育学"，定量的教育研究随着实验教育学的诞生很快在 20 世纪的前 30 年达到了全盛时期。

第三个阶段：定性研究兴盛阶段。定性研究的雏形在社会学领域运用较多，但直到 20 世纪八九十年代，定性研究在学前教育研究中的运用才获得了长足的发展。目前，定量、定性研究已经是"平起平坐"了。

第四个阶段：定性研究与定量研究融合阶段。无论是注重科学主义的定量研究，还是以人文主义为基础的定性研究，都有着存在的基础。从目前来看，由于科学主义与人文主义传统的日趋融合，学前教育研究中的定性研究与定量研究也日趋融合。

第五个阶段：系统科学方法渗透阶段。系统科学方法论原理给教育理论家以极大的启示，系统论、信息论、控制论被引进教育理论研究后，教育研究方法获得了极大发展。21 世纪以来，耗散结构论、突变论、协同论引起了教育理论界的极大兴趣，这些理论的引进与应用，揭示出教育系统中许多以前并不为人们觉知的潜在因素。总之，构建研究方法的结构体系和阐明教育研究方法论原理，比论述具体的、单个的研究方法更为重要。

### （二）我国学前教育研究的发展趋势

尽管我国的学前教育研究处于起步阶段，但在改革开放的 30 年里，我国学前教育研究飞速发展，强调教育研究要为理论和实践服务，尤其是随着《基础教育课程改革纲要（试行）》和《幼儿园教育指导纲要（试行）》的颁布与实施，学前教育研究成果不断增加，研究质量不断提高，加快了学前教育现代化发展的步伐。

纵观我国学前教育研究的演进历程，大致可以勾画出教育研究方法发展的一些新趋势。一是推进数量化。在学前教育研究中，已有大量研究采用定量数据分析的手段来说明结果。二是推进现代化。特别是广泛使用录音、录像、照相、计算机和心理测量仪器等设备，使学前教育研究中多因素分析得以实现。三是推进综合化。教育研究除了教育内部问题外，还涉及教育外部的影响，主要表现在方法的综合和学科的综合上，如研究早期弱智儿童的矫正，就综合了特殊教育学、学前教育学、发展心理学、儿科医学等学科。四是推进现场化。教育研究除了重视理论研究外，更注重应用研究，更强调研究为社会发展的需要服务，与实践的联系越来越紧密，这就要求教育研究要在真实的现场情境中进行，以提高研究的实际应用价值。

## 三、学前教育研究的特征与分类

### （一）学前教育研究的基本特征

学前教育研究是社会科学研究中的一个内容，但它与社会科学中其他领域相比，有着不同的特点。从研究对象看，学前教育研究具有人文性；从研究过程看，具有系统性；从研究方法看，具有科学性；从研究目的看，具有成果的创造性；从研究的结论来看，具有客观性；从研究的结果看，具有可重复性。

1.客观性

客观性是指研究过程和结论不受主观因素的影响，研究不能凭空臆造，也不能仅靠想象、推理进行思辨，它需要有事实依据或理论支撑，越严谨的研究越能揭示事实真相，所得结论越确切真实。

2.系统性

系统性是指研究思路和行动前后连贯、互相沟通，研究的每一步骤、每一环节，互相衔接，密切配合。研究过程是系统过程，是一个从确定问题到解决问题的过程。研究也是一种认识活动，是人们有目的、有意识、有计划、有系统地采用多种方法去探索、去发现的过程，而不是盲目的尝试活动。

3.可重复性

可重复性即可靠性，是指研究方法、研究条件和研究结果的质量高。一般来说，研究要求重复的结果尽可能相似，一项研究重复的结果相似程度较高，那么这项研究的质量也较高；反之，则较低。可靠性是对研究结果准确性和有效性的要求。

4.创造性

研究是一种创造性活动，是在前人研究的基础上，解决前人没有解决或尚未完全解决的问题。任何研究的目的都在于探索未知，创造新知。创造性是衡量教育研究水平高低、成果价值大小的一个重要标志。

5.科学性

科学性是指研究方法必须是科学的，要有严密的控制和科学的程序，避免研究中可能会产生的误差，保证研究结果的可靠。要尽可能采用定量的分析，用事实或数据来说明问题。例如，每一项研究都要顾全大局，有完整的思路，考虑每一种方法该如何设计、如何收集资料、是否便于统计等。

6.人文性

学前教育研究的对象主要是婴幼儿，教育研究探讨的是如何教育学前儿童。有时，学前教育研究探讨课程或制度，看起来不像以人为研究对象，但实质上也是为人而设计的，也因人而存在，如果脱离人，学前教育课程与制度就无特殊意义。所以，学前教育研究是以人为对象的研究，必须掌握人的特征。研究者需坚持以人为本，以此来选择研究题材、决定研究目标、安排研究设计、选择研究工具。

### （二）学前教育研究的基本类型

学前教育研究可以按不同的标准进行分类。

1.理论研究与应用研究

按研究的目的来划分，可分为理论研究和应用研究。理论研究又称基础研究，一般不考虑眼前的实际问题，如皮亚杰的儿童发展阶段论就是对儿童发展基本理论的探讨，这属于基础研究。应用研究的基本目的是解决当前的实际问题，通常用于直接指导教育实践，提高教育质量和效益，解决实践过程中的新问题或将教育理论与教育实践结合起来，如幼儿珠心算能力研究，它的教学原理是利用表象特征，将珠算的技巧与幼儿丰富的表象内容结合起来，让幼儿手脑并用。在此基础上进行的探究为应用性研究。

2.纵向研究与横向研究

根据研究持续的时间不同，学前教育研究分为纵向研究和横向研究。纵向研究是在较长时间里对研究对象的某些特征进行系统的、定期的研究，也称追踪研究。其优点是能够系统、详细了解事物变化的过程和规律，但纵向研究的难度大，一般不宜做到，常用于个案研究。横向研究是在同一时间里对大量的对象进行研究，这类研究实施方便，可以在较短的时间内获取大量研究资料，从中找出规律性的东西，但这种研究有时不够系统，不容易归纳出事物发展的连续性和转折点，如经济发达地区和贫困地区幼儿营养状况对比研究。

3.个案研究与成组研究

根据研究对象数量的多少，学前教育研究可以分为个案研究与成组研究。个案研究是研究者选一个或几个研究对象进行全面考察和研究，有很多著名的教育家都采用个案研究来探讨儿童发展特征与规律。个案研究的优点是便于对研究对象进行全面深入的考察，缺点是研究对象数量少，研究结果的代表性和普遍意义比较弱。成组研究是研究者选取较多的研究对象组成若干被试组，对被试组中每个个体都进行系统考察和研究，并对研究成果进行定量和定性的分析，从而得出科学的结论，但其不适合做个别深入的研究。将这两种方法结合起来，则可以充分发挥两者的优点而克服各自的不足。

4.现状研究、比较研究与发展研究

根据研究的时间连续性不同，学前教育研究可以分为现状研究、比较研究和发展研究。现状研究，即研究某一类对象当前的基本特征，如新时期幼儿口头语言掌握特点的研究；比较研究是对两种教育现象进行对比研究，如男女幼儿自选游戏主题对比研究；发展研究是研究对象随着年龄的增长而发生的某种特征的研究。

此外，根据研究的范围划分，学前教育研究可以分为宏观研究、微观研究和中观研究；根据研究时间划分，学前教育研究可以分为历史研究、现实研究和预测研究。

## 四、学前教育研究的基本原则与方法

### （一）学前教育研究的基本原则

在学前教育研究中，可能会对被试幼儿的身心涉及一些伦理道德的问题，会消极地影响被测试孩子的学习和生活，有些则涉及被试者的隐私。为了保证学前教育研究的顺利开展，研究者必须严格遵守学前教育研究的基本原则。

1.自愿的原则

被试者有不参加研究的权利，有中途退出研究的权利。若被试者是成人应直接征得本人同意，若被试者是儿童应征得其父母或教师的同意。

2.匿名的原则

被测试者有不署名的权利，研究者不能未经同意在研究报告中或在公开的场合披露被试者的姓名，被试的姓名可以用编码来代表。

3.保密的原则

被试者有要求研究者对测得的有关自己的数据资料保密的权利，研究者可用号码而不用姓名登记所有被试者的资料，可在研究结束后销毁测试的原始材料，不将研究结果告诉未经被试者同意的其他人。

4.伦理原则

当研究者给被试者身心造成损害，被试者有追究研究者责任的权利。研究者应在研究实施前向被试者承诺，研究不会对被试者身心造成不良影响，不会侵犯他们的隐私权。如有可能会影响被试者的身心健康的话，应事先向被试者或其他监护人说明利害关系，以及所采取的补救措施，研究者有责任去消除一切不良的后果。总之，学前教育研究过程中不能违背研究的伦理道德准则，这是研究工作必须遵守的底线。

### （二）学前教育研究的基本方法

学前教育研究中具体运用的方法有很多，可以从不同的角度进行分类。依据实验变量有无人为控制，分为实验研究与经验研究；根据研究场所的不同分为实验室研究与自然研究；根据收集材料的途径不同可以分为观察研究、调查研究、实验研究、个案研究、经验总结法等。下面介绍几种常见的学前教育研究方法。

1.观察研究

观察研究是人类获取外部世界信息的基本方法，也是教育研究的重要手段。通过观察可以发现问题、提出问题，可以收集资料、验证资料，可以了解差异、评价效果。观察研究是学前教育研究中被广泛应用的一种研究方法，尤其适用于对幼儿行为的研究。

2.调查研究

调查研究通常按一定的程序，从全体研究对象中抽取一部分样本进行研究，并以访谈、问卷、测验等间接手段获取资料，然后通过归纳概括全体对象的特征。调查是学前教育研究中运用最广泛的一种研究方法，调查研究通常不受时间、空间条件的限制。调查研究在自然情景中进行数据收集，效率较高，不需控制条件或操纵被调查的对象，涉及范围广，手段多样化，便于实施，适用于现状研究和描述性的研究。

3.实验研究

实验是发现真理的基础，也是检验真理的方式，在科学史上，重大的发现和突破都与科学实验紧密联系。当今重大的教育改革、教学方法的革新大都以实验作为支撑或依据。实验法在学前教育研究中已成为主导性的研究方法，并日益为广大学前教育工作者所接受和运用。

4.个案研究

个案研究是指采用多种方法，搜集有效、完整的资料，对单一对象进行深入细致的研究。个案研究不仅仅只是一种研究方法，也是一门复杂的认知课程，能帮助幼儿解决现实的问题。通常个案研究是在研究总体中选择特定的人(事或物)所进行的深入描述和分析，学前教育个案研究对象可以是一个幼儿，也可以是一个机构或一个社会团体等。

5.经验总结法

经验总结法是较普遍采用的有效方法，古今中外运用这种教育方法进行教育研究的事例不胜枚举，特别是教育家本人的个体经验报告成为教育财富，如陶行知等。

## 五、学前教育研究的意义和任务

### (一)学前教育研究的意义

1.推进学前教育改革

学前教育研究与学前教育改革相辅相成,学前教育改革必须以学前教育研究成果为指导,在推进学前教育改革的过程中又要通过加强对存在问题的研究而保障改革的顺利进行。随着《幼儿园教育指导纲要(试行)》的颁布和实施,幼儿园加快了改革的步伐,如何改进和加强园本建设,亟须幼教工作者来探索,这些都离不开学前教育研究。不断加强科学研究,及早发现学前教育过程中的失误并及时加以纠正,是每个学前教育研究者的重要工作内容,也是学前教育研究工作价值的突出体现。

2.提高学前教育质量

提高教育质量是教育研究永恒的主题。为了提高学前教育的质量,就必须按学前教育规律进行教育,将教育理论应用于学前教育实践。学前教育是复杂的,教育研究成果之于教育实际,都有一个理论联系实际和转化推广的过程。学前教育研究还可以帮助我们更准确地理解婴幼儿。虽然我们每个人都经历过童年阶段,每个人都体验过幼儿的情感和思维,但是,我们告别了童年之后,便很难再了解和我们生理与心理差异较大的孩子,我们常常用成人的思维去设计学前教育的目标和内容,用成人的标准去衡量和评价孩子。所以,学前教育研究采用科学的方法,对婴幼儿年龄阶段特征和现象进行探索研究,可以帮助我们准确地理解儿童,避免教育实践的失误。

3.提升教师自身素质

提高保教质量的关键在于教师。教育研究的过程就是教师学习和提高的过程,在研究阶段,教师要大量查阅资料,学习新的理论、先进的教育思想和观点,不断更新知识。在研究中,教师需要用正确的研究方法指导实践,这些都有助于提高教师自身的科学素养和能力。事实上,优秀教师无一例外地在实施保教工作的同时开展研究,从经验型教师逐渐成为研究型教师,成为专家型教师。

4.完善学前教育体系

通过开展学前教育研究工作,可以系统地总结广大幼教工作者多年来积累的大量实践经验,建立学前教育的理论和实践体系。在西方发达国家中,学前教育领域的研究方法日渐成为一门系统的学科,与学前心理学、学前教育学、计算机科学等多种学科互相渗透,为提高该领域的科学研究水平和能力提供强有力的工具。所以,应整理借鉴我国传统和国外优秀的学前教育思想和实践经验,不断丰富和完善学前教育科学体系。

### (二)学前教育研究的任务

1.总结历史经验

中国古代几千年以来保留下的学前教育历史遗产十分丰富,历代的教育家,如我国的陶行知、陈鹤琴,国外的福禄培尔、蒙台梭利等,他们的教育思想和教育实践需要我们去研究、分析,从中总结出成功的经验和失败的教训,为今天的教育发展服务。

2.研究保教现状

对保教现状的研究是学前教育研究的重点。凡是学前教育实施中的问题都可以作为教育研究的对象,大到教育方针、目的、本质、功能,小到教学方法的革新、学科具体问题的解决等,如幼儿园开展双语教学的研究现状、幼儿与小学教育衔接的研究等。

3.预测发展趋势

更好地把握学前教育的规律，纠正偏差，减少盲目性，促进学前教育发展，是面向未来的事业。学前教育研究要具有前瞻性，以便从理论的高度对实践进行具体指导，这就需要根据学前教育发展过程中的情况来预测未来教育的发展趋势，使学前教育更好地适应未来社会发展的需要。

4.开展改革实验

社会不断发展，学前教育改革势在必行。通过学前教育改革实验，可探索学前教育改革的思路和途径，为学前教育改革提供科学的依据或理论，揭示学前教育活动中的客观规律，指导广大教师更好地开展学前教育实践活动。

## 六、学前教育研究的基本步骤

### （一）选题

教育科学研究课题主要来源于教育实践和教育理论两大方面。

首先，从教育实践中选择课题，研究者可以从教育实践的三个方面提出研究主题：一是从完成本职工作任务的实践中提出课题，二是从教育工作面临的困难和问题中提出课题，三是从教育教学的成功经验中提出课题。

其次，从教育理论的探讨中选择课题：一是从重要的理论文献中提出课题，二是从各种信息资料中提出课题，三是从跨学科研究的空白中提出课题。

### （二）查找文献

1.查阅文献

任何研究都是在前人研究的基础上进行的，查阅相关的文献资料，可以了解已有研究成果，吸取前人的经验教训，明确研究课题的地位，提供如何进行研究的思路和方法。该过程需要研究者全面了解前人在该领域、该问题上已经做过的工作和已获得的成果，解决了哪些问题，尚需进一步探讨的问题和所采用的方法，所得出的结论及其可靠程度等。查阅文献资料的目的是了解课题研究领域的全貌，明确研究课题的依据，明确研究课题关键概念的内涵与外延，明确研究课题的理论建构，避免不必要的重复，使研究成果有新的高度。为了节省查阅文献资料的时间和精力，要先查索引、看文摘、阅读文献综述之类的资料，然后再查找与自己研究有关的重要资料，直到没有发现新的内容为止。因此，要学会利用图书馆，学会查卡片、记卡片，并注意利用现代教育技术手段（如计算机、互联网）进行查阅。

2.资料查阅

可以按照"查找—阅读—积累—运用"的步骤进行，利用多种途径查找相关文献资料，研究者要进行大量的阅读，在了解前人研究的基础上积累相关文献并加以运用。

### （三）选择研究方法

选择研究方法时，要重视研究方法的综合运用，同时关注研究方法的科学性和可行性。研究方法是贯穿在整个研究中的线路，方法的科学性关系到研究的正确性。方法合理才能保障研究的可行性。

### （四）制订研究计划

在研究工作计划中应明确所要研究的问题及其范围，要明确采用的研究方法、研究对象和时间进度等。在这个计划之下，对某项具体工作还可制订更详细的工作计划，在研究工作开始之后，也许会发现原计划某些地方不符合当前的实际情况，这就需要对原定计划进行调整。要尽量尊重原定计划，使研究工作能按部就班地进行，但也不能完全受原计划的限制，主要应从实际出发，实事求是地去研究，把计划性和灵活性有机地结合起来。研究计划的内容包括：(1)研究课题的具体名称。(2)前言，具体包括问题的提出、研究综述。(3)研究对象和研究方法。(4)研究步骤与时间分配。

#### （五）实施研究

开展课题研究活动一般需要经历一个从开题、收集研究资料、整理研究资料、对研究资料进行分析并做出结论，直至结题的基本程序。其中，综合分析就是对研究过程中资料的收集、整理、分析和研究。收集资料是指获取本研究项目最终结论所需要的事实材料或数据，即按研究计划的规定，有组织有系统地收集研究所需的资料和信息。研究者必须做好准备工作，如物质材料的准备(包括测试题目、用具设备、图片、观察表格、记录表格等)。收集资料要严格遵守操作规程，要做到客观、准确、规范，因为这些资料都是获得研究结果的原始资料。所收集到的资料主要是实验过程中采用观察、调查、访问等方法所获取的事实材料。对新收集的资料首先要进行鉴别，就资料的真实性、可靠度以及价值大小进行辨别，决定取舍。分析资料是对材料进行整理、处理分析，以便说明问题。这一过程中，研究者对收集到的所需资料进行整理、加工，对形成的资料数据进行定性、定量的分析。在分析资料时，如果发现原有材料欠缺，应当重新在材料的收集与整理方面下些功夫，因为只有在占有足够材料的基础上才可能合理地分析研究，从而得出可靠的结论。

#### （六）撰写研究报告

研究的关键问题是得出结论，即把分析研究的结果归纳成几条原理、原则或者做出判断，这是研究成果的集中表现。为了使研究结论符合实际，既不能夸大事实，也不能缩小事实。如果发现原来提出问题的范围比较大，而这时结论范围较小，不足以证明问题的结论，那么宁可把问题的题目改变一下，使其和结论符合，也决不能为了原定问题而扩大结论范围。成果必须是在材料基础上产生出来的，离开这个基础，成果就会减低甚至失去它的科学价值。

撰写科研论文或研究报告是用文字的形式把研究成果表达出来，说明研究了什么，如何研究的，结果怎样，有无价值。写研究报告的主要目的是为了交流和推广研究成果，并为理论和实际工作者提供参考和进一步研究的基础。

## 第二节　学前教育常用研究方法

### 一、观察法

#### （一）观察法的含义

观察法是学前教育科研最基本的方法，它是指研究者在自然条件下，通过感官或借助仪器，有目的、有计划、连续系统地对研究对象进行观察，并做出具体详细的记录，进而获取正确而全面的资料的方法。

#### （二）观察法的类型

观察法的类型很多，可以从不同的角度划分观察法的类型：自然观察与实验室观察；直接观察与间接观察；参与性观察与非参与性观察；系统观察与局部观察；封闭式观察与开放式观察。

## 二、调查法

### (一)调查法的含义

调查法是在正确理论与思想的指导下,有目的、有计划地收集有关研究对象的历史、现状和发展趋势的材料,并在大量掌握第一手资料的基础上进行综合分析,得出科学结论的方法。

调查法一般是在自然条件下,通过访谈、问卷、开座谈会、测验等方式获取信息的方法。调查法适用于研究现实的教育问题,与其他方法相比,调查法更适用于描述一个大的总体的性质、倾向和用于研究人们对教育的态度等问题。

### (二)调查法的类型

1.问卷调查法

问卷调查法是根据调查研究的目的,拟订一些问题或分发问题表格,让被调查对象书面回答,然后回收整理进行研究的一种方法。

(1)问卷调查法的优点

第一,花费时间少,收集材料多,涉及问题的范围广,不受人数限制,方法灵活,实用性强。

第二,调查者与被调查者不直接接触,被调查者之间也不直接接触,有利于调查对象独立自主地表达对问题的看法,适于调查不宜面对面交谈的问题。

第三,问卷资料适于分类整理,便于无纸化统计处理,有助于进行定量与定性的分析。

(2)问卷调查法的缺点

第一,如果问题稍有含糊,就不可能获得应有的答案,而会出现答非所问的情况。

第二,发出的问卷或问题往往不能全部收回,会影响调查的代表性。一般认为,如果能收回70%的问卷即为有效。

第三,不易鉴别不真实的答案,使材料失去可靠性。

第四,对问题较难进行深入研究。由于问卷一般只限于相对简单的问题和有关具体事实问题的调查,提供的材料一般较普通,因此较难深入。

(3)问卷题目的编制

第一,不定型问卷,也称作“无结构型问卷”或“开放式问卷”,即只提问,不提供预先做出的答案,而由被调查者自行填写答案或对问题做出回答。

第二,定案型问卷,亦称作“结构型问卷”或“封闭式问卷”。研究者列出一定的问题和可能的答案,由被调查者选择答案,或是按一定的要求、标准作答或排序等。

第三,半定案型问卷也称“半结构型问卷”。这类问卷题目的编制是综合了前两种问卷形式。如研究者提问并列出部分答案,列出“其他”一栏由被调查者写出自己的答案。

2.谈话法

谈话法也称访谈法,是指研究者通过与调查对象或有关人员进行面对面的接触和有目的的谈话,直接收集材料的一种研究方法。谈话法通常用于研究儿童的个性,探求行为表现的根源,了解幼儿家庭情况,了解家长对儿童的态度、教养方式等。也可用于了解教师的教育观念、教学方法、工作方法以及工作态度和意见、建议等。

谈话法问题设计的类型有结构式谈话、自由式谈话和半结构式谈话。谈话法主要分为个别谈话和座谈两种方式。

3.作品分析

作品分析也称产品分析,是指通过对调查者的活动作品,如笔记、日记、书信、图画、工艺作品,也包括对他生活和劳动过程中所做的事和东西进行分析研究，以了解、评定被调查者情况，发现问题，把握特点和规律。作品分析多用于个案研究或群体的心理品质和个性特征等方面的研究。

根据作品分析的不同性质，可以划分为语言作品分析，建构作品分析，绘画、手工作品分析和其他作品分析。

## 三、教育实验法

### （一）教育实验法的含义

教育实验法是指通过对某些影响实验结果的无关因素加以控制，有系统地控制某些实验条件，然后观测与这些实验条件相伴随现象的变化，从而确定控制条件与现象之间因果关系的一种研究方法。教育实验是一种经过特别安排的研究活动，研究者适当地控制研究对象，以便在最有利的条件下来研究某种教育教学的一种研究方法。

教育实验的主要目的在于确定某一教育影响与它的结果之间的因果关系，或是检验某一理论或假设的实际效果。运用实验法时，研究者需根据自己提出的研究目的，创造或改变必要的条件，以便引起或改变某种现象，突出某一实验因子（自变量）的影响，排除其他因素的干扰，以便得出准确可靠的结论。因此实验法又称可控制的观察法。

### （二）教育实验法的类型

1.实验室实验与自然实验

实验室实验通常是在特设的实验室内，在严格控制条件的情况下进行的。其效果的精确程度较高，但成果的应用推广价值不高。自然实验是在自然条件下，在现实的教育教学情境中和在不影响正常的教育教学秩序下，依据研究目的，控制或改变某些条件，观察由此带来的现象变化，了解被试者的行为表现。自然实验的研究结果比较接近教育实际，因而比较容易应用和推广，但自然实验研究的精确性不够。运用自然实验法，结论的得出需慎重，对研究结果要进行多次验证。

2.单因子实验与多因子实验

单因子实验是指可有多个自变量存在，但所要测定的因变量只有一个。多因子实验是指可有多个自变量和多个因变量。多因子实验结构复杂，对资料的统计处理难度高。

3.探索性实验与实证性实验

这是依据对因果关系的探索过程而划分的。探索性实验是指在对研究的问题知之有限时，一般是指出非正式的探索性假设，目的在于揭示各种变量的因果关系。实证性实验是指在实验前具有明确的假设，实验的目的在于验证所得的结果是否符合假设的预测。

4.测查性实验与教育干预性实验

这是依据实验的宗旨而划分的。测查性实验或称教育的实验研究，是指旨在确定与教育有关的事物的内在规律性的研究方法。教育干预性实验或称教学的实验研究，是指旨在为达到特定教育目标而探索富有成效的内容、方法与途径的实验，是与教育活动发生直接联系的实验。

### （三）教育实验研究的实施步骤

完整的教育实验研究程序包括四个基本环节：确定课题并提出假设；进行实验设计；实施实验计划；整理分析实验结果。

### (四)实验设计的基本内容

1.实验中的假设

研究者需在事先提出关于解决某一问题的设想,或提出研究的初步设想的方案。这个方案所代表的理论是假设性的,经过实验证明才可成立。

实验是对假设的验证,通过实验确定假设所提出的关于特定问题的某种关系。实验中的假设是以自变量与因变量关系的形式表述的,是对因果关系的预测。把研究的问题以假设的形式表述,可以使实验有一个明确的目标。整个实验就是一个提出假设、验证假设的过程。

2.实验中的控制

教育实验不同于其他实验方法的最大的特点就是控制。实验的控制是极为重要的研究技巧,它将有助于提高研究的效度,增进研究的价值。

实验的控制涉及对自变量、因变量及无关变量的控制,以及对因变量的观察、记录和测定。

(1)确定自变量与因变量

自变量即实验因子,是指受实验者操作的、假定的原因变量。自变量就是研究者所要研究的问题。因变量是一种假定的结果变量,又被称为实验结构的反应变量,它是教育实验的自变量作用于实验对象之后所出现的一种教育实验效果。

(2)控制无关变量

无关变量是指那些对实验结果会产生影响的其他刺激变量。控制无关变量一般采用以下三种方法:

第一,消除法,即把无关变量排除在外或对无关变量加以严格控制,尽可能不让它对实验结果产生影响。

第二,平衡法也叫等组法,即在不能严格控制某些变量时,设法使实验结果可靠可信。各组在无关变量方面尽量相等或保持恒定。

第三,随机法,即把选来的被试个体随机分配在不同的组内进行实验。随机法可控制多种无关变量,使不同的小组之间在各个方面保持大体相等。

3.实验的组织类型

实验的组织类型是实验设计中的主要内容。教育试验中被试的分组主要有三种形式:单组实验、等组实验、循环实验或轮组实验。实验的分组形式与实验控制问题有关。

## 四、个案研究法

### (一)个案研究法的含义

个案研究是对单一的人或事物进行深入具体研究的一种方法。个案研究法与其他研究方法最明显的区别在于,个案研究法是将研究的焦点集中在某(几)个特殊的个体上,最大限度地搜集反映其各方面情况的详细材料,对他(他们)的心理发展过程与个体特点等进行细致、系统的考察,并且随着时间的推移,追踪研究其发展变化。

### (二)个案研究的种类

1.追踪法

追踪法是指在较长的一段时间里,对某一研究对象进行有意识的跟踪,在掌握各种材料的情况下,揭示其变化特征的研究方法,如对超常儿童的研究。

2.追因法

追因法是个案研究中经常使用的、与实验法因果顺序相反的一种研究方法。追因法是先见结果,然后依据结果追究其发生原因的研究方法。

3.内省法

内省法又称自我观察法,是一种引导研究对象本人反省自己的心理活动,研究自己内部主观现象的方法。

4.临床法

临床法是通过观察、面谈、搜集资料等方法,分析诊断陷入困境的特殊个体,从而帮助其解决面临的实际问题倾向、规律或关系。临床法的目的不是发现一般的行为倾向、规律或关系,而是解决特殊个体的问题或困境。

5.教育会诊法

教育会诊法是教师集体通过会诊某一个学生的行为,做出鉴定,形成比较客观公正结论的方法。

根据苏联教育家巴班斯基的研究,教育会诊的基本程序如下:(1)明确会诊目的。(2)确定会诊参加者。(3)由班主任和任课教师详细说明对某一学生的看法,并列举理由。(4)组织集体讨论,广泛交换意见。(5)为该生做出鉴定,提出有针对性的教育措施。(6)根据学生的鉴定材料,教师对工作进行自我分析,加强自我修养,提高教育教学水平。

## 五、学前教育行动研究

学前教育行动研究是质的研究方法,既是一种具体研究方法,又是一种研究范式,更是一种研究态度和精神。行动研究强调行动者参与研究、为了行动研究和在行动中研究,强化了一线教师在教育研究中的关键作用。

### (一)学前教育行动研究的界定

学前教育行动研究是以学前教育情境中的实际问题为起点,由学前教育工作者与研究者针对问题,在实际工作中边研究边反思的一种研究方法。运用这种研究方法,不但可以促进幼儿教师与幼儿的共同成长,进一步提高幼儿教师的教育教学水平,而且能够更好地激发他们的研究兴趣,增强他们的研究效果,使研究更好地为学前教育实践服务。可以说,学前教育行动研究是理论与实践结合的实践性桥梁,是教育研究结构层次体系中不可或缺的一个环节。

### (二)学前教育行动研究的特征

1.以解决问题、改进实践为目标:为行动而研究

学前教育行动研究以幼儿教育实践中出现的问题作为研究对象(即研究课题),或间接地发展为课题,并将可能解决这一问题的各种方法作为变量,然后在研究过程中逐一地、系统地加以检验。所以研究的过程,就是解决问题的过程;研究的结果,就是问题的初步解决方案。其研究的问题或研究对象的特殊性,通常只限于本幼儿园,表现出本地区和本单位的特征。

学前教育行动研究不注重理论上的创新和发展,而是以提高行动的质量、改进幼儿园实际工作和解决现实问题为首要目标。改进现有的工作是行动研究的主要功能,它既能解决幼儿园教学实践中幼儿学习和游戏的问题,也能提高幼儿教师的保教质量和研究水平。

2.边行动边研究,注重研究环境的现场性:在行动中研究

学前教育行动研究的策略是:走出人为的儿童实验室,在真实的自然状态下的幼儿教育教学环

境中“边行动边研究”，在行动中发现问题，研究问题，并根据行动的实际情况随时调整计划，完善行动，在良性的状态中解决问题。

3.行动者既是行动研究者又是行动应用者：对行动进行研究

在学前教育行动研究中，研究人员主要是从事学前教育工作的教师，他们是开展幼儿教育研究的主体或主力。这是由于幼儿教师最知道学前教育实践中亟待研究的问题，而学前教育问题的解决，以及研究成果的推广应用，更需要幼儿教师来操作。同时，行动研究者又是行动研究成果的应用者。这种双重角色集于一身的研究能够把学前教育研究工作与实际的教学工作密切结合起来，从而达到改进幼儿园工作方法，培养学前教育管理者和幼儿教师的教育观念，增强幼儿教师的专业精神，提高幼儿教师的素质等诸种目的。另外，也能强化学前教育理论与实践相结合，使学前教育成果具有实际应用价值。

4.以“共同合作”的方式进行，扬长避短

学前教育行动研究要求教师运用学前教育理论，系统地反思自己的实践；要求研究者深入幼儿教育实际，从实际中发现问题，并直接参与从计划到评价的实际工作过程，与幼儿教师一起研究他们面临的问题。所以，这一研究往往由学前教育专家、幼儿教师、学前教育行政领导、乃至幼儿及其家长组成研究小组。小组成员各司其职，经常交换意见、取长补短、共同合作。一般地，学前教育专家、学者主要起指导咨询作用，行政领导起保障协调作用，真正研究的主体是广大幼儿教师。所以，从某种角度看，学前教育行动研究也是提高幼儿教师业务水平的一种独特的在职进修方式。

5.学前教育行动研究是一个不断扩展的螺旋式上升或波浪式前进的过程

从学前教育行动研究的过程可见，第一个循环完成以后，进入第二个循环研究，从而使行动研究的整个过程构成一个不断上升的螺旋过程或波浪式前进过程。

### （三）学前教育行动研究的步骤

学前教育行动研究是由若干个螺旋形行动研究循环圈构成的，即多螺旋结构。每一个圈中又都由相互联系并具有内在反馈机制的四个环节构成。这四个环节分别是计划、实施计划、观察和反思(包括“分析”“解释”“评价”等)。

1.计划

计划应是灵活、开放的，是实验性的、允许修正的。这是研究的第一个环节，需要完成三方面的工作。(1)理清研究者的困境，提出明确的研究课题。(2)考虑解决的设想。(3)计划的制订。既要包括行动的“总体计划”，又要包括每一个具体行动步骤的计划方案。

2.实施

实施计划是按照目标和计划进行研究。它是建立在理解基础上的有目的、负责任、按计划采取的实际步骤。实施计划的行动是在自然的状况中进行的，因而必须重视实际情况变化，重视实施者对行动及背景的逐步加深的认识，重视其他研究者、参与者的监督观察和评价建议。

3.观察

观察既可以是行动者本人借助于各种有效的现代化手段对本人行动的记录观察，又可以是其他合作者的观察。观察的内容主要指对行动过程、结果、背景以及行动者特点的观察。它是反思、修正计划、确定下一步行动的前提条件。

4.反思

在行动研究中的反思既是一个螺旋圈的终结，又是过渡到另一个螺旋圈的中介。

(1)整理和描述工作。其主要对已经观察和感受到的、与制订计划和实施计划有关的各种现象进行归纳整理，描述出本螺旋圈的过程和结果，勾画出多侧面的、生动的行为案例。

(2)评价和解释工作。其主要任务是对行动过程和结果做出判断,对有关现象和原因做出分析解决,找出计划与结果不一致的症结,从而形成是否需修正基本设想、总体计划和下一步行动的判断和构想,进而提出怎样修正、怎样实施下一步行动的建议。

## 【结论及应用】

1.学前教育研究是指采用科学的理论和方法,有计划、有目的地对学前阶段的教育对象和问题进行分析和解释,进而发现和研究学前教育现象的本质和客观规律的认识过程。

2.学前教育研究的特点:从研究对象看,学前教育研究具有人文性;从研究过程看,学前教育研究具有系统性;从研究方法看,学前教育研究具有科学性;从研究目的看,学前教育研究具有成果的创造性;从研究的结论看,学前教育研究具有客观性;从研究的质量看,学前教育研究具有可靠性。

3.学前教育研究的原则:自愿的原则、匿名的原则、保密的原则、伦理原则。

4.学前教育研究的意义:推进学前教育改革,提高学前教育质量,提升教师自身素质,完善学前教育体系。

5.学前教育研究的步骤:选题—查找文献—选择研究方法—制订研究计划—实施研究活动—撰写研究报告。

6.学前教育常用的研究方法:观察法、调查法、教育实验法、个案研究法和学前教育行动研究等。

## 【复习与思考】

1.简述学前教育研究及其特点。

2.结合实例阐述学前教育研究的原则。

3.简述学前教育研究的意义。

4.简述学前教育研究的基本步骤。

5.自选主题,运用所学知识制订一个学前教育研究计划(方案)。

## 【拓展阅读】

### 观察教育场景的问题示例

**一、学校环境**

(一)自然环境

学校建筑有何特点?

建筑是否足够大,能够容纳下所有学生?

建筑的历史有多久?建筑的总体状况如何?

学校周围是否有栅栏或围墙?

学校周围的土地是什么样的?

学校设施的总体面貌如何?

建筑的入口是否能方便残疾师生进出?

学校位于社区的什么位置?

学校所在的社区位置有何特点?

往来于学校的交通设施如何?

学校入口是否有明显标识能够方便初访者找到学校办公处所?

校内的温度如何?

学校在冬季和夏季是否有适宜的温度?

校内每间屋子的温度是否可以独立控制?

窗户是可以打开的,还是永久封闭的?

学校的通风系统如何?

学校的门有什么特点?

校园的整体空间布局有何特点？
教师如何定义学校的空间布局？
教师和其他学校员工是否认为学校是他们的私人领地？
学生是否有能够上锁的存储空间存放他们的私人物品？
什么样的学生占有学校最好的空间？
学校是否允许(鼓励)学生装饰他们的宿舍或走廊？
学校哪些地方走不了轮椅？
建筑内的物品和家具是否总在原地，以此方便盲人学生的行走？
卫生间的门和内部的单元空间是否足够宽敞，能够容下一架轮椅进出？
卫生间是否清洁无味？
卫生间是否有肥皂和纸巾？
卫生间的门是否足够安全？
校园墙壁上是否有涂鸦？情况如何？
学校何种计算机和声视设备是可用的？
这些设备存放在何处？
这些设备如何购得？
校内是否有人储藏这类设备？
破损的设备如何处理？
设备的使用频率如何？
教职人员是否和学生一同用餐？
教职人员和学生有多长时间可以用餐？
教职人员和学生是否有充分的时间用餐？
用餐时的餐厅气氛如何？
用什么方式提供食物？
盛食物的器皿是什么？
学生使用什么餐具进餐？
餐食的种类有哪些？
如何提供这些食物？
教职人员是否会当着学生的面批评学生食物的质量？
学校是否会为某些学生提供免费午餐？
如果有的话，免费午餐如何提供？接受免费午餐的学生是否会被歧视？
学校食堂有什么规章纪律？
学校食堂如何布置？
学生在用餐时讨论什么话题？
学生是否可以自由选择他们用餐的座位？
教师认为他们在食堂中有什么职责？
教师和其他员工在用餐时讨论什么话题？
食堂中的教师座位如何设置？
食堂的情况每天都一样吗？
(二)经济、社会、文化环境
学校在社区中的声誉如何(好、糟糕、危险)？
人们评论学校的时候，到底有什么真实想法？
过去5年内，学校面临的主要问题有哪些？
各类教职人员对外界对学校的批评有何反应？
外界对学校有何批评？
学校的种族构成情况怎样？
与附近的其他学校相比，该校的种族构成有什么特点？
教师、校长、学生和家长对学校的种族构成有何评价？
在过去或现在，学校的种族构成情况是否引发过问题？

少数民族学生或教师在学校的分布如何？

班级中的种族构成是比较平衡的，还是少数民族学生都聚集在某些班级中？

校内的种族关系如何(不同种族间有明显隔膜，还是种族融合状况良好)？

不同种族如何称呼其他种族和他们自己的种族？

学校的社会经济构成情况如何？

学校的税收支持基础是什么？

(三)语义环境

在教职人员谈论学生的时候，他们是否以及他们如何用“男孩、小孩、小伙子或女孩”这类友好的词语来称呼学生？教职人员使用这些词语的口气如何？情形如何？教职人员是否用某些表示行为或身体特点的词语称呼学生(如“懒家伙”“大嘴”或“靓女”)？

教职人员是否给学生起外号？

教职人员是否常用一些俗语，如“得寸进尺”“道高一尺，魔高一丈”或“不打不成器”，来形容他们的学生？

学生是否给教职人员起外号？

学生是否给学校的一些活动、事物或地方起外号(例如，某校的学生把午饭称作“放猪”)？

私下里，学生用哪些词语称呼教职人员？学生之间如何称呼？

像“咨询”或“检讨”这类项目名称在多大程度上能够真实地反映校内的相关活动？

学校里使用了哪些你从来没有听说过的词汇？

这些词汇或用法是该校所特有的吗？有什么含义？

教职人员是否使用一些奇特难懂的词汇，而不是使用那些更能描述事实的常用词汇来说明学校的活动、行为、物品或地方？

教职人员是否能够定义或理性地讨论他们使用的那些奇特的词汇？

具体来讲，教职人员如何理解“行为”“咨询”“职业培训”这类词汇？

教职人员如何描述他们的学校？学生如何描述他们的学校？

**二、人文环境**

(一)教师

教师会抱怨什么？

教师会赞扬什么？

教师如何解释学生成绩差的原因？

教师如何解释学生成绩好的原因？

教师是否有他们得意的学生？这些学生有什么特点？

教师是否区分“我的时间”和“学校时间”？

教师如何看待病假和假期？

教师如何定义非职业的行为？

教师对女生和男生是否区别对待？

教师是否认为一些事情只有男生才能做，另一些事情只有女生才能做？

课本中如何描述男生和女生的形象，以及男性和女性的形象？

教职人员的言论是否能反映出他们对男生和女生行为的规范要求？

谁是学校最受欢迎的教师？

为什么这位教师在其他教师中这么受欢迎？为什么在学生中这么受欢迎？

谁是学校最不受欢迎的教师？

为什么这位教师这么不受欢迎？

(二)其他工作人员

学校中的职称结构是什么？

各类专业工作者的工作内容是什么？

你如何判断教职人员的职称地位？

各类职务的资格要求是什么？

教工入职前是否要接受相关岗前培训？

教工如何解释他们选择学校工作的原因(例如，“我喜欢孩子”，“薪酬”，或“方便”)？

教工如何看待自己的工作？

学生、教师、家长和校领导如何评价学校中的各类专家(咨询师、教育技术专家等)?
图书馆的情况如何?
图书馆管理员如何看待图书的归属性?
教工如何看待本职工作的重点?
教工喜好什么? 厌恶什么? 为什么?
是否有些教工会显得“无所事事”?
教工是否会漠视那些规章条例?
学校守门的人员有哪些?
这些守门人员如何看待自己的工作?
校领导如何看待守门工作?
学生如何看待守门工作?
教师如何看待守门工作?
守门人员与学校的其他人员关系如何?
守门人员如何看待各类教师? 如何看待各类学生?
守门人员在何处工作?
他们谈论哪些话题?
他们是否有学生助手?
谁是学生助手?
(三)教职人员与学生:交流
教职人员是否喜欢在闲谈中议论学生? 是否相互议论?
如果是这样,他们的闲谈有什么特点?
教职人员如何取笑学生? 学生之间如何相互取笑? 为什么取笑?
教职人员如何挖苦学生? 学生之间如何相互挖苦? 为什么挖苦?
学生是否会遭受某些言语攻击? 情况如何?
学生的时间是否受到尊重? 教师和其他工作人员是按照约定的时间和学生见面,还是让学生等待?
教师和其他工作人员在与某些学生交谈中是否会突然提高声音?
学生做了什么才会发生这种情况?
教师和其他工作人员是否漠视学生? 情况如何?
学生的存在是否会被忽视? 情况如何?
教职人员和学生如何看待星期五,以及一周的其他时间?
学校在不同日子里有不同的气氛吗?
学校在一年的不同时期有不同的气氛吗?
学校在期末的气氛如何?
学校在一年的不同时期里的工作有何不同?
教职人员如何评价自己在学校的成功表现?
学生如何评价自己在学校的成功表现?
教职人员如何设定工作目标?
教职人员如何将他们的活动与这些目标联系起来?
学生和教职人员被问到过是否介意陌生人到学校里来观察他们,或者在他们的工作空间中行走吗?
教职人员在进入某房间前是否敲门?
如果你是该校的学生,你是否认为在校内难以保持尊严?
教职人员如何看待学生? 他们是优秀的个体,是孩子,还是危险人群?
教职人员对学生有成见的程度如何?
教职人员是否了解学生的个人经历和家庭背景?
教职人员如何对待学生的这些经历和背景?
教职人员在外来人员面前是否会有不同的表现? 有什么不同的表现?
学生如何故意给教职人员制造麻烦?
学生如何制造这些麻烦,并且如何看待这种做法?
学生是否会取笑教师和其他工作人员?

学生如何取笑别人？
不同班级之间的学生如何交流？
是学生主动找教师交流多，还是教师主动找学生交流多？
学校是否有良好的自由、开放的师生交流？交流情况如何？
教职人员是否故意对学生隐瞒某些信息？
隐瞒的信息是什么内容？
学生如何看待教师和其他工作人员？
教师和其他工作人员如何看待学生？
是否对不同成绩的学生有不同的称呼？
学校有哪些课外活动？
谁参加这些活动？哪些学生？哪些教师和其他工作人员？
哪些活动最受学校重视？是体育活动、学术活动还是其他活动？
学生有多大权利参与学校决策？
(四)学生
学生是否有体育锻炼的机会？
一些学生是否比其他学生有更多的体育锻炼机会？是哪些学生有这样的机会？为什么？
学生喜欢哪些活动？不喜欢哪些活动？
学生和教职工的服饰特点如何？发型特点如何？
服饰特点是否能反映学校的等级结构或非正式的人群特点？
学生为什么会在班上打架？
谁是班上最受欢迎的学生？为什么？
谁是班上最不受欢迎的学生？为什么？
班长的表现如何？班长是怎样选出的？
当各种学生遇到困难，他们会找谁帮助？
是否有学生通过药物来约束行为？有多少学生这样？
在学生需要通过药物来约束行为时，学校发挥了哪些作用？
学校的各类人员如何看待用于约束行为的药物？
这些药物是否用作项目的辅助措施？
(五)管理人员
现任校长在任几年了？人们如何评价前任校长？
校长进入房间时，教师们如何反应？
校领导如何定义那些非职业的行为？
校领导如何监督教师的工作？
校领导的工作作风有何特点？
是否有全校都参加的活动？这些活动是什么？
教职员工如何看待校长？学生如何看待校长？
不同班级如何在校园中移动位置？
学校每日、每周和每月有哪些活动计划？
房间有哪些区别？
学生和教职人员的需要，而不是学校的计划，在多大程度上能够影响学校的日常生活？
学校在多大程度上能整体性地解决例如用餐和如厕这类基本需要？
学校在多大程度上能为学生和教职人员提供独处的、没有监视的空间？
学校对学生和教职员工的服饰分别有哪些正式和非正式的规定？
学生是否有卫生间、电话和户外空间可供使用？数量有多少？
谁在学校中使用扩音器？为什么使用？
学生需要达到什么要求(如年龄或住址)才能被该校录取？
班级是如何组织的？谁来决定如何分班？
怎样做出这类决策？
学生如何参加学校的特殊项目或活动(如出游或戏剧)？平等参与还是获得奖励的才能参与？

学生对这些活动的参与是否能反映班级或种族特点？
谁来决定这些活动的内容？
学生是否参与这些活动的筹划组织？
不同年级的活动有何不同？
不同年级的教室是否有不同的装饰？如何不同？
学生在更换教室的时候是否以及如何表达个人意见？还是学生无法提前得知更换教室的决定？
学生的档案有何特点？
学生的档案是否会记录下家长的不满？
学生的档案是否会强调学生在个别情况下的异常表现，而不是学生作为一个整体中的个体的综合表现？
学生的档案中是否有诽谤或破坏学生名誉的信息？
如果有的话，学生是否有机会对相关信息进行解释？
教职员工是否在公开场合谈论学生的档案？
家长是否有便捷的途径了解关于子女信息的文件？
(六)家长
学校与家长之间如何交流？
家长是否能够参与学校关于他们子女的决策？
学校对参观者有什么规定？
学校是否有家长教师联合会？
家长教师联合会的工作职责是什么？
通常一个会议有多少人参加？什么"类型"的人参加这类会议？
家长教师联合会有哪些项目？
学校如何处理家长的投诉？
学校给家长或学生的监护人哪些指导性文件或材料？
这些文件有什么特点？
家长每隔多长时间会与学校进行沟通？这类沟通有什么特点？
学校有哪些家长参加的志愿者项目？这些项目有什么特点？
教职员工与家长志愿者是否会有冲突？
为什么会有这些冲突？
志愿者的工作职责是什么？
学校对于参观者有哪些规定？
学校是否经常有参观者？
公共日中的学校是什么样？
公共日中的学校与平日中的学校是否一致？

## 三、学习环境

(一)学习地点
教室有什么装饰？
学生之间如何交往？
学校是否鼓励或惩罚学生之间交往？
根据客观的考试测评或过去的成绩，特定班级的学习能力状况如何？
学校如何评价学生的优点？
教室是宽敞还是狭窄？
教室的设施良好还是破旧？气氛严肃还是活泼？缺少生气还是繁忙热闹？
在过去的测评中，哪些学生成绩好？哪些学生成绩不好？
这些测评是否能够如实地反映学生的能力？
一个班级平均有多少人？
教室是否有兴趣角？
教室中的学生是否在同一时间都在进行同一项活动？
学生是否在讨论中主动发言？
学生是否相互交流，并且也和教师交流？

教室中的活动程序是鼓励合作，还是鼓励竞争？
学生是否经常进行小组合作活动？
学生是否经常进行独立活动或者长期项目？
学生有哪些小组活动的经验？
教室中的桌椅是否可以移动？这些桌椅是否经常移动？
学生是否认为他们的努力能够受到奖励？
是否所有的学生都认可学校关于个人努力的奖励机制？
班级的构成是同质的，还是异质的？
如果是异质的，班级内部根据哪些标准进行分组？
(二)师生关系
在每天的课堂上，教师会对自己的话重复多少次？
学生完成了规定的任务后是否会有自由活动的时间？
教师是否为学生的自由活动时间准备了相关材料？
教师为学生提供了哪些小组活动？
教师在小组活动中发挥哪些作用？
教师的办公桌放在教室的哪个位置？
在一天的教学中，相对于教师在教室中的办公桌的位置，教师都做了哪些运动？
教师使用哪些教学材料(如课本、其他阅读材料、游戏等)？
主要教学活动是否围绕课本进行，同时辅以其他补充的材料？
教室的墙壁和天花板上是否还有其他辅助教学的设施？
教室有哪些人物的肖像画？教室的杂物劳动如何分配？
教室的座位安排如何设置？
教师是否提供个性化的教学？为谁提供？
什么样的学生与教师的接触最多？
什么样的学生与教师的接触最少？
教师对哪些学生的影响最大，对哪些学生的影响最小？
(三)纪律和监控
学生是否可以自己选择座位？
监控是否在学校的日常运作中占有突出地位？
学校是否对不同教室有不同的监控？
学校对学生的活动空间有哪些限制？
教职员工对学生使用哪些监控方法？
学校对学生有哪些惩罚措施？
学校如何惩罚学生，在何时进行惩罚？
学校如何回应学生提出的要求？
教职员工对学生说话采用什么样的语气和口吻？
哪些事情会令学校领导故意忽视？
哪些事情会令教师故意忽视？
学校是否使用体罚，在哪些情况下使用体罚？
学校是否有措施保证学生和教职员工的人身安全？
学校是否有被袭击的危险？
学校是否拥有一套独立的投诉系统，使得学生可以安全地向学校投诉对教职员工的不满？
学生是否受到威胁？
学生经常受到的威胁是什么？
有多少学生怀有抵触情绪？
学生的哪些行为会受到惩罚？
哪些教职员工有权力惩罚学生？
学校的惩罚和奖励体系如何反映社会整体的惩罚和奖励体系？

(资料来源：罗伯特等人的《教育研究方法：定性研究的视角》，钟周等译，中国人民大学出版社 2008 年版)

# 参考文献

**著作部分**

[1] 王化敏,周亚君.农村幼儿教育事业现状分析及政策建议[M].北京:教育科学出版社,2004.

[2] 陈振明.公共管理学原理[M].北京:中国人民大学出版社,2003.

[3] 黄人颂.学前教育学[M].北京:人民教育出版社,1989.

[4] 李生兰.学前教育学[M].上海:华东师范大学出版社,2006.

[5] 梁志众.学前教育学[M].北京:北京师范大学出版社,1999.

[6] 刘焱.学前教育原理[M].大连:辽宁师范大学出版社,2002.

[7] 李季湄.幼儿教育学基础[M].北京:北京师范大学出版社,2000.

[8] 万钫.学前卫生学[M].长沙:湖南师范大学出版社,2006.

[9] 唐淑,钟昭华.中国学前教育史[M].北京:人民教育出版社,1993.

[10] 刘晓东,卢乐珍.学前教育学[M].南京:江苏教育出版社,2009.

[11] 蔡迎旗.学前教育概论[M].武汉:华中师范大学出版社,2006.

[12] 陶宝平.学前教育科研方法[M].上海:华东师范大学出版社,2006.

[13] 黄瑾.幼儿园教育活动设计与指导[M].上海:华东师范大学出版社,2006.

[14] 朱家雄.幼儿园课程[M].上海:华东师范大学出版社,2003.

[15] 汤志民.幼儿学习环境设计[M].台北:台湾五南图书出版公司,2002.

[16] 龚冬梅.反贫困的农村教育发展对策研究[D].长春:东北师范大学教育科学学院,2005.

[17] 张燕.幼儿园管理[M].北京:人民教育出版社,2008.

[18] 刘焱.儿童游戏通论[M].北京:北京师范大学出版社,2004.

[19] 刘晶波.学前教育研究方法[M].北京:人民教育出版社,2006.

**论文部分**

[20] 姜勇."科学化"之困境与学前教育学的"现象学"转向[J].教育导刊,2012(3).

[21] 刘小蕊,庞丽娟,沙莉.美国联邦学前教育投入的特点及其对我国的启示[J].学前教育研究,2007(3).

[22] 沙莉,庞丽娟,刘小蕊.通过立法强化政府在学前教育事业发展中的职责[J].学前教育研究,2007(2).

[23] 张燕.新形势下的幼儿园管理[J].幼儿教育,2006(4).

[24] 梁瑜.日本学前教育若干特点分析[J].中国校外教育(理论),2007(3).

[25] 王健敏.加强乡镇中心幼儿园建设,促进农村幼教事业发展的对策研究[J].幼儿教育(教育科学),2006(5).

[26] 张霞,夏靖,杨冬梅.强化政府责任,加大财政投入,推进农村学前教育普及[J].学前教育研究,2010(8).

[27] 刘焱.对我国学前教育几个基本问题的探讨[J].教育发展研究,2009(8).

[28] 庞丽娟,夏靖,孙美红.世界主要国家和地区弱势儿童学前教育扶助政策研究[J].教育学报,2010(10).

[29] 黄静潇.国外学前教育发展策略概览[J].教育导刊(下),2005(2).

[30] 姚艳杰,许明.美国开端计划的发展、问题与走向[J].学前教育研究,2008(4).

[31] 任爱红.影响农村幼儿教师队伍建设的相关因素分析[J].早期教育,2004(12).

[32] 罗永恒.幼儿教育岂能"小学化"[J].江西教育,2001(11).

[33] 唐淑.中国农村幼儿教育的发展与变革[J].学前教育研究,2005(6).

[34] 孙宇芳.农村幼儿教育环境创设与自然资源利用[J].江苏教育学院学报(社会科学版),2004(5).

[35] 王化敏.深化改革促进农村幼儿教育自我发展[J].学前教育,2000(4).